国家社会科学基金重点项目（16AJL015）
江苏省社会科学基金后期资助项目（15HQ007）

协调性均衡发展

——长江经济带发展新战略与江苏探索

XIETIAOXING JUNHENG FAZHAN

CHANGJIANG JINGJIDAI FAZHAN XINZHANLÜE YU JIANGSU TANSUO

成长春 杨凤华 ◎ 等 著

人民出版社

序

　　成长春教授等专家经过多年研究形成对长江经济带如何实现协调均衡发展的系统理论成果,集中体现在即将出版的《协调性均衡发展——长江经济带发展新战略与江苏探索》一书中。作者希望我能为此书写一篇简短的序言,谈谈对这一问题的意见,我欣然接受他们的邀请。我也是江苏人,青少年时长期生活、学习和工作在长江沿岸城市,对长江有着深切的感情,离开南方到北京工作之后也一直关注着长江经济带的发展形势和未来前景。

　　与黄河一样,长江也是中华民族的母亲河。尤其是到了近现代,长江流域地区对中国经济社会发展有着特殊的重要意义。长江中下游地区,特别是长江三角洲是中国近现代产业的最重要发祥地之一,19世纪末就出现了以张謇等实业家为代表的近现代产业创业者。20世纪以来,中国大多数近现代产业都萌发于长江中下游地区,尤其是位于长江三角洲的江浙沪地区。这里也是中国率先接触和引入西方现代产业的地区之一,一直是中国经济最发达和最具开放性的地区之一。20世纪中叶,现代产业发展不断沿江而上,尤其是在抗日战争时期,长江上游的重庆市,成为全国"大后方"产业的集聚地区。在新中国成立以来的65年间,长江下、中、上游的产业不断向各地扩散。今天,中国许多地区,包括中西部地区的许多重要企业和产业都具有长江经济带的"血缘"。

　　当然,长江经济带涵盖了中国东、中、西三大区域,各地区的发展很不平衡,长江这一"黄金水道"也并非已经充分发挥了潜能,还有许多待开发区段。而有些地段的开发已经危及了环境和生态平衡。所以,"协调均衡发展"确实是摆在长江经济带面前的一个突出和紧迫的现实问题,甚至可以说是一个严峻的挑战。

成长春教授等专家所完成的这部著作,"将基于缩小地区经济差距而提出的区域协调发展战略优化提升为区域协调性均衡发展战略,以更好地体现经济体制改革的新动向以及增强发展整体性、促进机会均等、推进空间均衡等区域发展新要求,充分适应未来一段时期中国区域发展更多元、更均衡的大势","在此基础上,用所提出的区域协调性均衡发展指导方针,对长江经济带协调性均衡发展中形成融合发展、共生发展的愿景与路径以及江苏在融入长江经济带协调性均衡发展中的对策建议进行了深入探讨和全面分析"。这是一个非常有价值的研究思路和学术成果,实际上,他们先期发表的一些相关研究成果已经产生了较广泛的社会影响。我相信,该书的出版将引起更多研究者对这一问题的重视和兴趣,其研究视角和领域将进一步开阔。因为,无论是从区位资源、技术能力,还是从观念文化上看,长江经济带都是中国最具产业竞争力的地区之一,肩负着中国产业升级和高端产业发展的前沿使命。从一定意义上可以说,持续地观察和研究这一地区的发展态势和趋向,不断发现问题和提出战略,就站在了中国区域经济研究的前沿阵地之上。

中国社会科学院学部委员

中国区域经济学会会长　　金碚

2015 年 12 月 6 日于北京

目　　录

前　言

　　区域发展不协调、非均衡问题是新常态下困扰我国社会经济发展的重要问题。在中国步入全面建成小康社会决胜阶段的新时期，为了推动各地区协调发展、协同发展、共同发展、可持续发展和优化国土空间开发格局，我国已实施二十多年的区域协调发展战略应进一步优化提升为区域协调性均衡发展战略。作出这样调整的意义在于，一方面有利于以市场均衡思维引领市场在区域资源优化配置和经济效率提升中起决定性作用；另一方面有利于以政府协调思维更好地发挥政府在促进要素有序自由流动、强化主体功能约束、推进基本公共服务均等、实现经济发展与资源环境承载能力相协调等方面的重要调节作用。

　　实施区域协调性均衡发展战略，是党的十八届五中全会提出的"创新发展、协调发展、绿色发展、开放发展、共享发展"五大发展理念在区域发展领域的贯彻和落实。区域均衡发展思维重在贯彻创新发展、开放发展的精神，通过培育区域发展新动力和打造区域对外开放新优势，更好地发挥市场机制在促进区域资源优化配置中的决定性作用；区域均衡发展中要坚持协调性原则重在落实协调发展、绿色发展和共享发展的精神，通过更好发挥政府作用，弥补市场失灵，实现区域协调发展、可持续发展和共同发展。

　　事实上，2014 年以来，中国在"四大板块"战略基础上，重点推进实施的"三个支撑带"战略，都蕴含着丰富的协调性均衡发展思维。其中："一带一路"战略旨在通过推动沿线各国政策沟通、设施联通、贸易畅通、资金融通、民心相通，共同打造开放、包容、均衡、普惠的跨国性区域经济合作架构；京津冀协同发展战略意在通过深化改革打破行政壁垒，构建区域协调性均衡发展的体制机制，打造中国内涵集约型区域协同发展示范样板；长江经济带战略重在挖掘长江中上游广阔腹地蕴含的巨大内需潜力,优化沿江产业结构和城镇化布局,建设陆海双向对外开放新走廊和绿色生态廊道,形成上、中、下游优势互补、协作互动格局,有效解决东中西发展非均衡问题。这在客观上需要中国对区域发展战略总方针进行优化提升,以更好地指导"三个支撑带"战略付诸实践,更好地体现新常态下区域经济增长的源泉从过去主要依靠要素投入的扩张转向当前主要依赖要素在空间优化配置带来的生产率提高这一新的态势。

长江经济带横跨我国东、中、西三大地带,在国土开发和经济发展方面存在着明显的地域差异,因此其在促进我国区域协调发展、协同发展、共同发展和空间均衡方面的重要作用历来受到学者们的广泛关注和重视。20世纪80年代初期,陆大道等学者研究提出,由长江地带与沿海地带构成的"T"字形一级发展轴线,是全国地域分工的核心区域;同期,国务院发展研究中心原主任孙尚清等研究提出了"长江经济带"较为早期的概念萌芽——长江产业密集带,认为长江综合开发应从防洪排涝为主转向以振兴航运、开发水利水电、构建产业密集带为主。20世纪80年代末至90年代末,学者们在研究中提出了"长江经济带"概念及其发展战略构想,认为其是一条包括资源带、能源带、产业带、城市带和财富聚集带等在内的综合发展带,应以流域为整体,遵循自然规律和经济规律,加强长江沿岸地区的联合与协作。21世纪以来至国务院《关于依托黄金水道推动长江经济带发展的指导意见》(国发〔2014〕39号)(以下简称《指导意见》)颁发前,学者们从协调发展机理、优化内部结构等多方面对长江经济带发展问题开展研究的成果不断丰富。国务院《指导意见》颁发后,多数学者提出,应从新常态下打造中国经济新支撑带的更高视野,推进长江经济带实现协调发展、协同发展、共同发展和空间均衡,重点要在促进下游地区转型升级的同时,加快推进中上游地区开发开放,推动长江经济带形成市场统一、产业衔接、东西部双向开放和经济、人口、生态三者空间均衡的新局面。①

---

① 参见成长春:《长江经济带协调性均衡发展的战略构想》,《南通大学学报》(社会科学版)2015年第1期。

　　综合而言,随着形势的发展,专家、学者们围绕长江经济带发展问题研究的成果不断丰富、视野不断拓展,且关于长江经济带协调发展、均衡发展问题的研究是其永恒的主题,相关研究成果有力支撑、指导着长江经济带的发展实践。当前,长江经济带发展战略上升为国家战略后,已在通关一体化、综合立体交通建设、产业转移、园区合作等诸多领域取得初步进展。随着《长江经济带发展战略规划纲要》的即将出台,围绕长江经济带发展的一系列重大战略部署将进入加快制定和实施阶段。新一轮长江经济带发展实践,离不开科学的区域发展战略方针的指导。我们认为,要将长江经济带打造成具有全球影响力的内河经济带、东中西互动合作的协调发展带、沿海沿江沿边全面推进的对内对外开放带以及生态文明建设的先行示范带,需要以新的区域协调性均衡发展战略方针为指导,大力推动长江经济带协调性均衡发展,在以往侧重从区域生产力平衡布局角度推进区域协调发展的基础上,进一步突出区域均衡发展的要求,更加注重使市场在区域资源优化配置中起决定性作用,更加注重区域基本公共服务的均等化,更加注重区域经济发展、人口分布与国土资源环境承载力相协调。

　　为尝试性探讨区域协调性均衡发展战略方针指导下长江经济带的协调性均衡发展实践问题,本书安排了十二章内容。第一章为"区域协调性均衡发展战略的提出"。该章在详细总结新中国成立后中国区域发展战略演变历程的基础上,紧密结合新常态下中国区域发展面临的新形势、新任务,创新地提出中国需要根据未来一段时期区域发展更多元、更均衡的大势,及时将区域协调发展方针提升为区域协调性均衡发展方针,在原有注重推动区域经济协调发展的同时,进一步突出市场在区域资源优化配置中的决定性作用以及机会均等、空间均衡等区域发展新思维,形成更能适应区域发展新特征、新要求的区域发展战略总方针。第二章为"长江经济带协调性均衡发展的战略构想"。该章以前一章提出的区域协调性均衡发展战略总方针为指导,在深入分析长江经济带的国家战略意图和长江经济带区域空间发展差异的基础上,结合长江经济带区域发展格局的阶段演变和未来发展的新任务与新要求,从理论上探讨了新时期推动长江经济带协调性均衡发展的内涵、愿景和总体思路。第三章为"长江经济带协调性均衡发展中江苏方略"。为增强所提出的长江经济带协调性均衡发展理论框架的应用性,本书将地处长江下游地区经济基础较好、区位优势明显的江苏省作为案例,详细分析了江苏省在长江经济带经济演进中的地位与作用,并从总体上论述了当前江苏省在长江经济带协调性均衡发展中面临的新要求以及发展的新路径。第四章至第十二章,主要结合国务院发布的《指导意见》中明确的主要任务,按照本书所提出的长江经济带协调性均衡发展的总体要求,分别从畅通黄金水道、完善交通网络、推动产业创新、提升城镇化质量、增创开放优势、建设生态廊道、创新社会治理、加强区域合作、推进载体建设共九个方面,具体论述了长江经济带以及江苏省在相关领域推进协调性均衡发展的必要性、现状、态势以及对策建议。在第四章至第十二章中,每一章在内容上安排了三个小节,其中第一小节重点阐述长江经济带在相关领域推进协调性均衡发展的必要性;第二、三小节则具体阐述江苏省在相关领域的发展现状、态势以及积极融入长江经济带协调性均衡发展格局中的对策举措。

全书结合新常态下中国区域发展的新形势、新要求,创新地提出了应将基于缩小地区经济差距而提出的区域协调发展战略优化提升为区域协调性均衡发展战略,以更好地体现经济体制改革的新动向以及增强发展整体性、促进机会均等、推进空间均衡等区域发展新要求,充分适应未来一段时期中国区域发展更多元、更均衡的大势,希望能从理论上为中国区域发展总方针的优化提升贡献一份绵薄之力。在此基础上,用所提出的区域协调性均衡发展指导方针,对长江经济带协调性均衡发展中形成融合发展、共生发展的愿景与路径以及江苏省在融入长江经济带协调性均衡发展中的对策建议进行了深入探讨和全面分析,希望能从实践上为将长江经济带打造成中国经济新支撑带提供一定的决策参考。

第一章　区域协调性均衡发展
　　战略的提出

　　新中国成立以来,中国区域发展战略首先采取的是区域倾斜发展战略,它又可细分为两个阶段,一个是1949～1978年期间生产力布局西进的区域计划性均衡发展战略阶段,一个是1979～1991年期间生产力布局东倾的区域非均衡发展战略阶段。20世纪90年代初期以来,针对非均衡发展过程中形成的中国区域发展差异日益扩大等诸多问题,中国区域发展战略优化调整为区域协调发展战略,它可划分为初步形成、全面实施、与主体功能区战略组合、与"三个支撑带"战略组合四个阶段。区域协调发展战略实施阶段可以看成是将中国区域非均衡发展格局引向正确发挥市场作用和政府作用下形成区域高水平均衡发展格局的过渡阶段。在不同阶段区域发展战略与区域政策的作用下,中国区域发展格局逐步优化,但当前仍然面临着区域经济绝对差距持续拉大、区域基本公共服务不均等、区域经济增长与资源环境承载力不协调、区域经济政策"碎片化"等问题。由于区域协调发展战略本身是特定时期主要为了解决区域经济发展差距日益拉大、区域摩擦加剧、地区结构趋同等问题而提出的区域发展指导方针,内涵上主要局限于经济开发范畴,不能很好地体现出当前在充分发挥市场在区域资源优化配置中起决定性作用、增强发展整体性的同时,同步做好区域基本公共服务均等化以及经济、人口、生态三者空间均衡等时代要求。因此,在基础和条件已基本具备的形势下,有必要结合新常态下区域发展的新特点和新任务,对我国区域发展战略的概念表述和时代内涵进行提升,将主要局限于经济平衡发展、过渡性引导区域经济由非均衡发展走向高水平均衡发展的区域协调发展战略,进一步提升为旨在促进各地区协调发展、协同发展、共同发展和空间均衡的区域协调性均衡发展战略,形成能够正确发挥市场作用和政府作用、能够适应区域发展新趋势的战略新思维,更好地指导"三个支撑带"战略实践。

一、中国区域发展战略与政策的演变

所谓区域发展战略,是一定时期国家对区域经济开发中重大的、带全局性或决定全局的区域发展总体方向与空间布局优化调整的指导思想和基本方针的概括。所谓区域政策,则是根据区域差异而制定的促进资源在空间上优化配置、推动和协调区域经济发展的一系列政策和措施的总和,是区域发展战略的进一步深化。新中国成立以来,为了适应不同时期具体的国内外社会经济发展形势,促进国民经济快速发展,我国区域发展战略和区域政策经历了以下几次大的调整和演变。

(一)1949~1978 年区域计划性均衡发展战略与政策实施阶段

新中国成立后至改革开放前,为了解决沿海与内地区域发展不平衡的状况,中国推动实施了区域计划性均衡发展战略与政策,意在促进沿海与内地平衡发展、平衡布局,缩小沿海与内地的发展差距。在已有的很多研究文献中,该段时期的区域发展战略通常被称为区域平衡发展战略。考虑到该段时期的区域发展战略既体现出促进中国各地区经济平衡发展、推动区域生产力均衡布局的战略思想,又承载着浓厚的计划体制色彩,故本书将之称为区域计划性均衡发展战略。在高度集中的计划经济时期,资源配置按照行政指令来推进,区域计划性均衡发展战略在指导思想上侧重于计划性地将投资和项目在不同地区间加以平衡布局,而通过市场配置资源实现经济整体效率提升、充分发挥各地区比较优势等发展理念还未得到很好的体现,同时,人口资源环境相均衡的发展理念也未很好地形成。因此,区域计划性均衡发展战略与政策影响下推动形成的区域均衡发展格局总体上还是一种低水平的区域均衡发展格局,缺乏市场在促进区域经济竞争性均衡发展中的主导作用,缺乏政府引导下不同地区间的融合互动以及人与自然间的和谐共生。

1. 区域计划性均衡发展战略的形成

新中国成立初期,沿海与内地的关系,既体现为发展进程快慢不同地区之间的关系,又直接涉及各民族地区之间的关系以及经济建设与国防建设的关系,因而成为当时国民经济战略布局中的一个核心问题。

考虑到新中国成立初期我国生产力分布的东西不平衡,同时在当时紧张的国际形势下需要比较多地考虑国防和安全的需要,再加上在理论根源上由于受到了苏联平衡配置生产理论以及对马克思主义经典作家关于平衡发展论述的机械、教条式理解等的影响,导致追求沿海与内地平衡发展的区域计划性均衡发展战略在中国占据了较长时期的主导地位,尤其是"一五"和"三线建设"时期,中国生产力布局先后两次出现了由沿海向内地的大规模西进。

新中国成立初期,国民经济遭到了严重的破坏,不仅经济基础十分薄弱,而且生产力在沿海与内地之间的分布也严重畸形,工业主要偏集于东部沿海,而广大的西南、西北和内蒙古地区几乎没有什么现代工业①,这种状况无论是在经济上还是国防上都是不合理的。因此,新中国成立后,区域发展战略的指导思想重在解决沿海与内地区域生产力分布极端不合理的状况。

"一五"期间,党中央明确提出了正确处理沿海工业和内地工业关系的指导方针,即有计划地、均衡地在全国布置工业,由此导致了中国生产力布局的第一次大规模向西推进。国家"一五"计划中明确指出:"要从国家长远利益出发,按照下列原则,优化调整我们工业基本建设的地区分布,即在全国各地区适当分布工业的生产力,使工业接近原料、燃料的产区和消费地区,并适合于巩固国防的条件,来逐步地改变原来不合理的状态,提高落后地区的经济水平"。

在"一五"时期区域发展战略方针指导下,中国区域生产力布局一定程

① 参见陆大道等:《中国区域发展的理论与实践》,科学出版社 2003 年版,第 110 页。

度上存在着重视内地建设事业的发展而对近海地区建设事业发展关注不够的倾向。针对生产力布局大规模西进的格局,1956年,毛泽东同志在《论十大关系》中,着重对沿海工业和内地工业的关系进行了论述,指出不能过于强调生产力的平衡布局和国防因素而忽视对沿海工业的设备能力和技术力量的充分利用,要在将新的工业大部分摆在内地、使工业布局逐步平衡并利于备战的同时,在沿海也建立一些新的厂矿并对沿海原有的轻重工业加以扩建和改建,很好地利用和发展沿海的工业基础,这样可以增强我们发展和支持内地工业的力量。为此,国家在"二五"计划中就开始提出了这样的建设思想,即要注意利用并适当加强沿海老工业基地的建设。如在国家"二五"计划建议中就明确提出:有计划地在内地建设新的工业基地的同时,要充分利用并加强近海地区的原有工业基础,进一步加强东北工业基地建设,同时考虑加强华东、华北、华南各地区近海城市的工业建设,以发挥他们在国家建设中的作用。

总体而言,"二五"计划在肯定"一五"计划提出的区域计划性均衡发展战略总体方针的同时,又进一步作出了比较切实可行的调整和部署。但1958年开始的"大跃进"运动打乱了这一部署。1958～1960年"大跃进"时期,我国区域发展战略思想主要集中在两个方面:一是期望工业能在全国实现均衡分布;二是期望各省区和各大协作区都能够分别建立起比较独立且完整的工业体系。

从20世纪60年代初开始,由于国际形势再度紧张,国家"三五"计划和"四五"计划制定中的区域发展战略思想,重新转向以国防为中心、以推进"三线"地区建设为重点的发展轨道,区域生产力的布局进一步向西大规模推进,进一步引导工业布局从原先集中的"一线"沿海地区逐步转移到"二线"中部地区和"三线"西部地区。[①]

2. 区域计划性均衡发展政策的实施及效果

新中国成立后至改革开放前,尤其是"一五"时期和"三线建设"时期,

---

① 参见国务院发展研究中心课题组:《主体功能区形成机制和分类管理政策研究》,中国发展出版社2008年版,第3～31页。

在区域计划性均衡发展战略指导下的一系列西倾政策,使得国家投资和重点项目在地区布局上大规模"西进",有力推动了内陆地区的经济发展,内地工业总产值占全国的比重不断提高,由 1952 年的 30.6%提高到 1978 年的 39.1%,旧中国遗留下来的极端不平衡的工业分布状况基本上得到了改变。①

然而,由于这一时期过分强调国防原则和较为机械地追求地区平衡发展,以及在"大跃进"等时期工业布点上大搞"遍地开花"、"星罗棋布",盲目追求地方工业自成体系,由此导致了以下几个方面的后果:

一是沿海经济的发展潜力受到了制约。上海、华北等老工业基地所能得到的国家改造、扩建、新建的投资过少,其作用和潜力远未得到应有的发挥和加强,沿海经济的增长受到了严重影响,因而也阻碍着国家整体经济效率的提升。

二是东西差距缩小的预期效果未能实现。"一五"时期,在国家政策的支持下,中国三大地带之间特别是沿海与内地之间的人均国民收入差距曾出现一定程度的缩小,但在"大跃进"以及"三线建设"时期,由于生产力布局的指导方针出现了一些偏差,国家投资的西移并未阻止地区差距扩大的趋势。三大地带之间人均国民收入的加权变异系数,1957～1960 年间由0.195 急剧上升到 0.282;1965～1976 年间则由 0.209 迅速提高到 0.390。②同样,沿海与内地之间的人均国民收入之比,1952 年为 1.38,1965 年下降到 1.29,之后则逐步趋于攀升,到 1980 年已增加到 1.60。③ 这说明,在不讲求投资效果、不讲求经济效率、不讲求市场作用的情况下,人为地、机械地推进国家投资的西倾政策,并非就能取得东西差距缩小的预期效果,而且还会以牺牲沿海经济的增长为代价。

---

① 参见陆大道等:《中国区域发展的理论与实践》,科学出版社 2003 年版,第 114 页。
② 参见刘树成、李强、薛天栋:《中国地区经济发展研究》,中国统计出版社 1994 年版,第 160 页。
③ 参见魏后凯:《区域经济发展的新格局》,云南人民出版社 1995 年版,第 46 页。

表1-1 "一五"至"四五"时期东、西部地区投资效果比较

（单位：基建投资提供的国民收入）

地　区	"一五"时期	"二五"时期	1963～1965年	"三五"时期	"四五"时期
全　国	6.12	5.38	4.91	4.82	4.35
东部地区	6.22	5.87	5.37	5.23	5.47
西部地区	6.09	4.4	4.4	3.8	3.96

资料来源：黄速建、魏后凯主编：《西部大开发与东中部地区发展》，经济管理出版社2001年版，第163页。

三是经济效益较为低下。国家投资上的重"西"轻"东"，自然会对全国宏观经济效益产生影响。而且，在"大跃进"和"三线建设"时期，片面强调建立独立完整的地方工业体系，在项目布点上搞大分散，由此导致全国基建投资效果急剧下降，西部地区的投资效果则更低（参见表1-1）。在"三线建设"时期，由于工厂布点因为强调国防原则而要"分散、靠山、隐蔽、进洞"，生产的有机联系被人为隔断，致使宏观和微观经济效益均较为低下。

（二）1979～1991年区域非均衡发展战略与政策实施阶段

在1979～1991年，国家在区域政策上开始注重强调效率目标，将投资布局向条件较好的沿海地区倾斜，这一转变主要是受到了当时区域非均衡发展战略思想的影响。

1. 向沿海倾斜的区域非均衡发展战略的形成

国家将投资的重点逐步向东部沿海地区转移，主要是从"四五"后期、"五五"初期开始的。随后，党的十一届三中全会作出了"将工作重点转移到社会主义现代化建设上来"的重大战略决策。经济发展战略的转轨，引起了学者们对中国生产力布局经验教训的思考，他们普遍认为，新中国成立以来在区域计划性均衡发展战略指引下生产力布局的大规模西进，虽然在一定程度上促进了沿海和内地工业的平衡布局，但却导致以牺牲效率目标为代价，今后一段时期在社会主义生产力布局的指导思想上应注重将效率目标调整到第一优先的地位。这样，向东部沿海倾斜、坚持效率优先的区域

非均衡发展战略,就取代了改革开放前的区域计划性均衡发展战略而成为1979~1991 年期间中国区域经济发展新的指导思想。在该段时期,我国有计划的商品经济体制改革逐步展开,价格机制、统购统销体制、外贸体制等的改革以及金融市场、劳务市场和技术市场等的发展,使得市场在促进区域经济发展中的调节作用有所增强,东部地区凭借较好的经济基础和环境条件,其发展活力相对于中西部地区得到了更大的释放。这样,在政府"东倾"政策以及东部地区市场活力更好地被激发的双重作用下,东部地区与中西部地区的发展差距逐步拉大,地区利益格局从计划经济时期相对均衡的状态迅速分化,中西部地区面临的发展压力加大。

向东部沿海倾斜的区域非均衡发展战略,它的形成受到多方面因素的影响。

一是邓小平先富后富、共同富裕思想的影响。改革开放初期,我国区域发展战略的主要思路是,为了实现以开放促改革促发展,首先应充分利用东部沿海地区的区位优势和良好的经济基础,大力发展外向型经济,让这些地区在积极参与国际竞争与合作中率先发展起来,然后再通过这些先发地区辐射和带动广大内地,以此实现全国的快速发展。[1] 正如邓小平同志所言:"我的一贯主张是,让一部分人、一部分地区先富起来,大原则是共同富裕。一部分地区发展快一点,带动大部分地区,这是加速发展、达到共同富裕的捷径。"[2]可以说,改革开放后一定时期内,中国区域发展战略和区域政策的制定,在很大程度上受到邓小平同志这种先富后富、共同富裕思想的重要影响。

二是发挥优势、促进联合方针的提出。党的十一届三中全会召开后,对内搞活经济、对外实行开放的方针不断得到贯彻和执行,地区之间、部门之间的封锁开始出现松动,多层次、多形式的横向经济联系逐步在生产、流通、科技等领域得到发展。1980 年,为了大力推动横向经济联合,国务院发布了《关于推动经济联合的暂行规定》,提出了鼓励各地区发挥优势、促进联

---

[1] 参见陈秀山、杨艳:《我国区域发展战略的演变与区域协调发展的目标选择》,《教学与研究》2008 年第 5 期。

[2] 《邓小平文选》第三卷,人民出版社 1993 年版,第 166 页。

合的十六字方针,即"扬长避短、发挥优势、保护竞争、促进联合"①。这一方针在以后制定的各个五年计划或规划中都得到了很好的体现。

三是区域经济发展指导方针的转变。改革开放后中国经济发展战略的转轨,使得区域经济发展的指导方针,从"六五"计划开始逐步从过去主要强调国防和缩小地区差别转移到了以提高经济效益为中心。相应地,中国在生产力布局上也开始向沿海地区倾斜。国家"六五"计划中明确指出:要积极利用沿海地区的现有经济基础,充分发挥它们的特长,带动内地经济进一步发展;内陆地区要加快能源、交通和原材料工业建设,支援沿海地区经济的发展。国家"七五"计划则将全国划分为三大经济地带,即东部沿海、中部和西部,并提出要加速推进东部沿海地带的发展。1987 年,党的十三大报告进一步提出,在生产力布局上,要重点发挥经济比较发达的东部沿海地区的重要作用,继续巩固和发展已初步形成的"经济特区——沿海开放城市——沿海经济开发区——内地"这样一个逐步推进的开放格局。

四是沿海地区经济发展战略的实施。在"七五"计划时期,由于内地资源开发投资不足等多方面的原因,导致沿海与内地之间争夺资源、市场的矛盾日益加剧。为解决此类问题,1988 年年初,党中央、国务院分析了发达国家和地区产业结构调整中劳动密集型产业正向劳动费用低的地方转移的国际经济发展新形势,结合我国发展实际,提出了针对沿海地区的经济发展战略:其基本思想是沿海地区要大力发展外向型经济,充分发挥外向型经济对地区经济发展的促动作用,不断提高对中、西部发展的带动力;其主要内容是在沿海地区要大力发展劳动密集型产业,沿海加工业要坚持"两头在外,大进大出"。这一战略后来在 1988 年 3 月召开的沿海地区对外开放工作会议上被作为国家方针正式提出。

2. 区域非均衡发展政策的实施及效果

东部沿海地区地理位置优越、经济基础良好、开放历史悠久,有利的基础和条件使得该地区被确定为中国对外开放、吸引外资的先行地区。为了促进国民经济的快速发展,提高宏观经济效益,不断增强国家经济实力,尽

---

① 范恒山:《关于深化区域合作的若干思考》,《经济社会体制比较》2013 年第 4 期。

快消除贫困落后的状况,国家在这一阶段采取了促进东部沿海地区优先发展的东倾政策。主要政策举措如下:一是在东部沿海地区实行"率先开放"。先后设立了5个经济特区(深圳、珠海、汕头、厦门、海南)、14个沿海港口城市(北海、湛江、广州、福州、温州、宁波、上海、南通、连云港、青岛、烟台、天津、秦皇岛和大连)、5个沿海经济开放区(珠江三角洲、闽南厦漳泉三角地区、长江三角洲、胶东半岛、辽东半岛等)、1个国家新区(上海浦东新区);二是在东部沿海地区实行"率先改革"。在投资、外贸外资、财税、信贷、价格等方面实行政策倾斜。比如,与"五五"时期相比,"六五"时期内地在全国基本建设投资分配中所占比重由50%下降到46.5%,沿海地区则由42.2%提高到47.7%(由于部分交通等基础设施投资是不分地区的,因此沿海与内地投资之和不等于100%);三是在东部沿海地区实行"率先发展"。一些大项目被中央更多地布置在东南沿海地区,由此吸引各类要素开始向东部沿海集中,进而推动了整个国民经济的发展。① 当然,与此同时,国家对贫困地区和少数民族地区也给予了一定补偿。

"东倾政策"的实施使得沿海地区的投资环境大为改善,有力支撑着沿海地区经济的快速发展。尤为重要的是,在外向型经济发展战略指引下,该地区凭借其优越的地理位置和良好的经济基础,逐步发展成为我国吸收外商直接投资的主要阵地和出口加工的重要基地。在我国三大地带中,东部沿海地区1983~1991年间吸收的外商直接投资及其他投资额(188亿美元)约占全国各地区总额的90.6%。②

经过十多年的快速发展,东部沿海地区逐步成为推动中国国民经济高速增长的火车头。然而在改革开放后我国经济发展战略和经济体制双重转轨过程中,由于体制和政策的不完善,该段时期中国区域发展实践中也存在诸多问题,主要有如下两点:

一是东部与中西部地区差距迅速扩大。改革开放以来,由于自然、历史、社会、经济和文化等多方面的原因,在全国经济总体上呈现出高速增长

---

① 参见陈秀山、杨艳:《我国区域发展战略的演变与区域协调发展的目标选择》,《教学与研究》2008年第5期。

② 参见魏后凯:《我国外商投资的区位特征及变迁》,《经济纵横》2001年第6期。

的宏观大势下,国家东、中、西部三大地带的经济发展水平虽然都有了较大提高,但从提高的程度来看,与沿海地区相比,中西部地区未能实现同步发展,处于明显的滞后状态,东中西部之间的发展差距不断扩大。1979～1991年间,中国东部地带地区生产总值在全国国内生产总值中的占比,由1979年低于中西部地带地区生产总值合计数在全国国内生产总值中的占比3.53个百分点,转变为1991年高于中西部地带合计数占比的2.99个百分点(参见图1-1)①。

（单位：%）

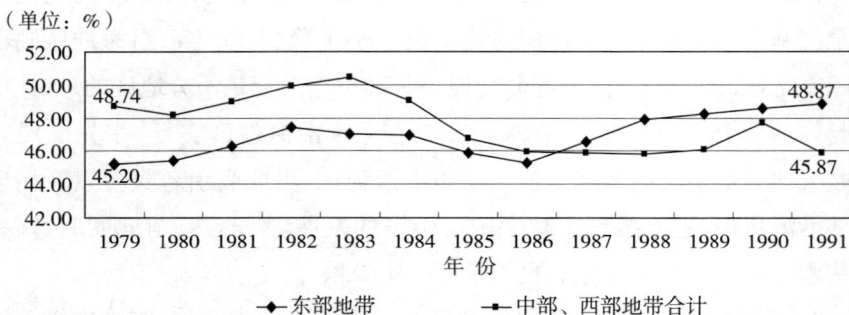

图1-1 1979～1991年东部与中西部合计分别在全国GDP中占比的变化

注:由于不包括新疆生产建设兵团、香港、澳门,所以图中两者比重之和不等于100%。
资料来源:根据《新中国60年统计资料汇编》整理。

二是区际利益冲突和地区壁垒不断增加。改革开放以来,各种形式的横向经济联合和区域性联合在中央政策的积极推动下蓬勃开展,区域经济呈现出活跃的合作态势。据不完全统计,到"七五"末期,全国不同类型的、跨区域的横向经济联合组织已达100多个。然而,在这种活跃的背后,随着地方政府经济权益的增加,特别是地方财政包干体制的实施,一些地方政府为了保护其幼稚的加工业不受外地产品的冲击,增加本地财政收入,促进地

---

① 本章划分的东部地带:包括北京、天津、辽宁、河北、山东、上海、江苏、浙江、福建、广东和海南11省(市);中部地带:包括2006年中共中央、国务院颁发的《关于促进中部地区崛起的若干意见》中确定的中部地区6省(山西、安徽、江西、河南、湖北和湖南)以及黑龙江和吉林两省;西部地带:包括2000年国务院发布的《关于实施西部大开发若干政策措施的通知》中所确定的西部开发政策适用范围覆盖的12个省(市、自治区),包括重庆市、四川省、贵州省、云南省、西藏自治区、陕西省、甘肃省、宁夏回族自治区、青海省、新疆维吾尔自治区、内蒙古自治区和广西壮族自治区。

区产业结构独立完整化,便采用种种行政手段,构筑名目繁多的地区壁垒,如设立各种关卡,对过境商品滥收税费,禁止到本地以外地区采购,限制本地区外产品进入本地市场,有的地区为了保护本地产品,甚至运用价格、财政、信贷、奖罚等经济杠杆,对地区资源、要素和商品的进出实行封锁和垄断,由此导致地区间的各种资源大战、利益冲突和贸易摩擦,形成了所谓的"诸侯经济"。①

(三)1992～1998 年区域协调发展战略初步形成阶段

区域经济协调发展的指导方针在 1992 年年初邓小平发表重要的南巡讲话后即已正式确定,该方针的提出旨在抑制区域非均衡发展战略实施中区域经济差距迅速扩大的势头,但从总体上看,由于政策调整的过渡性以及政策效应的滞后性,1992～1998 年期间,国家投资布局和政策支持的重点仍主要集中在沿海地区。同时,随着我国社会主义市场经济体制的逐步建立,财政体制、企业、金融、外汇等方面的改革迅速推进,市场在我国宏观调控下对资源配置的基础性作用不断得到增强,资源要素在不同地区间的流动有所加快,国民经济发展整体效率得到提升,但由于市场发育程度低、法制不健全以及财政"分灶吃饭"体制等的影响,导致地方政府出于对本位利益的追求而建立起名目繁多的显性或隐性行政性市场壁垒。一系列以市场行政分割为特征的地区封锁行为,使得各种市场要素难以按照价值规律和竞争法则在不同地区间顺畅流动以实现其最大价值,各种资源和基础设施也不能很好地在不同地区间实现共建共享。在这种发展格局下,资源富裕但发展相对落后的中西部地区,由于缺乏资金和技术进行深度开发,往往采取抬高资源垄断价格的方式以取得在国内市场上的有利地位;而资源贫乏但发展相对先进的东部地区为了回避垄断价格则选择购买国际资源开展生产而不愿意以联合投资的方式参与中西部地区的资源开发。② 由于国家投资布局和政策支持的重点仍主要集中在东部沿海地区,再加上市场不完善、

---

① 参见陈栋生、魏后凯:《对区际贸易摩擦的几点思考》,《改革》1989 年第 2 期。
② 参见周国林:《转型时期我国区域间市场壁垒的性质及其效应》,《江西财经大学学报》2000 年第 2 期。

法制不健全导致的市场分割,在区域协调发展战略初步形成阶段,我国区域经济发展总体上速度不断加快,但区域经济发展差距仍然呈现出持续加剧和扩大的趋势。

1. 区域协调发展战略的初步形成

针对区域非均衡发展战略实施后造成的区域差距拉大、地方保护日益盛行等问题,国家从"七五"末期即着手酝酿对区域经济发展战略加以优化调整。1990 年 12 月,党的第十三届中央委员会第七次全体会议通过的《中共中央关于制定国民经济和社会发展十年规划和"八五"计划的建议》中明确指出,改革开放以来,地区经济得到空前发展,经济实力显著增强,但也存在着重复建设项目过多、产业结构趋同、资源配置不合理、地区分割与封锁严重等主要问题,难以发挥比较优势,也影响了全国统一市场的形成。由此指出,今后 10 年要认真贯彻统筹规划、合理分工、优势互补、协调发展等原则,通过横向联合、利益兼顾等办法,加强不同地区在经济方面的合理分工,促进经济体系向有利于发挥地区特色和区域协作的方向发展,正确处理和协调好资源地区和加工地区的关系,着力解决不同地区之间由于收入分配差距过大而导致的经济和社会问题,同时,要采取有效措施,打破地区分割和封锁,促进全国统一市场加快形成和发展。

由此可见,"七五"末期,中国的区域协调发展战略思想已在酝酿之中,但是真正将之作为解决地区差距扩大问题的长期战略方针来提出,是始于党的十四大。1992 年 10 月,党的十四大报告提出,要在国家统一规划指导下,按照因地制宜、合理分工、各展所长、优势互补、共同发展的原则,促进地区经济合理布局和健康发展。1995 年 9 月,党的十四届五中全会通过的《关于国民经济和社会发展"九五"计划和 2010 年远景目标建议》提出,今后 15 年经济和社会发展必须贯彻的重要方针之一,就是要"坚持区域经济协调发展,逐步缩小地区发展差距";同时还指出,保持社会稳定、体现社会主义本质的重要方面就是要逐步缩小地区发展差距和解决好社会分配不公,最终实现共同富裕。1996 年 3 月,八届全国人大四次会议通过的《关于国民经济和社会发展"九五"计划和 2010 年远景目标纲要》专门开设"促进区域经济协调发展"一章,系统阐述了此后 15 年国家"坚持区域经济协调发展,逐步缩小地区发展差距"指导方针的发展方向和主要政策措施。这标志着区域协调发展战略的重要性已经形成共识并成为我国经济社会发展过程中必须贯彻的重要方针。1997年9月,党的十五大报告进一步强调要促进地区经济合理布局和协调发展。一系列的重大决策表明,中国区域协调发展战略已经初步形成。

2. 区域协调发展政策的初步实施及效果

1992～1998年期间,国家采取的区域政策措施主要包括以下几个方面:

一是对外开放政策的全方位落实。1992年邓小平同志南巡讲话后,一方面,沿海地区对外开放进程进一步加速;另一方面,随着一批沿边城市、长江沿岸城市和内陆省会城市的相继开放,以及三峡经济开放区的批准设立,中西部地区对外开放的步伐逐步加快,由此形成了沿海、沿边、沿江和内陆省会城市相结合的,多层次、多渠道、全方位的对外开放格局。

二是投资和产业布局政策的调整。在此期间,虽然随着投资主体的日益多元化,中央直接配置资源的能力不断下降,但国家在中西部地区的投资比重还是得到了相应增加;同时,为加快中西部地区的经济发展,沿海地区的棉纺初加工等一些加工制造业在国家的积极推动下也逐步向中西部资源丰富地区转移扩散。

三是国家扶贫政策体系的进一步完善。国家确定从1994年起实施"扶贫"攻坚计划,决定集中人力、物力、财力,动员社会各界力量,力争从1994年到2000年用7年左右的时间,基本解决全国8000万农村贫困人口的温饱问题。1996年10月,中共中央、国务院又发出了《关于尽快解决农村贫困人口温饱问题的决定》,号召实行全党动员,全社会扶贫济困,突出重点,集中力量解决农村贫困人口的温饱问题,以尽快消除贫困。为加强东西部地区互助合作,帮助贫困地区尽快解决群众温饱,逐步缩小地区之间的差别,1996年7月,国务院批准并转发了国务院扶贫开发领导小组《关于组织经济发达地区与经济欠发达地区开展扶贫协作的报告》。

以上政策举措的实施,使得中国农村贫困地区开发取得了较大成就,基本实现了《国家八七扶贫攻坚计划》的目标。同时,在国家财政投资的积极引导下,中西部地区投资增长明显加快。但在市场壁垒影响下,由于西部地区原有基础较差,东部地区缺乏以投资方式参与中西部地区资源开发的积极性,中西部地区新增投资又主要集中在基础设施建设方面,而沿海地区凭借其区位优势、发展条件和政策优惠,地区经济持续快速发展,最终导致东西发展的绝对差距非但没有缩小反而继续扩大。从 1991 年到 1998 年,中国东部地带地区生产总值在全国国内生产总值中的占比,由 1991 年高于中西部地带地区生产总值合计数在全国国内生产总值中的占比 5.66 个百分点,扩大为 1998 年高于中西部地带合计数在全国占比的 10.97 个百分点(参见图 1-2)。因此,实现区域经济协调发展的目标任重道远。

与此同时,虽然经过该段时期生态环境的建设和治理,中国生态环境保护和建设已经取得较大成效。但从总体上,中国生态环境恶化的问题渐显严重,一些地区的生态环境继续恶化,部分城市污染严重。

(单位：%)

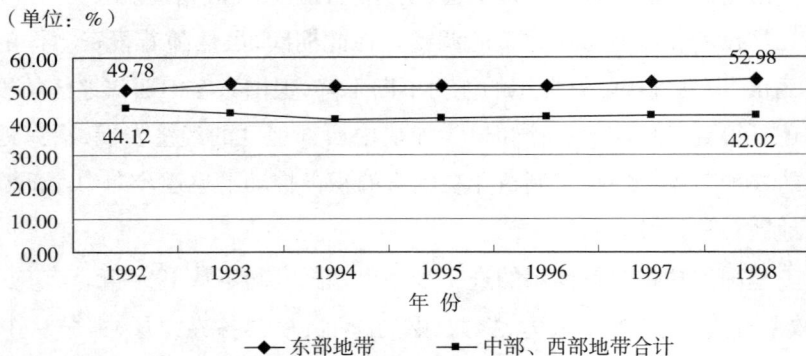

图 1-2　1992~1998 年东部与中西部合计分别在全国 GDP 中占比的变化

注:由于不包括新疆生产建设兵团、香港、澳门,所以图中两者比重之和不等于 100%。
资料来源:根据《新中国 60 年统计资料汇编》整理。

(四) 1999~2005 年区域协调发展战略全面实施阶段

20 世纪末以来,各种隐性的区域问题在我国经济社会发展中不断显露出来,如西部地区严重落后、东北等老工业基地出现衰退、中部地区经济地位日显边缘化以及东部地区一些大城市的膨胀等问题。这些问题导致了我国资源在空间配置上的低效率和浪费,难以满足东部沿海地区率先发展以及中西部地区经济日益扩张的需求,因而对国民经济持续健康快速发展产生严重制约。为了应对区域经济差距不断扩大以及由此带来的一系列社会、经济问题,在科学发展观的指导下,中央政府先后实施西部大开发、振兴东北老工业基地与中部崛起等战略。这些战略的制定和实施,标志着我国区域协调发展战略进入全面实施阶段,我国区域发展的协调性以及发展的活力和主动性因此显著增强。但是,由于以 GDP 为核心的政绩考评体制导致的经济分散化和分割化、市场体系不完善、法律制度不健全等因素的影响,我国不同地区间基于资源开发与利用、区域分工与协作、生态环境保护与补偿等方面的利益关系调整还缺乏科学规范的制度架构,一些区域由于主体功能定位不清晰,导致其产业发展与资源环境承载能力不匹配,从而面临着生态环境恶化、人与自然关系冲突等问题。

1. 区域协调发展战略的全面实施

在沿海发展战略实施 20 年之后,党的十五届四中全会通过的《中共中央关于国有企业改革和发展若干重大问题的决定》中明确提出:国家要实施西部大开发战略;中西部地区要从自身条件出发,发展有比较优势的产业和技术先进的企业,促进产业结构的优化升级;东部地区要在加快改革和发展的同时,本着互惠互利、优势互补、共同发展的原则,通过产业转移、技术转让、对口支援、联合开发等方式,支持和促进中西部地区的经济发展。这标志着我国区域协调发展战略正式进入到具体实施阶段。

为了从国家层面对西部地区发展给予重点支持,国务院于 2000 年印发了《关于实施西部大开发若干政策措施的通知》(国发〔2000〕33 号)。2001年"十五"计划纲要中明确提出,"实施西部大开发,促进地区协调发展"。由此,区域协调发展被提升到了前所未有的高度。

2001 年起,我国开始执行"十五"计划和实现第三步战略目标,这就要求曾是"中国工业摇篮"和"天下粮仓"但却存在着国有经济比重高、计划体制负担重、矿业城市资源枯竭等问题的东北地区,推动实施可持续发展战略,提供更多的矿产品和原材料。同时,保护环境和节约资源也给东北老工业基地提出了更高要求。在此形势下,振兴东北地区等老工业基地的发展战略于 2002 年也被纳入了国家战略层面。

2003 年,党的十六届三中全会第一次明确提出了"统筹区域发展"的重要战略,并将"形成促进区域经济协调发展的机制"作为完善社会主义市场经济体制的主要任务之一。在此方针指导下,促进中部地区崛起的国家战略于 2004 年 3 月付诸实施。

此后,在 2005 年党的十六届五中全会上通过的《中共中央关于制定"十一五"规划的建议》中明确提出:要落实区域发展总体战略,继续推进西部大开发,振兴东北地区等老工业基地,促进中部地区崛起,鼓励东部地区率先发展,形成东中西优势互补、良性互动的区域协调发展格局和区域协调发展机制。这一重要论断,既对中国区域协调发展的内涵以及目标进行了准确界定,又将中国区域协调发展战略推入到全面实施阶段,同时还在总结新中国成立以来国家经济布局与区域发展经验的基础上,首次提出了包括东部、中部、西部、东北等老工业基地等"四大板块"在内的国家区域发展总体战略,勾勒出了走向区域协调发展的具体路径。①

2. 区域协调发展政策的全面实施及效果

总体上看,由于区域协调发展政策的制定与落实采取了统筹兼顾、分类指导的方针,这使得制约各区域发展的一些突出问题逐步得到缓解,我国东部、中部、西部和东北各个区域的发展都较好地呈现出重点明确、特色鲜明的发展格局,并取得了较为显著的成效。②

西部大开发战略的实施,使得西部地区的发展环境与条件逐步改善。一是交通、通信、水利等基础设施建设进展迅速,为西部地区吸引投资奠定了较好的硬件环境;二是局部地区生态环境以及大江大河上游的生态屏障,因退耕还林、退牧还草、青海三江源等重点生态建设工程的不断推进而逐步改善或得到加强;三是富有西部特色的优势产业发展势头良好,成渝、关中地区经济带动作用不断增强。比如,西部地区的农牧加工业、能源工业、旅游业等优势产业随着西部大开发战略的实施发展迅速;四是教科文卫以及社会保障事业开始从城市向农村延伸,扶贫攻坚力度不断加大;五是人们的

① 参见陈栋生:《区域协调发展和区域发展总体战略》,《浙江经济》2007 年第 10 期。
② 参见张军扩、侯永志:《协调区域发展——30 年区域政策与发展回顾》,中国发展出版社 2008 年版,第 29～31 页。

改革开放意识、社会主义市场经济观念发生积极变化,西部人民加快建设小康社会的信心和决心进一步增强。

振兴东北地区等老工业基地战略的实施,使得该地区一些重点领域和关键环节的改革与发展逐步取得突破,推动着地区经济和社会发展不断加快。一是国有企业改制重组步伐加快,就业再就业进展明显;二是经济结构调整优化步伐加快,企业自主创新能力不断提升;三是资源枯竭型城市转型和棚户区改造步伐加快,可持续发展能力增强。

促进中部地区崛起战略起步良好。一是国家实施了一系列支农、惠农、强农政策,巩固了中部地区作为国家最重要的农产品特别是粮食主产区的重要地位;二是能源原材料基地和现代装备制造及高技术产业基地建设开始得到重视,工业结构优化升级得以加快;三是交通运输枢纽地位开始得到提升,对中部地区商贸流通旅游业的加快发展形成有力支撑。以武汉城市圈、中原城市群、长株潭城市群、皖江城市带为重点的城市群加快发展,开始成为中部地区经济发展和人口集聚的重要平台。

随着区域协调发展战略的全面实施,我国区域发展差距扩大的势头有所减缓。2005 年,东部、中部、西部和东北地区的城镇居民家庭人均可支配收入,比 2000 年分别增长了 65%、67%、56% 和 74%(未扣除物价因素)。但是,在地方政府"唯 GDP 论英雄"而非追求区域融合发展以及人与自然和谐共生的形势下,区域空间的优化利用、高效利用、可持续利用就不能很好地实现,区域之间的资源环境补偿等问题也不能得到很好地解决。

(五)2006~2013 年"四大板块"与主体功能区战略组合阶段

1. 主体功能区战略的推进实施

随着区域发展总体战略的推进实施,中国区域经济社会发展也出现了一些新的问题。由于一些地方不顾代价追求高增长、将缩小区域差距片面理解为缩小经济总量差距,同时由于国家区域政策的实施单元过大等多种因素的影响,导致区域开发中存在着过度开发、盲目开发、无序开发特别是分散开发等现象,从而引致耕地减少过多过快、环境污染加重、生态系统功能退化等问题。从这方面运行实际来看,区域发展总体战略本质上还是一个力图缩小不同国土空间之间 GDP 差距的经济开发战略,不是一个空间开发的战略,不可能全面解决人口、经济、资源环境三者之间的空间均衡问题。同时,由于在生产力布局方面忽视了对不同区域资源环境承载能力的统筹考量,偏于强调不同地区间的经济平衡,这就容易导致生态地区和农业地区的盲目开发与环境污染,也容易带来不同城市经济集聚规模与人口分布的失衡。因此,在推进区域发展总体战略、重视区域经济平衡的同时,需要将指导我国区域发展的理论思想加以丰富和拓展,进一步树立起经济、人口、生态三者空间均衡的理念,在综合分析国土资源环境承载能力的基础上,明确不同区域的主体功能。在此形势下,国家主体功能区战略逐步形成并被付诸实施。①

主体功能区的基本思想是国家发改委在上报国务院的“十一五”规划思路研究中首次提出,当时将主体功能区划分为优化整合、重点开发、生态脆弱、禁止开发四类。在《中共中央关于制定国民经济和社会发展第十一个五年规划的建议》明确了构建主体功能区总体要求的基础上,2006 年 3月,《中华人民共和国国民经济和社会发展第十一个五年规划纲要》系统阐述了推进形成主体功能区的基本方向和主要任务。2007 年 7 月,国务院以文件形式发布了《国务院关于编制主体功能区规划的意见》(国发［2007］21号),明确了制定和实施主体功能区战略的一些重大问题,比如规划定位、规划原则、主要任务以及制定两级规划(国家和省级),划分 4 类主体功能区等。2007 年 10 月,党的十七大报告中提出,全面建设小康社会的一项重要目标就是主体功能区布局基本形成。在相关部署不断推进的基础上,2010 年,国务院发布实施了《全国主体功能区规划》。至此,主体功能区从理念走向实践。《全国主体功能区规划》是我国国土空间开发的战略性、基础性和约束性规划,将我国国土空间的开发方式划分为优化开发、重点开发、限制开发和禁止开发共四类。《中共中央关于制定国民经济和社会发展第十二个五年规划的建议》又进一步将主体功能区提升到国家战略层

---

① 参见杨伟民、袁喜禄、张耕田、董煜、孙玥:《实施主体功能区战略,构建高效、协调、可持续的美好家园——主体功能区战略研究总报告》,《管理世界》2012 年第 10 期。

面,指出要配合实施区域发展总体战略和主体功能区战略,构筑区域经济优势互补、主体功能定位清晰、国土空间高效利用、人与自然和谐相处的区域发展格局,逐步实现不同区域基本公共服务均等化。这样,区域发展总体战略和主体功能区战略相辅相成、互为支撑,共同构成我国国土空间开发的完整战略格局。

2."四大板块"战略的日益深化、细化、实化

以"四大板块"为主体的区域发展总体战略形成后,国家又结合以往的成功实践和现实要求,逐步深化、细化和实化区域发展战略与政策,不断从地域范围比较广阔的大板块走向地域范围相对较小的板块。比如从2006年起,运用区域规划和方案打造了一批跨省区、跨流域、跨行政区的经济区和经济带,如海峡西岸经济区、中原经济区、成渝经济区、北部湾经济区等。据不完全统计,"四大板块"战略提出后,国务院先后主导发布和批复的具有国家区域战略意义的规划和批复文件达一百多项,大的如"长三角区域发展规划",小的如"义乌国际贸易综合改革试验点"。这表明,我国的区域发展战略越来越注重目标针对性和区域适应性。①

3."四大板块"与主体功能区政策的推动实施及效果

以"四大板块"为主体的区域发展总体战略实施以来,国家为了在继续发挥东部地区带头作用的同时,努力遏制住区域经济发展差距持续扩大的势头,因而不断加大对中西部地区发展的支持力度。这方面的政策举措,使得"四大板块"之间发展的协调性逐步增强。近几年来,东部地区的GDP、投资、工业等的发展增速已经呈现出被中西部地区不断反超的势头。随着国家在中西部地区一般性转移支付力度、基础设施建设支持力度等的持续加大以及中西部地区人口向东部地区的持续转移,"四大板块"之间的人均GDP差距有所缩小,不同地区之间的公共服务和基础设施差距也趋于缩小。与此同时,国家开始贯彻落实主体功能区战略,将基本公共服务均等化作为完善区域协调发展机制的重要内容,经济发展与生态环境保护协调互动的格局逐步形成。两大战略的组合实施,使得我国在区域发展格局上呈

---

① 参见陈建军:《长江经济带的国家战略意图》,《人民论坛》2014年第5期(下)。

现出一系列的积极变化。

一是区域经济的增长格局从过去东部地区"一马当先"逐步向"四大板块"齐头并进转变。"十一五"时期,我国区域经济增长格局出现重大变化,中西部地区和东北地区开始扭转了以往在发展速度上持续低于东部地区的局面。该段时期,中西部地区和东北地区的 GDP 年均增速均在13%以上,快于东部地区0.5 至 1 个百分点,区域经济协调共进的势头逐步呈现出来。

二是区域发展的目标体系从过去单纯追求经济增长逐步向经济、社会、生态三大系统整体联动转变。在主体功能区战略指引下,区域协调发展的内涵逐步由单纯的缩小区域经济发展差距丰富为注重经济与人口、社会、资源、生态环境相协调。近年来,中西部地区和东北地区在经济增长、社会事业发展和生态建设等方面取得了较为显著的成就。

三是区域发展的协调程度从不够协调向更加协调转变。"四大板块"与主体功能区战略的组合实施,使各个区域发展的积极性、主动性和可持续性得以增强,各个区域的比较优势也在区域分工合作中越来越得到充分发挥,各区域之间的区际关系更加协调。近年来,我国不同区域之间的合作内容日趋丰富,合作广度和深度不断扩大,横向经济联系持续增强,区域一体化程度加快提升。同时,城市群和经济圈开始在区域合作与发展中发挥着重要的增长极作用。

四是区域发展的协调机制从主要运用行政手段向综合运用经济、行政、法律等多重手段转变。随着国家区域发展战略和区域政策越来越重视区域开发中内容上的综合性、改革上的试验性和示范性、空间上的指向性以及地域上的针对性,各类跨行政区的经济带、城市群、都市圈、经济区、试验区不断涌现,推动区域一体化发展的诉求不断提升,这必然会引起区域管理模式相应地从以行政区管理为主逐步转向行政区、经济区管理并重,以更好地适应资源要素突破行政区划界限进行跨区域整合的需要。一系列不同空间尺度的重点开发区域的相继推出以及以四类主体功能区为分类标准的功能区体系的明确,使得中国区域开发空间层级逐步优化,区域开发格局日益细化,区域调节手段也日益多元化,逐步从主要运用行政手段,转向更多地运用规划指导、协作机制、政策支持等经济手段,同时区域立法工作也已摆上重要议事日程。总体而言,综合运用经济、行政、法律手段对区域协调发展进行调控的局面正在形成。

当然,我国在区域协调发展方面取得显著成就的同时,也面临着一些较为突出的矛盾和问题。一是东中西部地区绝对差距仍在扩大。由于受到已有发展基础等多种因素的影响,当前东中西部区域发展相对差距虽有所缩小,但绝对差距仍在扩大,同时东部地区在基本公共服务水平等方面也明显优于中西部地区;二是市场在更大区域空间配置资源的作用尚未得到充分发挥,不同区域间的重复建设和低水平竞争依然存在;三是区域协调发展和一体化发展的体制机制还不够完善;四是区域规划和区域政策"碎片化"现象显现;等等。

(六)2014年以来"四大板块"与"三个支撑带"战略组合阶段

1."四大板块"与"三个支撑带"战略组合的形成

如何在一个统一国家的内部,平衡不同区域发展水平,搞好区域布局与区域协调,保障不同区域居民都享有基本的国民待遇,从而增加国家的整体凝聚力,是大国治理中不可或缺的重要战略。[①] 在我国经济发展进入新常态的宏观背景下,中央从认识新常态、适应新常态、引领新常态的总体要求出发,提出了优化经济发展空间格局的新任务。2014年12月召开的中央经济工作会议明确提出,要完善区域政策,促进各地区协调发展、协同发展、共同发展;在继续实施区域发展总体战略的同时,要重点实施"一带一路"、京津冀协同发展、长江经济带三大战略。这是新常态下指导我国区域经济发展的新方针。

2015年,国务院政府工作报告首次将"一带一路"、京津冀协同发展和长江经济带确定为新时期的"三个支撑带",并作出了"拓展区域发展新空间,统筹实施'四大板块'和'三个支撑带'战略组合"的新的区域发展战略部署。这样,"三个支撑带"就与传统的"四大板块"以及主体功能区战略一

---

① 参见方烨:《中国经济50人论坛成员、中国经济改革研究基金会理事长宋晓梧:实施板块轴带结合区域发展战略》,《经济参考报》2015年8月10日第8版。

道,共同构成了新时期的区域发展战略组合。这一新的战略组合的确立,标志着中国区域发展战略思维开始从原先以地域为主推进区域经济协调发展的较为粗放的发展理念,向更加注重区际联系与协同、更加注重区域协调与均衡的发展理念转变。

"一带一路"战略是中国实施新一轮高水平对外开放、构建全方位对外开放新格局的重要战略部署。"丝绸之路经济带"和"21世纪海上丝绸之路"(简称"一带一路")的重大倡议于2013年由中国首先提出后,得到了国际社会的高度关注,现已成为兼顾"一带一路"沿线各方利益、反映各方诉求的共同愿望。2014年国务院政府工作报告中明确提出,要"抓紧规划建设丝绸之路经济带、21世纪海上丝绸之路,推进孟中印缅、中巴经济走廊建设,推出一批重大支撑项目,加快基础设施互联互通,拓展国际经济基础合作新空间"。这标志着"一带一路"战略正式提升至国家战略层面。2015年3月28日,国家发展改革委、外交部、商务部联合发布了《推动共建丝绸之路经济带和21世纪海上丝绸之路的愿景与行动》,代表着"一带一路"战略开始进入到全面推进阶段。中国政府倡议,秉持和平合作、开放包容、互学互鉴、互利共赢的理念,全方位推进务实合作,打造政治互信、经济融合、文化包容的利益共同体、命运共同体和责任共同体。目前,中国正与"一带一路"沿线国家一道,积极规划中蒙俄、新亚欧大陆桥、中国—中亚—西亚、中国—中南半岛、中巴、孟中印缅六大经济走廊建设。

京津冀协同发展战略是中国为了打造内涵集约型区域协同发展示范样板、疏解北京非首都功能、实现京津冀优势互补和一体化建设新增长极的重大国家战略。2013年,京津冀协同发展议题开始被提上中国区域发展的重要议程。2014年2月,京津冀协同发展升级为一项重大国家发展战略,且其重大意义、推进思路和重点任务得到明确。2015年4月30日,中共中央政治局召开的会议审议通过了《京津冀协同发展规划纲要》,京津冀协同发展的各项工作正有序开展,人口经济密集地区协同推进经济结构和空间结构调整、联动实现区域整体优化开发的示范性探索逐步展开。

长江经济带战略是国家依托黄金水道,打造中国新支撑带,促进经济增长空间从沿海向沿江内陆拓展的重要战略举措。在经济新常态下,为了增强内需拉动经济的主引擎作用,2014年国务院政府工作报告中提出,除了要发挥好消费的基础作用和投资的关键作用之外,还要打造新的区域经济支撑带,以便从需求方面施策,从供给方面发力,全面构建扩大内需的长效机制。同时,还进一步指出,在深入实施区域发展总体战略的同时,要把培育长江经济带等新的区域经济带作为推动发展的战略支撑。2014年9月,《国务院关于依托黄金水道推动长江经济带发展的指导意见》正式发布,标志着长江经济带战略正式上升为国家战略。

"四大板块"和"三个支撑带"战略组合,是我国区域发展新的重大布局,它们与主体功能区战略的紧密结合,有利于形成中国经济社会持续、协调发展的区域战略支撑。

2. "四大板块"与"三个支撑带"政策的实施及效果

当前,在继续实施以"四大板块"为主体的区域发展总体战略的同时,"一带一路"、京津冀协同发展、长江经济带三大国家战略开始谋划实施。"四大板块"、"三个支撑带"与主体功能区战略组合实施以来,《晋陕豫黄河金三角区域合作规划》、《赣闽粤原中央苏区振兴发展规划》、《珠江—西江经济带发展规划》、《洞庭湖生态经济区规划》、《全国海洋主体功能区规划》、《环渤海地区合作发展纲要》等一批区域规划相继得到批复;青岛西海岸新区、大连金普新区、四川天府新区、湖南湘江新区、南京江北新区、福州新区、云南滇中新区等一批新区获批设立;"一带一路"战略下国际产能和装备制造合作加速推进;京津冀以"一核、双城、三轴、四区、多节点"为骨架的网络型空间格局已着手从多方面加以构筑;长江经济带已在区域通关一体化等方面取得积极进展。总体而言,点线铺开、纵横交错的中国区域发展新棋局正在加速形成,这不仅为中国区域经济向更加协调均衡方向发展、区域空间格局向更加优化方向调整奠定了坚实基础,而且也为加快区域经济协同联动、实现区域经济转型升级提供了有力支持。

二、以区域协调性均衡发展战略引领新常态

从20世纪80年代到21世纪的第一个10年是中国工业化加速时期。

在这一时期,社会价值倾向上处于"亢奋的物质主义"时代,即为了物质财富目标而不惜牺牲生态环境和民生福利的"血拼式"竞争时代。"十二五"开始,中国进入工业化的深化时期,这一时期大约将延续到21世纪中叶,这是力求通过全面深化改革实现国家治理体系现代化的时代,是我们正在经历的经济发展的"新常态"时期。这一时期的社会精神将越来越倾向于渴望利益"分享"、期盼发展均衡,社会心理将更倾向于长期理性、公共思维和持久耐心,国家发展的战略思维将更体现为长远眼界、长效目标和长治久安。物质成就仍然重要,但物质成果的分配以及非物质性的其他追求也越来越受到重视,甚至可以为此而承受一定程度上降低经济增长速度的代价。这样的价值取向可以称为"权衡的物质主义",即虽然仍处于物质主义时代,实现"富强"仍是主要目标,但后物质主义的价值取向因素正在逐渐显现出来。人们的行为目标仍然坚持"发展是硬道理",但也越来越重视环境质量和发展的整体性和可持续性。而其行为特征更显著地表现为越来越主张发展均衡、公平正义和规避风险。政策意愿则必然从"效率优先,兼顾公平"转向"以公平促进效率"、以均衡发展推进公平和以法治保证公平。[①]

随着中国经济发展宏观总体上日益呈现出新常态特征,中国区域发展的战略思维也必须适应时代变迁中这一常态性变化。其中,重要的一点就是要将以往一些容易导致区域发展不均衡的倾斜式、行政化的区域发展战略思维,加快向更加开放、统一、公平、均衡的区域发展战略思维转变。

(一)新常态下区域发展的非均衡问题

制定科学的区域发展战略、形成合理的区域发展格局,是一个国家经济兴旺发达、社会和谐稳定的重要基础。20世纪90年代初以来,在区域协调发展战略指引下,中国各地区发展经济的积极性和主动性不断增强、地区差距不断扩大的势头逐步得到控制、中西部地区发展环境和条件改善显著,有力促进了中国经济的高速增长和社会的长足发展。但在新常态下,中国区域发展仍然面临着区域发展绝对差距持续扩大、地区间资源要素流动不顺

---

① 参见金碚:《中国经济发展新常态研究》,《中国工业经济》2015年第1期。

畅、各地区发展机会不均等、区域经济增长与资源环境承载力不协调、区域经济政策"碎片化"等问题。区域发展不均衡正成为新常态下困扰我国经济社会发展的重要问题。

1. 区域经济发展绝对差距扩大问题

由于自然禀赋以及地理位置等的差异,我国区域经济发展长期以来并不均衡,中西部地区和东北地区经济发展明显落后于东部沿海地区。虽然近年来随着国家区域协调发展战略的不断实施,我国区域经济发展差距加速扩大的势头有所减缓,增长速度上逐步呈现出"东慢西快"的发展格局,但这种态势并不稳固,区域经济发展绝对差距以及人均发展水平的差距仍然过大,而且呈现出继续扩大的态势,大多数欠发达地区才刚刚进入工业化、城镇化加速发展时期,中西部尤其是西部地区仍然相当贫穷落后。同时,与发达国家相比,我国的区域差距依然较大,高收入地区人均生产总值与低收入地区的比值至少在 5～6 倍以上,而发达国家一般约为 2～3 倍。①就目前形势来看,如果放任区域经济非均衡发展,将导致中西部等欠发达地区的资金、人力、技术等各项要素持续流向东部沿海等发达地区,进而加剧不均衡状况,使得各地区无法同等、同步地分享经济增长的成果,也不利于经济的可持续发展、社会的和谐稳定以及人与自然的和谐共生。而且东部沿海等发达地区当前也面临着经历多年高增长之后的技术创新能力薄弱、劳动力成本上升、产业结构不合理等多重发展瓶颈。如果未来外需恢复乏力,东部沿海地区在中西部地区开拓内需市场的努力也会受制于中西部地区因发展滞后而带来的过低消费需求。因此,在促进内需扩大和推动经济转型升级的宏观背景下,缩小区域经济发展差距问题应引起社会各界高度关注。②

2. 地区间资源要素流动不顺畅问题

"四大板块"战略实施以来,中国财政分权制度下地方政府间的激烈竞

---

① 参见陈耀:《"十三五"时期我国区域发展政策的几点思考》,《区域经济评论》2015 年第 1 期。

② 参见李松庆:《"三个支撑带"下的我国区域发展新趋势》,《区域经济评论》2015 年第 4 期。

争,一方面大力推动着各地区经济的快速增长,另一方面也导致各地方政府为了争夺更多的资源要素发展本地经济而采取地方保护主义。较长时期以来,在资源要素总量有限的条件下,各地方政府为了发展和保护自身的经济利益,往往设法通过制定各种各样的地方保护主义政策来限制本地资源的流出和外地产品的流入,人为设定地区间贸易和要素流动壁垒,妨碍着资源要素按市场规律在更广地域范围内合理配置和顺畅流动,阻碍着区域统一市场的形成。同时,由于行政分割化的影响,地方政府在推动本地经济发展中还存在着狭隘地方化的思想,不能很好地将自身放到一定区域整体中去科学制定发展规划,而是片面追求"大而全"、"小而全",由此造成地区之间的同质化竞争与重复建设,产能过剩问题加重。虽然区域协调发展战略持续实施以来,地方政府间的合作势头不断加强,但由于当前不同区域之间合作、对话以及协商的机制还不够完善,总体上还处于一种非制度性的合作阶段,从而导致资源、要素等在全国范围的合理流动尚缺乏制度保障。

3. 地区发展机会不均等问题

地理区位、经济基础、发展阶段以及交通等基础设施条件的差异,导致当前中西部地区与东部地区之间在发展机会上还存在着事实上的不均等。一直以来,中西部地区经济发展相对落后,为了尽快改变落后的局面,中西部地区甚至以资源耗竭、环境污染和生态破坏为代价来发展经济,形成一定程度的恶性循环,导致其可持续发展能力受到一定影响;而东部地区则借助其区位优势和在改革开放领域先行先试的体制优势,迅速推动形成了市场体系相对完善、外向型经济较为发达、区域辐射带动能力相对较强的发展态势。与此同时,中西部地区的劳动者为了提高自身的收入水平,倾向于到东部发达地区和城市实现就业。在这种格局下,一方面,中西部地区的发展基础与环境条件劣于东部地区,导致中西部地区创造发展机会和吸引投资的能力要弱于东部地区;另一方面,在现行财税体制下,中西部地区相对较小的经济规模决定了其财政收入规模进而财政支出规模相对较小;同时,当前的区域政策主要还是侧重于促进区域经济平衡发展,而对教育、文化、卫生等公共品供给的区域平衡关注不够,再加上由于劳动力流动所导致的中西部地区劳动人口与赡养人口在空间上的分离,事实上造成了中西部地区与东部地区公共服务水平的区际差距过大。

4. 人口和经济分布与资源环境承载能力不协调问题

随着近年来我国"新四化"(新型工业化、信息化、城镇化和农业现代化)的融合发展与同步推进,人口、资源环境与经济社会协调发展依然是我国贯彻落实科学发展观必须解决的关键问题。在前一段时期的发展中,生产方式较为粗放,生产技术水平较为低下,经济的快速增长主要依靠生产要素的大量投入,经济发展与资源环境之间的矛盾日益突出。因此,虽然前一段时期中国经济持续高速和超高速增长的成效显著,但"三维目标"(经济发展—社会进步—生态环境良好)协调发展程度不够,中国经济社会发展急需进入以中速增长为特征、以结构优化调整为核心的转型模式。与此同时,中国多年来的发展中,一直未能很好地将经济、人口、资源、环境落实到一个空间去统筹考虑,没有按照可持续发展的要求很好地从经济、人口、资源、环境各大子系统的相互关系中去考虑如何促进其统筹发展,没有很好地考虑不同地区之间人口分布的平衡以及经济发展、人口分布与资源、环境之间的平衡,导致当前我国区域经济和人口的集聚程度与区域资源环境承载能力未能很好地实现匹配。由此可见,贯彻落实"统一、均衡"原则,对不同地区的资源环境承载能力开展全面分析论证,在此基础上对国家和区域层面的空间结构加以优化调整,有效解决经济集聚规模与人口分布的失衡,实现各地区经济、政治、文化、社会、生态文明"五位一体"均衡建设,成为新常态下亟待解决的重大现实问题。

5. 区域经济政策"碎片化"问题

我国"四大板块"区域发展总体战略空间尺度偏大,因此需要通过区域经济政策的进一步细化和落实,来提高区域政策的针对性、操作性和有效性。在此背景下,近年来,我国国家战略性区域规划密集出台,直接推动了规划区域经济的快速增长,打造出越来越多的新增长极,带动着我国区域发展格局逐步由依赖环渤海地区、长三角、珠三角等少数区域驱动向东中西多极驱动转变。但与此同时,国家战略性区域规划"遍地开花"的态势,一定程度上也带来了国家区域政策的"碎片化",导致出现区域政策战略导向作用不强、政策优势泛化等问题。现实中,国家战略性区域规划在一定程度上变成了地区竞赛,区域规划的出台在某些时刻成了各个地方竞争的结果。[①]同时,碎片化的区域规划带来的地区发展政策的差别,也会造成不同地区间发展机会的不均等,且容易形成各自为政,盲目追求政绩、追求 GDP 的现象,如不加以统筹考虑,有可能成为新一轮无序开发建设的开始,必然会对区域协调发展、协同发展、共同发展、可持续发展带来一些值得忧虑的影响。比如,由于区域政策的"碎片化",导致当前我国在区域环境治理中,不同地区政府间的协作往往存在着价值和理念的碎片化、运行机制的碎片化、技术处理的碎片化以及管理体制的碎片化等诸多问题。[②]

上述这些区域发展中存在的不均衡问题,使我们清醒地认识到,区域发展战略需要随着社会经济发展态势的重要变化进行相应的适应性调整。当前,解决区域发展中的不均衡问题,需要重塑市场经济条件下的地区经济关系,统筹区域发展规划,加强区域经济的联合与协作。需要通过区域经济多层次、多形式的联合与合作,加强东、中、西部经济发展中的协调和配合,东西互动、带动中部,形成东、中、西部经济相互促进、优势互补、协调发展的新格局,促进区域经济协调性均衡发展。在区域经济的联合与合作中,既要满足发达地区优势企业低成本扩张的需求,扩大市场空间与原料来源,又要解决落后地区崛起中受到的资金、技术、经营管理、市场拓展等方面的约束,加快落后地区工业化进程,同时充分尊重资源环境承载能力,促进国土空间有序开发。

(二)区域协调性均衡发展新战略

以上区域发展中存在的各类不均衡问题,无法用"亢奋的物质主义"时代的区域经济发展战略思维和政策来加以有效解决。在中国经济发展已进入以"新常态"为表征、以"权衡的物质主义"为价值取向的工业化深化新阶

---

① 参见刘玉海:《统筹思考国家战略性区域规划"碎片化"》,《21 世纪经济报道》2013 年 12 月 27 日第 18 版。

② 参见胡佳:《区域环境治理中地方政府协作的碎片化困境与整体性策略》,《广西社会科学》2015 年第 5 期。

段,必须适应性地将区域发展战略和区域政策加以优化提升。以往那种行
政区划思维主导下各地区在狭窄地域内所进行的分割式规划、粗放式扩张、
非均衡式发展虽然极大地拓展和改变了地区经济的战略空间,但也在一些
方面形成了"空间拥挤"(指过度密集的经济活动和亢奋行为所导致的空间
承载困难)和"空间狭窄"(指经济活动和经济主体的行为因受到某种制约
而难以向广度或深度拓展)现象,出现了资源边际效率下降、加工产能过
剩、盈利空间收缩、区域吸引力不足、环境承载"瓶颈"等现象。因此,区域
发展必须在更广地域范围内向资源要素优化配置、产业技术协同创新、地区
文化交流互动和国土空间开发格局优化的深度层面进行战略空间拓展。①
这种拓展决不能再循着计划经济年代那种行政式的计划性思维,即忽视效
率、机械式推进生产力平衡布局,也不能循着"亢奋的物质主义"时代那种
"短、平、快"思维,即短期目标导向、平面推进扩张、追求快速见效,而要从
充分发挥区域整体效益的要求出发,正确发挥市场作用和政府作用,形成充
分体现促进各地区协调发展、协同发展、共同发展、空间均衡的战略思维,将
区域协调发展进一步提升为区域协调性均衡发展,以适应和引领"新常态"
下的区域发展新棋局。

1. 区域协调性均衡发展的内涵与基础

(1)区域协调性均衡发展的内涵

区域协调性均衡发展是在区域协调发展基础上的进一步升华,因此,科
学界定区域协调性均衡发展的内涵,首先应准确把握好区域协调发展的
内涵。

区域协调发展是我国 20 世纪 90 年代初就开始推行的区域发展方针,
学者们已经围绕区域协调发展的内涵开展过广泛而深入的研究,并形成了
不同的观点。第一种观点认为,区域协调发展是区域经济非均衡发展过程
中,不断追求区域间的相对平衡和动态协调的发展过程,是促进不同地区间
相互开放日益深化、经济交往日益密切、关联互动日益加强,推动不同地区
间经济发展差距控制在合理、适度范围内并逐渐收敛,最终实现各地区经济

---

① 参见金碚:《新常态下的区域经济发展战略思维》,《区域经济评论》2015 年第 3 期。

良性互动、和谐共进、均衡持续发展的过程。① 第二种观点认为,区域协调发展是不同地区充分选择基于自身要素禀赋特点的开发模式,形成合理的分工,同时在政府宏观调控下,将不同地区间的发展条件、人民生活水平差距缩小至合理范围,并注重保持人与自然和谐共生的发展状态。② 第三种观点认为,区域协调发展是指既要通过效率优先促进国民经济高效运转和适度增长,又要通过推动不同地区共同发展,使地区间的经济差异稳定在合理、适度的范围内,达到各区域优势互补、共同发展和共同繁荣的一种区域经济发展模式。③ 第四种观点认为,区域协调发展是在符合科学发展观要求的前提下,空间布局合理、总体经济、社会效益最佳,人民享受公共服务水平基本均等,即在居民享受基本均等公共服务的基础上,导致整体经济效益的提高,而不是刻意追求各地区经济差距的缩小。④ 第五种观点认为,区域协调发展应该包括:各地区人均地区生产总值、人均收入和公共产品享用水平等较为接近;人口分布与经济布局大体均衡;人口和经济的分布与资源环境承载能力相适应。⑤

综合来看,上述不同的观点主要集中于从经济开发的视角对区域协调发展的内涵进行界定,认为在经济开发中,要从区域关系的相互联系、区域发展的相互促进、区域差距的逐渐缩小、区域利益的共同增进等方面加以统筹推进,注重推进区域经济平衡发展。虽然也有个别观点已经在经济开发视角基础上,对区域协调发展的内涵进行了丰富和拓展,如增加了基本公共服务均等化、人口和经济的分布与资源环境承载能力相协调等新的内涵,但

---

① 参见张敦富、覃成林:《中国区域经济差异与协调发展》,中国轻工业出版社 2001 年版;张可云:《论区域和谐的战略意义和实现途径》,《改革》2007 年第 8 期;彭荣胜:《区域经济协调发展的内涵、机制与评价研究》,河南大学博士论文,2007 年。

② 参见郝寿义:《区域经济学原理》,上海人民出版社 2007 年版。

③ 参见高志刚:《新疆区域经济协调发展若干问题探讨》,《经济师》2003 年第 2 期。

④ 参见国家信息中心宏观政策动向课题组:《以主体功能区战略推动区域协调发展》,《中国证券报》2013 年 9 月 23 日第 A14 版。

⑤ 参见杨伟民、袁喜禄、张耕田、董煜、孙玥:《实施主体功能区战略,构建高效、协调、可持续的美好家园——主体功能区战略研究总报告》,《管理世界》2012 年第 10 期。陈栋生:《落实区域发展总体战略构建协调发展的区域经济新格局》,《黄河文明与可持续发展》2008 年第 2 期。

总体而言,区域协调发展概念本身是特定时期为了解决区域非均衡发展战略下造成的区域差异不断扩大问题而提出的区域发展指导方针,内涵上主要还是一个旨在缩小区域经济发展差距的经济开发概念,是引导区域经济发展由非均衡走向高水平均衡的过渡阶段的指导方针。虽然国家"十二五"规划纲要在"促进区域协调发展"篇分成"实施区域发展总体战略"、"实施主体功能区战略"两章来阐述区域协调发展的主要任务,部分学者也已经注重从经济发展平衡和经济发展与资源环境承载力相协调等多方面来丰富区域协调发展的内涵,但作为指导当前及今后区域发展的总方针,过渡性特征较为明显的区域协调发展战略在概念表述及实质内涵上并不能很好地体现出使市场在资源配置中起决定性作用和更好发挥政府作用的经济体制改革要求,不能很好地体现出党的十八届五中全会提出的在协调发展中拓宽发展空间、在加强薄弱领域中增强发展后劲的发展要求,也不能很好地体现出在推进区域经济平衡发展的同时同步做好共享发展以及经济、人口、生态三者空间均衡等时代要求。因此,有必要结合新常态下区域发展的新特点和新任务,对统领我国区域发展总方针的概念表述和时代内涵进行提升,将区域协调发展提升为区域协调性均衡发展,形成更能适应经济体制改革新要求和区域发展新特征、新趋势的战略思维,更为清晰地体现当前及今后指导我国区域发展的总方针所应包含的推进区域经济更有效率、更加公平、更可持续发展以及实现经济、人口、生态三者空间均衡等深刻内涵。

由此,新中国成立以来,我国区域发展战略演变路径及当前提升思路可用图1-3加以表示。区域协调性均衡发展战略是在区域协调发展战略基础上结合现实环境条件以及时代要求而进行的进一步升华,它可作为当前指导我国"四大板块"战略、主体功能区战略以及"三个支撑带"战略等区域发展战略的总方针。

均衡是一个在经济学中被广泛应用的重要概念,其一般意义是指经济事物中的有关变量在一定条件的相互作用下,能使该经济事物各方面经济行为者的愿望都能得到满足时的一种相对静止的状态。在产品或要素市场中,市场均衡就是市场供给量和需求量相等时的市场出清状态,又可分为局部均衡和一般均衡,前者是指在假定其他产品或要素市场条件均保持不变

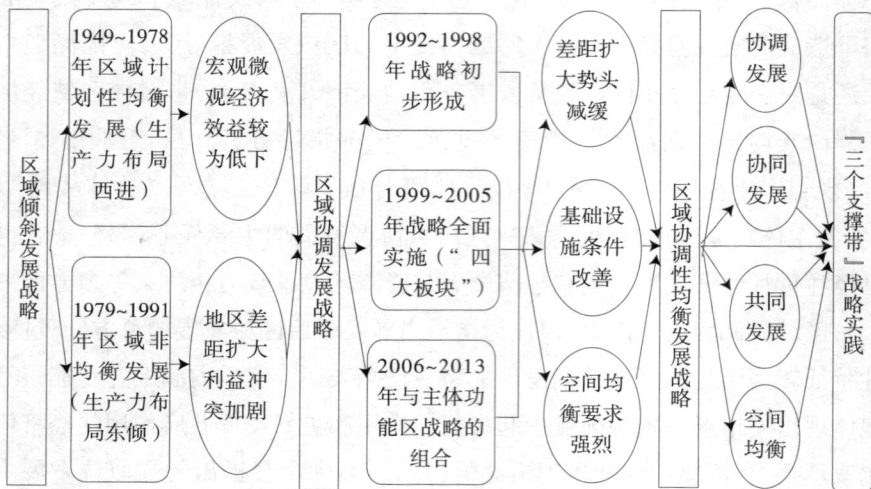

图 1-3　我国区域发展战略演变及提升图

情况下单个市场或部分市场在供求相等时的市场出清状态,后者是指整个经济的价格体系恰好使得一个经济社会中所有相互联系的各个市场在同一时间达到供求相等时的市场出清状态。西方经济学者在一些虚构的假设条件下提出了市场均衡理论,目的是为了说明完全竞争经济在一定的假定条件下存在着一般均衡状态,并且它是一种能够实现资源配置的帕累托最优状态。因此,在经济学中,虽然一般均衡只是在一些极为苛刻条件下才能达到的资源最优配置的理想状态,在现实中很难实现,但该理论的提出,使得学者们普遍形成一个共同的认识,即均衡概念主要是用来强调市场在资源优化配置和经济效率提升中的决定性作用,同时也可用来说明,任何对市场机制的不必要的和不恰当的干预,都只能起到妨碍资源优化配置和降低经济效率的作用。

在当前我国社会主义市场经济加快发展的新阶段,我国众多经济领域的经济资源已经基本上通过市场来配置,但由于体制机制不完善、区域发展不协同等多种因素的影响,导致在生产、流通、消费等环节以及区域分工与协作等层面还存在着较为严重的资源低效配置乃至浪费、重复建设现象。为了有效解决社会主义市场经济建设中的资源优化配置问题,党的十八届三中全会就如何处理政府与市场关系理论提出的要点之一,就是将使市场在资源配置中起"基础性作用"修改为"决定性作用"。这一重大理论创新,标志着中国在今后一段时间内将按照均衡发展的方针,紧紧围绕使市场在资源配置中起决定性作用这条主线深化经济体制改革,更大幅度减少政府对资源的直接配置,更大力度提升国民经济的运行效率。国民经济运行效率的提升,离不开区域融合共生发展的有力支撑。因此,指引区域发展方向、赋予区域发展动力的区域发展战略与区域政策,应紧密结合中国社会主义市场经济体制完善的上述重大趋势性要求,在概念表述以及实质内涵上很好地体现出完善市场机制以推进均衡发展的思想。

协调从语义上来讲通常是指事物之间关系的配合得当与和谐一致;从语用上讲,它既可以指事物发展中所形成的事物之间关系配合得当的理想状态,也可指事物发展中不断趋向这种理想状态的优化过程。将协调概念具体运用到区域发展中,就是所谓的区域协调发展,它是指在尊重区域发展客观规律、把握区域系统相互关系原理的基础上,为实现区域系统正常运转和平衡发展,依据正确的原则、科学的规划和合理的政策,使区域系统间的关系在相互协作、相互配合、相互促进中达成有机联系的理想状态的过程。与"均衡"概念在经济学中偏重于强调市场机制的作用不同,"协调"概念运用于指导区域发展还特别注重运用政府、组织、社会、道义等"非市场"力量促进区域关系的和谐一致与共同发展。

国内外经济社会发展实践表明,社会主义市场经济体制的完善,既离不开市场调节机制的良好运行,又离不开政府宏观调控的充分发挥。改革开放 30 多年来,中国政府管理体制在推进政府职能转变和加快机构改革方面取得了积极进展,为中国经济的持续增长提供了重要保障,但当前仍存在着宏观经济调控不够完善、区域规划相互间的衔接不够顺畅、市场秩序不够规范、社会治理不够协同、基本公共服务不够均等、民众参与不够广泛等诸多问题。为了有效解决社会主义市场经济建设中政府对资源配置干预过多和干预不当的问题,党的十八届三中全会就如何处理政府与市场关系理论提出的要点之二,就是更好发挥政府的作用。这一重要论断意味着,在今后一段时期,政府要按照协调发展的方针,切实履行其经济职能和重要作用,通过政府规制的完善和公共产品的供给、维护市场秩序、加强市场监管、保障公平竞争、推进基本公共服务均等化、推动可持续发展,促进共同富裕,有效解决市场失灵问题,协调好、维护好各类经济主体之间的关系。经济主体之间关系协调的一个重要方面,就是区际关系的协调,即要通过区域发展战略和区域政策的引导,更好地促进不同地区间人均生产总值差距保持在适度范围内、更好地发挥各地区的比较优势、更好地促进各地区融合发展、更好地推动各地区基本公共服务均等化、更好地实现各地区人与自然和谐共生。因此,指引区域发展方向、赋予区域发展动力的区域发展战略与区域政策,还应紧密结合政府进一步推进区际关系协调的重大趋势性要求,在概念表述以及实质内涵上很好地体现出市场机制作用下的均衡发展是一种在政府协调功能充分发挥、各地区之间关系以及人与自然关系和谐一致基础上的发展。

基于对中国当前及今后一段时期经济体制改革核心内容的认识,结合对均衡、协调等概念的理解以及对区域发展新形势与新任务的判断,我们研究提出,作为解决区域非均衡发展战略实施后区域差距迅速扩大问题而提出的、旨在引导区域发展向更高水平均衡状态过渡的区域协调发展战略,应从新常态下国内外发展形势以及国内区域发展的基础和条件出发,及时将其优化提升为区域协调性均衡发展战略,以更好地指导区域科学发展。

所谓区域协调性均衡发展,是指以推动区域经济更有效率、更加公平、更可持续发展为核心,使市场在区域资源优化配置中起决定性作用和更好发挥政府的调节作用,促进各地区协调发展、协同发展、共同发展,同时保持各地区经济、人口、生态三者空间均衡,最终形成不同地区之间公共服务大体均等、生活条件大体均等、生活水平大体均等、经济分布与人口分布大体均衡、经济和人口分布与当地资源环境承载能力相协调的状态。

区域协调性均衡发展,是党的十八届五中全会提出的"创新发展、协调发展、绿色发展、开放发展、共享发展"五大发展理念在区域发展领域的集中体现。区域均衡发展理念重在贯彻创新发展、开放发展的精神,通过培育区域发展新动力和打造区域对外开放新优势,更好地发挥市场机制在促进资源优化配置中的决定性作用;区域均衡发展中要坚持协调性原则是为了很好地落实协调发展、绿色发展和共享发展的精神,通过更好地发挥政府协调功能,弥补市场失灵,实现区域协调发展、可持续发展和共同发展。总体而言,我们研究提出的区域协调性均衡发展这一新的区域发展战略思维包含以下几点重要内涵。

一是正确处理区域发展中政府与市场的关系。当前我国区域发展中存在着一些因为市场与政府关系界定不清而影响资源配置效率的问题。比如,地区保护导致市场碎片化、包括商品市场和要素市场在内的完整区域市场体系尚不完善,等等。将区域发展战略的概念表述提升为区域协调性均衡发展,一方面,重在突出推进区域经济均衡发展所要求的市场在区域资源优化配置和经济效率提升中的决定性作用,引导地方政府削弱对市场的过度干预,减少因为地方政府保护主义和重复建设而导致的资源浪费、环境破坏以及权力寻租等问题,使市场在区域资源优化配置中发挥应有的作用;另一方面,意在说明推进区域经济均衡发展并非等同于说市场是万能的、政府对市场可以撒手不管,而是要求区域经济的均衡发展必须在政府调控下协调性推进,通过区域内各地方政府联合加强市场监管、共同维护市场秩序、协同开展社会治理、联动推进生态环境保护等途径,充分发挥好政府的重要职能与作用,避免因市场机制的自发性、盲目性可能导致的市场主体为获得自身利益最大化而与区域经济、社会利益发生冲突。

二是正确处理区域发展中效率与公平的关系。党的十八届三中全会通过的《关于全面深化改革若干重大问题的决定》指出,在完善和发展中国特色社会主义制度、推进国家治理体系和治理能力现代化中,要"……让一切创造社会财富的源泉充分涌流,让发展成果更多更公平惠及全体人民"。党的十八届五中全会也提出,既要通过培育发展新动力和拓展发展空间,优化劳动力、资本、土地、技术、管理等要素配置,又要通过有效的制度安排,使全体人民在共建共享发展中朝着共同富裕方向稳步前进。这些论断鲜明地指出了中国今后一段时期在完善社会主义市场经济体制中注重推动经济更有效率、更加公平发展的根本要求。将区域发展战略的概念表述提升为区域协调性均衡发展,在区域发展中注重正确发挥市场作用和政府作用,目的就是为了在推动区域资源配置依据市场规则、市场价格、市场竞争实现效益最大化和效率最优化的同时,更好地发挥政府在引导各地区协调发展、协同发展、共同发展方面的作用,推动各地区发展机会趋于均等、区域分工合作机制趋于完善、国土空间结构趋于合理,有效提升区域资源配置的效率和公平性。

三是正确处理区域发展中人与自然的关系。区域协调性均衡发展状态是一种经济、人口、基本公共服务、资源与环境相协调的空间上的"帕累托效率"状态,不仅代表着地区与地区之间良好的分工与协作关系,也代表着人与自然之间的机会均等与和谐共生关系。通过区域协调性均衡发展,一方面最大限度挖掘各地区的发展潜力,凸显各地区的比较优势;另一方面又使区域经济、社会、资源、环境等和谐有序,实现区域经济、社会、生态整体效益最大化,坚定走生产发展、生活富裕、生态良好的区域文明发展道路,形成区域内人与自然和谐发展的现代化建设新格局,支撑美丽中国建设,为全球生态安全作出新贡献。

(2)区域协调性均衡发展的基础和条件

从国际国内形势以及新中国成立以来我国区域发展战略的演变路径及各阶段区域政策实施的累积效应来看,当前将区域协调发展战略提升为区域协调性均衡发展战略,既适应了国际国内形势变化的需要,也具备了一定的基础和条件。

第一,为了充分挖掘我国广阔地域的增长潜力,积极应对复杂多变的国际环境,顺利完成艰巨繁重的国内改革发展稳定任务,通过区域协调性均衡发展促进各地区协调发展、协同发展、共同发展的愿望强烈。随着经济全球化深入发展,国际产业竞争与合作的态势正在发生重大变化,围绕制度、规则、市场、技术、资源的竞争日趋激烈。为了积极应对金融危机后出现的新技术革命、国际贸易新规则、经济发展新常态、跨越"中等收入陷阱"等国际国内发展新形势和新要求,从区域发展的角度来看,我国沿海地区需要通过加快转型升级来提高其核心竞争力和国际竞争力,而内陆地区则需要通过跨越式发展加快释放其巨大的市场空间、回旋余地和内需潜力;同时沿海地区和内陆地区需要携手从国家扩内需、稳增长、调结构以及打造对外开放新优势的战略高度,推动形成东西联动、全面开放、区域协同、陆海统筹的新型区域发展格局。[1] 在这种形势下,以高增长、高消耗、高排放、无序开发、不注重协调、不讲究协同为特征的我国区域经济传统发展道路已难以为继,亟须以区域协调性均衡发展方针为指导,选择一条新的区域科学发展之路,即强调以人文本的区域协调发展、协同发展、共同发展和可持续发展之路,很好地将东部地区的转型升级与中西部地区的加速发展有机结合起来,打破条块格局,推动区域一体化,全面加强不同地区之间经济社会发展的联动,使我国经济发展更多依靠城乡区域发展协调互动,不断增强长期发展后劲。

第二,优化国土空间开发格局已成为我国生态文明建设的首要任务,这决定了通过区域协调性均衡发展实现空间均衡的需求强烈。生态文明建设已被纳入我国建设中国特色社会主义"五位一体"总体布局,而优化国土空间开发格局则在党的十八大报告中被列为"大力推进生态文明建设"的首要任务。这表明国土空间开发格局不仅是产业、人口和城镇布局发展的基本架构,而且对推进生态文明建设、建设美丽中国发挥着重要作用。因此,今后在推进我国区域发展中,既需要在"四大板块"基础上,根据经济联系密切程度、经济发展水平和特征的相似性、自然状况和资源禀赋的相似性以及国家发展战略意图等,进一步推进经济区划工作,适度缩小区域政策的空间单元,使边界相对模糊的经济区成为我国今后在国家层面推进区域规划、展开区域经济合作和制定区域政策的基本空间单元,充分发挥不同地区的比较优势,并尽可能按照区域内部的均质化程度划分不同类型的区域空间,增强不同地区间协同发展的区域回旋余地,提高区域政策针对性和有效性[2];又需要树立空间均衡的理念和原则,在统筹推进城乡空间、海陆空间和地上地下空间开发利用的同时,按照人口资源环境相均衡、经济社会生态效益相统一的要求,科学合理地确定生产空间、生活空间以及生态空间的规模、结构和布局,形成节约资源和保护环境的空间格局、产业结构、生产方式、生活方式,确保我国国土空间实现有序、集约、高效开发,形成人与自然

① 参见王业强、魏后凯:《"十三五"时期国家区域发展战略调整与应对》,《中国软科学》2015 年第 5 期。
② 参见贾若祥:《"四大版块"面积太大区域"瘦身"很必要》,《中国经济导报》2013 年 2 月 23 日第 B5 版。

和谐发展的现代化建设新格局。

　　第三,我国区域经济差异扩大的势头渐趋减缓,经济发展空间格局渐趋优化,区域协调性均衡发展的经济基础大为改善。20 世纪 90 年代以来,在区域协调发展战略和区域政策的持续影响下,虽然当前我国区域差距的绝对水平还在扩大,但由于内陆地区经济发展增速的不断提升以及区域合作广度和深度的不断扩大,我国区域经济差异扩大的速度已逐渐放缓,区域经济分工与合作态势正在逐步形成,区域经济发展一定程度上已开始出现由不协调、不均衡状态向协调、均衡状态转变。在此基础上,为了及时引导国土宏观布局向更趋均衡的方向发展,因地制宜促进各地区形成各具特色、互补互助的产业结构和经济结构,最大限度地发挥分工合作效应,客观上需要我们将区域发展总方针由区域协调发展提升为区域协调性均衡发展,更好地释放、激发各地区发展的潜力与活力。

　　第四,制约我国区域协调、协同发展的基础设施瓶颈不断缓解,影响区域协调性均衡发展的交通等基础设施条件基本具备。近年来支撑我国区域经济发展的一些基础性条件发生了很大变化,这主要表现为,国家对交通通信等基础设施的长期持续大量投资产生的累积性效应,特别是高速铁路网的形成、江海联运网络的形成以及国际大通道的形成,改变了我国传统的相对静态的区域发展格局,使得要素资源在不同属性的区域间的快速流动成为可能,大大缩短了东中西部不同地区间的时空距离①,从而为重塑区域发展格局,建设有重要影响力的城市群和经济圈,特别是推动区域间的发展联动和协调、均衡发展提供了基础性条件。

　　第五,经济体制改革中的政府与市场关系逐步理顺,区域协调性均衡发展的体制机制环境渐趋完善。市场与政府两种机制的交织和互补作用,是实现区域资源优化配置的常态。国内外发展实践表明,促进各地区协调发展、协同发展、共同发展,既要以市场的良好运行为前提,又要以中央和地方政府科学调控的充分发挥为条件。党的十八届三中全会通过的《关于全面深化改革若干重大问题的决定》指出:"经济体制改革是全面深化改革的重

---

　　① 参见陈建军:《长江经济带的国家战略意图》,《人民论坛》2014 年第 5 期(下)。

点,核心问题是处理好政府和市场的关系,使市场在资源配置中起决定性作用和更好发挥政府作用"。这是对我国政府和市场关系的新定位,为推进区域协调性均衡发展提供了体制保障。一方面,市场在资源配置中起决定性作用,有利于经济主体依据市场规则,在供求机制、竞争机制和价格机制等的作用下①,使得生产经济活动在更广阔空间提高资源配置效率,更好地实现市场机制的微观经济均衡功能;另一方面,更好发挥政府作用,有利于充分发挥政府在保持宏观经济稳定、加强和优化公共服务、保障公平竞争等方面的作用,同时也有利于解决传统体制下因政府过度干预、条块分割而造成的市场碎片化、市场发展不平衡、地区保护、恶性竞争、资源浪费、环境破坏等问题②,加快建设统一开放、竞争有序的市场体系。

2. 实施区域协调性均衡发展战略的意义

(1)有助于控制区域经济发展差异

区域经济发展过程中,不平衡的原因主要有自然资源禀赋分布不均衡、开放程度、工业基础、产业结构、区位条件及生产要素以及技术条件等差异。主要表现为区域之间在经济增长总量、增长速度、人均经济指标、经济结构乃至经济发展条件等方面所存在的差异。区域经济差异是指一定时期内各区域之间人均意义上的经济发展总体水平非均等化现象。

在区域发展的初期阶段,因为经济发展潜力大、资金回报率高,资金和人才等往往会被吸引到区域条件较好的地方。而这些地方往往就成为该区域的增长极,它的发展速度会比周边地区快,由于它的迅速发展,对资金、资源和人才的需求会增大,这就会将周边地区的资金、资源和人才等进一步吸引过来。在这个过程中,增长极的周边地区的发展就会受到增长极的抑制,从而导致了核心地区和边缘地区的不平衡发展。在这一阶段,要使有限的财力和物力在空间安排上发挥更大的经济效益,我国通常选择经济技术基础较好或区位优势较突出的地区进行重点开发,实行非均衡发展战略。这种优先发展战略,在产生微弱扩散效应的同时,又会产生回波效应,即当劳

---

① 参见程恩富、黄世坤:《在全面深化改革中处理好政府和市场关系》,《经济日报》2014年9月12日第8版。

② 参见吴敬琏:《坚持政府和市场关系的准确定位》,《理论参考》2013年第12期。

动力、资金、技术、资源等要素由于收益差异吸引而发生由落后地区向发达地区流动时,落后地区与发达地区的经济发展差距将不断扩大,从而地区的收入差距也将不断扩大。

随着我国经济发展的推进,区域经济差异表现得越来越突出,成为影响社会和谐的重要因素。区域经济发展非均衡问题,已经成为困扰我国经济持续快速、健康和协调发展的突出"障碍",是理论和实践工作中急需解决的焦点问题。区域经济发展差异如果得不到及时控制,有不断扩大的趋势,将会造成发达地区的资源过度集中、人口过度密集、地区负担加重,而对于落后或欠发达的地区,由于人力、技术、资金等区域经济发展不可缺少的资源流向了发达地区,其经济发展无从保障,会导致长期增长缓慢甚至衰退。将区域协调发展提升为区域协调性均衡发展,有助于从战略上推动国土宏观布局向适度均衡的方向发展,鼓励各地方依托各地发展优势,因地制宜地促进发展,形成各具特色、互补互助的区域产业结构和经济结构,以最大限度地发挥分工合作效应。与此同时,也更有助于促进国家的区域发展政策、重大基础设施和重大产业投资项目向中西部地区倾斜,加大沿边内陆开放力度,形成均衡的国土空间。

(2)有助于树立空间均衡的原则和理念

当前,我国与"四大板块"战略相辅相成的主体功能区战略推进还较为缓慢,国家主体功能区制度的综合政策体系还未很好地形成,国土空间开发无序无度的状况还未根本扭转。虽然《全国主体功能区规划》提出了分类管理的区域政策,但全国主体功能区建设仍处于试点示范阶段,有关试点示范的技术规范、标准和考核指标等政策由分割较为严重的相关部门掌握,呈现出"碎片化"特征,尚未颁布统一的实施细则。有关试点示范方案也主要由地方组织编制,更多地反映着地方的利益诉求。同时,重要生态功能区生态价值核算的推进也较为缓慢,不同地区政府间的横向生态补偿机制建设较为滞后。

将区域协调发展提升为区域协调性均衡发展,有助于将区域发展总体战略在指导经济开发方面的功能与主体功能区战略在指导空间均衡方面的功能有机结合起来,使得人们在考虑区域之间经济发展平衡的同时,从战略思维上树立空间均衡的理念和原则,更大力度推进国家主体功能区综合政策体系加快形成,更好地促进人与自然和谐发展;有助于从根源上挡住生态脆弱地区根据其"发展权"进行过度经济开发,从根源上控制住资源环境承载力已经减弱区域的开发强度,从根源上严格掌控人口负担已经很重的超大城市中心城区的城市功能,从而扭转生态恶化和大城市病蔓延的趋势。

（3）有助于建立有效的跨行政区协调机制

目前,我国跨地区的协调机制难以建立,一方面是缺乏有权威的协调组织机构,另一方面也缺乏区域治理的意识和方法创新。所谓区域治理,是指地方政府、社会组织、企业、居民为实现区域公共利益最大化,通过协商、规划、政策、立法等方式对区域公共事务干预的集体行为。区域功能不仅关系自身利益,更是国家功能的子系统,是国家功能与意志在特定国土空间范围内的实现。基于此,区域治理根本对象在于区域功能的完善与实现,是区域局部与国家整体间利益协调统一的制度安排。区域治理是国家治理的有机组成部分,没有有效的区域治理,很难实现有效的国家治理;实现国家治理体系和治理能力的现代化,也必然要求区域治理体系方法的不断创新发展。①

将区域协调发展提升为区域协调性均衡发展,有助于推进我国加快形成一个均衡化的区域发展环境,推动形成以跨行政区经济一体化为导向的区域治理,通过政府、社团机构、企业和居民的共同参与,采取区域规划、区域协作组织、行政区划调整、区域自治和立法等手段,更好地处理多方面的地区冲突与摩擦,力求实现区域产业分工协作、基础设施互联互通、生态环境协防共治、要素流动市场配置等治理目标;有助于针对区域城市间普遍存在的行政分割和区域壁垒,推动制定一体化法律法规,明确提出一体化发展任务清单,并将其直接与政绩考核指标挂钩,形成区域一体化发展的考核体系;有助于健全区域协调机构,推动设立由上一级政府牵头组织的有权威的区域协调委员会,并重视发挥政府、协会与企业的不同作用,促进区域主体

---

① 参见陈耀:《"十三五"时期我国区域发展政策的几点思考》,《区域经济评论》2015 年第 1 期。

参与多元化,矫正政府在专权专治中造成市场、空间与信息扭曲。

(4)有助于"三个支撑带"战略的推进实施

2014 年以来,国家投资布局和区域政策支持的重点在于完善差别化的区域发展政策,重视跨区域、次区域规划,谋划新常态下区域发展"新棋局",提高区域政策的精准性,以更好地促进各地区协调发展、协同发展、共同发展。因此,国家在继续实施区域发展总体战略和主体功能区战略的同时,开始重点推进实施"三个支撑带"战略,以进一步发挥要素在空间重新优化配置中对经济增长的带动作用。"三个支撑带"战略蕴含着丰富的协调性均衡发展思想。

《推动共建丝绸之路经济带和 21 世纪海上丝绸之路的愿景与行动》中明确提出,共建"一带一路"旨在通过政策沟通、设施联通、贸易畅通、资金融通、民心相通,构建全方位、多层次、复合型的互联互通网络,促进亚欧非大陆经济要素有序自由流动、资源高效配置和市场深度融合,开展更大范围、更高水平、更深层次的区域合作,共同打造开放、包容、均衡、普惠的区域经济合作架构,实现沿线各国多元、自主、平衡、可持续的发展。由此可见,打造协调性均衡发展的跨国性区域经济合作架构,是实施"一带一路"战略的核心内容之一。

京津冀地区发展面临着北京市"大城市病"问题突出、东部地区人与自然关系最为紧张、区域功能布局不够合理、城镇体系结构失衡、要素流动存在显性和隐形壁垒、区域发展统筹机制欠缺、区域发展差距悬殊等诸多问题。京津冀协同发展战略的目标就是要通过深化改革打破行政壁垒,构建一体化发展的体制机制,充分发挥京津冀三地的比较优势,完善城市群形态,优化生产力布局和空间结构,走出一条中国特色解决"大城市病"的路子,有效应对资源环境压力加大、区域发展不平衡矛盾日益突出等诸多挑战,显著增强对环渤海地区和北方腹地的辐射带动能力,实现各种生产要素在区域空间重新优化配置,不断缩小区域发展差距。显然,这也是要求通过区域协调性均衡发展,使京津冀区域的整体优势和竞争力最大化。

从沿海起步先行、溯内河向纵深腹地梯度发展,是世界经济史上一个重要规律,也是许多发达国家在现代化进程中的共同经历。依托黄金水道推动长江经济带发展,旨在挖掘长江中上游广阔腹地蕴含的巨大内需潜力,优化沿江产业结构和城镇化布局,建设陆海双向对外开放新走廊和绿色生态廊道,形成上中下游优势互补、协作互动格局,有效解决东中西发展的失衡问题,全力打造中国经济新支撑带,并与沿海经济带共同撑起未来中国经济空间主干骨架。推动长江经济带发展,重点内容主要包括以沿江综合运输大通道为支撑,促进上中下游要素合理流动、产业分工协作,引导沿江城镇布局与产业发展有机融合,形成支撑"一带一路"战略的东西双向开放新格局,推动流域绿色循环低碳发展,等等。这其中蕴含着丰富的协调性均衡发展思想。

总体而言,改革开放至今,随着交通通信等基础设施条件的逐步改善以及地区间经济联系的不断加强,新常态下国家"三个支撑带"战略的实施,标志着我国区域发展战略和政策选择已经进入一个新阶段,即开始重视不同地区间的协同效应及整体性特征,开始注重发挥要素在空间重新优化配置中对经济增长的带动作用,开始注重促进各地区共同发展。因此,从空间和区域来看,将区域协调发展战略提升为区域协调性均衡发展战略,有助于更好地体现新常态下区域经济增长的源泉从过去主要依靠要素投入的扩张,转向当前主要依赖要素在空间优化配置带来的生产率提高这一新的态势,有助于更好地从战略思维和政策目标层面明确"三个支撑带"战略的协调性均衡发展要求。

第二章 长江经济带协调性均衡发展的战略构想

　　长江通道横贯我国东、中、西三大地带,是我国国土空间开发最重要的东西轴线。依托黄金水道推动长江经济带协调性均衡发展,对推进我国东中西部协调发展、协同发展、共同发展和促进人口、经济、资源环境空间均衡具有重要的战略引领作用。改革开放以来,长江经济带在区域经济发展格局上大致经历了低水平均衡、梯度性非均衡和调整中趋衡三大发展阶段,已经发展成为我国战略支撑作用最大、综合实力最强的区域之一,但仍然在沿江综合运输大通道支撑作用的充分发挥、国土空间开发格局的优化、创新资源的综合集成、统一开放市场的联动建设、沿江城镇布局与产业发展的有机融合、全方位开放新格局的形成、全流域生态环境的联防联治等方面存在着诸多问题。这些问题的有效解决,需要我们以区域协调性均衡发展总方针为指导,以推进长江经济带实现区域单元之间和区域单元内部融合发展为抓手,以促进不同经济主体之间以及人与自然之间形成互利共生关系为根本,将区域内分散的经济社会活动有机组织起来,充分发挥东部板块的辐射引领作用,有效激活中、西部板块的经济发展潜力,显著提升长江经济带发展的整体性和联动性,从政策和举措上积极引导长江经济带走向协调性均衡发展新阶段,全面提升长江经济带在我国区域发展总体格局中的重要战略地位。

一、推动长江经济带发展的国家战略意图

(一)长江经济带战略的提出背景

　　"四大板块"战略全面实施以后,为了进一步提高区域政策的针对性和

精准度,进一步细化区域政策的空间单元,中国结合各省区经济社会发展实际和各类改革试验示范需要,密集出台或批复了一系列国家级区域规划或指导意见,如多种主题的综合配套改革试验区、完善沿海布局和内陆各省区发展的重点经济区、中西部地区承接产业转移示范区、依托基础较好的中心城市的国家级新区以及沿边开放综合试验区等等。据不完全统计,以上各类国家级区域规划或指导意见约有 100 余个(参见表 2–1)。

表 2–1 "四大板块"战略形成后我国出台的区域经济政策与区域规划概览

政策类别		区域经济政策与区域规划名称
国家级新区		天津滨海新区(2005)、重庆两江新区(2010)、浙江舟山群岛新区(2011)、甘肃兰州新区(2012)、广州南沙新区(2012)、陕西西咸新区(2014)、贵州贵安新区(2014)、青岛西海岸新区(2014)、大连金普新区(2014)、成都天府新区(2014)、湖南湘江新区(2015)、南京江北新区(2015)、福州新区(2015)云南滇中新区(2015)
改革试验区	综合配套改革试验区	上海浦东新区社会主义市场经济综合配套改革区(2005)、天津滨海新区(2006)、重庆市和成都市全国统筹城乡综合配套改革试验区(2007)、武汉城市圈和长株潭城市群全国资源节约型和环境友好型社会建设综合配套改革试验区(2007)、深圳市综合配套改革试点(2009)、沈阳经济区国家新型工业化综合配套改革试验区(2010)、山西省国家资源型经济转型综合配套改革试验区(2010)、义乌市国际贸易综合改革试验区(2011)、厦门市深化两岸交流合作综合配套改革试验区(2011)、黑龙江省"两大平原"现代农业综合配套改革试验区(2013)
	金融改革试验区	温州市金融综合改革试验区(2012)、珠三角金融改革创新综合试验区(2012)、泉州金融服务实体经济综合改革试验区(2012)、云南省广西壮族自治区建设沿边金融综合改革试验区(2013)、青岛财富管理金融综合改革试验区(2014)
	其他试验区	宁夏内陆开放型经济试验区(2012)、中国上海自由贸易试验区(2013)、内蒙古二连浩特重点开发开放试验区(2014)、汕头经济特区华侨经济文化合作试验区(2014)、中国(杭州)跨境电子商务综合试验区(2015)、中国(天津、广东、福建)自由贸易试验区(2015)
	产业转移示范区	安徽皖江城市带承接产业转移示范区(2010)、广西桂东承接产业转移示范区(2010)、重庆沿江承接产业转移示范区(2011)、湖南湘南承接产业转移示范区(2011)、湖北荆州承接产业转移示范区(2011)、晋陕豫黄河金三角承接产业转移示范区(2012)

续表

政策类别		区域经济政策与区域规划名称
改革试验区	西部地区	《绵阳科技城 2005～2010 年发展规划》(2005)、《西部大开发"十一五"规划》(2007)、《重庆市城乡总体规划(2007～2020 年)》(2007)、《广西北部湾经济区发展规划》(2008)、《汶川地震灾后恢复重建总体规划》(2008)、《西安市城市总体规划(2008～2020 年)》(2008)、《关中—天水经济区发展规划》(2009)、《甘肃省循环经济总体规划》(2009)、《拉萨市城市总体规划(2009～2020 年)》(2009)、《青海省柴达木循环经济试验区总体规划》(2010)、《舟曲灾后恢复重建总体规划》(2010)、《玉树地震灾后恢复重建总体规划》(2010)、《成渝经济区区域规划》(2011)、《南宁市城市总体规划(2011～2020 年)》(2011)、《云南省加快建设面向西南开放重要桥头堡总体规划(2012～2020 年)》(2012)、《陕甘宁革命老区振兴规划》(2012)、《天山北坡经济带发展规划》(2012)、《西部大开发"十二五"规划》(2012)、《芦山地震灾后恢复重建总体规划》(2013)、《贵阳市城市总体规划(2011～2020 年)》(2013)、《支持岷县漳县地震灾后恢复重建政策措施的意见》(2013)、《乌鲁木齐市城市总体规划(2014～2020 年)》(2014)、《鲁甸地震灾后恢复重建总体规划》(2014)、《全国对口支援三峡库区合作规划(2014～2020 年)》(2014)、《云南省普洱市建设国家绿色经济试验示范区发展规划》(2014)、《云南桥头堡滇中产业聚集区发展规划(2014～2020 年)》(2014)、《左右江革命老区振兴规划(2015～2025 年)》(2015)、《国务院关于同意设立云南勐腊(磨憨)重点开发开放试验区的批复》(2015)
	东北地区	《牡丹江市城市总体规划(2006～2020 年)》(2006)、《鹤岗市城市总体规划(2006～2020 年)》(2006)、《东北振兴规划》(2007)、《辽宁沿海经济带发展规划》(2009)、《中国图们江区域合作开发规划纲要》(2009)、《长春市城市总体规划(2011～2020 年)》(2011)、《哈尔滨市城市总体规划(2011～2020 年)》(2011)、《东北振兴"十二五"规划》(2012)
	中部地区	《大同市城市总体规划(2006～2020 年)》(2006)、《促进中部地区崛起规划》(2009)、《鄱阳湖生态经济区规划》(2009)、《武汉市城市总体规划(2010～2020 年)》(2010)、《湘潭市城市总体规划(2010～2020 年)》(2010)、《荆州市城市总体规划(2011～2020 年)》(2011)、《中原经济区规划》(2012)、《武汉城市圈区域发展规划》(2013)、《保定市城市总体规划(2011～2020 年)》(2012)、《新乡市城市总体规划(2011～2020 年)》(2013)、《石家庄市城市总体规划(2011～2020 年)》(2013)、《洞庭湖生态经济区规划》(2014)、《长沙市城市总体规划(2003～2020 年)(2014 年修订)》(2014)、《晋陕豫黄河金三角区域合作规划》(2014)、《长江中游城市群发展规划》(2015)、《大别山革命老区振兴发展规划》(2015)

续表

政策类别		区域经济政策与区域规划名称
改革试验区	东部地区	《北京市城市总体规划(2004～2020年)》(2005)、《广州市城市总体规划(2001～2010年)》(2005)、《天津市城市总体规划(2005～2020年)》(2006)、《宁波市城市总体规划(2006～2020年)》(2006)、《淮北市城市总体规划(2006～2020年)》(2006)、《福建、浙江、江苏、河北省海洋功能区划》(2006)、《徐州市城市总体规划(2007～2020年)》(2007)、《杭州市城市总体规划(2001～2020年)》(2007)、《珠江三角洲地区改革发展规划纲要(2008～2020年)》(2008)、《江苏沿海地区发展规划》(2009)、《横琴总体发展规划》(2009)、《黄河三角洲高效生态经济区发展规划》(2009)、《无锡市城市总体规划(2001～2020年)》(2009)、《长江三角洲地区区域规划》(2010)、《海南国际旅游岛建设发展规划纲要(2010～2020年)》(2010)、《山东半岛蓝色经济区发展规划》(2010)、《前海深港现代服务业合作区总体发展规划》(2010)、《深圳市城市总体规划(2010～2020年)》(2010)、《海峡西岸经济区发展规划》(2011)、《河北沿海地区发展规划》(2011)、《浙江海洋经济发展示范区规划》(2011)、《广东海洋经济综合试验区发展规划》(2011)、《平潭综合实验区总体发展规划》(2011)、《海口市城市总体规划(2011～2020年)》(2011)、《江门市城市总体规划(2011～2020年)》(2011)、《唐山市城市总体规划(2011～2020年)》(2011)、《泰安市城市总体规划(2011～2020年)》(2011)、《全国海洋功能区划(2011～2020年)》(2012)、《福建海峡蓝色经济试验区发展规划》(2012)、《广西、山东、福建、浙江、江苏、辽宁、河北、天津、海南、上海、广东省(市)海洋功能区划(2011～2020年)》(2012)、《绍兴市城市总体规划(2011～2020年)》(2012)、《惠州市城市总体规划(2006～2020年)》(2012)、《常州市城市总体规划(2011～2020年)》(2013)、《赣闽粤原中央苏区振兴发展规划》(2014)、《珠江—西江经济带发展规划》(2014)、《福建省深入实施生态省战略加快生态文明先行示范区建设的若干意见》(2014)、《中国—新加坡天津生态城建设国家绿色发展示范区实施方案》(2014)、《珠海市城市总体规划(2001～2020年)》(2015年修订)》(2015)、《全国海洋主体功能区规划》(2015)、《环渤海地区合作发展纲要》(2015)
	其他经济规划	《松花江流域水污染防治规划(2006～2010年)》(2006)、《全国山洪灾害防治规划》(2006)、《珠江、大清河流域防洪规划》(2007)、《长江、黄河、太湖、海河、松花江、辽河流域防洪规划》(2008)、《淮河流域防洪规划》(2009)、《辽河流域水污染防治"九五"计划及2010年规划》(2010)、《辽河、松花江流域综合规划》(2010)、《海河流域水污染防治规划》(2010)、《全国资源型城市可持续发展规划(2013～2020年)》(2013)、《全国高标准农田建设总体规划》(2013)、《长江经济带综合立体交通走廊规划(2014～2020年)》(2014)、《推动共建丝绸之路经济带和21世纪海上丝绸之路的愿景与行动》(2015)、《京津冀协同发展规划纲要》(2015)

资料来源:根据国务院官方网站和国家发改委官方网站政府信息公开资料搜集整理。

以上这些区域经济政策和区域规划的陆续出台,表明我国区域政策的制定和实施力度显著加强,同时也使得我国区域经济发展取得了令人瞩目的巨大成就,很好地促进了区域协调发展。但在取得巨大成就的同时,密集出台的大量针对特定地区或实现特定目标的较为分散的区域政策的推出,也带来了如何在关联区域内协调或者联动这些区域政策的问题。

国家近年来对交通通信等基础设施的长期持续大量投资,使得支撑我国区域经济实现联动发展的基础性条件发生了重大改观,从而为重塑我国区域发展格局奠定了重要基础。在这样的有利条件下,如何将"四大板块"战略联动化,如何将关联区域内各国家级区域规划协同化,进一步增强区域政策的科学性、可操作性和联动效率,并与城镇化发展新战略、对外开放新战略等有机结合,就成为中国制定和实施新的区域发展战略和区域政策的焦点。正是在这样的背景下,推动新一轮长江经济带发展被提升至国家战略高度。它标志着改革开放以来我国区域发展战略的演进开始步入到重视不同地区间联动效应及整体性特征的新阶段。

在不同的规划和研究中,所界定的沿长江发展地带的覆盖范围存在一定差异。2014 年国务院出台的《关于依托黄金水道推动长江经济带发展的指导意见》(以下简称《指导意见》),明确将长江经济带的覆盖范围确定为包括地处我国东部地带的沪、苏、浙两省一市(以下简称"长江经济带东部板块")、地处中部地带的皖、赣、鄂、湘四省(以下简称"长江经济带中部板块")以及地处西部地带的渝、黔、川、滇三省一市(以下简称"长江经济带西部板块"),共 11 省市。本书所研究的长江经济带覆盖范围依据上述界定。

(二)长江经济带战略的重大意义

长江经济带战略的提出,有助于以区域一体化机制来提高地方的供给能力,以全球一体化机制来扩大需求。通过区域一体化和经济全球化的相互融合、相互促进,以便在更大范围内寻求资源的优化配置,拓展区域经济发展新空间。具体而言,长江经济带战略的制定实施,在推动东中西三大区域联动、促进沿江城市群之间和城市群内部的分工协作、支撑"一带

一路"战略和发挥上海自由贸易区建设的示范带动作用等方面具有重大
意义。

1. 有助于推动东中西三大区域联动

一直以来,在梯度理论指导下的区域政策在促进区域经济差异化发展
方面发挥了重要作用,但一定程度上也带来了长江经济带市场分割、发展不
均衡等问题。新一轮长江经济带发展战略将长江经济带作为一个整体进行
合理规划和布局,旨在通过长江黄金水道和沿江高速铁路网等的串联衔接、
产业在上中下游的有序转移、对外开放的东西双向互动以及区域协调发展
体制机制的建立健全,将长江经济带打造成我国东中西互动合作的协调发
展带,提高资源在更广阔空间的配置效率,更好地激发区域内生发展活力。
因此,新一轮长江经济带发展战略的实施,有助于将在资源禀赋和地理位
置等因素主导下形成的东中西空间异质的不均衡区域,通过增强上下游
地区经济主体间的相互联动、提高区域市场一体化程度、促进要素顺畅流
动、降低地区间运输成本等途径,有力促进长江经济带跨区域协调性均衡
发展。

2. 有助于促进沿江城市群之间和城市群内部分工协作

在世界经济已经进入区域性、集团化竞争的全球背景下,城市群正成为
中国参与全球竞争与国际分工的基本地域单元,成为中国城市化的主要空
间依托以及带动国家和区域现代化的主要阵地,主宰着中国经济发展的命
脉。[①] 长江经济带战略的实施,将有助于推动长江三角洲、长江中游、成渝
三大跨区域城市群以及黔中、滇中两大区域性城市群实现联动,由此撑起建
设中的中国经济新支撑带的发展骨架,从整体上提升长江沿岸城市带的世
界影响力。国务院发布的《指导意见》将长江经济带的覆盖范围由原先长
江水道经过的7省2市拓展为包括浙江和贵州的9省2市,一方面是为了
更完整地涵盖地理学意义上的长江流域,另一方面也是为了更明确地突出
长江经济带发展的主要阵地是以三大跨区域城市群为主体、两大区域性城

---

① 参见杨凤华:《城市群经济与金融系统耦合机理研究》,苏州大学出版社 2013 年版,
第7页。

市群为补充的具有良好分工协作关系的城市群体系。

3. 有助于支撑"一带一路"战略

长江经济带历来是海、陆丝绸之路的商品和动力源头,是"一带一路"发展的重要依托。新一轮长江经济带发展的战略定位之一就是要坚持海陆统筹、东西双向开放基本原则,将长江经济带打造成沿海沿江沿边全面推进的对内对外开放带,一方面以上海等沿海港口城市为龙头深化向东开放,另一方面以云南等地为桥头堡拓展向西开放,同时通过渝新欧等国际大通道加快与中亚西亚乃至东欧地区开放连接,以此进一步挖掘长江经济带发展潜力。推动长江经济带实现东西双向开放,与"一带一路"战略中实现海陆双向开放的目标是相呼应的。"一带一路"与长江经济带两大战略的战略任务虽有不同,但两者在有一点上是相同的,即:对外积极应对国际上复杂的政治经济环境,对内通过促进内陆及沿边开发开放的举措进一步贯彻落实区域协调发展战略,推动我国经济提质增效升级,打造对外开放新格局。① 中国的发展和改革离不开对外开放,改革开放以来的对外开放实践,有力推动了我国东部沿海地区经济的快速发展,但面对近年来日益严峻的国内外形势,中国不仅需要进一步深化向东开放,还需要加快推进向西开放,通过东西双向开放的空间平衡,形成东西联动、以我为主的国际化发展战略新格局。将长江经济带打造成横贯东中西、连接南北方的开放合作走廊,加强其与"一带一路"的衔接互动,可以为中国打造"一带一路"设想的实现提供更为坚实的基础。

4. 有利于发挥上海自由贸易区建设的示范带动作用

上海自贸区是中国新时期改革开放的试验田,在示范带动长江经济带转变政府职能、促进贸易和投资便利化、扩大开放新优势等方面具有突出地位。在长江经济带覆盖的 11 省(市)中,由于上海市不仅地处长江经济带和沿海经济带的交汇点,而且还是长江经济带内功能最为强大、最为完善的城市,因而在长江经济带发展中具有重要的龙头引领作用。上海自贸区的

---

① 参见刘晓彤、孙相军:《长江经济带要与"一带一路"衔接互动深度融合》,《中国交通报》2014 年 11 月 4 日第 3 版。

制度创新、联通国际市场的贸易枢纽港的作用、要素资源集聚的平台优势以及国际化、法治化的环境优势，都将通过上海乃至长三角经济影响力的层层扩散，对长江流域的改革开放形成带动和示范作用，很好地为长江经济带内企业跨境资金进出和走出去提供自由贸易账户便利和桥头堡支撑作用，更为充分地发挥上海在长江经济带发展中的对外开放优势、枢纽功能和示范引领作用，更好地促进新一轮长江经济带发展走出一条政府引领、市场推动、企业主导的区域协调发展新路。①

二、长江经济带区域经济差异实证分析

现阶段长江经济带东中西板块间发展差异明显，同时各省市内部空间差异也较大。② 区域经济差异作为区域发展水平的重要评判指标，是区域经济发展中的一种常态，一定程度上能促进区域的合理竞争和经济发展，但过大的差距会加剧区域不平衡性循环往复的马太效应，不利于区域经济协调发展。因此，对长江经济带区域发展差异及其时空演变特征进行深入研究具有重要的理论意义和现实价值。

在区域经济学研究计量化的大潮中，实证研究占据了重要的一席之地。地区经济发展差异成为区域经济学中实证研究的核心问题之一。③ 国内学术界在区域经济差异等相关研究领域已取得了丰富的学术成果。目前，在该领域的研究趋势总体体现在以下三方面：一是研究对象从全国及地带间的差异，转变为省内差异④、经济区差异等⑤。二是研究尺度从宏观的三大

---

① 参见陈建军：《长江经济带的国家战略意图》，《人民论坛》2014 年第 5 期（下）。
② 参见于涛方、甄峰、吴泓：《长江经济带区域结构"核心—边缘"视角》，《城市规划学刊》2007 年第 3 期。
③ 参见杨开忠：《中国区域经济差异变动研究》，《经济研究》1994 年第 12 期；覃成林：《中国区域经济差异研究》，中国经济出版社 1997 年版；李小建、乔家君：《20 世纪 90 年代中国县际经济差异的空间分析》，《地理学报》2001 年第 2 期。
④ 参见熊薇、徐逸伦、王迎英：《江苏省县域经济差异时空演变》，《地理科学进展》2011 年第 2 期。
⑤ 参见孙姗姗、朱传耿、李志江：《淮海经济区经济发展差异研究》，《地理学报》2009 年第 8 期。

经济圈、省市之间①，细化到微观的地级市、县域②；三是研究方法从传统的基尼系数、锡尔指数等统计分析方法向结合 GIS 的空间统计方法转变③。

　　区域经济发展的时空格局演化是备受关注的重要问题。使用各种统计方法与统计指标来揭示区域经济差异的格局及其动态演化，是该领域研究的主要内容之一。区域经济差异的测度结果往往受地域单元、时间范围以及不同空间层次等因素的影响。如果基于省级空间单元进行定量测度，虽然较好地展示了区域经济格局的演变，但囿于省级单元较为宏观的空间尺度，不能将差异进一步分解至省内微观尺度，忽略了省内区域经济的非均衡性发展。因此，将研究单元细化到地(市)级行政区域，从多层次、多空间尺度，探讨长江经济带区域经济差异的时间演变与空间格局的演化过程很有必要。鉴于此，本研究将空间单元细化到地(市)级行政区域，运用锡尔系数分解方法，分析三大板块间差异、省(市)间差异、省(市)内差异对长江经济带总体差异的影响，揭示长江经济带的区域经济差异时空格局演化。

(一)区域单元划分与数据来源

1. 区域单元划分

　　研究区域经济差异时需要明确界定所研究区域的空间范围和时间尺度。为了揭示长江经济带区域经济的板块差异、省间差异、省内差异及其变化，本章对长江经济带覆盖范围内的空间单元进行三级划分：一是以地(州、市、区)级行政区域为微观空间单元；二是以省(直辖市、自治区)级行政区域为中观空间单元；三是以东、中和西部三大板块为宏观空间单元。

2. 数据来源

　　选取长江经济带各省、直辖市(简称"省市")及其下辖的各地(州、市、

---

① 参见徐建华、鲁凤、苏方林等:《中国区域经济差异的时空尺度分析》,《地理研究》2005 年第 1 期。

② 参见赵永、王劲峰:《中国市域经济发展差异的空间分析》,《经济地理》2007 年第 3 期;靳诚、陆玉麒:《基于县域单元的江苏省经济空间格局演化》,《地理学报》2009 第 6 期。

③ 鲁凤、徐建华:《基于二阶段嵌套锡尔系数分解方法的中国区域经济差异研究》,《地理科学》2005 年第 4 期。

区,简称地市)的 GDP、人口和人均 GDP 等指标进行定量测度。时间序列数据包括 1978～2013 年省级数据,横截面数据选取 1990 年、2000 年、2013 年这 3 个年份所有地区的相关数据。数据来源于《中国统计年鉴》(1991～2014)以及相应年份的各省市统计年鉴。

(二)区域经济差异的测度方法

1. 衡量区域差异的常用分析指标

定量描述区域发展差异的常用指标包括变异系数、基尼(Gini)系数和锡尔(Theil)系数等,主要用来定量测度区域经济的绝对差异和相对差异。其中,锡尔系数以具有可分解的突出优点而得到广泛应用,即可以分解为组内差异和组间差异,便于进一步分析组内、组间差异的变化情况及其在总差异中的贡献率。鉴于此,在研究长江经济带经济差异问题时,选择锡尔系数来衡量其相对差异。

锡尔(Theil)系数是由锡尔等人(Theil and Henri,1967)首先提出,计算公式为:

$$T = \sum_{i=1}^{N} y_i log \frac{y_i}{p_i} \tag{2.1}$$

式中:N 为地区数量,y_i 为地区 i 的 GDP 占整个区域的比重,p_i 为地区 i 的人口数所占的比重。

锡尔系数越大说明区域经济差异越大;而锡尔系数越小说明区域经济差异越小,即区域经济趋于均衡性发展。

2. 锡尔系数分解方法介绍

(1)一阶段锡尔系数分解方法

对锡尔系数进行一阶段分解,可以将长江经济带总体差异分解为:东中西三大板块间的差异、板块内各省之间的差异。总体区域差异的计算公式为:

$$T_p = \sum_i \sum_j (\frac{Y_{ij}}{Y}) log(\frac{Y_{ij}/Y}{N_{ij}/N}) \tag{2.2}$$

Y_{ij}:第 i 板块第 j 省的收入;Y:所有省份的总收入。

N_{ij}：第 i 板块第 j 省的人口；N：所有省份的总人口。

定义 $T_{pi} = \sum_j (\frac{Y_{ij}}{Y_i}) \log(\frac{Y_{ij}/Y_i}{N_{i\,j}/N_i})$，$T_{pi}$ 表示第 i 板块内的省际收入差距。

于是，锡尔系数可被分解为：

$$T_p = \sum_i (\frac{Y_i}{Y}) T_{p\,i} + \sum_i (\frac{Y_i}{Y}) \log(\frac{Y_i/Y}{N_i/N})$$

$$= \sum_i (\frac{Y_i}{Y}) T_{pi} + T_{BR}$$

$$= T_{WR} + T_{BR} \tag{2.3}$$

其中，Y_i：第 i 板块总收入；N_i：第 i 板块总人口；T_{BR} 表示板块间的差距。

（2）二阶段嵌套锡尔分解方法

二阶段嵌套锡尔系数分解是一阶段锡尔系数的扩展计算方法。在一阶段锡尔系数的基础上使用该方法，可以将长江经济带总体的区域差异分解为板块间差异（T_{BR}）、省间差异（T_{BP}）和省内差异（T_{WP}）。[①] 具体的分解公式如下所示：

$$T_d = \sum_i \sum_j \sum_k (\frac{y_{ijk}}{Y}) \log(\frac{y_{ijk}/Y}{n_{ijk}/N}) \tag{2.4}$$

y_{ijk}：第 i 板块第 j 省第 k 地区的收入；Y：整个区域的总收入。

n_{ijk}：第 i 板块第 j 省第 k 地区的人口；N：整个区域的总人口。

定义 T_{di} 为第 i 板块的地区间收入差距，计算如下：

$$T_{di} = \sum_j \sum_k (\frac{y_{ijk}}{Y_i}) \log(\frac{y_{ijk}/Y_i}{n_{ijk}/N_i})$$

于是 T_d 可分解为：

$$T_d = \sum_i (\frac{Y_i}{Y}) T_{di} + \sum_i (\frac{Y_i}{Y}) \log(\frac{Y_i/Y}{N_i/N})$$

$$= \sum_i (\frac{Y_i}{Y}) T_{di} + T_{BR} \tag{2.5}$$

---

① Takahiro Akita："Decomposing Regional Income Inequality in China and Indonesia Using Two-stage Nested Theil Decomposition Method"，*The Annals of Regional Science*. Mar 2003, Vol.37 Issue 1, pp.55–77.

定义，$T_{ij} = \sum_k (\frac{y_{ijk}}{Y_{ij}}) \log(\frac{y_{ijk}/Y_{ij}}{n_{ijk}/N_{ij}})$

那么，T_{di}能进一步分解为：

$$T_{di} = \sum_j (\frac{Y_{ij}}{Y_i}) T_{ij} + \sum_j (\frac{Y_{ij}}{Y_i}) \log(\frac{Y_{ij}/Y_i}{N_{ij}/N_i})$$

$$= \sum_j (\frac{Y_{ij}}{Y_i}) T_{ij} + T_{pi} \tag{2.6}$$

T_{pi}表示第 i 板块省际区域差距，最后可得：

$$T_d = \sum_i (\frac{Y_i}{Y}) \left[\sum_j (\frac{Y_{ij}}{Y_i}) T_{ij} + T_{pi} \right] + T_{BR}$$

$$= \sum_i \sum_j (\frac{Y_{ij}}{Y}) T_{ij} + \sum_i (\frac{Y_i}{Y}) T_{pi} + T_{BR}$$

$$= T_{wp} + T_{BP} + T_{BR} \tag{2.7}$$

公式(2.7)表示可将区域总体差异分解为板块间差异(T_{BR})、省间差异(T_{BP})和省内差异这三个组分(T_{WP})。省内差异组分是所有省内差异的加权平均，而省间差异组分则是三大板块内省间差异的加权平均。

比较一阶段和二阶段锡尔系数的分解公式，可知板块间差异(T_{BR})组分都是相同的，前者板块内差异组分(T_{WR})和后者省间差异组分(T_{BP})相同。但是，由于一阶段锡尔系数分解计算基于省市数据，二阶段则基于各省下辖的所有地市数据，而通常情况下，省域的 GDP 并不等于各地市 GDP 总和，因此结果会存在微小差别。本章研究中应用 MATLAB 语言编制程序来实现锡尔系数分解方法。

（三）长江经济带空间差异分析

1. 长江经济带省市经济发展的绝对差异分析

（1）1978～2013 年长江经济带各省市相对发展率

在测度区域经济发展速度时，通常使用 GDP 增长率、人均 GDP 增长率等指标。但由于各地区经济基数相差很大，在增长率相同的条件下，发达地区经济发展的实际增长量远超过欠发达地区。这样，仅使用增长率这一指标并不能准确地揭示各省市的发展情况。因此,需要选取能反映地区经济相对增长量差异的指标,即相对发展率(Nich)。相对发展率为各省市在某一时期内人均 GDP 的变化与同期整个区域相应变化之间的比率。计算公式如下:

$$Nich = (Y_{2i} - Y_{1i})/(Y_2 - Y_1) \tag{2.8}$$

式中:Y_{2i} 和 Y_{1i} 分别代表第 i 个省市在某一时期的人均 GDP;Y_2 和 Y_1 分别代表整个区域在同一时期的人均 GDP。

自 20 世纪 90 年代伊始,国家对宏观区域经济发展战略进行了调整,东部沿海区域率先发展并带动中西部区域共同发展。进入 21 世纪后,进一步确立了区域经济协调发展的战略思路,从 2000 年开始,在西部 12 个省区市全面实施大开发。因此,选择 1978 年以来的 1990 年和 2000 年这两个具有里程碑意义的重要年份来进行分阶段的分析。

计算得到基于省市级单元的 1978～1990 年、1990～2000 年、2000～2013 年三个时期长江经济带各省市人均 GDP 的 Nich 值(参见表 2-2),基于 GIS 平台,利用四分位数法将 Nich 值分为四个类型[参见图 2-1(a)～(c)],可见各省市的相对发展率相差很大。

表 2-2　1978～2013 年长江经济带各省市 Nich 值

省　市	Nich		
	1978～1990 年	1990～2000 年	2000～2013 年
上　海	3.230	3.954	1.631
江　苏	1.578	1.699	1.675
浙　江	1.696	1.903	1.479
重　庆	0.847	0.901	0.969
湖　北	1.123	1.070	0.933
湖　南	0.884	0.778	0.827
四　川	0.822	0.633	0.738
江　西	0.806	0.654	0.717
安　徽	0.872	0.675	0.709
云　南	0.935	0.600	0.544
贵　州	0.590	0.326	0.539

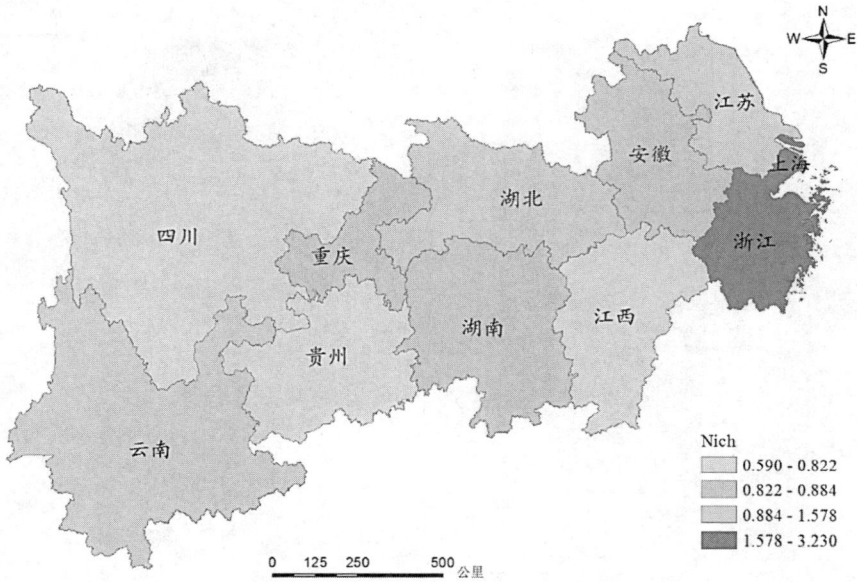

Nich
0.590 - 0.822
0.822 - 0.884
0.884 - 1.578
1.578 - 3.230

0　125　250　　　500 公里

（a）1978～1990 年

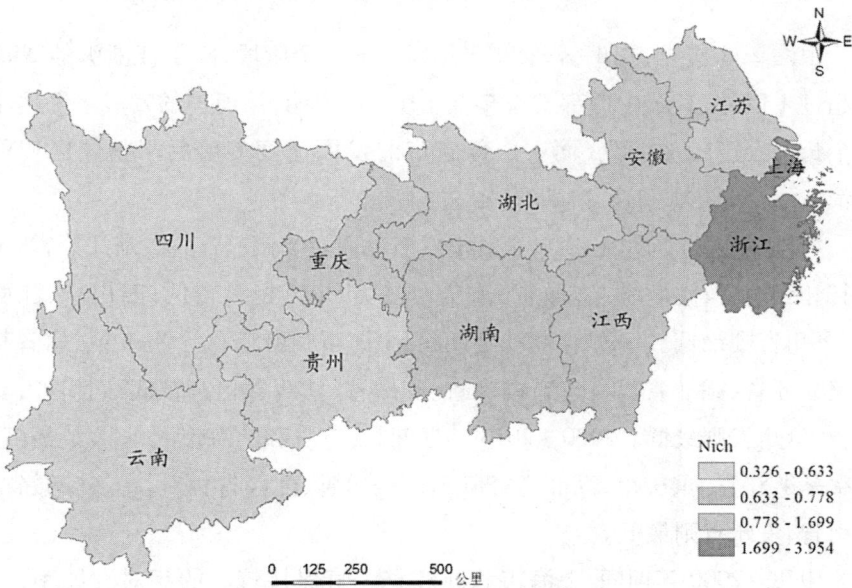

Nich
0.326 - 0.633
0.633 - 0.778
0.778 - 1.699
1.699 - 3.954

0　125　250　　　500 公里

（b）1990～2000 年

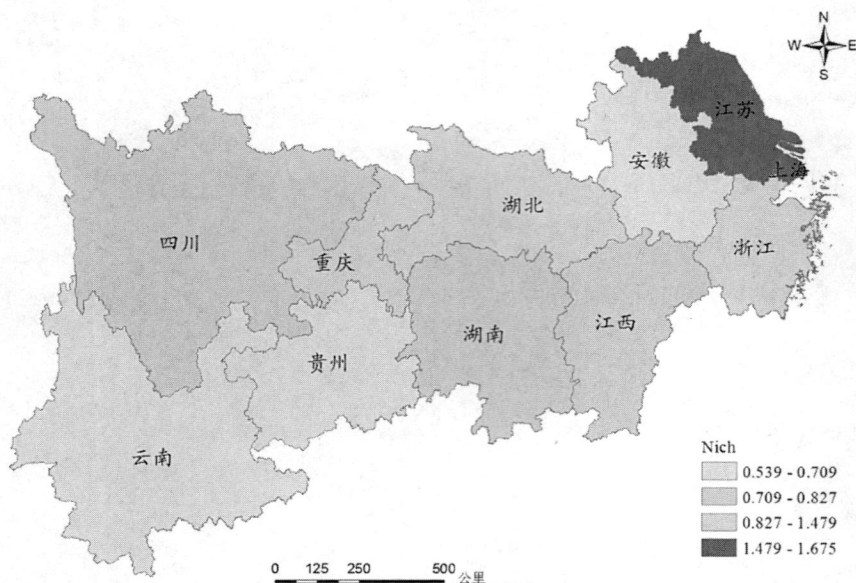

（c）2000～2013 年

图 2-1　1978～2013 年间长江经济带各省市相对发展率差异图

由图 2-1 可见,在 1978～2013 年期间的三个阶段,除了江浙沪的 Nich 值超过 1 以外,其余中西部省市多低于 1。这说明,江浙沪的发展水平居于整个长江经济带的前列,而中西部省市的发展速度多落后于整体区域的步伐。

1978～1990 年期间,上海市和浙江省的 Nich 值最高;其次是江苏省、湖北省和云南省;湖南省、安徽省、重庆市的 Nich 值相对较低;四川省、江西省、贵州省则最低。1990～2000 年期间,上海市和浙江省的 Nich 值最高;其次是江苏省、湖北省、重庆市;湖南省、安徽省、江西省相对较低,四川省、云南省、贵州省则最低。2000～2013 年期间,江苏省和上海市的 Nich 值最高;其次是浙江省、重庆市、湖北省;湖南省、四川省、江西省相对较低;安徽省、云南省、贵州省则最低。

1978～2000 年期间,上海市和浙江省一直保持较高的相对发展率,但其后有所下降,尤其上海市大幅下降至 1.6 左右,而江苏省后来者居上,超越上海市,具有最高的相对发展率。1990 年以来,大部分中西部省市的相对发展率较前期有较大幅度的下降,在 2000～2013 年期间呈小幅回升趋势;重庆市的相对发展率一直稳步上升;湖北省和云南省则一直持续下降。

结果表明:1990 年以来各省市间的经济发展差距,较之 1978～1990 期间更为拉大,尤其是东部和西部省市之间的差距更加突出。

改革开放以来,长江经济带的东、中、西部地区的经济实力大幅跃升,但在国家制定了向沿海倾斜的非均衡发展战略的背景下,东部地区迅速率先发展起来,其发展的速度和水平远超过中西部地区,从而东中西部地区之间的差距快速拉大。长江经济带发达地区经济增速快,而欠发达地区发展缓慢,势必会扩大已存在的地区经济差异,直至 2000 年长江经济带各省市经济非均衡性发展的程度逐渐加深,使得整体差距进一步扩大。2000 年以后,在上海和浙江发展速度趋缓的同时,中西部省市的发展速度得到大幅提升,长江经济带区域经济发展不平衡程度有所缓解。

(2)地级市经济发展空间分异特征

基于地市级空间单元,根据 2013 年各地市人均 GDP 数据,以整个长江经济带 2013 年人均 GDP 的 150%、100%、50%为基准,将所有地市划分为发达、次发达、欠发达、落后四种区域经济类型。基于 GIS 平台,将长江经济带所有地市级空间单元类型进行直观的地图显示,进一步揭示地级市经济发展的空间分异特征(参见图 2-2)。

由图 2-2 可见,从东到西,欠发达和落后地区依次呈现逐渐递增的空间特征。东部省市多为发达和次发达地区,中部省市多为欠发达地区,西部省市则以落后地区居多。在直辖市未细分到区县的情况下,2013 年长江经济带地市累计共有 130 个。其中,发达地市共有 18 个,约占总数的 14%,空间分布不均衡,以东部省市分布居多,除上海市外,江苏省 7 个,浙江省 5 个,中部 4 个省份仅有 5 个地、市进入发达的行列。次发达地市共有 23 个,约占 18%,空间分布较为均衡,东部的浙江省和江苏省各有 4 个和 3 个,中部的湖北省有 4 个,安徽省有 3 个,湖南省、江西省各有 2 个,西部的四川省和云南省各有 2 个,贵州省有 1 个。欠发达地市共有 57 个,约占 44%,主要分布在中西部省市,以四川省分布最多,共有 15 个地市,重庆市也在其列,其次是湖北省的 9 个地市,安徽省和湖南省各有 8 个,江西省有 4 个,东部

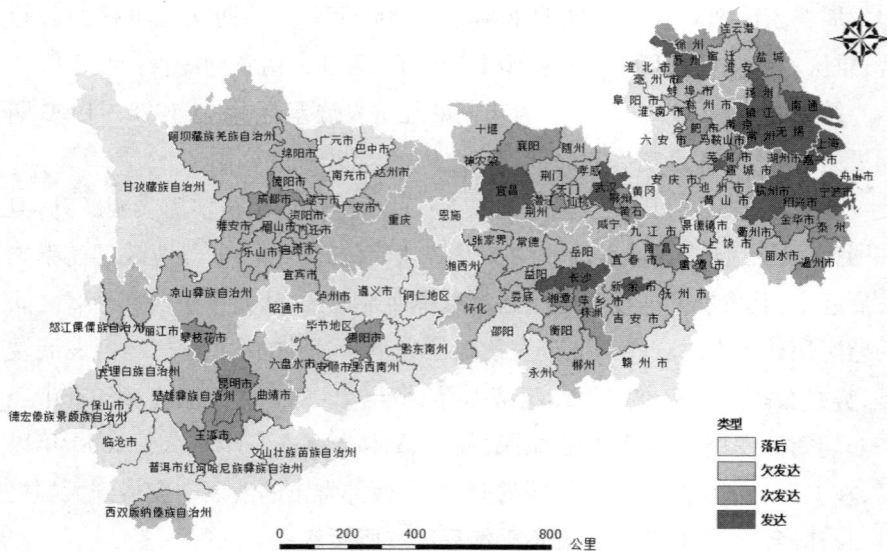

图 2-2　2013 年长江经济带地级市经济发展空间分异

的江苏省则有 3 个、浙江省有 2 个。落后地市共计 32 个,约占 25%,全部分
布在中西部省份,10 个位于云南省,7 个位于贵州省,安徽省和四川省各 4
个,湖北省、湖南省、江西省各呈零星的 2~3 个分布。

2. 长江经济带省市经济发展的相对差异分析

基于长江经济带省市级地域单元,运用锡尔系数计算公式,计算得到
1978~2013 年长江经济带人均 GDP 锡尔系数,揭示出自改革开放以来,长江
经济带各省市经济发展的相对差异及其演变过程(参见表 2-2 和图 2-3)。

图 2-3 直观地显示出,1990 年是一个显著的转折年份,衡量长江经济
带区域经济差异的锡尔系数在 20 世纪 80 年代呈现连续快速下降趋势,到
了 1990 年代总体呈现连续上升走向;其中,1993~2001 年期间呈小幅波动
的缓慢上升趋势,一直上升至 2003 年达到峰值,然后又持续快速下降。

长江经济带各省市相对差距的演变轨迹表明:1978~1990 年期间,长
江经济带省市间区域经济差异一直在缩小;而 1990 年以来,长江经济带省
市间区域经济差异一直在逐渐拉大,直至 2003 年差距达到峰值,其后快速
趋于缩小。

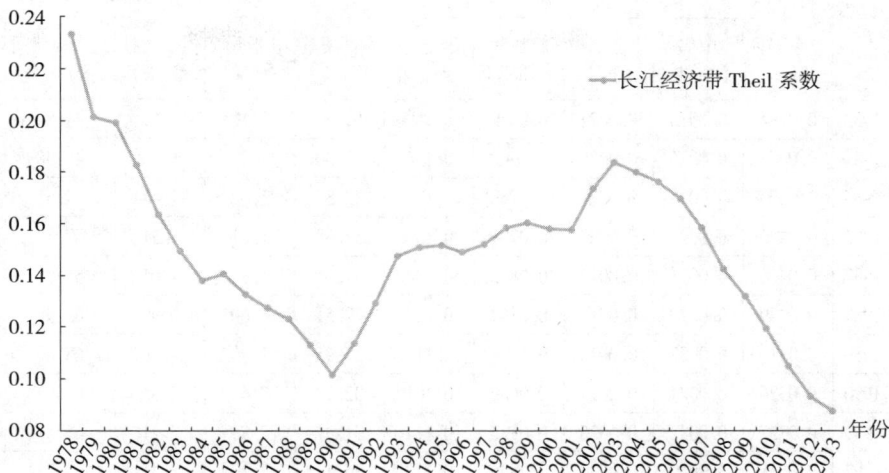

图 2-3　1978～2013 年长江经济带的锡尔系数

（四）长江经济带经济差异的构成分解

1. 基于省级空间单元的分解结果

基于省级空间单元对锡尔系数进行分解，可以进一步揭示长江经济带区域经济差异变化的板块构成，以及板块内各省市经济差异的变化过程。

运用一阶段锡尔系数分解的计算公式，计算得到 1978～2013 年间长江经济带东、中、西三大板块之间，以及板块内差异的锡尔系数分解及其对整体差异的贡献（参见表 2-3），并以折线图形式直观地反映长江经济带区域经济差异历年来的变化情况（参见图 2-4）。

表 2-3　1978～2013 年长江经济带板块间和板块内差异的锡尔系数分解结果

	东部 Theil	中部 Theil	西部 Theil	板块间 Theil	长江经济带 Theil	东部贡献率（%）	中部贡献率（%）	西部贡献率（%）	三大板块间贡献率（%）
1978	0.1478	0.0021	0.0030	0.0802	0.233	63.39	0.92	1.31	34.39
1979	0.1158	0.0041	0.0026	0.0787	0.201	57.58	2.04	1.27	39.11
1980	0.1140	0.0034	0.0031	0.0787	0.199	57.21	1.72	1.55	39.52
1981	0.1019	0.0022	0.0024	0.0761	0.183	55.79	1.23	1.32	41.67
1982	0.0883	0.0022	0.0021	0.0707	0.163	54.09	1.36	1.26	43.28

续表

	东部 Theil	中部 Theil	西部 Theil	板块间 Theil	长江经济带 Theil	东部贡献率(%)	中部贡献率(%)	西部贡献率(%)	三大板块间贡献率(%)
1983	0.0784	0.0016	0.0024	0.0670	0.149	52.46	1.10	1.61	44.84
1984	0.0667	0.0026	0.0020	0.0668	0.138	48.30	1.90	1.43	48.38
1985	0.0596	0.0023	0.0021	0.0768	0.141	42.37	1.62	1.47	54.55
1986	0.0496	0.0021	0.0020	0.0789	0.133	37.38	1.61	1.51	59.50
1987	0.0406	0.0023	0.0013	0.0832	0.128	31.85	1.84	1.05	65.26
1988	0.0339	0.0020	0.0012	0.0862	0.123	27.51	1.60	0.99	69.90
1989	0.0316	0.0023	0.0016	0.0776	0.113	27.95	1.99	1.46	68.60
1990	0.0326	0.0024	0.0024	0.0639	0.101	32.17	2.41	2.35	63.07
1991	0.0357	0.0032	0.0025	0.0723	0.114	31.37	2.85	2.21	63.57
1992	0.0338	0.0030	0.0030	0.0896	0.129	26.14	2.30	2.31	69.25
1993	0.0328	0.0029	0.0035	0.1084	0.148	22.25	1.96	2.39	73.41
1994	0.0297	0.0024	0.0044	0.1142	0.151	19.71	1.62	2.89	75.78
1995	0.0278	0.0019	0.0055	0.1163	0.152	18.35	1.25	3.64	76.76
1996	0.0283	0.0026	0.0061	0.1120	0.149	19.01	1.72	4.12	75.15
1997	0.0313	0.0031	0.0067	0.1109	0.152	20.58	2.02	4.41	72.99
1998	0.0333	0.0034	0.0069	0.1148	0.158	21.00	2.12	4.38	72.50
1999	0.0287	0.0037	0.0064	0.1215	0.160	17.89	2.29	4.02	75.80
2000	0.0262	0.0052	0.0064	0.1202	0.158	16.55	3.31	4.08	76.06
2001	0.0233	0.0055	0.0070	0.1220	0.158	14.75	3.46	4.43	77.36
2002	0.0249	0.0016	0.0071	0.1400	0.174	14.32	0.92	4.11	80.65
2003	0.0233	0.0016	0.0072	0.1515	0.184	12.70	0.89	3.93	82.47
2004	0.0219	0.0014	0.0075	0.1492	0.180	12.15	0.76	4.18	82.91
2005	0.0172	0.0016	0.0061	0.1513	0.176	9.78	0.91	3.47	85.84
2006	0.0147	0.0017	0.0056	0.1480	0.170	8.65	0.98	3.28	87.09
2007	0.0123	0.0020	0.0052	0.1389	0.158	7.77	1.24	3.26	87.73
2008	0.0090	0.0022	0.0052	0.1261	0.143	6.31	1.55	3.63	88.50
2009	0.0072	0.0025	0.0055	0.1169	0.132	5.42	1.89	4.16	88.53
2010	0.0048	0.0022	0.0060	0.1066	0.120	3.98	1.81	5.03	89.18
2011	0.0031	0.0021	0.0063	0.0934	0.105	2.94	1.98	6.03	89.05
2012	0.0023	0.0023	0.0057	0.0830	0.093	2.44	2.48	6.15	88.93
2013	0.0019	0.0024	0.0050	0.0783	0.088	2.13	2.73	5.70	89.44

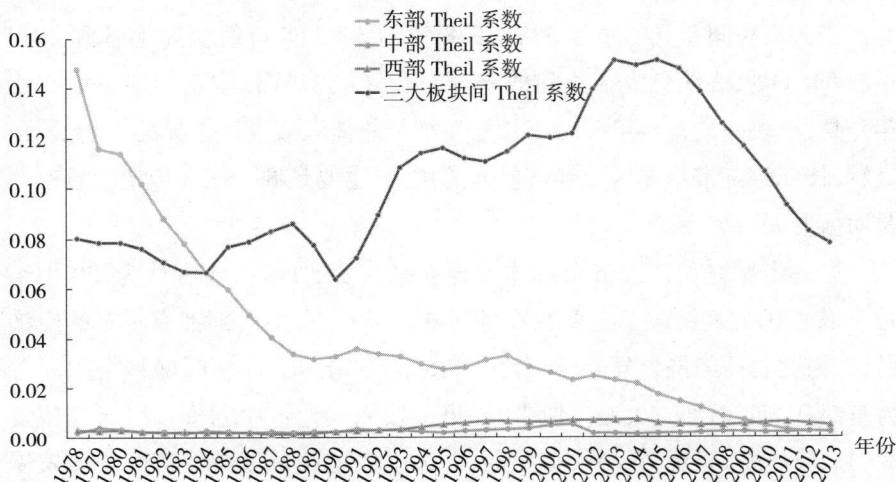

图 2-4　1978～2013 年长江经济带三大板块省际差异的锡尔系数

折线可直观地反映出各差异组分随时间变化的演变过程。从总体趋势看,三大板块间和西部差异组分相对的变化趋同,而板块间与东部以及东部和西部差异组分相对的变化趋势则基本相反。

东部省间经济差异在 20 世纪 80 年代快速下降,降低的幅度较大;1990年以来总体呈小幅波动的缓慢下降趋势。西部省间经济差异总体呈小幅波动上升趋势,其中 90 年代上升幅度较大。中部省间经济差异持续波动,变化趋势较为平缓。

20 世纪 80 年代三大板块间的经济差异呈小幅波动,总体趋于缓慢下降;到了 90 年代总体呈快速上升趋势,增长的幅度较大;在 1995～2001 年间呈现出较大的波动起伏;上升趋势直至 2005 年,其后又呈快速下降趋势。这表明三大板块间的经济差异自 1990 年以来快速拉大,一直持续到 21 世纪初,其后快速降低。这与长江经济带总体经济差异的变化趋势基本一致。

从表 2-2 的贡献率看,东部的贡献一直呈现出趋于快速下降的趋势,从 1978 年的 63.29% 下降到 2013 年的 2.13%,中西部的贡献率一直都较微小。其中,西部呈小幅波动的总体上升趋势,中部则持续波动。这说明,东部各省市发展越来越均衡,西部各省市发展均衡性程度则低于东、中部,但总的来说,对长江经济带总体经济差异的影响较为微弱。

三大板块间差异的贡献率从 1978 年的 34.39% 持续快速上升到 2013 年的 89.44%,表明三大板块间的差异对长江经济带总体差异的贡献在逐年升高,板块间的差异组分对于长江经济带总体区域经济差异的影响显著。显然,长江经济带总体区域经济差异的拉大,主要是源于三大板块间省市的非均衡发展。

进一步探究长江经济带总体差异动态演变的成因,作者认为,20 世纪 80 年代中国的经济改革主要在农村领域内展开,东中西部都有一定的经济增长,因此总体经济差异趋于下降。1986 年,"七五"计划明确将全国划分为东部、中部、西部三大经济地带,提出了按三大地带序列推进区域经济发展的战略思路,直至 90 年代中后期,总体上实施的是区域经济非均衡发展战略,即以一系列向东部沿海区域倾斜的政策措施为主要内容。东部地区地理位置优越,自然条件好,各生产要素流向东部地区从而得到优化配置,最终导致东西部地区间经济效率的差距扩大,东部地区的经济增长率显著高于中西部地区,从而导致区域间差距扩大非常明显。

进入 21 世纪,针对东部沿海和中西部地区不断拉大的发展差距,国家提出了区域经济协调发展的战略思路,开始实施推进西部大开发、促进中部崛起等区域发展总体战略。在这一背景下,长江经济带中西部地区经济快速发展,但与此同时,东部地区仍继续保持良好态势,西部省市仍面临严峻的挑战,与东部发达地区的经济差距虽有所缩小,但仍然相当巨大。

2. 基于地级空间单元的分解结果

应用二阶段嵌套锡尔系数分解方法,基于三大板块——省(直辖市、自治区)——地区(市、区、自治州)三级地域行政单元,将长江经济带总体差异分解为东、中、西三大板块间的差异、三大板块内省间的差异和各省市的省内差异,对长江经济带区域经济差异进行深层次分析。

鉴于数据处理的一致性以及公式的特点,将上海市归并入江苏省,将重庆市并入四川省,都作为其中的地级单元来考虑,计算得到 1990 年、2000 年、2013 年长江经济带区域经济差异的分解结果(参见表 2-4)。

表 2-4 典型年份长江经济带区域经济差异二阶段嵌套锡尔系数分解结果

差异组分	1990 年		2000 年		2013 年	
	Theil	贡献率（%）	Theil	贡献率（%）	Theil	贡献率（%）
省内差异	0.1378	63.41	0.1546	55.00	0.1083	50.50
省间差异	0.0232	10.66	0.0135	4.81	0.0098	4.56
东　部	0.0059	1.06	0.001	0.15	0.0001	0.02
中　部	0.0501	8.51	0.0247	2.87	0.016	2.39
西　部	0.0098	1.09	0.0225	1.79	0.0203	2.15
板块间差异	0.0563	25.93	0.1129	40.19	0.0964	44.94
总体差异	0.2173	100	0.281	100	0.2145	100

从各差异组分的锡尔系数来看,省内差异和板块间差异锡尔系数在1990～2000 年期间升高,其后有所降低。省间差异随着时间的推移逐渐降低。这表明,基于地级单元,1990～2000 年期间长江经济带的省内差异和板块间差异都在增大,其后有所减小。比较东中西部的省间差异,可知中部省市的省间差异相对较高,对总体差异的贡献率最高,西部省市次之,东部省市则最低。这说明,中西部各省市发展较不均衡,省市间经济差距较大,而东部各省市的经济发展相对均衡。

从各差异组分的贡献率来看,1990～2013 年间,省内差异对于整体差异的贡献率最高,虽然逐渐下降,但仍然高达 50%以上;三大板块间差异的贡献率较高,并且逐渐大幅上升;省间差异对总体差异的贡献率较低,且逐渐下降。因此,基于地级空间单元,省内差异与三大板块间差异,基本构成对长江经济带总体区域差异的贡献率。值得注意的是,基于地级单元,省内差异的变化对长江经济带总体差异变化的影响最显著。省内差异作为构成长江经济带总体差异的重要组分,对总体差异变化起着主导作用。鉴于此,当前不仅要重视长江经济带的三大板块间经济差异,而且更要密切关注省内差异。

将上海市细化到各区县,将重庆市按照既有的"都市功能核心区、都市功能拓展区、城市发展新区、渝东北生态涵养发展区、渝东南生态保护发展区"五个分区进行划分。利用 2013 年长江经济带地市级单元相应数据,运用二阶段锡尔系数分解方法,计算 2013 年长江经济带总体区域差异及其各分解组分的锡尔系数(参见表 2-5)。

表 2-5　2013 年长江经济带省内差异的锡尔系数及其贡献率

省　市	Theil	贡献率(％)	省　市	Theil	贡献率(％)	省　市	Theil	贡献率(％)
东　部	0.0001	0.01	中　部	0.016	2.34	西　部	0.0285	2.96
上海市	0.0864	2.84	安徽省	0.2056	6.87	重庆市	0.076	1.65
江苏省	0.0789	8.31	江西省	0.1046	2.58	四川省	0.1669	7.90
浙江省	0.0748	4.82	湖北省	0.147	6.60	贵州省	0.1409	2.02
			湖南省	0.1585	6.95	云南省	0.1147	2.36
省内差异	0.1167	52.89						
省间差异	0.0117	5.32						
板块间差异	0.0922	41.79						
总　计	0.2206	100						

对表 2-4 和表 2-5 中 2013 年各差异组分的结果进行比较,发现无论直辖市是否细分到区县,各分解组分的差别较小。以下围绕 2013 年长江经济带各省市的省内差异组分展开分析。

从东、中、西部三大板块的锡尔系数及其贡献率来看,西部各省差距最大,对整体差异的贡献也最高,中部次之,东部则最小。这说明相对于东部省市,中西部省市经济非均衡发展情况较突出。

从各省市的省内差异来看,东部省市的锡尔系数一般较低,上海市最高,江苏省次之,浙江省最低。中西部各省市的锡尔系数普遍较高。中部地区中,安徽省最高,湖南省、湖北省次之,江西省最低。西部地区中,除重庆市外,四川省的锡尔系数最高,其次是贵州省、云南省。

锡尔系数较大揭示了省内发展不均衡状况,如发达省份中的欠发达地区,欠发达省份中的发达地区;锡尔系数较小揭示了省内各地市均衡发展状况,即"富则皆富"或者"穷则皆穷"。因此,省内差异结果表明:东部省市各地市经济发展得比较均衡。中西部省市中,安徽省内各地市发展不均衡性最为突出,地市间经济发展水平差距较大。其次,中部的湖南省、湖北省,西部的四川省、贵州省的省内发展不均衡相对也较为突出,而江西省、云南省、重庆市的省内各地市(区)发展相对更具均衡性。

比较各省市的省内差异对总体差异的贡献率,发现贡献率最高的是江苏省,其次是四川省,接下来湖南省、安徽省、湖北省。贡献率最低的是重庆市,其次是贵州省、云南省、江西省和上海市。

这意味着,江苏省、四川省等省市的省内经济差异对长江经济带总体差异的影响最为显著。由于计算贡献率时将 GDP 比重作为权重,使得经济水平可体现在贡献率的高低上。中西部省市的 GDP 水平普遍相对偏低,因此即使其省内差异较大,对整体差异的贡献率并不高;而江苏省尽管省内差异较小,但是 GDP 所占比重较大,其省内差异对于总体区域差异的贡献率也大大高于其他省市。

(五)长江经济带区域经济差异的总体结论

1. 1978~1990 年间长江经济带各省市相对发展率差异结果表明:1990 年以来,各省市之间经济发展差距较之 1978~1990 年期间更为拉大,东部和西部省市之间的差距尤为突出。2000 年以后,在江浙沪发展速度趋缓的同时,中西部省市的发展速度得到大幅提升,长江经济带区域经济发展不平衡程度有所缓解。

2. 2013 年长江经济带地级市经济发展空间分异直观显示出:东部省市多为发达和次发达地区,中部省市多为欠发达地区,西部省市则以落后地区居多。

3. 基于省级空间单元,长江经济带各省市相对差距的演变轨迹表明:1978~1990 年期间,长江经济带省市间区域经济差异一直在缩小;而 1990 年以来,长江经济带省市间区域经济差异逐渐扩大,21 世纪初渐趋于缩小。一阶段锡尔系数分解结果表明:东部省市间经济差异总体呈下降趋势;西部则总体呈小幅波动上升趋势。三大板块间的经济差异自 1990 年以来快速拉大,一直持续到 21 世纪初,其后快速降低,这与总体差异的变化趋势基本一致。长江经济带总体区域经济差异的扩大主要源于三大板块间的不均衡发展。

4. 运用二阶段锡尔系数分解方法,以地级相对微观的地域作为基本空间单元,不仅能够分析长江经济带三大板块间的差异、省间差异及其对总体差异的贡献,而且还能分析省内差异及其贡献,使得长江经济带区域经济差异的研究更加深入。基于地级单元的差异分解结果表明:省内差异的变化对于长江经济带总体差异变化的影响最为显著,是构成长江经济带总体差异的重要组分。由此,当前不仅要重视长江经济带总体差异中的三大板块间差异,省内差异更不容忽视。

相对于东部省市,中西部省市经济非均衡发展情况较突出。其中,安徽省内各地市发展不均衡性最为突出,地市间经济发展水平差距较大。其次,中部的湖南省、湖北省,西部的四川省、贵州省的省内发展不均衡相对也较为突出,而江西省、云南省、重庆市的省内各地市(区)发展相对更为均衡。

三、长江经济带区域发展格局的演进

根据长江经济带区域经济差异的分析,改革开放以来,在国家区域发展战略引导和国内外发展环境的影响下,长江经济带区域经济发展格局大致经历了低水平均衡、梯度性非均衡和调整中趋衡三大发展阶段,并已具备了跨入协调性均衡发展新阶段的基础和条件。在长江经济带的"低水平均衡→非均衡→高水平均衡"的"倒 U 型"动态演进过程中,当前长江经济带正处于向更高水平均衡——"协调性均衡"演进的起步阶段。为了全力打造中国经济新支撑带,需要及时把握新常态的特征和要求,以国家促进各地区协调发展、协同发展、共同发展的新方针为统领,以推进长江经济带实现区域单元之间和区域单元内部融合发展为战略指引,以促进各地区之间形成互利共生关系为价值取向,从政策和举措上积极引导长江经济带走向协调性均衡发展新阶段。

(一)长江经济带区域发展格局演进三大阶段

改革开放后至国务院《指导意见》发布期间,如果以长江经济带东部板块 GDP 以及中、西部板块 GDP 分别在长江经济带总体中所占比重的变动趋势作为判断依据,那么长江经济带的发展格局基本上经历了低水平均衡、梯度性非均衡和调整中趋衡三大发展阶段①(参见图 2-5)。

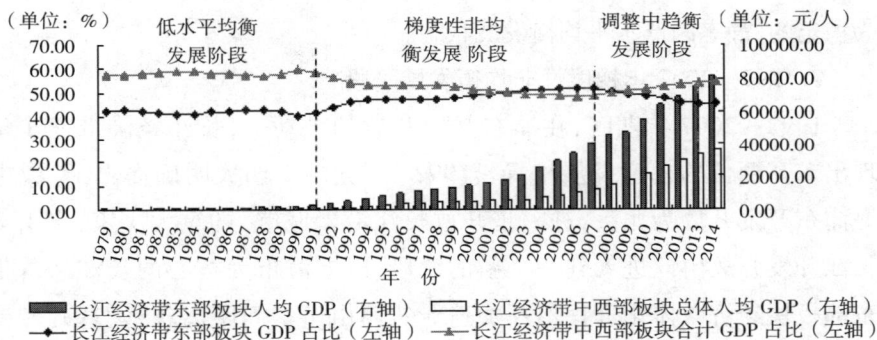

图 2-5 1979～2014 年长江经济带东部地区与中西部地区
GDP 占比及人均 GDP 变化情况

数据来源:根据《新中国 60 年统计资料汇编》及国家统计局网站数据整理。

1. 1979～1991 年低水平均衡发展阶段

1979～1991 年期间,虽然在当时区域非均衡发展战略的主导下,国家在生产力布局上实施了一系列优先支持条件较好的沿海地区经济发展的东倾政策,使得沿海地区成为推动当时中国国民经济高速增长的重要力量,但由于该段时期长江经济带的“龙头”城市上海市,既没有像深圳特区那样得到种种优惠开放政策,充当起中国改革开放的“排头兵”,也没有像邻近省份江苏省和浙江省那样涌现出大规模的充满活力的乡镇企业进而带动起省域经济的快速起飞,导致改革开放初期的上海市并未很好地跟上中国东部沿海地区经济整体快速发展的节奏,一直停留在以国有制为主的传统经济

---

①　参见成长春:《长江经济带协调性均衡发展的战略构想》,《南通大学学报》(社会科学版)2015 年第 1 期。

体制内裹足不前。由于上海市的经济总量相对较大,经济转轨的相对滞后,导致该段时期长江经济带东部板块的总体增速不仅低于全国平均水平,而且其 GDP 在长江经济带总体中的比重,相对平稳地维持在低于长江经济带中、西部板块合计比重约 15～18 个百分点。与此同时,由于该段时期生产力水平相对较低,社会生产和生活较为封闭,道路等跨区域性基础设施建设水平较低,长江经济带东、中、西部板块之间在人员、物资、信息等方面的交流十分有限,使得长江经济带东、中、西部板块在发展格局上总体上处于较为稳定的、静态的低水平均衡发展状态。

2. 1992～2007 年梯度性非均衡发展阶段

1992～2007 年期间,在浦东开发开放的带动下,长江经济带逐步呈现出东高西低的梯度发展格局。1992 年,党的十四大明确提出了"以上海浦东开发开放为龙头,进一步开放长江沿岸城市"的重大决策,指引着长江开发开放由此进入到一个新的阶段,以上海市为核心的长江经济带东部板块经济一体化进程不断加速。然而由于空间距离较远、基础较差等多种因素的制约,浦东开发开放对长江经济带中、西部板块的带动作用较为有限。虽然中央政府针对沿海和内陆地区不断扩大的发展差距,提出了促进地区经济协调发展的指导方针,形成了由"西部大开发"、"中部崛起"、"东北老工业基地振兴"、"东部率先发展"四大板块共同驱动的区域发展总体战略,进一步开放了重庆、岳阳、武汉、九江、芜湖、黄石、宜昌、万县、涪陵等沿江城市,并设立了成都、重庆全国统筹城乡综合配套改革试验区和武汉都市圈、长株潭城市群全国资源节约型和环境友好型社会建设综合配套改革试验区,但总体而言,相对良好的区位优势和发展基础导致长江经济带东部板块的发展速度明显快于中、西部板块,前者的 GDP 在长江经济带中的比重逐步提升直至超越了后者约 3 个百分点,长江经济带自东向西逐渐呈现出显著的梯度性非均衡发展格局。

3. 2008～2014 年调整中趋衡发展阶段

2008～2014 年期间,在国际金融危机的冲击下,长江经济带东部板块由于经济外向度高、要素成本上升、环保压力提升等多种因素的影响,经济增速逐步放缓,并开始出现低于中西部地区的发展格局。中、西部板块则因受到西部大开发、中部崛起等战略的持续支持,经济发展基础和条件逐步改善,再加上国家为实现"稳增长、促内需、调结构"等目标而赋予了中、西部板块许多新的政策支持,比如,国务院先后主导制定和实施了《促进中部地区崛起规划》、《关于大力实施促进中部地区崛起战略的若干意见》、《关于皖江城市带承接产业转移示范区规划的批复》、《关于鄱阳湖生态经济区规划的批复》、《关于深入实施西部大开发战略的若干意见》、《关于同意设立重庆两江新区的批复》、《关于同意设立四川天府新区的批复》等等。这些都有力增强了长江经济带中、西部板块的内生增长动力和承接国内外产业转移的能力,导致中西部板块 GDP 合计所占的比重持续增加并于 2009 年开始超过东部板块,2014 年已超过东部板块约 9.5 个百分点。这在一定程度上表明,长江经济带的增长极已出现了一定的空间调整,长江经济带的发展格局正逐步趋向新的均衡。

(二)新常态下长江经济带发展格局的新走向

在当前经济发展新常态下,为了充分发挥好我国经济韧性好、潜力足和回旋空间大的优势,确保在这一演化过程中经济增长能够保持在合理区间,避免陷入"中等收入陷阱",必然要求国家区域发展战略作出适应性调整。其中,作为当前国家三大重点区域战略之一的长江经济带的发展就应在充分考虑各地区发展阶段不同、资源禀赋各异、能量等级有别的基础上,从全国乃至全球的大格局中进行定位谋略,将现行梯度式推进色彩较为浓厚的"调整中趋衡"发展格局加快转向协同性特征更为明显的"协调性均衡"发展格局。

1. 长江经济带协调性均衡发展的提出

一是国家区域发展方针调整的需要。新常态下国家确定的区域发展新方针为长江经济带协调性均衡发展新格局的提出奠定了思想基础。为了更好地适应新常态,进一步优化经济发展空间格局,2014 年 12 月召开的中央经济工作会议,明确提出了今后一段时期的区域发展方向,即在继续实施区域发展总体战略和主体功能区战略的同时,要"完善区域政策,促进各地区协调发展、协同发展、共同发展"。为了如期实现全面建成小康社会目标，党的十八届五中全会通过的《中共中央关于制定国民经济和社会发展第十三个五年规划的建议》中提出，要塑造要素有序自由流动、主体功能约束有效、基本公共服务均等、资源环境可承载的区域协调发展新格局。这是新常态下指导长江经济带加快发展的新方针，其中蕴含着明显的协调性均衡发展思想。

二是中国经济支撑带延展的需要。新常态下中国经济支撑带由沿海向沿江内陆的新拓展，为长江经济带协调性均衡发展新格局的提出赋予了内源需求。经过三十多年来的发展，东部沿海发展轴线已成为中国经济发展较为坚实的支撑带，而沿长江轴线的整体发展水平与其战略地位尚存在较大差距，极大地影响着中国经济增长潜力的发挥。在中西部地区基础性条件已基本得到改善、地区间要素资源流动日渐加快的新时期，长江经济带发展的目标之一就是要以形成协调性均衡发展格局为导向，促进我国经济增长空间从沿海向沿江内陆拓展，充分挖掘中西部地区广阔腹地蕴含的巨大内需潜力，有力推动国家区域结构和内需结构等的优化。

三是陆海双向对外开放新走廊建设的需要。新常态下推动形成陆海双向对外开放新走廊，为长江经济带协调性均衡发展新格局的提出提供了外源支撑。扩大内陆沿边开放，加紧培育参与和引领国际经济合作竞争新优势，对新常态下提升我国综合国力和国际竞争力具有重要意义。长江经济带和其他经济区的最大不同就在于，依托黄金水道，它不仅可以将我国东中西三大地带连接起来，还可以向东、向西分别与21世纪海上丝绸之路和丝绸之路经济带连接起来，形成开发开放新局面。长江经济带的建设任务之一就是要通过协调性均衡发展，深化向东开放，加快向西开放，扩大沿边开放，充分用好海陆双向开放的区位资源，在促进自身形成全方位开放新格局的同时，也为21世纪海上丝绸之路以及丝绸之路经济带建设提供坚实支撑。

2. 长江经济带协调性均衡发展的内涵

由于各地时空背景、基础条件和发展潜力等客观因素的差异，区域经济发展过程中始终面临着均衡与非均衡的矛盾关系，伴随着它们间的交替演

进,区域系统不断从低层次向高层次演化。① 区域经济发展进程中大致会
经历"低水平均衡→非均衡→高水平均衡"的动态发展过程。② 为了确切证
明这种演进过程,1965 年,美国经济学家威廉姆逊利用 24 个国家的时间序
列数据和横截面数据,通过实证分析得出了描述经济增长与区域均衡发展
之间关系的"倒 U 型理论":在国家经济发展的起飞阶段,区域间差距将会
扩大,倾向于由低水平均衡发展转向非均衡发展;随着区域经济的不断发
展,不同地区间的非均衡将日渐稳定;当达到成熟阶段时,不同地区间的发
展差异渐趋缩小,体现为由非均衡转向高水平均衡。

　　虽然由于"倒 U 型理论"忽视了区际差异缩小过程中政府的干预作用
而受到一些人的质疑,但如果不考虑引致"倒 U"型波动的因素,仅从数据
的变动趋势来看,若以 1979～2014 年长江经济带东部地区 GDP 所占比重
与中西部地区 GDP 所占比重的差作为时间序列数据,利用二阶多项式拟合
其变动趋势线(参见图 2-6),则大致可以判断,当前长江经济带各地区间
的非均衡关系已逐步趋于稳定,基本达到了"倒 U"曲线的顶部,正处于走

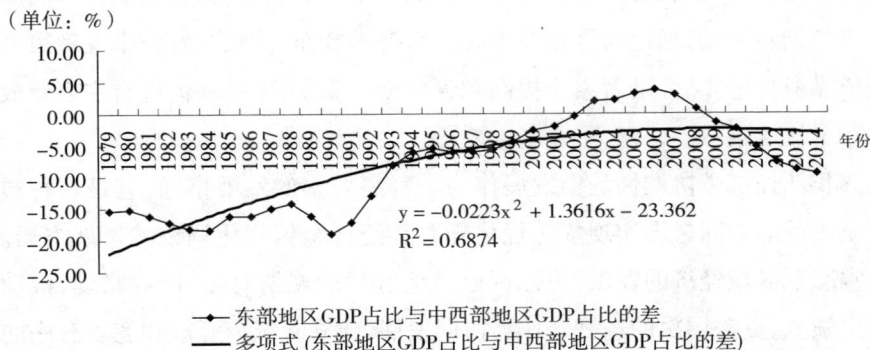

图 2-6 1979～2013 年长江经济带东部与中西部 GDP
占比的差及其二阶多项式趋势线

① 参见陈秀山、石碧华:《区域经济均衡与非均衡发展理论》,《教学与研究》2000 年第
10 期。
② 参见成长春:《江苏沿海开发战略与区域经济均衡发展》,《江苏社会科学》2009 年第
6 期。

向新的更高层次均衡的起步阶段。这种新的更高层次的均衡,与改革开放初期长江经济带各地区之间低水平、低效率、地区间缺乏交流合作的分散式、静态型均衡不同,它是在区域协调发展理念指引下形成的一种地区之间经济交往密切,市场配置资源作用强,空间相互作用程度大,发展中关联互动、优势互补、分工协作的高水平、高效率、共生型均衡,故可称之为"协调性均衡"。

长江经济带协调性均衡发展作为一种高水平的发展格局,它是一种以创新驱动为新动力保持经济运行在合理区间的发展格局。改革开放以来,尽管在以要素驱动和投资驱动为主要特征的发展模式下,中国经济取得了巨大发展成就,但值得注意的是,这种成功也付出了巨大代价,那就是资源大量消耗和环境过度透支①。随着长江经济带开发、开放力度的进一步加大,资源和环境压力将日益加剧,单纯依靠各地采取传统的资源要素互补式合作来发展经济的做法已经面临严峻挑战,经济新常态下的区域开发应着眼于提高各地的创新能力,走创新发展互助式合作之路。② 推动形成协调性均衡发展格局,就是要使经济发展由低水平的要素驱动、投资驱动转向高水平的创新驱动,通过跨区域技术转移和技术合作,使长江经济带发展更多地依靠科技进步、劳动者素质提高和管理创新驱动,更好地促进自主创新成果在全流域推广。

长江经济带协调性均衡发展作为一种高效率的发展格局,它是一种通过全流域的协同融合实现资源优化配置和经济结构优化调整的发展格局。新常态下区域经济的发展,更强调通过地区间的规划对接、产业联动,推动更广领域、更深层次的经济合作与协同发展,建立起统一开放和竞争有序的全流域现代市场体系,不断优化空间布局,完善区域分工,增进优势互补,提高资源配置效率,释放经济发展潜力。推动长江经济带形成协调性均衡发展格局,就是要合理发挥政府与市场的调节作用,既从空间上促进区域单元

---

① 参见专题调研组:《调整我们的思路和政策:以创新驱动发展》,《科学发展》2010 年第 1 期。

② 参见张来明:《关于经济新常态下的区域合作》,《中国经济时报》2014 年 10 月 16 日第 1 版。

之间形成融合发展态势,又从发展内容上促进区域单元内部工业化、信息化、城镇化、农业现代化(以下简称"四化")之间、港产城之间、城乡之间及制造业与生产性服务业之间形成融合发展态势,促进长江沿线地区资源在更宽广领域高效率实现优化配置。

长江经济带协调性均衡发展作为一种共生型的发展格局,它是各区域单元之间在通过空间相互作用结成共生关系基础上,由非均衡逐步转向均衡的一种动态发展格局。在科学发展、持续发展、包容性增长等新发展观指导下,新常态下的地区经济发展,将从一味追求 GDP 增长而牺牲自然、生态的粗放型经济发展模式转向绿色、生态、可持续的区域共生发展模式,各地区之间以及人与自然、生态之间将更加注重加强协作共生、互利共赢、形成合力。推动长江经济带形成协调性均衡发展格局,并非是指长江经济带不同地区间绝对的平衡发展或者预先设想一个静态的目标,而是更强调一种各地区间、各经济主体间以及人与自然间在形成互利共生关系基础上实现的优势互补、联动发展、可持续发展,不断增进区域经济各单元间的共生价值。

因此,所谓长江经济带协调性均衡发展新格局,就是指以打造新常态下的中国经济新支撑带为目标,以推动长江经济带更有效率、更加公平、更可持续发展为核心,以推动不同区域单元之间和同一区域单元内部形成融合发展态势为抓手,以促进不同经济主体之间以及人与自然之间形成互利共生关系为根本,将区域内分散的经济社会活动有机地组织起来,充分发挥东部板块的辐射引领作用,有效激活中、西部板块潜在的经济活力,不断提高长江经济带发展的整体性和联动性,形成东中西部之间协调发展、协同发展、共同发展、可持续发展的新型发展格局。

3. 长江经济带协调性均衡发展的意义

在中国经济增速放缓、结构转型等一系列新趋势、新状态下,依托黄金水道推动长江经济带形成协调性均衡发展新格局,有利于从以下方面打造中国经济新支撑带。

(1)有利于打造具有全球影响力的内河经济带

推动形成协调性均衡发展格局,有利于充分发挥黄金水道的串联效应,在长江上中下游构建起贯通的综合立体交通运输网络,推动沿江产业结构和布局优化,培育形成具有国际水平的产业集群,促进沿江城市群联动发展、互动协作,撑起我国三大地带发展的重要骨架,并有效缓解东部与中西部人均 GDP 差距不断扩大的趋势(参见图 2-5),使长江经济带成为新常态下积极参与国际竞争与合作的内河经济带。

(2)有利于打造东中西互动合作的协调发展带

推动形成协调性均衡发展格局,有利于将当前支持长江经济带东中西部发展的分散式区域发展战略联动化,进一步增加其科学性、可操作性和联动效率,并和新常态下新型城镇化建设等其他国家发展战略紧密结合,有效增强不同地区之间的联动效应,使长江经济带成为推动我国区域协调发展的示范带。

(3)有利于打造沿海沿江沿边全面推进的对内对外开放带

推动形成协调性均衡发展格局,有利于用好海陆双向开放的区位资源,将长江经济带对东部、西部等的开放,以及通过渝新欧大通道对中亚西亚乃至东欧地区的开放连接起来,形成新常态下全方位开放新格局,并在通过自贸区建设创新东部地区开放引领模式的同时,加快推动中西部地区同周边国家和地区基础设施实现互联互通,加强与"一带一路"的衔接互动,使长江经济带成为横贯东中西、连接南北方的开放合作走廊。

(4)有利于打造生态文明建设的先行示范带

推动形成协调性均衡发展格局,有利于在全流域建立严格的水资源和水生态环境保护制度,构建起跨省域的长江流域生态补偿制度,形成区域联动的环境保护工作格局,将区域经济社会发展、生态环境保护从过去的局部问题提升为流域共同体的全局问题,确保自"三江源"蜿蜒奔腾的一江清水绵延后世、永续利用,走出一条绿色生态的发展新路。

四、长江经济带协调性均衡发展愿景与路径

在区域协调性均衡发展战略指引下,推动长江经济带协调性均衡发展,就是要通过提升黄金水道运能、建设综合立体交通走廊、引导产业有序转移

与承接、培育跨区域城市群和区域性城市群、打造东西双向开放新优势、推动生态环境联防联治、完善区域分工与合作机制等途径,有效促进长江经济带由当前的分散式、单向开放下的松散型梯度发展格局加快转变成融合、共生、东西双向开放下的协调性均衡发展格局。

(一)长江经济带协调性均衡发展的战略愿景

新常态下推动长江经济带形成协调性均衡发展新格局,有助于将长江经济带相互独立的区域单元融合成一个有机整体,不断增进区域经济发展的共生价值。

1. 融合发展是长江经济带协调性均衡发展的本质特征

长江经济带协调性均衡发展,是区域内相互独立的地区单元、产业部门、经济主体等融合成为一个具有整体性和层次性等特征的复杂系统的过程,融合发展是长江经济带协调性均衡发展的本质特征。作为典型的流域经济形态,长江经济带在历经多年发展后仍未很好地形成一体化大格局,非均衡化、碎片化发展痕迹十分明显。① 因此,长江经济带协调性均衡发展的重要抓手就是要以推动实现融合发展为指向,促进各地在经济规划、基础设施、产业发展、城镇建设和环境保护等领域加强协调、联通和联合,使地区经济在一个更大的区域尺度上提升资源要素的配置效率。

推进融合发展,涉及多个领域,既包括以长江经济带东中西一体化发展和跨江两岸同城化发展为主体内容的不同区域单元之间的融合,也包括区域单元内部的"四化"融合、港产城融合、城乡融合以及制造业与生产性服务业的有机融合,等等。总之,推动形成协调性均衡发展格局,首先要求各地区之间和各地区内部在交通、产业、城镇、生态、生活等多方面展开规划协调,从战略层面上共同推动各地经济、社会、文化、生态等各方面实现融合发展。

2. 共生发展是长江经济带协调性均衡发展的价值取向

区域经济发展的新趋势就是要促进区域经济共生发展。所谓区域经济

---

① 参见彭劲松:《长江经济带区域协调发展的体制机制》,《改革》2014 年第 6 期。

共生发展,是指以实现不同区域单元间和谐共生的共生价值为目标,以推动形成互利共生关系为核心,以区际、代际、生态、发展、制度等共生资源为主线,以人与人、人与自然、自然与自然的包容性发展为模式,促进各区域单元之间在共生利益的基础上形成共生意愿和行为,最终形成经济共生体和生态共生体。① 区域经济共生发展的内涵可以解构为这样的逻辑架构,即"共生利益——共生资源——共生价值"。其中:共生资源是区域经济共生发展的源泉,共生利益是区域经济共生发展的动力,共生价值则是区域经济共生发展的目标。

推动长江经济带协调性均衡发展,就是要促进区域内各经济利益主体之间以及人与自然、生态之间,以追求共生利益为动力,以共生资源利用方式对区域资源进行整体性、系统性综合开发和利用为原则,以兼顾实现经济价值和生态价值的共生价值为追求目标,将长江经济带各单元之间从被动的他组织融合行为转向主动的自组织共生行为,构建起科学、合理、互惠的地域分工、地域运动和地域组织管理体系,恢复曾因行政区划而被切断了的资源共生本性,使各单元之间不断消除区域内耗,持续放大共生乘数效应。

3. 长江经济带走向协调性均衡发展的战略架构

长江经济带协调性均衡发展的战略架构总体上可分为三个层面:一是在战略手段上,以推动在空间整体上及各地发展内容上形成融合发展态势为抓手,将长江经济带内分散式的区域发展战略和政策联动化,进一步增强其科学性、可操作性和联动效率。比如,在空间整体上,既要将分散的东部率先、中部崛起和西部大开发战略串联起来,促进东中西部一体化贯通融合,又要通过实施跨江对接举措,促进沿江两岸地区同城化融合发展。同一区域单元内则要加快推进"四化"、港产城、城乡等的融合,促进经济发展提质增效升级。二是在战略目标上,以推动形成互利共生关系为根本,促进各区域单元之间在共生利益的基础上形成共生意愿,促成共生行为,形成共生资源,实现共生价值。三是在对外战略上,要加大支持长江上游地区向西开

---

① 参见陈运平、黄小勇:《论区域经济的共生发展》,《光明日报》2014 年 4 月 2 日第 15 版。

放的力度,加快形成长江经济带东西双向开放的新格局。通过以上三个层面战略架构的推动实施,有效促进长江经济带由当前的分散式、单向开放下的松散型梯度发展格局,加快转变成融合、共生、双向开放下的协调性均衡发展格局(参见图 2-7)①。

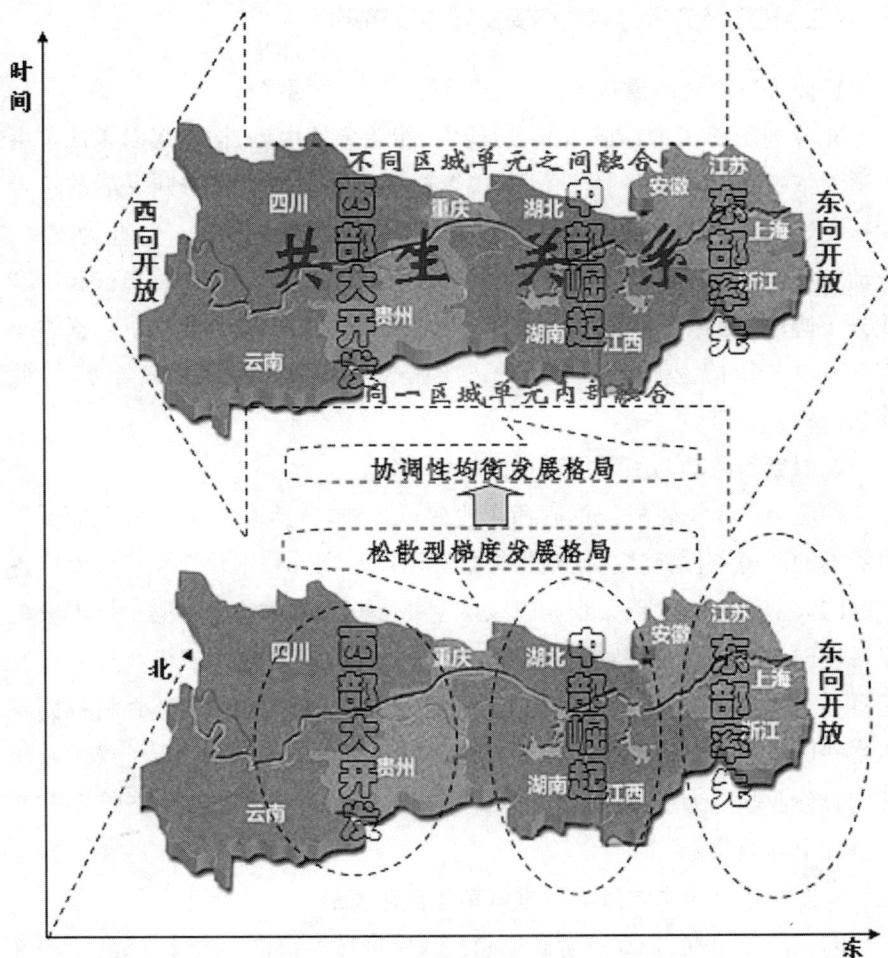

图 2-7　长江经济带通过协调性均衡发展实现融合与共生的战略愿景图

① 参见成长春:《长江经济带协调性均衡发展的战略构想》,《南通大学学报》(社会科学版)2015 年第 1 期。

新常态下推动长江经济带协调性均衡发展,需要以融合与共生发展为导向,从协同推进长江水运能力提升、联动推进产业转型升级、优化城镇化布局和形态、形成全方位开放新格局等方面加快建设步伐,大力提升沿长江轴线在我国区域发展总体格局中的重要战略地位。

(二)长江经济带协调性均衡发展的战略路径

1. 以提升黄金水道运能为核心建设综合交通网络

充分利用长江水运成本低、运能大、能耗少的优势,构建起以长江黄金水道为依托,水路、铁路、公路、民航、管道等多种运输方式协同发展的综合立体交通网络,为上中下游协调性均衡发展提供基础性保障。以此为支撑,推动长江经济带东中西三大区域联动发展,促进上中下游要素合理流动、产业分工协作,使下游地区资金、技术、人才和管理优势与中上游地区资源丰富、市场广阔的优势有机结合,将长江经济带打造成上中下游良性互动、共同繁荣的经济带。

2. 以创新驱动为引领促进产业转型升级

顺应全球新一轮科技革命和产业变革趋势,营造有利于吸引创新型人力资本的环境条件,建立、健全相关配套制度。充分利用长江经济带沿线各地区的大学、科研院所、大企业以及国家级园区等丰富的科教资源,积极组建科技创新战略联盟和协同创新平台,促进科技成果加快转化。充分激发国有、外资与民营企业三大创新主体的积极性,让三大创新主体在科技创新战略中优势互补。推动长江经济带建成以先进制造业、战略性新兴产业和现代服务业基地为主体的创新型沿江产业密集带,提升长江经济带在全球价值链中的地位。

3. 以城市群为主体形态推进城镇化健康发展

以长江三角洲、长江中游和成渝三大跨区域城市群为主体,以黔中和滇中两大区域性城市群为补充,以沿江大中小城市和小城镇为依托,注重规划衔接,促进城市群之间、城市群内部的分工协作,形成城镇布局和形态优化的经济体系,使得各地区在城镇功能定位和产业经济发展方面合作共赢、在公共服务和基础设施体系建设方面共建共享、在资源开发利用和生态环境建设方面统筹协调,充分挖掘城镇化对扩大内需的最大潜力。

4. 以东西双向开放为重点打造全方位对外开放新优势

在进一步挖掘长江经济带东部地区东向开放优势的基础上,依托长江黄金水道加快向内陆拓展开放空间,通过支持在长江流域符合条件的地区设立口岸、推动中西部地区与周边国家和地区基础设施互联互通、加速上海自由贸易试验区海关监管创新的制度成果在长江经济带中西部地区复制推广等途径,加快打造中巴、中印缅经济走廊;通过与丝绸之路经济带对接与互动打通从太平洋到波罗的海的运输大通道;通过与 21 世纪海上丝绸之路的对接与互动,开拓东南亚市场,乃至通过东南亚经印度洋,拓展印度甚至是非洲市场。

5. 以生态文明理念为指导共建绿色生态廊道

树立尊重自然、顺应自然、保护自然的生态文明理念,改变片面追求经济社会发展而忽视资源环境消耗的惯性思维,指导长江经济带始终坚持绿色发展、循环发展、低碳发展。建立健全最严格的生态环境保护和水资源管理制度,统筹江河湖泊丰富多样的生态要素,构建以长江干支流为经脉、以山水林田湖为有机整体,江湖关系和谐、流域水质优良、生态流量充足、水土保持有效、生物种类多样的生态安全格局。

6. 以融合与共生发展为目标完善区域互动合作机制

首先要加强国家层面协调指导,筹划建立推动长江经济带发展部际联席会议制度,在体现"公平竞争、利益兼顾、适度补偿、共同发展"原则的基础上,研究提出贯彻落实国务院《指导意见》的切实举措,共商解决长江经济带发展中的重大问题。其次,要充分发挥水利部长江水利委员会、交通运输部长江航务管理局、农业部长江流域渔政监督管理办公室以及环境保护部华东、华南、西南环境保护督查中心等机构作用,协同推进长江防洪、航运、发电、生态环境保护等工作。最后,要对现有的长江沿岸中心城市经济协调会市长联席会议制度加以重构,通过设立专门的常设机构,建立区域信息共享平台等途径,构建起地区间的更为完善的综合协调工作机制。

第三章 长江经济带协调性均衡
发展中江苏方略

　　江苏省地处长江下游,不仅是"一带一路"与长江经济带的交汇区域,而且也是沿江"一横"与沿海"一纵"的"T"字形发展战略的交汇地带,同时还是中国经济发展最有活力的前沿区域。经过改革开放三十多年来的快速发展,江苏省经济基础良好,科技实力雄厚,改革开放较早,高科技研发中心云集,高端产业和园区汇聚,沿江和沿海港口资源优势明显。党的十八大以来,江苏省在原有江苏沿海开发、长三角一体化和苏南现代化建设示范区等国家战略叠加的基础上,又恰逢"一带一路"、长江经济带、苏南国家自主创新示范区、南京江北新区等几大国家战略相继推出,从而被赋予了多重国家战略机遇。因此,江苏省应在国家重塑经济地理大格局中,紧密结合国内外发展形势,全面分析自身在长江经济带等国家战略实施中的地位和作用,切实把握好江苏区域发展格局优化以及经济转型升级面临的新任务和新要求,科学确定江苏省在长江经济带发展中的战略定位与路径选择,更好地带动引领长江经济带整体性走向协调性均衡发展。

一、江苏省在长江经济带经济演进中的地位和作用

　　长期以来,在长江经济带发展中,长三角地区因为政策、区位等多种因素明显处于"龙头"地位。在长三角两省一市中,江苏省跨江滨海,不仅拥有 954 公里的海岸线,而且还拥有 425 公里的长江岸线和 369 公里的深水

航道。优越的自然条件和有效的政策引导,使得江苏省在长江经济带经济演进中一直占据着重要引领地位,辐射带动作用不断增强。①

(一)国土面积小,经济总量大

在长江经济带 11 个省(市)中,除上海、重庆两个直辖市的国土面积相对较小外,江苏省的国土面积(10.26 万平方公里)仅略大于浙江省(10.18 万平方公里),较大幅度低于其余省份(参见图 3-1),江苏省的人均国土面积在全国各省(市、区)中最少。与国土面积小形成鲜明对比的是,自 1979 年起,江苏省的经济总量(GDP)一直占据长江经济带各省(市)的首位。2013 年,江苏省的 GDP 总量达 59161.8 亿元,是居第二位的浙江省的 1.6 倍、居末位的贵州省的 7.4 倍。消除面积因素影响后,2013 年,江苏省的经济密度(5766.26 万元/平方公里)仅低于上海市(34289.08 万元/平方公里),居第二位。消除人口因素影响后,2013 年,江苏省的人均 GDP(74516 元)也仅低于上海市(89444 元)。总体而言,江苏省已进入工业化中后期,处于全面建成小康社会并向率先基本实现现代化迈进的关键时期。强大的经济规模奠定了江苏省在长江经济带建设中的引领带动作用。尤其是苏南

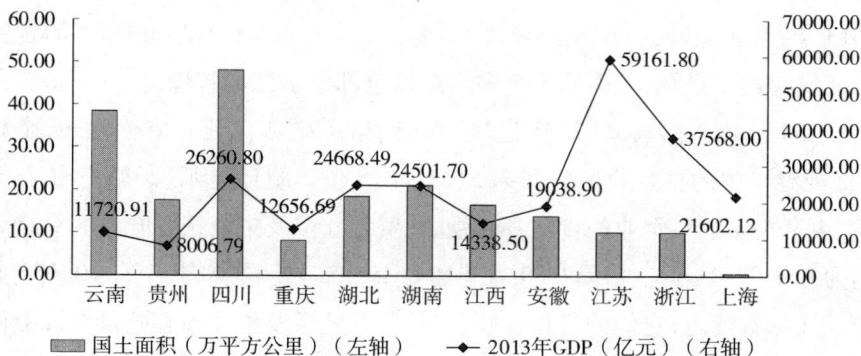

图 3-1　2013 年长江经济带各省(直辖市)的国土面积与 GDP 的比较

---

① 参见杨凤华:《长江经济带新格局中江苏的发展方向》,《南通大学学报》(社会科学版)2014 年第 6 期。

地区,其国土面积分别只占长江经济带和全国的 1.4% 和 0.3%,但其 GDP 在长江经济带和全国所占的份额分别已由 1978 年的 8.0% 和 3.3% 上升为 2013 年的 14.0% 和 6.4%,2013 年,苏南城镇化率已达到 73.5%,高于全国平均水平(53.7%)约 20 个百分点,该地区已成为我国经济社会最发达、现代化程度最高的地区之一,这对长江经济带现代化建设发挥着重要的示范引领作用。

(二)水运资源得天独厚,交通运输能力提升

江苏省滨江临海,水网密布,湖泊众多,全省水域面积占 17%,比重居全国首位;拥有内河航道 2.48 万公里,占全国 1/5,居全国首位,形成了以长江为东西、京杭运河为南北的"十字"骨架的内河航道网;东部临黄海有近千公里的海岸线。得天独厚的水运资源优势,使得江苏省水运发展步伐持续加快,尤其是随着江苏沿海开发的深入推进和沿海深水大港的加快建设,其江海河联运优势日益凸显。

表 3-1 显示,2013 年货物吞吐量超过亿吨的沿海港口共 19 个,集装箱吞吐量超过 100 万标准集装箱(TEU)的沿海港口共 17 个,江苏省的连云港港均位列其中(分别居第 13 位和第 8 位,排名均比 2012 年提升一位)。2013 年,我国大陆共有 16 个港口(沿海港口 13 个、内河港口 3 个)的货物吞吐量超过 2 亿吨,其中的 3 个内河港口全部位于江苏省境内,分别是苏州港(4.54 亿吨)、南通港(2.05 亿吨)和南京港(2.02 亿吨),它们在 16 个超 2 亿吨港口中的排名分别位列第 5、14 和 15 位。统计显示,2013 年长江干线 24 家主要港口企业的货物吞吐量、外贸吞吐量及集装箱吞吐量的总量分别为 62413.41 万吨、11953.89 万吨和 8612.95 千标准箱,其中有 10 家企业位于江苏省境内,它们的货物吞吐量、外贸吞吐量及集装箱吞吐量合计数依次为 44450.17 万吨、10558.17 万吨和 6296.66 千标准箱,分别占 24 家主要港口企业货物吞吐总量、外贸吞吐总量及集装箱吞吐总量的 71.22%、88.32% 和 73.11%。

表 3-1 2013 年全国沿海货物吞吐量超亿吨、集装箱吞吐量
超 100 万标准集装箱的港口排名情况

货物吞吐量及排名			集装箱吞吐量及排名		
港 口	吞吐量（亿吨）	排名次序	港 口	吞吐量（万标准箱）	排名次序
宁波—舟山港	8.06	1	上海港	3361.7	1
上海港	6.83	2	深圳港	2327.8	2
天津港	5.01	3	宁波—舟山港	1735.5	3
广州港	4.55	4	青岛港	1552.0	4
青岛港	4.50	5	广州港	1530.9	5
唐山港	4.46	6	天津港	1301.2	6
大连港	4.07	7	大连港	1001.5	7
营口港	3.20	8	**连云港港**	**548.8**	**8**
日照港	3.09	9	营口港	530.1	9
烟台港	2.87	10	烟台港	215.0	10
秦皇岛港	2.73	11	日照港	202.7	11
深圳港	2.34	12	福州港	197.7	12
连云港港	**2.02**	**13**	泉州港	170.1	13
湛江港	1.80	14	丹东港	150.8	14
黄骅港	1.71	15	汕头港	128.8	15
福州港	1.28	16	海口港	116.8	16
丹东港	1.20	17	嘉兴港	101.0	17
泉州港	1.08	18			
珠海港	1.01	19			

资料来源：根据 2014 年第 1 期《中国港口》第 31 页港口统计资料《十二月份全国沿海主要港口客货
吞吐量统计》中数据整理。

在水运资源优势凸显的同时，江苏省近年来紧密围绕长三角区域交通
一体化发展要求，加快推进了一批对经济社会发展具有重大影响和长远意
义的交通骨干工程，显著增强了与邻近省（市）交通基础设施的对接，综合
交通网络规模大幅扩展，布局结构不断优化，基本形成了由公铁水空管五种
运输方式协调组成的"四纵四横"综合交通网络主骨架。这既为江苏省经
济社会持续快速协调发展奠定了强大基础，也为长江经济带的转型升级以
及综合交通运输体系的加快完善提供了坚实支撑。

(三)科教资源丰富,开放优势明显

江苏省向来科教资源丰富,省会南京市的科教资源禀赋仅次于北京市和上海市。以国内专利申请受理量和授权量为例,根据国家统计局网站及各省(市)2013年国民经济和社会发展统计公报中相关统计资料分析,1987年尤其是21世纪以来,江苏省的国内专利申请受理量和授权量在长江经济带11个省(市)总量中所占的比重总体上均呈现出稳步上升趋势(参见图3-2)。另据国家知识产权局统计数据,江苏省的专利申请量、专利授权量、发明专利申请量、企业专利申请量和企业专利授权量五项指标连续4年保持全国第一。在教育方面,改革开放以来,江苏省的普通高等学校数及普通高等学校招生数一直稳居长江经济带各省(市)的首位。丰富的科教资源,是长江经济带经济社会持续健康发展的重要源泉。

(单位:%)

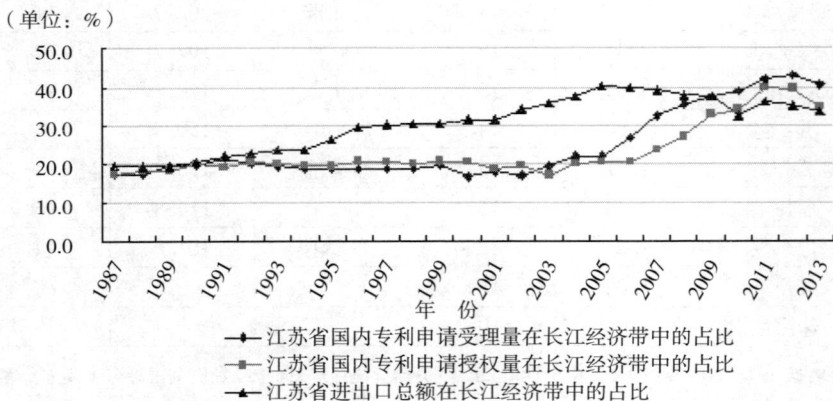

图3-2　1987～2013年江苏省的国内专利申请量和进出口
总额在长江经济带中的占比变动情况

良好的区位使得江苏省经济发展的重要特征和优势之一体现为"两头在外"、高度开放。改革开放以来,在开放型经济发展方面,无论是实际利用外资、外贸出口,还是开发区建设、服务外包等,江苏省都始终走在全国前列。以进出口总额为例,1987～2013年期间,江苏省的进出口总额在长江经济带中所占的比重总体上呈现出不断上升趋势(参见图3-2),已由1987年的

19.5%上升为2013年的33.6%,上升了约14个百分点。日益扩大的开放优势是示范带动长江经济带以开放促发展、促改革、促创新的强大引擎。

(四)区域合作交流广泛,产业梯度转移加速

改革开放以来,在"上海经济区"试点、浦东开发开放、长三角一体化发展等一系列国家战略的接续推动下,长三角地区一体化发展水平日益提升,江苏省与长三角内其他省(市)间的横向经济联系以及政府间的合作与交流不断深入,长三角地区政府间基本形成了以决策层、协调层、执行层为基本构架的协作体系。[①] 在此期间,由南京市等长江沿岸4个中心城市于1985年联合发起组建的"长江沿岸中心城市经济协调会"的成员城市现已扩大到30多个,它们相互间的合作与交流不断深化,有力地推动着长江流域经济的可持续发展。

在广泛的区域合作和交流中,经济相对发达的苏南地区的产业除了以合作共建园区等形式向本省苏中、苏北梯度转移外,也开始出现了向安徽省等长江中上游地区梯度转移的现象。如有较大影响的"郎溪现象"中,大量的无锡市企业转移到了安徽省郎溪县,不仅实现了郎溪的洼地崛起,也为更符合无锡市发展定位的产业腾出了发展空间。

二、长江经济带建设中江苏省发展面临新要求

依托黄金水道建设长江经济带,为中国经济持续发展提供重要支撑,是我国区域发展的新棋局。在此背景下,作为长江沿线的引领带动地区,江苏省的发展面临着新的要求。

(一)全面深化改革

当前,江苏省经济社会发展中还存在着产业结构不够合理、部分行业产

---

① 参见杨凤华:《城市群经济与金融系统耦合机理研究》,苏州大学出版社2013年版,第155~162页。

能过剩、社会治理体制改革相对滞后等突出问题。比如,2013 年全国三次产业增加值比例为 10.0∶43.9∶46.1,第三产业增加值占比首次超过了第二产业,而同年江苏省三次产业增加值比例为 6.1∶49.2∶44.7。由此可见,虽然江苏省第二产业比重高出全国平均水平 5.3 个百分点,但其服务业比重却低于全国平均水平 1.4 个百分点。因此,江苏省要凭借国家长江经济带建设机遇、充分发挥引领示范作用,必须坚定不移地全面深化改革,加快构建和完善有利于科学发展的体制机制,全力解决发展中面临的主要矛盾和问题。

(二)强化创新驱动

改革开放以来,江苏省的经济发展经历了三次重要转型。第一次是 20 世纪 80 年代,以发展乡镇企业为标志,依托要素驱动,实现了由"农"到"工"的转型;第二次是 20 世纪 90 年代,借浦东开发开放机遇,依托投资驱动,实现了由"内"向"外"的转型;进入 21 世纪以来进行的是第三次转型,核心是实现经济发展由资源依赖、投资拉动、出口带动为主向创新驱动转变,提升自主创新能力与国际竞争力,促进经济持续发展。[1] 面对当前全球新的科技革命和产业革命正在孕育和兴起的严峻形势,江苏省必须加快实施创新驱动发展战略,大幅提升自主创新能力,加速形成在长江经济带建设中的新的竞争优势。

(三)放大水运优势

加快推进长江黄金水道和长江经济带综合交通运输体系建设,全面释放长江黄金水道的独特优越性和巨大潜力,是长江经济带建设中的重中之重。在此形势下,江苏省应紧抓长江黄金水道发展的重大机遇,充分利用本省水域面积比例全国最高、内河航道里程全国最长、内河港口数量和吞吐量全国最多、内河岸线全国最优、内河流域经济总量全国最大和跨江临海的有利条

---

[1] 参见梁保华:《创新驱动与江苏经济转型发展》,《新华日报》2013 年 6 月 17 日第 A2 版。

件,进一步放大水运优势,统筹做好水运这种资源节约型的绿色运输方式与其他运输方式的协调发展,为长江经济带建设提供坚实的综合交通运输保障。

(四)拓展开放空间

首先,江苏省要抓住用好上海自贸区建设的战略机遇,充分利用其溢出效应,同时要积极做好扩大自由贸易园(港)区试点争取工作,加快培育稳定、透明、可预期的营商环境,推动开放型经济从规模扩张向质量效益提升转变,从成本优势向以人才、资本、技术、服务、品牌为核心的综合竞争优势转变。其次,江苏省在继续依靠开放发展先进制造业的同时,要顺应服务业全球化的时代潮流,扩大现代服务业对外开放,提升服务贸易国际竞争力。最后,要积极鼓励对外直接投资,增强企业全球配置资源的能力,实现在更广阔的空间里进行经济结构调整和资源优化配置,提高国际分工地位,获取更高的国际分工利益。①

(五)促进区域协调

为反映长江经济带各地经济空间分异格局,本文结合 2012 年中国行政区划设置情况,选取长江经济带 9 省 2 市所辖全部 110 个地级及以上城市作为样本,按照各城市的人均 GDP 与所有城市人均 GDP 均值的比值的大小,将所有城市划分为 5 个等级(参见表 3-2):极低等级(0<比值<0.5);低等级(0.5≤比值<1);中等级(1≤比值<1.5);高等级(1.5≤比值<2);极高等级(2≤均值)。从结果来看:一方面,长江经济带城市等级整体上表现出明显的东高西低格局。极高等级的 13 个城市中,10 个位于东部的长三角,3 个位于中部,西部无一城市进入极高等级。极低等级的 14 个城市中,9 个位于西部,5 个位于中部,东部无一城市处于极低等级。因此,促进长江经济带协调发展,必须重视中西部落后地区,重视贫困地区;另外,一些省份内部差异较大。其中,地处东部地区的江苏省,虽然其所辖地市中已不存在同

---

① 参见张二震、安礼伟、戴翔:《有效化解贸易摩擦 促进江苏开放型经济发展》,《唯实》2014 年第 4 期。

时跨越 5 个等级层次的现象,但相比同处长三角的浙江省而言,苏北地区尚有两个城市(连云港和宿迁)位于低等级层次,而苏南地区的 5 个城市则全都属于极高等级。

因此,江苏省在长江经济带建设中需要从两个方面推动区域协调发展:首先,应从提升本省区域经济协调发展水平入手,按照苏南转型发展、苏中融合发展特色发展、苏北振兴发展和打造沿海经济升级版的要求,加强规划与分类指导,促进区域互补、跨江融合和南北联动,推动苏南、苏中、苏北经济联合向纵深发展。其次,应按照打造中国经济新支撑带的要求,高度重视和积极拓展与长江经济带其他省市之间多领域、多层次、多形式的横向经济联合与协作,在建立长江经济带区域性大市场、大交通等方面加强资金、信息、人才、技术等方面的交流与合作,促进区域梯度、联动、协调发展。

表 3-2　2012 年长江经济带 110 个地级及以上城市等级划分情况表

		极低 0～0.5	低 0.5～1	中 1～1.5	高 1.5～2	极高 ≥2
东部地区	上海					上海
	江苏		连云港、宿迁	徐州、淮安、盐城、	南通、扬州、泰州	南京、无锡、常州、苏州、镇江
	浙江			温州、金华、衢州、台州、丽水	嘉兴、湖州	杭州、宁波、绍兴、舟山
	小计		2	8	5	10
中部地区	安徽	阜阳、宿州、六安、亳州	蚌埠、淮南、淮北、安庆、黄山、滁州、池州、宣城	合肥、芜湖、马鞍山		铜陵
	江西		九江、赣州、吉安、宜春、抚州、上饶	景德镇、萍乡、鹰潭	南昌、新余	
	湖北		十堰、孝感、荆州、黄冈、咸宁、随州	黄石、襄阳、鄂州、荆门	宜昌	武汉
	湖南	邵阳	衡阳、常德、张家界、益阳、郴州、永州、怀化、娄底	株洲、湘潭、岳阳		长沙
	小计	5	28	13	3	3

		极低 0~0.5	低 0.5~1	中 1~1.5	高 1.5~2	极高 ≥2
西部地区	四川	巴中	自贡、泸州、德阳、绵阳、广元、遂宁、内江、乐山、南充、眉山、宜宾、广安、达州、雅安、资阳		成都、攀枝花	
	重庆			重庆		
	云南	保山、邵通、丽江、普洱、临沧	曲靖	昆明、玉溪		
	贵州	安顺、毕节、铜仁	六盘水、遵义	贵阳		
	小计	9	18	4	2	
合　计		14	48	25	10	13

(六)建设生态文明

　　经过前段较长时期的快速增长,当前江苏省沿江地区的资源环境承载能力已变得越来越脆弱,无锡市太湖蓝藻事件就是一个深刻教训。因此,在长江经济带建设中,江苏省必须以"五位一体"总体布局为统领,将"生态文明建设"置于突出地位,坚决摒弃先污染后治理的老路,着力推进绿色发展、循环发展、低碳发展,形成节约资源和保护环境的空间格局、产业结构、生产方式和生活方式,促进生产空间集约高效、生活空间宜居适度、生态空间山清水秀,努力与长江沿岸其他省(市)共同保护好长江及沿江重要水系的水质和生态环境,将长江水道建设成为绿色生态、环境优美的走廊。

三、长江经济带建设中江苏省发展定位与路径

（一）长江经济带建设中江苏省发展的战略定位

1.深化改革开放的先行地

以制度建设为重点，紧紧围绕使市场在资源配置中起决定性作用深化经济体制改革，并以经济体制改革为重点牵引和带动行政体制、文化体制、社会体制和生态文明体制改革，最大限度激发创新活力和内生动力，使江苏省继续担当长江经济带先行先试、创新发展的先行军。

2."一带一路"与长江经济带战略枢纽地

紧抓国家"一带一路"与长江经济带发展战略新机遇，充分利用自身位于"一带一路"与长江经济带交汇点的良好区位，充分发挥经济实力雄厚、水运资源丰富、对外开放程度高、综合交通运输能力强等基础优势，努力打造国家"一带一路"与长江经济带战略枢纽地，在对接欧亚、联通东盟、辐射内陆中发挥更加积极的作用。尤其是要借助于国家长江经济带建设契机，建立和完善长江经济带区域协调发展体制机制，加快促进国际国内要素在长江经济带有序自由流动、资源高效配置、市场深度融合，加快推进长江经济带整体参与和引领国际经济合作竞争新优势。

3.创新驱动引领转型升级的典范区

充分发挥江苏省科教资源丰富、产业基础良好、外向型经济发达的优势，全力推进科技创新工程，加快构建以政府为引导、市场为主导、企业为主体、产学研相结合的技术创新体系，切实将江苏省的科教优势转化为科技创新优势和竞争优势，大力提升高科技产品和创新产品的全球份额，增加具有国际品牌的"江苏创造"产品和技术的数量，增强江苏省对长江沿岸其他地区尤其是中西部地区经济发展的技术支持。

4.全球重要的先进制造业和现代服务业中心

推动新兴产业发展成为主导产业，鼓励传统制造业加快融入新产业的产业链条，打造若干规模和水平居国际前列的先进制造产业集群，大幅提升

江苏省制造业的层次和水平,实现从"制造大省"向"创造大省"转变。按照加强服务业和制造业内在衔接的要求,加快发展金融、物流、科技、软件和信息服务、服务外包等面向生产的服务业,建设一批主体功能突出、辐射带动能力强的现代服务业集聚区,加快形成以服务业为主的产业结构。

5. 区域协调发展的示范区

在省内"南北合作"、"跨江合作"基础上,探索南北联动、跨江融合、陆海统筹发展新机制,加快构建统筹协调、互动融合的城乡区域发展新格局。广泛调动苏南发达地区在区域协调发展中的积极性,充分激发苏中、苏北地区发展经济的主观能动性,实现江苏区域整体协调发展,更好地担当引领长江经济支撑带全面发展的重任,并为推进长江经济带整体协调发展积累经验、探索路子。

6. 生态文明建设先导区

支持江苏省沿江城市开展生态文明建设综合改革试点,加强生态文明制度建设,大力发展新能源、新材料等生态工业,加快传统产业高新化改造,促进产业加速向高端和绿色方向发展。充分发挥省内水网密集优势,积极推进省内各水系生态景观和绿色廊道建设,打造长江经济带生态文明建设的先导区和样板区。

(二)长江经济带建设中江苏省发展的总体路径

1. 统筹制定"一带一路"与长江经济带交汇点建设规划

"一带一路"与长江经济带战略在江苏交汇,江苏省应紧密结合各地发展实际和资源禀赋,从顶层设计层面,高起点、高标准编制"一带一路"与长江经济带交汇点建设规划,描绘出一幅统筹对接"一带一路"与长江经济带战略的发展蓝图,明确苏南、苏中、苏北三大区域板块一体化对接国家区域新战略的任务清单,并将任务清单与政绩考核指标挂钩,切实提高规划的执行力,着力从省级层面协调推动解决苏南、苏中、苏北三大区域板块之间仍然存在的行政分割和地区壁垒,实现省域南北资源共享、优势互补,避免各地自成体系、盲目投资、重复建设,切实减少优质资源严重浪费和地区政策"碎片化"问题。

2. 以完善综合交通运输体系为纽带促进区域协调发展

加快推进南京以下 12.5 米深水航道整治工程和通江达海的内河干线航道建设,全力打造江海河联运优势,提升长江黄金水道在流域经济开发中的功能。积极推进沿江城际、沪泰宁、宁启扩能改造等铁路规划建设,进一步强化沿江城市群与上海市的联系,形成东接上海市、西连长江中上游城市群的交通大动脉。加快沪通铁路等过江通道建设,支撑和引导苏中与苏南、上海融合发展。推进连淮扬镇铁路建设,便捷江苏省沿江地区与徐、淮、连地区的交通联系,促进江苏省南北经济大交融,实现长江经济带与新丝绸之路经济带在江苏省境内顺畅连接,巩固江苏省衔接海陆丝绸之路、引领长江经济带建设的战略枢纽地位。以江苏省沿江沿海各市的重要港口为节点和枢纽,大力推进高等级航道工程建设,加快形成水运、铁路、公路、航空、油气管网集疏运体系,在全国率先形成综合交通运输体系,率先实现交通基础设施基本现代化。有效促进交通运输与现代物流融合发展,全面提升江苏省综合交通网络的服务能力与整体效率,努力将江苏省打造成长江沿线各地区走向世界的主要节点和重要平台。

3. 以放大科教资源优势为重点巩固创新领导地位

扎实推进国家创新型省份建设试点工作,强化南京市的全国重要科教中心地位。突出企业在技术创新中的主体地位,加强政府推动、科技金融支撑和中介组织服务的作用,提高区域创新整体效能。依托沿江科技园区、国家高新区载体,加快培育和扶持技术守门员,促进产业集群实现全球—地方生产网络的技术联结。加大科技创新投入力度,构建多元化多层次科技投入机制,大力培育高新技术企业与创新型领军企业。实施高校协同创新计划,培育产业技术联盟、校企联盟等合作创新组织,强化科技创新平台与载体建设。实施创新国际化战略,引进一批国际性科研机构和创新团队,共建国际科技产业园,开展联合研发项目,促进国际科研成果在当地转化。加快培养高层次创新创业人才、高水平管理人才、高技能实用人才,充分激发各类人才创造活力。加强知识产权工作,提高知识产权创造、运用、保护和管理水平。与长江流域其他省市高校、科研机构以市场为纽带加强知识、技术的交流与合作,促进技术转移,构建以江苏省为核心的长江经济带科技创新网络。

4. 以打造新型城镇化为依托推动产业转型升级

推进产业转型升级既需要形成高级生产要素嵌入经济体系的内外生条件和环境,也不能因此而排斥低级的、一般性要素拥有者的生存和发展空间。[①] 新型城镇化给了江苏省在推进产业转型升级中协调经济增长、消化过剩产能和安置剩余劳动力矛盾的巨大机遇,江苏省既可以在此过程中完成新型城镇化任务、实现持续的中高速增长和安排就业人口,也可以顺势实现产业转型升级。为此,江苏省要以人的城镇化为核心,以提高城镇发展质量为宗旨,以增强城镇综合承载能力、可持续发展能力和辐射带动能力为着力点,努力开创以新型城镇化推进经济结构调整和产业转型升级的发展新路。在推进形成以沿江、沿东陇海线为横轴,以沿海、沿大运河为纵轴的"两横两纵"城镇化空间布局和大中小城市与小城镇协调发展的城镇体系过程中,沿江城市群要以做强长三角世界级城市群北翼核心区和充分发挥对长江中上游城市群的带动作用为目标,以推进宁镇扬大都市区同城化和苏锡常都市圈、苏通都市圈一体化为重点,加快推动区域高端创新要素集聚,鼓励部分产业向长江中上游地区、江苏省沿海地区及苏北地区有序转移,加快建设具有国际水平的战略性新兴产业策源地和先进制造业中心,打造江海一体的高端生产服务业集聚区和我国服务贸易对外开放的先导区。同时,要采用产业链横向分工模式,充分利用中心城市间、中心城市和周边地区间经济的互补性,在城市群内部构筑创新网络、生产网络、社会网络和生活网络,加强大中小城市和小城镇之间相互协作、紧密联系,在城市群建设中实现共同发展;沿海城镇轴要加快推进港、产、城"三位一体"协同发展,培育壮大海洋经济,大规模承接国内外先进制造业和高端产业转移[②];沿东陇海城镇轴要深化与新亚欧大陆桥沿线国家和地区的合作协同,充分发挥"一带一路"交汇点的重要作用;沿运河城镇轴要

---

① 参见刘志彪:《以城市化推动产业转型升级——兼论"土地财政"在转型时期的历史作用》,《学术月刊》2010 年第 10 期。

② 参见成长春、凌申、刘波等:《江苏沿海港口、产业、城镇联动发展研究》,科学出版社 2014 年版,第 264 页。

突出集约发展、绿色发展,形成贯通南北、辐射带动苏中苏北腹地的特色产业带。

在以打造新型城镇化为依托推动产业转型升级过程中,还应注重充分发挥江苏省重大载体平台的示范引领作用。一是要深入推进苏南现代化建设示范区、南京江北新区、苏州城乡发展一体化综合改革试点、通州湾江海联动开发示范区等国家级新区、示范区或试点加快建设,增强江苏省在长江经济带建设中的示范引领作用。二是要积极支持南京都市圈从国家战略层面做好总体规划,使其更好地在打造长三角世界级城市群中发挥重要作用。三是要选择具备条件的开发区进行城市功能区转型试点,引导产业和城市同步融合发展。

5. 以深化国际交流合作为重任增创开放型经济新优势

围绕开放型经济转型升级要求,不断优化利用外资结构,转变外贸增长方式,增强企业国际市场拓展和竞争能力。抢抓国际先进制造业、现代服务业加速转移机遇,加强对著名跨国公司和先进技术的引进。建立绿色贸易导向,优化出口产品结构。加大培育国际化企业的力度,支持企业全方位开拓国际市场,积极参与全球产业分工合作,加快培育一批具有全球资源整合能力的国际化企业和本土跨国公司。积极实施"走出去"战略,支持企业利用国际市场与资源,创新对外投资与合作方式,在研发、生产、销售等方面开展国际化经营。紧抓国家"一带一路"与长江经济带发展战略机遇,加强与中亚、欧洲、东盟以及长江中上游地区合作,扩大对内对外开放,推动长江经济带形成海陆统筹、东西互济的开放新格局。抓住有利时机,积极申报本省的国家级自由贸易园(港)区试点。

6. 以推进生态文明建设为导向共建美丽长江

进一步强化生态文明理念,更有成效地做好江苏省沿江地带的环境保护工作,努力将其打造成生态文明建设先导区。建立健全生态环境保护工作机制,将生态环境保护纳入到地方经济社会发展评价和领导干部综合考核体系。设立生态功能保护区,严格控制并逐步清退产业开发对沿江生态功能保护区的占用。坚持节能减排,以严格的节能减排标准,倒逼产业结构调整,带动城乡环境基础设施的全覆盖。狠抓水污染防治,做好重点区域水

土流失治理和保护,建立严格的水资源和水生态环境保护制度。加快生态
补偿机制建设,促进长江经济带经济社会与资源环境协调发展。建立健全
与其他省(市)间的区域生态环境治理协调机制,统筹做好长江流域生态环
境建设的总体布局。

第四章 畅通黄金水道

作为水路运输大通道的长江黄金水道全长 6300 公里,贯穿中国东、中、西部三大区域,连接数百座大中小城市,辐射范围辽阔。黄金水道凭借得天独厚的条件成为中国内河运输体系中规模最大、最为繁忙的河流。近年来,长江水运建设和发展取得了举世瞩目的成绩,航道及港口等基础设施不断完善;运输服务和安全管理水平不断提高。但是,对照加快长江经济带建设、促进区域协调性均衡发展、优化空间开发开放格局、打造经济发展新优势等新要求和新目标,我们不难发现长江黄金水道还存在着诸多亟待解决的问题。例如,多头管理、交叉管理及重复建设现象严重、航道通过能力有待提高,等等。这些问题正严重影响长江黄金水道"黄金效应"的发挥。长江经济带是依靠黄金水道连接起来的一条"珍珠链",推动长江经济带沿线地区协调性均衡发展,需要沿江各地政府打破地方保护主义,通过统一规划,改变沿江航运和港口建设无序竞争的现状,充分挖掘长江水运运量大、成本低、节能节地以及江海联动的优势,发挥长江黄金水道在长江经济带建设中的基础性、先导性作用,将黄金水道发展成为功能多样、层次分明、优势互补的港口群。在加快建设长江黄金水道过程中,作为经济大省的江苏应充分利用自身紧邻上海市、通江达海的独特区位优势,提升内河水运功能和出海门户功能,增强对中西部地区的辐射带动作用。

一、以协调性均衡提升黄金水道功能

"提升长江黄金水道功能"是国务院《指导意见》中的七项重点工作的第一项,这充分表明了黄金水道对推动长江经济带发展的重要性;"打造畅通、高效、平安、绿色的黄金水道"是提升长江黄金水道功能的总任务。《指导意见》中提出的"到 2020 年,建成畅通的黄金水道,形成以上海市国际航运中心为龙头、长江干线为骨干、干支流网络衔接、集疏运体系完善的长江黄金水道,高等级航道里程达到 1.2 万公里",则是建设黄金水道的具体发展目标。依托黄金水道,打造中国经济新支撑带,其前提条件是长江黄金水道的功能必须得到充分提升。本节将在文献综述的基础上,梳理黄金水道的开发过程、开发优势并对如何提升黄金水道功能进行探讨。

(一)长江黄金水道研究文献梳理

学者们的研究首先充分肯定了长江黄金水道在推动长江经济带发展中的"主通道"地位,认为:长江黄金水道是长江经济带国家战略实施的先行官和先锋队;是推进区域经济协调性均衡发展的"黄金纽带";是东中西三大区域互动合作的"主动脉";是推动沿海沿江沿边全方位对外开放的"主动力"[1];是构建长江经济带综合立体交通走廊的"主骨架";是沿江主要流域产业布局和新型城镇化发展的"主支撑"。

关于建设长江黄金水道的重要性,杨自忠(2003)指出,充分利用长江黄金水道是解决交通运输瓶颈,发展现代物流业,开辟新的经济增长点的有效途径。[2] 张小龙(2010)则指出,自 2006 年以来,长江黄金水道航运每年对国家经济发展的直接贡献达到 700 亿元,而间接贡献则超过 1 万亿元。[3]

长江黄金水道建设对沿江各地区经济发展发挥着重要的推动作用。魏志刚(2008)认为,长江航道是长江黄金水道水运优势充分发挥的基础与先导。航道治理工程的推进和航道维护管理水平的不断提升,有利于提高辖区航道的通过能力,为流域经济的快速发展和人民群众的安全出行提供可靠保障。[4] 潘文达等(2011)量化分析了长江水运物流相对于其他运输方式

---

[1] 参见唐冠军:《服务长江经济带,黄金水道当先行》,《学习月刊》2015 年第 4 期。

[2] 参见杨自忠:《如何充分利用长江黄金水道浅谈》,《中国港口》2003 年第 4 期。

[3] 参见张小龙:《关于加强长江黄金水道建设的一些思考》,《中国水运》2010 年第 10 期。

[4] 参见魏志刚:《长江航道建设与流域经济发展——长江航道建设发展情况》,《交通建设与管理》2008 年第 8 期。

在节能、节地、环保、安全、成本等方面的比较优势,以及吸引产业聚集、与区域和城市的联动作用;在计算了长江水运物流在经济发展和创造就业机会方面的直接贡献与间接贡献等投入产出指标的基础上,分析了地区、部门和各项指标间的经济关系。文章提出以下重要观点:一是长江水运物流带动了沿江重化工业、加工制造业、高新技术产业的组织和分工体系的形成,吸引了大用水、大耗能、大运量产业的沿江聚集;二是长江水运物流借助黄金水道轴线、众多高等级航道射线、重要港口节点以及干支相连、江海互通的资源优势,促进东中西部区域开放、合作、平衡和融合。① 周业付等(2013)通过分析指出,长江黄金水道带动了整个流域内的经济逐步向沿江港口集聚,这一作用使长江全流域的经济发展因素呈现出向沿江集聚的态势。同时,沿江港口城市的发展又会对流域内其他地区的经济产生下一层次的带动作用,从而使整个流域内的经济得到协调发展。② 游士兵等(2014)指出,流域经济是一种特殊的经济,其发展是以江河为纽带和轴心的,通过对区域内的资源、资金、技术、信息等要素的优化与整合,形成分工协作、优势互补、具有开放性的经济区域;流域作为经济活动空间,配置社会经济的流域经济不仅是客观存在的,而且对整个区域和国家的经济发展也具有重要的现实意义。③ 周业付等(2015)从长江航道建设和流域经济两个子系统出发,采用主成分分析法选取具有代表性的指标,运用协调度模型对 2003~2013 年两者之间的协调状态进行了分析并得出以下结论:2004 年两者处于基本不协调状态,2005~2009 年两者处于协调状态,2010 年两者处于基本协调状态,2011~2013 年两者处于协调状态。随着长江经济带建设的不断深入,加快长江黄金水道建设对于统筹东、中、西部区域协调发展,完善区域经济

---

① 参见潘文达、潘思延:《长江水运物流对区域经济贡献的量化分析》,《水运工程》2011
年第 5 期。
② 参见周业付、罗晰:《长江黄金水道建设对沿江地区经济发展作用的分析》,《辽宁行政学院学报》2013 年第 6 期。
③ 参见游士兵、任静儒、彭东方:《长江航运与流域经济互动影响研究》,《区域经济评论》2014 年第 4 期。

布局,打造中国经济新增长极具有重要意义。①

关于长江黄金水道的发展趋势,沈光汉(2003)认为,长江航运发展的大方向、总趋势是从单一水路运输逐步走向现代物流,将长江黄金水道构筑成为贯通东西、连接南北的物流大通道。这也是长江航运迎接现实挑战、实现持续发展的必由之路。② 孙星等(2010)认为,智能化是长江航运信息化发展的必然趋势,有效利用物联网技术获取长江航运系统信息是长江航运智能化的发展方向。③ 任静(2014)预测长江干线的主要货类结构和货流分布将呈现以下特征:一是大宗散货保持增长,集装箱和滚装等新兴货类将实现较快速度的增长;二是海进江运输体系进一步向中游地区延伸,同时中上游地区的货运量将快速增长;三是上海、武汉和重庆三大航运中心将进一步发挥枢纽作用,同时长江干线水运量将进一步向主要港口集聚;四是煤炭、金属矿山和集装箱等主要货类增量将向中上游地区集中,与此同时各区段货流密度比例差距将逐步缩小。④

当然,长江黄金水道在发展过程中也存在着很多亟待解决的问题,需要认真研究解决。刘锡汉(2004)指出,长江黄金水道运输能力未能得到充分发挥,其原因在于以下三点:一是对黄金水道的重要性认识不足,在交通基础设施建设中存在"重陆轻水"等倾向;二是投入不足,国家对内河发展的投资占全国总投资的比重过小;三是长江航运企业债务负担过重。⑤ 张小龙(2010)指出,长江黄金水道建设存在七大问题:一是整体规划欠缺,水道利用率不高;二是内河航运基础设计建设不足;三是由于缺乏统筹协调,港口间低水平竞争现象凸显;四是自备码头数量众多但管理混乱;五是港口航

① 参见周业付、罗晰:《长江黄金水道建设与流域经济发展协调关系研究——基于主成分分析》,《华东经济管理》2015年第8期。
② 参见沈光汉:《长江航运:从水路运输走向现代物流》,《武汉交通管理干部学院学报》2003年第6期。
③ 参见孙星、吴勇、初秀民:《船—标—岸协同下智能长江航运及其发展展望》,《交通信息与安全》2010年第6期。
④ 参见任静:《长江黄金水道运输需求发展趋势分析》,《港口经济》2014年第9期。
⑤ 刘锡汉:《充分发挥长江"黄金水道"优势,促进综合运输体系协调发展》,《交通企业管理》2004年第6期。

线较少且功能单一;六是相关部门间未实现资源共享,未建立起协调配合机制;七是内河航运管理法律法规不健全。杨邦杰等(2015)在此基础上进一步指出,跨河拦河设施阻碍通航、基础设施薄弱、经费短缺且管理机制落后、各地尚未形成经济互通与航运协调发展的整体布局也是制约黄金水道进一步发展的重要因素。①

关于如何进一步发挥长江黄金水道在促进沿江地区协调发展方面的作用问题,刘锡汉(2004)提出以下建议:一是对长江黄金水道进行统一规划,推行综合开发利用;二是依托骨干水运企业,建设长江物流大通道;三是加大基础设施建设力度;四是推进船舶标准化;五是通过各项新政策扶持港航企业发展;六是大力引进外资,改善水运投资方式。史兹国等(2007)重点分析了整合航运资源、调整运能配置结构、促进信息沟通、加强桥梁建设等措施的必要性和重要性。② 王凌云(2014)则认为,当务之急是加快全流域规划建设;首要任务是强化结构调整,提高发展质量和效益;有效保障是提升服务能力,创新发展理念。③ 左山山等(2014)主要从完善相关法律体系、扩展筹资渠道、改进航道管理保障机制、促进水资源综合协调利用等方面提出了对策建议。④ 杨邦杰等(2015)则进一步提出:应建立流域统一的管理机构,优化整体布局和规划协调。

(二)长江黄金水道开发历程回顾

长江航运的历史起源可追溯到新石器时期,早在 7000 多年以前,沿江地区的民众就依托独木舟开始了原始航程。到了唐代,长江已成为全国通航里程最长、货运量最大的河流。在其他交通运输方式尚未形成或极其落后的时代,长江航运以其舟楫之利满足了当时的经济、政治和军事的需求。

---

① 参见杨邦杰、严以新、安雪晖:《长江流域"黄金水道"问题分析及对策建议》,《中国发展》2015 年第 1 期。
② 参见史兹国、袁金泉:《关于长江航运的几点思考》,《特区经济》2007 年第 8 期。
③ 参见王凌云:《发挥长江黄金水道主动脉作用,为长江经济带的建设发展提供强劲的航运支撑》,《水运管理》2014 年第 4 期。
④ 参见左山山、姚世国、李林:《区域经济协调发展视域下长江黄金水道建设问题研究》,《科技创业月刊》2014 年第 8 期。

近代长江航运事业在压迫下求生存,在抗争中求发展。招商局和民生公司①是近代长江航运业新兴和发展的杰出代表。民生公司最初是依靠5万元资本和一条70.6吨的小火轮起家的,后来逐步发展成为拥有上亿元资本和140多艘江海轮船的近代中国规模最大的民族资本航运实体。1873年,轮船招商局②在上海成立,它是招商局集团前身,是洋务运动中由官办转向官督商办的第一家企业。招商局总局设在上海,在天津、牛庄、烟台、汉口、福州、广州、香港以及国外的横滨、神户、吕宋、新加坡等处设有分局。1873年7月,招商局旗下的"永宁"号从上海出发抵达镇江,开始了中国商轮的内河航行,中国近代内河航运业第一次融入国际经济大循环。③

新中国成立后,为了支援全国解放和抗美援朝战争,以及保障沿线地区人民生活安宁,长江航运部门积极修造各类船舶、建设码头等基础设施,推进航道整治工作,使饱受战争创伤的长江航运生产能力迅速得到了恢复。但总体而言,长江干线航道仍处于极其落后的自然状态,大部分河段不能夜航,水运能力十分有限(参见图4-1)。长江航道航标数量少、性能差,助航效果不佳。长江航道趸船、码头很少,且设施简陋,功能单一。长江航道维护管理手段也非常落后,长江航道几乎没有疏浚船舶,仅依靠20多条小型维护船艇进行维护。新中国成立初期,干线年货运量仅为430万吨。

改革开放之后,长江航运部门通过改革航运管理体制、开放水路运输市场等举措激发了长江航运的活力。从政企不分到行业管理,从条块分割到共享市场,长江航运面貌发生了历史性的改变。到了20世纪90年代,长江航运部门积极响应党中央关于开发浦东、开放沿江地区的重大战略决策,加

① 民生公司于1925年由卢作孚创建于重庆,次年开始营业。1949年以前为长江航线最大的私营轮船公司,独占川江航运。20世纪90年代以后民办民生公司恢复业务,经营长江航线。
② 1872年北洋大臣李鸿章招致办理海运多年的朱其昂商议试办新式航业,1873年1月在上海成立轮船招商局,规定官督商办,招商集股。轮船招商局是洋务运动中由军工企业转向兼办民用企业、由官办转向官督商办的第一个企业。
③ 参见凌耀伦、彭通湖:《招商局与民生公司经营管理比较》,《中国经济史研究》1994年第3期;朱荫贵:《1927~1937年的中国轮船航运业》,《中国经济史研究》2000年第1期。

图 4-1   长江航道 20 世纪 60 年代的自然码头

快港口和支持保障体系建设,为沿江各地区经济和社会的协调发展提供了重要支撑,为实现长江航运现代化打下了坚实基础(参见图 4-2)。经过 60 年的整治建设,长江干线航道通过能力大幅提升,通达性、连续性明显增强,航道维护管理实现了从被动型、矫正型向主动性、预防型转变,干线航道更加畅通、安全、高效、便捷,公共服务质量和服务水平跃上了一个新的台阶。

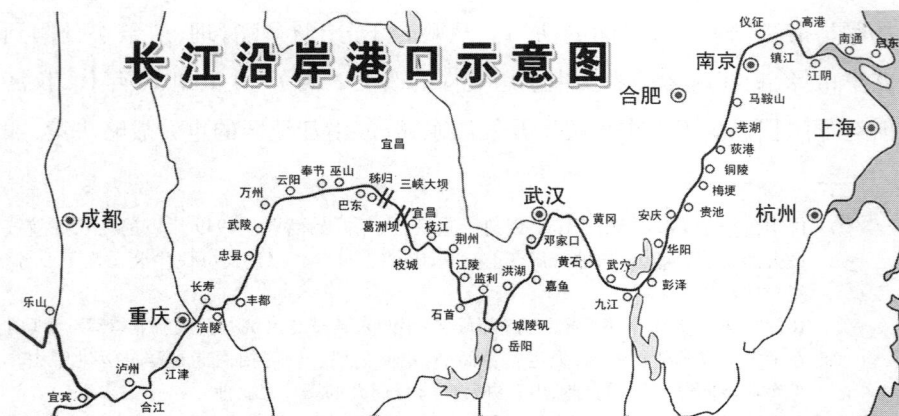

图 4-2   长江沿线港口示意图

进入 21 世纪后,长江航运事业进一步呈现出强劲的发展势头。长江干线货运量在 2008 年就已达到 12 亿吨,干线各大港口的吞吐量超过 11 亿吨。在沿江地区的经济发展中,80% 以上的煤炭、石油、钢铁矿石、汽车等物资和商品都是通过长江黄金水道运输的。① 2014 年,长江干线完成货物通过量 20.6 亿吨,分别相当于美国密西西比河、欧洲莱茵河年货运量的 4 倍和 6 倍。这是自 2005 年长江年货物通过量首次跃居世界内河榜首后连续 10 年稳居世界第一。同时,截至 2014 年年底,长江水系已拥有 11 个亿吨大港②,完成外贸货物吞吐量 2.6 亿吨、集装箱吞吐量 1300 万标箱。此外,上海、武汉、重庆三大航运中心及南京区域性物流中心的辐射带动能力明显增强,沿江地区产业聚集和溯江而上产业转移的速度明显加快。长江水运对沿江地区经济发展的直接和间接贡献达到 1.2 万亿元,直接吸纳就业者 200 万人,带动就业的效果超过 1000 万人。沿江 22 个国家级开发区产值利税占全国开发区比重超过 40%。

党的十八大以来,长江通道在我国区域发展总体格局中的重要战略地位日益得到重视。2013 年 7 月 21 日,习近平同志在武汉新港调研时提出,长江流域要加强合作,充分发挥内河航运作用,发展江海联运,把长江全流域打造成黄金水道。③ 2014 年 4 月 27 日,李克强同志在重庆调研时强调,要充分认识长江黄金水道在推动长江经济带建设中的关键作用,依托长江黄金水道打造通江达海的综合交通运输体系,带动沿江地区和整个流域发展,使"黄金水道"发挥"黄金效应"。④ 2014 年 6 月 11 日,国务院常务会议专题研究长江经济带建设问题,要求充分发挥长江优势,打造综合立体交通走廊,建设长江经济带。2014 年 9 月,国务院发布的《指导意见》则将提升长江黄金水道功能列为推动长江经济带发展的首要任务。

---

① 参见唐冠军:《长江:从天然河流到黄金水道》,《交通发展》2009 年第 10 期。
② 截至 2014 年年底,长江水系拥有的 11 个亿吨大港分别是:南京、南通、太仓、江阴、张家港、泰州、镇江、芜湖、武汉、岳阳和重庆。
③ 《习近平冒雨考察武汉新港》(新华网):http://news.xinhuanet.com/politics/2013 - 07/21/c_116624465.htm。
④ 《国务院再次部署长江经济带建设 打造黄金水道》,凤凰财经网:http://finance.ifeng.com/a/20140623/12590458_0.shtml。

(三)长江黄金水道开发优势分析

黄金水道,指货物流动量位居世界或本国各河首位的交通水道。众所周知,德国的黄金水道是莱茵河①,美国黄金水道是密西西比河②,而中国的黄金水道则是长江(参见图4-3)。2005年,长江干线货运量达到7.95亿吨,首次超过莱茵河和密西西比河,成为全世界运量最大、航运最繁忙的通航河流。在随后的两年时间里,长江干线的货运量连连刷新纪录,2006年增至9.9亿吨,2007年又一举突破10亿吨大关。2014年长江干线完成货物通过量20.6亿吨,同比增长7.3%,再创历史新高。

图4-3　长江黄金水道示意图

---

① 莱茵河是西欧第一大河,发源于瑞士境内的阿尔卑斯山北麓,西北流经列支敦士登、奥地利、法国、德国和荷兰,最后在鹿特丹附近注入北海。全长1232公里。
② 密西西比河是美国最大的河流,是世界第四长河。若以发源于美国北部的艾塔斯卡湖的上密西西比河为河源,全长3767公里。

纵观当前国际经济形势,持续上涨的国际能源价格,已使能源问题成为中国面临的重大战略性问题,中国需要通过能源多元化改善能源安全。从国内情况来看,铁路和公路的"运输瓶颈"短期内难以得到缓解。油荒和运荒使得长江的优势逐步凸显。长江黄金水道较之其他交通运输方式的优点有以下几点:

第一,运量大。三峡大坝建成后,长江上游货物通过能力显著增强,仅一个大型船队即可装载 6 千吨以上的散货;一艘集装箱船可装载至少 150 个至 300 个标准集装箱;而一艘滚装船则至少可装载 350 辆至 500 辆成品汽车。在长江中下游地区,最大的顶推船队运量则相当于重载单列火车的 10 余倍。

第二,投资省。内河航运建设投资较省,特别是在中国一些通航河流的中下游和主要支流,利用天然河道时的单位投资的产出量以及单位投资形式的总体运输能力,与其他运输方式相比具有明显优势。按照国际惯例,整治内河航道的每公里投资金额仅相当于公路建设投资的 1/5~1/10。从长江的实际情况来看,自然河段较多,整治航道所需的成本要低于国际惯例。只需重点投资修建若干港口,整治部分航道,即可确保航运通畅。所需投资远低于修建一条从上海到重庆的高速公路或铁路。

第三,占地少。相关研究成果显示,每公里铁路需占土地 30~40 亩,高速公路约占 30~60 亩。内河航运主要利用天然河道,与海运、空运、油气管道一样,基本不占用或很少占用土地,而且中下游航道整治时还可增加土地面积。长江干线单位占地产生的货物周转量相当于公路的 167 倍和铁路的 13 倍。与铁路与高速公路相比,除港口建设方面需要一定面积的土地外,其他方面的建设无需占用大量土地。

第四,成本低。在各类交通运输方式中,水运成本是最低的。从国际经验来看,美国内河航运的运输成本为铁路的 1/4,公路的 1/15;德国内河航运的运输成本为铁路的 1/3,公路的 1/5。尽管我国内河航道、港口、船舶等主要技术装备比较落后,内河航运成本高于发达国家,但长江黄金水道的航运成本要低于国内其他运输方式的成本。以重庆市至上海市为例,通过长江、铁路、公路运输集装箱的单位运价比约为 1：2：6。① 这对于支持企业降低生产成本、增强市场竞争力具有重要意义。② 由于船舶吨位大,单位运量排放的污染物远少于公路和铁路运输且易于防治。从为整治每千吨公里货运量所造成污染所需的费用来看,水运与铁路、公路之比是 1：3.3：14.6(参见图4-4)。

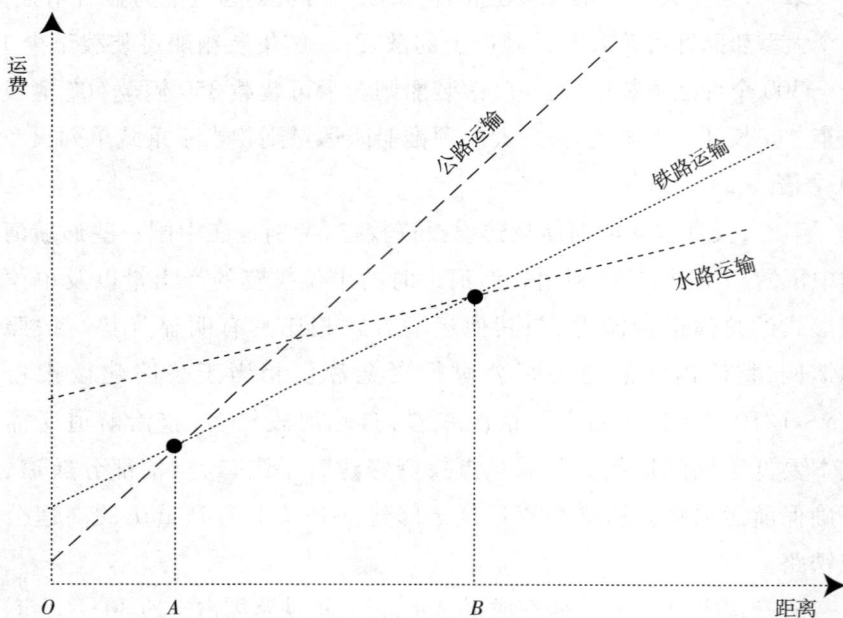

图4-4　三种运输方式成本比较

　　第五,能耗低。目前世界能源消费结构中石油占比达到40%。中国是一个能源进口国和能源消耗大国,2014 年,我国原油进口达到3.1亿吨,原

①　参见于宛尼:《长江:中国水运大动脉的"忐忑"》,《工人日报》2011 年 6 月 19 日第2 版。
②　水运有以下四种形式:(1)沿海运输。是使用船舶通过大陆附近沿海航道运送客货的一种方式,一般使用中、小型船舶。(2)近海运输。是使用船舶通过大陆邻近国家海上航道运送客货的一种运输形式,视航程可使用中型船舶,也可使用小型船舶。(3)远洋运输。是使用船舶跨大洋的长途运输形式,主要依靠运量大的大型船舶。(4)内河运输。是使用船舶在陆地内的江、河、湖、川等水道进行运输的一种方式,主要使用中、小型船舶。

油的对外依存度已达59.6%,较2013年的57%上升了2.6个百分点。厦门大学中国能源经济研究中心主任林伯强认为,2035年中国原油对外依存度或达80%。发展节能型经济无疑已成为中国唯一的现实选择。由于内河船舶能充分利用水的浮力,载重吨位大,单位马力拖带量高,加大低耗能、低污染的水运在中国运输业中的比重,有利于节约能源。发挥绵延几千公里的长江干线黄金水道的作用。以同样运一吨物资所需要的功率作比较,公路约为8马力,铁路约为2马力,而长江水运仅约为0.5马力。

第六,污染轻。① 交通运输污染源是指对周围环境造成污染的交通运输设施和设备。它以发出噪声、引起振动、排放废气和洗刷废水、泄漏有害液体、散发粉尘等方式污染环境。从污染排放方面看,内河航运污染物单位排放量相当于公路的1/15和铁路的1/1.2。据交通运输部估算,长江江苏段南京以下负12.5米深水航道建成后,航道通过能力增加幅度将超过50%。随着船舶大型化的发展,每年可减少燃油消耗21.6万吨,减少碳排放量65万吨。

第七,环节少且功能全。通过长江运输的进出口物资,可直接在上海指定的海港装卸,非常便利。相对铁路来说,减少了在海港的短途运输环节,节省了短途运输和装卸费用,缩短了时间,避免了多环节转运带来的货损。同时,大型设备和物资只有通过长江水运才能运输。无论铁路还是公路,都不可能运输超宽、超长、超高的货物。

充分利用长江黄金水道还有以下四方面的好处:一是可以推动上海国际航运中心更好地服务长三角,服务长江流域,服务全国;二是可以大幅降低西部地区经济要素成本,加快西部大开发进程;三是东部可以得到腹地资源和市场,中西部可以得到技术、资金、人才,以此促进东中西部联动发展;四是可以促进区域性经济中心城市带动周边地区城市化发展。

---

① 在"低碳经济"时代下,水运作为一种节能、低碳、绿色运输方式,越来越受到重视。2009年12月12日,在武汉召开的内河航运发展座谈会上,中共中央政治局委员、国务院副总理张德江提出,要加快发展畅通、高效、平安、绿色内河航运。交通运输部部长李盛霖指出,发展内河航运是贯彻落实科学发展观、建设两型社会的重要举措。这也标志着水运发展已上升为国家发展战略。

　　长江经济带东起上海,西至攀枝花,涉及上海、江苏、浙江、安徽、江西、湖北、湖南、四川、重庆、云南、贵州 9 个省 2 个直辖市。这些沿线地区经济社会的迅速发展都得益于长江水运得天独厚的资源优势(参见图 4-5)。可以说,长江黄金水道是我国国民经济和社会发展的重要战略资源之一。

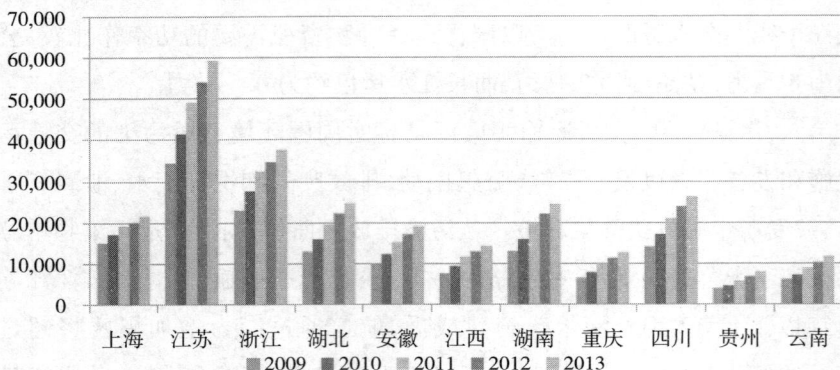

图 4-5　长江黄金水道沿线省市 2009～2013 年 GDP 比较

　　长江黄金水道的开发优势有以下两点:一是良好的社会区位条件。长江黄金水道涵盖了我国经济发展不同的三个层次。东部地区为沿海经济发达区,资金充足,市场广阔,产业结构优化程度较高,但是缺少资源;中部地区处于工业快速发展期,对资源和市场具有双重要求。中部地区拥有有色金属、矿产、煤炭等资源,但缺少资金和技术的有效支持;西部地区拥有丰富的资源,但基础设施、资金、科教、工农业基础相对薄弱。此外,黄金水道西接丝绸之路经济带,东接 21 世纪海上丝绸之路,长江经济带正是依靠黄金水道成为"一带一路"的大后方(参见图 4-6)。二是优良的自然区位条件。长江之所以成为黄金水道,是由于它拥有良好的水文条件和相对平缓的地形条件(自然禀赋)。长江流域大部分地区处于亚热带季风气候区,充足的降雨为航道水深提供了保证。长江中下游多为盆地和平原地形,平均海拔低于 50 米,有利于船舶平稳通航。长江支流众多,干流和支流构成了庞大的流域航运网,航运综合效益可延伸到各大支流。

　　经济活动具有的不完全可分性和区域空间距离具有的不可灭性,加上

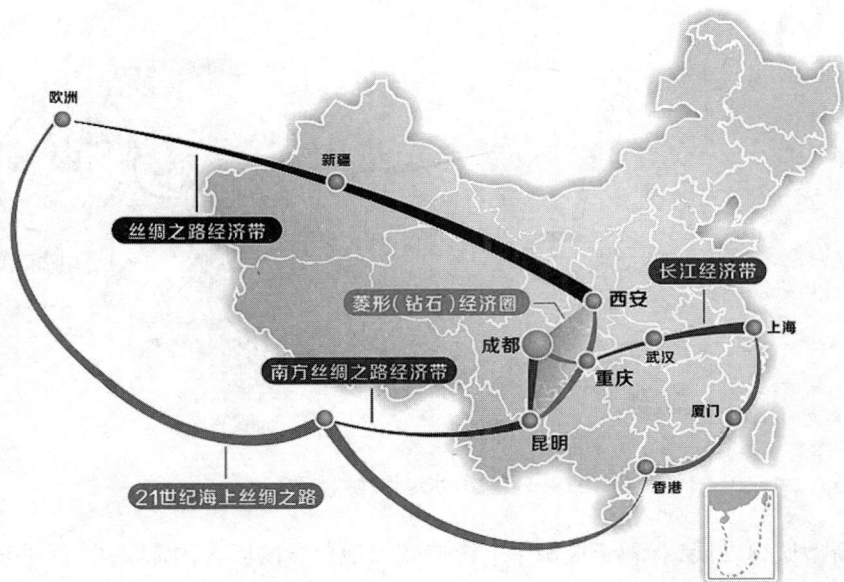

图 4-6 长江经济带与"一带一路"

黄金水道沿线各省市在物力要素、资金要素、人力要素、技术要素、市场要素、信息时空要素等方面存在差异性,形成了区域经济系统的客观基础。根据要素地域运动规律的相关理论,受非平衡运动规律和力场机制的作用,经济要素的地域运动会形成"集聚→扩散→再集聚→再扩散"的循环模式,这一模式的作用会形成黄金水道沿线的大中城市群①(参见图4-7)。生产要素从供给丰裕的地域向需求旺盛而要素稀缺的地域流动,造就了长江大动脉的航运交通。

无论是对于生产要素流通,还是资源优化配置,长江黄金水道都将起到积极作用。提升黄金水道作用,可以大力挖掘中西部的发展潜力,实现经济要素的合理高效流通;可以有效地将西部开发、中部崛起和东部地区可持续发展战略贯通起来,促进长三角、长江中游城市群和成渝经济区之间的产业与基础设施连接、要素流动以及市场统一;促进产业有序转移和优化升级以

---

① 英地理学者戈德认为,城市群是城市发展到成熟阶段的最高空间组织形式,是在地域上集中分布的若干城市和特大城市集聚而成的庞大的、多核心、多层次城市集团,是大都市区的联合体。

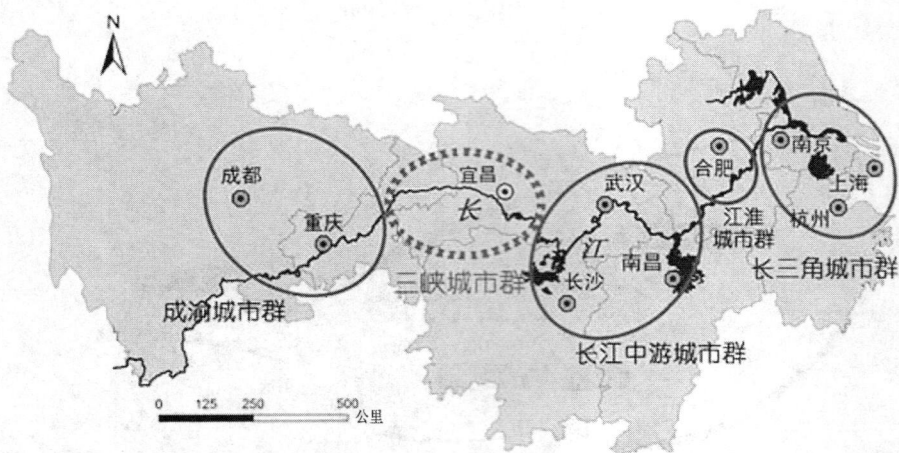

图 4-7　黄金水道沿线城市群

及新型城镇发展;有利于挖掘中上游广阔腹地蕴含的巨大内需潜力,促进经济增长空间从沿海向沿江内陆拓展,为处于换挡期的中国经济提供新的经济增长点。

(四)协同提升长江黄金水道功能

1. 长江黄金水道开发的主要成就

长江干支流通航里程约 7 万公里,占全国内河通航总里程的 56%。其中三级以上航道 3920 公里,占全国的 45%,四级航道 3130 公里,占全国的 47%。长江水系承担的水运货运量和货运周转量,分别占沿江全社会货运量的 20% 和货物周转量的 60%。长江干线航运基础设施不断完善,航运公共服务能力不断提升,航运发展环境进一步优化,已形成 421 个万吨级泊位,并已初步形成了以长江黄金水道为主轴,以沿江综合运输大通道为骨架,由水路、铁路、公路、民航、管道构成的综合交通网络。长江沿线形成了比较齐备的铁矿石、煤炭、集装箱等江海转运体系以及液化品和汽车滚装等专业化运输体系,2013 年,长江经济带沿线内河港口通过能力达到 32.6 亿吨。①

---

①　参见杨邦杰、严以新、安雪辉:《长江流域"黄金水道"问题分析及对策建议》,《中国发展》2015 年第 1 期。

随着我国经济的不断发展,长江水系航道通航条件明显改善,黄金水道"黄金成色"明显增加。

自 2014 年长江经济带发展上升为国家战略以来,黄金水道开发取得了巨大成就:一是长江航运基础设施面貌持续改善。截至 2014 年年底,长江水系 14 省市拥有运输船舶 14.7 万艘,总运力 1.68 亿吨,长江干线生产专用码头泊位 4079 个,长江干线和部分支汊河段航道维护水深进一步提高,服务长江经济带建设的基础不断夯实。二是服务能力持续提升。2014 年,长江干线航道维护水深保证率达到 100%;三峡船闸完成货运量 1.2 亿吨,超出设计通过能力 20%,葛洲坝船闸完成货运量 1.21 亿吨,再创历史新高。三是生产运输再创新高,长江干线完成货物通过量 20.6 亿吨,同比增长 7.3%;完成外贸货物吞吐量 2.6 亿吨,集装箱吞吐量 1300 万标准集装箱,均创历史最好水平。四是安全形势持续稳定。一般以上等级事故、死亡失踪人数、沉船艘数、直接经济损失四项指标同比分别下降 11%、35%、33%、38%。

随着部分重点碍航浅滩逐步得到整治,长江干线航道条件持续改善。2015 年,武汉至安庆段枯水期维护水深将正式提高到 4.5 米,洪水期维护水深达到 6 米,海轮航路水深达到 7.5 米。1 万吨级江海直达船舶可在 6 月至 9 月洪水期从长江入海口直达武汉,5000 吨级船舶则可全年通达武汉。

为解决长江航道中游"梗塞"问题,2014 年 2 月,国家发改委、交通运输部、水利部、赣鄂湘皖四省共同启动了"645 工程"模型试验研究工作。所谓"645 工程",是指长江干流武汉至安庆、宜昌至武汉的航道整治工程。整治后的宜昌至武汉长江河段航道尺度分步骤、分河段提高到 4.5 米;武汉至安庆河段实现 6 米水深航道。按照"645 工程"规划,未来 6 年,长江中游散货船吨位将提高约 37%,运费率将下降 12%,节约燃油约 12 万吨,带来直接经济效益约 37 亿元。此外,长江航道局还将继续实施长江中游"瓶颈"——荆江①航道的整治(参见图 4-8),打通连接武汉与宜昌的中游要道。

---

① 荆江,中国长江自湖北省枝城市至湖南省岳阳县城陵矶段的别称。全长 360 公里。藕池口以上称上荆江,以下称下荆江。下荆江河道蜿蜒曲折,有"九曲回肠"之称。

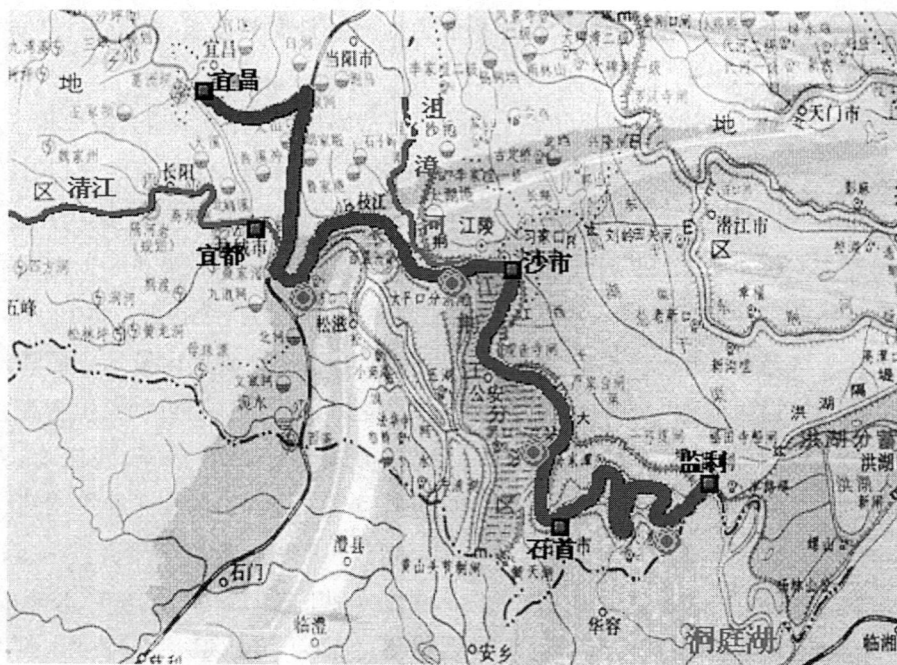

图 4-8 荆江航道

2. 长江黄金水道开发存在的问题

近年来,在沿江各省市和中央有关部门的共同努力下,长江水运发展取得了突出成绩。但黄金水道建设仍然存在若干亟待解决的问题。长江黄金水道开发过程中存在的主要问题有以下几点。

一是基础设施供给不足。由于多种原因,长江水运基础设施历史欠账较多,有效供给能力不足、效率不高、结构不优、竞争力不强等问题突出,即使在条件较好的中下游,同样存在航道不畅的情况,下游南京至浏河口河段航道未经系统整治,大型海轮直达南京以下港口还存在障碍,这导致大吨位海轮无法顺利到达南京、镇江、张家港和南通等港口,制约了长江水运整体效能的发挥。长江水系高等级航道比重低,多数航道仍然处于自然状态,技术标准低,通过能力小。沿江 7 省 2 市 1000 吨级以上航道里程仅占全部通航里程的 7.2%,远低于美国密西西比河水系的 66%。目前,长江航运的绝大部分运量主要集中在长江中下游河段,这部分通航里程在长江干流通航总里程中所占的比重仅为 49%。下游航道还不能完全满足进江海轮大型化的要求。中游航道尚未得到系统整治,枯水期滞航、碍航现象时有发生。而位于上游的西部地区对水运的依赖性最强,但由于上游航道不连续,且三级航道的延伸任务还未完成,水上运输受到严重制约。目前三峡船闸基本处于饱和运行状态,过闸船舶平均待闸时间近 2 天,待闸时间过长。到 2030 年,三峡枢纽过闸需求将达到 2.6 亿吨,而在现有条件下三峡船闸进一步挖掘潜力的空间越来越小,三峡船闸通过能力不足将越来越成为制约长江水运发展的瓶颈。

二是干线港口规模偏小,功能单一。长江沿线港口基本形成了以国家主要港口为骨干、地区重要港口为辐射节点的总体格局。但是,长江主要内河港口结构不合理,规模化、专业化程度不高,集疏运体系不完善,与现代物流、综合运输枢纽的要求不相适应。目前大多数港口仅限于传统的装卸和集疏运中转业务,大型化、专业化码头相对较少,无法适应发展现代物流的需要。主要存在以下问题。

一是码头建设能力相对过剩,同质化竞争加剧。随着国家港口行政权限下放地方,地方政府发展港口的积极性空前高涨。政府片面追求政绩,而未能把握全面贯彻科学发展观的深刻内涵,使得重复建设严重,同质化竞争加剧,港口企业投资效益低下。

二是港口企业建设资金不足制约港口发展。目前长江港口企业是微利企业,靠企业自身资金能力,远不能满足企业发展需要。而且从现实情况来看,企业的融资难度越来越大,融资成本越来越高。

三是信息化水平不高。港口是物流运动的重要汇接点,是地区和国家间物资交换的枢纽,因此,信息对于港口具有重要的作用。港口信息系统是社会物流大系统的重要组成部分。对于我国来说,港口是发展现代物流业的重要平台,而信息系统是现代物流业的主要技术支撑。可以说,没有现代信息技术,现代物流就无从谈起。因此,港口的信息系统也就是社会大物流系统的重要组成部分。但从现状来看,信息化建设滞后于现代航运业的发展需要,并且系统性不强,标准不统一,共享程度较低。不同地区、不同运输方式、不同业务间信息化发展不平衡、不协调、不持续等问题依然较为突出,协同联动、信息服务体验、业务应用品质和持续发展能力等方面还有很大提升空间,信息化的整体水平和发展质量还不能适应现代交通运输业的发展需求。

四是船型标准化存在差距。内河船型标准化是通过对内河船舶的外形主尺度及燃油消耗、碳排放等一系列技术指标进行统一规范,从而优化船舶结构、提高通航效率、促进节能减排的系统工程。目前,在长江上的营运船舶标准化程度较低,船型、机型复杂,呈现先进船与落后船、大型船与小型船、高速船与低速船并存的格局。性能良好的干支直达、江海直达新型运输船舶处于稀缺状态。

五是资源开发中忽视长江黄金水道的可持续发展。随着气候的变化,长江某些年份降水不足,导致航道水深不够,船舶搁浅现象增多。长江航道缺少及时有效的维护,航道疏浚投入往往不足,加之中上游地区水土流失严重,局部河段泥沙淤积严重,影响船舶吃水深度。一些建筑垃圾直接往长江里面排放,对航道造成了深远的破坏,严重影响了长江黄金水道的可持续发展。

六是不同地区、不同运输方式之间脱节的现象比较严重。港区集疏运建设"最后一公里"衔接问题比较突出,在干线 2800 余公里航道上的众多港口中,可开展铁水运输①的港口不到 10 个,港口企业不足 20 家,而与铁路直接衔接的码头泊位仅 65 个,港区铁路专用线长度不足 110 公里。目前长江运输每年通过铁路转运的货物约 5000 万吨,不到长江港口货物集疏运比例的 2%,与发达国家相比差距比较大。

七是管理机制不健全。长江黄金水道条块分割,管理交叉,严重阻碍了航运生产力的发展。虽然经过体制改革,由长江航务管理局代行交通部的主要管理职责,但是权责又与地方交通管理部门发生重叠,在地方本位主义的影响下,长江航道总体建设发展协调困难,影响综合运营能力的提高。此

---

① 铁水运输分流是一定数量的货流,在铁路和水运(包括海运与河运)间进行合理的分配,即铁路和水路运输在一定条件下的合理分工。铁路和水运同其他运输方式相比,都具有运输能力大、能耗与成本较低的优点,都是综合运输中的主要运输方式,均可承担大宗货物和中长距离的运输任务。

外,目前我国的水域立法不够健全,缺少明确法律法规,依法管理存在困难。这加大了长江黄金水道运输管理工作的困难。

八是关于长江水运安全发展问题。长江沿岸是我国重要的石化工业走廊,沿江省市化工产量占全国的46%,2012年长江危化品港口吞吐量超过1.69亿吨,危化品种类超过250种。部分危化品运输船舶技术状况较差,危化品应急处置能力明显不足等问题突出,存在较大的安全隐患,一旦发生安全事故,对于沿线人民生命财产安全、经济发展以及自然环境的危害将难以估量。此外还存在渡运安全问题。近年来,沿江地方各级政府为加强渡口渡船安全管理做了大量工作,但部分地区渡口、渡船安全管理责任制没有落实到位,安全监管存在薄弱环节,违规违章运营和非法渡运屡禁不止,渡船重特大安全事故时有发生。

3. 协调性均衡发展对于提升黄金水道功能的意义

长江黄金水道全方位、多层次、有重点的对外开放格局已逐步形成。沿江地区综合经济实力不断提升,外向型经济发展势头良好。因此,长江黄金水道在区域发展战略中地位十分重要。

正如《指导意见》所指出,在国际环境发生深刻变化、国内发展面临诸多矛盾的背景下,依托黄金水道推动长江经济带发展,有利于挖掘中上游广阔腹地蕴含的巨大内需潜力,促进经济增长空间从沿海向沿江内陆拓展。长江经济带是我国经济版图中的重要轴线,串联起了东、中、西部不同经济发展水平的广泛区域。长江黄金水道是我国最具全局性战略意义的发展主线,黄金水道的作用提升之后,可以大力挖掘中西部的经济发展潜力,实现经济要素的合理高效流通,为处于换挡期的中国经济提供新的经济增长点,长江黄金水道开发对于沿岸经济发展的推动作用将达到前所未有的高度。

打造长江经济带,充分利用黄金水道的交通潜力是关键。提升长江的通航能力,打造立体式交通,对于缩短东中西部的经济距离,将发挥显著的作用。东中西部经济发展处于不平衡状态,其中一个重要因素就在于交通禀赋的差异,如今在这方面弥补缺陷,将大大减少交通因素对于中西部经济发展的制约作用,缩小东中西部地区的发展差距,对于形成上、中、下游优势互补、协作互动的格局,也具有战略意义。

首先,加快打造长江黄金水道,是促进区域经济协调发展、协同发展的迫切需要。在我国"四纵四横"的区域经济协调(控制区域差距)和协同(建立区域联系)发展新棋局中,长江黄金水道处于得天独厚的中心地位,具有明显的不可替代的区域带动和辐射功能和作用。沿海和沿江交汇的长三角地区依然是我国区域经济的龙头地区,长江中上游拥有我国最广阔的平原腹地和最众多的人口,只有整个长江流域经济崛起,才能为全国区域经济整个进入全面小康社会奠定坚实的基础。

长江是我国唯一横贯东、中、西部地区的水路大动脉,是促进区域协调发展的重要纽带。长江沿线 7 省 2 市经济总量占全国经济总量的 40% 以上,外贸进出口额占 31%。长江干线货物运量占全国内河货运量的 60%,承担了沿江地区 85% 的煤炭、铁矿石以及中上游地区 90% 的外贸货运量。长江水运的快速发展,加快了地区之间资源、技术、资金等要素的有效利用和优势互补,有力支撑了沿江产业结构调整和流域经济的持续快速发展。长江水运已成为新一轮区域经济结构调整和产业布局优化的重要基础条件。加快打造长江黄金水道,符合实施西部大开发、中部崛起和东部率先发展等重大战略要求,对于深入推进区域经济协调发展具有重要支撑作用。

我国区域协调发展的关键地区是"大中部"地区,这里是我国人口最多(占全国人口近 70%)、发展水平最低,但未来发展的资源和市场潜力最大的地区,因此振兴中西部地区实际上就是振兴这个"大中部"地区,而振兴"大中部"地区的关键又在于振兴长江中上游地区。我国区域经济协同发展的核心地区是长江流域地区。沿大江大河和沿陆地交通干线梯度推进是区域协同发展的基本规律和模式,长江流域地跨东、中、西三大地带,区域经济发展梯度明显,正处在工业化、城镇化沿江推进的重要时刻,具有明显的区域协同发展示范作用。其他发达和欠发达协同发展地带,如环渤海—东北沿线经济带、环渤海—华北西北经济带和"泛珠三角"—西南中南经济带,也都各有其侧重和面临的问题,然而这些协同发展带的典型意义显然并不如长江流域地区。

其次,加快打造长江黄金水道,是培育长江流域经济新的增长极的迫切需要。长江经济带是继沿海经济带发展后我国经济发展的重点区域之一。

依托黄金水道,推动长江经济带发展,对将长江流域打造成具有较强创新能力和发挥集聚带动效益的经济增长极具有重要战略意义。当前,长江沿线地区充分发挥长江水运运能大、物流成本低、物流枢纽作用强等优势,充分发挥航运中心和主要港口服务的辐射带动作用,在加快发展临港工业区、港口物流园区、高端航运服务、现代产业等方面发挥着日益突出的作用。进一步挖掘和发挥长江水运大通道的优势和作用,为培育和打造长江流域经济新的增长极奠定了坚实基础。

最后,加快打造长江黄金水道,是长江流域建设资源节约型、环境友好型社会的迫切需要。随着我国经济社会快速发展,资源、环境约束日益加剧,而交通运输又是节能减排的重点领域之一。内河水运具有运能大、占地少、能耗低等优势,是一种绿色的运输方式,是交通运输转型发展的重点。大力发展长江水运,对于节省土地资源,减少能源消耗和环境污染,降低运输成本,具有积极的示范效应和引领作用。按照生态功能区划和水功能区划要求,加快长江水运绿色发展,大力发展绿色港口、生态航道、新能源船舶,以长江黄金水道建设的新成效助推流域生态文明建设。

二、江苏省黄金水道建设现状与态势

长江江苏段由于独特的地理优势,江面宽阔,水流平缓,航行条件优越。加快推进长江南京以下深水航道建设,充分发挥长江水运优势,形成以黄金通道为主轴,水运、铁路、公路、航空相衔接的综合运输体系,是江苏推进"两个率先"的重要抓手。近年来,江苏依托黄金水道,推动沿江经济快速发展,在促进江苏经济转型升级、助推长三角整体竞争力提升、带动长江流域经济协调发展、增强沿江港口综合运输枢纽功能等方面发挥了重要作用。

(一)江苏省黄金水道建设的主要成效

1.深水航道建设加速推进

在长江干线上,江苏段是长江主航道中通航条件最好、船舶通过量最大、经济效益最为显著的河段,也是长江流域重要的国际门户。长江江苏段货运量占整个长江干线的 63%,港口货物吞吐量占 70%,万吨级以上泊位数约占 80%,是黄金水道名副其实的龙头区域。长江中上游沿线大型企业所需的几乎全部的海进江原油、70% 的进口铁矿石、30% 的集装箱都在长江江苏段中转运输。江苏沿江 8 市占了全省 81% 的经济总量、88% 的对外贸易量,集聚了 100 多个省级以上开发区。沿江港口承担着全省 60% 的煤炭、70% 的铁矿石和 90% 原油等能源物资转运。在沿江的 8 港中,江苏就有苏州、南京、南通、镇江、江阴 5 港超过了亿吨货物吞吐。在国际航运业不景气的大背景下,江苏段到港船舶数量和港口货物吞吐量仍以每年约 20% 的速度增长。

近十多年,长江江苏段的港口经济快速发展。从 2002 年到 2012 年间,进出航段的船舶数量从 43.4 万艘次上升至近 200 万艘次;水路货运量由 2002 年的 1.96 亿吨,增加到 2012 年的 10.62 亿吨,到港船舶数和货物运量增长了约 5 倍。长江江苏段成为名副其实的黄金水道,由此助推长三角地区成为我国经济社会发展最繁荣的地区之一。

随着长江经济带国家战略的推动实施,长江经济带将跨入新一轮的大发展阶段。在此背景下,进一步推进负 12.5 米深水航道上延至南京已经刻不容缓。

长江南京以下负 12.5 米深水航道建设工程建设范围包括长江干线太仓至南京河段,包含 11 个水道①,全长约 283 公里,其中碍航段长度约 20 公里,占航道总里程的 6%。按照"整体规划、分期实施、自下而上、先通后畅"的思路,以"固滩,稳槽,导流,增深"为基本整治原则,采取整治与疏浚相结合的措施分阶段实施。到 2015 年实现 12.5 米深水航道初通至南京,2020 年前实现 12.5 米深水航道双向畅通至南京。

长江南京以下负 12.5 米深水航道建设工程对江苏沿江地区经济发展会起到重要的推动作用。首先,负 12.5 米水深航道延伸至南京后,因减少运输费、中转费和中转损失等,每年可节约直接物流成本近 90 亿元。上延

---

① 为满足 12.5 米深水航道的要求,太仓至南京段需要整治的水道有 6 个,分别是:仪征水道、和畅洲水道、口岸直水道、福姜沙水道、通州沙水道、白茆沙水道。

工程实施后,每年可节约直接物流成本 23 亿元,节约海运油耗 21.6 万吨,减少碳排放超过 65 万吨。① 其次,工程将直接拉动该地区的经济增长。5 万吨级海轮直达南京后,将有效提高各港口的营运效益。实现海轮"江海直达",大大提高长江江苏段航道通过能力。根据江苏省统计局测算,工程平均每年可递增沿江港口吞吐量约 1.3 亿吨,直接拉动沿江地区 GDP 增加约 238 亿元,直接增加沿江地区经济效益 111 亿元,新增就业岗位约 16.4 万个。工程也将增强沿江港口综合运输枢纽功能,提升沿江产业集约化发展水平。

同时,南京港的交通枢纽地位也将因此显著增强,江苏省沿江泊位能力得到更大程度的释放,上海市国际航运中心整体竞争力会因此显著提升,并能为长江中上游地区提供更加便捷高效的海港化运输服务,带动整个长江流域经济发展。该工程还将进一步提升长江国际航运功能,有利于转变交通运输发展方式,构建现代化综合运输体系,实现江苏省沿江地区乃至我国长江经济带东、中、西部地区协调性均衡发展。

2. 航道管理制度逐步完善

2003 年 7 月 1 日,原交通部颁布的《长江江苏段船舶定线制规定》正式实施。定线制提出"大船分道、小船分流"的原则。② "分道"和"分流"设计形成规范有序的"快慢车道",彻底改变了过去的混乱状况。沿江地区是江苏省经济增长和外商投资的密集区、进出口贸易的主要基地。"水上高速路"促进了江苏省沿江地区的大发展。定线制实施 10 年,带来直接增量效益 151.22 亿元,带来减损效益 127.43 亿元,对上下游产业的影响和拉动效应 4445.10 亿元。与此同时,长江江苏段万吨级泊位由 2002 年的 123 个增加到 2012 年的 340 个。定线制实施将海轮进江的一程运输港向内陆推进了 360 多公里,结束了海轮不能夜航的历史,实现了海轮的自由进出,节省了运营成本,缩短了货物周转时间,吸引了越来越多的大型海轮来到江苏。

---

① 参见马奕:《12.5 米深水航道延伸至南京影响分析》,《港口经济》2011 年第 5 期。
② 规定大型船舶在深水航道中按各靠右的航行原则行驶,中间由分隔带或分隔线隔开;小型船舶沿深水航道外侧 200 米范围内的推荐航路行驶,深水航道(标准宽度为 500 米)则作为上、下行小型船舶的自然分隔带。

2002 年至 2012 年,进出长江江苏段的船舶由 43.4 万艘次上升为近 200 万艘次;其中超大型船舶由 2002 年的 1029 艘次上升到 2012 年的 11963 艘次,增长了 10.6 倍。水路货运量由 2002 年的 1.96 亿吨增加到 2012 年的 10.62 亿吨,增长了 5 倍。而安全事故却大幅下降,由 2003 之前的年均 120 件降至目前的年均 50 件左右。

为适应港口经济发展需要,《长江江苏段船舶定线制规定(2013)》于 2014 年 4 月 1 日发布实施。新规中共有 9 个方面的变化,核心内容是提高船舶通行量和运载能力,充分利用航道资源。这 9 个方面可概括为"三取消、三增加、三改变"。"三取消"是指取消特定航路、取消船舶航行警戒区和取消超大型船舶的概念;"三增加"是指增加了允许占用分隔带追越,增加了允许靠离码头船舶选择航路航行,增设了京杭运河小型船舶(队)专用航路的规定。这些增设条款,有利于充分利用航道资源;"三改变"指改变了大型船舶和小型船舶尺度划分标准,改变了航速限制设置标准,改变了部分航段航路设置标准。这些措施将大大提高航道通航效率。新规提高了长江航道使用率,促进了航运业生产力发展,对促进江苏省港航经济具有重要意义。新规实施后,长江江苏段将成为当之无愧的"水上高速公路",最低航速由原来的 4 公里/小时提升到 7.5 公里/小时,泰州大桥以下深水航道的最低航速提高至 11 公里/小时。

3. 海事监管能力日益提高

经过 5 年的建设,2010 年 12 月,长江江苏段正式实现了"全程监控一体化",江苏省海事局进入了"数字海事"新纪元。长江江苏段全程监控一体化,是"十一五"时期为适应江苏省沿江大开发,推动江苏"国际海港区"建设而实施的一项重要工程,其主要包括三大体系:指挥有力、反应快捷的组织体系,国内领先、管控一流的信息化支撑体系以及系统科学、行之有效的规范性文件体系。目的是运用现代化的科学信息技术,改善海事装备水平和水上交通安全监管手段,全面提高海事监管能力和服务水平。该工程的实现,将对水域内船舶航行安全、通航效率和水上应急反应速度的提升起到显著作用。既为航道整治提供了支持保障,也为在新形势下构建"畅通、高效、安全、绿色"的现代综合交通运输体系奠定了坚实的基础。

通过长江江苏段"全程监控一体化"建设,在海事机构内部实现了一切执法资源都在视线之内、掌控之下和调度之中,一切执法过程都在监督之下,一切执法活动都在指挥中心指挥之下完成,一切执法效果都可预期、可评价。"全程监控一体化"系统运作以来,长江江苏段单位艘次事故率更是由 2001 年的万分之 3.5 下降到 2012 年的万分之 0.3;单位载货量事故率从 2002 年的每亿吨 59.11 件大幅降至 2012 年的每亿吨 2.64 件,总降幅高达 95.5%,给港航企业带来了更多安全效益。

4. 港口联合逐步形成

2015 年 4 月 10 日,位居长江上游的四川宜宾港①与长江下游的南京区域港口群②、环渤海湾的重要港口唐山港签署战略合作协议。一条西部地区通往环渤海湾地区、东北亚海外地区的快速通道、即"宜宾—南京—唐山(环渤海湾)"、"宜宾—南京—日本—韩国"集装箱班轮航线正式开通。协议明确,宜宾港将建成南京区域港口群的重要联盟港,同时也使南京区域港口群成为西部地区通向环渤海湾地区、东北亚海外地区的快速中转港。集装箱班轮航线的正式开通为我国西部地区、中部地区和环渤海湾地区、东北地区,乃至东北亚地区串起一条通江达海的水路运输新纽带,通过各港口的统筹协调,配合铁水联运、公水联运系统化运营,将为"北粮南运"、"西煤东运"等规模化运输打开新通道,能有效提高综合运输的物流链管理服务水平,最大限度降低大宗物资往来成本。6 港联合拉开了长江上下游以及环渤海湾港口在货物装卸、水水中转、业务拓展、口岸通关、战略规划等方面合作的序幕,有助于延伸江海联运服务功能,实现跨区域联盟、资源共享、优势互补、协同联动发展,共同构建区域大交通体系,推动区域物流合作便利化和一体化。

---

① 位于西部内陆的四川省正加紧建设空地、公铁、铁水、公水等 7 大物流服务联盟,以提高物流运行效率,降低综合物流成本。宜宾港的建设正是四川省建设现代物流大通道的重要举措。宜宾港位于长江、岷江、金沙江三江汇合处,是长江上游以内外贸集装箱运输为主的现代化内河枢纽港。

② 包括南京港、合肥港、马鞍山港、淮安港。

(二)江苏省黄金水道建设的制约因素

长江黄金水道肩负着长江流域经济发展的重任,但"黄金效应"仍未得到充分的发挥。目前,制约江苏省长江黄金水道充分发挥作用的问题主要是:

1. 港口功能单一,结构不尽合理

一是硬性约束加剧,资源浪费严重。江苏省沿江深水岸线几乎开发殆尽,港口管理不严,港口设备闲置率较高,大型公共码头泊位等设施利用率低。由于港区规划欠合理,预留用地量严重不足,加之未对港口与城市进行合理定位,港口发展的资源约束瓶颈进一步加剧。

二是港口总体服务水平较低,港口要素增值能力较弱。江苏省沿江港口大多只能提供传统的物流服务,未形成以信息技术为支撑的一体化物流服务链,综合物流服务供应商较少且服务能力不足,缺乏国际港口物流营运商的高效服务;同时,港口生产要素的整合度较低,港口对区域产业的支撑效应、极化效应、乘数效应、出口竞争效应、扩散效应与名片效应均较弱,对港产城融合发展与区域经济一体化的促进机制作用尚未充分发挥。

三是港口竞争同质化严重。由于低水平重复建设,区域产业长期处于世界产业链的中低端,应对风险的能力和盈利能力较弱,因此江苏省沿江港口产能出现结构性过剩,同质化低层次竞争不断加剧。

2. 船舶标准化水平有待提升

目前长江江苏段航行船舶船型复杂,船型、机型复杂,呈现先进船与落后船、大型船和小型船、高速船与低速船并存的格局。有较多船舶是用老旧驳船改造,航速低、效益差、技术状况落后,多数船舶无装卸设施。集装箱船都是多用途船,且船型不统一,尺度五花八门,航速较慢,专用的集装箱船较少。船舶技术性能和科技含量低。江苏段拖轮和驳船航速低、功率小、运输成本高,船队拖带货物量少,不具有运输大宗、稳定的货物的能力,性能良好的干支直达、江海直达的新型运输船舶还很少,处于稀缺状态。这些都是造成船队运输成本居高不下的重要原因。特别值得指出的是,目前长江航运中性能良好的干支直达、江海直达的新型运输船舶稀缺。

3. 支持保障系统的设施与装备水平较低

支持保障系统的总体水平仍较低,除南京市——浏河口已经建立交通管制系统(VTS)外,南京市以上至宜宾段仍以传统的现场水上监督为主。全线缺乏突发事故的应急处理能力。长江航运专用通信网的主通路仍以微波传输为主,先进的光缆传输仍处于起步阶段。信息化和公共信息数据库、行业管理信息网络的建设仍处于前期工作阶段。除长江口水域之外,长江干线水域的水上救助打捞、船舶防止污染(水上流动污染源检测控制)系统等几乎空白;水上应急搜救、卫生监督与疾病控制体系也尚未建立;水上公安消防体系也只是搭建了一个初步的框架。

4. 管理水平较低,经营服务不规范

长江航运服务不够规范,比如集装箱运输单证操作不规范,设备交接单不全,装箱单填制不够规范等,从而造成集装箱运输过程容易出现差错。集装箱运输信息化管理水平低,目前长江沿岸港口大都未完成港航电子数据交换(EDI)平台建设,严重影响集装箱运输效率的发挥。

(三)江苏省黄金水道建设的基本态势

黄金水道把我国经济最发达的东部沿海地区和发展相对滞后的中西部地区连接起来,为沿海地区产业转移和中西部地区承接产业提供了重要契机。沿海地区转移产业、腾出空间,打造经济升级版,中西部地区主动招商、有序引资,相互支撑、相互推动,与下游区域实现资源共享、优势互补。

地处长江经济带龙头地带,这是江苏省发展的重要战略依托。长江经济带和丝绸之路经济带,水陆“两带”都是由东向西延伸,起点都在江苏省境内——连云港市是丝绸之路经济带的东方桥头堡,启东市、太仓市是长江入海口,江苏省三大区域与“两带”天然有缘。江苏省发展优势的形成,与依托长江这一重要的自然禀赋、加强对长江资源的开发利用是分不开的。

目前江苏省沿江海运量的17%和港口吞吐量的35%为长江中上游地区中转服务,承担了中上游地区70%以上的外贸货物和80%以上的铁矿石和30%的集装箱转运。江苏省沿江港口更是长江中上游地区散货中转和外贸运输的重要门户。实施长江经济带战略,为江苏省未来发展拓展了新

的空间,带来了难得的发展机遇。江苏省不仅是长江经济带的端点,也是丝绸之路经济带的起点,可以预见,江苏省将在推动长江经济带、"一带一路"战略构想的实施中大有作为。

当长江经济带向西与丝绸之路经济带汇会后,就可以形成东西双向开放的新格局。目前,长江货运量已位居全球内河第一,而其中75%集中在江苏段。南京市与上海市、武汉市、重庆市同为长江流域四大航运中心,特别是南京以下12.5米深水航道建设工程完成后,作为长江最直接、最便捷、最经济的水上进出通道,其地位和作用将更加显现。

三、全力构建江苏省江海联运新体系

江海联运是指货物不经中转,由同一艘船完成江河与海洋运输的全程运输方式。江海联运的操作主要分为两个部分,即江段运输和海上运输。在中国国内,江海联运主要应用于长江三角洲地区和珠江三角洲地区,是当地外贸进出口主要的运输方式。发展江海联运有利于增强内河航运的核心竞争力;发展江海联运能有效推进港口资源整合。

(一)江海联运对黄金水道功能的提升

受诸多因素影响,传统水运被分为内河与海洋两个相对独立的闭合循环,货物进出内陆通常采用一、二、三程运输方式,即货物要通过不厌其烦地转运,或者在大的直航海船与小的江船之间转卸搬运,或者经陆路将集装箱运往码头装船,运输的环节多、周期长、货损大、成本相对高。

江海联运则实现了内河运输和海上运输之间的连续运输,体现出许多的优越性:一是减少运输环节、转船次数和操作手续,缩短运输周期,从而适应货主对快速化和物流化的服务要求。如由于运输速度提高,从重庆市发出的船只10天就能到达上海市,再过1天就能到达温州市,到北方所有港口只需要14天,到南方最远的海口市也仅需18天。二是节省重复无意义的卸货、载货人力物力,降低了运费。据测算,与传统的中转方式比较,江海直达能使每吨矿石运输费节约10%~20%,从重庆市至温州市、宁波市、福州市等地的货物运输江海联运价格最为便宜,一个集装箱从重庆市经江海直达到东北,价格比铁路直达要便宜1/3。三是降低货物的途中损耗1%以上,既减少了货损货差,又降低了环境污染。四是为运输企业拓展市场、地方政府发展经济创造了条件。长江航运集团通过江海联运将滚装船运输业务从长江线延伸至东南亚、中东和南非,扩展了企业的运输业务。黑龙江省通过江海联运,将满载大米的千吨货轮从乌苏里江东安港和松花江同江港运抵浙江省温州市(经抚远、俄阿穆尔河、鞑靼海峡、日本海、朝鲜海峡、东海),开辟了商品粮的新市场。五是为内河航运发展提供了基础,为国家综合运输体系新格局的形成提供了支持。通过集装箱江海联运,重庆港从重庆市延伸到了涪陵市、万州市,港口腹地扩张到了四川省、贵州省,内河航运得到振兴;由于江海联运的发展,长江三角洲、珠江三角洲、黑龙江流域的运力结构更趋合理,一定程度上缓解了铁路运力紧张的局面;提高了上海市国际航运中心的地位。

依托黄金水道推动长江经济带发展,首次在国家战略层面确立了长江黄金水道的主通道地位,推动长江经济带发展,就是要依托黄金水道构建综合立体交通走廊。国家明确提出要提升长江黄金水道功能,加快推进长江干线航道系统治理,整治浚深下游航道,有效缓解中上游瓶颈,改善支流通航条件,优化港口功能布局,加强集疏运体系建设,发展江海联运和干支直达运输,打造畅通、高效、平安、绿色的黄金水道,这必将为推动江海航运一体化提供更加坚实的基础保障。同时,依托长江黄金水道,统筹铁路、公路、航空、管道建设,加强各种运输方式的衔接和综合交通枢纽建设,加快多式联运发展,建成安全便捷、绿色低碳的综合立体交通走廊,对促进上、中、下游要素合理流动和提升江海联运效率具有重要的战略支撑作用。

发展江海联运是提升长江黄金水道运输潜能一个很重要的措施,也是江海之间实现专业化运输的一种特殊方式。在经济全球化、区域经济一体化发展的时代背景下,江海航运的传统界限早已打破。随着我国经济转型升级的步伐加快,对外开放领域的不断扩大,东中西部的梯次发展,沿海经济与内河经济进入了相互促进、共同发展的新时期,江海航运一体化已经成为航运发展的新常态。

(二)荷兰与德国发展江海联运的经验

1.鹿特丹港发展江海联运的经验

荷兰重视内河水运的观念在欧洲颇具代表性。荷兰国土面积4.1万平方公里,仅相当于三个北京市。因积极围海造地,有26%的国土低于海平面。国土的珍贵,人口的密集,使公路、铁路发展受到严重制约。在综合运输网中,由内河水运承担新的货运需求成为首选目标。荷兰位于莱茵河入海口,面向北海、背负欧洲大陆腹地,具有得天独厚的区位优势(参见图4-9)。鹿特丹港年货物吞吐量3亿吨,是世界第一大货运港口,承担了欧洲大陆40%和荷兰50%的进出口物资的装卸吞吐,高效的港口作业和多式联运使到港货物在24小时内可到达欧共体各国货主手中。目前,鹿特丹港年国际转运物资1.41亿吨中的1/2,是经莱茵河内河航运集疏运的,而在荷兰另一大海港阿姆斯特丹,内河承担的国际货物集疏运量占84%。

荷兰1998年内河总运力520万吨左右,约占欧共体内河总运力的1/2,承担货运量3.17亿吨,占社会总货运量的25%,这一比例在世界上是比较高的。承运货种主要是矿建材料、农副牧业产品、钢铁、化工产品、煤炭、石油及其制品等。在运力组织结构上较为分散,有两艘以上运输船舶的航运企业4000多个。还有诸多夫妻船,这类运力占了总运力的30%。

鹿特丹位于荷兰西南部莱茵河口地区新马斯河两岸,距北海28公里。鹿特丹总人口约105万人,是荷兰第二大城市。鹿特丹港素有西北欧门户之称,西依北海,东溯莱茵河、多瑙河,可通至里海。作为亚欧大陆桥的最后一站,这里是欧洲石化产品、铁矿石、煤炭等物资最重要的集散地,也是西欧最大的石油中转港和储存港,欧洲大宗物资储存和分配中心,以及欧洲和亚、非、北美之间过境运输的枢纽。港区面积约100平方公里,码头总长42公里,吃水最深处达22米,可停泊54.5万吨的特大油轮。1961年,鹿特丹港货物吞吐量首次超过纽约港(1.8亿吨),成为世界第一大港。从1961年到20世纪90年代后期的30多年里,鹿特丹港一直雄踞世界港口榜首(参见图4-10)。

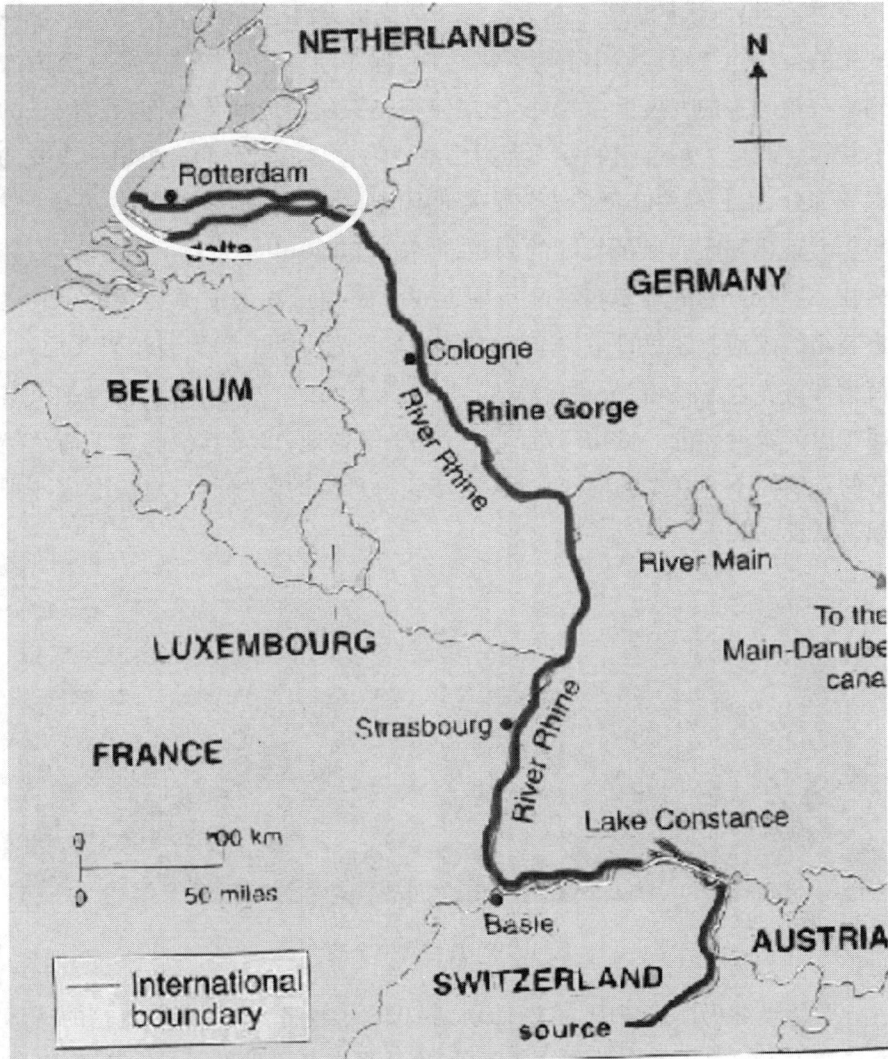

图4-9　鹿特丹与莱茵河

随着国际集装箱多式联运①的开展,件杂货运输的集装箱化程度越来

---

① 集装箱多式联运,简而言之就是把由集装箱装载的货物,以两种以上不同的运输方式,从接管地运至指定交货地点的运输服务方式。一般分为国际集装箱多式联运和国内集装箱多式联运。

越高,集装箱海运量也越来越大。为了适应世界海运集装箱化的发展,能在未来的全球集装箱运输中占有一席之地,世界港口开始将其主要注意力放到集装箱码头的发展上,纷纷投资集装箱码头的建造和传统件杂货码头的集装箱化改造。集装箱的吞吐能力已经成为世界港口之间竞争最为重要的组成部分,集装箱吞吐量将成为衡量现代港口作用与地位的主要标志。受船舶大型化和欧洲经济复苏的刺激,鹿特丹港 2014 年货物吞吐量达 4.45 亿吨。鹿特丹港的集装箱吞吐量中近 60% 是通过内河航道运送的。装运集装箱的内河驳船每日来往于鹿特丹港与莱茵河沿岸的集装箱码头之间。荷兰拥有先进的铁路、公路运输体系以及庞大的地下管道网络,能够把大量通过内河水运到港的货物门对门地运往全国各地,以及其他国家。荷兰经济的发展离不开强大的内河水运,这与鹿特丹港的国际港口地位形成一种相互联动的关系。

图 4-10　鹿特丹港全貌

鹿特丹港仍在扩建中,该港计划到 2035 年具备 32 万个集装箱的货运能力。为了解决土地资源紧缺的问题,鹿特丹港务局批准了一个耗资 40 亿美元的"玛斯平原垦地"二期项目(Maasvlakte2)(参见图 4-11～图 4-12)。为了维持世界重要港口的地位,鹿特丹港不断进行现代化改造,最新的规划包括以下 4 点内容:第一,加大基础设施建设力度,提高港口容纳超级船舶的能力。第二,进一步发展集装箱业务,到 2035 年港口建设完成后,鹿特丹港每月承运的集装箱可绕赤道半圈。第三,提高自动化水平。"玛斯平原垦地"二期项目的自动化设备将使整体效率提高 50%,操作人员可在办公室里远程控制起重机;自行卸载集装箱的自动化车辆在道路转发器的指引下运送集装箱,无需等待起重机。第四,加大环保力度,建设低碳港口。设备供电主要依靠可充电式铅酸电池;推广电动调度车辆、清洁型发电机。通过更高效的铁路和内河船舶辅助运输集装箱,削减 25% 的卡车运输量(2030 年前)。港务局还启动了碳捕获和储存项目,计划每年将 120 万吨二氧化碳转入废弃的海底油田中储存。新建设施竣工之后,鹿特丹港将成为全世界最先进的港口。

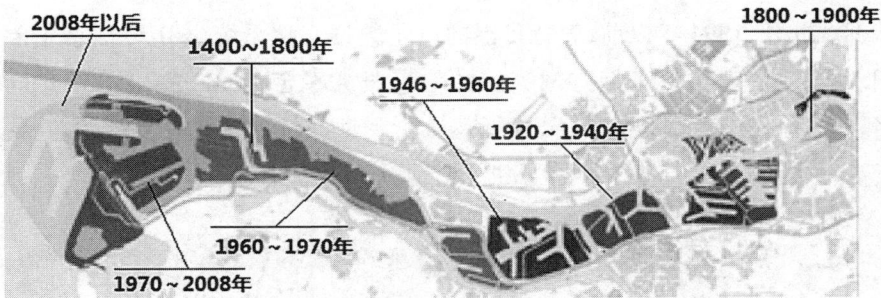

图 4-11 鹿特丹港的扩张历程

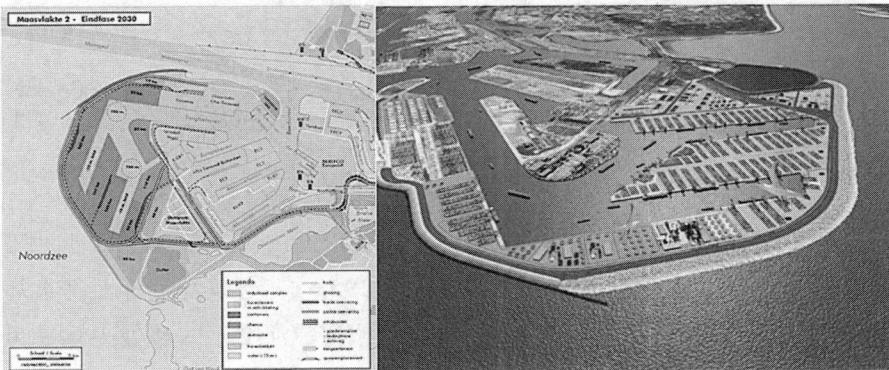

图 4-12 鹿特丹港的"玛斯平原垦地"二期项目(Maasvlakte2)

鹿特丹港发展江海联运的经验可归纳为以下几点:

第一,重视内河基础设施建设。主要表现在以下两点。一是建设高标准深水航道。自 19 世纪末以来,荷兰政府不断对航道进行整治和建设。并制定了 2020 年内河航运基础设施发展的目标。二是建设现代化港口,港口作业高度机械化、自动化。

第二,重视内河水运信息化建设。荷兰受欧盟委托,开发了三大信息系统。一是信息跟踪系统(IVC90):掌握航行船舶信息,特别是对危险品船或有污染的船舶实施全程监控追踪。二是信息编辑系统(VOIR):为船舶航行提供安全有力的航行信息,有效控制航运事故的发生或快速解决航运事故。三是航运信息综合特种分析系统(IRAS):通过长期统计,对基础设施的大量原始数据进行分析,为政府建设或整治船闸、码头、航道的工作及时提供依据。此外,1994 年以前,鹿特丹港的电子数据交换系统(ED I)信息主要用于报关,而现在由于拥有国家级的信息服务平台(Port2base)等信息网络,信息应用的范围就更广了,包括运输指令、国际铁路运单、装运通知、装货清单、货物进出门情况等,大大提高了服务效率。

图 4-13 荷兰马仕朗大坝

第三,依靠先进技术确保航运通畅,保护内河基础设施。荷兰国土地势较低,有一半土地必须长期受到防洪保护。1953 年,当地发生特大洪水之后,荷兰政府开始在莱茵河、马斯河、斯凯尔德河三河交汇入海处兴建三角洲(Delta)工程。该工程 1956 年动工,1986 年竣工并正式启用,共耗资 120亿荷兰盾。三角洲工程使荷兰西南部地区摆脱了水患困扰,促进了该地区乃至全荷兰经济发展。马仕朗大坝是三角洲工程的一部分,是全世界最大的水坝之一。它的独特之处在于两个球形转轴可以分别水平和垂直移动两个闸门,从而既保证了鹿特丹港的运输畅通,又保证了当地居民不受洪水侵袭(参见图 4-13)。马仕朗大坝由"决策支持系统(BOS)"控制。BOS 系统对水位、风向、风速和每秒水流量等数据进行全天候监控,通过数据分析对海面、鹿特丹及上游城市的水位作出预测,在预测海平面高度超过 3 米(最高警戒水位)时,在关闭闸门前至少 3 个小时发布预警。一旦风暴潮高度超过 3 米,BOS 系统会启动关闭闸门程序。

第四,建立多式联运体系。以集装箱为运输单元的多式联运可以提高运输效率,实现门到门运输,在运输途中不需要换箱、装箱,可以减少中间环节及换装可能带来的货物损坏,缩短运输时间,降低运输成本,提高运输质量。在荷兰,各大港口集装箱吞吐量中的 40% 是通过内河运送的。2003 年 7 月,荷兰政府曾经作出决定,把集装箱公路运量中的 20% 转到内河运输。鹿特丹港约有 30% 的内陆集装箱是由内河船舶运输的。到 2035 年,鹿特丹港集装箱年处理量将达到 3500 万标箱,比现在多 3 倍。内陆内河水运量将比目前高 5 倍,铁路集装箱运量将增至 7 倍。这意味着铁路与内河运输货量的总占比会从目前的 40% 逐渐增长到 65%。

第五,发展临港产业。发达的临港产业为内河水运提供了必要的货源。众多跨国公司在此落户,为整个欧洲甚至全世界生产工业品。鹿特丹市炼油、化工、造船等工业主要是依托鹿特丹港发展起来的,工厂主要分布于新水道沿岸,形成一条以石油化工、船舶修造、港口机械等工业为主的"临海沿河工业带"。壳牌和 Koch 等 5 家公司在此设立了大型炼油厂,年原油加工能力达 8500 万吨以上,是全世界最大的炼油和石油化工中心之一。鹿特丹港还利用技术优势,大力发展造船业和水产品制造业。鹿特丹地区许多农产品加工基地和食品公司的贸易、存储、加工以及运输等功能也都集中在港区,形成了欧洲最重要的农产品交易中心。此外,与航运服务相关的船舶分级、船舶监测、检查测试与保养、废物处理、船舶修理等业务也集中在港区及其周围。发达的临港工业也促进了金融、贸易、保险、信息、代理和咨询等服务业的发展。

2. 汉堡港发展江海联运的经验

德国境内大小河流交织密布,莱茵河、多瑙河、易北河、美茵河等主要干流奔流不息,并且大多与邻国连通,构成了一个四通八达的内河运输网络。

据德国联邦统计局公布的数字,德国拥有内河航道总长 7300 多公里,其中天然河流 5500 余公里,约占航道总长的 75%;而人工运河长达 1800 余公里,占 25%。这一内河运输网络中还建有 300 余座大小船闸。鉴于水路运输价格便宜、运输量大但速度慢等特点,除了部分观光旅游线路外,德国水路运输主要以货运为主,其中包括建材、矿砂、煤炭、饲料、钢铁、木材以及化工产品等。穿行于德国最重要的工业区——鲁尔区的莱茵河[①],素有德国黄金水道之称。

汉堡是德国北部一座美丽的港口城市,是德国第二大城市,仅次于柏林。在行政上,它是一个州,相当于中国的直辖市,与德国其他 15 个联邦州地位相同,面积 755.3 平方公里。除美国西雅图外,汉堡是世界上第二大飞机制造区,生产"空中客车"。汉堡港是德国第一大港,位于易北河、阿尔斯特河、比勒河三河交汇处,是欧洲南北和东西航线的交汇点和欧洲最重要的中转港(参见图 4-14),是德国、波罗的海地区、东欧和中国及远东地区各类货物运输的主要枢纽港和物流中心,其服务区域覆盖中欧、东欧、北欧和俄罗斯等地区。该港拥有 300 多条国际航线,可通往全世界 1100 个大型港口,被称为德国通向世界的门户(参见图 4-15)。

汉堡具有完善和发达的内河运输网络,来自世界各国的海轮可从北海沿易北河航行抵达汉堡。易北河的主道和支道都横贯汉堡市区。由阿尔斯特河、比勒河以及上百条河汊和小运河组成的河道网遍布市区,因此,汉堡港可称为"河海两用港",是欧洲河海、海陆联运的重要枢纽。

汉堡港每年处理的海上货物总量为 1.2 亿标准吨,包括 800 万个标准集装箱,集装箱运输是其增长的主要动力。汉堡港在 2014 年上半年完成了创纪录的 7260 万吨(+6.6%)的总吞吐量,集装箱吞吐量达 480 万标准箱。在同一时期,欧洲北部各大港口总吞吐量平均增长了 1.8%,集装箱吞吐量增长 2.6%。汉堡港的业务增长明显高于平均水平。

汉堡港与易北河航运联动发展的经验可归纳为以下五点:

---

① 莱茵河全长 1300 余公里,虽发源于瑞士南部,但在德国境内才显示出河面较宽、水流平稳和适合航运的特点,它是德国境内最长的河流,也是德国内河航运的主要干流,对经济建设发挥着重要作用。

图 4-14   汉堡与易北河等三条河流的位置

图 4-15   汉堡港全貌

第一,引进多元投资主体。进入 20 世纪 80 年代后,由于航道开发建设费用的不断提高,德国政府采取由业主公司综合开发、国家补助以及实施优惠政策的方式推进建设。具有代表性的事例是莱茵、美因、多瑙运河建设事业,该事业总投资 42 亿德国马克,开发公司在国家担保下向世界银行贷款总投资的 58%,政府通过投资补助注入总投资的 30%(无需偿还),另外 12%依靠私人资本。

第二,建立内河水运有效监管体系。为了避免出现市场无序、过度竞争、盲目发展等消极现象,德国与欧盟建立了内河运输政策评价系统、内河运输市场监控体系和内河运输市场信息指数。借助这些技术手段和分析机制,政府部门能够掌握内河水运市场最新动态,了解内河水运政策的效果,及时调整或制定相关政策和措施,引导运力和运量、运输供求双方之间的协调发展。

第三,建立多式联运体系。德国着力推行和普及多式联运,政府通过资金和土地等政策,支持货运中心发展。在功能设计上,货运中心至少与两种运输方式连接。内河水运成为多式联运的重要组成部分。多式联运的发展极大地提升了德国综合运输的水平,促进了现代物流发展。此外,德国政府还充分发挥铁路/公路/驳船多式联运能力,扩大了易北河等相关运河网络连接的驳船集装箱运输能力,有效地缓和了汉堡港集装箱码头拥塞形势。

第四,大力采用先进技术。在发展内河航运的过程中,德国政府借助于现代化的信息技术手段,在主要内河航段和各大港口建成了一套强化管理的电子水路信息系统。该系统对航道与船舶按照不同等级进行分类,船舶装有定位装置,船舶之间可以收发船速、方位等信息,港口也可及时得到信息,同时将航道动态、船舶流量和货物信息等纳入该系统之内,并通过互联网等手段及时发布信息,从而确保了交通顺畅和安全,大大提高了航道的通行能力和船只的运输效率与经济效益。所有航道和港口都装有雷达导航系统,以保证夜航和雾航安全。为了支持内河水运的优化运作,德国开发了面向内河水运公司和港口的驳船货运系统,实现了集装箱、大宗货等各种货物信息在货主、港口、承运方以及其他合作伙伴之间及时准确的交流。

第五,发展内河临港产业。现代港口所具有的完善物流功能,将使之成为大型临港工业的首选用地,而临港工业的发展与壮大必将成为港口最直接的最有保证的货源。汉堡是德国第二大工业基地,第二大金融中心。汉堡的临港产业区既包括传统的造船业、提炼业和外国原料精加工业,也包括航空工业、电子工业、精密机械、光学仪器制造、机械制造和化工等新型高科技产业。汉堡港通过大力发展临港产业,为汉堡市提供了 14 万个就业机会。

除上述措施以外,德国政府为促进内河航运所采取的最主要措施是以行政和经济手段引导货物从陆路和铁路向水运分流,主要内容包括减免部分内河航运燃油税费、降低水运成本、鼓励货船技术改造、提高航运的竞争力等。此外,德国政府对公路运输中超长、超重货物运输实行严格限制,使得庞大的物流量始终能够有一部分合理流向水运。

从欧洲黄金水道发展历程和经验看长江水运。总体而言,欧洲黄金水道均呈现各自特点,但一些本质目标趋同,良好的治理经验是人类共同财富,对长江具有很好的借鉴价值。现阶段中国正处于工业化中后期,国民经济快速发展促进了长江水运的大建设、大发展,长江流域工业生产、产业发展等实体经济活动频繁,对黄金水道的运输需求旺盛。应借鉴欧洲相应发展阶段的建设经验,为充分发挥长江运能大、成本低、能耗少等优势,继续加大建设资金投入,大力支持以干支流航道、港口和航运中心为核心的内河水运建设。同时,各级政府应继续大力支持,加快推进长江干线航道系统治理,整治浚深下游航道,有效缓解中上游瓶颈,改善支流通航条件,从而更好地发挥长江黄金水道的独特作用。在系统治理河道、大力发展内河水运的同时,务必促进长江岸线有序开发,建立健全长江岸线开发利用和保护协调机制,统筹规划长江岸线资源,严格分区管理和用途管制,合理安排沿江工业与港口岸线、过江通道岸线与取水口岸线,加大生态和生活岸线保护力度;务必将生态文明提高到同等重要层次,推动长江流域绿色循环低碳发展。这样,可以走出一条既吸取发达国家经验教训,同时又符合中国国情,系统治理、有序开发、生态文明"三位一体"的良性发展之路。

(三)江苏省发展江海联运的对策与建议

长江经济带发展和海运业发展都已经上升为国家重要战略,这是江海联运的历史性机遇。无论是从江苏省依托黄金水道建设综合立体运输体系、推动长江经济带新一轮发展的客观需要,还是从江苏省参与建设 21 世纪海上丝绸之路的内在要求来看,加快推进江海联运发展都势在必行。

1. 加强骨干航道建设

江苏省应充分发挥水运发达、航道密集的优势,加快打造骨干航道网,提升骨干航道的通航等级,让江苏省的江海河实现互联互通。一是大力推进长江 12.5 米深水航道延伸至南京工程,形成江海直达的集疏运通道。二是加大对连申线东台—长江口段、申张线、锡澄运河等主要通江口门航道的整治力度,进一步改善中部地区直达长江能力;整治升级连云港疏港航道、刘大线、杨林塘等航道,使沿海地区与港口联系更加紧密,大幅提高干线航道达海能力;加快扩容芜申线、湖西航道等省际航道,提升江苏省域航道对外沟通能力,在加快释放长三角地区强大航运优势的同时,有力助推江苏省外向型经济释放活力。三是加快智能航运建设。加快推进长江干线数字航道建设、长江航运物流公共信息平台试点工程建设、电子口岸建设等,整合信息资源,加快推进黄金水道现代化步伐,不断提升长江黄金水道的智能化水平。

2. 加强沿江沿海港口协同互动

江海联运发展制约因素众多,其中沿江沿海港口功能趋于重叠、港口建设自成体系的问题是影响江海联运的重要因素。在传统的行政区分割发展思维主导下,沿江或沿海地区各港口之间分工合作的态势仍然较为滞后。这种以地方利益为主导,带有政府背景的竞争态势,使得各地在运输标准、通关手续、税费标准、行政执法、市场管理、政策体系等方面存在较多差异,导致各港口间区域协调难以展开。因此,推动江苏省江海联运发展,需要处理好江苏省与周边邻里的协同关系。

沿江沿海地区各港口之间不应该形成恶性竞争关系,而应该通过设立相应的组织架构和协调机制,建立起整合江海联运、内河航运和港口资源的航运联盟,使各地政府、航运企业等各个层面实现联动合作,促进各地在深度合作中充分发挥各自的比较优势,实现各港口协同发展、协调发展、错位发展、共同发展。在具体举措上可采取如下措施。一是推动建立规范港口、航运联盟的准入制度,公开、公平、公正的竞争制度以及有效的价格协调机制,优先解决集疏运网络体系布局的协调和对接,加快区域物流合作便利化、一体化。比如,要进一步推动位居长江上游的四川省宜宾港与长江下游的南京区域港口群(南京港、合肥港、马鞍山港、淮安港)、环渤海湾的唐山港加强合作,在货物装卸、业务拓展、口岸通关、战略规划等方面携手共进,延伸江海联运服务功能,促进长江流域与东北地区和东北亚地区的商贸物流发展。二是推动设立江海联运联盟协调机构,建立定期会晤协商制度,协调解决发展中出现的问题,如制定和实施江海联运统一的货运技术标准、对货运进行全程的量化监督和跟踪,构建江海联运统一的货运信息网络,实现机构网络和信息网络的共享,制定和实施江海联运统一的服务标准,向客户提供可追溯可检验的高标准服务等,从国家战略高度出发,正确处理好规模扩张与综合效益、成本变化与利益协调等关系,积极有效地推进各地区港口分工合作。① 三是引导省内沿江沿海港口走向竞合。苏州港、南京港、南通港都是江苏省沿江港口经济比较发达、港口物流业规模相对较大的亿吨大港,苏州港经济实力最强且已经发展成为上海港的子港,南京长江国际航运物流中心的战略实施正在有序推进,南通港襟江控海,它们构成了长江下游的苏宁通金三角。所以,首先需要明确各港口的发展定位,优先确立苏州港、南京港、南通港的主枢纽港地位及其相应的集装箱干线港、通用港口、散杂货港口的业务地位,同时以规划为引领,以市场为手段,以交通为基础,以产业为纽带,将江苏省沿江其他港口有机串联,充分发挥资本运作与市场经营的作用,与江苏省乃至全国沿海港口组成江海协作港口群,引导其以合作共赢为目标的良性竞争态势。

3. 进一步提升长江经济带物流发展水平

江苏省处于长三角地域,地理位置优越,经济实力雄厚,为长江沿线现代物流服务业的发展提供了坚实的基础。为更好地支撑江苏省经济的快速发展,今后应从以下几个方面推进江苏省长江沿线物流业的加快发展。

一是促进港航企业规模化发展和转型升级。加强港口资源整合,着力培育港口、航运龙头企业,鼓励企业通过兼并重组实现规模化、集约化、网络化经营。二是积极支持沿江物流产业发展。积极支持沿江地方依托长江航运调整产业布局,大力发展临港产业和外向型经济;支持有条件的地方建设沿江港口物流园区和沿江保税港区。三是大力发展航运物流服务。鼓励发展商贸流通、金融保险、信息咨询、电子商务等现代航运相关服务业,形成多层次的航运服务体系,提高辐射腹地的能力与水平;努力发挥信息技术在航

---

① 参见耿相魁:《贯通江与海——建设舟山江海联运服务中心的路径选择》,《今日浙江》2015 年第 4 期。

运物流中的作用,促进物流服务的标准化、规范化。四是积极支持沿江城镇化战略实施。支持、吸引城镇化建设需要的大宗建材及其他大用量货物、城镇新兴产业发展需要的大宗工矿业原材料及产成品更多地通过水路运输。五是打造沿江物流产业群。江苏省沿江港口物流产业集群可从以下方面着手:构建创新型港口物流产业集群、优化产业环境、实施港口现代化工程、产业集群与港口发展融合互动、完善区域综合运输体系、延伸港口物流产业链并适时"选择全球价值链"和提高要素水平。

4. 促进水运转型升级

当前,长江水运发展仍然面临集约化程度较低、科技创新能力不强、运输组织相对落后等突出问题。要坚持走创新驱动发展的道路,以提高水运发展的质量和效益为中心,以推进绿色低碳水运为重要抓手,大力推动长江水运转型升级。一是加快运力结构调整。坚持政府引导、企业为主,积极推进长江水运船型标准化工作,大力促进航运业转型升级。二是优化运输组织。加快长江江苏段集装箱运输发展,促进汽车滚装等专业化运输,开展江苏省长江沿线重点区域滚装甩挂运输试点;扩展江海运输,推动水运与其他运输方式有机衔接;着力培育内河航运龙头企业。三是建设南京长江航运国际物流中心。南京市不仅是承东启西的中心节点城市,更是长江流域航运的物流中心。应坚持以物流发展作为驱动引擎,以发展港口物流业和高端航运服务业为抓手,积极推动传统港口物流向现代港口物流转变;整合南京港集团内部航运业务资源,发展壮大自有船队,重点发展集装箱运输和大件运输;整合港口物流资源,发展商品汽车及液体化工等专业物流和冷链及危险品等特色物流;重点发展铁水联运,开通港区铁路集装箱运输;依托龙潭港区和综合保税区、西坝港区和江北化工园,发展产业服务业和国际物流服务业,扩大国际近洋航线货源,全方位拓展服务深度;推进国有港航企业拓展专业物流、全程物流业务,发展大宗货物交易、保税商品贸易;着力发展江北化工品交易市场,打造国内规模最大、最高效的化工物流中心及分销中心。

5. 推动水水中转船舶研发应用

水水中转是长江航运最主要的方式之一,大力推进海运、内河航运水水中转标准化船型及绿色节能船舶的研发、制造和应用,并将水水中转船舶、绿色节能船舶研制纳入国家科技重大专项,促进水水中转发展。其中,江海直达船的研究应用主要面临投入成本高的难题,可将江海直达船型应用纳入长江黄金水道船型标准化补贴政策,并允许企业通过融资租赁购买专业从事外贸货物运输的江海直达船舶,允许此类船舶采用自贸区内试点的新型船舶登记制度。

6. 进一步提升行业监管能力

第一,要持续强化安全监管。加快现代化水上安全监管体系和安全基础设施建设,严格落实安全监管措施,重点突出对江苏省沿江渡口渡船和危化品运输监管,不断提升应急救助和防污处置能力。第二,要加快现代化安全监管系统建设。优化支持保障系统布局和装备性能,加强安全监管设施和装备建设,完善长江航运突发事件应急预案,强化应急指挥和快速反应,提升突发事件应急处置能力,加强专业化救助船艇建设,加快推进监管救助基地建设,实现巡航救助一体化。第三,要促进长江岸线有序开发。建立健全长江岸线开发利用和保护协调机制,统筹规划长江岸线资源,合理安排沿江工业与港口岸线、过江通道岸线与取水口岸线,加大岸线保护力度,配合依法建立岸线资源有偿使用制度。第四,要加强生态环境保护。加快长江航运绿色发展,积极推进行业节能减排与绿色发展;大力发展绿色港口、生态航道、新能源船舶和高效的行业服务,着力运用低碳、节能、生态环保的新技术、新结构、新材料、新工艺、新装备,实现水资源综合利用,加快形成完善运输船舶流动污染源控制和港口污水处理制度,切实保障"清洁长江"。第五,要加强海轮进江管理。对进出长江江苏段海轮的管理,需要海事机关、船舶、船公司等各方面的配合。只有将公司管理、海事监管、海轮自身安全管理等多方面结合起来,使之互相促进、互为补充,才能提高安全监管效能,有效降低进出长江江苏段的海轮的险情和事故的发生,为促进江苏省沿江地方经济的建设作出应有的贡献。

第五章　完善交通网络

交通运输是经济社会发展的基础性、先导性、服务性行业。交通基础设施是区域经济一体化的前提与基础。长江经济带地域辽阔、地形多样,这就决定了为促进长江经济带协调性均衡发展,必须依托黄金水道,打造和建设综合立体交通网络,统筹铁路、公路、航空、管道建设,充分发挥长江经济带综合交通在促进区域产业有序转移和区域经济社会资源优化配置中的整体效能。随国务院《指导意见》一并印发的《长江经济带综合立体交通走廊规划(2014~2020年)》(以下简称《规划》)指出,改革开放以来,长江经济带交通基础设施建设成效显著,但与推动新一轮长江经济带发展的要求相比,综合交通网络建设仍然存在较大差距,还存在着运输能力不足、结构不完善、各种运输方式衔接不畅、综合枢纽落后等诸多问题。因此,今后一段时期应按照推动长江经济带协调性均衡发展对现代化综合交通运输体系建设提出的新的更高要求,以《规划》提出的建成横贯东西、沟通南北、通江达海、便捷高效的长江经济带综合立体交通走廊为目标,统筹推动长江经济带交通基础设施建设,显著提升长江经济带整体交通运输服务能力,有效地降低交通运输成本,优化区域运输结构,更好地发挥交通运输在促进长江经济带产业联动、市场空间拓展等方面的基础和主体作用。江苏省应紧抓"一带一路"和长江经济带战略机遇,加快推进沿江综合立体交通走廊特别是江海联运港区建设,显著增强江苏省对长江经济带发展的基础支撑作用。

一、以协调性均衡建设综合交通网络

（一）长江经济带综合交通网络研究的文献梳理

已有文献对长江经济带战略背景下交通发展的研究主要集中在以下方面。

一是长江经济带交通运输业的现状、问题及对策研究。代表性的研究有：王伟（2015）分析认为，长江干线航运支撑了产业密集带的形成与发展，体现了快速提升的服务能力与水平，沿江综合运输大通道在经济产业与城镇化等方面日益起到交通主动脉作用，沿江综合运输体系已经初步形成；虽然成绩巨大，但航道治理系统化水平不足、港口现代化程度不高等问题制约着长江航运潜能的发挥，部分方向陆路通道能力紧张影响着区域经济社会发展，而双向国际通道能力严重不足，制约了对外开放水平的提升，综合运输网络的完善度、覆盖度、通达度都还不够，加之交通基础设施"软件"与"硬件"缺乏有效配套衔接，运输市场一体化障碍严重。新形势下，长江经济带交通系统亟待扩能升级、提高保障能力、优化运输结构、实现一体化发展，同时要统筹协调推进沿江港口建设与通关制度改革，并更好地发挥生态建设示范作用①。彭智敏（2014）提出，要以提高干线航道等级为核心，建设通达广阔腹地的水运网，因地制宜建设 5 种基本运输方式与轨道交通在内的综合立体交通走廊，不断提升管理水平以充分利用多式联运的优势；同时要以水运、高铁与公路等多种运输方式共同构成的综合翻坝运输体系为突破口，彻底解决三峡枢纽瓶颈问题②。李雪松（2015）提出，应通过基础设施联动建设等举措促进长江经济带商品市场一体化③。汪鸣（2015）认为，长江经济带发展战略强化了跨区域运输通道、国内外运输服务一体化、城镇地

---

① 参见王伟、何明：《构建长江经济带综合交通运输体系》，《综合运输》2015 年第 3 期。

② 参见彭智敏：《长江经济带综合立体交通走廊的架构》，《改革》2014 年第 6 期。

③ 参见李雪松、孙博文：《密度、距离、分割与区域市场一体化——来自长江经济带的实证》，《宏观经济研究》2015 年第 6 期。

区运输高效化等方面的要求,亟待突出战略性与据点性枢纽节点建设,加快优化重要运输通道并推动建设国际铁路大通道①。李忠民(2014)经过测算后认为,长江经济带交通基础设施效率整体不断下降,亟待改善交通系统外部环境,如:对现有交通基础设施运营效率的关注应当超过对其更大规模的追求,对沪苏浙赣皖川等仍有交通基础设施规模效率的省市,应当倾斜配置交通资源以提升整体效率②。

二是黄金水道在长江经济带综合立体交通走廊中的主骨架作用及建设路径与对策分析。代表性的研究有:杨传堂(2014)实证分析了长江黄金水道在航道、港口、运输、监管方面取得的巨大成就,指出了在基础设施供给、航道通过能力与船型标准化方面与国家战略规划目标相比存在的突出问题,并提出需从统筹黄金水道与综合运输体系建设、提升航道综合通过能力与港口管理服务水平、完善支持保障系统、重视生态环境保护、加强科技攻关与政策研究、加快构建航道法规体系等方面全力推进长江黄金水道建设③;唐冠军(2015)从主骨架、主动脉、主支撑、主动力、主阵地等方面提出了长江航运担当长江经济带发展先行官的定位和作用④;熊学斌(2014)提出,不仅需要通过升级航道等级以提高航道通过能力,而且需要以网络化、标准化、智能化为导向,以长江数字航道及电子航道图应用为重点,推动智能航道建设,同时要通过加强顶层设计和技术研发加快建设长江生态航道⑤。

三是长江经济带战略背景下江苏省综合交通的发展路径与对策。代表性的研究有:吴权(2015)提出,要充分发挥江海港口功能,加快构筑南京、南通、连云港三大陆海统筹、江海联动的战略支点,拓展江苏省区域协调发

① 参见汪鸣:《新经济发展空间战略与综合运输体系建设》,《综合运输》2015年第1期。
② 参见李忠民、夏德水、姚宇:《长江经济带交通基础设施效率分析——基于DEA模型的Malmqusit指数方法》,《技术经济》2014年第7期。
③ 参见杨传堂:《加快建设长江黄金水道为长江经济带提供强力支撑》,《全球化》2014年第8期。
④ 参见唐冠军:《服务长江经济带 黄金水道当先行》,《学习月刊》2015年第4期。
⑤ 参见熊学斌:《为建设长江经济带提供坚强有力的支撑》,《水运工程》2014年第11期。

展空间①;侯雨佳(2014)认为,12.5 米深水航道对江苏省水运具有战略价值与现实意义,南京区域性航运物流中心建设给江苏资源整合、区位提升、物流增值等带来新机遇,通关一体化模式给江苏省带来直接便利,推进内河船型标准化给江苏省带来重大效益②;杨凤华(2014)提出,江苏省应加强航道、铁路、港口建设,力争在全国率先建成现代化综合运输体系③。

可见,已有文献结合长江经济带和江苏省发展实际,探讨了沿江综合立体交通走廊建设的必要性及面临的问题,但对长江经济带综合立体交通走廊建设规划目标的实现路径与对策的论述有限,特别是对江苏省综合交通建设发展思路与重点的研究还有待深入。

图 5-1　长江经济带地理位置示意图

---

① 参见吴权、聂乾:《陆海统筹,江海联动,丰富完善江苏区域协调发展战略》,《江南论坛》2015 年第 6 期。

② 参见侯雨佳:《长江黄金水道:江苏的机遇与担当》,《中国远洋航务》2014 年第 11 期。

③ 参见杨凤华:《长江经济带新格局中江苏的发展方向》,《南通大学学报》(社会科学版)2014 年第 6 期。

（二）长江经济带综合交通网络建设的现状分析

长江经济带历来就在全国经济发展中占有十分重要的地位,2005年以来,作为唯一贯穿我国东、中、西三大梯度经济地带的水运大通道,长江的货运量在世界内河运量中一直蝉联榜首,2014年干线货运量更是一举突破20亿吨大关。① 长江经济带以占我国国土面积1/5强的流域面积(200多万平方公里),承载了超过了全国40%的人口和经济总量②(国务院《指导意见》中明确的长江经济带的地理位置示意图参见图5-1)。"长江经济带"承东启西,资源丰富、产业发达、中心城市云集(参见图5-2),在我国国土开发与经济布局的沿海—长江"T"型空间结构战略中扮演着极其重要的一级发展轴与支撑带角色。该流域的经济在未来要支撑我国经济的半壁江山,因应未来经济发展重点与趋势,长江中上游地区亟待充分发掘蕴含的巨大内需潜力,在我国实现从外需拉动向内需驱动的转型发展中扮演主战场角色。

要充分挖掘长江中上游广阔腹地蕴含的巨大内需潜力,需要依托长江黄金水道,以改革激发活力,以创新增强动力,以开放提升竞争力,高起点高水平推动联通上中下游地区的综合交通运输体系建设,促进上、中、下游地区协调性均衡发展。国务院《指导意见》提出的推动新一轮长江经济带扩能升级发展的七项重点任务之一,就是要实现铁路通道扩能提速、公路网提高等级与扩展覆盖面、航空网络与油气管道布局更趋完善,同时加速推进综合交通枢纽建设与多式联运发展,以建成与长江经济带经济地位与发展需求相适应的综合立体交通走廊。随《指导意见》一并印发的《规划》提出了实现2020年长江经济带综合立体交通走廊建设目标的依托与抓手,即依托并持续提升长江黄金水道运输服务能力,以不断增强综合运输能力为指针,以交通网络规模扩大、交通运输结构优化、各种运输方式衔接强化为抓手。

当前,在中国经济处于新常态的时代背景下,交通运输业如何发挥经济

---

① 参见赵虎、殷黎、高妞:《长江干线年货物通过量迈过20亿吨大关》,《中国水运报》2015年1月9日第1版。
② 参见杨传堂:《加快建设长江黄金水道为长江经济带提供强力支撑》,《全球化》2014年第8期。

社会发展的基础性、先导性、服务性作用,更好地推动"一带一路"和"长江经济带"国家战略实施,是交通运输业重大的历史任务。近年来,长江经济带已初步形成了以长江黄金水道为依托,五种基本运输方式协同发展的综合运输网络,但与其宏伟的战略目标(具有全球影响力的内河经济带、东中西互动合作的协调发展带、沿海沿江沿边全面推进的对内对外开放带和生态文明建设的先行示范带)所提出的新的更高要求相比,差距仍然很大。

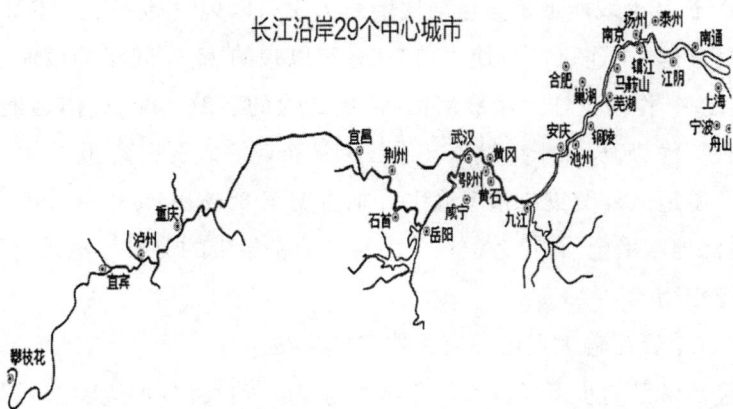

图 5-2　长江沿岸 29 个中心城市分布图

1. 长江经济带综合交通网络体系建设取得的成就

纵观世界经济发展史,沿海先行、溯河而上、纵深推进既是重要经济规律也是许多发达国家共同经历。遵循这一经济规律,借鉴发达国家经验,顺应现代经济生产及分工高度社会化趋势,我国也在流域经济开发的伟大实践中积累了丰富的经验。改革开放之初,以 4 大经济特区和 14 个沿海开放城市的设置为标志,我国经济发展确立了"沿海先行"的战略重点;21 世纪以来,以"中部崛起"战略实施为标志,我国加大了"纵深推进"的梯度发展力度,经济重点区域也由沿海沿边逐步向内地扩展,开放政策也"溯江而上",在已批准设立的国家级经济改革载体(新区、改革试验区及自贸区)中,长江流域所占数量在全国独领风骚,凸显了长江流域开发在国家经济发展中的战略地位。为有效支撑流域开发,经过多年建设与发展,长江经济带综合交通网络体系初步形成,在沿江经济社会发展中发挥了重要的功能性作用。

(1)长江航运服务能力和服务水平快速提高

以 2011 年国务院出台《关于加快长江等内河水运发展的意见》为标志,长江干线航道整治与建设不断加速,2015 年将提前 5 年完成《长江干线航道总体规划纲要(2006～2020 年)》的发展目标。① 航道条件的改善提升了长江航运对沿江经济带的服务能力与水平,促进了长江水运量的快速增长,2014 年,长江干线航道货运量同比增长 7.3%,以 20.6 亿吨的"体量"赢得全球内河货运"十连冠",也使之自 2000 年以来的 15 年间年均增速达到了 10% 以上。② 作为全球运输最繁忙、运量最大的通航河流,凭借运能大、成本低的独特优势,长江干线航道在沿江钢铁企业铁矿石运输、电厂电煤运输和长江上游地区外贸集装箱运输中分别占据了 85%、85% 和 90% 的市场份额,对沿江地区冶金、石化、汽车、电力等产业密集带的形成与发展起到了基础性支撑作用。③

(2)沿江综合运输大通道的交通效应日益发挥

长江经济带已初步形成以长江干线航道为主轴,由各种运输方式共同组成、优势互补的东西向综合运输大通道,成为贯通东中西部、支撑沿江经济社会发展的交通大动脉。除长江干线航道外,沿江综合运输大通道主要还包括沪汉渝蓉铁路通道、沪渝高速公路与沪昆高速公路等,这些干线铁路、公路紧密串联了长江经济带内各大城市群,在协调三大地带梯度发展、优化沿江产业布局、发展外向型经济、推进新型城镇化等方面发挥了重要作用。

(3)区域综合交通运输体系基本形成

以长江航道为主轴,水、铁、公等运输方式为主体的综合交通网在长江

---

① 参见陈宇等:《长江干线航道系统整治建设提速》,《中国交通报》2015 年 2 月 17 日第 5 版。

② 参见赵虎、殷黎、高妞:《长江干线年货物通过量迈过 20 亿吨大关》,《中国水运报》2015 年 1 月 9 日第 1 版。

③ 参见王伟、何明:《构建长江经济带综合交通运输体系》,《综合运输》2015 年第 3 期。

经济带中的大通道辐射效应不断增强。长江经济带的内河航道里程、公路
通车里程、铁路营业里程分别占全国的 71%、43%、28%,公路网络密度与铁
路网络密度分别是全国平均水平的 2 倍、1.35 倍。以此为支撑,长江综合
运输网完成了全国客运量的 51%、旅客周转量的 52%、货运量的 49% 和货
物周转量的 44%。

2. 长江经济带综合交通网络体系建设存在的问题

沿江综合交通运输网络虽经数年快速建设初步形成,但与打造中国经
济新支撑带的目标要求相比,其总体发展水平与服务能力还有很大提升空
间,主要表现在:一是干线航道未实现系统化治理,三峡枢纽设计通航能力
不足,主要支流特别是长江中上游支流航道综合开发利用率较低,内河港口
功能水平与区域经济产业发展趋势要求契合度较低,长江航运的运能亟待
提升;二是部分陆运通道能力紧张,制约了综合通道总体运输效能提升,而西
南国际运输通道能力与更高开放水平的需求相比则显得捉襟见肘;三是中西
部地区交通基础设施覆盖密度、完善程度、通达深度、技术水平、服务能力与
国家开放政策快速"溯江而上"的交通需求不匹配;四是交通设施"硬件"与相
关服务"软件"尚未实现有效衔接,致使旅客换乘和货物换装效率较低,多式
联运系统化水平不高;五是明显的地区保护、城乡分割加上运输装备、票制票
价、财税支持等方面的"山头主义",导致区域运输市场一体化障碍重重。

(三)长江经济带综合立体交通走廊建设必要性

长江经济带与"一带一路"、京津冀协同发展共同构成我国新时期三大
国家区域战略。面对国际国内环境、投资消费特征、产业空间布局、生态资
源条件等深刻变化,长江经济带建设被赋予新的重要历史使命,按照"网络
化、智能化、绿色环保"的要求构建长江经济带综合立体交通走廊势在必行。

1. 引领产业梯度转移与区域协调互动的需要

经济新常态下,我国国土空间开发的新战略,更加注重沿大江大河和陆
路交通干线的引领发展,积极培育新的区域经济带和增长极。长江通道横
贯东中西三大板块,是我国国土空间开发中最重要的东西轴线,在区域发展
总体格局中具有重要战略地位。建设长江经济带,有利于挖掘中上游广阔

腹地蕴涵的巨大内需潜力,有利于促进经济增长空间从沿海向沿江内陆拓展。通过促进经济增长空间由长江下游向中上游地区扩展,培育与沿海经济带相呼应的又一条黄金发展带,将为全国经济持续健康发展提供强大动力,对全国经济转型发展将形成巨大带动效应和强大支撑作用。

2. 引导资源要素跨区域便捷高效流动的需要

无论是推进产业梯度转移,还是促进国际国内要素更好地跨区域流动,都离不开作为重要基础和纽带的综合交通运输体系的支撑和保障。长江经济带国家战略明确提出:"加快打造长江黄金水道,扩大交通网络规模,优化交通运输结构,强化各种方式衔接,提升综合运输能力,率先建成网络化、标准化、智能化的综合立体交通走廊,为建设中国经济新支撑带提供有力保障。"这就要求沿江 11 省市进一步拓展视野,提质升级,构建通江达海的综合立体交通走廊和若干专业化运输服务系统,提升一体化、一站式、一条龙的交通运输综合服务能力,有效降低运输成本,更好地保障和引导资源要素跨区域便捷高效流动。

3. 支撑长江黄金发展带加快成型的需要

长江经济带综合立体交通走廊建设需要以区域协调性均衡发展方针为指导,围绕提升黄金水道航运能力、协同打造集疏运体系、优化交通投资结构、联动打造多式联运优势等重点建设内容,从政策、资金等方面支持长江经济带的全国性综合交通枢纽建设项目,加快建设推动长江经济带发展的长江干支线航道、铁路、公路、航空等重大交通建设项目,以及弥补发展短板的长江干支线港口"最后一公里"集疏运建设项目,不断完善综合交通运输体系,显著增强交通运输对长江经济带发展的战略支撑力。

针对长江经济带综合立体交通走廊建设对推动长江经济带发展的重要性,国务院《规划》提出,到 2020 年,长江经济带要建成横贯东西、沟通南北、通江达海、便捷高效的综合立体交通走廊。具体发展目标为:到 2020 年,长江经济带高等级航道里程从 2013 年的 0.67 万公里增加至 1.2 万公里;铁路营运里程由 2.96 万公里增加至 4 万公里,公路通车里程由 188 万公里增加至 200 万公里;输油(气)管道里程由 4.4 万公里增加至 7 万公里。2013 年,长江经济带城市轨道交通营业里程为 1089 公里,至 2020 年将达

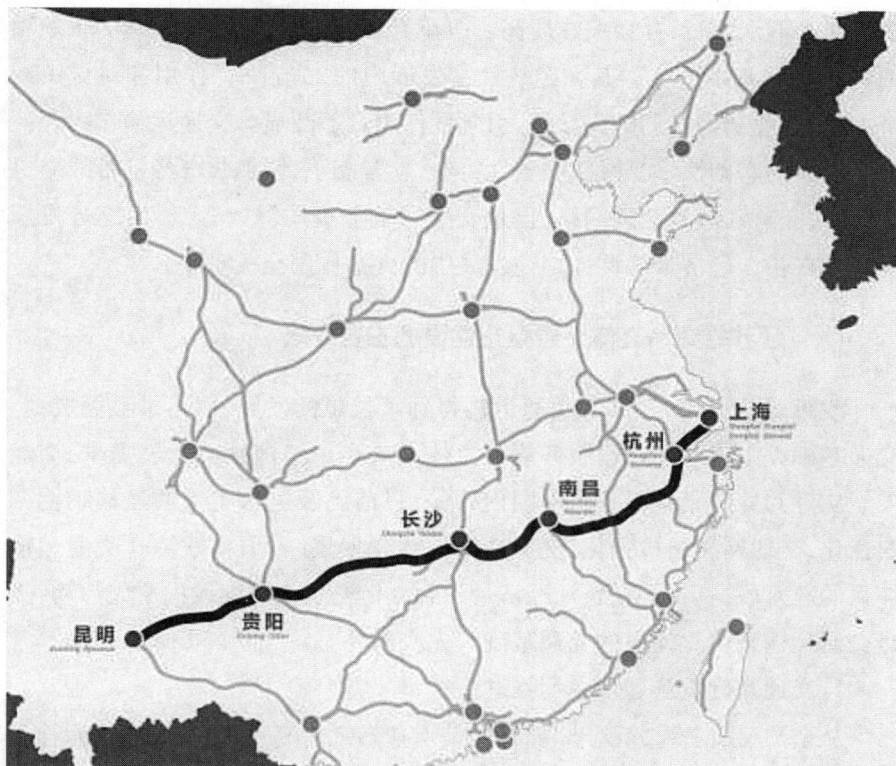

图 5-3　沪昆高铁线路图

到 3600 公里；过江桥梁（隧道）数由 89 座增加至 180 座，此外还将新建 26 个民用机场，达到 100 个民用机场。特别是长江经济带中的沪昆高速铁路（又称沪昆客运专线）是国家《中长期铁路网规划》中"四纵四横"的快速客运通道之一，是一条东起上海市，西至昆明市的东西向铁路干线。目前，从上海市到成都市的动车已开通；沪昆高铁南昌至长沙段已经开通，南昌至杭州段已通车，预计于 2016 年年初全线建成通车（参见图 5-3）。

二、江苏省综合交通建设现状与态势

经济社会的发展与人民生活的改善必然对交通运输提出日益增长的更高需求。交通运输涵盖公、铁、水、空，管理门类多，涉及面广，且直接事关货物流通和群众出行,社会关注度高。改革开放以来,江苏省交通从"瓶颈制约"发展到"基本适应",其在经济社会发展中的"先行军"作用和对城镇经济发展、产业结构布局的先导性、引领性作用日益凸显。交通运输作为经济社会发展的基础性、先导性、服务性行业,新常态下,紧抓长江经济带战略机遇,加快完善江苏省交通网络,促进交通运输业提质增效升级,对充分发挥江苏省在长江经济带协调性均衡发展中的支撑作用至关重要。

(一)江苏省综合立体交通枢纽建设的主要成效

改革开放以来,江苏省交通运输得到了长足的发展,取得了显著成绩。交通基础设施建设和运输服务能力总体上满足了经济社会发展需求,交通发展质量和交通管理服务水平国内领先,目前已经进入了交通运输结构调整优化、交通网络衔接强化、交通运输一体化发展、着力构建综合交通运输体系的新阶段,具备了在长江经济带综合立体交通走廊建设中率先启动,推进交通运输现代化建设的交通基础与先决条件。

1. 交通基础设施建设顺利推进

从全国层面来看,新常态下,在经济增速转入中高速增长后,交通运输生产也在向5%～7%左右的中高速增长转变。2014年,全国铁路公路水路民航客运量增速约为3.7%,货运量增速约为7.2%。其中铁路货物发送量同比下降约3%。从固定资产投资上看,全国公路水路投资增速由"十二五"时期前3年的年均6%,提高至2014年的9.2%,铁路投资规模和增速也在不断提高。① 新常态下固定资产投资仍能保持较高增速,说明在当前经济下行压力较大情况下,交通运输固定资产投资对经济发展的稳增长作用依然重要。

从江苏省层面来看,江苏省编制了《长江经济带综合立体交通走廊规划江苏省实施方案(2014～2020年)》并推动实施。江苏全省已初步形成了具有一定规模的综合交通基础设施体系,为综合交通网络的发展提供了良好条件,对区域协调发展的支撑作用进一步加强。到2013年年底,公路、铁

---

① 参见杨传堂:《全面深化改革,加强法治建设,在新常态下推进交通运输科学发展——在2015年全国交通运输工作会议上的讲话》,《运输经理世界》2015年第1期。

路、航道和管道线网总里程近 19 万公里,油气主干管道里程超过 4000 公里。特别是 2014 年,江苏省公铁水空交通基础设施建设完成投资 813.2 亿元,为年度计划的 111.6%,同比增长 12.7%。铁路和航道投资力度进一步加大,其中铁路完成投资 190 亿元,同比增长 110.6%,在综合交通投资中的比重由 2013 年的 12.5% 提升至 23.4%;内河航道完成投资 65.1 亿元,同比增长 5.5%。① 全省客货运输平稳增长,综合客运量、旅客周转量同比分别增长 2.4%、5.7%,其中铁路、航空客运量同比增长 13.3%、12.5%,公路客运量与上年基本持平;综合货运量、货运周转量同比分别增长 8.0%、5.0%,其中航空货运量同比增长 17.2%,港口货物吞吐量同比增长 5.5%。江苏省"十二五"交通基础设施规划主要指标完成情况总体良好(参见表 5-1)。

表 5-1 江苏省综合客货运量增速对比表

类别	指标	2010 年	2012 年	2012 年实现率(%)	2015 年规划值	2015 年预计
干线航道	干线航道规划达标里程/公里	1 352	1 589	32	2 100	2 100
	省级干线航道通航保证率(%)	95	97	100	97	97
港口	港口总吞吐能力/亿吨	14	16	33	20	20
	集装箱泊位年通过能力/万标箱	1 154	1 220	8	2 000	1 400
铁路	铁路运营里程/公里	1 908	2 348	40	3 000	2 800
公路	公路里程/万公里	15	15.412	82	15.5	15.5
	高速公路里程/公里	4 059	4371	49	4 700	4 600
	干线公路路面行驶质量指数优良率(%)	—	97.1	100	>90	>90
民航	全省机场旅客吞吐能力/万人	2 150	2 550	15	4 800	5 265

注:实现率为以 2010 年为基数,实际增加值占目标值的比重,即:实现率=(2012 年值～2010 年值)/(2015 年规划值～2010 年值),可用来表征时序进度。

数据来源:陶屹、郑海:《江苏交通"十二五"发展评估和对策思考》,《交通标准化》2014 年第 4 期。

---

① 参见游庆仲:《主动适应新常态,深化改革增动力,推动江苏交通运输发展迈上新台阶——在 2015 年全省交通运输工作会议上的讲话》,江苏省交通运输厅会议材料,2015 年 1 月 22 日,第 1 页。

一是高速公路网建成。到 2014 年年初,江苏省公路总里程达到 15.6 万公里,面积密度居全国各省区前列,高速公路覆盖全部省辖市,基本覆盖全部县(市、区)和 10 万人口以上城镇;二级及以上公路占 25%,为全国平均水平的 2 倍,基本实现市—县、县—县一级公路短直连通;农村公路率先实现"村村通"(参见图 5-4,图 5-5,表 5-2,表 5-3)。2014 年,江苏全省新建、扩建高速公路 70.4 公里,建成国省干线公路 462 公里;进一步加大了农村公路发展的资金支持和工作推动力度,完成新改建农村公路 5630 公里、桥梁 1478 座;加大 6 个集中连片贫困地区、黄河故道沿线和苏中苏北结合部交通扶贫力度,全长 480 公里、新建线路达 146 公里的黄河故道贯穿公路开工建设。

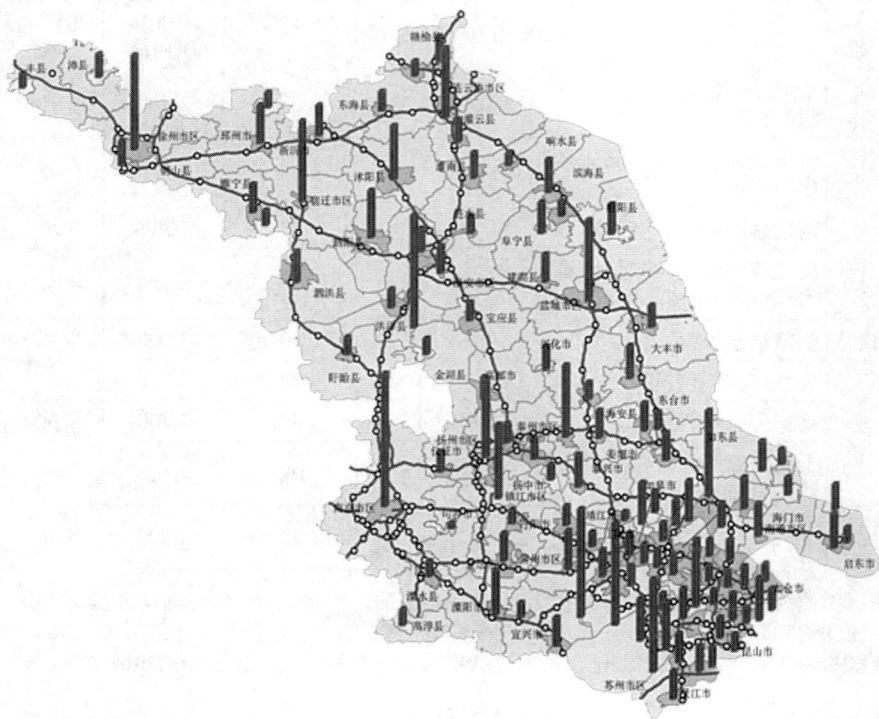

图 5-4　江苏省高速公路互通服务城镇节点图(2014 年年初)

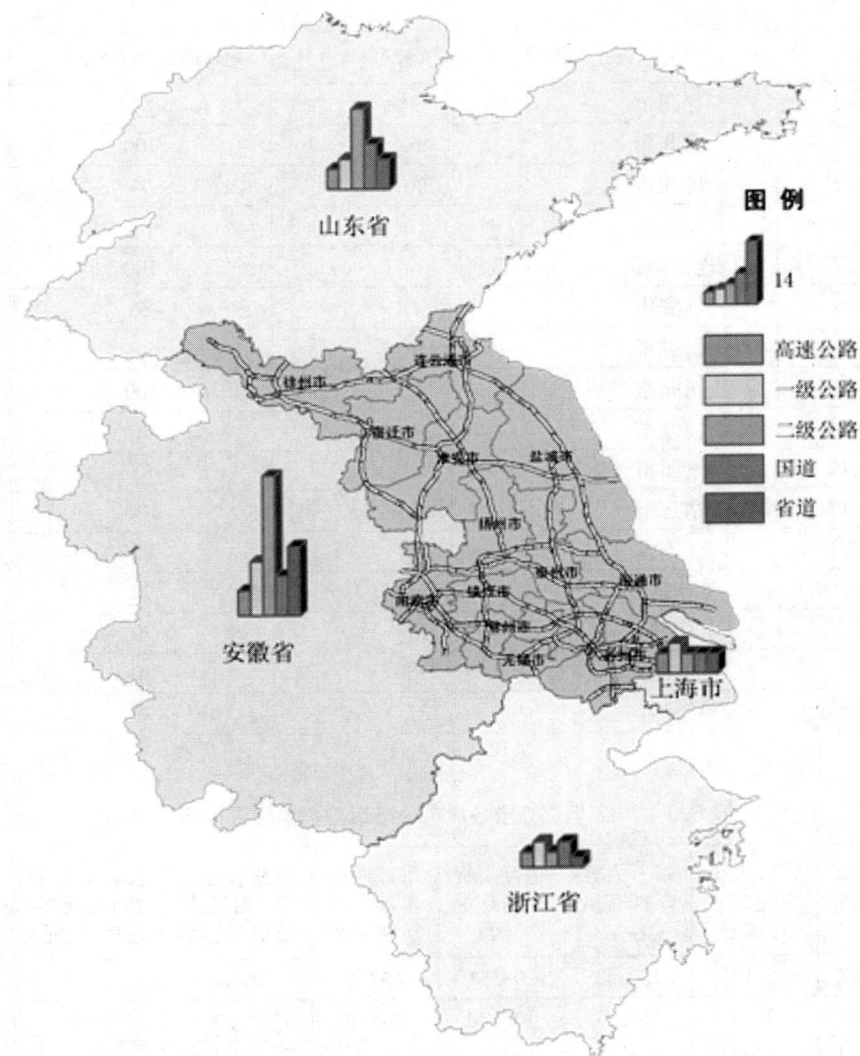

图 5-5 江苏省高速公路与邻省公路衔接图

表 5-2 江苏省各地区主要城镇数量及高速公路联通度(2014 年年初数据)

	地区	主要城镇数量(个)	联通度(%)
1	南京市	3	67
2	无锡市	10	100

续表

	地区	主要城镇数量(个)	联通度(%)
3	徐州市	9	56
4	常州市	6	100
5	苏州市	30	97
6	南通市	12	67
7	连云港市	6	100
8	淮安市	7	86
9	盐城市	9	78
10	扬州市	6	100
11	镇江市	4	50
12	泰州市	6	83
13	宿迁市	4	100
合计	江苏省	112	86
其中	苏南地区	53	92
	苏中地区	24	79
	苏北地区	35	80
	沿海地区	27	78

表5-3 2013年江苏省各城市公路运输资源配置指标

城市	每万人客车拥有量(辆)	每万人客车拥有量(客位)	每万人货车拥有量(辆)	每万人货车拥有量(吨位)	公路客运强度(百万人公里/亿元)	公路货运强度(百万吨公里/亿元)
南京	6.17	260.43	93.51	657.49	1.54	1.99
无锡	9.20	354.77	105.20	746.95	0.93	1.52
徐州	4.00	164.21	120.38	1209.04	1.82	8.31
常州	4.18	178.05	118.51	769.96	0.96	2.29
苏州	11.82	373.37	97.89	574.72	1.05	1.10
南通	3.01	142.51	70.41	477.93	1.39	3.00
连云港	2.96	101.96	99.09	1121.37	1.96	8.21
淮安	4.00	147.16	81.32	775.10	2.13	6.99
盐城	4.29	127.65	61.45	611.48	2.39	4.00

续表

城市	每万人客车拥有量（辆）	每万人客车拥有量（客位）	每万人货车拥有量（辆）	每万人货车拥有量（吨位）	公路客运强度（百万人公里/亿元）	公路货运强度（百万吨公里/亿元）
扬州	3.71	135.53	98.65	625.50	1.11	2.25
镇江	4.28	166.38	71.55	550.71	0.86	2.26
泰州	3.98	159.87	76.56	488.29	1.71	1.83
宿迁	3.53	123.77	81.62	874.02	2.53	6.75

二是水运大通道建设。目前,江苏省港口吞吐能力、亿吨大港数、万吨级以上泊位数、港口货物吞吐量均居全国第一,沿海沿江港口大型化、深水化、专业化发展成效显著。江苏省高等级内河航道已基本实现对主要县、市的全覆盖,全省内河航道总里程 2.4 万公里,其中千吨级及以上内河航道 1716 公里,通达 58% 的县级节点(参见表5-4)。

表5-4 2013年江苏省各城市水路运输资源配置指标

城市	泊位总数饱和度（%）	集装箱泊位饱和度（%）	百米泊位货物吞吐量（万吨）	港口集装箱吞吐量占比（%）	港口集装箱生成率（标箱/亿元）	港口外贸集装箱生成率（标箱/亿美元）
南京	103.81	149.96	60.01	11.69	333.16	4787.18
无锡	163.62	409.57	46.35	4.64	152.25	1746.03
徐州	108.27	—	38.00	0.09	1.15	81.09
常州	87.71	34.63	20.18	2.56	34.14	509.67
苏州	140.22	95.25	54.42	13.70	407.60	1714.96
南通	153.80	139.67	38.40	2.87	119.19	2014.46
连云港	228.84	160.93	117.77	26.13	3073.62	82631.52
淮安	94.31	—	27.34	2.29	31.73	1868.37
盐城	119.88	45.55	30.17	1.07	14.42	767.43
扬州	120.15	180.32	45.46	5.87	155.26	5311.06
镇江	151.54	21.61	56.33	3.60	129.95	3823.18
泰州	124.34	97.89	43.16	1.24	58.60	1687.63
宿迁	90.93	—	22.70	0	0	0

2014 年,苏南运河全线建成三级航道,全省新增三级以上干线航道 208
公里、船闸 2 座,有效缓解通航瓶颈压力。江苏省内河港口集约化、规模化、
标准化发展较快,基本形成了布局合理、功能齐全、江河海一体、码头集疏运
及港区配套设施齐全的江河海港口体系。长江南京以下 12.5 米深水航道
建设工程是"十二五"期间全国投资规模最大、技术最复杂、工程量最大的
内河水运工程。长江南京以下 12.5 米深水航道一期工程太仓至南通段
2014 年 7 月交工通航,沿江港口新增 5 万吨级以上码头泊位 7 个,该工程
提前 14 个月完成交付,使长江深水航道上延至南通市,极大改善了长江南
通以下的通航环境。长江南京以下 12.5 米深水航道二期工程 2015 年开
工,工程完工后 12.5 米深水航道将延至南京市,长江南京以下成为重要的
国际海港区,届时,江苏省沿江港口将无缝对接国际海运网络,5 万吨级海
轮将直达南京市。2014 年,江苏省制定实施《沿海港口功能提升行动方
案》,开工建设洋口港区 15 万吨级和大丰港区 10 万吨级进港航道,新增 5
万吨级以上码头泊位 8 个,沿海港口通过能力和集疏运能力显著提升,有效
增强了沿海地区产业集聚和对外开放能力。

表 5-5　江苏省 9 大民航机场概况一览表

机场	跑道面积(万平米)	停机位(个)	飞行区等级	航线数(条)	停机坪面积(万平米)	航站楼面积(万平米)	旅客吞吐量(万人次)		货邮吞吐量(万吨)	
							2013 年	2014 年	2013 年	2014 年
南京	37.80	53	4F	140	62.50	40.00	1501.17	1628.17	25.58	30.43
无锡	16.00	15	4E	31	—	4.20	359.00	418.00	8.76	9.61
徐州	20.40	9	4E	26	4.80	2.40	111.00	126.75	0.63	0.64
常州	20.40	20	4E	17	16.00	4.38	152.60	186.10	1.53	1.82
南通	20.40	11	4D	15	5.20	0.60	67.56	93.20	2.16	2.80
连云港	12.50	—	4D	15	2.04	—	56.00	56.90	0.15	0.16
淮安	10.80	5	4C	10	3.30	0.72	40.00	51.50	0.25	0.34
盐城	14.00	8	4C	21	4.09	—	35.00	52.90	0.30	0.22
扬州	10.80	13	4C	18	—	3.13	61.00	70.60	0.31	0.47

三是航空服务提升开放型经济水平。航空运输是江苏省重要的产业之一,"十二五"以来,江苏省注重统筹规划,优化机场布局,加快机场建设,民航业快速发展,为经济社会发展和提升国际化水平提供有力保障。目前,江苏省 9 家民航机场全面建成运营,其中,南京市禄口机场为区域性枢纽机场,无锡硕放机场为干线机场,其余为支线机场。江苏省机场密度达到0.88 个/万平方公里,是全国的 4.18 倍,实现地面交通 90 分钟覆盖全部县级节点。建成 8 个通用机场,通用机场密度达到 0.78 个/万平方公里。江苏省在全国率先普及航空运输服务,实现了所有县级城市及 10 万人口以上的城镇全覆盖,全省机场运营航线 260 条,客货吞吐量达 2670 万人次和46.4 万吨。2014 年,南京市禄口国际机场二期工程建成投运,旅客吞吐能力提升至 3000 万人次,区域性航空枢纽地位凸显。南京机场高速公路拓宽改造工程、南京小红山综合客运枢纽等建成投运。2014 年,江苏全省机场出入境旅客 260 万人次,承载开放型经济发展的集疏能力进一步提升①(参见表 5-5),航空发展基础设施保障能力进一步增强,基本满足未来一段时间的航空发展需要②。

四是构建"三纵四横"快速铁路主骨架。到 2013 年年底,江苏省铁路干线营业里程 2591 公里,其中高速铁路、电气化铁路和复线铁路分别占29.8%、57.4%、56.9%。③ 近年来,江苏省先后有沪宁城际铁路、京沪高速铁路、宁杭高速铁路(参见图 5-6)和合宁高速铁路等 4 条高铁建成通车,全省 2718 公里铁路总里程中,高铁里程达 862 公里。从全国铁路网看,国家正在打造烟台—青岛—连云港—盐城—南通—上海—宁波—深圳的沿海大通道。目前,我国沿海铁路大动脉有三个重要的组成部分没有接通,分别是青连(青岛至连云港)铁路、连盐(连云港至盐城)铁路、沪通(上海至南通)铁路。2014 年,江苏省突出加强铁路薄弱环节建设。经积极争取,2014 年

① 《2014 年全国机场生产统计公报》,《中商民航报》2015 年 4 月 10 日第 4 版。
② 参见游庆仲:《主动适应新常态,深化改革增动力,推动江苏交通运输发展迈上新台阶——在 2015 年全省交通运输工作会议上的讲话》,江苏省交通运输厅会议材料,2015 年 1 月 22 日,第 3 页。
③ 参见《江苏率先开启交通运输现代化建设新征程》,《江苏地方志》2014 年第 6 期。

有 11 个项目、1600 余公里列入国家新一轮铁路建设计划,其中高铁 1500 余公里,标志着江苏省进入了高速铁路建设黄金期。沪通铁路(参见图 5-7)、青连铁路(参见图 5-8)、连淮扬镇铁路(参见图 5-9)等相继开工,江北铁路主骨架加快构建。近 5 年内,苏北地区已经明确了 5 项工程的建设任务:连盐铁路(参见图 5-10)、连淮扬镇铁路、徐宿淮盐铁路、青连铁路江苏段、盐城至南通铁路,构建苏北铁路网成为建设重点。沪通铁路、连淮扬镇、青连铁路等 8 条铁路开工建设,建成后,江苏省 13 个省辖市将全部开通速度在 200 公里(含)以上的高铁动车,全省 44 个县(市)将有 26 个通上高铁,未来从沿江 8 市到上海市最多不超过 2 小时。

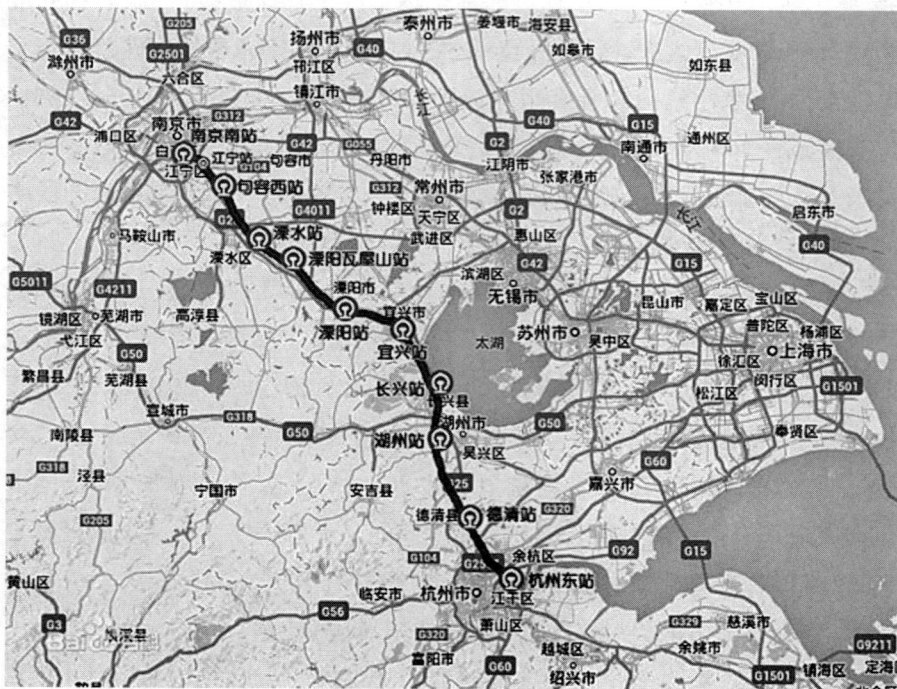

图 5-6 宁杭高铁线路图

2. 四大运输通道、三大交通枢纽基本形成

江苏省已基本形成"四大综合运输通道"与"三大综合交通枢纽",具体是:

图 5-7　沪通铁路南通至安亭段线路方案示意图

（1）四大综合运输通道

随着综合交通基础设施体系的逐步完善，江苏省综合交通网络逐步呈现向运输通道集聚的发展态势，目前已基本形成"四大综合运输通道"，具体如下：①沿海通道：沟通连云港市、盐城市、南通市、苏州市，支撑沿海地区开发的重要运输通道；②南北中轴新沂—淮安—扬州—宜兴通道：承担沿京杭运河所产生的南北向、至苏锡常、上海市和浙江省的交通运输；③宁连通道：沟通两个国家级综合运输枢纽——南京市和连云港市的重要通道。④徐宿宁杭通道：沟通两个国家级综合运输枢纽—南京市和徐州市，引导和支撑长三角宁（湖）杭发展带发展的重要通道。

（2）三大综合交通枢纽

目前，江苏省基本形成南京市、徐州市、连云港市三个综合运输枢纽，省域交通基础设施主要围绕这三个区域性中心城市布局。①南京市是以江海转运港为核心的综合运输枢纽，辐射周边及长江沿线、中南等地区。②徐州市是内陆综合运输枢纽，辐射新亚欧大陆桥、京浦铁路沿线地区和河南省、安徽省、山东省、河北省等周边省份。③连云港市作为长江三角洲北部地区的主要出海口，是承担苏北地区及陇海铁路沿线地区集装箱和大宗散货运输的综合运输枢纽。

图 5-8　青连铁路线路方案示意图

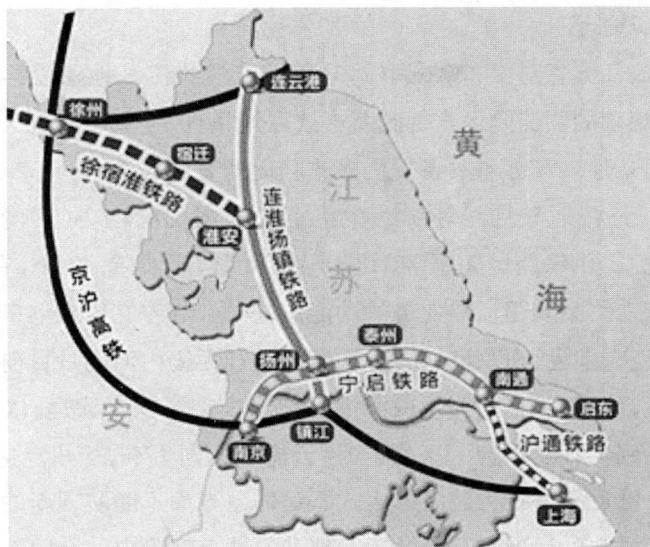

图 5-9　连淮扬镇铁路线路方案示意图

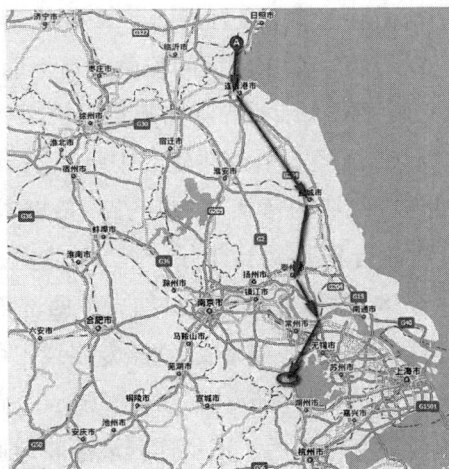

图 5-10　连盐铁路线路方案示意图

3. 物流产业运作体系逐步完善

近年来,交通建设、养护和运输市场彻底开放,基本形成了统一、开放、公平竞争的道路和水路运输市场。江苏省从多式联运、甩挂运输、城乡配送、区港联动四方面构建物流产业运作体系,取得实效。

（1）多式联运

近年来，江苏省对具备多式联运功能的交通物流基地建设给予了重点支持，全省规划的物流园区全部具备多式联运条件，物流中心有一半以上具备多式联运条件。江苏省具备发展多式联运的有利条件，具有京沪线、陇海线、新长线、宁芜线、宁启线等铁路货运通道，全省面向社会（不包括专用线服务的企业）提供铁路运输服务的服务场所（货场）共有 47 个，有 17 个货场具备办理铁路集装箱运输业务的功能。同时江苏省有很多港口具备铁路运输功能，连云港港、南京港、徐州港、镇江港和无锡内河港是目前主要的铁水联运节点，淮安内河港、苏州内河港也初步实现了铁水联运，以上港口铁水联运量达到其吞吐量的 11%，其中连云港港达到 27%，徐州港达到 19%。

连云港港近年来在构建港口多式联运体系方面不断实现新的突破。一是连云港港海铁联运项目是交通运输部和原铁道部确定的全国 6 条铁水联运示范线之一，连云港至阿拉山口、西宁市、郑州市的 3 条通道、往返 6 条班列，基本形成重去重回、循环运输的良好局面。二是连云港港联运基础设施建设不断推进，在李克强总理 2014 年访问哈萨克斯坦期间，合作双方共同签署《关于加强和改善新亚欧大陆桥国际物流运输框架协议》，由连云港港口和哈国铁（哈萨克斯坦）历经 8 个月共建的中哈（连云港）物流合作基地项目一期工程 2014 年投产，成为落实"一带一路"战略首个中外经济合作项目。2014 年，中哈物流合作基地当年投产、当年收益，累计进出集装箱64585 标箱，拆装箱 13738 标箱。同时，港口加大中西部内陆无水港建设推进力度，霍尔果斯内陆场站地面平整完成，铁路专用线工可通过乌鲁木齐铁路局审查。港口国际客运站、中韩陆海联运物流场站、公路中心货运站等一批多式联运基础设施建成交付使用。三是连云港港联运通道建设实现新突破，中韩陆海联运汽车货物甩挂运输试点口岸成功获批，并于 2014 年 7 月30 日正式开通，成为江苏首个、全国第 7 个中韩陆海联运试点口岸和国内唯一开通连云港—仁川、平泽"一港双线"的港口。连云港—霍尔果斯班列常态化运营并保持 1.5 列/天装卸车量，成为新亚欧大陆桥过境运输新的增长点。连云港—中亚国际班列已获得国家铁路总公司"连云港号"的冠名权。内河航运逐渐成为港口新突破点，完成内河货物运输 164 万吨，其中海河联运 147 万吨。港口全年新增国际国内集装箱航线 7 条,完成集装箱铁水联运量 21.6 万标箱,其中大陆桥过境运输 9.55 万标箱,虽受铁路总公司优惠政策普遍取消的影响而有所下滑,但过境运输量仍领跑全国沿海港口。①

（2）甩挂运输

2010 年起,按照交通运输部、国家发改委《甩挂运输试点实施方案》的要求,江苏在全省推广甩挂运输,并对甩挂运输试点企业站场改造建设、车辆新购和信息化平台建设等给予资金扶持。2011 年以来,累计安排甩挂运输试点项目奖励资金 4500 万元(含站场改造)。目前,全省共形成甩挂运输试点项目 20 家,其中部级甩挂试点 7 家,数量居全国第一;试点项目已形成牵引车 1686 辆、挂车 2515 辆的车队规模,建成甩挂运输作业站场 10 个。全省甩挂运输试点企业完成周转量占总周转量的 20%以上,平均单位运输成本下降大约 18%,车辆里程利用率得到提高,达到 80%以上。由于甩挂运输的真正优势来源于大规模的网络化运输,这对单个企业来说难以实现。为此,江苏省交通运输厅引导 4 家部甩挂运输试点企业投资 5000 万元注册成立"苏盟物流股份有限公司",在全国率先建立首家实体性联盟企业。"苏盟物流"将在跨区域协作开展网络型甩挂运输方面进行积极探索。2013 年,江苏全省完成综合货运量 25.2 亿吨、货物周转量 9504.7 亿吨公里,其中水运占比分别达到 25.3%、72.2%,分别比全国平均水平高 14.4%及 25.8%,水运在货运与物流体系中的骨干作用不断增强,显著降低了社会物流成本。2013 年,全省社会物流总费用与 GDP 的比率降至约 15.2%,较全国平均水平低约 2.8%,公路甩挂运输发展成效突出,江苏省在全国率先建立区域性甩挂运输实体联盟。

（3）城乡配送

在城区配送方面,苏州市率先以货运出租车为载体发展社区物流,开展了"农超对接"、"电子商务共同配送"及社区服务,配送业务已拓展至快餐、

---

① 参见连云港市港口管理局:《打造多式联运品牌　构建综合物流枢纽》,《2015 年全省交通运输工作会议交流材料》,江苏省交通运输厅会议材料,2015 年 1 月 22 日,第 43 页。

鲜活农产品、药品、食品、家具、家电等众多市民消费领域,客户超过 160 余家,日配送量超过 1600 吨。在农村物流配送方面,江苏省把农村交通物流示范点纳入交通物流配送点网络体系,逐年推出农村物流配送示范点,不断满足农副产品进城、农用物资下乡和农村生活日用品的城乡间运输配送。目前全省培育农村交通物流示范点达 200 个,初步形成较为完善的农村交通物流网络和服务体系,极大地畅通了城乡间物资购销渠道。

(4) 区港联动

推行区港联动发展模式,其中以"苏太联动"模式最具特色。太仓港的港口服务功能延伸至苏州地区各海关直通式监管点、综合保税区、出口加工区、保税物流中心等特殊监管载体,企业在上述任一监管场所办理报关、查验、放行等手续,仅需要"一次报关、一次查验、一次放行"即可完成整个进出口申报工作,货物可直接在太仓港进出口。在"苏太联动"通关模式下,苏州地区的进口货物从船舶靠港——申报——货物运达企业生产流水线,出口货物从申报——码头装船,整个流程比过去节约了 20 个小时,每一标箱可节约 300~400 元人民币。"苏太联动"与整个苏南地区外向型经济发展紧密互动,为太仓港拓展港口增值功能提供了更广阔的经济腹地和发展空间。

4. 城乡客运一体化格局基本形成

江苏省坚持公交优先发展战略,城市公交和城乡客运服务水平明显提升,总体适应江苏省经济社会发展所带来的高强度客运需求。在江苏省政府《关于进一步落实城市公共交通优先发展战略的实施意见》的指引下,2014 年新辟、优化城市公交线路 355 条;新增城市轨道线路 7 条,总里程达到 320 公里;全省城市公共交通出行分担率平均达到 22%;新增 51 个乡镇开通镇村公交,开通率达到 54.6%,行政村客运班车实现全覆盖,居全国各省、区第一。与此同时,江苏省不断深化道路客运市场主体结构调整,加快推进长途客运集约化、规模化、一体化经营。包括:加快道路客运班线公司化改造,省内市际客运班线公司化经营率达 80%以上;组建江苏长运交通运输有限公司及各市子公司,统一对 800 公里以上长途客运班线实施接驳运输试点;全省 302 条客运班线、502 辆客运班车完成公司化改造,省内市际客运班线公司化经营率达81%①,全省道路旅客运输经营业户数同比下降6.4%,拥有100辆以上客车的业户数同比提高5.2%;完成302条客运班线502辆客运班车公司化改造任务,省内市际客运班线公司化经营率达到81%,道路客运集约化、规模化水平进一步提升。《江苏省公交优先示范城市建设方案》2015年年初已拟定完成。南京市、苏州市坚持城乡公交一体化的发展理念,将统筹城乡客运发展作为解决城乡居民"行有所乘"的民生工程,并先后被交通运输部列为"公交都市"示范工程建设试点城市。

5. 智慧交通、绿色交通逐步起步

在智慧交通建设方面,江苏省加快推进智慧交通"232畅通网"工程建设。宁沪高速公路综合管理与公共服务信息化示范工程、公众出行交通信息服务系统、全省内河水上应急管理信息化平台、公路客运联网售票升级工程等项目投入运行或试运行。宁镇扬实现公共交通"一卡通"联网。基本完成交通信息网市县纵向网建设和骨干网升级,骨干网通信容量升级到400G。高速公路电子不停车收费系统(ETC)实现全国首批14个省市并联运行,全省苏通卡用户突破180万个,电子不停车收费系统车道流量已占路网客车总流量的30%以上,完成道路运输证智能卡(IC)卡与电子不停车收费系统苏通卡融合技术试点并已推广应用。"水上电子不停车收费系统"在苏北运河全线建成。

在绿色交通方面,江苏省全面部署推进绿色交通示范省创建。《江苏省绿色循环低碳交通运输发展规划(2013～2020年)》《江苏省绿色循环低碳交通运输发展区域性项目实施方案》分别经省、部审查批准后发布实施,与省环保厅签署了《环境保护与交通运输工作战略合作框架协议》。加强交通运输能耗排放监测统计工作,初步建立营运客车、营运货车、内河营运船舶和港口的能耗数据自动监测和报送平台,在部分企业开展能耗实时在线监测试点。连云港港口岸电技术在巴西淡水河谷铁矿石船和国内多个港口使用。宁宣高速公路作为全国首批绿色循环低碳公路主题性试点项目建

---

① 参见江苏省交通运输厅:《2014年度全省交通运输重点工作任务完成情况督查专报》,《江苏省交通运输厅领导参阅信息》2015年第18期。

成通车,溧马高速荷叶山服务区建成为全国首个高速公路绿色服务区示范工程。各类天然气运输车辆(含双燃料)超过7万辆。新购节能环保公交车6232辆,新购、改造清洁能源出租车4626辆,分别是省政府下达目标任务的2.1倍、2倍。

6.积极谋划改革总体布局

加强改革调研和顶层设计。江苏省交通运输厅成立了全面深化交通运输改革领导小组,编制了《江苏省交通运输厅党组关于全面深化交通运输改革的实施意见》,多次召开专题会议研究部署,梳理确定了江苏全省交通运输18项重点改革事项,制定了调研活动方案、时间表和路线图,落实责任单位,细化实化改革措施、进度安排和阶段性目标。

扎实推进行政审批制度改革。全面清理省级交通运输行政权力审批事项,2014年再次下放交通行政审批事项5项,转移1项,4项行政审批事项转为行政确认或其他行政权力,全面取消非行政审批许可事项。开展行政权力清理,编制责任清单、行政权力事项清单和行政审批事项清单并在网上统一公示。制定了事中事后监管制度,明确了各级交通运输部门规范有序地承接上级下放审批事项的工作要求。

积极推进交通投融资改革。江苏省在全国率先制定出台《关于深化投融资体制改革加快推进铁路建设的实施意见》,设立省铁路建设基金,成立新的省级铁路投资平台,筹集规模居全国前列。此外,积极探索利用PPP(政府与社会资金合作)吸引社会资金,常溧高速等6个交通基础设施项目进入江苏省首批15个PPP试点项目行列。

积极开展改革试点和专题调研。组建江苏省高速公路管理局,探索实施高速公路路政、运政综合执法。完成海事船检综合管理改革调研,提出了改革思路。结合财政预算管理新要求,开展公路、航道事权与支出责任划分调研工作。

(二)江苏省综合立体交通枢纽建设的制约因素

江苏省在综合立体交通建设方面取得了一定业绩,同时也存在许多问题。

1. 综合交通运输体系亟须完善

多年来,由于大交通运输管理体制分割的原因,运输资源缺乏统筹配置,各种运输方式间衔接水平低,综合交通运输体系的整体效能、运输效率没有得到充分发挥。比如,由于铁路供给能力总体不足,造成许多物流要靠公路货运来承担,致使物流成本居高不下;同时,尽管江苏省有许多适宜发展多式联运的港口,但由于铁路资源的配置不当,其多式联运功能配置不足、作用有限。又如,由于地方政府在物流园区的建设过程中,缺乏主导意识,或者缺乏综合运输意识,导致很多园区不具备货运枢纽地位,难以发挥积聚效应,影响了该地区货运与物流的效率。

2. 制度环境尚待优化

目前的货运与物流市场,普遍存在着进入门槛较低的现象,尤其对企业经营管理的专业知识、诚信经商、资金周转、安全举措、绿色环保等方面缺乏强制性的规定。行业壁垒主要体现在行业分割,政出多门。目前铁路运营还没有走向市场化,铁路运输企业还不是物流行业中平等的、独立的竞争主体,制约了一些大型物流企业在功能上做完整、行业上做强大,也无法提供最优的运输解决方案;再如,货运物流相关部门在信息资源共享方面,存在较大难度。江苏省还没有形成完善的电子口岸平台,海关、商检、港口、航运等部门之间的信息仍处于割裂状态。"营改增"政策也加重了货运物流业的负担,据抽样调查,江苏省公路货运、内河货运样本企业的税负较"营改增"之前分别上升 106.38%、23.5%,货运代理和仓储服务企业的税负分别较"营改增"前上升 32% 和 44.7%,而且现行税率结构对从事仓储、货运、代理等物流一体化企业非常不利。① 例如,根据税改方案,对提供综合物流服务的企业,需要将服务项目进行人为分割,否则将按 11% 的从高税率征收,因此,纳税人更趋向于分散化经营。

3. 促进物流业发展力度仍需加大

物流活动贯穿于企业原料采购到产成品销售全过程,涉及多个相关政

---

① 参见《江苏交通物流业发展情况汇报》,江苏省交通运输厅会议材料,2014 年 6 月,第 2 页。

府部门,物流业发展水平是一个地区竞争力的重要体现,各级政府都非常重视物流业的发展。交通运输部门在促进现代物流发展过程中应该担当一个什么样的角色,在不同的地方政府看来,可能很不相同。应该说,在整个物流供应链体系中,运输是主角,现代物流就是"互联网+物流",但江苏省目前在运用现代化的信息技术与管理手段来提升物流各个环节(包括运输、仓储、装卸、流通加工等)运行效率方面的能力还需提升。

4. 铁路建设较为滞后

铁路建设发展与经济社会发展的需求相比过于缓慢,尤其是苏北规划建设的干线铁路进展滞后,大大增加了江苏省交通结构调整的难度。在铁路建设方面,目前我国的铁路由国家铁路部门全权负责建设和运营,铁路项目的建设规模和节奏完全由国家主导,而近年来国家铁路的建设发展投资重点是"向跨区域长大干线和中西部倾斜",因此,及早深化铁路建设运营体制改革、机制创新工作对推动地方铁路建设意义深远。而城际铁路建设将以地方投资为主,这为江苏省加快城际铁路发展提供良好的机遇,筹集资金将是际铁路发展的关键。

(三)江苏省综合立体交通枢纽建设的基本态势

当前,我国经济发展进入新常态,新常态是大趋势,是转型发展的大逻辑。新常态蕴涵新机遇,也伴随着新矛盾、新问题,不确定的因素也很多。新常态下,经济发展呈现速度转档、结构优化、动力转换三大特点,这是我国经济发展的阶段性特征和规律性体现,江苏省经济发展走在全国前列,江苏省交通运输领域也呈现出一些共性特征和先发性特点。江苏省需要充分利用好交通运输发展的战略机遇期,持续发挥交通运输基础设施对消化钢铁、水泥等过剩产能的促进作用,加快破解制约江苏省交通运输发展的不利因素,为长江经济带协调性均衡发展保驾护航、提供有效支撑。当前,江苏省综合立体交通枢纽建设的基本态势如下:

1. 运输生产增速放缓,需求结构明显变化,转型发展要求迫切

随着江苏省产业结构加快调整,货物运输生产的增速降档,大宗物资的运输数量依然较大,但占比呈现下降趋势,货物的流量流向发生很大变化;

而小批量、高附加值的货运比重上升;城乡配送的货运量增长迅猛。随着城市化进程加快和人民群众生活水平提高,旅客运输呈现多元化、高品质和较高增长的发展特征,休闲旅游等高端化出行需求更加旺盛。铁路在旅客运输中的比重将快速提升,公路客运服务半径明显缩小。随着铁路货运能力进一步释放和干线航道加快成网,运输结构进一步加快调整,市场主体主导资源配置、一体化综合运输将实现突破。以电子商务、互联网信息化技术为支撑的多式联运、物流快递、城乡配送及"专车客货运"等新产业、新业态、新模式快速发展。同时,运输方式衔接不畅、运输效率不高、运输装备标准化程度低和能耗大,以及便捷出行服务提升不快等问题尚未得到根本性改变,传统运输业面临冲击,转型阵痛呈现,对创新行业管理、维护行业稳定提出了新挑战。

2. 交通投资规模保持平稳,结构加快调整,要素制约加剧

"十二五"以来,江苏省公铁水空交通基础设施建设年投资额保持在700～800亿元水平,总体规模比"十一五"略有增长。投资结构调整加快,铁路投资力度逐步加大,水运保持平稳增长,公路投资平均以高于10%的速度下降。中央和江苏省级层面将继续加强重大交通工程建设,有力支撑国家和省重大战略实施,发挥政府性投资在经济增速换挡期的稳增长、促转型作用,民间投资仍有很大的释放空间。但是,市县政府已进入前期刺激政策消化期,随着预算管理规范化,债务风险控制加强,市县政府高强度投资公路等基础设施的力度必然减弱,加上江苏省土地、环境等资源的刚性约束进一步增强,建设成本不断增加,将导致市县政府在配合重大项目投资实施上困难加大。

经济发展进入新常态,意味着过度依赖资源消耗的粗放式发展方式加快向质量效益型、资源集约型发展方式转变。交通运输是资源消耗重点领域之一,今后应让绿色发展成为交通运输发展的本质特征,将绿色交通理念转化为发展实践的现代范式。要积极推进"多规合一",探索将土地、环境和资金资源的平衡配置纳入交通运输发展规划。要统筹谋划推进综合交通网络建设,重点推进干线铁路、城际铁路、干线航道联网畅通和综合枢纽建设。要修订完善技术政策和经济政策,强化引导和约束,切实解决好普通公

路重建设、轻养护、轻管理的问题,注重发挥既有设施的营运效率和服务水平,加快推进养护管理标准化、现代化。要进一步强化节约集约利用土地、岸线资源管理,大力推广循环再生技术,加快推广节能、清洁、环保运输装备和集约、节约、高效的运输组织方式,加强绿色交通技术创新与服务体系建设,为打造"环境美"的新江苏作出更大贡献。

3. 科技进步、深化改革和重大战略实施为交通运输发展增添新动力

互联网信息技术在交通运输领域的快速渗透和广泛应用,催生了更快捷的交通服务供给与客户新需求、新体验,当然也伴随着新挑战与新矛盾,这促使交通运输行业管理方式和服务模式要随之转变。随着国家交通运输"大部门"体制、简政放权等重点改革深入推进,统一开放的大市场、公平竞争的大环境将加快形成,交通运输业市场主体在跨区域、跨方式竞争中加强合作的意愿更加强烈,规模化、集约化、品牌化加快发展,龙头骨干企业加快成长,现代运输业、物流业对经济增长的拉动作用越来越大。财税体制改革倒逼交通投融资体制改革,推进市县政府债务管理规范化,国家积极的财政政策将更有力度。当然,改革的复杂性、敏感性和艰巨性,会随着改革创新的推进不断深化,长期积累的矛盾和潜在的风险会显现。与此同时,"一带一路"与长江经济带等重大国家战略的实施,江苏省沿海开发、苏南现代化示范区、江海联动、跨江融合、新型城镇化建设和城乡一体化发展等战略的实施,对优化完善江苏省交通基础设施网络、创新运输服务体系提出了新要求。

总体而言,江苏省交通基础设施网络与发达国家的差距进一步缩小,但交通运输服务和管理水平与建设新江苏的需求相比还有很大距离。要主动服务国家和江苏省重大战略实施,服务加强与改善民生,提升综合交通网络服务功能。要推进交通运输包容性发展,像抓交通重点工程建设一样抓交通运输基本公共服务的提升,大力推进城乡与区域交通运输协同发展,尤其是大力改善贫困地区交通安全条件。要积极满足高端出行需求,大力推动城际客运服务提档升级,提高与国际重要地区的航空通达度,推动城际铁路、城际轨道成为全省城际客运服务的主载体,注重用公交化的理念改造提升道路客运服务网络。

三、打造江苏省综合立体交通新枢纽

国际经验表明,随着经济全球化不断深入,交通运输在区域经济发展中的职能与作用正在不断发生变化,逐渐从"服务经济发展"向"引导经济发展"和"增强资源配置能力"方面提升,区域综合运输成本将成为评价经济地理优势的重要指标,并在很大程度上决定区域核心竞争力。为此,在服务"长江经济带"国家战略背景下,如何打造综合立体交通新枢纽,增强交通运输引导经济发展和增强资源配置的能力,成为江苏省交通运输业发展的重点。以下主要从统筹做好规划编制和政策研究工作、全面推进交通运输深化改革等方面,提出推进江苏省综合立体交通网络体系建设的对策举措。

(一)突出规划的引领与约束作用

首先,促进《江苏交通运输现代化规划纲要(2014～2020年)》各项工作落地。对各市和条线实施方案或行动计划开展论证衔接,积极、稳妥、扎实开展现代化探索实践工作。深化完善交通运输现代化试点示范方案,全面启动试点示范工作,出台试点示范项目(工程)推进管理办法,保障试点示范实施工作有序、有效地开展。加强现代化重点指标统计监测和分析评估工作,强化民生、服务、生态指标在探索实践中的引导、约束作用。创新公众参与方式,建立现代化社会满意度评价机制。

其次,将统筹建设"长江经济带"综合立体交通走廊发展规划与科学编制《"十三五"江苏省综合交通运输发展规划》相结合。在科学系统地评估"十二五"规划实施效果,重点分析查摆"十二五"规划实施中存在的主要问题及薄弱环节的基础上,准确把握长江经济带综合立体交通走廊建设与"十三五"交通运输发展面临的形势、要求和阶段性特征,按照"规划纲要+专项规划+发展思路"的总体框架,系统地做好江苏省"十三五"综合交通运输发展的规划编制工作。当前,江苏各省辖市正在抓紧编制出台新型城镇化和城乡发展等规划,交通运输部门要主动加强与发改委、规划、国土、环保等有关部门衔接,推进"多规融合",加强重大交通项目和大型综合交通枢纽的方案研究,努力革除"部门分割"、"规划执行乏力"等弊端。

最后,配合交通部制定和完善多式联运系统、综合交通枢纽一体化、各项服务标准、信息发布标准化等建设工作,实现各种运输方式标准的有效衔接。坚持问题导向,加强调查研究和行业发展政策制定,提请江苏省政府出台《关于规范出租汽车行业健康发展的若干意见》、《关于交通运输推进物流业健康发展的指导意见》、《促进江苏民航发展的实施意见》和落实国家"长江经济带"、"一带一路"战略中的江苏省交通运输发展的相关举措,推进货运实现"一单制"、客运实现"一票制"、信息服务实现"一站式",从而实现综合运输一体化服务等。

(二)推进交通运输事业深化改革

当前,一方面,长江经济带各地区、江苏省各城市和城乡交通建设需求旺盛、交通运输任务繁重,仍然应该按照交通发展适度超前的原则加快推进,但同时面临着土地资源、资金、生态环境保护等刚性约束,仅仅依靠交通运输部门自身能力无法破解;另一方面,已建成的交通基础设施整体效益发挥不足的矛盾逐渐凸显,与体制机制不健全有较为密切的关系。与此同时,虽然2007年以来江苏省即率先推进了大交通管理体制改革,并已在整合交通管理职能上前进了一大步,但是,管理职能交叉、交通领域存在多头管理的整体格局没有得到实质性改变,行政管理壁垒仍然较大,对各交通要素进行整合优化的市场协调机制依然缺乏。因此,必须通过深化改革,加快完善交通管理和运营的体制与机制,推进江苏省综合立体交通网络建设,提高交通基础设施的综合效能。

一是推进综合交通管理体制与简政放权改革。指导推动市县交通运输领域重点改革,支持有条件的市开展"一城一交"体制改革。积极开展交通运输综合执法改革研究。配合做好低空空域管理改革工作,推动地方民航融入综合交通运输体系。稳步推进省交通运输厅属事业单位分类改革,组织开展向省交通运输厅管社团购买服务试点工作。按照部、省统一部署,进一步清理和下放行政审批事项,研究修订相关法规规章,打造行政审批和政务服务的综合平台。

二是探索推进建设养护领域体制改革。组织开展公路建设管理体制改革研究,实施公路工程监理改革试点、公路工程设计施工总承包改革试点。按照交通运输部、财政部的统一部署,研究提出国道、省道、农村公路事权划分改革方案。研究农村公路监管机制改革实施意见。

三是推进投融资体制改革。建立健全交通运输专项资金管理办法。开展市县政府交通事权财权关系与资金保障政策落实情况调查,提出改革方案。研究推进高速公路、干线航道等交通重点工程征地拆迁政策调整。推进铁路投融资体制机制改革方案全面落实,开展铁路沿线土地综合开发利用试点。

四是推进区域港口一体化改革。落实交通运输部改革试点要求,成立长江江苏段港口锚泊指挥调度中心,整合长江港口锚地资源,加快推进锚地公用集中化管理;制定《江苏省港口岸线资源使用管理办法》,建立港口岸线资源管理信息化系统,促进长江岸线集约开发利用;整合长江港口集装箱航线资源,推进航线布局优化和经营机制创新。

(三)加快建设综合立体交通网络

贯彻落实"长江经济带"、"一带一路"等重大战略,江苏省应启动和推进一批重大项目建设,加快形成面向国际、省外以及省内的"四纵四横"综合交通通道建设(参见表5-6);同时加强工程质量督查,真正发挥交通运输稳定经济增长和保障、引领重大战略实施的作用。

表5-6 "四纵四横"综合交通通道

四纵四横	通道名称	控制性城市结点
四 纵	沿海通道	连云港、盐城、南通、苏州、上海
	南北中轴通道	新沂、淮安、扬州、镇江、常州、宜兴
	宁连通道	连云港、淮安、南京
	徐宿宁杭通道	徐州、宿迁、南京、宜兴

续表

四纵四横	通道名称	控制性城市结点
四横	东陇海通道	连云港、新沂、徐州
	徐宿淮盐通道	徐州、宿迁、淮安、盐城
	沿江通道	上海、苏州、南通、无锡、泰州、常州、扬州、镇江、南京
	沪宁通道	上海、苏州、无锡、常州、镇江、南京

一是加快推进快速铁路网建设。2015 年计划建成运营宁启铁路复线电气化工程、宁安铁路;加快推进沪通铁路、连淮扬镇、连盐铁路、郑徐客专等重点项目建设;开工建设徐宿淮盐铁路;加快推进沿海铁路盐城至海安段、沿江城际铁路前期工作,力争开工建设。随着苏北铁路网的快速发展,整个江苏省铁路线路走向将呈现"北进南下,西连东出"放射状脉络,为江苏省尤其是苏北和沿海发展创造更好的基础条件。南京市、徐州市等传统铁路枢纽地位更为突出,淮安市、扬州市、镇江市、海安市也将成为综合交通枢纽。到 2020 年,在提升"两纵两横"四大国家级铁路通道运输能力的基础上,基本形成"四纵四横"省域铁路运输通道格局,全省铁路营业里程将超过 4000 公里。

二是加快推进水运工程建设。为有力推进长江经济带建设,江苏省应遵循"深下游、畅中游、延上游"的长江黄金水道开发思路,以加快长江南京以下 12.5 米深水航道建设为重点,以腹地高等级航道网络建设为支撑,结合现代化、规模化内河港区的建设,打造服务长江流域产业发展的"畅通、高效、平安、绿色"的黄金水道。具体举措如下:(1)加快干线航道建设。加快推动长江南京以下 12.5 米深水航道二、三期工程建设;(2)加快推进航道工程建设。加快建设连云港 30 万吨级航道二期工程,加快推进赣榆等 5 个沿海港口进港航道工程和徐圩防波堤建设;开工建设连云港徐圩港区二期工程、南通港吕四港区广汇能源液化天然气(LNG)码头、常州港录安洲港区四期工程,加快建设南通港吕四港区通州作业区一期工程和南京港西坝作业区五期工程,建成盐城港滨海港区中电投煤炭码头、大丰港区滚装码头等公用码头工程。加快建成杨林塘等 4 个航道整治工程和高良涧等 3 个船闸,开工建设淮河红山头至京杭运河段、通扬线泰州南通段、灌河西段航道整治工程,继续加快建设苏申内港线等6个航道整治工程;(3)出台《航道维护技术标准》、《航道维护工作标准》等多项技术、管理工作标准,推进航道养护标准化建设。

三是稳步推进高速公路建设。建成南通至洋口港、阜宁至建湖高速公路、常州至溧阳高速公路等项目;推进张家港疏港高速公路等7个项目建设;全面开工建设宁通高速江广段扩建工程,新开工海安至启东高速公路、阜兴泰高速公路兴化至泰州段,力争开工无锡至南通过江通道公路南北接线等6个项目;加快五峰山过江通道公路连接线等项目前期工作。

四是扎实推进机场建设。续建徐州观音机场二期等工程;新开工淮安涟水机场二期扩建工程、扬州泰州机场扩建工程;开展连云港新机场等7个项目前期工作。完成全省通用机场布局规划修编工作。

五是着力推进普通公路建设养护协调发展。建成通车国省干线公路250公里,建成临海高等级公路灌河大桥。继续实施农村公路提档升级工程,新建、改造4000公里。继续推进撤渡建桥,建桥10座,撤渡10道。完善国边防公路网络。进一步加强公路养护管理,推进江苏全省公路养护现代化规划实施,完成干线公路大中修500公里、危桥改造10座。

六是继续加强综合枢纽集疏运网络和扶贫公路建设。围绕铁路客运站建设,继续推进综合客运枢纽建设,积极引导交通物流枢纽建设。继续强化港口、铁路、客货运交通枢纽等重要交通节点的连接线公路和集疏运网络建设。支持推进6大集中扶贫片区和黄河故道区域扶贫公路建设,力争黄河故道贯穿公路在2015年内初步贯通。

七是加强交通建设市场监管。贯彻江苏省政府《关于加快推进质量强省建设的意见》,落实工程质量一把手负责制。加强工程质量督查,建立质量问题隐患清单和挂牌督办制度。落实从业单位质量责任,建立质量违法违规行为曝光制度。推广施工标准化,深入开展优质工程挂牌创建活动。贯彻节约集约用地要求,完善用地管理协调机制,分解落实工作责任,进一步落实交通建设用地严格管理措施。

(四)促进货运与物流业加快发展

大力提升交通物流业发展质量,促进物流成本降低,增强江苏省区域交通物流业竞争力。江苏省交通运输部门应注重从六个方面来推进货运物流业的发展。

一是推动货运与物流创新发展。推动交通运输物流与"互联网+"电子商务加快融合,特别是加快推进"惠龙易通货运集中配送电商平台"项目、"苏盟物流甩挂运输协作平台"项目、"江苏运联多式联运电子平台"项目的建设与推广应用。在"互联网+物流供应链"的发展理念下,进一步推进交通物流基地体系建设。继续推进"物流园区、物流中心、农村物流站点"三层级交通物流基地体系建设,全面总结评估"十二五"交通物流基地布局规划实施情况,优化调整布局规划。加强为物流企业服务的平台式物流园区的建设,加大对具备多式联运功能、发挥枢纽作用的重点物流园区的建设投资力度,优化细化补助政策,充分体现资金补助的"公共性"、"公益性"特征。鼓励物流园区通过与工业园区、商贸园区对接融合,实现物流基础设施和信息资源的共享共用,不断优化物流基地运输、仓储、转运、配送和信息服务功能,重点培育物流业领军企业,推广"互联网+物流供应链"理念下"资源整合者"的发展新模式。

二是引导传统物流企业转型升级。鼓励通过兼并、收购、入股等方式,引导传统物流企业转型升级,实现物流企业的规模化和集约化发展;实施以资产为纽带的公司化经营改造,增强企业的发展活力;鼓励实行跨区域整合,组建大型货运物流集团,强化企业整体实力;积极整合物流服务资源,加强与生产企业、商贸企业的合作,积极发展快速运输、限时运输、专业化运输,通过拓展高附加值的运输服务,增强企业持续发展能力。

三是提升物流基地服务功能。完善全省交通物流基地布局,改革投资补助机制,重点支持国家级网络枢纽、具有两种以上运输方式的多式联运物流中心、甩挂运输站场等建设,建立交通物流基地项目库制度,推动交通物流基地项目与省交通物流公共信息平台联网对接。充分发挥协会等中介组织的协调推动作用,以 12.5 米深水航道建设为契机,促进沿江港口企业联动发展,提高沿江港口外贸集装箱直达运输能力。积极支持苏州市建设布局合理、设施先进、功能完善、安全环保的现代综合性港口,强化上海国际航运中心重要组成部分和集装箱干线港的功能。

四是推动先进运输组织方式发展。完成江苏省多式联运发展规划,依托大型港口、铁路车站以及国家级、省级公路运输主枢纽,推进铁公水联运、江海河联运,发展连云港港、南京港、南通港及无锡市、淮安市、苏州市、徐州市等运河港多式联运示范项目。强化物流中心、商贸中心与港口码头、航空机场、铁路公路货运站等之间的衔接和功能互动,优先发展铁水公多层次大联运、江河海全覆盖大联通,构建集约、高效的运输网络。培育大型多式联运经营人,加强政策引导和支持力度,加快多式联运服务体系建设。重点支持连云港市、南京市等铁水、公铁联运节点和交通物流企业,与铁路公司加强合作,支持连云港市中韩陆海联运示范项目建设,力争开通大丰港中韩陆海联运口岸,积极推进内河集装箱运输体系建设。力争开通苏新欧、连亚欧国际班列。深化甩挂运输试点示范工作,大力发展跨区域循环网络化甩挂运输、港口双重甩挂,鼓励甩挂运输联盟发展,企业之间在跨区域异地信息共享、站场共用、线路共营、双重运输上实现共享。

五是推进城乡物流配送体系建设。顺应城镇化发展趋势,加大对公用型城市配送节点建设的扶持力度,鼓励货运枢纽站场升级,完善城市配送功能。会同有关部门研究制定城市配送运输与车辆通行管理政策,建立城市配送运力投放机制。重点支持苏州、无锡、常州、扬州等市加快推动城市配送和社区物流发展。深化农村物流示范工作,逐步整合农村客运站、邮政、供销网络和服务优势,加快推进城乡物流一体化。主动适应网购等新消费模式快速发展态势,支持邮政部门实施"快递下乡"工程,推进快递普惠化。

六是加强物流统计、监测、评估工作。我国对物流市场状况、运营绩效的统计工作还处于探索阶段,缺乏统一的、权威的统计指标、统计口径、采集渠道和统计结果。江苏省交通运输部门应该在此方面有所作为,大力推进这方面的试点工作,通过相对准确的统计数据掌握物流行业的全貌。

(五)提升交通服务水平和法治化水平

在切实提升交通服务水平方面,主要措施包括:

首先,进一步加快城市客运发展。贯彻落实江苏省政府《关于进一步落实城市公共交通优先发展战略的实施意见》,督促各地落实城市公共交通优先发展战略的各项工作。积极推动南京市、苏州市公交都市创建,出台《江苏省公交优先示范城市试点工程实施方案》,落实省级层面对城市公共交通建设发展的扶持政策。全面实施公交"一卡通"工程,基本实现全省城市公共交通"一卡通"互联互通。制定相关推进和支持政策,加快城市公交换乘枢纽、公交首末站、公交停车场和出租汽车综合服务区建设。总结推广南京市等地定制公交服务模式。完善公共自行车慢行交通系统。

其次,提升城乡客运一体化发展水平。依托综合客运枢纽建设,研究推进城市客运换乘体系建设。推动客运线路向客源集中地、旅游景区延伸,加强与铁路、空港换乘衔接。推进城乡客运资源整合和农村客运班线公司化改造。组织开展农村客运班车通达,调整优化相关政策标准,保持全省行政村客运班车100%通达和已开通镇村公交持续运营。通过新辟或适当跨区域延伸城市公交线路,大力推进城市公交线路和毗邻地区城乡客运线路无缝衔接。出台《关于加强高速公路服务区管理工作的意见》,制订行业标准。

再次,创新客运组织与管理方式。出台促进道路客运节点运输和接驳运输鼓励政策。鼓励运输企业提供差异化运输服务,引导和满足不同人群出行需求。注重将城市公交优先发展理念扩展到城际交通。结合公车改革,组织开展汽车租赁业发展对策研究,规范行业管理,鼓励连锁品牌发展。

最后,提升汽车维修、驾培服务质量。出台江苏省贯彻10部委《关于促进汽车维修业转型升级、提升服务质量的指导意见》的实施方案,督促企业落实维修配件使用登记制度,初步实现配件"从哪里来、到哪里去"的追溯。深化驾驶培训智能化管理与服务系统应用,推广"先培后付"服务模式,打造智慧型品牌示范驾校。

在扎实推进法治交通建设方面,组织开展交通运输治理体系研究和顶

层设计,制定和推进《江苏省全面推进法治交通建设实施意见》,主要内容包括:

一是加强法治宣贯工作。认真做好《中华人民共和国航道法》和新修订的《中华人民共和国行政诉讼法》、《中华人民共和国预算法》等法律的学习宣贯工作,增强江苏省交通运输系统工作人员依法行政意识和能力,并结合实际研究制定相应的配套制度。

二是加强行业立法和制度建设。做好《江苏省地方航空条例》立法有关工作。尽快出台《江苏省内河水上游览经营活动安全管理办法》。加快交通运输重点领域标准制修订进程。加强各类规范性文件的管理,完善规范性文件制定审批流程,建立健全规范性文件的有效期制度和定期清理制度,制定出台《江苏省交通运输行政强制程序规定》等一批规范性文件。逐步建立交通运输部门法律顾问制度。

三是加强事中事后监管。完善交通运输市场服务标准和规范体系,加强市场监测和考核,强化考核结果的应用。加强诚信体系建设,强化质量信誉管理,出台运输经营者、从业人员信誉考核及违法行为累积记分等信誉管理制度,强化运输市场退出机制。通过加强执法信息化、规范化建设,与有关部门开展联合执法、跨区域执法等,增强执法的效能。

四是坚持严格规范公正文明执法。要严格执行行政执法人员持证上岗和资格管理制度。严格执行自由裁量权基准制度,出台《江苏省交通运输行政处罚自由裁量权执行标准》。加强执法指导与服务,不断提高执法水平和服务能力。推进行政执法信息化建设,实现省、市、县交通行政权力网上公开透明运行三级联网运行。完成交通运输行政执法综合管理信息系统和基层执法站所"三基三化"建设部级试点工作,并在全省组织实施。

(六)加强科技创新和信息化建设

坚持以科技创新和信息化建设引领江苏省交通运输转型升级,提升交通运输管理和服务水平。

首先,推进科技创新能力建设。强化企业技术创新的主体地位,加快先进适用的新技术、新工艺、新材料及新设备推广应用。发挥新型道路材料国家实验室、桥梁中心、水运中心、智能交通中心等平台的科技研发、成果推广、技术服务培训、信息交流作用。

其次，推进重大科技项目攻关和成果转化。继续推进货运与现代物流融合发展及技术应用、公路桥梁工业化与标准化建造关键技术等重大专项研究，加大推广力度。完成交通运输部《长大桥梁建设管理系统集成研究》课题攻关，形成代表国家水平的现代化大型桥梁科技集成创新成果。成立省交通运输标准化管理委员会，制定省级交通运输标准化工作实施意见及相关地方标准。

最后，继续加强智慧交通建设。积极推进"智慧江苏"的实施，加快推进交通运输部确定的安全应急、信用信息服务等示范项目建设，完成船联网等示范工程。开展数据标准规范体系研究，建设省交通运输行业数据中心。出台《江苏省交通运输信息化建设项目管理办法》，印发《江苏省智慧交通信息化建设技术指南》。基本完成"江苏智慧交通232畅通网"工程项目建设，包括"交通物流公共信息服务平台建设工程"、"内河船舶便捷过闸服务示范工程"及"内河水上应急管理信息化平台建设工程"等建设。推进高速公路南网和北网3条高速公路智能化运营服务平台建设，推广苏通卡与道路运输证智能卡两卡融合应用。在15座船闸推广应用"水上电子不停车收费系统"，实现长三角高等级航道网"水上电子不停车收费系统"全覆盖。升级开发全省统一的交通地理信息服务云平台。组织开展市县交通运输信息化示范工程建设和省港口物流公共信息服务平台等重大项目前期工作。实现沿江沿海重点港口电子数据交换（EDI）系统建成并投入使用；为省级铁水联运信息服务平台拓展提供"公铁水空"多式联运信息服务；依托"苏盟物流"，完成全省交通物流公共信息平台的建设与开发，包括：物流公共信息服务系统、物流企业服务系统、货主企业服务系统、联盟调度服务系统、接口交换服务系统。督促各市加快推广全省出租汽车"96520叫车"服务，探索与"滴滴打车"、"神马打车"等手机招车软件电商平台的合作，在便民的同时，规范统一管理。加快推进公众出行信息服务政企合作，提升民航、铁路、公路出行信息互联互通水平。切实做好网络与信息安全工作。

（七）发展绿色循环低碳交通运输

抓住交通部、江苏省共同推进"绿色交通示范省份"建设契机，努力提升江苏省交通运输绿色发展水平。

一是加强节能减排管理能力建设。全面落实《江苏省绿色循环低碳交通运输发展规划（2013～2020）》，完善工作领导、协调和考评机制，编制并落实行动计划和具体实施方案，抓好重点项目落实。进一步完善营运车辆、内河营运船舶、港口的能耗数据自动监测和报送平台，完成交通运输部确定的常州、南通、淮安三市能耗监测试点工作。

二是协调推进主题性、区域性项目建设。完成宁宜高速公路、连云港港两个主题性项目部级验收，加快推进镇丹公路、沪宁高速公路、丹金溧漕河、江阴港等主题性项目建设。区域性项目建设，无锡市要全面完成，其余5市所有项目要全面启动、加快推进。积极推进绿色港口建设，建成江阴港绿色港口科普展示平台，积极推广应用港口岸电技术。

三是加快节能环保技术和装备运用。完成"十二五"内河船型标准化工作，启动京杭运河液化天然气水运项目示范区建设。加快客货运车辆淘汰更新，加大政策引导力度，促进清洁能源车辆推广应用。积极配合有关部门推进加气站、充电站等配套设施规划建设。完成《江苏省公路绿色养护技术节能减排综合效益研究》，大力推广应用沥青路面再生技术，各类再生技术在养护大中修工程中的应用率达到40%。

四是加强运输过程节能减排。进一步落实运力结构优化相关政策，加快运力结构调整，不断提升全省客运班车、旅游包车的高级车比例以及全省厢式、集装箱等专用营运货车比例。积极推进客运线路整合和运输组织优化，提高客运车辆实载率。贯彻实施省地方标准《机动车维修业节能环保技术规范》，深化"绿色汽修"创建。指导驾校按照节能减排操作规范开展驾驶培训教学等。

（八）营造平安和谐的交通环境

牢固树立安全发展理念，夯实安全生产基础，提升安全治理能力，确保交通运输安全形势持续稳定。

一是全面推进"平安交通"示范建设。建立完善以评价分析体系、管理考核体系、科技信息体系、应急保障体系为核心的江苏省"平安交通"体系。评选首批"平安交通"示范建设单位,总结示范经验。启动实施平安交通科技创新综合示范区试点示范工作。

二是着力加强安全生产基础工作。全面深入贯彻《中华人民共和国安全生产法》,建立健全一把手主管、班子成员齐抓共管的安全生产管理工作机制。系统梳理相关制度,研究出台《江苏省交通运输安全生产责任追究制度》等规章。制订安全生产年度监督检查计划,依法开展安全生产行政执法工作。加快建立隐患排查治理体系,推进隐患分级分类、闭环管理。继续推进企业安全生产标准化建设,完善标准化建设规范体系,改进工作机制和考评程序。加强与相关部门的信息资源共享与应用,提升安全生产形势研判和统计分析工作水平,强化安全生产事故预警防控。加强安全教育培训,对全省交通运输系统安全监管人员和从业人员开展轮训。

三是持续深化重点领域安全治理。深入开展道路运输安全年活动,进一步规范营运车辆动态监管工作,构建"一车三方"安全监管机制,推进动态监管信息与运输管理工作深度融合。切实加强道路危险货运运输安全工作,全面实施电子路单报备制度,编写推广危化品安全管理技术指南。大力推进公路安全综合治理,在重要路段和节点加强超限监测站与动(静)态监测设备建设,推行货运车辆在高速公路入口称重,探索实行超限运输治理非现场处罚方式。深入开展隐患排查和专项整治,建立安全隐患台账和销号制度,分级挂牌督办重大隐患。实施公路安保工程3000公里,完成农村危桥改造1000座。深入开展"平安工地"建设。全力做好社会综合治理工作,加强组织领导,健全责任体系,统筹推进各项任务落实。

四是进一步提升应急处置能力。出台《江苏省公路、水路交通运输突发事件应急管理办法》,修订《江苏省公路、水路交通突发公共事件总体应急预案》,加强同行业内专项预案以及外部相关预案的衔接。完成江苏省公路水路交通安全畅通和应急处置系统工程建设。在事故易发领域,开展针对性的应急演练,定期开展移动应急指挥平台拉练。进一步加强湖区搜救基地基础设施和应急装备建设,研究雷达等远程探测设备在水上应急搜救中的应用。继续拓展完善干线航道水上应急搜救网络。

第六章　推动产业创新

　　随着经济的快速发展和高新技术的突飞猛进,世界产业结构的演进呈现新的发展趋势,产业在全球范围内的转移趋势明显增强,产业创新对世界各国的产业发展产生重要影响,并已成为各国迎接未来不确定性挑战、实现国家经济振兴的必由之路。经过30多年经济的快速增长,我国经济发展目前已步入新常态,全球资源环境约束的不断增强和世界范围内竞争的日益加剧,在挑战我国现有经济增长方式的同时,也带来了区域产业分工协作和经济协同发展的机遇。在新技术革命迅猛发展的背景下,推动产业创新、实现产业转型升级和协调发展,成为推动区域经济发展的核心。当前,我国东中西三大区域产业发展水平呈现出较为明显的东高西低现象;同时,不同地区间产业同构、重复建设以及产业发展与资源环境承载能力不协调现象仍然较为突出,亟须通过协调性均衡发展战略的实施,促进不同地区间产业协调并进、人与自然和谐共生。作为横贯我国东中西三大区域的长江经济带,应以流域融合共生、协调性均衡发展为引导,积极把握全球新一轮科技和产业变革趋势,按照培育形成具有国际水平产业集群的总体要求,统筹制定流域产业创新与转型升级整体方案,推动长江经济带流域产业由要素驱动向创新驱动转变,引导产业有序转移和分工协作,实现沿江产业协同合作、联动发展,促进上、中、下游产业布局与区域资源生态环境相协调,切实缩小我国东中西部地区发展差距,有效保护长江生态环境。在协同推进长江经济带产业创新进程中,拥有良好产业发展基础和丰富科教资源优势的江苏省,应从培育自身特色优势产业国际竞争力和增强长江经济带产业整体实力的高度,打破市场壁垒,推动劳动力、资本、技术等要素跨区流动和优化配置,加强与沿江其他省(市)形成产业链分工协作关系,更好地发挥江苏省产业创新在促进长江经济带协调性均衡发展中的引领带动作用。

一、以协调性均衡促进产业创新发展

近年来,随着资源、环境约束性的增强,劳动力、资源、环境的成本持续提高,单纯依靠传统要素投入驱动经济发展已不可持续,而以人才和知识为依托,以创新为主要驱动力,以发展拥有自主知识产权的新产品和新技术为抓手,以产业创新为代表的创新要素驱动经济增长,则具有较强的持续性、稳健性、抗周期能力和创新维系能力。[①] 在当前世界经济发展的新趋势和我国传统竞争优势流失的双重压力下,加快经济结构调整和发展方式转变,实现由"要素驱动"向"创新驱动"转变,已成为各方关注的焦点。创新驱动发展,实现产业结构优化与转型升级,是经济社会发展的内生动力,是践行科学发展观的必由之路。

新一轮长江经济带开发开放中,实施创新驱动战略、推动产业转型升级是重中之重。在经济新常态下,长江经济带协调性均衡发展客观要求通过创新驱动,实现产业转型升级并带动中上游腹地整体发展,促进流域产业分工合作,避免产业结构趋同。这不仅是促进整个流域经济融合共生的需要,还符合国家拓展经济增长回旋空间的需要。长江经济带协调性均衡发展,在企业层面体现为企业战略合作;在产业层面,体现为产业链的延伸与拓展;在城市层面,体现为城市群抱团发展,从而形成环环相扣、相互联动的经济链条。而产业创新正体现转型升级的内在要求,通过组织模式的调整和转变,实现创新活动从企业合作向全产业链拓展,从产品创新向领域集成拓展。产业创新是市场主体根据社会日益增长的需要和社会所能提供的资源,在一定的机制和政策条件下,组合各种生产要素不断开发新的商品和服务,进而形成新的产业体系或产业集群的能动过程。[②] 产业创新从本质而言是企业突破现有结构化的产业约束,运用技术创新、管理创新、市场创新

---

① 参见《OECD 中国创新政策研究报告》,薛澜、柳卸林、穆荣平译,科学出版社 2011 年版,第 26~32 页。

② 参见李天舒:《产业创新的特征和趋势》,《改革与战略》2012 年第 9 期。

或组合创新等来改变现有产业结构或创造新产业的过程。从区域创新体系理论的角度看,区域创新环境与产业的契合度越高,则越有利于产业升级和区域经济的发展。产业创新体现为技术突破,新兴产业出现、传统产业改造升级,从而促进落后产业向先进产业转化,并最终带动整个区域产业竞争力的形成。因此,长江经济带需要通过产业联动、区域互动以及在上、中、下游之间形成紧密的经济链条,来促进产业创新发展和经济转型升级,进而推动长江经济带协调性均衡发展。

(一)创新驱动与产业创新研究文献梳理

1. 国外关于创新理论与产业创新的研究

20世纪初期,西方经济学家熊彼特首次提出创新概念,认为创新是变化和发展的原动力,而企业家的创新活力则是促使经济体系从旧均衡走向新均衡的关键因素。① 此后,西方经济学者分别从不同侧面阐述了创新的概念,并形成了若干较为系统的创新理论体系。创新理论主要向以弗里曼等为代表人物的技术创新学派和以道格拉斯为代表人物的制度创新学派两个方向发展。20世纪90年代,以迈克尔·波特为代表人物,对技术创新学派和制度创新学派进行了融合,发展形成了国家创新学派。

技术创新学派经历了四个阶段的发展。20世纪60年代以前为第一阶段,以格瑞里切斯和索洛为代表人物。其中:格瑞里切斯通过实证分析,证明了技术进步对经济增长的促进作用;索洛则建立了技术进步索洛模型。20世纪60~90年代为第二阶段,以弗里曼等为代表人物。他们认为,创新不仅包括新产品、新工艺、新装置以及新系统等的商业性应用,而且包括科学技术、组织、金融和商业等一系列创新活动②;同时,他们又指出,专利、发明等技术创新活动仍受市场的引导和制约③。20世纪90年代到21世纪初

---

① 参见[美]约瑟夫·熊彼特:《经济发展理论》,商务印书馆1990年版,第6~10页。
② 参见[英]弗里曼等:《工业创新经济学》,华宏勋等译,北京大学出版社2004年版,第26~32页。
③ 参见 J. Schmookler: *Invention and Economic Growth*, Cambridge, MA: Harvard University Press, 1966。

为第三阶段,以马歇尔、哈皮尔、弗罗施等为代表人物,他们的共同认为,技术创新应符合可持续发展要求,企业的创新活动应融合环境友好理论,树立绿色形象①;工艺和产品的技术创新设计应符合循环经济理念,以实现工业的可持续发展目标②。21 世纪以来为第四阶段,众多学者提出了综合效益创新理论和生态化技术创新理论,强调应通过科技创新成果的商品化,提升其经济和社会价值;强调在通过创新促进经济增长的同时,要注重实现人与自然的全面和谐发展。此外,20 世纪 70 年中期,国外还有学者从产业技术创新视角来分析技术创新;在 20 世纪 90 年代,也有学者构建了"主导设计模型",研究主导设计对提升技术创新水平并创造新的产品的作用强度,从提升行业集中度的角度,提出应淘汰没有技术创新与行业结构调整的企业。③ 还有部分西方经济学者,通过设计不同模型,对不同国家和地区的产业技术创新效率进行了实证研究。

道格拉斯作为制度创新学派的代表人物,将制度作为内生变量对经济增长进行研究,主张长期的经济繁荣最终还要依靠建立合理的制度体系。④ 20 世纪 70 年代,以舒尔茨、戴维斯、诺斯为代表的众多学者,创立了完整、系统化的制度创新理论,该理论认为制度变迁产生协作效应、学习效应、适应期预期,降低了单位成本,进而带来生产边际报酬的普遍递增。制度创新作为经济领域中的一个变量,其发生变化所产生的反应能量,必然促进经济价值增长,最终实现新的经济均衡⑤;制度创新的形式可以多种多样,创新主体既可以是政府、集团,也可以是个人或人群。⑥

---

① 参见[美]克里斯托弗·梅耶:《创新增长—硅谷的启示》,吉林人民出版社 1999 年版,第 68～76 页。
② 参见 Rosenberg N: *Perspective on Technology*, London: Cambridge University Press, 1976。
③ 参见[美]厄特拜克:《把握技术创新》,高建、李明译,清华大学出版社 1999 年版,第 3～8 页。
④ 参见 Douglass C. North: *Structure and Change in Economic History*, W. W. Norton Press, 1983。
⑤ 参见[美]西奥多·W.舒尔茨:《报酬递增的源泉》,北京大学出版社 2001 年版,第 2～12 页。
⑥ 参见 North Davis: "Economic Performance Through Time", *American Economic Review* Vol. 84, No. 3, Jun., 1994。

20 世纪 90 年代,迈克尔·波特在经济全球化背景下,融合技术创新与制度创新,提出了国家创新系统,认为国家或地区的竞争力反映在企业的创新能力基础上,政府应为企业创造一个适宜的、鼓励创新的政策环境;在创新驱动阶段,高科技和知识被作为最重要的资源,通过市场化、网络化实现科技与经济的一体化,形成产业聚集,从而推动经济的发展;依靠技术创新实现企业不断技术升级,能在广泛的领域成功地进行市场竞争,在重要的产业群中出现具有世界水平的辅助行业,并在相关产业中形成有竞争力的新产业。① 1997 年,意大利学者布雷斯齐(Breschi)和马勒尔巴(Malerba)首次提出产业创新系统的概念,产业创新系统是"开发、制造产品和产生、利用技术的企业活动的集合。② 产业创新系统不仅包括生产和销售的企业,还包括大量的非企业类机构。③ 区域产业创新系统通过组织和制度安排以及主体间的相互作用,有助于知识的创造、应用与配置,支持并产生创新④;一个产业创新系统的构成要素包括企业、其他参与者、网络、需求、制度、知识基础和技术特性六个部分;知识作为创新活动的基础,在产业间表现出极大的差异,同时产业的知识基础随着时间在不断变化,从而影响到产业体系的边界和产业结构的动态变化。⑤

从创新理论演化过程可见,国外经济学家更注重创新的理论框架研究与实证研究。产业创新理论是在国家创新系统、技术创新系统以及演化经济学等理论的基础上发展起来的一个重大研究领域。国家创新系统、产业创新系统、企业创新代表着三个不同层次的创新,企业创新是产业创新的基础,产业创新是国家创新的基础。在某种程度上,作为产业层次的创新活

---

① 参见[美]迈克尔·波特:《国家竞争优势》,华夏出版社 2002 年版,第 3～15 页。

② 参见 Breschis, Malerba. F: "Sectoral Innovation Systems: Technological Regimes, Schumpeterian Dynamics, and Spatial Boundaries", *Edquist Systems of Innovation: Technologies, Institutions and Organizations*, London: Printer, 1997。

③ 参见 Malerba, F: "Sectoral Systems of Innovation and Production", *Research Policy* 2002 (31): 247-264。

④ 参见 Doloreux D.: "What We Should Know about Regional Systems of Innovation", *Technology in Socity* 2002, 24(3): 243-263。

⑤ 参见 Malerba, F.: *Sectoral Systems of Innovation and Production in Development countries*, UK: Edward Elgar Publishing Limited, 2009。

动,是介于企业创新与国家创新体系之间的中间层次,对于国家创新能力的提高和企业创新活力的增强有重要的战略意义。

2. 国内关于创新驱动战略与产业创新的研究

国内关于创新的研究是从 1979 年厉以宁在文章中初步界定了技术创新的概念开始的。20 世纪 90 年代,国内关于技术创新理论的研究开始形成井喷,主要观点包括:技术创新被认为是科学转化为生产力的过程,是由内在环境产生的,将虚拟的科技知识转化为现实的产品与服务,实现市场价值,并为企业带来经济效益或创造社会效益的过程[1],企业家在技术创新过程中扮演重要角色,技术创新的重要性在于其扩散过程。[2] 技术创新被界定为一种创造性破坏过程,是科技与经济进行有机结合,来适应市场不断变化的需求,是产业升级与产业结构转化最主要的动力要素[3],产业升级的核心环节在于技术创新和所引致的产业结构优化[4];技术创新作用并影响市场供需结构,最终传递到产业组织,形成技术进步与经济发展间的相互促进作用,而技术升级又是产业升级的必然路径[5];还有许多学者从技术创新与产业升级的相互作用机理入手,深入探究了我国产业结构转变以及产业升级的战略。[6]

---

[1] 参见许庆瑞、吴晓波:《技术创新、劳动生产率与产业结构》,《中国工业经济研究》1991 年第 21 期;远德玉:《企业技术创新能力的综合评价和动态分析方法》,《科学管理研究》1994 年第 4 期。

[2] 参见傅家骥、程源:《面对知识经济的挑战,该抓什么? —再论技术创新》,《中国软科学》1998 年第 7 期;陈其荣:《技术创新的哲学视野》,《复旦大学学报》2000 年第 1 期;陈柳钦:《产业集群、技术创新与技术创新扩散》,《武汉科技大学学报》(社会科学版)2007 年第 10 期。

[3] 参见黄志强:《论技术创新的社会系统效应与本质》,《广西师院学报》(哲学社会科学版)2001 年第 7 期;肖信华:《技术创新的哲学理性研究》,《科技进步与对策》2000 年第 7 期。

[4] 参见高翔、程瑾:《技术创新对产业发展的作用》,《科技进步与对策》1999 年第 1 期;陈敦贤:《知识与技术创新:产业结构变迁的动力》(上),《武汉金融高等专科学校学报》2000 年第 1 期。

[5] 参见薛敬孝、张天宝:《技术进步促进产业结构变化的一般方式和现代特点》,《世界经济与政治论坛》2002 年第 10 期。

[6] 参见赵英:《提高我国制造业国际竞争力的技术标准战略研究》,《中国工业经济》2007 年第 4 期;韩江波、蔡兵:《技术创新与产业发展的互促机理——兼论中国经济发展方式转变的战略定位和选择》,《产业与科技论坛》2009 年第 9 期。

在创新驱动方面,国内学者普遍认为创新驱动经济是以创新产业为标志的经济;它是以人才和知识为依托,以创新为主要驱动力,发展拥有自主知识产权的新技术和新产品,并充分体现环境友好和资源节约的要求,反映增长方式由物质投入推动增长转向创新要素驱动增长,从模仿和学习驱动转向创新驱动,经济政策转向生产率驱动①;国家创新驱动战略应该是在激活创新网络的系统活性基础上,推动内生性战略驱动产业转型升级和功能性战略驱动战略性新兴产业集约化发展,区域间良性的创新竞争互动机制是驱动国家创新一体化的保障。②

国内产业创新方面的研究是从对区域创新体系的研究开始的。区域创新系统是在一定的经济区域内,由创新主体要素、创新物质条件等各要素协调构成的区域政策制度网络;区域创新的关键是产业创新,产业创新是区域产业结构演进的内在推动力③;区域创新与产业集群在观念、管理、技术、制度和环境等环节上存在紧密耦合关系,区域创新的有效运行会加速形成要素的空间集聚,产生集聚经济性④;产业升级过程实质上是产业创新与产业替代的过程,产业创新是产业升级的主要方面。⑤ 知识和技术、主体和网络以及制度是构建产业创新能力的三个基石⑥;我国应以完善市场机制为着力点推动产业创新,并优化政府在创新活动中的职能和作用⑦;主要是营造支持企业技术创新的良好环境,包括为新兴产业发展创造有效需求,提供高

① 参见洪银兴:《向创新型经济转型》,《江南论坛》2010 年第 1 期;刘志彪:《从后发到先发:关于实施创新驱动战略的理论思考》,《产业经济研究》2011 年第 8 期。
② 参见邱国栋、马鹤丹:《区域创新系统的结构与互动研究:一个基于系统动力视角的理论框架》,《管理现代化》2011 年第 4 期。
③ 参见黄鲁成:《关于区域创新系统研究内容的探讨》,《科研管理》2000 年第 3 期。
④ 参见王知桂:《要素耦合与区域创新体系的构建——基于产业集群视角的分析》,《当代经济研究》2006 年第 11 期。
⑤ 参见张耀辉:《产业创新:新经济下的产业升级模式》,《数量经济技术经济研究》2002 年第 1 期。
⑥ 参见王丰阁、刘敏:《产业创新体系的构建机理研究》,《中国商贸》2013 年第 8 期。
⑦ 参见张曼茵、陈亮辉:《产业创新的国际比较及其启示》,《重庆社会科学》2013 年第 10 期。

质量的资源和服务以及营造良好的政策和文化氛围①;同时应依靠科技创新提升制造业,利用比较优势培育产业竞争优势,鼓励传统产业创新发展,促进战略性新兴产业成为主导产业。② 还有学者对区域产业创新与产业升级耦合③,以及围绕参与主体、组织体系、目标定位、功能效应、辅助支撑等方面,对产业创新平台进行系统研究。④

总体而言,国内学者关于创新对产业发展影响的研究,多是借鉴与运用西方的经济学理论,结合 30 多年来改革开放的实践,主要从宏观层面广泛探讨技术创新在我国产业结构转变中的作用机理、路径与对策。但在经济转型升级的新形势下,特别是在信息技术,互联网+、工业智能化、大数据等新兴产业蓬勃发展的背景下,产业创新的新形态、新特点与发展趋势以及对区域经济发展带来的影响,还有待深入研究。

(二)长江经济带产业创新发展现状分析

从 20 世纪 90 年代开始,随着我国全方位、多层次、宽领域对外开放格局的形成,长江流域各省市为了顺应国际重化工产业向发展中国家转移的趋势,加快推进工业化进程,相继推出沿江发展战略,依托长江黄金水道,优化沿江空间布局、产业布局和生产力布局,重点发展了钢铁、石化、能源、船舶、汽车、机电、建材等资本密集型产业。为了加强长江两岸生产要素的流通,沿江各省市加强跨江基础设施建设,长江上已建和在建大桥共约 100 座,各省市区内沿江高速公路网、铁路与航运体系初步形成,综合交通运输体系逐步完善;同时,利用长江深水岸线,各地大力推进沿江产业园区和港口、仓

① 参见黄超、龚惠群、梅姝娥等:《基于产业创新系统的我国新兴产业发展研究》,《科学管理研究》2012 年第 4 期。
② 参见洪银兴:《产业创新亟待处理好的几个问题》,《群众》2013 年第 6 期。
③ 参见徐晔、陶长琪、丁晖:《区域产业创新与产业升级耦合的实证研究——以珠三角地区为例》,《科研管理研究》2015 年第 12 期。
④ 参见汪秀婷、胡树华:《面向自主发展的产业技术创新平台的构建》,《科学学与科学技术管理》2007 年第 2 期;周元、王海燕:《关于我国创新体系研究的几个问题》,《中国软科学》2006 年第 10 期;芮明杰、左斌:《蓝色外海战略——基于全新产业创新与价值创新的市场空间》,《企业管理》2007 年第 6 期。

储基地建设,加快沿江产业带的形成与发展。长江下游的江苏、上海地区靠海沿江,国家率先启动的沿海开放战略使之成为中国经济最发达的地区和对外开放的窗口,而长三角一体化进程加速,促进了区域内要素资源的流动、商品市场的开放和经济社会各方面的融合,长三角地区已成为长江经济带的发展引擎。近年来,随着生产要素的跨区域流动和中西部加速承接产业转移,以武汉、成渝为代表的城市群、城市密集区的形成,推动长江中上游地区工业化和城镇化进程,并已成为长江经济带新的经济增长极。上海市、南京市、武汉市、重庆市作为长江经济带上重要节点城市,集聚了一大批具有竞争力的优势企业,依靠创新驱动战略,在新能源、新材料、生物医药、航空航天、船舶制造等领域培育了一批战略性新兴产业基地和特色产业链,初步构建了沿江创新走廊。另外,长江经济带科教资源丰富,流域重要节点城市共集中了267所高校,上海市、武汉市、重庆市、南京市分别位于中国高校最集中城市排名的第二、第六、第七和第八名。长江经济带以上海市、武汉市、重庆市、南京市等重要节点城市为中心,对周边区域的辐射与带动效应正逐步体现。

1. 长江经济带产业创新发展的有利条件

(1)第二、第三产业经济增速快,产业结构趋向优化

长江经济带产业结构的不断优化为推动产业创新提供了坚实的产业根基。长江经济带9省2市的国内生产总值由2005年的79039.72亿元增长到2014年的284643.88亿元。其中,第一、二、三产业产值分别增长2.54倍、3.51倍和4.03倍。这表明,长江经济带经济发展趋势良好,第二产业和第三产业增长较快,第三产业增速超过第二产业。2014年,长江经济带第一产业、第二产业、第三产业占国内生产总值的比重分别为8.36%,46.89%和44.75%,第二产业和第三产业所占比重较大,说明长江经济带的经济增长主要依靠第二产业和第三产业的拉动,产业结构呈"二三一"格局,第二产业仍是主导产业,但第三产业已在经济体系中占据重要位置,且其占国内生产总值比重逐年提升,并有超过第二产业占国内生产总值比重的发展趋势。① 从产业结构的波动趋势看,长江经济带的第一产业比重持

---

① 相关数据根据长江经济带各省市2005~2014年期间各年度统计公报中数据计算。

续降低,而第二产业、第三产业比重不断提高,按照国际通行的工业化阶段划分,长江经济带目前整体处于工业化中期阶段。当然,在整个长江经济带覆盖范围内,工业化水平差异明显,下游地区工业化后期与上游地区工业化加速阶段共存。下游地区第三产业发展较快,基本实现了工业经济向服务经济的转化,长三角的江浙地区已处于工业化后期,而上海市则已全面进入了后工业化时代;中上游地区工业基地数量较多,工业基础雄厚,但传统农业比重偏高,上游的云贵地区尚处于工业化初期。

(2)行业覆盖面广且较为完整的产业链基本形成

长江经济带依托龙头骨干企业形成的较为完整的产业链,为依托产业链建立创新链奠定了基础。长江经济带历来是我国的城市走廊、工业走廊和商贸走廊,集中了一大批大耗水、大耗能、大运量、高科技的工业行业和特大型龙头骨干企业,并依托这些龙头骨干企业形成一批产业上下游企业与配套企业,形成了较为完整的产业链。各区域基于比较优势形成了各自特色产业,如长江上游形成了以磷、盐化工、氯碱、电石等为主的化工产业链;以攀钢、重钢为龙头的钢铁冶金产业链;以二重集团等为龙头的重装备制造产业链,以长安福特、长安铃木为代表的汽车摩托车产业链;以红云红河集团和红塔集团为核心的烟草产业链;以长虹电子、惠普、成都英特尔、富士康为代表的电子信息产业链;以及农副产品、生物工程及现代医药产业链。长江中游地区形成以淮北矿业(集团)等为龙头的煤炭开采和洗选业、金属与非金属矿产业链;以武钢为龙头的钢铁产业链;以东风汽车、奇瑞集团为主导的汽车制造业产业链;以三一重工、中联重工为代表的机械制造产业链;以株洲、湘潭为核心区域的轨道交通设备产业链;以及食品制造业、烟草制品业和医药制造业等具有一定集聚规模的产业链。长江下游地区,依靠对外开放和传统产业优势,发展起来的纺织业、服装鞋帽制造业、文体用品制造业、医药制造业、化学纤维制造业、塑料制品业、有色金属冶炼及压延加工业、黑色金属冶炼及压延加工业、通用设备制造业、通信设备、计算机及其他电子设备制造业等制造业,已形成产业门类齐全、配套完善、企业数量较多的产业链;近年来,全流域在新能源、新材料、海洋工程、物流网、大数据、云计算等战略性新兴产业以及金融服务、商贸流通服务、现代物流、信息服务等现代服务业方面发展迅速。

（3）区域产业互补性、集聚性、联动性态势显现,现代产业体系初步建成

长江经济带上中下游产业发展联动性的增强为推进产业创新联动提供了支撑。长江上中下游地区受资源要素禀赋差异的影响,优势产业的地域分布迥异。中上游地区,自然资源和劳动力丰富,矿产资源型产业、装备制造产业基础雄厚;下游地区先进制造、现代服务业、高新技术及新兴产业发展迅速,区际产业发展的互补特征鲜明。长江经济带上中下游地区产业结构相互融合,轻重工业、不同所有制企业、大中小企业共同发展的产业格局基本形成。依托长江黄金水道的天然纽带作用和巨大的航运物流功能,长江经济带形成了紧密的产业分工与合作关系,在全流域内初步形成一种立足于比较优势的差异化分工格局。长三角拥有良好的服务业和高端制造业的基础和发展前景以及对外开放的优势,而长江的中上游目前已成为资本品制造业和外向度较高产业的重要基地,从区域发展的产业支撑角度看,长江沿线形成了产业梯度,具备了产业联系和产业转移的基础。① 另外,长江经济带各省市之间多领域、多层次、多形式的横向经济联合与协作,促进了资金、信息、人才、技术的交流与合作;江淮地区、长江中游地区、成渝地区、黔中地区、滇中地区等国家级重点开发区域的新型工业化进程加速,依托国家级和省级开发区、高新区,先进制造业、现代服务业集聚发展的态势初步显现;流域沿江地区开始布局高端装备、信息网络、集成电路、新能源、新材料、生物医药、航空发动机等高新技术产业、战略性新兴产业,为流域内长三角、中游城市群、成渝经济区三大经济板块的产业有序转移和产业联动创造了良好的条件。

（4）流域科教资源丰富,科技创新实力强

长江经济带丰富的科教资源,为产业创新提供了充足的源泉。长江经济带是中国科技创新力量非常密集的地区,从上游到下游,有重庆、成都、长株潭、合芜蚌（合肥、芜湖、蚌埠）、武汉东湖、上海张江等一批科技创新重镇

---

① 参见徐长乐:《建设长江经济带的产业分工与合作》,《改革》2014 年第 6 期。

和一大批国家级高新区。长江经济带科教资源丰富,重要节点城市(上海、武汉、重庆、南京等)汇集了 267 所高校,成渝经济带、长江中游城市群、长三角地区三大经济板块就集聚了数以千计的各类科研院所,产学研活动频繁,科技成果转化硕果累累,为长江经济带产业创新发展提供了不竭的动力。长江经济带围绕产业链部署创新链,以创新链带动资金链,加快传统产业的改造提升和战略性新兴产业体系的构建,大幅提高生产性服务业在GDP 中的比重,在整个流域已初步构建了现代产业体系。沿江地区内既有规模化的特色农副产品基地,汽车、电子信息、钢铁、船舶、有色冶金、装备制造、石油化工、生物医药等制造业集群,还集聚了一批新材料、新能源、海洋工程、生物工程等战略性新兴产业,培育了一批金融服务、信息服务、物流等现代服务业基地;利用大数据、云计算、物联网、移动互联网、人工智能等新一代信息技术,改造传统产业、培育新兴产业;基于产业创新的理念,积极推进企业管理、生产组织和商业模式的创新。

2. 长江经济带产业创新发展存在的问题

(1)产业层次不高,产业结构差异明显

长江经济带产业层次总体偏低。沿江各城市新型工业化整体水平不高,产业链条短,集群效应不显著,企业扎堆现象严重,战略性新兴产业规模小。长江经济带上中下游在经济发展阶段、发展层次和产业结构上存在明显差异。下游地区三产结构从 1992 年的 18.29∶55.25∶26.46 转变为2013 年的 5.86∶48.92∶45.22,产业结构逐渐向二、三产业并重发展转变;中游地区三产结构从 1992 年的 32.57∶39.03∶28.40 转变为 2013 年的14.26∶49.13∶36.60,第二产业比重逐年增加且增长幅度较大,第三产业也呈现持续上升的态势,产业结构形成"二三一"的格局;上游地区三产结构从 1992 年的 33.93∶40.90∶25.17 转变为 2013 年的 12.94∶48.44∶38.62,二三产业发展迅速,也形成了"二三一"格局。总体上,目前长江经济带由上游至下游的工业布局,呈现出原材料、采掘业向重工业、轻工业过渡的空间态势。

另外,长江经济带不同区域产业发展不平衡依然存在。长三角地区产业趋向高级化,中上游腹地省份经济发展水平较低,传统的工业与服务业依然是其主导产业发展方向。流域内省级行政区所形成的行政壁垒,阻碍了区域间的生产要素和产品的自由流动,影响了长江经济带地区间产业转移和产业升级优化,大大降低了地区间产业分工和协作的效率;中上游地区一批老工业基地,负担较重,转型升级困难重重。在长江经济带,高端产业向省会城市、经济发达城市集中态势明显,流域腹地中小城市产业低端化、空心化、边缘化状况越发严重。[①] 以高新技术产业为例,在长江上游的川渝地区,近年来,由于重庆市和成都市计算机制造、电子信息、高端装备制造、医药等高新产业的迅速发展,高技术产业比重显著增加,并已发展成为其专业化部门;但在流域腹地的云贵等地,高新技术产业的比重较低,产业竞争力较弱;中游湘鄂赣等地区由于本身传统制造业发达,转型吃力,高新技术产业比重不高,发展潜力不强;长三角的江浙地区和上海地区,高新技术产业发展势头强劲,总体实力较强。

（2）部分产业存在趋同趋势,产业同构、重复建设等现象突出

由于人力资本、技术资本和资源禀赋的差异,从区域经济发展理论上而言,长江中下游地区与上游地区之间产业趋同现象不应该较为明显;但实际上,长江经济带各地区部分产业则存在相当程度的产业趋同现象,主要集中在煤炭、冶金、机械、电力、化工、医药等高耗水、高耗能、高污染和资源依赖性较强的产业。特别是受传统产业布局的影响,沿江各地依托长江建设了大量船舶修造、化工、造纸、黑色金属和有色金属冶炼及压延加工业等产业;近年来,随着下游地区环境整治力度加大,大量低端产业向中上游转移,高污染、高能耗的低端产业大量涌入。据统计,流域内上述此类工业企业有3万家,化工企业近1万家,给长江流域水环境保护带来巨大压力。另外,由于区域间的行政壁垒存在,市场割据带来流域内各地的产业同构现象也趋于严重,往往几个城市都将同一个产业或同几个产业列为重点发展的产业方向。以汽车工业为例,长江经济带内的上海市、武汉市、重庆市、南京市、芜湖市、合肥市、成都市等地,几乎都把汽车工业作为重点发展的产业。产

---

① 参见杨德才、余玮:《制度创新、区域分工协作与长江经济带良性发展——基于国外流域经济带发展经验的思考》,《中国发展》2014年第12期。

业同构又导致各地产业恶性竞争愈演愈烈,如长三角沪苏浙三省市,为了招商引资,在地价、税收等方面竞相出台优惠政策,陷入了恶性竞争;长江中游地区和成渝地区的主导产业基本上都集中在石油和天然气、电力蒸汽热水生产和供应、烟草加工、食品加工、黑色金属等产业上,产业结构趋同和重复建设,导致资源配置无法实现最优化,造成资源的浪费和社会福利的净损失。产业同构弱化了区域间的产业分工与协作机制,削弱了当地比较优势并加剧了各地的经济攀比和恶性竞争。

(3)区域产业创新的能力和动力不足

产业创新能力涉及创新生态体系建设并直接关系到区域产业发展水平。长江经济带中上游部分省份由于财力所限,在研发投入、技术引进、科技创新等方面的投入不足,导致区域产业发展单一,缺乏后劲。从整个流域层面看,在关键领域的自主知识产权拥有的数量比较少,产业主要集中于产业链的中低端环节,由于不掌握核心技术,导致自主创新能力薄弱。特别沿江中小城市高层次人才总体上较为缺乏,科技创新体系及其制度环境有待完善;先进制造业缺乏核心技术和自主品牌;科技体制本身的缺陷、产学研合作机制的不完善以及市场机制引导力度不够,导致企业、高校、科研院所联系不紧密。流域不少省市特别是中心城市主要依靠自身的科技力量进行科技研发;而高校和科研院所的人才培养、科研活动与地方产业发展不匹配,低层次研究、低水平重复的科技研发现象频发。以电子信息产业为例,电子信息产业是战略性新兴产业,处于产业链的高端环节,对区域经济拉动作用巨大,但核心技术与产品对整个产业有着很强的掌控能力。长江经济带许多省市都将发展电子信息产业纳入产业发展规划,但有些省市往往忽视当地资源禀赋、技术储备、专利、人才等要素资源,一味地追求项目大干快上,在产业发展过程中缺乏投入,再加上科技人才缺乏,自有品牌和自主知识产权也相对较少,导致产业技术层次较低,主要从事末端产品的封装,缺乏中前端产品的核心制造和专利设计,尽管长江经济带电子信息产业规模占到全国的46%,但外资企业比重偏高,加工贸易比重过大,核心关键配件的制造能力弱,同时缺乏本土有竞争力的企业,相关部门产业的附加值也比较低,核心技术受制于人,产业创新能力低下。从整体上来看,整个长江经济带的电子信息产业的产业链尚未形成;即使在已经初步形成产业链的长三角地区,其电子信息产业的联动性也较差,流域内电子信息产业的同构问题比较严重,产业处于国际产业链低端,部分地区产业创新能力还遭遇资源开发空间的限制。

(三)协同推进长江经济带产业创新发展

产业创新是区域经济增长的核心动力之一,而协同推进流域产业创新发展是长江经济带协调性均衡发展的重中之重。长江经济带上中下游之间存在显著的产业梯度和要素禀赋差异。流域产业存在的差异性和互补性,为各区域在不同产业层面开展分工协作、优势互补奠定了基础。产业互动与资源整合有利于整个流域产业结构的转型升级和流域经济带的产业化。因此,长江经济带产业创新发展,首先要求流域整体从低水平的投资驱动、要素驱动向高水平的创新驱动转变;依靠跨区域技术转移和合作,依靠劳动者素质提高、科技进步和管理创新驱动,促进自主创新成果在全流域转化并形成生产力,带动流域产业向高端演进。其次,长江经济带产业创新发展,必然要求全流域的协同融合,实现产业结构的优化调整和资源优化配置,进而形成流域产业发展的融合共生格局。在经济发展新常态下,更强调通过地区间的产业规划对接、产业有序转移与联动,协同推进流域产业高级化进程并在全流域内建成现代市场体系,不断优化产业空间布局,完善区域产业分工和优势互补,释放产业发展潜力,并形成绿色、生态、可持续的产业共生发展模式。

1. 统一完善产业发展规划,构建整个流域的产业互补联动体系

长江经济带是整体性极强、关联度很高的区域经济,部分地区经济环境的改变,在影响本地区经济发展的同时,可能会影响、波及流域其他地区的发展。因此,长江经济带内任何局部产业发展规划都必须纳入流域整体的经济利益中进行考量,评价其对长江经济带整体发展的影响。因此,必须改变产业规划分治的现状,对现有的产业布局进行重新规划与调整,应遵照"兼顾长远、因地制宜、统筹规划、发挥优势、分工合作、协调发展"的原则,编制相对规范和统一的产业布局规划。长江经济带的产业开发既要基于整个区域进行系统考虑,还要从国内、国际的产业发展趋势的角度进行谋划。

要根据流域资源环境承载能力,对长江经济带各个区域的产业进行规划与
空间布局,做到有所侧重、有所分工,避免产业同构现象,形成产业互补优
势。统筹考虑未来长江经济带的产业空间布局、产业发展规划、国土利用和
城镇化格局,由"城区扩张"向"产业互补互动"转变,实现长江经济带产业
创新发展一体化。

首先,国家层面要加强顶层设计,应对长江经济带的产业规划布局、产
业发展政策协同、重大基础设施项目对接、港航互动发展、流域共同治理等
重大问题进行统筹规划。其次,要打破行政区划的壁垒,建立长江经济带省
级层面协调、沟通机制,逐步形成各省市主要领导座谈会或联席会议制度,
加强沿江地区经济联动发展和产业分工合作所涉及的产业规划、产业政策
等的协调沟通。再次,利用下游传统产业产能过剩、产业结构急需转型升级
的契机,促进下游向中上游有序地进行产业梯度转移;利用上中游矿产、能
源等资源丰富,而下游人才、技术、资金充足的特点,加强产业要素的双向流
动;利用长江黄金水道的优势,加强上中游的旅游、农业、采掘加工等特色产
业与下游外向型经济、海洋经济的共生融合。① 充分发挥各地资源禀赋和
比较优势,在产业联动互补、分工协作中实现本地产业的调整升级和区域产
业的创新发展。

2. 提升沿江中心城市的产业能级,以城市群(圈)带动产业集聚发展

城市、产业、交通三者之间的内部联动与一体化是加速长江经济带发展
的强大动力。城市是产业的重要载体,交通基础设施是城市群(圈)形成的
必要条件。以上海、南京、武汉、重庆等城市为核心的长江经济带沿江工业
走廊,已成为资金流、信息流、资源流等要素自由流动的枢纽与市场。因此,
提升沿江中心城市产业能级,不但有利于促进中心城市对周边城市辐射、带
动作用,还有利于城市群(圈)、城市群内部产业垂直分工以及水平分工体
系的形成。通过加强高端要素集聚、培育高端价值链和新兴产业,发展现代
商务与信息服务、总部经济、平台经济和绿色产业,能有效提升沿江中心城

---

① 参见徐长乐、孟越男:《长江经济带产业分工合作与江苏作为》,《南通大学学报》(社
会科学版)2015年第5期。

市的产业高度。完善沿江交通基础设施,可强化长江经济带城市群(圈)之间的产业关联与经济联系,从而促进人才、信息、资金、技术等经济要素的空间流动性和市场有效配置;结合城市群(圈)比较优势和地方特色,将自身的环境、区位、资源等优势与外部的人才、技术、资本等要素相结合,使自身优势与产业发展优势互为转化;实施差别化区域产业政策,通过优势互补、协作分工和优化生产力布局,实现区域特色产业的创新发展并促进沿线产业梯度转移;以产城融合提升产业功能区的服务功能,强化以中心城市为核心的城市圈对各类产业要素的吸附性,带动产业向优势区域布局,以长江沿线城市群(圈)的发展带动流域产业集聚发展。①

3. 创新产业链跨区域合作的体制机制,积极培育产业战略联盟

长江经济带横跨9省2市,沿江产业链布局基本形成,产业集聚效应初步显现,特别是现已形成的产业间专业化的协作与分工,是促进长江经济带产业集群内形成强关联性集群生态链的核心因素。长江经济带上中下游的分工与协作,事实上形成了跨区域的产业链关系。无论长江经济带下游地区与中上游地区产业链互为延长、拉伸,还是流域节点城市产业链以点—线—面形式向周边城市辐射、扩散与延伸,其整体都被纳入沿长江为主轴的带型空间框架内。基于分工协作的产业链跨区域合作,加强了产业集聚基础上的集群内部网络共生,对构建长江经济带产业集聚发展协调新模式以及产业可持续创新发展意义重大。创新产业链跨区域合作的体制机制,从全球价值链角度,就是要准确定位各地产业所处的环节,培育基于比较优势的产业集群;同时各地协调基于产业链的产业扶持政策,利用长江经济带广阔的腹地,促进产业链在空间和产业上下游关系上进行双向延伸,对产业链上的缺失环节进行重点扶持,从产业集聚与特色发展的视角,培育一批产业品牌形象突出、专业特色鲜明、服务平台完善的战略性新兴产业集群、制造业集群和现代农业集群。② 基于产业链为纽带,以长江经济带内各类城市

---

① 参见尚勇敏、曾刚、海骏娇:《长江经济带建设的空间结构与发展战略研究》,《经济纵横》2014 年第 11 期。

② 参见王林梅、邓玲:《我国产业结构优化升级的实证研究——以长江经济带为例》,《经济问题》2015 年第 5 期。

合作平台、跨区域共建园区为主要载体,打造一批具有示范效应、特色鲜明的产业基地和集聚区。

培育优势龙头企业、围绕龙头企业构造产业集群和产业战略联盟,是流域产业创新发展的重要环节。优势龙头企业一般产值规模较大、市场占有率高、影响力大,是社会生产力高度发展条件下的一种先进的企业组织形式。要从政策上,鼓励龙头企业到流域更广阔空间组建产业战略联盟,通过联合经营、股权战略联盟、非股权战略联盟等多种形式,加强行业内的信息交流、技术合作,获得互补资源与技术等优势,提高创新能力,更快地实现新产品、新技术的研发,有效地分摊成本与风险。长江经济带上中下游区位条件、资源禀赋、经济水平差距比较大,以优势龙头企业构建产业战略联盟,在基于互惠互利的原则下,通过整合和交换各地独有的商业资源从而使结盟的各方共同受益;产业战略联盟还可凭借合作伙伴在其领域内的专注研究,可以将自己的业务做到更加精细,同时联盟还能为行业内中小企业提供其自身发展所急需的资源,从而促进其研发能力的提升。鼓励龙头企业组建流域产业战略联盟,可在跨地区产业合作中,增强企业品牌影响力,促进企业做大做强和企业价值链、供应链的延展。

4. 深入实施创新驱动,培育产业创新发展的内生动力

创新驱动强调人力资本的作用,注重将智力资源与自然资源相结合,提升资源利用效率,合理利用和节约自然资源;创新驱动要求合理的制度安排和创新并发挥"先发优势",依靠技术创新,在关键产业优先实现赶超。深入实施创新驱动战略,政府应简政放权,充分发挥市场这一"无形之手"在资源配置、产业转型升级中的决定性作用,激发全社会创新活力和创新潜能,努力提升知识、技术、劳动、信息、管理、资本等各类要素资源的使用效率,促进科技与经济融合,强化创新成果应用转化,促使创新项目与产业及现实生产力对接,实现科研人员创新活动与其利益收入相匹配,增强科技创新对流域经济发展的贡献度,积极营造大众创业、万众创新的制度与政策环境,使创新驱动真正成为长江经济带产业均衡协调发展的内生动力和不竭源泉。

在科技创新层面,激发长江经济带科技创新活力,沿江省市应加强企业

的科技研发投入,强化企业在创新中的主导地位,进一步完善"政产学研"协同创新机制和区域技术创新体系,积极打造高水平的研发合作平台和科技信息共享服务平台,促进重大技术创新成果转化,积极分享流域创新溢出效应。①

在管理创新层面,要在整个长江经济带围绕产业链部署创新链,围绕创新链完善资金链,加强创新驱动的顶层设计与科技创新的战略规划,改革区内资源配置的体制与机制,处理好政府与市场的关系,有效推动科技与经济社会发展的深度融合。另外,流域产业转移过程中还存在产业发展定位不清、盲目的"造城运动";企业趁机哄抬要价、污染转移等新问题,要以管理创新推动产业有序转移,实现地区产业创新发展和企业转型升级的双赢。

在产业组织层面,通过对组织方式的创新,达到对资源的重新组合和高效率的运用,使企业在不增加或者少增加资源投入的前提下快速发展。以新能源、互联网通信、智能化和数字化制造为代表的新产业革命的到来,客观上要求长江经济带各区域以存量带动增量发展,加快互联网和能源网络的改造,实现信息化和工业化深度融合;确立新的产业标准,促进互联网与经济融合,实现生产智能化,培育互联网思维。产业组织创新不但可以实现流域现有基础上产业链的升级,实现产业区域转移和均衡发展,将资源进行跨区域战略重组,并形成以战略性新兴产业、先进制造业和现代服务业于一体的现代新型产业体系,还对跨区域的战略创新联盟、产业技术联盟等的形成起到促进作用。

在产业与商业模式层面,要求流域企业调整商业模式构成要素在企业创造价值过程中的定位;善于发现新技术、新创意、新的经营方式、新的合作者等;在诱发商业模式构成要素创新的基础上,完善企业商业逻辑,创新企业价值体系。在整个流域形成多元化的合理分工、协作有序的产业链,通过纵向与横向联合,实施产业共性技术的创新,在电子信息、生命科学、新能源、新材料等领域,实现产业关键技术的重大突破,重组整个产业链,进而催

① 参见胡俊峰:《实施创新驱动战略提升产业竞争力研究——以南通为例》,《江苏商论》2014 年第 6 期。

生出新的产业形态,引领产业跨越式发展。在体制机制层面,客观上要求流域实现区域、市场一体化,协同发展、合作治理,形成地区间产业合理分布和上下游联动机制,大气污染防治协作机制和防护林建设、水资源保护、水环境治理、清洁能源使用等领域合作机制、市场化的资源配置机制等。同时,上、中、下游地区要相互借鉴彼此的先进管理制度和管理经验,如上海自贸区的负面清单管理、重庆的地票制度、长三角地区的园区共建模式等。科学定位政府、企业、市场三者的关系,释放改革红利,提升政府管理能效,以科技创新、产业创新、制度创新、文化创新和社会创新,打造和谐统一的合作创新生态体系,激发全民创业创新热潮。

二、江苏省产业创新发展的现状与态势

(一)江苏省产业创新发展的历程回顾

1. 1978~1989 年:乡镇企业蓬勃发展阶段

1978 年,改革开放后,国家处于调整恢复期,国家轻重工业比例调整以及出现的短缺经济,导致苏南乡镇企业蓬勃发展。在政府政策推动下,通过大规模吸收农村劳动力,以及向社会提供丰富商品,苏南地区率先实现了经济规模的粗放式增长,在全国形成颇具代表性的"苏南模式"。江苏省在发展乡镇企业的进程中,较早意识到科学技术的重要性,大批乡镇企业进行了技术改造并从国外引进先进设备,提高了劳动生产率。苏南乡镇的产业主要集中纺织、轻工、食品、机械加工等传统行业;而同期苏中、苏北地区还主要以农业经济为主。截至 1985 年,全省乡镇企业总产值达到 409 亿元,占全省工业总产值的 1/3 以上,可以说 1984~1989 年是江苏省乡镇企业快速扩张时期,全省有 10 万家乡镇企业,为江苏省现代产业发展奠定了基础,但也存在转轨期间流通秩序紊乱、经营管理机制灵活而不规范等问题。以乡镇企业为代表的"苏南模式",是改革开放后江苏省产业发展的第一阶段。

2. 1990~2000 年:大力推进股份制改造阶段

从 20 世纪 90 年代开始,江苏省进入产业发展的第二阶段,受宏观经济

和政策收缩影响,乡镇企业普遍进入困难阶段,治理整顿,关停并转频繁;1997年亚洲经济危机,更使众多乡镇企业举步维艰。该段时期,江苏省众多官营企业破产潮频发,使得引入现代产权制度进行股份制改造,以及通过兼并重组形成大企业集团成为这一阶段江苏省产业发展的不二选择。江苏省现有的一些著名企业集团和上市公司,如阳光集团、海澜集团、波司登集团、国电南瑞等都脱胎于过去的乡镇企业和国有企业改制。而同时期,苏中、苏北地区第一产业稳步增长,第二产业快速增长,但受地理区位条件的制约,在二、三产业发展方面与苏南地区的差距逐步加大。这段时期,农业、食品制造业、纺织业、建筑材料及其他非金属矿制品业、建筑业、货运邮电业、电子及通信设备制造业等产业在江苏省产业结构的比重较大,其中除了电子及通信设备制造业之外,其余都为传统产业。就电子及通信设备产业而言,从世界范围来看,其技术水平和科技含量都较低。

　　3. 2001~2008年:外向型经济快速发展阶段

　　进入21世纪,江苏省产业发展进入第三阶段。全球范围内,世界制造业中心向亚太地区转移,长三角地区成为世界制造业中心的趋势,给江苏省产业发展带来契机。江苏省利用工业基础良好、劳动力资源优势和紧靠上海市的区位优势,大力发展外向型经济,加大招商引资力度,主动接受世界产业和资本转移,并启动沿江发展战略,布局了一批重化工产业,开启了现代产业体系构建的发展进程,先后发展了石油化工、船舶制造、现代纺织、钢铁制造、物流商贸、金融保险、造纸、电子信息等产业,从而使得重化工业和服务业的比重在全省经济中的比重明显提升,最终产品型产业和资金密集型产业的地位逐步超过了基础型产业和劳动密集型产业;先进制造业水平逐年提升,高新技术产业和现代服务业加快发展,江苏省产业发展向着产业的重化工业和产业的高度化方向发展。截至2008年,全省第一产业占GDP比重为6.9%,第二产业增加值占GDP比重为55.0%,服务业增加值占GDP比重达38.1%;高新技术产业产值占规模以上工业的28%。江苏省产业集约化发展加快,沿沪宁线、沿江、沿东陇海线和沿海产业带发展态势良好,区域发展更趋协调,苏中、苏北工业化进程和苏南产业转型升级步伐加快。2006年,江苏省提出了建设创新型省份的战略目标和行动方案,使科技创新成为促进产业创新发展的主动力。

4. 2009 年至今：促进创新型经济加快发展阶段

2009 年,随着长三角一体化、江苏省沿海开发等区域发展战略升级为国家战略,以及国家关于发展战略性新兴产业政策的推动,特别是江苏省为了应对海啸般爆发的国际金融危机的严峻挑战,响亮地提出发展"创新型经济",使江苏省全面融入全球一体化,并带动江苏省产业进入了新的发展阶段。江苏省沿海产业带迅速崛起,海工装备、新能源、新材料、海洋工程、现代物流、现代农业等战略性新兴产业迅速发展;而新一轮沿江开发,使物联网、新能源与新能源汽车、节能环保、半导体微电子、生物医药、软件与服务外包等产业成为世界级产业基地。新工业革命的到来和新一代信息技术的发展,以及 2011 年江苏省积极实施"转型升级"工程和"科技创新工程",带动江苏省产业全面转型升级,人工智能、机器人、绿色制造、3D 打印等先进制造业发展迅速,物联网、大数据、移动互联网、云计算、电子商务、文创、信息服务等新兴产业蓬勃兴起。"南北合作"、"跨江发展"、"江海联动"、"园区共建"等区域协作战略的实施,推动苏南、上海地区的产业向苏中、苏北转移,不仅促进了苏中、苏北的新型工业化进程,而且为苏南产业转型升级提供了发展空间。截至 2014 年,江苏省实现地区生产总值 6.51 万亿元,一、二、三次产业的增加值比例为 5.6：47.7：46.7。全年实现高新技术产业产值 5.7 万亿元,占规模以上工业总产值比重达 39.5%;新兴产业销售收入比上年增长 13.2%;服务业占 GDP 比重达 46.7%,全社会研发投入占地区生产总值的比重达 2.5%,科技进步对经济贡献率进一步提升,产业创新发展能力和国际竞争力进一步增强。

（二）江苏省产业创新发展的主要成效

2010 年,江苏省实施创新驱动战略和"八项工程"以来,通过淘汰落后低端产能,推进传统产业转型升级,大力发展战略性新兴产业和现代服务业,加快产业结构调整,在科技进步和创新推动经济社会发展,以及创新型省份创建方面取得显著成就。而作为"八项工程"的首要工程的《转型升级工程推进计划》,对于推进产业创新发展具有重要意义。

转型升级工程是在 2008 年全球遭遇金融危机的冲击和复杂多变的国际国内形势的背景下提出的,该计划提出江苏省将实施现代产业体系构建、需求结构调整、自主创新能力提升、城乡区域协调发展、"两型"社会建设等"五大行动",形成有利于经济转型升级的体制机制,促进经济发展方式的根本性转变。"转型升级工程"实施 5 年以来,取得了较好的成绩。产业结构不断优化,服务业占比由 41.7% 提高到 46.7%,高新技术产业占规模以上工业的比重由 33% 提高到 39.5%,初步呈现以消费拉动为主的新格局,消费对经济增长的贡献率提高到 50.9%。自主创新能力稳步提升,全社会研发投入占 GDP 比重提高到 2.5%,科技进步贡献率由 54.1% 提高到 59%。城市区域发展协调性增强,全省城镇化水平提高到 65.2%,农民收入增幅连续 4 年超过城镇水平,苏北主要经济指标增速连续多年高于全省。资源节约和生态环境保护工作取得成效,单位土地 GDP 产出率年均提高 12.5%,单位 GDP 能耗下降 17.3%,化学需氧量、二氧化硫排放量分别下降 14.1% 和 16.7%。

据《中国区域创新能力报告 2014》的最新统计,2014 年,江苏省创新能力综合排名连续 6 年列全国第一,其中知识获取能力、知识创造能力、企业创新能力、创新环境和创新绩效 5 个分指标的排名分别为第二位、第二位、第一位、第一位和第二位;人均地区生产总值超过 8 万元,位居全国第四位;高新技术产业产值 577277.28 亿元,占 GDP 的比重为 88%,比 2012 年翻了一番;万元 GDP 能耗降幅年均 4% 以上;科技进步贡献率达到 59%,全年授权专利 20 万件,其中发明专利 2 万件。《2014 年江苏省国民经济和社会发展统计公报》显示,全年江苏省共签订各类技术合同 2.5 万项,技术合同成交额达 655.3 亿元。全省企业共申请专利 26.1 万件;组织实施省重大科技成果转化专项资金项目 151 项。全省按国家新标准认定高新技术企业累计达 7703 家;认定省级高新技术产品 10277 项,已建国家级高新技术特色产业基地 133 个。全省从事科技活动人员 118.89 万人,其中研究与发展(R&D)人员 68.96 万人,占从事科技活动人员的 58%,拥有中国科学院和中国工程院院士 90 人;全省已建国家和省级重点实验室 97 个,科技服务平台 278 个,工程技术研究中心 2748 个,企业院士工作站 328 个,经国家认定的技术中心 75 家,产品质量检验机构 177 个,国家检测中心 40 个。全省共有普通高校 134 所,普通高等教育本专科招生 44.49 万人,在校生 169.86万人,毕业生 47.87 万人;研究生教育招生 4.91 万人,在校生 15.07 万人,毕业生 4.17 万人。高等教育毛入学率达 51.0%。

转型升级工程的推进实施,使得江苏省创新能力加快提升,江苏省经济发展的需求结构和供给结构实现初步转型,战略性新兴产业和高新技术产业发展步伐显著加快。

1. 初步实现了需求结构的转型

江苏省通过转型升级工程,初步实现了从外需为主向内需为主的发展转型。2014 年,江苏省适应经济新常态和需求新变化,以建设"健康江苏"、"智慧江苏"、"畅游江苏"等为新载体,发展消费新业态,努力培育新的经济增长点,社会消费品零售总额增长 12.4%,消费对地区生产总值增长的贡献率超过 50%,并成为全省经济增长第一拉动力。① 江苏省通过扩大内需,促进转型升级,给企业带来新的发展机遇。统计数据显示,江苏全省经济对外依存度呈现逐步下降趋势,而工业品内销比率则体现出不断上升的态势。江苏省已成功地将外向型开放模式转化为以扩大内需为基点的经济全球化模式,形成消费投资出口协同拉动经济增长的良好态势。应对经济发展新常态,江苏省实行了更加积极主动的国际化战略,即国际化城市、国际化产业、国际化人才战略,涌现出一批具有国际化发展视野、拥有自主知识产权和自主品牌、具有较强核心竞争力的企业;吸引了一批国际化高端人才,以千人计划为例,截至 2014 年年底,江苏省已有国家"千人"特聘专家近 480名,其中创业类"千人计划"占全国近 30%。② 大力发展国际化产业,并在全球产品分工的基础上,逐步形成江苏省产业的国际竞争优势,利用国内和国际两个市场尤其是内需提升产业水平和规模。江苏省的对外投资从以原材料和制造基地转移为主,向以战略性新兴产业对外投资为重点的布局转变,

① 参见江苏省统计局、国家统计局、江苏调查总队:《2014 年江苏省国民经济和社会发展统计公报》,《江苏省人民政府公报》2015 年 3 月 11 日,第 36~47 页。
② 数据来源:中国江苏网,http://jiangsu.china.com.cn/html/2014/gdxw_1102/455531.html。

江苏企业赴欧美国家投资高端设备制造、研发、环保、IT 等产业已成为一种新常态。

2. 实现了供给结构的转型

江苏省通过实施转型升级工程,实现了从引进技术、学习模仿向创新驱动发展的转型。近 5 年来,江苏省大力发展以服务经济为主的现代产业体系,出台了一系列促进产业链和价值链攀升的政策措施,并在教育投入和研发投入、企业研发中心建设等方面加大推进力度,据 2014 年统计,江苏省教育经费投入 1588.21 亿元,排名全国第二;全社会研发投入达 1630 亿元,占地区生产总值比重达 2.5%,发明专利申请量超过全国的 1/6,科技进步贡献率提高到 59%,与"十一五"末相比,科技创新的综合指标都有大幅度增长。企业创新能力实现新的跃升,全省高新技术企业数量占全国的 1/9;累计拥有国家创新型企业 31 家,大中型企业研发机构建有率超过 88%,企业专利申请与授权数量稳居全国第一,认定国家重点新产品累计达到 5176 项,居全国第一。①

3. 战略性新兴产业培育和高新技术研发产业化步伐加快

为了进一步统筹配置创新资源,加快完善产业发展体系,江苏省充分利用科教资源丰富的优势,于 2013 年推进了产业技术研究院建设,研究院包括总院与专业性研究所,采取会员制与联盟方式。产业技术研究院一方面服务于中小企业创新需求,支撑企业创新发展,同时面向产业转型发展需求,组织开展产业共性技术、前沿技术的集成攻关与协同创新;产业技术研究院还探索了一所两制、项目经理、合同科研、股权激励等改革措施。在高新技术产业培育方面,江苏省在纳米技术、医疗器械、智能装备等领域启动建设产业技术创新中心;组织实施国家科技专项、"863 计划"、"973 计划"、自然科学基金等近 4000 项,围绕大数据、云计算、未来网络、石墨烯、智能机器人等 10 大前沿领域,加强技术集成与协同攻关,在产业关键核心技术方面取得重大突破,完成一批具有自主知识产权的重要技术和产品。

---

① 参见中国科技发展战略研究小组:《中国区域创新能力报告 2014——创新驱动与产业转型升级》,知识产权出版社 2015 年版,第 177~181 页。

4. 实现了空间结构和体制机制的转型

空间结构的转型体现为通过提高密度和重组经济地理等方式实现经济转型和升级。江苏省的产业空间布局,通常是按照地理上苏南、苏中、苏北三大区域来制定。转型升级工程实施以来,产业布局则是根据各地的比较优势和特色产业确立各具特色的区域经济发展之路,以期在国家战略的范围内寻求自己的发展空间。如苏南现代化示范区、江苏沿海开发战略、宁镇扬经济圈、徐州都市圈、南通陆海统筹综合配套改革试验区、盐城国家可持续发展实验区、镇江生态文明建设综合改革试点区、南京江北新区等。江苏省体制机制转型主要体现为主体结构的转型。一方面,将政府主动调控与市场自发调节二者有效结合,通过经济转型,充分发挥市场对基础资源配置的决定性作用。另一方面,政府通过放松政府管制,完善产品和要素市场,营造有利于要素资源集聚的市场环境等,加强宏观调控;而在作为公共品的基础设施建设领域和高新技术产业领域,政府则直接投资和出台相应的产业政策,以提高经济运行效率,从而实现了一定经济发展速度中的转型升级。①

(三)江苏省产业创新发展的制约因素

江苏省地域狭小,人口密度在长江经济带所有省区中最高(每平方公里达到 767 人),而人均资源占有率最低,单位国土面积承载的环境压力在整个长江流域排名首位。随着资源、环境约束的增强,以高消耗、高排放、高投入为代表的资源密集型经济发展方式将难以为继,这更提升了产业创新的紧迫性和必要性。从上述产业创新发展的现状可见,江苏省产业创新发展的总体状况良好,增长潜力大,经济绩效优,产业创新的整体基础条件建设较好,但也存在一些制约因素,影响到江苏省产业进一步创新发展。

1. 创新主体创新能力有待进一步提高

虽然近年来江苏省加强创新资源的利用与科技创新的投入,持续实施创新驱动发展战略,但就创新主体而言,企业总体创新能力依然薄弱,创新

---

① 参见刘志彪:《转型升级工程的阶段性成效》,《群众》2012 年第 12 期。

主体作用还不够显著。企业自主创新能力不足已严重影响产业创新整体效能的发挥。一是企业高层次创新人才不足,2014年江苏省规模以上企业研发(R&D)人员总数44.80万人,比居第一位的广东省少7.1万人;规模以上企业就业人员中研发人员比重为4.21%,比居第一位的北京少2.22个百分点;高学历人才大部分不愿去企业,主要分布在高校与科研院所。据统计,工业企业中具有博士学位的研发人员占全社会具有博士学位的研发人员比重为21.65%,具有硕士学位的研发人员占全社会具有硕士学位研发人员比重为40%。① 二是企业研发强度总体偏低,与江苏省在全国的经济地位不相匹配,数据统计显示,2014年江苏省规模以上工业企业研发经费支出为43.61亿元,列全国第三位,比第一名的广东省少11亿元;研发经费支出占销售收入的比例为0.84%,落后于居第一位的北京0.21个百分点,远低于欧美发达国家的25%。三是企业缺乏灵活运用市场资本的能力,2014年全省规模以上企业的获得金融机构贷款平均额达2.92万元/个,列全国第四位,落后居第一位的北京(13.54万元/个)。江苏全省各类创投机构实际投资额仅占当年全省GDP的0.2%,远落后于欧美发达国家。据资料显示,美国、日本的创投机构年投资额一般占其当年GDP总额的1%左右,英德法等欧洲发达国家平均也达到0.58%。②

　　各类市场主体在创新发展中,还存在创新水平和层次较低,创新优势企业缺乏等问题。例如,有的国有企业科技资源储备充足,创新条件和创新能力较强,但缺乏创新动力;民营企业有较强创新动力,但受制于市场环境不利和创新资源缺乏,心有余而力不足;科研院所、高校研发的科技成果与市场需求脱节,科技成果、科研专利大都存放于档案袋内,向产业转化并形成生产力的成功率极低;政府虽然退出许多创新支持政策,但由于适应性不够、可操作性不强、激励性不到位等因素影响,政府创新支持的效果,总体效果并不理想;还存在协同创新机制不完善、大中小主体协同创新程度低等问

① 参见李隼、朱志凌:《"国家中长期科学和技术发展规划纲要(2006～2020)"实施以来江苏科技发展的成效与影响研究》,《江苏科技信息》2015年第1期。
② 参见中国科技发展战略研究小组:《中国区域创新能力报告2014——创新驱动与产业转型升级》,知识产权出版社2015年版,第178～179页。

题。创新主体创新能力弱,已严重制约了区域产业创新发展空间的拓展。

2. 创新要素配置不当,协同创新网络有待加强

创新资源包括人才、资金、技术、项目等要素资源,而创新网络的创新要素的空间流动,与企业价值链空间配置的耦合过程,是推动区际协同创新网络形成的重要力量。创新要素的空间集聚与扩散,促成区际创新分工及空间依赖,推动区际联系由传统要素向创新要素转化,进而推动区域经济的发展。① 江苏省创新要素的空间集聚还呈现出严重的区域不均衡性。苏南地区经济发达,能够集聚数量更多、质量更优的创新要素,苏北欠发达地区吸引创新资源的难度相对较大,导致苏南地区的产业创新实力远远大于苏中、苏北地区,呈现两极分化现象,从而影响江苏省总体产业创新水平的优越性发挥。另外,创新成果供需双方的非对称性、企业创新需求与创新集聚中心在空间上的非对称性等特征,使科研设施、科技人员、技术情报和科技信息难以与企业进行共享;而目前科技项目的申报体制,又导致重复投资研究;产业集聚度不够,造成共性技术需求分散;产学研结合不紧密,使得应用研究与成果转化脱节;这些问题都造成了创新要素投入产出比偏低,政策资源、科技资源损耗严重。此外,区际技术转移机制缺乏等问题,也是影响江苏省产业创新的主要因素。

3. 城市间创新分工有待进一步优化

发展战略性新兴产业、占据产业制高点,对于区域经济可持续发展具有重要意义。但江苏省许多城市在新兴产业发展方向上,同质化严重和低水平竞争现象层出不穷,如在电子信息、互联网、新能源等产业选择方面,各城市都一窝蜂地将其列为主导发展方向,而忽视其地域适应能力、资源承载潜力和市场配套能力。又如,在高层次产业人才引进与嫁接等方面,由于不同城市对各自利益最大化的追求,出台各项优惠政策,以吸引项目落地,城市间的竞争远大于合作,这不但导致政策资源的低效率使用,更使不同城市间错位发展态势很难形成,创新合力消散。在创新要素集聚扩散基础上,城市

---

① 参见蒋伏心、高丽娜:《创新驱动:苏南基本实现现代化的"加速器"》,《唯实》2013 年第 3 期。

间创新分工优化与定位,需要从政策与制度层面加以规范与协调,从而形成城市间协同创新的良好氛围。

4. 市场化导向的资金支持与退出机制有待完善

江苏省从省级到市级乃至区县级,都建有不同类型的科技项目资金,以多种形式支持企业科技创新。但总体来看,中小企业获得项目资金支持的覆盖面仍然偏小。而市场化导向的基金,一方面,在支持企业发展的过程中,对企业的条件和要求又相对比较苛刻,导致企业获取该类资金支持的概率较低;另一方面,在基金退出机制方面,基金要求的退出时间过短,除了企业通过上市退出这一途径以外,尚未形成其他有效的退出路径。

5. 对外技术依存度较高

江苏省外贸出口额占全国的 16.5%,外贸依存度超过 70% 左右,国际市场波动会直接影响企业生产经营,而全球经济前景的不确定性和产业竞争的残酷性,使单纯依靠出口大幅增加,带动经济增长受到了明显制约。江苏省产业创新中的技术创新水平非常低,对外技术依存度较高,几乎达到60% 左右,产业创新模式不是技术推动型,而是显著的依靠资金拉动的类型。[①] 创新路径依靠技术引进和技术改造模式,高新技术引进与消化的比重偏低,自主创新能力不强。江苏省是制造业大省,但制造业大多处于产业链中低端环节,企业拥有自主知识产权、自主品牌少,核心竞争力不强。同时,近年随着国内劳动力成本的提高和高端制造业回流发达国家,江苏省所具有的低成本优势和投资优势逐渐消失。

6. 在可持续发展与环境保护方面需进一步加强

根据中国科技发展战略研究小组联合中国科学院大学创新创业管理研究中心发布的《中国区域创新能力报告 2014》,虽然江苏省综合创新能力连续 6 年全国排名第一,大多数创新能力指标处于全国前列,但仍有少数指标处于劣势地位。如"规模以上企业平均 R&D 经费外部支出增长率","对教育的投资占 GDP 的比例","工业污水排放总量","电耗总量"等指标都位

---

① 参见袭著燕、蒋红彬、龙蓉:《鲁、粤、苏、浙产业创新发展路径比较研究》,《改革与战略》2013 年第 6 期。

居全国的第三十名,说明江苏省在可持续发展与生态保护等方面需要加强体制机制创新,进一步提升区域创新能力。

7. 创新氛围有待营造,阻碍创新驱动的体制机制依然存在

江苏省各级政府努力改善政务环境、创新管理体制与机制,致力于创造良好的创新、创业环境,但仍存在着一些阻碍创新驱动的问题需要加以解决。如科技资源分配和科技成果评价制度、知识产权制度、人才激励制度、教育和培训制度、国企考核制度、政府采购制度、投资政策、产业政策导向金融与创新联动、公平竞争市场制度及相关法律法规等还不够完善,鼓励创新、宽容失败的文化环境尚未完全形成。①

(四)深入推动产业创新发展的意义

随着全球经济进入创新密集时代,创新资源和创新活动面临着世界范围内的配置和重组,并催生新的产业和经营模式。在新形势下,深入推动产业创新发展,对于江苏省经济结构调整和产业转型升级,推进战略性新兴产业和现代服务业发展,促进区域经济可持续健康发展意义重大,是江苏省实现"两个率先"目标、增创发展新优势、抢占长江经济带未来制高点的重要抓手。江苏省深入推动产业创新发展的意义具体体现在以下几个方面。

1. 有利于制造业提升,实现从跟随向领跑转变

江苏成为制造业大省,并在全国处于领先地位,产业总体规模优势明显。据《2014 年江苏省国民经济和社会发展统计公报》显示,2014 年江苏省规模以上工业总产值达到 14.43 万亿元,全年规模以上工业增加值比上年增长 9.9%,其中轻工业增长 9.8%,重工业增长 9.9%,装备制造业竞争力居全国首位。根据机械工业信息研究院 2015 年发布的《中国(全口径)装备制造业区域竞争力评价报告》,在装备制造业方面,无论是规模实力还是区域综合竞争力,无论是全口径装备制造业,还是去除计算机、通信和其他电子设备制造业中的投资类产品后,江苏省在全国都稳居榜首。

---

① 参见魏际刚:《创新驱动发展 决定产业未来的战略选择》,《中国经济时报》2012 年 11 月 13 日第 2 版。

　　研究发现,江苏省制造业仍以劳动密集型为主,存在着处于产业链中低端、产业结构不够优化、经济效益不够高、资源消耗过高、生产效率较低等问题。江苏省本土制造企业生产率的提高多是依靠引进和购买外国先进设备的固定资产投入获得,而并非自身创新能力的提高,在发展方式上的粗放化趋势相当明显,即江苏省制造业各行业的发展仍是以大量的资本、劳动以及资源的消耗作为增长动力,全要素生产率的贡献率较低,环境保护能力较为薄弱。

　　在全球化、信息化、网络化的时代,江苏省推进产业创新发展,有助于依靠科技创新、研发,突破核心技术和自主知识产权,提高制造业的服务化和信息化程度,并进入制造业价值链的高端;有助于利用规模优势提高高科技产品和创新产品的全球份额,增加具有国际品牌的"中国创造"产品和技术的数量,突破资源、环境的约束,发展中国特色的环保、低碳的绿色制造产业;有助于依托技术、品牌和服务,形成产业综合竞争优势①。

　　2. 有利于发展新兴产业,实现经济结构的调整

　　发展战略性新兴产业已成为江苏省转变经济发展方式、推动经济转型升级的重大战略举措,并取得了相当的成效。据《2014年江苏省国民经济和社会发展统计公报》显示,江苏省战略性新兴产业销售收入达到5.21万亿元,比2013年增长10.4%,占规模以上工业总产值的比重达到36.10%。江苏省战略性新兴产业的规模和占工业经济的比重,都位居全国前列。但从战略性新兴产业高端化发展的趋势来看,江苏省战略性新兴产业发展,仍存在着产业层次低端、发展方式粗放、经济效益不高、产业科技水平不高、自主创新能力弱等问题,陷入"高端产业、低端制造"的困境。从产业现状来看,在新一代信息技术、新能源、新材料等产业领域,外资企业占据主导地位,内资企业的规模不占优势;中小企业有待培育;部分产业产能过剩现象仍困扰着战略性新兴产业的健康发展。因此,加大产业创新发展力度,一方面需要形成从研发到制造再到使用的完整产业链;另一方面需要基于比较

<hr>

①　参见刘英基:《新工业革命对我国高技术产业高端化的影响及应对策略》,《经济纵横》2014年第7期。

优势,合理进行产业布局与规划,避免重复投资和分散投资;同时,还需要积极培育内需市场,通过技术创新,降低成本风险。通过以上途径,有利于将战略性新兴产业培育成为江苏省主导产业,实现经济结构的深度调整优化,并促进新产业、新业态、新产品大量涌现,促进产业层次向中高端迈进。

3. 有利于传统产业转型升级,带动经济持续健康发展

冶金、轻工、纺织、建材等传统产业是江苏省工业体系的重要组成部分,是区域经济增长的稳定器。江苏省目前共有 6 个产值超万亿的产业,其中传统产业就有 3 个。2010 年出台并实施的《江苏省传统产业升级计划》,自上而下大力实施自主创新、品牌战略、技术改造、两化融合、集聚发展、节能减排、兼并重组等举措,强力推进传统产业转型升级。"传统产业升级计划"推动 5 年来,江苏省传统产业发展不断加快,以信息化带动工业化,以工业化促进信息化,加快两化融合,产业层次稳步提升;截至 2014 年,江苏省国家级、省级两化融合示范企业近 100 家,一批传统企业通过持续改造,不断向新兴产业和高技术产业领域延伸;传统产业集约集聚,使产业集群不断壮大,全省营业收入超百亿的传统产业集聚区达到 86 个;传统产业领域的省级企业工程研究中心、省级工程研究中心等研发机构突破 2000 家,一批传统产业的新技术新产品得到重点推广与应用。

传统产业是容纳大量就业的重要产业,某些传统产业如纺织产业,在世界范围内都占有一定份额,江苏省经济持续健康发展,需要传统产业的支撑。当前,随着劳动力成本上升、外部需求减弱和环境压力的倒逼,对传统产业升级造成一定障碍;同时江苏省传统产业长期积累的结构性矛盾依然存在,如企业技术研发投入不够,创新基础薄弱与创新能力低下,技术装备水平偏低,高层次人才、高技能人才缺乏;以高能耗、高物耗、高排放和低价竞争为主的粗放式发展路径将难以生存。这些都使江苏省的传统产业转型升级面临严峻的挑战。对于传统产业而言,其具备技术改造的积极性,但缺乏产业创新的动力。因此,大力推动产业创新发展,一方面,要推动传统产业注入创新因子,激发新的活力,提升产业能级,进入产业链高端;另一方面,要鼓励传统产业利用原有渠道、市场创新发展,不断推动传统产业转型升级,发展出科技含量高、产品附加值高、低能耗、低污染的新产业并融入新

产业的产业链条,促进传统产业采用新的产业技术,提高信息化水平。

4. 有利于开放与创新的融合,增强国际竞争力

改革开放以来,江苏省紧紧抓住国际产业转移、上海浦东开发开放、中国加入 WTO 和上海自贸区建设的历史性机遇,坚定不移地大力发展开放型经济,深入推进经济国际化战略,注重引进来与走出去协调发展,对外开放与经济发展统筹推进,取得了令人瞩目的巨大成就。2014 年,江苏省实际使用外资 281.7 亿美元,实现进出口总额 5637.6 亿美元;对外投资增势良好,全年新批境外投资项目 736 个;共有各类开发区 130 家,其中国家级开发区 41 家,省级开发区 89 家;特色产业园区 144 家,海关特殊监管区 19 家,开发建设水平位居全国前列,开放大省地位牢固确立。开放型经济的发展,对江苏省建立现代产业体系、促进区域经济协调发展和经济结构调整,起到不可替代的作用,对江苏省整体经济发展的支撑和拉动作用十分突出。

但由于国际国内多重因素的影响,当前江苏省开放型经济发展还面临着诸多问题。首先,江苏省吸引外资的传统优势趋于减弱。随着国际经贸格局正发生重大调整以及国内劳动力、土地等各类要素成本持续上升,部分劳动密集型产业向低收入国家转移,发达国家"制造业回归"的再工业化计划,导致江苏省吸引外资的传统优势减弱,2014 年实际利用外资比 2013 年下降 14.2%。其次,江苏省吸引外资的质量不高,制造业利用外资超过利用外资总额的一半,服务业利用外资总量不足、领域不宽、结构不合理;而投入制造业的外资以低端加工和组装为主,处于产业链的低端环节。再次,进出口贸易结构不合理。2014 年,江苏省出口贸易 3418.7 亿美元,进口贸易 2218.9 亿美元,贸易顺差进一步扩大,出口以加工贸易为主,出口产品科技含量不高、附加值较低,具有自主品牌和自主知识产权的产品较少;服务贸易长期滞后于货物贸易的发展。最后,江苏省开放型经济"走出去"力度不够,区域不平衡现象依然存在。2014 年,江苏省对外投资金额仅为实际利用外资总额的 25.6%;苏南地区进出口贸易额和实际利用外资总额占全省的 84.6%。在经济全球化深入发展、国内外经济竞争日趋激烈、全球产业链调整步伐日益加快的背景下,国际经贸格局正在加速重构,世界各国都把

技术创新作为国家发展战略的核心,加快对人才、技术标准、平台以及产业链主导权的争夺。因此,江苏省深入推进产业创新发展的努力,有利于积极参与国际分工,提升产业国际竞争力;有利于制造业与服务业并重、走出去和引进来并重、稳定出口和扩大进口并重,突出高科技的进口;有利于利用开放体系的高级要素,实现由出口导向向内外融合转变,由被动嵌入全球价值链转向逐步获取全球价值链的主导权转变;有利于借鉴自贸区的新举措、新理念,创新贸易政策和产业政策,从要素驱动向创新驱动转变,从"江苏制造"向"江苏创造"转变,全面提升江苏省的全球产业竞争力。①

(五)江苏省产业创新发展的基本态势

长江经济带发展战略实现了东中西三大区域联动,有利于结合沿海开发战略,构建沿海与中西部相互支撑、良性互动的新棋局,形成中国经济可持续发展的新动力。江苏省作为长江经济带经济最发达的省份,是辐射带动长江中上游和中西部地区对外开放的重要门户和传导枢纽。大力推动产业创新发展,不但有利于促进江苏省转型升级和全面实现现代化,还有利于促进长江经济带产业的分工协作和区域协调性均衡发展。在当前国际经济格局重构和国内经济新常态背景下,江苏省推进产业创新发展的挑战与机遇并存。

1. 江苏省产业创新发展面临的机遇

(1)"一带一路"、"长江经济带"等国家战略机遇

"一带一路"与长江经济带战略在江苏省交汇,江苏主动参与"一带一路"与长江经济带建设,可拓展对内对外开放新空间。一方面,积极对接"一带一路",有利于江苏省充分融入世界经济大循环和全球资源优化配置,发挥比较优势,提升经济国际竞争力,培育和形成一批具有国际竞争力的跨国公司,加快推进国际产能合作。另外,主动融入新一轮长江经济带发展,江苏省可依托长江黄金水道和沿江两岸经济腹地,通过江海联动,向内

---

① 参见刘志彪、杨柳:《政策标准、路径与措施:经济转型升级的进一步思考》,《南京大学学报》(哲学·人文科学·社会科学)2014 年第 5 期。

与长江中上游地区实现经济互动,加快区域经济协调发展的步伐。因此可以说,长江经济带等国家战略为江苏省产业创新发展提供了重大机遇。首先,长江经济带建设带来的交通基础设施改善、市场扩张、国家政策支持、港口提升等积极变化为江苏省产业创新创造了有利条件;其次,长江经济带一体化发展,有利于产业价值链展开,有助于更好地提升资源配置效率,有利于更好地集聚高端资源,从而提升创新效率。

(2)2.0版本上海自贸试验区建设带来机遇

随着上海浦东新区公布了《浦东新区行政权力清单》和《浦东新区行政责任清单》,以及陆家嘴金融片区、金桥开发片区、张江高科技片区三大片区正式纳入上海自贸区,标志着上海自贸试验区"2.0版"正式启航,上海自贸区将建设成为国内最自由、最开放的自贸区。2.0版上海自贸区建设有利于对外扩大开放和对内深化改革,有利于吸纳国际要素和输出中国要素。随着贸易便利化等改革措施的落实,上海自贸区将在沿江沿海运输、国际中转航运、口岸贸易通关等方面发挥重要作用;承担着以开放促改革、以政府职能转变促营商环境优化的使命;同时还担负着桥头堡功能,是长江经济带的要素和产品走向国际、辐射全球,并为区域内各省市提供金融资本、人才技术、高端装备等方面的重要支撑。江苏省与国际大都市上海经济关系密切,2.0版上海自贸区的建设,不仅使江苏省承接其溢出效应,分享其红利,而且也提供了近距离学习、借鉴、改革的机会,使之在创新体制机制、转变政府职能、简政放权、创造符合国际惯例的市场环境、推进制度创新等方面先行先试、率先突破,从而为企业创造良好的发展环境。

(3)培育发展战略性新兴产业的机遇

随着工业4.0、工业互联网等概念的兴起,全球范围内新一轮具有颠覆性的科技与产业革命正在发生,新能源、物联网、移动互联网、云计算、大数据、智能制造、现代农业等新兴产业代表着产业发展方向。这给江苏省产业转型升级提供了良好机遇。江苏省可以紧抓这一契机,充分利用现有的制造业基础和科教资源优势,促进生产要素和创新资源实现优化配置,加强产业链与创新链融合,积极构建现代产业体系,占据产业制高点,为江苏省经济转型升级提供坚实支撑。

(4)培育和催生经济社会发展新动力带来的机遇

"大众创业、万众创新"是适应网络时代的新趋势,构建低成本、便利化、开放式、全要素的创新创业生态环境,激发全社会创新创业活力的重大举措,为江苏打造经济发展新引擎,实现转型升级创造条件。而"互联网+"行动方案的落实,将推动江苏省深化信息技术的应用创新、商业模式创新,促进跨界融合创新,促进新业态的形成与发展,从而使互联网经济成为增创竞争新优势、推动经济转型升级的动力。同时,"中国制造2025"以新一代信息技术与制造业融合为切入点,以推进智能制造和突破关键核心技术为主攻方向,推动企业由一般制造向创新创造转变,增强核心竞争力。江苏是制造业大省,产业门类齐全,落实国家"中国制造2025"行动方案,将有利于江苏省传统支柱产业的优化升级和信息化改造,提升智能制造水平,进而推动制造业向中高端迈进。此外,混合所有制改革带动融合性创新,激发企业活力;传统制造业结合互联网、大数据、智能化,也为其向现代制造服务业转型创造了机遇。

2. 江苏省产业创新发展所面临的挑战

(1)国内外经济环境变化带来的挑战

当前全球经济增长不确定性增强,经济结构性失衡问题依然存在,国际贸易规则酝酿变革;东南亚国家对低端制造业的吸引力度增强,发达国家制造业回流,以及外部需求疲软等新动向,使以开放型经济为主的江苏受到影响。国内经济进入"新常态",经济增速放缓,投资趋弱,企业开工不足,经营效益下降,对企业技术创新、产品创新和商业模式创新带来挑战。另外,国内劳动力人口年龄正进入拐点,人口红利即将消失;发达国家为了强化与巩固其在全球价值链中原有的绝对主导地位,更加注重产业尖端技术、核心技术、关键工艺等的保护和提升,更注重创新能力持续提高,这无形中加大了产业创新所面临的全球市场竞争压力。此外,生态保护门槛日益提高等都对江苏省产业创新构成一定压力。

(2)技术创新体系与创新能力不足

尽管2014年江苏省全社会研发投入占地区生产总值的比重达到2.5%,在全国各省区范围内名列第一,但2014年公开数据显示,美国的全社会研发投入占地区生产总值的比重为 2.8%,亚洲的韩国达到 3.7%,日本达到 3.3%,国内深圳市则达到 4%。江苏省与发达国家或地区相比,尤其在品牌创新、新产品开发等方面的研发投入较少;所获得的专利以改良性质为主,有效专利数量相对较少,特别在涉及重大创新方面的专利缺乏。科技项目研发资金偏向于应用研究领域,对前沿性理论和共性关键技术研究投入不足;企业自主创新能力羸弱,产学研合作的效率不高,协同创新机制与科研成果转化能力有待进一步提升。

(3)产业发展易导致路径依赖与技术低端锁定

改革开放以来,江苏省长期以外向型经济为主。特别是 21 世纪初,紧抓国际资本和全球制造业向发展中国家转移的机遇,以土地、税收等方面的优惠政策和劳动力、区位优势吸引国际大型制造企业建设生产基地,承接国际产业转移,并引导民间资本投向为大型制造企业配套的民营企业,从而做大经济体量并使企业迅速融入全球价值链,但该产业发展模式,极易导致企业资产专用性程度提高,产生更强的路径依赖与更高的经营风险,并落入发达国家价值链链主的俘获网络型治理模式中。① 企业虽然可以承接发达国家全球价值链(Global Value Chain,简称 GVC)链主的技术转移和溢出,但一旦向全球价值链高端发展,并影响到发达国家全球价值链链主的利益时,他们就会"隔断"这种技术转移与溢出②,从而使企业技术被低端锁定,阻碍其转型发展。事实上,江苏省有相当数量的企业以"代工"、"分包"为主,许多产业处于"高端产业的低端制造"环节,产品附加值低或核心部件受制于人;以技术采购和模仿为主的产品升级模式,长期必然导致企业的技术创新能力停滞不前,企业对外部技术依赖性增强,企业生产经营也将被锁定于全球价值链的低端环节,企业产品升级无法实现。

(4)劳动力素质提升缓慢,基础设施建设相对滞后

近年来,劳动力成本上升和劳动力素质提升缓慢对江苏省产业转型升

---

① 参见刘志彪:《全球代工体系下发展中国家俘获型网络形成、突破与对策——基于GVC 与 NVC 的比较视角》,《中国工业经济》2012 年第 2 期。
② 参见张杰、刘志彪:《全球化背景下国家价值链的构建与中国企业升级》,《经济管理》2009 年第 2 期。

级构成挑战。由于长期从事低端制造和代工生产方式(Original Equipment Manufacturer,简称OEM)加工,导致劳动力成本上升速度超过了当地劳动力素质提升的速度。据相关统计,以劳动密集型产业为例,2014年,江苏省劳动力工资比2000年上涨了近5倍,但劳动生产率水平并没有实现同比例提升。近年来,江苏省经济的区域结构不断优化,区域经济不均衡状况有所改变,苏北、苏中、苏南地区的发展差距逐渐缩小,但受历史、文化、区位等因素的影响,江苏南北地区经济发展的绝对差距仍然较大;这必然导致苏北、苏中地区高素质劳动力向苏南地区转移,致使苏南产业向苏北转移的过程中,遭遇高素质劳动力短缺的瓶颈,从而对产业转型升级构成制约。

另外,产业转型升级所要求的基础既包括城市建设、信息化建设等"硬件"基础设施,又包括"软件"公共服务、要素市场化水平和市场经济的体制机制。新技术革命催生了物联网、大数据等新兴互联网产业和新能源、智能制造、信息技术等战略性新兴产业,而这些新兴产业的发展需要公共基础设施和公共服务的支撑。江苏省近年来在高速宽带、数据传输等基础设施建设方面,加大了投入并取得一定成效,据2012年统计,信息产业主营收入增长16.22%,电话用户数增长8.74%,国际互联网络用户数增长16.22%。但总体上看,江苏省在公共基础设施建设、城市化建设、信息化建设等方面存在着区域发展不平衡,公共服务还不完善,在信息共享、数字化、智能化、网络化水平方面与发达国家存在一定差距,无法满足新常态下产业转型升级的迫切要求。同时,在能源、土地、资本等生产要素领域,市场机制尚未充分发挥配置资源的作用,资源性产品价格形成机制有待完善,城乡统一的建设用地市场、完全市场化的金融市场尚未完全建立;此外,城乡平衡发展、区域协调发展、收入分配、生态环保等机制有待改革与创新;政府、企业、市场三者的关系还未完全厘清,政府的"缺位"、"越位"现象时有发生,生态环保这都对江苏省转型升级产生深刻的影响。

三、增强江苏省产业创新发展新动力

江苏省经济发展的规模与质态在全国都名列前茅,但资源环境约束、生产成本上升较快、关键核心技术缺乏、产业处于中低端环节等问题严重制约了产业创新发展。因此,需要坚持创新驱动不动摇,积极改造传统产业,大力发展新兴产业,促进产业向价值链高端延伸,向各个产业高地攀升,努力构建与完善现代产业体系。紧盯国际产业发展前沿,吸收全球创新资源和成果,全面推进自主创新;通过加大研发投入、加强政产学研结合、加快创新型人才引进、构建各类科技平台,使创新成果迅速在各产业领域推广并形成生产力。坚持新型工业化道路,将产业结构优化、传统产业升级、发展先进制造业和战略性新兴产业作为主要抓手,紧紧抓住长江经济带发展国家战略和全面深化改革的契机,加强区域协同与合作,加快企业跨地区、跨行业、跨所有制兼并、重组与改造;着力解决落后产能淘汰、过剩产能消化等影响经济发展大局的重要问题;提高产业集聚度和高度化,促进产业层次向中高端发展;鼓励企业通过产品、技术和商业模式的创新,培育核心竞争力,并以市场开拓带动新兴产业发展。

(一)推动传统产业转型升级

纺织、冶金、轻工、建材等传统产业是江苏工业的重要组成部分,据2014年最新统计,江苏省产值超万亿的6个产业中,传统产业就占3席,因此传统产业是促进经济增长、保障社会就业的重要力量,其在促进江苏省经济平稳较快发展方面发挥着重要作用。但在新技术革命蓬勃发展、国际竞争日趋激烈的背景下,江苏传统产业发展机遇与挑战共存,通过创新发展加快传统产业改造升级已刻不容缓。

首先,传统产业要依靠技术创新,增强核心竞争力。国际上一般认为,企业研发投入强度(研究与开发投入占销售额的比重)达到3%以上时,才能维持企业生存,研发投入强度达到5%以上时,企业才真正具有市场竞争力。而调查表明,江苏省传统产业研发投入强度远低于3%,研发投入少、创新能力低,已成为传统产业优化升级的一大瓶颈。传统产业转型升级的出路在于,企业要以市场为导向,注重开发新产品、新技术、新工艺,加大研发投入,建立健全研发体系,建立技术中心、研究中心等研发机构;创造良好条件,大力引进创新型人才,提升研发水平;实施开放型创新模式,加强与高校、科研院所的合作研发,促进企业研发能力持续提升,加强新型制造工艺、流程的研发和应用。

其次以商业模式创新促进传统制造业经营方式转变。商业模式创新贯穿于企业资源组织方式、融资模式、研发模式、制造方式、品牌推广、营销体系和文化建设等企业经营各个环节,成功的商业模式往往是知识经济与创业创新的结合体。[1] 移动互联网、物联网、云计算、大数据等新技术革命,正历史性地颠覆着传统产业的商业准则和商业生态,并催生出全新的经济业态、商业和盈利模式。传统制造企业必须注重产业链上下游的集成与优化,提升对产业资源整合配置的效率;不断提高管理水平、降低成本,在理念创新的基础上,形成自己独有的商业模式。商业模式创新路径在于,从客户层面、需求层面、市场层面、营销层面、产业层面以及产业链地位层面重新进行创新定位,通过创新组合和嫁接,实现根本性创新或颠覆性创新,并在把握与开发商机的基础上,实现企业的快速崛起。

最后推进传统产业智能化改造。运用现代信息技术改造传统产业,从行业、企业乃至长江经济带整个流域,促进信息化与工业化的全方位、多层次、高水平融合,提高产品加工深度和拉长产业链条,增加产品附加值,通过智能化改造带动传统产业技术改造升级和智能化提升,使传统产业从单纯的加工制造环节向研发、销售服务等微笑曲线两端延伸。[2] 此外,在农业的转型升级方面,要积极实施"五化联动",发展适度规模经营,坚持优质、高产、高效、生态、安全的发展方向,加快转变农业发展方式,全面构建现代农业产业体系,创新经营管理体制,着力培育新型经营主体,走出一条具有江苏特色的质量与效益并重的农业现代化发展新路。

(二)支持新兴产业加快发展

新能源、新材料、云计算、大数据和物联网等战略性新兴产业是新一轮

---

① 参见张丽珍:《创新驱动　传统制造业转型升级的引擎》,《今日浙江》2013 年第 4 期。

② 参见李安兰:《基于公共政策视角的传统产业升级路径研究》,《经济体制改革》2014 年第 1 期。

经济和科技发展的制高点。江苏省要在"十二五"推进战略性新兴产业发展的基础上,继续加强规划引领、提升创新能力、创新体制机制、强化政策支持,进一步培育壮大战略性新兴产业。

培育战略性新兴产业,一要从政策、资金、机制等方面加以保障,从生产、流通、消费等领域加以引导,推动研发、示范、产业化各环节全面启动,实现战略性新兴产业发展的良好态势。二要突出先导性和支柱性,围绕江苏十大战略性新兴产业,密切跟踪全球科技发展方向,明确科技创新的主攻方向和突破口,强化企业创新主体地位,加大投入力度,集聚创新人才,着力攻克一批关键核心技术,使科技优势有效转化为产业优势和市场优势。三要坚持深化改革,将体制机制创新和科技创新有机结合起来,以改革的手段激发战略性新兴产业的发展活力和市场潜力。四要在长江经济带流域范围协同推进,既要形成推动战略性新兴产业发展的强大合力,全面提升战略性新兴产业发展水平,又要在空间区域上合理布局、错位发展,从而更好地发挥其对经济转型升级的支撑和引领作用。

(三)吸引高端要素资源加速集聚

在国际产业价值链加速重构和新产业革命兴起的背景下,机制体制创新是江苏省推动产业创新的关键因素;而高端要素资源,包括人才、科研机构、研发投入、信息、知识产权、金融资本等,产业升级本身就是高端要素不断变化升级的过程,产业创新发展与高端要素的集聚提升彼此互为条件又互为结果。因此,应积极构建政府、社会、市场的协调关系,兼顾效率与公平,创造有利于创新创业的体制机制环境,使高端要素资源在江苏集聚。

一是进行行政管理体制改革。鼓励简政放权,改革产业准入制度,制定与实施产业准入负面清单;建立公众参与、专家论证、政府决策相结合的行政决策制度,科学地制定创新政策和产业政策;建立健全政府购买公共服务的机制,强化行政权力制约和监督体系,为高端要素集聚创造良好的政务环境。二是加强资源要素市场化改革。建立城乡统一的建设用地交易市场,建立宽松的人才环境以及适应现代产业发展的高端人才引进、培养、使用及激励机制,进一步完善国际高端人才的引进政策,重点吸引国内外具有先进

水平的科技领军人才、科技企业家和高科技创业团队;优化金融组织体系与
金融生态环境,鼓励金融业态创新。三是加强科技创新体制改革,创新产学
研合作模式,促进科技成果转化;优化科技投入体制,引导社会资本的研发
投入;建立开放式创新体系,充分利用长江经济带丰富的科教资源,并通过
国际科技合作,布局一批具有国际国内一流水平的研发机构;加强科技服务
体系建设,充分发挥产业技术研究院、科技创业园等高端创新平台对高端要
素资源的集聚效应。四是建立完善的知识产权保护体系,为信息交流、产业
转移,为产业高端化、品牌化经营保驾护航。

(四)以园区合作掌控产业链高端

作为长江经济带的重要一环,园区合作是江苏省加强与流域中上游地
区协作交流的重要抓手。通过建设多种形式的共建园区,支持有优势的大
企业以资产、资源、品牌为纽带,实施跨地区的联合、兼并、重组,优化生产力
空间布局,整合长江经济带的要素资源,掌控产业链的两端,即研发与销售、
服务,实现两个市场和两种资源的统筹运用。

一是有序推进产业转移。将不具有比较优势的产业或产业环节向中上
游地区转移。二是以专项科技项目、产学研合作项目积极吸引长江中上游
地区的著名高校、科研院所来江苏设点布局,开展科技创新活动并构建多层
次、多元化的创新链。三是对接"中国制造 2025"行动计划,以增强自主创
新能力、促进工业化与信息化的融合、持续推进技术改进和业态创新、专注
产品质量与品牌建设等为目标,大力发展先进制造业;顺应现代制造业发展
趋势,推进精益制造、绿色制造、智能制造;加强对外合作交流,以全球化视
野,培育国际化优势企业与产业集群。四是构建以服务经济为主体的现代
产业体系。充分发挥江苏省制造业基础好、规模大的优势,大力发展生产性
服务业,打造"江苏服务"的核心品牌。以科技服务、信息技术服务、金融服
务、现代物流、商务服务、服务外包作为重点发展方向;积极培育电子商务、
节能环保服务、检验检测、售后服务和人力资源服务、品牌与标准化等细分
产业;运用现代信息技术,推进生产性服务业的技术创新、模式创新、管理创
新和制度创新;通过加快服务业集聚区的提档升级,增强其要素资源吸附能

力、产业支撑能力和辐射带动能力。五是推进制造业服务化。制造业服务化是工业企业占据价值链高端、提升核心竞争力的重要途径,也是发展生产性服务业的有力抓手。树立制造业与现代服务业融合的产业发展理念,通过延伸产业链条,面向客户提供个性化产品设计和整体解决方案,实现生产型制造向服务型制造转变。

(五)营造良好的创新创业生态环境

长江经济带涵盖 9 省 2 市,由于行政区划阻隔,市场分割现象依然存在,不同行政区争夺资源的恶性竞争,导致项目重复建设、产业同构化和地方保护主义。因此,在长江经济带构建统一开放的要素市场和商品市场,不但有利于消除区域贸易壁垒,促进区域分工、要素自由流动、优化配置和资源共享,形成不同地区、不同产业间良性互动、有序竞争格局;而且有利于江苏省适应经济发展新常态,加快实施创新驱动战略,在推进自身经济转型升级的同时,辐射带动长江中上游地区产业加快发展。

以互联网为核心的信息技术革命正在重构区域创新体系、产业生态和竞争格局、企业组织形态和个人生活方式,因此,要顺应互联网时代经济发展的新特征,营造良好的创新创业生态环境。

一是通过推进"互联网+"融合创新,在更大空间范围内整合流域要素资源、创新资源和用户资源:①推进两化融合,引导制造业企业实现全流程互联网转型,加快推进研发设计可视化、生产制造智能化、生产组织网络化以及产品服务个性化;②推动金融机构互联网化,发展跨区域的新型金融组织,形成一批综合实力强的互联网金融集聚区,建设流域内区域性互联网金融中心;③推进互联网进农村、社区、开发园区、专业市场、商贸物流和国际贸易;利用江苏对外开放的优势,以长江经济带的广大区域为依托,大力发展跨境电子商务;鼓励商贸企业实现线上线下一体化经营,培育专业化、特色化的电商企业。

二是在"互联网+"行动中充当平台经济的整合者:①积极发展信息平台、交易平台、媒体平台、应用平台、社交平台和支付平台,提高平台集聚效应和市场价值;②打造平台经济特色载体,用互联网思维提升现有的开发区、服务业集聚区,规划建设一批电子商务集聚区和孵化器;③聚合平台经济发展要素,加大对云计算、互联网、物联网、智能终端等信息基础设施的投入力度,构建"宽带、融合、安全、广泛"的信息网络。

三是在长江经济带流域范围广泛宣传与实施"创业在江苏"行动,形成开放、高效、富有活力的创新创业生态系统,推动江苏省成为具有国际竞争力的产业科技创新中心和创业高地。新时期创新创业特点主要体现为:以创新为驱动力,以需求为主导,通过满足个性化、多样化、定制化的消费需求,激发新的增长潜力;以大众为主体,以开放式的产业组织方式,使众筹、众包和众创成为新的潮流。因此,要通过推动大众创业、万众创新,开拓江苏经济转型发展新空间。具体对策包括:①运用新技术,努力发展新业态,积极探索新的商业模式;②发挥市场配置资源的决定性作用,由创新创业者按照市场的需求,自主选择创新创业活动;③培育众创空间,构建创新创意与市场需求和社会资本有效对接的开放式创业生态系统;④青年、大学生、企业高管、科技人员、海归创业者等重点人群是引领和带动全社会创新创业的先驱,要充分发挥他们的示范带头作用。

(六)推进绿色循环低碳发展

长江经济带要成为生态文明建设的先行示范带,必须建立健全最严格的生态环境保护和水资源管理制度,使产业布局与区域资源生态环境相协调,防止出现环境风险集聚与污染转移,杜绝低水平的重复建设,以保护和改善流域生态服务功能为己任,积极推动长江经济带绿色低碳发展。绿色低碳产业是国家重视的战略性新兴产业,是建设生态文明的必然要求,也是转变经济发展模式的重要举措,也是决定中国经济可持续发展的重要元素。绿色低碳产业是指在生产、消费的过程中,环境友好、碳排放量最小化或无碳化的产业;绿色低碳产业是以低能耗、低污染、低排放为主要特征。发展绿色低碳产业主要聚焦于能源、交通、建筑、服务与农业等方面。

一是积极发展绿色新能源产业带,以风能、太阳能、生物质能等再生能源替代化石能源。江苏省沿江靠海,据资料统计,全省每年有 1500 万吨秸秆可作为能源利用;年均日照 1800～2600 小时,年均辐射总量 3.3 亿焦/平方米;954 公里海岸线,加上 2000 多公里沙洲,风能资源可开发量达 238 万千瓦①;同时装备制造业是江苏省的支柱产业。因此,发展新能源产业有较多物质与产业基础优势。江苏省发展新能源产业应完善新能源产业政策,落实鼓励政策,规范新能源产业标准,重视技术研发,提升企业竞争力;适时调整企业研发的总体布局,将培育龙头新能源企业与引导示范中小企业的发展相结合,使新能源企业改造重组与淘汰落后企业相并行;积极培育新能源产品市场体系,鼓励分布式新能源发电项目,建设立足国内、面向全球的新能源产业和服务体系。

二是以发展新能源汽车和电气轨道交通为突破口,实现交通产业低碳化。新能源汽车主要包括混合动力汽车、纯电动汽车、氢能和燃料电池汽车、乙醇燃料汽车、生物柴油汽车、天然气汽车、二甲醚汽车等类型。而电气轨道交通包括城市电气铁道、地铁、单轨、轻轨、有轨电车等多种形式。低碳交通作为低排放、低能耗、高能效为特征的交通运输方式,通过提高与改善交通运输的能效与用能结构,建立智能交通信息服务系统,提高机动车的交通运行效率,提升节能减排水平,实现经济社会发展向低碳环保转型。

三是大力推广太阳能建筑、节能建筑和智慧建筑,推进建筑产业的低碳化。太阳能建筑是采用太阳能热水器和光伏阳光屋顶等装置,为居民和建筑物提供采暖、空调、热水、通风、照明、动力等,实现"零能耗"。太阳能建筑发展趋势是将建筑立面与太阳能外露部件有机结合,实现建筑材料与太阳能的一体化。节能建筑则是在建筑的规划、设计、建造和使用中,采用可再生能源、新型建筑保温材料、自然通风采光的设计以及智能控制等方法,有效降低建筑能源消耗。智慧建筑则是采用现代建筑技术、现代信息通信技术和控制技术,将建筑物的系统、结构和服务进行优化组合,为用户提供舒适、便利的人性化建筑环境。② 新型城镇化建设是江苏省转型升级工程的重要一环,而江苏是建筑大省,据相关统计,其建筑能耗中二氧化碳的排放量约占排放总量的 30%～40%,推进建筑产业的绿色化、低碳化是建设

---

① 参见龙如银:《正视问题　推进江苏新能源产业健康发展》,《唯实》2014 年第 10 期。
② 参见李林、周航:《我国城市建设规划的低碳生态城新模式探讨》,《商业时代》2012 年第 7 期。

"新江苏"和长江经济带生态文明示范区的重要组成部分。此外,在低碳农业方面,主要是强调植树造林,改善生态;发展以提高水资源利用率为目的的节水农业;推广以生态环境保护和安全农产品生产为主要目的有机农业等。

四是集聚全球优势资源,创新体制机制,构建绿色低碳产业集群。江苏省应积极构建绿色产业链,打造绿色低碳技术平台并整合绿色金融资本,率先发展成为区域整体绿色低碳发展的典范。产业集群发展中要注重聚集全球范围的优秀高新低碳技术,构建规模化系统化的低碳产业平台;在国际绿色政治的新体系中,推动形成低碳产业发展体系,打造具有高速发展功能和自主创新基因的可持续发展产业链。循环产业集群模式是将循环经济与产业集群相结合,成为有机统一体,进而打造不同类型的循环产业集群。因此,要对现有的产业集群系统、自然系统和社会系统进行耦合优化,实现产业集群的生态化升级;对现有的循环经济基地加大投入和政策导引力度,扩大循环经济基地的示范效应,集聚周边相关产业,最终完成现有循环经济基地的集群化改造;将集群网络分为核心区、拓展区和辐射区进行分层次建设,以形成循环产业集群网络。同时,要创新体制机制,营造以生态氛围为主的软环境,加快能源消耗限额标准的制定与实施,倒逼企业节能减排、淘汰落后产能。构建绿色发展机制。以政府主导和市场调节相结合,在完善环境与生态保护机制的基础上,积极推进资源环境价格改革、排污权交易、生态补偿、碳排放交易、污染责任保险、绿色信贷等政策的创新;探索建立区域排污权交易平台和完善差别电价政策;严格环境准入机制,对项目实施严格的环境、资源、能源影响评价;建立多元化的生态投入机制,加大绿色环保的宣传力度,鼓励、引导各类社会主体参与生态环境建设与项目开发,培养大众低碳消费、绿色消费的习惯,创造全社会共同关注生态环保的良好氛围。

第七章　提升城镇化质量

　　城镇化是保持经济持续健康发展的强大引擎,是推动区域经济社会协调发展的有力支撑。大力开发利用长江黄金水道,加快推动长江经济带的快速发展,应坚持以新型城镇化建设为重要依托,全面提升长江经济带城镇化质量,增强长江经济带发展的支撑与动力。当前,长江经济带城镇化进程中面临的一个重要问题就是上中下游地区城镇化发展很不平衡。下游地区的长江三角洲城市群有力推动着该地区的快速发展,但资源环境约束趋紧、要素成本快速上升;上中游地区的资源环境承载能力较强、要素成本相对较低,但城市经济社会的发展明显滞后。因此,在全面推进长江经济带新型城镇化建设过程中,必须突出"协调性均衡发展"的理念,并以此为指导,在努力将长江三角洲城市群打造成具有国际竞争力的世界级城市群的同时,注重在长江上中游资源环境承载能力较强的地区,加快城镇化进程,积极打造承接产业转移的载体和平台,培育形成新的增长极,有效推动经济增长和市场空间从沿海向沿江内陆拓展,加快推动形成上中下游优势互补、协作互动格局,促进长江经济带人口经济布局更加合理、区域发展更加协调。地处长江下游的江苏省,要借力长江经济带开发利用的新机遇,一方面要加快融入长江三角洲城市群,另一方面还要积极加强与长江中游和成渝两大跨区域城市群以及贵州省、云南省中部两大区域性城市群的联动,形成长江经济带城市群资源优势互补、产业分工协作的良好环境,助推长江经济带协调性均衡发展。

一、以协调性均衡提升城镇化的质量

　　推进城镇化建设是我国全面建成小康社会、加快推进现代化进程的必由之路,是解决农业、农村、农民这"三农"问题的重要途径,是保持我国经济持续健康、高效发展的强大动力,是推动各大区域板块协调发展的有力支撑,也是我国扩大内需和促进产业转型升级的重要抓手。随着内外部环境和条件的深刻变化,中国城镇化发展必须由过去传统粗放的旧型城镇化发展阶段,向以提升质量为主的新型城镇化发展阶段转化。2013 年 12 月召开的中央城镇化工作会议明确提出:"走中国特色、科学发展的新型城镇化道路,以人为本是核心,提升质量是关键。"①

新型城镇化是"最大内需所在和结构调整的重要依托"。推动新一轮长江经济带建设,必须深刻把握新型城镇化的内涵和特点,按照沿江集聚、组团发展、互动协作、因地制宜、提升质量的建设思路,以沿江综合运输大通道为轴线,以长江三角洲、长江中游和成渝三大跨区域城市群为主体,以贵州省和云南省中部两大区域性城市群为补充,以沿长江经济带的大中小城市和小城镇为依托,促进长江经济带城镇化布局合理和形态优化,推动城市群之间、城市群内部加强分工协作,协调性均衡推进以人为核心的新型城镇化,促进长江上中下游城镇化互动协调,提高长江沿线地区国土空间的利用效率。

(一)新型城镇化的内涵和指标

1. 新型城镇化的内涵要义

改革开放以来,特别是 20 世纪 90 年代以来,我国城镇化水平以年均增长 1 个百分点以上的速度提升,从 2011 年起,城镇化率开始超过 50%。此后,城镇化仍处于快速推进阶段。但近年来在推进城镇化建设中,原先未引起重视的一些问题开始逐渐显露,有些矛盾还比较突出,由此阻碍着经济社会的可持读发展。党中央、国务院敏锐地觉察到各地存在的问题,及时地进行重大的战略性调整,提出了新型城镇化建设的要求。

(1)党的十八大报告鲜明地提出了"新型城镇化"的理念,对未来城镇化的发展方向释放出了一个重要的"转型信号"。"新型城镇化"这一理念

---

① 《中央城镇化工作会议在北京举行》,《人民日报》2013 年 12 月 15 日第 1 版。

的提出有一个渐进的过程。鉴于各地城镇化发展过程中出现的新情况,党的十六大报告提出,要逐步提高城镇化水平,坚持大中小城市和小城镇协调发展,走中国特色城镇化道路。2007 年召开的党的十七大报告,对"城镇化"的提法进一步作了补充完善,明确指出:"走中国特色城镇化道路,按照统筹城乡、布局合理、节约土地、功能完善、以大带小的原则,促进大中小城市和小城镇协调发展。以增强综合承载能力为重点,以特大城市为依托,形成辐射作用大的城市群,培育新的经济增长极。"①鉴于近年来有些地方举债投资、人工造城,粗放型地提升城镇化率,既造成土地价格高昂、社会成本高估、债务风险高悬的"三高"现象,又出现房地产入住率过低、进城农民待遇过低、被征农村土地补偿过低的"三低"现象。2012 年 11 月召开的党的十八大在进行顶层设计时,针对城镇化进程中如何降低"三高"、提升"三低"问题,更加明确地提出了"新型城镇化"的理念,这是对我国未来城镇化的发展方向释放出了一个"转型升级"的"新信号"。其后召开的中央经济工作会议再次明确地提出,要积极稳妥地推进城镇化的建设进程,着力提高城镇化建设发展的质量。

2013 年 12 月,中央在北京首次召开全国城镇化工作专题会议,对新型城镇化建设的要求进一步深化、细化。会议提出,我国的城镇化是一个长期发展的历史过程,要科学有序、积极稳妥地向前推进。走中国特色、科学发展的新型城镇化道路,其核心是以人为本,关键是提升质量,要与当前正在推进的工业化、信息化、农业现代化同步递进。会议还要求,要根据资源环境承载能力,构建科学合理的城镇化宏观布局,把城市群作为主体形态,促进大中小城市和小城镇合理分工、功能互补、协同发展;要坚持生态文明,着力推进绿色发展、循环发展、低碳发展,尽可能减少对自然的干扰和损害,节约集约利用土地、水、能源等资源;要传承文化,发展有历史记忆、地域特色、民族特点的美丽城镇;要依托现有山水脉络等独特风光,让城市融入大自然,让居民望得见山、看得见水、记得住乡愁;既要融入现代元素,更要保护

---

① 参见胡锦涛:《高举中国特色社会主义伟大旗帜　为夺取全面建设小康社会新胜利而奋斗》,《人民日报》2007 年 10 月 25 日第 1 版。

和弘扬传统优秀文化,延续城市历史文脉。党中央、国务院还指出,走新型城镇化之路,既要坚持市场在资源配置中所起的决定性作用,又要更好地发挥政府在创造制度环境、编制发展规划、建设基础设施、提供公共服务、加强社会治理等方面的引领作用;中央制定大政方针、确定城镇化总体规划和战略布局,地方则从实际出发,贯彻落实总体规划,制定相应的地方规划,创造性地开展建设管理工作。①

党中央在作出这一重要决策的同时,率先作出样子,组织力量,几易其稿,制定出《国家新型城镇化规划》,从名称到具体条文、内容,都突出了新型城镇化发展的方向和道路,并将规划期定至 2020 年。

(2)中央领导同志在不同场合提出"要建设新型城镇化"的要求,并赋予其新的内涵。在 2013 年全国"两会"上,习近平同志在参加江苏省代表团审议时指出:"要做到工业化和城镇化良性互动、城镇化和农业现代化相互协调。在推进城镇化的过程中,要尊重经济社会发展规律,过快过慢都不行。"②2013 年 10 月 7 日,习近平同志在亚太经合组织工商领导人峰会上进一步指出:"持续进行的新型城镇化,将为数以亿计的中国人从农村走向城市、走向更高水平的生活创造新空间。"③2013 年 11 月,习近平同志在山东考察时又指出:"城镇化不是土地城镇化,而是人口城镇化,不要拔苗助长,而要水到渠成,不要急于求成,而要积极稳妥。"④2015 年 1 月,习近平同志在云南省考察时再次强调指出,要坚持城乡统筹发展,坚持新型工业化、信息化、城镇化、农业现代化同步推进,实现城乡发展一体化。深刻领会和准确把握这些要求的实质,是保证城镇化正确方向的思想前提和理论基础,也是最终实现以人为本的新型城镇化的正确路径。⑤

---

① 参见《中央城镇化工作会议在北京举行》,《人民日报》2013 年 12 月 15 日第 1 版。

② 《习近平在江苏代表团参加审议》,新华网江苏频道:http://www.js.xinhuanet.com/2013-03/08/c_114957632.htm。

③ 《习近平在亚太经合组织工商领导人峰会上的演讲》,新华网:http://news.xinhuanet.com/world/2013-10/08/c_125490697.htm。

④ 《习近平:城镇化不是土地城镇化 而是人口城镇化》,凤凰网:http://city.ifeng.com/cskx/20131129/402030.shtml。

⑤ 《习近平在云南考察工作时强调:坚决打好扶贫开发攻坚战》,中央政府门户网站:http://www.gov.cn/xinwen/2015-01/21/content_2807769.htm。

李克强同志也在不同场合多次对新型城镇化进行阐述,并提出要求。2012 年 11 月,李克强同志在会见世界银行行长金墉时指出:"未来几十年最大的发展潜力在城镇化,中国推进城镇化,是要走工业化、信息化、城镇化、农业现代化同步发展的路子。"①2013 年 1 月,李克强同志在国家粮食局科学研究院调研时强调:"城镇化的核心是'人的城镇化',关键是提高城镇化质量。"②2013 年 3 月,李克强同志在全国两会记者会上回答记者提问时说:"城镇化不能靠摊大饼,要大、中、小城市协调发展,中西部地区因地制宜地推进。还要注意防止城市病,不能一边是高楼林立,一边是棚户连片。"③2013 年 9 月,李克强同志专门邀请两院院士及有关专家到中南海座谈,听取城镇化研究报告的建议。李克强同志指出,推进新型城镇化,就是要以人为核心,以质量为关键,以改革为动力,使城镇真正成为人们的安居之处、乐业之地。这方面还有大量工作要做。④

中央领导同志站在宏观的、战略的时代高度上,详尽地分析了新型城镇化发展的时代背景,精辟地论述了城镇化发展的重大意义,及时地提出了新型城镇化建设的发展思路、原则要求、目标任务、实施路径,形成了设计创新的思路,并作出了全面的战略部署。可以说此举在新型城镇化建设上,在理论上有新思维,在决策上有新思路,在行动上有新举措,在发展规律上有新认识。

(3)新型城镇化的基本内涵。传统城镇化的基本模式发端于西方工业革命,其后一直被沿用。但随着中国国情和城镇化所处的时代变迁,我们已不能再停留于传统城镇化理论上,继续套用传统的城镇建设模式,必须应势而为,提出新型城镇化理论和思路,开创新型城镇化建设之路。党中央、国务院言当其时地提出建设新型城镇化的要求,既区别于我国以往的传统城镇化

---

① 《李克强会见世界银行行长金墉》,新华网:http://news.xinhuanet.com/politics/2012-11/29/c_113845128.htm。

② 《李克强考察国家粮食局科学研究院并召开座谈会》,新华网:http://news.xinhuanet.com/politics/2013-01/15/c_114378984.htm。

③ 《国务院总理李克强会见中外记者》,新华网:http://www.xinhuanet.com/2013lh/zong-li/wenzi_2.htm。

④ 《李克强邀请两院院士到中南海 听取城镇化研究报告并座谈》,中国新闻网:http://www.chinanews.com/tp/2013/09-08/5259025.shtml。

模式,更区别于世界其他国家的城镇化发展模式,无疑负有新的历史使命。

新型城镇化建设的内涵极其丰富深刻,其基本要义主要是指,必须坚持以科学发展观作为引领,以全面、协调、可持续发展为基本原则,以人口城镇化为核心内容,以智慧化、信息化、农业产业化和新型工业化为根本动力,以"内涵型增长"为发展方式,以"政府引导、市场运作"为机制保障,深入地推动城市现代化、城市集群化、城市生态化、农村城镇化,全面地提升我国城镇化的质量和水平,走科学发展、集约高效、环境友好、功能完善、社会和谐、城乡一体、个性鲜明、大中小城市和小城镇协调发展的城镇化建设路子。这就是说,新型城镇化是以城乡统筹、产城互动、资源节约、高效集约、生态宜居、和谐发展为主要特征的城镇化;是大中小城市、小城镇、农村社区协调发展,互助推动、共赢共进的城镇化。说到底,这种新型城镇化建设的核心要义是,不以牺牲农业、生态和环境为代价,着重立足于农村的富强、美丽,农民的富裕、幸福,涵盖农村的方方面面,实现城乡基础设施一体化和公共服务均等化,促进经济社会的全面发展,即提高城乡居民幸福水平、实现共同富裕而规划建设的生态文明城镇集群。

2. 推进新型城镇化发展的主要特点

我们这里所说的新型城镇化建设和发展,主要是相对于传统城镇化模式而言的,综合起来主要有以下几个特点。

一是由以土地为核心的城镇化向以人口为核心的城镇化转变。传统城镇化表现为简单地追求土地城镇化、规模城镇化,这是一种"只让其来打工、不让其来落户"的城镇化,是一种"要物(土地)不要人"的城镇化,是"物的城镇化"而非"人的城镇化"。它未能解决农民工市民化等问题,充其量只能算是一种"半拉子城镇化"。当下,不少地方的"人口城镇化"速度明显落后于"土地城镇化"速度,农村人口向城镇转移的总体水平与发达国家相比仍处于低位运行,有人称城镇、农村与城市农民工为"三元社会结构"。新型城镇化的核心是人口城镇化,目的是解决农民市民化问题,造福百姓和富裕农民。所以,由以土地为核心的城镇化向以人口为核心的城镇化转变,将农村剩余劳动力"化"入城镇,真正实现由"农民"变为"市民"的身份变化,而不是简单地搞"区域扩大化""土地城镇化",则是新型城镇化的显著特点。

二是由行政主导的城镇化模式向由市场起决定作用的城镇化模式转变。传统模式下的城镇化过于依赖政府主导、行政推动,使各级政府在原有土地制度和财政制度下热衷于扩大城市规模,造成对土地资源的低效利用以及对土地财政和房地产的过度依赖。房价过高、房地产市场膨胀,不仅带来普通居民的住房困难,也抬高了城内企业的运营成本,不利于实体经济发展,使产业结构畸形演进,为城市未来发展埋下隐患。与此同时,在政府主导的传统城镇化模式下,政府的行政级别成了推进各地城镇化进程的重要资源。行政级别较高的城市尤其是行政级别高的顶级大城市,利用其行政地位来吸纳土地、资金、人才等各种要素,导致大城市畸形扩张,城镇体系失衡发展,而中小城市发展障碍重重,运行乏力。新型城镇化则由行政主导的城镇化模式向由市场起决定作用的城镇化模式转变,改变了以往城镇化进程中偏重于用行政手段配置资源要素的调控方式,建立了科学合理的组织调控体系和市场化的城镇发展机制,为市场机制在城镇化进程中发挥决定性作用提供了制度保障,促进了城镇化的各种要素合理流动和优化配置。诚然,市场也有内在缺陷,有时也会失灵。所以,市场起决定作用不是说政府可以放手不管,而是由"政府主导"转为"政府引导、多方参与",政府尤其要在区域与城镇规划制定、基础设施建设、公共服务方面发挥其组织协调作用,提供环境保护和社会保障,这是新型城镇化的又一特点。

三是由小城镇发展模式向大中小城镇协调发展模式转变。由以小城镇为重点发展模式推动起来的传统城镇化进程,在经济社会快速发展的同时,也出现了资源分散、环境污染、生态恶化、不可持续发展等新问题。随着城镇区划不断调整,空间组织结构不断发生变化,传统城镇化发展模式已不适应经济社会所需,必须予以调整。新型城镇化的特点,是由小城镇发展模式向大中小城镇协调发展模式转变,即从区域的整体出发,通过发挥城市间互补的综合优势和大城市的辐射扩散作用,强化区域功能的整合,优化区域发展空间,统筹城乡区域发展,促进生产要素合理流动,最大限度地提高资源利用率,优化城镇规模结构,增强中心城市辐射带动功能,加快发展中小城市,有重点地发展中心城镇,促进大中小城市和小城镇的协调发展。

四是由过去的城乡分割向城乡统筹、实现城乡一体化转变。传统城镇化实行城乡分治、城乡分割的体制，出现了重城轻乡的倾向。随着城市经济的发展，原有的城镇发展偏向已成为城乡协调发展的主要障碍。新型城镇化着眼于提高城镇化质量，从制度再造与结构优化相结合的角度，通过改革城乡体制、调整城乡结构，寻求城乡发展失调的解决之路，转变城乡脱节的发展模式，把"三农"发展与城镇发展结合起来，建立地位平等、开放互通、互补互促、共同进步的城乡经济社会发展新格局，从而使城镇化成为城乡之间互相吸收发展要素、相互融合、共同发展的过程，把城乡统一纳入到经济社会发展大系统中。这既发挥城镇对乡村发展的带动作用，又加大对"三农"发展的支持力度，实现以城带乡、以乡促城、城乡互动、经济社会协调发展。现在，我国已进入工业化发展的中期阶段，已具备"工业支援农业、城市支援农村"，推进城乡统筹发展的现实条件。所以，推进新型城镇化建设，尽快改变当下的二元结构，建立互补互促、协调统一的新型城乡关系，让广大农民平等共享现代化成果，这是非常及时和十分必要的。

五是由城镇粗放型发展模式向城镇集约型发展模式转变。传统城镇化发展，过多地依赖数量、规模的外延式扩张，实行粗放型发展模式，高消耗、高污染、高投入、低效益问题十分突出。随着经济的发展，城镇资源短缺、环境保护压力将更加突出，其造成的经济损失和社会影响会增大。与此不同的是，在推进新型城镇化过程中，严格按照"资源节约型、环境友好型社会"的建设要求，改变过去那种传统城镇建设粗放型发展的模式，向城镇集约型、智慧型发展模式转变，妥善处理城镇建设、经济发展与资源环境的关系，走资源消耗低、环境污染少、经济效益好的集约型城镇化道路。推进新型城镇化充分发挥了城镇资源利用效率高、人口承载力大的内在优势，以体制、机制和科技创新为基础，综合运用行政、法律、经济等各种手段，节约和集约利用水土等各种资源，提高资源利用效率。推进新型城镇化还能实行最严格的生态环境保护制度，加大环境治理力度，强化对资源环境的保护，缓解城镇化发展中资源约束和环境压力，提高城镇的综合承载能力。推进新型城镇化还能大力实施节能减排，大力发展循环经济，促进工业、建筑、交通和生活节能，促进清洁能源的开发利用，保护和建设城镇生态环境。

六是由单一制度的改革向多种制度的改革与创新转变。传统城镇化也搞改革,但仅是单一制度、单方面推进,这显然不适应新形势发展的需要。新型城镇化则是加强制度的顶层设计,向多种制度的改革与创新转变,统筹协调推进城镇化建设中的重点领域和关键环节的体制机制改革,尽快形成有利于城镇化健康可持续发展的制度环境。首先,建立城乡统一的户籍制度与劳动就业制度,加快住房制度、就业制度、社会保障制度和教育体制的改革。其次,深化农地流转制度改革,尽快实现城乡建设土地制度的一体化管理。再次,创新城乡建设投资多元化机制,采取多种模式,吸引民间投资进入城乡公共产品生产领域。总之,推进新型城镇化的目的是要建立和完善绿色循环、低碳发展、协调共进的体制机制,形成资源节约和环境优美的空间格局、产业结构、生产方式和生活方式。

诺贝尔经济学奖获得者斯蒂格利茨曾预言,中国旨在推进的新型城镇化与美国爆发的新技术革命,将是 21 世纪带领世界经济社会向前发展的"两大引擎"。只要科学、准确、深入地理解新型城镇化的内涵,深刻认识其对经济社会发展的重大意义,准确研判新型城镇化发展的新趋势、新特点,顺应发展规律,扎实有序地推进,则全面建成小康社会、加快社会主义现代化建设进程、实现中华民族伟大复兴之目标就一定能够实现。

3. 新型城镇化的主要指标及其亮点

结合我国现代化进程的实际情况,综合考虑目前我国城镇化前行的成效与问题,推进新型城镇化的总体目标和指向,应是城镇化与我国正在积极推进的新型工业化、信息化和农业现代化能够更好地互动互助、协调共进,在全面建设小康社会、开启现代化建设新征程中能够更好地发挥作用,能够更好地实现民族复兴之梦、强国富民之梦。

(1)新型城镇化的主要指标

新型城镇化应是高质量的城镇化,其所追求的目标在顶层设计上主要体现在:一要追求好的经济效益,没有高质量的经济发展,城镇化无法实现;二要追求优良的城市环境,即绿色、生态、环保;三要追求完善的城市服务功能,包括完善的基础设施、完善的城市管理和人性化的社会服务;四要追求更高的城市居民素质,包括文化科技水平、社会道德风尚和法律知识以及居民的思维方式、生活方式、城市意识和行为准则等,避免出现城镇人口增加

了但居民综合素质却下降了的弊病;五要追求区域内城乡发展的平衡协调,
农村也有反吸引力,即吸引部分城镇人口去农村创业、居住。

表 7-1　新型城镇化主要指标

指　标	2012 年(%)	2020 年(%)
一、城镇化水平		
常住人口城镇化率(%)	52.6	60 左右
户籍人口城镇化率(%)	35.3	45 左右
二、基本公共服务		
农民工随迁子女接受义务教育比例(%)	大于 99	大于 99
城镇失业人口、农民工、新成长劳动力免费接受基本职业技能培训覆盖率(%)		大于 95
城镇常住人口基本养老保险覆盖率(%)	66.9	大于 90
城镇常住人口基本医疗保险覆盖率(%)	95	98
城镇常住人口保障性住房覆盖率(%)	12.5	大于 23
三、基础设施		
百万以上人口城市公共交通占机动化出行比例(%)	45 *	60
城镇公共供水普及率(%)	81.7	90
城市污水处理率(%)	87.3	95
城市生活垃圾无害化处理率(%)	84.8	95
城市家庭宽带接入能力(Mbps)	4	大于 50
城市社区综合服务设施覆盖率(%)	72.5	100
四、资源环境		
人均城市建设用地(平方米)		小于 100
城镇可再生能源消费比重(%)	87	13
城镇绿色建筑占新建建筑比重(%)	2	50
城市建成区绿地率(%)	35.7	38.9
地级以上城市空气质量达到国家标准的比例(%)	40.9	60

注:1. 带 * 为 2011 年数据。

　2. 城镇常住人口基本养老保险覆盖率指标中,常住人口不含 16 周岁以下人员和在校学生。

　3. 城镇保障性住房:包括公租房(含廉租房)、政策性商品住房和棚户区改造安置住房等。

　4. 人均城市建设用地:国家《城市用地分类与规划建设用地标准》规定,人均城市建设用地标准
为 650～1150 平方米,新建城市为 851～1050 平方米。

　5. 城市空气质量国家标准:在 1996 年标准基本上,增设了 PM2.5 浓度限值和臭氧 8 小时浓度限
值,调整了 PM10、二氧化氮、铅等浓度限值。

资料来源:新华每日电讯 2014 年 3 月 17 日。

《国家新型城镇化规划（2014～2020 年）》（以下简称《规划》），根据新型城镇化、高质量城镇化的指向及其追求目标，附了 9 个专栏。其中，第一个专栏就是"新型城镇化主要指标"，这实际上提出了衡量新型城镇化的指标体系，共分成 4 大类、18 项指标。第一大类，衡量城镇化水平的指标有 2 个，即常住人口城镇化率和户籍人口城镇化率；第二大类，基本公共服务方面有 5 项指标；第三大类，基础设施方面有 6 项指标；第四大类，资源环境方面有 5 项指标。这个指标体系的针对性很强，内容上有不少创新之处（参见表 7-1）。

（2）新型城镇化主要指标的亮点

国家新型城镇化规划，站在宏观、战略的高度，提出了新型城镇化的指导思想、目标任务和原则要求，指出了新型城镇化的发展路径，形成了制度和政策创新的思路，对推进新型城镇化做了全面的战略部署，是指导全国城镇化健康发展的纲领性文件。《规划》根据新型城镇化的内在要求，在顶层设计上创造性地提出了一套指标体系，这个指标体系有这样几个亮点：

一是创新设计了衡量新型城镇化率高低的两大指标。《规划》创新设计出了"常住人口城镇化率"和"户籍人口城镇化率"这两个衡量城镇化水平高低的指标。这是首次提出用来评估城镇化水平的具体指标，这是推进新型城镇化不同于传统城镇化的最大亮点，也是最大的进步。

1978～2013 年，伴随着我国工业化、信息化进程的加速，我国的城镇化建设与发展经历了一个起点低、速度快的发展过程。我国的城镇常住人口从 1978 年的 1.7 亿人增加到 2013 年的 7.3 亿人，城镇化率也从 1978 年的 17.9%提升到 2013 年的 53.7%，年均提高 1.02 个百分点。如果光看这些数据，成绩确实不小，但数据并不能完全反映我国城镇化的真实水平。透过统计上的城镇化率，表面数据掩盖着许多问题。不少地方的城镇化进程，忽视资源和环境的代价，偏重于追求数量和规模的扩展，追求数字上的好看，导致哪个数字高就采用哪个。由于统计口径不一，很难比较说明问题，也就很难真实地反映现实情况。由于我国与西方发达国家不同，受城乡二元体制束缚，我国的"农民"要想变为"市民"，大多要经历"农民工"这个过渡阶段，在统计上就把这一部分人视作城里人，但实际上他们依然是农民，无法共享城镇化发展成果,这种"候鸟型"和"钟摆型"的大量人口流动,虽然为农民的勤劳致富起到了积极的作用,但也付出了巨大的社会代价,带来了许多社会问题。在统计上,也往往出现"土地城镇化"明显快于"人口城镇化"、"数字城镇化"大大高于"实际城镇化"的现象。例如,根据国家统计局公布的数据,我国2012年的城镇化率为52.6%,但实际上只有35.3%。江苏省在2012年的城镇化率达到了63.0%,但实际上也只有46%左右,其落差竟有17个百分点之多,足见其"水分"之大。难怪有学者认为,不少地方的"城镇化"其实唱的是"空城计",充其量也不过是"半城市化"或"不完全城市化",更有人斥之为"伪城市化"。如何规范我国的城镇化率指标? 到底哪种算法较为科学、准确? 还是将错就错,留给后人? 令人十分纠结。现在,《规范》突破难点,新提出了衡量城镇化率的两个指标,就可在同一口径下进行比较,化解了原来一直纠结的统计口径不统一的问题,这是一种创新和进步。按照新的指标体系,我国城镇化率的目标是:到2020年,常住人口城镇化率从2012年的52.6%提高到60%左右,户籍人口城镇化率从2012年的35.3%提高到45%左右。也就是说,常住人口城镇化率和户籍人口城镇化率,从2012年的相差17.3个百分点,到2020年的两者之差为15个百分点,二者差距缩小了2个百分点左右。这在一定程度上充分表明今后的城镇化发展将更加注重质量,必须以人为本,加速农民工市民化。严格地说,城镇化率应是指常住人口在总人口中所占的比重,只有把常住人口真正变成了"城里人",才能真正解决问题。户籍人口城镇化率的提高,跟一个国家的经济发展水平和地方政府的财力等密切相关,每年一个百分点左右的增长目标,充分考虑了未来城镇化发展的外部环境和内在条件,这个速度在规划期内是可行的、适宜的,有利于引导地方从各自的实际出发,稳步推进城镇化。

二是充分体现了新型城镇化"以人为本"的指导思想。《规范》所设计的新型城镇化指标体系中提出的一些指标,强调了以人为核心的城镇化,有些指标很具体、很实在,充分体现了"以人为本"的指导思想。例如,《规划》所设计的新型城镇化指标体系中的基本公共服务部分,提出了农民工随迁子女接受义务教育的比例,到2020年要大于99%;在进一步完善公共就业创业服务体系方面,城镇的失业人员、农民工和新成长的劳动力,其免费接受基本职业技能培训的覆盖率指标,到 2020 年要提升到 95%以上;在扩大社会保障覆盖面、改善基本医疗卫生条件、拓宽住房保障渠道等方面,提出了一系列举措和具体指标要求,并要求创新体制,建立健全农业转移人口市民化推进机制,从而保证农村的农业转移人口都能享受到城镇基本公共服务。因此,这个指标体系围绕着农村农业转移人口的市民化,设计了多重量化指标,这有利于解决我国目前城乡二元结构还比较突出的问题,也有利于通过深化城乡改革、健全体制机制,从而形成以城带乡、以工促农、城乡协调、工农互利的新型城镇化形态,让广大农民平等地参与现代化进程,共同分享城乡改革和现代化成果。

三是着重突出了城镇的基础设施建设和资源环境保护。《规划》中所设计的新型城镇化指标体系,十分强调要搞好基础设施建设和资源环境保护。以前,城乡居民尤其是市民,反映最突出的问题就是环境污染、交通拥堵,尤其是严重的水土、空气污染问题,过去极少见的雾霾现在是隔三岔五地出现,直接影响人民群众的身心健康,确实到了怨声载道的程度。《规划》详细剖析了"土地城镇化"、"摊大饼"式扩张带来的城市建设用地粗放、低效等一系列问题。例如,不少城市搞"通不通三分钟,再不通龙卷风",推倒重来,拆旧建新,过分追求高楼大厦、巨型广场、宽阔马路、新城新区、豪华公寓;有的先圈地块、再夷为平地,新辟占地过大的开发区和工业园区,使建成区人口密度实际偏低,造成一些"鬼城"或"空城";还有一些地方过度依赖土地出让收入,形成"土地财政"甚至"卖地财政",浪费了大量耕地资源,威胁到国家粮食安全和生态安全,也加大了地方政府性债务等资金风险;不少地方的"城市病"问题日益严重,交通拥堵问题越来越突出,城市的污水处理能力和垃圾处理能力跟不上城市生活的发展所需,城市的大气、河水、土壤、噪声、灯光等环境污染越来越恶化,公共安全事件频发。《规划》所设计的新型城镇化指标体系,针对这些问题提出了很具体的要求。例如,百万以上人口城市公共交通占机动化出行比例,要从 2011 年的 45%提升到60%,城镇公共供水普及率要提高到 90%,城市污水处理率要提高到 95%,人均城市建设用地要小于 100 平方米,特别是地级以上城市空气质量达到国家标准的比例要提高到 60%,等等。①

(二)推进新型城镇化协调共进

新型城镇化建设发展与各区域板块之间的互动协调发展,是全面建成小康社会的关键,以新型城镇化建设发展引领各区域之间的协调发展,则是我国开启现代化征程的必由之路。在当前世界城市化浪潮方兴未艾和经济全球化趋势走向新的起点的大背景下,作为我国现代化的重要内容,新型城镇化承载着前所未有的历史任务。

何谓"新型城镇化的协调发展"？依笔者之见,就是要坚持以科学发展观为统领,坚持"以人为本"和"生态文明"的理念与原则,实现工业化、信息化、城镇化、农业现代化"四化同步",全面提升城镇化建设发展的质量和水平,实现城乡一体发展、区域协调发展、工农互利互惠,具有集约、智能、绿色、低碳"四有"的中国特色新型城镇化。

推进"一带一路"和长江经济带产业的转型升级,必须坚持走"四化同步"之路,即走中国特色新型工业化、信息化、城镇化、农业现代化之路。其中,新型工业化是现阶段我国产业转型升级的动力,农业现代化则是我国产业转型升级的根基,信息化是我国产业转型升级的引擎,而新型城镇化则是我国调整产业结构和产业转型升级的重要平台和载体。尤其是后者,发挥着不可替代的协调和融合作用,承载着工业化和信息化发展空间,驱动农业现代化加快向前发展,引领服务业提速增质,释放巨大的市场空间和强大的消费潜力,促进产业在"一带一路"和长江经济带区域里有序转移,消化过剩产能,安置剩余劳动力就业等。

1. 新型城镇化是提升长江经济带城镇化质量的重要载体和平台

第一,走新型城镇化道路是长江经济带全面建成小康社会的重要战略选择。在长江经济带推进新型城镇化是经济社会发展的必然趋势,也是我国全面建成小康社会的重要战略选择。根据党的十八大确定的经济社会发

---

① 参见储东涛:《新型城镇化主要指标的几个特点》,《城市评论》,凤凰出版传媒股份有限公司 2014 年版,第 41～42 页。

展的时间表和路线图,未来几年是我国全面建成小康社会的决定性阶段,完成这一伟大的历史使命,重点在农村,难点也在农村。现在,从全国各地的经济社会发展状况看,不但各区域板块之间落差大,而且城乡之间的发展落差也较大,具体表现在农民的人均纯收入远远落后于城镇居民人均可支配收入的增长,农村的文化、科技、教育、卫生、体育等现代文明也落后于城镇。因此,让更多的居住在农村的农民过上城镇生活,享受城镇文明,尽快过上幸福生活,这有助于我国各地尽快全面建成小康社会。俗话说:"小康是否全面建成,关键是看亿万农民。"因为如果广大农村只转移部分劳动力,而不彻底地减少农村务农人员,则有限的农业农村资源就难以支撑城乡居民实现均等化收入的载体和平台,要想全面建成小康社会也就无从说起,只能是纸上谈兵。实现农村人口向城镇转移、向非农产业转移,就能提高农民的收入水平,全面建成小康社会也就降低了难度。走新型城镇化发展道路,更新了过去城镇建设与发展上的传统理念,主要从城镇的布局和城镇的管理等多个方面、多种方式来解决我国部分城市因人口过分集中而无法让外来务工人员融入的问题。走新型城镇化发展之路,通过产业结构的战略性调整,促进我国城镇合理布局,这样可以有效地拓展城镇的发展空间。例如,对一些经济比较发达的小城镇,可以通过行政区划的合理调整,让其转变为中小城市,以便更好地发挥城市的功能,最大限度地吸纳农村人口。

我国走新型城镇化发展之路,彻底地摒弃传统城镇化的理念,克服"圈地造城"的惯性思维,确立"以人为本"的先进理念,即城镇建设不仅要修筑大马路、盖高楼大厦、办工厂企业、发展服务业,而且还要更多地吸纳外来人口,增加新市民,更好地满足城镇居民的生活需要,更好地满足人的全面发展的需要。所以,走新型城镇化发展道路,可以有效地防止"城市病"的蔓延和"农村病"的恶化,克服重工轻农、重城轻乡的不良现象,有助于实现城乡一体化协调发展,全面建成小康社会,实现基本现代化。

第二,走新型城镇化之路是我国转变经济发展方式的必然要求,也是必经之路。现在,深化改革开放,加快转变经济发展方式,全面建成小康社会,已经成为全党和全社会的基本共识。党的十八大报告指出:"以科学发展为主题,以加快转变经济发展方式为主线,是关系我国发展全局的战略抉择。"①马克思主义经济学理论告诉我们,消费、投资和出口是经济增长的"三驾马车"。其最理想的经济增长发展模式就是这"三驾马车"都能平稳协调地向前行驶,共同拉动经济的发展。联系长江经济带这一区域的历史发展就会看到,30多年来,该区域中的城市基本上一直处于高投资、高消耗的状态,形成了巨大的生产能力,导致了现实生产活动中对能源、资源的巨大需求以及潜在的资源能源需求,也引发了对外部能源和资源的高度依赖。由于这一发展模式已受到能源、矿产资源、土地、水和环境的严重制约,特别是这几年来,长江经济带外贸下行压力较大,作为"三驾马车"之一的消费处于疲软状态。因此,当我国经济发展的三大动力机制出现失衡之时,扩大内需、刺激消费就势所必然,拉动内需就成为转变经济发展方式的重要举措。所以,李克强同志指出,城镇化是我国最大内需潜力之所在。特别是在国际经济环境发生深刻变化、我国进入中等收入国家行列以及面临经济下行压力的新形势下,走新型城镇化发展之路,推进高质量的城镇化建设,十分必要,非常及时,意义重大。由此可以看出,建立健全长江经济带农业人口市民化的推进机制,不仅有助于推动该区域板块内城镇消费群体的不断扩大、消费结构的不断升级、消费潜力的不断释放,而且还有助于形成城市基础设施、公共服务设施和住宅建设等巨大的投资需求。这种由消费和投资组成的内需扩大所引发的乘数效应,一方面可为长江经济带区域内的经济发展提供持续有效的动力,另一方面也可广泛地拓展区域就业和发展新空间,有利于解决长江经济带经济转型升级中的各种矛盾和问题。

第三,走新型城镇化道路是长江经济带资源和要素在空间上优化的重要载体。李克强同志曾强调:"推进城镇化的过程是资源和要素在空间上优化的过程。最重要的是土地资源的集约利用、高效配置。"②走新型城镇化发展道路,有利于坚持我国城乡集约发展、有序发展、可持续发展,可以根

---

① 参见胡锦涛:《坚定不移沿着中国特色社会主义道路前进　为全面建成小康社会而奋斗》,《人民日报》2012年11月9日第2版。

② 李克强:《协调推进城镇化是实现现代化重大战略选择》,《行政管理改革》2012年第11期。

据我国的资源环境承载能力合理确定城镇发展的规模和方式,推动城镇化建设向集约使用土地等各种资源和绿色、环保、低能耗转变,实现各种资源的节约高效利用和循环使用,防止城镇建设中"广摊大饼"、盲目"圈地造城",从而正确处理和妥善解决城市化建设与农业用地的矛盾。所以,产业支撑是新型城镇化的持久动力,推动产业和城镇的融合发展,不仅有助于根据城市资源环境承载能力、要素禀赋和比较优势,培育发展各具特色的城镇产业体系,全面提升城镇化进程中的服务业发展水平;而且也有助于顺应科技革命和产业变革的新趋势,依托新型城镇化带来的创新要素的集聚和知识的传播扩散,驱动城镇传统产业的转型升级和新兴产业的加速发展,有利于集约利用土地等各种资源,进一步增强以工促农、以城带乡的发展能力,提升城镇的经济实力。

第四,走新型城镇化道路是长江经济带产业结构调整和转型升级、承载工业化和信息化发展空间的重要载体和平台。随着经济全球化不断向纵深推进,全球产业分工格局出现了新变化,以智能制造、新能源新材料应用为标志的新工业革命方兴未艾,特别是制造业领域工业机器人、3D 打印技术的应用,服务业领域电子商务、网络设计的出现,农业领域生物技术、物联网的应用,产业链重构、价值链整合、信息链融合出现加速趋势,这使得以中低端加工制造为主的长江经济带既面临着新机遇,又面临着新挑战。新型城镇化则是产业结构调整和转型升级的重要载体和平台,能承载工业化和信息化发展空间,加速向各领域渗透新一代信息技术产业,实现向高端价值链攀升,提升各大产业的优势,增强竞争力,带动农业现代化的快速发展,引领第三产业的提速增质,促进传统产业的有序转移,着力打造产业发展的升级版,从而在新一轮的国际竞争中快人一拍、高人一筹,抢占先机、赢得主动。

第五,走新型城镇化道路是更好地解决以往经济发展中突出矛盾的基本之策。推进新型城镇化建设,有利于解决经济社会发展到现阶段所面临的各种各样的矛盾和问题:例如,可以缓解当前国际国内大环境中经济持续下行的压力,为下一阶段经济增长蓄势并寻求新的引擎和动力,保持经济持续稳定地增长,确保我国能顺利跨越中等收入陷阱;可以使更多的农村人口市民化,缓解城镇劳动力供给短缺的压力,应对未来新增劳动年龄人口下滑的态势;可以使城镇能吸纳更多的进城农民工,切实减少农村务农人员,相应地扩大耕地规模,为实现农业现代化创造有利的条件;可以让农民转变为市民,进而提高农民的生活水平和生活质量,使农民享受到和城镇居民一样的福利待遇,从而彻底解决长期以来难以解决的"三农"问题;可以有效地克服城乡二元结构带来的块块分割的行政体制的弊端,防止城镇居民与转移人口、常住居民之间的权益差别,减少群体之间的利益差距扩大化;可以重新设计税制和社会保障分担机制,改革户籍制度,完善人口管理,调动就业地城镇政府吸纳人口的积极性,更好地解决以往城镇建设中低价征收土地,以土地财政搞城镇建设的弊端,维护被征地农民的权益;可以更加注重生态环境建设,让城乡更适合于各种人群的居住和创业,也让广大城市居民的生活更有质量、更幸福美满,更符合广大城市居民的要求和期待。

总之,走新型城镇化发展之路,实际上是对过去快速城镇化的一些理念和做法进行必要的纠偏,即由过去采用多种措施制约农村人口融入城镇向积极稳妥地将农村人口转变为城镇市民化的过程;城镇建设和发展由过去的粗放型发展方式向集约化、可持续化转变的过程;城镇功能由过去的过分注重经营城市向服务城镇居民转变的过程;城镇政府的公共服务由过去只面向城镇户籍人口向覆盖到全部常住人口、进城务工人员转变的过程。最终使城镇化建设和发展的质量明显提升,并形成大中小城镇和各城市群的科学合理的生存机制和协调体系。新型城镇化是一条能够让人民幸福、环境优美、社会和谐的科学发展道路。无疑,这是长江经济带协调性均衡发展的重要平台和载体。

2. 以协调性均衡推进长江经济带新型城镇化

长江经济带的新型城镇化如何协调,如何提升质量,又如何均衡地加以推进呢? 国务院《指导意见》中第二十四条明确提出:"以沿江综合运输大通道为轴线,以长江三角洲、长江中游和成渝三大跨区域城市群为主体,以黔中和滇中两大区域性城市群为补充,以沿江大、中、小城市和小城镇为依托,促进城市群之间、城市群内部的分工协作,强化基础设施建设和联通,优化空间布局,推动产城融合,引导人口集聚,形成集约高效、绿色低碳的新型城镇化发展格局。"这就是说,以协调性均衡作为推进城镇化质量提升的路径,应切实按照沿江集聚、组团发展、互动协作、因地制宜的发展思路,大力推进"以人为核心"的新型城镇化建设,优化城镇化布局和形态,创新城镇化发展体制机制,增强城市可持续发展能力,全面提升城镇化质量、提高城镇化水平。

(1)长江经济带以新型城镇化引领区域协调发展,需要深入研究解决以下几个问题。

一是新型城镇化建设与区域板块发展格局相互匹配的问题。以长江经济带为例,长江沿岸的东、中、西部地区的城镇化发展具有很大的不平衡性,呈现明显的东高西低特征,这就导致了从西到东人口长距离、大规模的流动、资源大跨度地调运,显而易见,这将极大地增加经济社会运行和发展的成本。这种城镇化的布局不但不利于推进全面建成小康社会,开启现代化建设的新征程,也不利于国家的安全保障。

二是新型城镇化建设与区域发展质量相互支撑的问题。现在,各地的城镇化建设普遍存在着"大城市病"、"半城市化病"、"伪城市化病"等诸多过度发展与失衡的问题,区域与城市发展不太协调,质量有待进一步提升。在新型城镇化建设的形态上,表现为一线城市的城镇化过度发展,中小城市发展不快,城镇发展的规模和层次也与区域板块的发展不能互动协调、互相支持。因此,尽管城市的规模在扩大,但城市的中心地区、中心镇向外的辐射带动能力不强,对整个区域乃至流域发展的引领和带动作用十分有限,甚至深陷于各种"大城市病",出现了许多因城市人口过于密集而凸显的如房价、就业、交通、治安、贫富分化等社会问题。

三是新型城镇化建设与区域发展结构互相协调的问题。现在,区域板块之间的协调发展已成为当今经济结构调整的重要内容,但是农业转移人口市民化进程的滞后直接影响到了城镇化发展的质量。长期以来,区域之间经济不平衡和城乡二元结构落差较大,这一局面没有发生根本性的改变,而且还形成了城市内部的"新二元结构",农村呈现空心化的趋势,经济成本大大提升,社会代价昂贵。由于城镇化建设与区域经济发展和产业整体布局缺少衔接,在区域产业结构布局上容易出现盲目性和同质性。特别是在中小城镇工业化过程中承接发达地区的产业转移时,很容易重现发达地区在城镇化进程中早就出现过的以牺牲环保、资源、农民利益为沉重代价的旧发展模式的弊端。

四是新型城镇化建设与区域发展特色互相融合的问题。过去,在原有城镇化过程中,搞大拆大建,常常忽视了与各区域板块优势和特点相结合,也忽视了自然环境、地理优势、人力、文化等本地资源,忽视资源的节约和环境的保护,城市粗放式发展,"土地财政"倾向严重,城镇规划和建设严重趋同,贪大求洋,千篇一律,不能很好地体现区域特色和优势。

(2)新型城镇化引领区域协调发展对长江经济带新型城镇化的新要求

基于国际形势和国内环境发生的深刻变化,新型城镇化建设应着眼于科学发展的大格局和经济社会发展的大趋势,尽力做好总体规划,顶层设计,发挥城镇化不可替代的融合和引领作用,促进区域经济发展建立在平衡性、协调性、可持续性明显增强的基础上。

一是以新型城镇化引领区域发展战略与现代化战略相衔接。城镇化布局既要遵循经济规律,又要考虑到国家安全保障。要从现代化建设的全局出发,着眼于国际政治经济格局的变化,站在保障国家安全的高度上,统筹研究和实施新型城镇化战略。要建立以新型城镇化为核心的区域规划,结合区域发展和国际形势,综合考虑全面推进现代化建设和区域空间均衡的要求,统筹布局、适时研究调整优化行政区划,促进要素流动和功能整合,推动跨省或地区的区域合作,既提升东部城镇化质量,又通过中西部地区城镇化的加快发展,推动中西部地区的全面发展,从而形成新一轮经济发展的新增长极。

二是以新型城镇化引领区域协调有序地向前发展。要将推进新型城镇化建设与城市主体功能区的发展战略相结合,以实施城市区域发展的总体战略,优化城市整体布局,增强城市功能。既要实现"人的城镇化"的要求,又要在地域、中小城镇、重点区域实施差异化的发展。要按照城镇化、工业化、信息化、农业现代化协同推进的指向,以"提质加速、城乡一体"为目标,逐步把城市群作为推进新型城镇化的主体形态并发挥其核心辐射力的作用,把加强中小城市和小城镇建设作为重点,使之在不同区域之间保持协调发展,形成分工有序、优势互补的空间布局。

三是以新型城镇化引领区域均衡、持续发展。要按照区域环境的承载能力和绿色集约化的原则确定新型城镇化发展规划的蓝图，保持城镇化与经济、社会和生态系统的平衡与协调，积极营造城市地域的文化特色，塑造城市的形象和品牌。新型城镇化还要与区域产业转移和产业升级结合起来，实现产业在城乡间、不同区域间的合理布局，并结合城市区域的特点，构建具有区域竞争力和特色的现代产业体系。在新型城镇化的推进过程中，要逐步消除城乡之间和城市内部的二元结构，解决农业转移人口的市民化问题，加快改变公共服务"城高乡低"的状况，促进公共服务的城乡融合和城乡均等，实现区域内城乡一体化和均衡发展的重要转变。

（3）长江经济带城镇化质量提升的协调性均衡推进路径

一是强化基础设施建设和联通，推进城市群一体化、城乡统筹发展。实现新型城镇化的共同愿景之一是区域协调均衡地发展。例如，优化长江经济带覆盖各省市的城镇化布局和形态，不仅有助于推动长三角城市群加快形成国际竞争新优势，大幅提升长江中游城市群和成渝城市群自我发展的能力，而且也有利于加快长江沿岸城镇基础设施建设，增强城镇企业、行业的竞争力。从黄金水道到沿岸铁路、公路、空港，到新型城镇化建设，对从事城镇基础设施建设的企业，将是一个巨大的机遇。通过加快沿岸城镇基础设施建设，沿江城镇产业的交通成本将大幅降低，极大地提升城镇区域内企业、行业的优势，增强企业、行业的核心竞争力。因此，提升长江经济带城镇化建设的质量和水平，其重要途径之一就是要依托长江黄金水道，以城乡统筹的一体化战略视野，完善城市群之间综合交通运输网络，改善城市群内交通一体化格局的形成以及中小城市和小城镇之间交通条件，从而加强城市群之间、城市群内部的分工与协作，促进长江沿岸东、中、西部地区城镇化布局的优化协调均衡和经济上的提质增效升级。

二是充分发挥比较优势，形成差异化的城镇功能定位。走新型城镇化发展道路，实质上是通过社会结构的调整与进步，使人们不断地向具有比较优势的现代社会生活方式追求、转变。因此，提升城镇化质量，需要突出不同地区城镇在资源上和经济上的比较优势，处理好城镇化和产业、就业的相互关系，形成区域之间、城镇之间经济功能定位的差异性、经济发展的互补性和要素配置的合理性；增强城镇人力资源和经济资源开发的协同性、产业结构发展布局和人口素质条件的协调性；推动由优先发展大城市转向大中小城市并重、城乡互补协调发展，实现城乡经济社会一体化均衡发展，提高人们物质文化生活的质量。

三是注重城市特色发展，彰显城市形象特质。城市化本身是一个空间结构紧密型的社会化载体，凸显城市化张力的基本要素，主要是经济活力、文化内涵、环境保障、社会文明和谐等。提升城镇化质量，需要通过不断地深化改革、扩大开放，将不同地域的资源禀赋、民族特色、民俗风情、人文景观、传统文化、建筑风格等，完全融入新型城镇化建设，摒弃经济趋同、产业雷同和重"数量规模"轻"质量和文化内涵"的"千城一面"的城镇化发展模式，推动"数量规模"型城镇化发展向"质量和富有民族文化内涵"型发展，充分彰显城市积淀的人文历史、个性特征和文化内涵，形成特色鲜明的城镇化发展格局。

四是要联动推进农业转移人口享有城镇基本公共服务。要积极推进新型城镇化建设，必须转变政府职能，深化行政管理体制改革，提高城镇政府公共服务水平。从现状来看，我国从农村转移出来的大量富余劳动力主要在城镇就业，但是农民工在社会保障和子女上学等方面不能与城镇居民享受同等待遇，这不仅是一个社会问题，也是一个经济问题。新型城镇化发展的道路，可以从管理和法律等方面入手，加强合作与监管，共同推动城镇政府尽早制定出台同城待遇政策的时间表，废除对常住城镇的农民工在生活、工作等方面歧视性的条条框框，让农民工也能购买保障房，让进城务工农民的孩子都能享受免费义务教育，建立健全农民工随迁子女接受义务教育后在流入地参加升学考试的实施办法，等等。

在这里，尤其值得一提的是，在我国长江经济带下游的长江三角洲城市群，由于这个区域的经济规模体量大，各城市的综合发展水平高，发展处于绝对优势地位，可以说是代表了我国城市群中发展的最高形态和前进方向，处于我国各大城市群版块经济的龙头霸主地位，城市居民的生活质量指数高，遥遥领先于其他城市群，是理想的宜居、宜创业的城市群。因此，对长江三角洲城市群而言，应提出更高的要求，进一步促进其提高国际竞争力，促进城乡、工农一体化发展,打造具有国际先进品牌的世界级城市群。具体细化而言,就是要充分发挥上海这一国际大都市的龙头领军作用,加快国际金融、航运、贸易中心等建设;提升南京、杭州、合肥都市区的国际化水平;优化提升沪宁合(上海、南京、合肥)、沪杭(上海、杭州)主轴带动功能,培育壮大沿江、沿海、杭湖宁(杭州、湖州、南京)、杭绍甬舟(杭州、绍兴、宁波、舟山)、苏锡常和通扬泰(苏州、无锡、常州和南通、扬州、泰州)等发展轴带;要积极推进苏南现代化建设示范区、南京江北新区、浙江海洋经济发展示范区、浙江舟山群岛新区、皖江承接产业转移示范区、皖南国际文化旅游示范区和通州湾江海联动示范区的建设;要尽快、合理地划定中心城市的边界红线,以保护城郊农业用地和绿色空间,控制特大城市过度向四周蔓延扩张之势。

二、江苏省城镇化建设的现状与态势

作为经济发达的省份,江苏省自改革开放之后,将推进城镇化作为经济工作的重要抓手,在实践中大胆开展有益的探索和实践,全省城镇化水平显著提升。但同时也存在着城市发展模式粗放、资源环境约束加剧、城市发展质量不高、地区不平衡性较大等突出问题,呈现出江苏省城镇化发展的规律和自身的特点。特别是近几年来,江苏省在推进新型城镇化的过程中,按照"城市现代化、农村城镇化、城乡一体化"和"以人为本,城乡同步,群众认可"的发展思路,在城市发展导向、定位和动力上呈现出转型升级态势,城市发展的软硬环境逐步优化,城镇群正朝着高质量城镇化的方向提档上台阶,走出了一条均衡协调发展的新路径。

(一)江苏省城镇化发展历程回顾

党的十一届三中全会之后,江苏省城镇化建设改变了过去或停滞不前、或起伏波动的不良状态,逐步迈开了转型升级发展的步伐,走上了可持续发展的新路。回顾35年来走过的历程,大体上可以概括为四个演进转化阶段。

第一阶段:20世纪80年代改革开放起步之时。这一阶段主要借力于乡镇企业异军突起,百万农民向非农产业转移,城镇化获得机遇性突破性的进展。这一时段,乡镇企业以其"乡乡冒烟、村村点火"的迅猛之势快速崛起,带动了各地百万乡村农民向非农产业大转移,创造了前所未有、举国闻名的以农民"离土不离乡、进厂不进城"大办工业为主要特征的小城镇发展模式。在乡镇企业蓬勃发展的驱动之下,全省各地尤其是苏锡常通等地形成了"小城镇,大发展"的格局。据统计,全省的建制镇由 1979 年的 115 个增加到 1989 年的 392 个。小城镇的快速发展驱动了县域经济的强劲崛起,一批新兴中小城市崭露头角,以全新的面貌竞相登台亮相。全省的城镇人口由 1979 年的 874 万人猛增到 1989 年的 1366 万人。1979 年,全省城镇人口所占的比重仅为 15.46%,可到了 1989 年则上升到了 21.56%,仅 10 年时间一下子提升了 6.1 个百分点。非农产业的异军突起,促进了小城镇的兴旺繁荣,吸纳了众多就地转移的农村富余劳动力。这种农村"造城"、"建镇"发展模式为推进新型城镇化建设奠定了坚实的基础。

第二阶段:20 世纪 90 年代国门打开之时。这一阶段主要借力于全方位的对外开放,各类园区如雨后春笋般地井喷,城镇化的规模和水平获得全面提升。20 世纪 90 年代初,江苏省各地积极主动地策应上海浦东的开发开放,并与之主动接轨,对外开放的区域迅速从南通、连云港两个沿海开放城市拓展到全方位,一大批开发区、工业园区、高新区、保税区等脱颖而出,加上对外招商引资政策优惠的力度增大,大批外商外资落户各类新园区。快速崛起的"园区经济",既为城市经济增添了新增长极,又为城镇空间拓展了新城区,人口与生产要素快速向城镇集聚,使一批中小城市提速扩容发展为大中城市,一批分布在各地的中心镇、建制镇也快速地上规模、上水平、上档次,大大推动了城镇化进程的步伐。在 20 世纪 90 年代中,省辖市由原来的 11 个增加到 13 个,县级市由原来的 15 个增加到 31 个,建制镇由原来的 582 个增加到 1191 个。这期间,全省每年约有 200 万人左右的农村人口流入城镇。至 2000 年,全省的城镇人口猛增到 3041 万人,年均增长率达到 7.62%,城镇人口所占的比重由原来的 21.6%提高到 41.5%,仅 10 年时间就提升近 20 个百分点,全省城镇化建设突飞猛进。

第三阶段:21 世纪头 5 年启动新一轮城镇规划建设。这一阶段主要借力于"三圈五轴"城市空间结构的组建,使江苏省城镇化获得又一个规模化、快速化的扩张。刚进入 21 世纪,江苏省委、省政府就召开了城市工作专题会议,将全省的城镇化战略确立为促进区域社会发展的"五大战略"之一。紧接着,又开始实施以大城市、特大城市为依托的"三圈五轴"城镇规划建设,即南京、苏锡常、徐州三大都市圈;沪宁城市聚合轴、宁通城镇聚合轴、徐连城镇聚合轴、连通城镇聚合轴和新宜城镇聚合轴,使江苏城镇化空间结构进一步优化,城镇化规模进入了又一个快速扩张期。据统计,2005 年年底,江苏省城镇人口总量由 2000 年的 3040.81 万人上升到 3774.62 万人,增加了 733.81 万人,城镇人口占总人口的比重则达到 50.5%,时近 5 年,就上升了 9 个百分点。这一时段,江苏省城市化率首次超过 50%,意味着江苏的城镇人口超过了农村人口,城市的空间结构、产业定位、城市规划、城市能级和城市管理等都将面临新的发展历程,由此必将引起深刻的社会变革。

第四阶段:2005 年至今。借力于"工业反哺农业,城市支持农村"的支撑带动作用,初步形成了城镇化、新农村互动发展的新型城镇体系。进入"十一五"规划期以来,江苏省在科学发展观的引领下,以大中城市为依托,以县域经济为阵地,与新农村建设相结合,以实现城乡一体化为目标,继续推进城镇化建设。至 2014 年年底,全省城镇化率上升到 65.21%,比 1979 年提高近 50 个百分点,平均每年提高 1.4 个百分点。据统计,全省 100 万人口以上的城市超过 10 个,大多数城市的人口在 20 万人以上。从 1979 到 2014 年的 35 年中,江苏省城镇人口的增加数量超过 4000 万人之多。这一时期,江苏全省以特大城市和大城市为核心圈,并与中小城市紧密结合,以星罗棋布的小城镇为纽带,初步形成了城镇化、新农村互动发展、互为发力的新型城镇体系。

纵观这 35 年的发展,江苏省城镇化进程中经历了两次重大转折:1997 年出现的第一次转折,其显著标志为城镇人口增加了 196 万人,而乡村人口则相应减少了 157 万人,城镇人口增长的绝对值首次超过了总人口的增长;2005 年出现了第二次转折,其显著的标志为城市化率首次超过了 50%,城镇人口数量超过乡村人口数量。这两次转折,标志着江苏省已由农业社会开始向城市社会演变。特别是第二次转折,时间短,演变快,表明江苏省城镇化进程以强劲势头持续推进,与全国其他各地相比,率先步入了以内涵为主的良性循环发展阶段。①

(二)江苏省城镇化发展现状分析

江苏地区是全国城市化发展水平最高、增速最快的先行区域之一。尤其是 20 世纪 80 年代推进改革开放以来,江苏全省的城镇化建设和城乡一体化发展先后呈现出乡镇企业蓬勃兴起带动小城镇繁荣兴旺、各类园区的开发建设带动中心城市发展和交通等基础设施的提档升级,继而助推城市群崛起、科学发展引领城乡一体化进程等鲜明的特征,在城镇化建设和城乡一体化发展方面取得了长足的进步。

1. 江苏省城镇化发展所取得的主要成就

自 20 世纪 80 年代实行改革开放以来,江苏省的城镇化建设一直走在发展的快车道上,特别是 20 世纪 90 年代中期以来,每年有 200 万左右的农村人口进入城镇,城镇化规模的推进力度和发展速度史无前例,在全国居前。现在,江苏省城镇化发展又进入一个关键时期,正大力度向成熟的城市社会推进。

(1)城镇区划不断调整,城市经济发展较快

在新中国成立之初,江苏省的省辖市只有南京、苏州、无锡、常州、南通、徐州、连云港 7 个,县级市只有镇江、扬州、清江(今淮安)、泰州 4 个,至 20 世纪 90 年代后期建制市发展到 44 个。此后不断进行区划调整,部分县(市)改变为省辖市。现有建制市 40 个,比解放初期增加 29 个,其中省辖市由 7 个增加到了 13 个。江苏省经济运行稳中有进,发展较快。2014 年,全省实现地区生产总值 6.5 万亿元,人均生产总值 8.2 万元;全社会劳动生产率稳步提高,全年平均每位从业人员创造的增加值达 13.7 万元;产业结构不断优化,三次产业之比为 5.6∶47.7∶46.7;全年实现工业总产值

---

① 参见江苏省邓小平理论研究会课题组:《关于江苏省推进新型城镇化建设的调查报告》,《光明日报》2011 年 3 月 29 日第 15 版。

14.43万亿元,其中实现高新技术产业产值5.7万亿元,占规模以上工业总产值的比重达39.5%,新兴产业的销售收入比上一年度增长13.2%;第三产业发展势头加快,全年服务业增加值超过3万亿元,占GDP的比重达46.7%;经济活力持续增强,全年非公有制经济实现增加值4.39万亿元,占GDP比重达67.4%。江苏全省的区域经济基本上是协调发展的,苏南各市的产业经济转型升级步伐加快,技术更新、创新发展能力和国际竞争力进一步提升;苏中和苏北各市许多发展指标的增幅高于全省的平均水平,其经济总量对全省的贡献率已上升到44.6%;沿海开发顺利推进,沿海地区实现地区生产总值11454.2亿元,对全省经济增长贡献率达18.5%。

（2）城镇人口大幅增加,城市规模不断扩大

根据统计资料分析,1949年,江苏省城镇人口总数只有437万人,1953年6月第一次人口普查时建制镇只有347个。截至2014年年底,江苏全省的城镇人口为5163.83万人,城镇化率已达到65.2%,高出全国平均水平10.4个百分点。江苏省城市辖区人口200万人以上的城市上升到5个(不包括市辖县、市),100万人至200万人的城市有5个,50万人至100万人的城市有3个,20万人至50万人的城市有22个,20万人以下的城市有30个,建制镇有903个。现在,江苏全省13个省辖市市区的陆域面积已占全省总面积的1/5,城镇集聚了江苏全省1/3以上的人口,创造了占全省1/2以上的GDP和财政收入,作为区域经济社会发展的核心,城镇化的推进正发挥着越来越重要的作用。

（3）城镇体系逐步完善,城镇作用日趋明显

进入21世纪初,根据《江苏省2020年城市总体规划修编要点》,对城镇化发展战略、城镇现代化、城乡协调发展等进行了全面规划。与此同时,13个地市及其所辖县(市)区也全面开展了城镇体系规划的编制,并注重与省规划相衔接。区域性基础设施建设和协调引起广泛重视,一些重要区域基础设施已迅速启动,如苏锡常区域供水规划已制定并开始实施,在集约利用资源、资金等各方面取得了良好的综合效益。"十一五"以来,以城乡发展一体化为目标,江苏省走上与新农村建设相结合的新型城镇化发展阶段。江苏省以大中城市为依托,以县域经济为基础,积极实施"工业反哺农

业、城市带动农村"的战略,走出了一条以城带乡、以工促农的新型城镇化之路。现在,全省的城镇化结构体系逐步趋于完善,基本上形成了以特大城市和大城市为核心圈,与中小城市紧密结合,以小城镇为节点的城镇体系结构,城乡空间格局逐步优化。沿江两岸的城市群在长三角城市群中的地位和作用日益显现,城市工作会议上确定的"三圈五轴"发展态势良好。从20世纪90年代以来,江苏省城镇化从以乡镇企业为主要动力转向开放型经济等多元推动为动力机制,逐渐走上了"聚集型"城镇化之路,大城市在城镇化进程中的作用日渐显现。如果我们依据城市化发展的"六个阶段"的标准进行衡量;江苏省已步入城镇化发展的较高级阶段。

(4)城镇化与工业化互动并进,城市现代化水平不断提高

江苏省城镇化水平提升较快,1978~2014年,城镇化率从13.7%提升到65.2%。城镇化率从20%增加到30%以及从30%增加40%,差不多花了10年左右时间,而城镇化率从40%提升到50%仅用了不到8年时间,呈快速增长态势,成为全国城镇化水平提升最快的省份之一。由于江苏省城市化率提升速度快人一拍,经济总量快速提高,产业结构不断优化,全省人均GDP突破了1万美元,达到上中等收入国家和地区的水平。与全国平均水平相比,江苏省平均每平方公里国土面积承载的人口和经济总量,已分别是全国的5倍和8倍。有些园区的集聚能力、产出能力大幅提升,据统计分析,江苏省级以上的各类开发区只占全省土地面积的2%,但吸纳了3/4以上的实际到账外资、创造了1/2以上的GDP、2/5以上的地方公共预算收入,产城融合发展正成为江苏省城镇化发展的一大靓丽的特色品牌。

(5)城乡经济结构持续优化,发展优势和潜力更加彰显

江苏省城乡统筹发展的步伐较快,城乡一体化格局已初步形成。从1978年至2013年期间,江苏省非农产业创造的增加值所占的比重已从72.4%增加到93.9%,非农产业领域的从业员工所占的比重已从30.3%增加到79.9%,农村累计转移富余劳动力达1843.9万人。城市的创新能力不断增强,高新技术产业所占的比重已达38.5%,人才资源的总量超过900万人。城乡规划、基础设施、产业发展、公共服务、就业社保和社会管理"六个一体化"全面深入推进。79%的乡镇已实现了城乡统筹区域供水,2/3以上

的县(市)实现了生活垃圾四级运转。城乡综合改革加快推进,已建立了城乡统一管理的户籍制度和外来人口居住证制度,城乡建设用地增减挂钩试点正在有序推进,全省率先建立了被征地农民生活保障制度,经济发达镇的行政管理体制和小城镇改革试点加快推进。农村公共基础设施明显改善。近10年,全省新建改建农村公路8.7万公里,完成了9万多个自然村的环境整治,"三星级康居乡村"增加到848个。城乡居民生活持续改善,社会文明程度显著提升。城乡居民的收入比已从接近3∶1缩小到2.30∶1,为全国差距较小的省份之一。现在,衡量城乡居民生活富裕程度之一的恩格尔系数,已分别下降到34.7%和36.3%。江苏全省的城镇基本公共服务体系也在不断地完善,社会管理综合治理工作的绩效评比,连续3年在全国排序为第一。

2. 江苏省城镇化发展的主要特征

江苏省在推进城镇化进程中,始终坚持以市场化改革为动力,以科学发展观为导向,创新强农惠农政策,统筹城乡、工农关系,促进城乡协调发展,成功地开辟了一条推进新型城镇化与建设新农村相结合的新路。

特征之一:江苏省的城镇化发展主要是以农业发展为基础、以工业化为导向、以城乡产业联动发展为支撑,在深厚扎实的产业根基上提升发展的。总结实践经验不难发现,江苏省城镇化建设之所以取得突破性的进展,不是通过荒废大量农用耕地、侵犯剥夺农民切身利益所取得的,而是在广大农村实施家庭承包制的基础上,以"围绕农业办工业、办好工业促农业"的思路,将农业富余劳动力从小家小户的责任田上解放出来,开辟以农民办工业为主的创业门路,启动农村社会化、商品化大发展的引擎,以此推进城镇化水平的提高。由于农村工业的支撑,且与大中城市建立紧密的横向经济联系,不仅使农林牧副渔、工商建运服多元化行业并蒂花开、繁荣兴旺,使传统计划经济体制下萎缩、弱化的许多农村集镇获得新生,而且以农民"造城"为发端,吸纳了大量的农村富余劳动力,使广大"面对黄土背朝天"的农民走上了农村城镇化之路。其后,随着改革的深入、开放的扩大,乡镇工业进一步打破了城乡壁垒,带动农村人口和农村资源要素向城镇集聚,从而形成了一大批"一村一业"、"一村一品"的专业村、专业镇和工业园区,实现了城乡、港城产业的互动发展。所以说,江苏省的城镇化建设与发展,完全是建立在可靠厚实的产业支撑的基础之上的。

特征之二:江苏省在城镇化进程中确立了"以工哺农、以城带乡"的发展思路,因而是在强化城镇化建设与新农村建设"双轮驱动"的格局下演进发展起来的。过去,江苏省城镇化的发展虽然也是遵循着"农业为基础,工业为主导"的指导思想,大力开展"工业反哺农业、城市支持农村"的一系列活动,促进城乡一体化发展。但是在实践中,一些地方政府及其管理部门存在着重工轻农的传统思维和惯性行为,积习难改,没有克服城乡"二元结构"造成对立局面的弊端,且在较长时期里未有根本性的好转。党的十一届三中全会以后,乡镇企业迅速崛起,农村工业经济实力迅速壮大,在二次分配中,农村各地的集体经济组织将乡村工业实现利润上缴的部分中,通过"以工建农"、"以工补农"的形式,向农业、农民重点倾斜,借此调节工农利益关系,缩小务农收入与务工收入的差距,有效地稳定职业农民队伍的务农信心,促进农业生产健康稳定地向前发展,保持了种养殖业的稳产高产。20世纪 90 年代后期特别是进入 21 世纪以后,随着工业化进程的加速,城市经济实力和物质基础不断增强,各地才真正积极地发挥"以工哺农、以城带乡"的城镇功能作用,一方面,在财政上实行"多予、少取、放活"的宽松政策,启动城镇公共财政支农,积极推进农村税费改革,减轻农民沉重的税费负担;另一方面,充分发挥现代城镇工业的产业优势和科技力量,通过统筹城乡产业空间布局和结构调整,对广大农村实施积极的产业致富带动方针,激发农村经济发展的内在活力。与此同时,江苏全省各地还强化了新农村建设,采取村企结合、培育龙头企业,鼓励和引导工商、民间资本下乡支农等多种形式,帮扶农村发展规模农业、高效农业,提升现代农业产业化水平,改变农业地处弱势地位、收益低微的状况。现在,全省农村的高效农业的土地面积每年都以数百万亩的速度在扩大;资源利用率、土地产出率和农业劳动生产率也得到了相应的提升。

特征之三:江苏省城镇化的推进与发展是以大城市、特大城市为依托,大中小城市和小城镇发展相协调和均衡,农民大量进入城镇各行业并与全省城镇综合承载力相适应。在 20 世纪 80 年代初,由乡镇企业带动的小城镇建设是以"乡"和"村"为单位孤立进行的,导致城镇的布局"小、散、乱"。县(市)一级基本上也是依照各地乡镇企业的经营活力各自谋划所在县域的经济社会发展。这种独拳打虎的做法,固然也能促进一批强势县域经济的脱颖而出,但是也在客观上制约了中心城市的健康成长,影响了区域城镇化的整体发展,导致一些地方陷入"围城之困",资源不能得到正常的合理利用。各地针对逐步显露出来的矛盾,采取应对之策,通过深化改革,调整区划,撤并原来过小、分散、过密的村镇,集中发展主城区和中心镇,使各地的城镇空间布局得到了拓展、改善和优化。尤其在 2000 年,在江苏省委省政府的统一决策部署、统筹规划之下,各地在做强大城市和特大城市、促进大中小城市与小城镇均衡协调发展的基础上,启动实施了城市都市圈的规划建设,迈开了以质量和效益为重点的城镇现代化建设的新步伐,全省逐步形成了城镇协调发展的格局;城乡公共基础设施加快推进、均等化发展;农民非农化转移相应加快;大城市及一些新兴城市承载力也大大提升,吸纳了离土农民大量进城就业和定居。江苏省不仅吸纳了大量当地的进城农民工,而且吸纳了大量中西部的农民工,有的县(市)吸纳的外来人口还超过了本地人口。据统计,江苏省吸纳农村人口、外来人口之多,在全国位居前列。

特征之四:江苏省城镇化进程中创新了强农惠农政策,农业转移人口有稳固的非农产业收入渠道,工资性收入明显提升。从 20 世纪 90 年代开始,随着全省乡镇企业制度改革的深化,以及城镇化建设的加快推进和开放型经济的纵深发展,全省各地突破了由农村内部自我协调农工矛盾的局限性,在较大的区域范围内同时推进城乡规划、基础设施、产业布局、公共服务、社会保障"五个一体化",实施了"以工业化致富农民、以城市化带动农村、以产业化提升农业"的创新强农惠农新政策。苏州、无锡、常州、南通等地还率先探索,通过"三集中",即工业企业向园区集中、农业用地向规模经营集中、农民居住向社区集中的方式,实行"三置换"、"三合作",即将集体资产所有权、土地经营承包权、宅基地及住房,置换成股份合作社股权、城镇保障和住房的社区股份合作、土地股份合作和农民专业合作等一系列制度创新,建立起一套城乡统筹发展、共同兴旺繁荣的有效运作机制,使农村广大的农民真正感受到看得见、摸得到的强农惠农政策的实效。农村各地转移的富余劳动力基本上都转向非农产业,他们除了有一定的务农收入之外,每月还有工资性收入、家庭经营二三产业收入以及非经营性收入等组成的非农产业收入的增收渠道,全省农民人均纯收入连续 6 年每年增收额超过 500 元以上,2014 年全省农民人均纯收入达 14958 元,比上年增长 10.6%;为全国平均水平的 1.43 倍;2014 年,全省城乡收入差距缩小为 2.30∶1,低于全国 2.75∶1 的水平。①

3. 江苏省城镇化建设发展存在的问题

(1)片面追求城镇化率的观念尚未根本转变,城镇发展模式还比较粗放

由于一些地方对城镇化内涵片面理解,把城市化等同于城市建设,把城市化水平等同于非农人口占总人口比重的单一指标,仍像当年盲目追求GDP 那样,片面追求城镇化率,把工作重心主要放在扩大城镇规模和推进具体建设项目上。有的为了追求政绩,不惜采取各种措施,注入水分,虚抬城镇化率。在这种思想观念指导下,城镇化发展模式粗放,发展质量不高。

一是人口城镇化与土地城镇化不相匹配。在推进城镇化进程中,行政推动作用仍占重要地位。突出表现在通过行政区划调整、变动,即撤县(市)设区、撤乡并镇、扩设开发区来推动城镇建成区和建设用地规模的扩张,由此带来城镇空间的拓展快于城镇户籍人口的增长速度。进入 21 世纪以来,江苏城镇化发展速度明显加快,城镇化规模明显加大,2013 年,全省13 个省辖市建成区面积为 3276 平方公里,比 2007 年 1894 的平方公里增加了 1382 平方公里,年增长 197.4 平方公里,增长率为 72.3%,年均增长10.3%;2013 年,江苏省城镇人口为 5090 万人,比 2007 年的 4056.23 万人增加了 1034 万人,增长率为 25.5%,年均增长 3.6%,城市建成区人口密度未升反降,2013 年平均每平方公里 1553 人,比 2007 年平均每平方公里1846 人下降了 293 人。土地城镇化的速度远快于城市人口的增长,两者不

---

① 参见江苏省邓小平理论研究会课题组:《关于江苏省推进新型城镇化建设的调查报告》,《光明日报》2011 年 3 月 29 日第 15 版。

相匹配,存在偏离现象。

二是城镇资源的缺乏与城镇经济的发展不相适应。江苏省的特点是人多地少,资源贫乏,这已日益成为城镇化持续发展的瓶颈。据有关资料,江苏省煤炭储量约为 41 亿吨,人均占有量仅为全国的 6.83%,仅为安徽、河南、山东等邻省的 1/10;从已探明的石油可采储量来看,仅有 14000 万吨,仅为全国数量的 0.12%;水电资源也短缺,仅为全国水电开发总量的 0.034%;江苏省电力能源自给率低,电力资源紧缺,远远跟不上经济发展的需求,能源大约 80%需要从外地调入;全省人均耕地面积不到 1 亩,且还在进一步减少;江苏虽然有"水乡"之誉,但水质性缺水现象明显,年度水资源供需缺口很大,城镇资源的严重缺乏与城镇经济的快速发展不相适应。

三是城镇人口的快速增长与城镇综合服务功能不相协调。由于城镇化率提升较快,城镇人口快速增长,城市综合服务功能跟不上,现代服务业、城市基础设施、公共交通等还不能满足城镇人民的需要。由此可判断,江苏省城镇化进程尚未从粗放型向集约型转变。

四是在城镇公共资源的分配使用上不相均衡。城镇居民对公共资源的使用分配方面不平衡性、不公平性越来越凸显。例如,土地征用影响到居住公平的问题。现在,保障房覆盖率低,居住空间分异,弱势群体居住边缘化,城市中心居住空间两极化,社区穷富之分显性化。由于江苏城镇公共空间的衰弱和资源的世袭特权,使城镇公共空间逐步成为少数权贵阶层的"后花园",弱势群体在被迫出让居住空间的同时也丧失了公共空间的使用权,阶层的固化让这种空间特权得以传承。江苏省城市用地结构也不合理,城市空间分配与产业定位、功能设计、区位特色、市场资源配置常常脱节,使城镇公共资源的分配使用中存在着严重的不均衡现象。

(2)以人为核心的城镇化尚存在较大差距,城乡二元结构仍比较突出

江苏省在城镇化建设进程中,还没有完全从"以物为本"和"以经济为本"向"以人为本"转化,在城镇规划和建设中往往强调物的建设和经济建设,而在"以人为本"和经济社会发展方面,还显得不够协调均衡。

一是由历史原因造成的城乡分割的户籍壁垒尚未被彻底打破。在改革开放前所形成的以严格限制农村人口向城市流动为核心的户口迁移制度,

虽然在改革以后,城镇实行暂住证制度,较之前城乡壁垒有所弱化,但各相关政策之间缺乏必要的呼应和配合,城乡分割的体制依然存在。2003年以来,虽然江苏省多次推进户籍制度改革,农村人口向城镇流动相对自由,涌进城镇打拼的新市民达到1000多万人,但与之相配套的医疗、教育、就业等社会保障,以及城市基础设施等方面的建设没有跟进,城镇配套改革还没有完全到位,从农村流向城镇的人群中,有的在城镇工作已有10多年甚至更长的时间,但他们中的大多数人仍然是既无市民身份,又无市民待遇,在教育、住房、医疗、社保、收入分配、政治权利等方面仍难以享受到同城同等待遇,连上级政府三令五申、叫喊得很响、社会认可度很高的同工同酬也不能做到。

二是城乡不同资源配置的思维模式还普遍存在。改革前社会资源是由行政来再分配的,而不是由市场来进行配置的。城镇中的教育和基础设施,几乎全由国家财政投入,而农村教育和设施,国家投入相当有限,有相当一部分要由农村自己来承担。这种"城乡二元结构"的思维方式、工作惯性、工作模式还普遍存在,不但在公共资源的分配上重城轻乡,城市中小学普遍实行施教区上学,不但农民工子女进不去,就是同城不同区的子女也难以进去。这种重城轻乡的公共资源分配方式已成为江苏省经济和社会发展的一个严重障碍。

三是农民转为市民、融入城市尚需时日。自2003年以来,尽管江苏省早就实施了取消农业户口与非农业户口界限的户籍制度改革,但由于依附在城乡户籍上的相关政策和社会福利没有完全剥离,长期形成的与户籍捆绑在一起的行政管理模式没有发生根本性的改变,致使进城务工农民难以及时地转为城市居民,有的即使在农村已完全失去了土地,已在城市长期生活,在城市已充分就业且有稳定的收入和住房的农民,也难以全部改变身份,融入到城镇政治、经济、文化、生活等共享体系之中,不能平等地享受城市居民所能享受到的各种公共服务和权利。2014年,全省常住人口城镇化率与户籍人口城镇化率相差7个百分点。

四是城乡居民的收入差距仍然明显。从1978年到2014年,全省城乡居民收入的绝对值差距不但没有缩小,反而有拉大的趋势,城乡居民人均收入的绝对差额从 1978 年的 133.05 元扩大到 2014 年的 19388 元,居民收入之比从 1978 年的 1.86 倍扩大到 2014 年的 2.30 倍。城乡分治的格局可谓几十年一贯制,几乎没有改变,城乡间和区域间的公共资源和生产要素的流动也显得不够平衡。

(3)城镇发展的品质提升显得比较缓慢,城镇资源环境压力较大

在快速城镇化的推进过程中,江苏省各级政府往往偏重于强调城镇发展的速度和规模,或多或少地存在着通过规划来扩大城镇规模的喜好,忽视了城镇功能的培育、城市品质的提升。

一是城镇发展满足不了人们不断增长的物质文化需要。从物的方面看,虽然江苏省的城镇化发展较快,但城镇的发展还不能满足市民日益增长的物质文化需求,换言之,城镇化的快速发展与市民的生活水平和幸福指数未能保持正比,城镇化水平提升所带来的成果未能给市民带来福祉,特别是一些身处底层的农民和弱势群体还没有公平地分享城镇化所带来的实惠。在推进以人为核心的新型城镇化的道路上,仍有不少的制度障碍。

二是城镇生态环境中的水土气因污染而受到严重破坏。我们从江苏省城镇化发展的很多量化指标看,虽然不少指标增幅较大,在数量上高于全国的平均水平,但是,一些地方的城乡生态环境面临严峻的挑战,可持续发展面临着不少障碍。新型城镇化发展的本质要求与实际生产生活中粗放的推进方式、脆弱的生态环境承载能力之间的矛盾在加剧,有的发生了尖锐的对立、严重的冲突。有些城市的单位国土面积污染负荷较高,尚未从根本上解决流域性水污染问题,区域性灰霾污染呈加重趋势,酸雨发生频率较高,生态环境总体上仍处在高污染、高风险阶段。能源消耗总量较大,工业废气、汽车尾气大量排放,节能减排任务繁重。海洋环境污染严重,近岸海域环境恶化,洪涝和地区沉降等灾害风险加剧。耕地后备资源匮乏,落实耕地占补平衡的难度加大。

三是人口密度之高已达城镇资源和环境承载的上限。江苏省各地的人口密度高,特别是苏南一些中心城市的人口密度已经达到资源和环境承载的上限,城镇化发展面临的资源和环境的双重压力增大。所以,江苏省的城镇化发展还没有从数量增长型城镇向质量效益型城镇转变,还没有从生存

型城镇向享受型、低碳型城镇转变,进而向低碳型、智能型城镇转变。①

(4)城镇经济结构转型升级难度较大,城镇结构矛盾还比较突出

江苏省各市县在经济全球化趋势加速的背景下,虽然在全国相对较早地进入了工业化转型、城市化加快、国际化提升的关键发展阶段,但仍面临着如何利用好外商投资、如何从江苏制造走向江苏创造、如何加快建设国际制造业基地等问题的制约和挑战。

一是吸引外资的大量涌入是一把双刃剑。一方面,吸引外商的投资可为江苏经济的发展提供资本和技术,另一方面,也面临着过度依赖外资带来的一个城市经济结构失衡问题。同时,随着商务成本的上升,常常导致一些企业的外迁和撤离,其后带来的产业空心化等问题,具有很大的风险。

二是以扩张为主导的城镇化模式调整难度大。在城市化进程加快和工业化高速发展的背景下,一地的资源环境对城镇化水平的提升具有很大的约束性,若要调整以要素投入为主的工业化模式和以量的扩张为主导的城市化模式则有不小的难度,且在短期内也不可能迅速到位。

三是城镇的产业经济转型升级难度加大。随着江苏省的新型城镇化的快速推进,势必面临着经济结构的调整、增长方式的转变、城市竞争压力的加大等挑战。要解决这些问题,牵涉到诸多方面的利益,一枝动百枝摇,其解决难度不是常人所想象得那么简单快捷。

(5)城镇规划建设不协调,城镇管理滞后的问题长期得不到解决

城镇规划是一个城镇发展的总体蓝图和指向,也是城市建设和管理的重要依据和基本手段,决定着一个城市未来的发展前景。在这方面,江苏省的城市规划建设和运营管理中存在的不协调问题是比较突出的,而且由来已久,长期以来没有得到根本性的解决。

一是城镇规划建设不协调的问题比较突出。江苏城镇规划滞后、缺乏特色,城镇功能未能完全落实到规划中。有些城市不能正确对待和处理新和旧的关系,在城市规划"立"之前没有审慎看待和全面研究"破";在"破"

---

① 参见唐启国:《江苏新型城镇化面临的主要问题及对策思考》,《江南论坛》2014年第6期。

的时候又缺乏必要的理性和科学,往往"破"掉的是历史遗留下来的不可再生的人文资源。城市建设过程中的随意改变或破坏旧城原有的形态格局、城市肌理和城市空间的环境氛围,甚至过分地强调满足现代功能要求和经济利益的驱动,强制性地大拆大建,喜好豪华气派,盲目地追求高大洋,滥用"大手笔",偏好做"加法",脱离环境基调,丢掉了历史和文化,缺失了情感,忘记了"乡愁",让城市逐渐丧失自身的特色,造成千城一面,同时也造成了城市的不可持续发展。

二是城市管理滞后的问题长期得不到解决。俗话说:城市"三分建设,七分管理"。管理是对城市发展与运行的规范,决定着城市的质量。江苏省在城市建设快速推进的同时,运行管理中的问题比较突出,且长期得不到解决,严重影响了城市建设与生活质量。城市管理体制不顺,缺少专门的城市管理法律法规,不同程度地存在着"重建设、轻管理"、"重地上、轻地下"、"重形象、轻民生"等问题。由于企业违规排污、监管部门执行不力、生态优先落实不够等诸多因素,出现了不同程度的水体、大气、土壤污染,有限的资源环境容量与结构调整、经济转型之间的矛盾十分突出。城市管理经费投入和经费保障严重不足,公共厕所、农贸市场、公园绿地、停车场等城市公共基础设施欠账严重,不能满足市民需要。

三是以道路拥堵、交通不畅为主要特征的"城市病"在蔓延。虽然城镇资源的聚合带来了经济、社会、空间、文化的多元利益,但是当城市没有组合好这种聚集的资源要素时,就会出现"聚集不经济"效应。例如,道路拥堵、交通不畅作为城市经济快速发展的副产品,是"大城市病"频发的一个典型表现,会导致资源的极大浪费。据调查统计,南京人均每天受拥堵时间约30分钟,所花的堵车成本为每人每月158.7元。与此同时,城市里的停车难问题非常突出,因停车引起的交通拥堵现象很普遍,矛盾也日益尖锐。

(6)区域城镇化发展差异较大,城乡发展水平不均衡

在历史上,江苏省的发展长期存在着苏南、苏中、苏北三大区域社会经济体的非均衡性发展问题,即使同区域内的城镇化发展水平也不是很平衡。

一是城镇人口在总人口中所占比重差别较大。以2013年为例,苏南城市化率超过70%,接近高度城市化阶段;苏中城市化率接近60%,处于城市

化水平迅速提升的中期加速阶段；苏北城市化率则在55%左右,低于全国平均水平。而从13个省辖市看,城市化率最低的宿迁市与最高的南京市相比,两者差距近30个百分点。由此可以看出,苏中未来提升空间比较大,苏北则更大,将是江苏地区继续提高整体城镇化水平的主要动力。

二是城镇化水平呈现出由南向北梯度递减的趋势。我们通过对相关资料的分析看出,苏南地区特别是东南部沿长江两岸和环太湖地区城镇人口非常密集,然后向苏中、苏北呈阶梯状递减;长江以北地区京杭大运河沿线城镇分布密度较高,逐步向东西两侧降低;长江以南地区,城镇是东密西疏,与世界上处于相同发展阶段的国家和地区相比,城镇化总体滞后于工业化,且区域差异较大。以2013年为例,苏南、苏中、苏北三大区域的城镇化率分别为73.5%、59.7%、56.1%。

三是流入城镇的农民工"非市民化"、"非同城待遇"问题普遍存在。据资料,江苏省16岁及以上的农民务工者有1200万人,占全国农民务工人数的4.6%以上,占长三角农民务工人数的36.8%。江苏省农民工群体的困境主要表现为被"边缘化",即不能与城市居民共享"同城化市民待遇",不能真正融入城市社会。在农民工的收入上,还达不到同期省内在岗职工平均工资的一半;农民工在劳动保障和劳动环境上,近40%的农民工未签订劳动合同,他们的工作和生活环境普遍存在高危险、高强度、脏乱差的状况;在农民工的住房上,大多数城市农民工普遍存在居住面积较小、居住环境较差、居住区位边缘化、无法享有住房保障等问题;在农民工的社会保障上,除了基本的医疗保险参保率较高外,其他诸如养老、工伤、失业、生育保险等方面的参保率都比较低,有的还不到50%;在农民工子女的教育上,不平衡性尤为突出,主要表现在流动儿童和留守儿童的学前教育阶段的入学难和受教育环境的差别。

(三)江苏省城镇化发展基本态势

从总体上看,江苏地区的工业化城镇化互动发展的实践与探索为推进新型城镇化积累了丰富的经验,奠定了坚实的基础。依据城镇化发展的一般规律,江苏省城镇化进程处于快速发展的区间。今后,随着国家"新型城镇化"、"长三角发展一体化"、"长江经济带"、"一带一路"等重大战略的实施,江苏省推进新型城镇化面临着广阔的发展空间和良好的发展机遇。

1. 江苏省城镇化水平有着其自身的发展规律

江苏省城镇化发展始终坚持以中国特色社会主义理论为指导,紧密结合江苏省实际积极推进;坚持解放思想、实事求是,遵循客观经济规律促进发展;坚持自力开发、自主发展,开拓创新、奋发进取;坚持深化改革,扩大开放,率先发展,和谐发展。新型城镇化正按其自身的发展规律,努力朝着以人为本、全面协调、可持续发展的方向前行,呈现出城市经济平稳增长、城市综合交通能力明显增强、城乡居民收入持续提高、城市发展质量逐步提升的发展态势。

2. 江苏省城镇化的发展导向和定位正在修正完善

江苏省城镇化的发展定位正在修正完善,发展导向更加明确。在科学发展观的引领下,江苏省的城镇化建设重视大众创业、万众创新,推进富民工程,发展百姓经济,使城乡居民收入保持两位数增长;重视推进自主创新,使高新技术产业发展加速,比重较快提升;调整经济结构,重视节能减排,使产业结构向轻型化、特色化、高新化方向转型;重视城镇环境优化,加强生态建设,推进清洁生产,使循环经济得到进一步发展,确保城市经济朝着可持续发展的目标奋进。

3. 江苏省城镇化发展的模式与演进的动力正在悄然发生转换

自20世纪90年代下半期以来,江苏省城镇化发展的模式和演进的动力已悄然发生了新的变化,即从以农村工业化为主要推动力、以小城镇为主要空间载体的城市化模式,逐步转化为以城市现代化为主要推动力、以加速更新改造和迅速扩展的特大城市和大城市为主要空间载体的城市化发展模式。

4. 江苏省城镇经济发展方式正向集约方向转型升级

从乡镇企业的异军突起,到国有、外资、民营"三足鼎立",见证了江苏省城镇经济在改革开放中艰辛探索、奋力前进的足迹。新时期的城镇建设,坚定不移地走科学发展、率先发展、和谐发展之路,从实际出发,以好字优先、又好又快发展为鲜明导向,以结构调整为关键环节,以自主创新为主要驱动力,以节能减排为倒逼机制,努力转变经济发展方式,从粗放型向集约型加快转型,实现经济与社会和环境相协调的、更为理性和可持续的发展方式。

5.江苏省城镇化发展的软硬环境正在逐步优化

进入 21 世纪,江苏省特别重视城镇化建设环境的优化。城镇建设规划体现城镇的性质和特色,城镇基础设施建设体现城镇建设的科学性和权威性;通过对城镇的改建和扩建,科学安排城镇能源供应,积极发展低碳经济和循环经济,发展城镇邮电通信、供水和排水设施、道路与交通等,实现城镇建设环境的优化。目前,包括水、电、热、气、道路、通信等生产必备条件的城镇设施等硬环境,以及包括诚信环境、服务环境、制度环境、文化环境、文明环境等在内的城镇软环境,都在逐步得到优化。

三、开创江苏省城镇化发展的新局面

国务院《指导意见》出台后,长江经济带建设已正式上升为国家战略,长江黄金水道将迎来新的历史发展机遇,它有望与京津冀经济带一起,成为一南一北两大重点区域发展典范。对江苏省而言,应当如何策应国家长江经济带战略? 笔者认为,江苏省城镇化必须随着内外部发展环境和条件的深刻变化,走以提高质量为主的新型城镇化发展之路。要按照国务院提出的"沿江集聚、组团发展、互动协作、因地制宜的思路,推进以人为核心的新型城镇化,优化城镇化布局和形态,增强城市可持续发展能力,创新城镇化发展体制机制,全面提高长江经济带城镇化质量"要求,以国家新型城镇化综合试点省建设为契机,重视南北协调发展和沿江沿海城镇融合发展,发挥城镇集群的协同作用,与其他中心城市展开差异化竞争,加快转型升级,全面提高江苏省新型城镇化质量,为经济持续稳定发展提供重要支撑。

(一)江苏省新型城镇化要有其内涵特色

在江苏省新制定的"新型城镇化与城乡一体化主要指标"中,基本公共服务、基础设施、资源环境方面的内容占了绝大部分。基于新型城镇化的基本内涵,借鉴国内外有益经验,江苏省新型城镇化要改变传统的粗放发展模式,应立足人多地少、资源紧缺、环境脆弱的省情实际,走具有江苏特色的新型城镇化道路。正如江苏省委书记罗志军所说:"在发展理念上体现质量效益,在目标定位上体现更高要求,在衡量标准上强调群众认可,使新型城镇化和城乡一体化成果经得起实践的检验、群众的检验、历史的检验。"①

由此,我们认为,江苏特色新型城镇化的深刻内涵体现为城镇的发展,要从认识和实践上全面转入到科学发展轨道,实现"六大转变":一是在城镇发展的理念上,应由以城为本向以人为本转变,从单纯注重经济增长向同时关注社会发展、民生改善和品质提升转型;二是在城镇产业结构的升级上,应由粗放型发展向集约型发展转变,逐步建立新型、多元、高级、稳固的现代产业体系,即由仅靠低成本、低档次、低价格优势转向提高产品科技含量与附加值,提升产品的国际竞争力;三是在城镇经济的增长方式上,应由高消耗、高污染、高排放的失衡发展转向低耗、绿色、低碳、多元、协调的可持续发展;四是在城市发展的引擎动力上,应由资源依赖型、投资驱动型、外需依赖型发展向创新驱动型、消费驱动型、内需驱动型发展转变;五是在城市体制机制的设计上,应向更能适应新时期、新阶段、新要求的体制机制转变,包括建立完善的产权制度、公平的市场体系、城乡一体的推进机制和内外开放的发展环境;六是在农民市民化的转变上,应由人口转移向结构转换转变。通过六大转变,走具有江苏特色新型城镇化道路,实现城镇全面、协调、和谐和可持续发展。

其内涵应体现"四个发展"的特点:一是城乡统筹发展,实现大中小城市、小城镇和农村的协调发展,实现城乡的互动共进;二是经济集约发展,把优化资源配置与高效经济结合起来,走工业化与城镇化融合发展之路;三是环境友好发展,努力保持"发展"的城镇系统与"稳定"的环境系统之间的平衡;四是社会和谐发展,应适时调整江苏省城镇化发展方针,把以人为本的宗旨贯彻到城镇规划建设管理的各个环节,着力培育发展城市群,优化发展

---

① 杨明、姚东明、杨守华:《江苏新型城镇化突出质量效益》,《新华日报》2014 年 4 月 12 日第 1 版。

特大城市,积极发展大城市,重点发展中小城市,择优发展中心镇,努力建设经济强、百姓富、环境美、社会文明程度高的新江苏。

(二)江苏省新型城镇化发展的路径选择

江苏特色新型城镇化的路径选择是在技术上可行性和现实上可能性的约束条件下,运用复杂系统的层级思想和系统方法加以周密考虑,从多解方案中寻求满意方案,力求更加科学。

1. 构建新型工业化与新型城镇化联动发展、互相促进的新理念

两者都是现代化的过程而不是结果,工业化是城镇化的基础,城镇化是工业化的必然,工业化创造供给,城镇化创造需求,两者相互作用,缺一不可。过去30多年,江苏省一直把工业化放在首位,导致城镇化严重滞后于工业化。走有江苏特色新型城镇化道路的路径,就是要构建新型工业化和新型城镇化的联动发展机制,核心就是将供给与需求有效对接。一方面,加快传统工业化进程向新型工业化进程的转变,为新型城镇化提供供给,有效推动新型城镇化的进程;另一方面,强力推进新型城镇化,为新型工业化创造需求,带动和促进工业化水平的进一步提升,促进工业化由中期向中后期及后工业化阶段迈进。

2. 推进城镇化建设和新农村建设统筹协调、一体化发展的新模式

城乡是相互联系、相互依赖、相互补充、相互促进的,农村发展离不开城镇的辐射和带动,城镇发展也离不开农村的促进和支持。城乡一体统筹协调发展就是要把工业与农业、城市与乡村、城镇居民与农村居民作为一个整体,统筹谋划、综合研究,通过体制改革和政策调整,促进城乡在规划建设、产业发展、市场信息、政策措施、生态环境保护、社会事业等方面实现一体化发展,实现城乡在政策上平等、产业发展上互补、国民待遇上一致,让城乡居民享受同样的文明和实惠。在推进城乡一体化中要实现"四大突破":空间规划上突破城乡分割、产业布局上突破城乡分离、制度管理上突破城乡分治、社会发展上突破城乡对峙。走有江苏特色新型城镇化道路的路径之一,就是要摒弃就城市抓城市、就农村抓农村的套路,坚持走城乡统筹发展、城乡改革联动、城乡协调发展的新路。要充分发挥工业对农业的反哺和支持作用、城市对农村的辐射和带动作用,积极开创江苏省城乡一体化统筹协调发展的新局面。

3. 建立科学的城市规划、城市建设和城市管理集成互动的新平台

城市规划是指导城市发展和城市建设的重要前提,城市管理是巩固城市发展和城市建设成果的重要手段。建立科学的城市规划、建设和管理新机制,是走江苏特色新型城市化道路的重要保障。当前,规划滞后和低水平是造成许多城镇建设败笔的症结所在。走江苏特色新型城镇化道路就是要坚持规划先行和规划全覆盖,建立"集成系统规划模式",注重土地利用规划、城市空间规划、城市产业规划、城市交通规划、城市环境规划、城市专项规划、重大基础设施规划等有机衔接与集成,形成"N 规合一",一张蓝图画到底。

城市管理水平是体现城市现代化的重要标志,走江苏特色新型城镇化道路,就是要深化信息通信技术在城市管理中的应用,建立"智慧城市管理模式",实现城市管理信息化,做到城市管理的实时监测和快速反应;整合管理资源和公共服务资源,明确综合执法部门和专业化执法机构的职责和权利。在事件管理上以基层单位为主,部门协助;在设施管理上,以部门为主,基层单位协同;建立市民参与城市管理的新载体。

4. 健全城镇绿色、低碳、生态、可持续发展的综合评价新机制

现代城市是一个由经济系统、社会系统和生态系统相互结合而成的大系统,城市的可持续发展包括城市经济可持续发展、城市社会可持续发展和城市生态可持续发展等。走有江苏特色的新型城镇化道路,就应建立健全城市可持续发展运作机制,结合江苏省情特点,遵循协调性、公平性、持续性、内在性、共同性等准则,建立健全由综合指标为内容的评价指标体系,形成科学、全面、客观的评价机制,对各种相应的目标进行考核奖惩。

(三)江苏省新型城镇化发展的对策措施

1. 培育发展城市空间聚合体"城市集群",实现规模效应和集聚效应

一是调整完善城镇发展方针,培育发展城市群的巨大规模效应和集聚效应。在今后一个时期内的城镇空间转型中,要将城市群作为追求城镇发

展的最高形态。应调整城市化发展方针,由原先的"大力推进特大城市和大城市建设,积极合理发展中小城市,择优培育重点中心镇,全面提高城镇发展质量",调整为"培育发展城市群,优化发展特大城市,积极发展大城市,重点发展中小城市,择优发展中心镇"。要在城市布局相对密集地区,注重培育以特大城市为龙头,以交通基础设施为骨架,以产业分工合作为纽带,多层次、多侧面的城市空间聚合体"城市群",并依托这种城市发展空间的高级组织形式,实现最大的规模效应和集聚效应。要经过各地科学合理的调整,落实到位,形成以城市群为主体形态、大中小城市和小城镇协调发展的城镇体系格局。一要优化发展特大城市。要强化特大城市的综合功能,以增强城市自主创新能力为核心优化城市经济结构,以完善城市组团布局为核心优化城市空间结构,以扩大城市中间阶层为核心优化城市社会结构,合理控制城市用地规模,集约节约利用城市资源,率先实现城市转型,真正担纲起参与国际经济科技竞争与合作的主角。二要积极发展大城市。注重发挥大城市产业集聚能力突出、规模经济效益显著、资源能源集约的优势,积极提升城市基础设施和综合服务水平,不断增强城市产业和科技竞争力,提高经济和人口集聚程度。三要重点发展中小城市。加强面广量大的中小城市的培育规划,充分发挥中小城市规模适中、环境良好、联系农村、活力较强的相对优势,有效提高城市综合承载能力,加快集聚非农产业和非农人口。重点发展县级城市,积极创造条件,将多数县城发展成为中等城市。四要择优发展中心镇。把中心小城镇建设作为新农村建设的重要平台、连接城乡的重要节点和农村实现全面小康的重要载体,进一步提升小城镇的集聚规模和建设水平。大力促进农村非农产业和人口向中心镇转移,形成一批设施配套、功能健全、环境优美、生活便利的现代化小城镇,吸引更多农民就地城镇化,降低农村人口城镇化的风险和成本。择优培育有基础、有潜力的重点中心镇,将其发展为小城市。

二是优化城镇空间结构,增强综合竞争能力。各级各类城市应坚持城镇经济社会的转型与城镇空间转型互动并进,使城镇从无序开发向密度适中、布局合理、形态优美、有序开发转型。在有序拓展中优化城市空间结构、城市交通结构和用地布局,通过交通轴线、大型公共建筑、开发区、生活区、生态区等功能区的有序引导,打造城市的地域特色和时代特色。引导商业业态块状集聚,逐步形成新型商务区;规划建设新的信息产业空间,促进城市用地相互兼容;合理规划和控制城市居住空间的分异,避免不同收入群体居住上的过度区隔、贫困家庭的过度集中,推动不同收入阶层混合居住,缩小居住区之间外部环境的差异;完善城市路网,形成形态多样的街区,科学布置交通节点,使城市沿着发展轴健康生长;大力发展高铁、城市轨道交通等,使之成为城际交通的重要方式;要彰显各类城市空间的个性特征。

三是盘活城市存量土地,适当提高开发强度。逐步提高城镇土地利用集约化、立体化、复合化程度,使垂直紧凑式建筑设计成为城镇空间成长的主要方向,推动城镇功能在空间上的复合化,有序推进地下空间利用,实现地上和地下的科学协调发展。要科学确定城镇各类建设用地标准,盘活城镇存量土地,适当提高开发强度,对城镇土地进行再开发,提高城镇综合承载能力。推进集体土地市场化的改革,健全农村财产处置市场化机制。要制定出台农村产权交易管理的政策和办法,突破现有的法律法规和政策对农村产权制度改革的限制,建立农民宅基地、住房市场化退出机制和市场交易机制。集体建设土地可以出让、转让或出租用于非农建设,农村宅基地使用权可以异地流转,耕地、宅基地等集体所有的土地使用权可作为农业经营的抵押物,促进农村产权流动,全面激活农村产权市场。通过增加土地要素供给,实现地价、房价和房地产泡沫软着陆,降低地方政府对房地产的杠杆利用和依赖。进一步完善城镇土地价格形成机制和资源配置模式,形成土地集约利用的激励约束机制。

四是整合地区优势资源,形成区域发展合力。以产业与城镇的空间良性互动,加快融入区域一体化之中。要将产业空间开发布局与城镇空间布局有机结合起来,冲破行政壁垒,完善区域协调和分工机制,整合地区优势资源,形成区域发展合力,提高区域一体化水平,共同形成区域分工明确、功能齐备、设施完善、等级合理的网络状总体开发格局。江苏省要构建具有自身特点的"一核双带多极"城镇空间战略格局:所谓"一核",即是指长三角(北翼)核心区,是国家层面的优化开发区域,也是我国参与国际竞争的核心区域。要以城市群为主体形态,推进这个区域新型城市化,逐步形成网络化的城镇空间布局,全面融入以上海市为核心的世界级巨型都市圈。所谓"双带",即是指江苏省沿海发展带和沿江经济带。江苏省沿海发展带是我国新的经济增长轴,是国家层面的重点开发区域,也是江苏省持续快速发展的新引擎。要积极开发沿海发展带,依托临海港口,培育和壮大港口物流、大型重化工和能源基地,发展新兴临港产业、海洋经济与生态保护相协调的综合经济带。增强南通市作为长三角北翼中心城市的地位,发挥盐城市作为区域性中心城市的作用,加快沿海城镇带建设,发挥淮海经济区核心城市徐州市和东方桥头堡连云港市的龙头作用,加快培育形成资源型加工、机械、化工、医药四大产业集群,统筹徐州市和连云港市的各类资源,通过产业链延伸配套、资源共享、联动开发等形式,实现优势互补。沿江城市群要按照"整体有序、联动开发"的原则,推进苏中融入苏南,挖掘潜力,协同并进,重点加强宁镇扬、锡常泰、(沪)苏通三大板块跨江融合发展,形成东西南北呼应、发展同频共振的格局和态势。推动区域高端创新要素集聚,加快转型升级,建设具有国际水平的战略性新兴产业策源地和先进制造业中心,打造江海一体的高端生产服务业集聚区和我国服务贸易对外开放的先导区。深化以上海市为龙头的长三角一体化区域合作,加快苏南现代化建设示范区建设,重点推进宁镇扬大都市区同城化和苏锡常都市圈一体化,做强长江三角洲世界级城市群北翼核心区。所谓"多极",即是指按照国家经济中心城市、国家综合交通枢纽城市等构建区域增长极,发挥江苏省主要城市承担的一定区域增长极的作用。要勇于打破以省市行政区划为依托的产业格局,全面推进区域经济一体化、国际化进程,尽快形成特色鲜明、错位发展、相互协调的区域产业格局,推动区域经济社会全面、协调、可持续发展。

江苏省加快培育区域新的增长极主要包括:一是东陇海沿线城镇轴。以丝绸之路经济带建设为契机,加快徐州都市圈建设,提升其在淮海经济区的区域性中心城市地位,加强与中原经济区等内陆区域合作;发挥"一带一路"交汇点的重要作用,推进连云港国家东中西区域合作示范区建设,不断强化现代化港口的要素集聚功能,深化与陆桥沿线国家和地区的合作协同,着力增强市区、港区和沿线城镇及重点中心镇的产业人口集聚能力,使之成为国家陆桥通道的东部重要支撑。二是运河沿线城镇轴。坚持新型工业化和新型城镇化同步推进、协调发展,彰显运河文化底蕴和环境景观特色,充分挖掘经济功能,突出集约发展、绿色发展,形成贯通南北、辐射带动苏中苏北腹地的特色产业带。做强做优沿线节点城镇,注重培育宜居宜业、特色鲜明的中小城市,加快建设沿运河城镇、交通、生态走廊,深化淮河流域地区经济合作,走出一条生态、环保、低碳发展的特色之路。三是积极培育区域次中心城市。在沿海地区除加强南通、盐城、连云港3个中心城市建设外,科学布局新的区域性中心城市,如重点建设通州湾江海联动开发示范区,增强其对沿海开发的支撑保障能力;在东陇海沿线地区和运河沿线地区,选择基础条件良好的县城,培育其成为区域次中心城市,带动苏中苏北腹地发展振兴;沿宁杭交通通道沿线和苏南丘陵县(市、区),积极培育区域次中心城市。

五是发挥市场导向作用,鼓励民营企业参与新型城镇化建设。引导和支持民营企业参与新型城镇化建设,鼓励民营企业结合产业项目、资金实力与有关地区的资源禀赋,参与新型城镇化建设。探索"以企促农模式",由大型骨干企业带动众多配套企业形成企业群进入小城镇,带动小城镇及周边农村在内的县域经济的发展;探索"以企帮扶模式",由企业通过挖掘当地产业优势进行产业帮扶,推进农民就地城镇化;探索"以企建镇模式",充分发挥建设企业的专业优势,与农民共建新城及现代化农业生产基地,让农民实现就地城镇化。

2. 促进产业结构转型升级,形成产城联动、充满活力的吸纳与辐射效应

新型城镇化首先需要产业支撑、产城联动,否则只能是"空心城镇化"。走新型城镇化之路,就要形成差异化的产业分工和产业布局。

一是加强核心城市的产业集聚与辐射效应,拉动周边中小城市与小城镇发展。要围绕区域特色主导产业,通过混合用地模式,按照资源集约利用、功能集合构建、要素集中配套的要求,着力推动产业与城镇发展同步规划、协调配套。要以城聚产、以产兴城,重点改造建设具有综合集聚效应的城市中心商务区、特色街区、城市综合体、产城一体化等项目,推动金融、会展、商务、创意和特色商贸、文化休闲等服务业合理布局,不断提升城镇集聚区产业承载水平和融合能力。要坚持以集群组团式发展为主体形态,探索

打破行政区划限制,建立跨区域城镇发展协调机制,按照"大联通、小分布"原则,充分挖掘各地产业比较优势,推动城镇之间资源相对集聚、功能配套布局、错位互补发展,有效规避重复性建设、同质化竞争。各地新的重大产业项目,都要向中小城市倾斜,通过公共资源布局的调整达到均衡分配,引导特大城市、大城市"瘦身"、"消肿"并向周边辐射,拉动周边的中小城市与小城镇发展。

二是培育产业集群,促进产业向高端产业链和高附加值转移。江苏省的产业可以定位于产业链的高端和附加值的高端,让附加值相对低的、劳动密集度高的产业向外转移,形成一个相互协作、利益共享,同时符合江苏省现阶段发展特点的产业链布局。要鼓励和支持产业集群的培育,大力发展生产性服务业,构建带动能力强的产业链。要充分发挥长江"黄金水道"的优势,优化发展产业链长、带动性强的装备制造、大型石化、特种钢铁、汽车制造、船舶修造、物流等产业,引导普通化工、冶金和新能源等产业向沿海地区集聚,建成特色鲜明、布局合理、规模聚集、生态良好的沿江基础产业基地,成为长江产业带具有全球影响力的核心产业。

三是引导企业向园区、园区向城市和城镇集中,实现产城融合、产城一体。要按照产业集聚、资源节约、生态环保的原则,引导企业向园区、园区向城市和城镇集中;要进一步加大对开发区和产业园区的支持力度,支持园区加快发展,提高园区对产业的吸纳能力,带动农村人口向城市和城镇转移;要鼓励和支持特大城市、大城市规划建设新的产业集中区,实现产城相互依托、同步建设,融为一体。

3. 加速城乡一体化进程,实现城镇由传统社会结构向现代社会结构转型

江苏省城镇化进程中的社会结构正发生深刻变化,但转型中的社会结构还不成熟,不少深层次问题逐渐显露。因此,要加快推进社会体制改革,把社会结构开放化、公共服务均等化、城乡社会一体化、收入分配合理化、政府治理民主化作为今后一个时期社会改革的重中之重,尽快消除城乡二元结构的障碍,加速城镇由传统社会结构向现代社会结构转变。

一要推进社会结构转型开放化。江苏省城镇化发展既处于重要战略机

遇期又处于社会矛盾凸显期。积极稳妥地解决好新型城镇化建设进程中存在的突出问题,首先要破除制约社会正常流动、影响社会结构优化的体制机制障碍;要明确政府的主要职责是维护社会事业的公益性,保障人民群众基本公共服务需求,遏制一些地方政府行为"企业化"、"公司化"的现象,采取包括法律在内的有效措施,约束公权力,解决诸如城镇拆迁等事项中利用公权与民争利的矛盾,保护社会弱势群体的生存空间;加大社会的开放度与自由度,把应该由社会与市场发挥作用的领域真正交还给社会与市场;放开对社会资源的垄断,调动全社会参与社会事业建设的积极性,鼓励社会资本投资建立非营利性的公益服务机构;大力培育民间组织,综合利用社会资源加强和改善基本公共服务。

二要推进公共服务平衡均等化。要建立健全多层次、全覆盖的社会保障体系,完善配置公平、发展均衡的社会事业体系,加快形成布局合理、城乡共享的公用设施体系;要加大对社会事业建设的公共财政投入力度,扩大城乡就业、社会保险、社会救助、社会福利的覆盖范围,促进城乡教育、医疗卫生、文化事业等方面的均衡发展;加快城镇公共交通、供水供电、通信网络、垃圾污水处理等公用设施建设。

三要推进城乡社会协调一体化。要加快推进城乡分治、城乡阻隔的二元结构型社会向城乡一体化协调型社会转变,取消导致城乡二元结构差别的各项规章制度,如户籍制度、劳动就业制度、分割的教育体系、医疗体系、社会保障体系等;降低在大城市落户的门槛,放开中小城市和城镇对户籍的限制,实现进城农民市民化,享受同城待遇;加大财政金融支农力度;加强对农村各种要素市场的培育、建设和发展;创建适应农村市场经济发展需要的土地流转制度,从制度上为农村的规模经营和产业化经营奠定基础;改革城乡社会管理体制,从制度上为进入城镇的人口创造公平的生存、发展机会。

四要推进居民收入分配合理化。要在经济社会改革中,以收入分配改革为突破口,减少低收入群体,理顺收入分配秩序,扩大社会中间层,实现两头小、中间大的橄榄型阶层结构;完善社会保障制度,尤其是要为社会中下阶层提供就业机会;加大财政调节收入分配政策的力度,通过税收、社会保障和就业政策等手段,扩大中等收入群体,合理调节垄断行业的过高收入,严厉打击腐败和非法致富。

五要推进政府治理公平民主化。相对于其他改革事项,政府治理模式的改革不但没有进入改革的中心位置,反而滞后于经济社会的发展进程,导致政府职能越位、错位、缺位问题屡见不鲜。要规范政府权力运行,政府机构的活动要公之于众,增强政府行为的透明、公正、公平,接受社会公众监督,以遏制政府权力的滥用、腐败现象的滋生和不正之风的蔓延。

4. 推动城镇文化从深层次上转型,营造集自然景观特色、历史文化底蕴和现代气息于一体的城镇形象

丰富的文化传统和深厚的文化底蕴,凭借得天独厚的沿海、沿江、沿湖的自然区位优势和"鱼米之乡"的地域资源,固然能为经济社会发展汇聚智慧力量。但任何一种文化并非完美无缺,总有自身的局限和缺失。因此,要推动城镇文化从深层次上转型,营造集自然景观特色、历史文化底蕴和现代文明气息于一体的新型城镇形象。

一是在继承和创新上下功夫,为城镇注入特色文化元素。在推进新型城镇化进程中,要深层次地继承和发扬开放文化、创新文化、精致文化、和谐文化,注入更多具有江苏特色的文化元素。一要注入城镇的开放文化。应大力弘扬江苏人务实低调、敢想敢干、敢开风气之先的特质文化,以开放的心态、开阔的眼界,虚心学习、吸纳、借鉴人类文明的一切成果;要打开城门,走出去,引进来,互通资金、人才、资源等要素,在开放、兼容、合作、共赢的文化支撑下,实现城市的大发展大繁荣;要重在养成市民的开放思维和与国际接轨的价值理念,营造开放文化的厚实土壤,结出并共享多元文化的硕果,赢得新一轮城市竞争的先机;要以宽广的胸怀和视野、更高的标准和要求、更大的气魄和手笔、更强的决心和力度,推进城镇改革的深化和城镇开放的拓展,实现两个率先。二要注入城镇的创新文化。创新是提升城镇竞争力、推动城镇崛起的不竭源泉。要在推进城镇化进程中始终贯穿创新主线,不断解放思想,弘扬创新精神,形成崇尚创新、敢想敢干、不断求索、开拓奋进的社会氛围;要打破墨守成规、求稳怕乱的思想樊笼,摒弃小富即安、安于现状的自满心理,鼓励大众创业、万众创新,尽快把实业优势转化成创业优势,把科教优势转化成发展优势。三要注入城镇的精致文化。即以"精明的筹划、精心的组织,精当的布局,精致的环境"建设新型城镇化。要把城镇的历史文脉作为城镇的根和魂,挖掘历史底蕴,突出地方特色,丰富文化内涵,提高文化品位;要致力于把城镇建成布局合理、设施完善、功能齐全、环境优美的宜居家园,个性鲜明、底蕴深厚、品质卓越、令人向往的创业高地;要在优化城镇空间布局上下功夫,在城市的规划设计、建设施工到日常管理中,既体现出浓郁的人文关怀,又充分突出城市自然条件和自然特征,使居民、建筑物、城市有机地融入四季常青、鸟语花香、山清水秀的生态氛围中;要在城镇的建设、保护、改造上,顺应城市肌理,注重新旧建筑的互融共存,努力营造集自然景观特色、历史文化底蕴和现代文明气息于一体的城市形象。四要注入城镇的和谐文化。即让一切劳动、知识、技术、管理和资本的活力竞相迸发,让一切创造社会财富的源泉充分涌流。要为和谐城镇的构建提供精神支持、道德基础和宽容氛围;要努力使城市居民形成和谐的思维方式与和谐的心态,促进人的心理和谐,引导人们正确对待自己、他人和社会,正确对待困难、挫折和荣誉,形成良好的和谐文化氛围;要加强城市的人文关怀和心理疏导,努力实现阶层与阶层之间、人与人之间在机会上的公平和利益上的和谐,从而有利于实现我们党提出的"努力形成全体人民各尽其能、各得其所而又和谐相处的局面"。

二是在发展文化产业上多下功夫,为城镇经济注入特色文化含量。文化产业是发展先进文化的助推器,能为城镇经济的发展注入文化力量,带来新的价值。近年来,一些地方的文化产业群迅速崛起并形成了若干支柱性产业和优势产业,在推进经济增长方式转变、产业结构转型上发挥出越来越重要的作用。今后一个时期,要选择已具备较强的集群发展优势、发展前景广阔的产业,加大培育力度,通过跨地区、跨行业、跨所有制的战略重组,尽快提高产业集中度,形成辐射带动效应,推动全省文化产业集群的良性发展;要重点培育出版发行业、广播影视业、演艺娱乐业、动漫游戏业、印刷复制业、文化会展业、文化旅游业和报刊业等文化产业集群。要推动文化产业集群的科学布局,苏南地区城镇,应大力培育发展文化要素市场,重点扶持一批优势文化产业基地,建立一批有国际竞争力的文化骨干企业集团;苏中地区城镇要加大招商引资力度,开发能充分发挥自身资源优势、特色鲜明的文化产业门类,发展一批地方文化名牌产品、一批文化企业集团和一批文化支柱产业;苏北和生态环境优良的地区,要发挥资源优势,积极发展生态文化旅游等个性鲜明的文化产业集群。要站在全球价值链的高度,将实施文化产业集群战略与经济发展和竞争力提升结合起来,研究全球文化创意产业转移的趋势,积极参与全球文化产业的竞争与合作。

三是在彰显城市精神上下功夫,为城镇发展注入特色文化品质。城市精神是一座城市的灵魂,是一种文明素养和道德理想的综合反映,是一种意志品格与文化特色的精确提炼,是一种生活信念与人生境界的高度升华,是城市市民认同的精神价值与共同追求。要把握城市精神的灵魂,彰显城市精神的内涵,提升城市精神的层次,为城镇发展注入特色文化品质。

彰显城市精神,一要充分挖掘城市的历史文化资源,传承城市记忆,延续城市文脉,使久居的人有归属感、新来的人有亲近感,在传承中发扬光大城市传统文化的精粹,从而更好地展现城市文化个性;二要对城市准确进行文化定位,根据城市的地理、历史传统、资源条件,确定城市的文化形象基调,完善城市文化设施,丰富城市文化生活,在竞争中体现出城市文化的特色和优势,在保护城市传统特色的同时,塑造城市的现代文化形象,提升城市文化软实力;三要重视城市物质层面的建设,完善城市空间布局,精心设计城市建筑的造型、风格、色彩以及道路、广场、公园、雕塑,甚至路牌、广告等,确立城市的审美情趣和文化个性,有条件的城市可以建设标志性文化设施,提升整个城市的文化品位;四要遵循"植根历史、基于现实、紧跟时代、引领未来"和"形神合一、相得益彰"的原则,使城市精神定位准确,与城市的客观环境相符合、与城市的外部形象相协调、与城市的发展要求相适应,使之成为一种不可替代的城市文化品质。

5.引导城镇向低碳、生态、可持续发展的环境转型,自觉地步入城镇良性循环的发展轨道上

推进新型城镇化进程,实际上就是要把建设生态文明和可持续发展作为城市发展的理念内化于心、外化于行。

一要加大环境整治改造力度。要按照基础设施完善、公共服务健全、人流物流便捷、城市管理高效、经济文化繁荣、社会事业发达的要求,建设宜居

宜业的现代化城镇。在功能布局、土地利用、综合配套、建设标准等方面贯彻生态型城市的理念,提高城市人居环境质量,改善住区环境,提高城市运营效率,构建便捷的生活服务和公共交通体系,提升城市设计水平,建设生态城镇。强化城市自然山水、历史地段的保护,塑造城市特色空间;要积极推进"城中村"、"棚户区"和社区环境改造综合整治力度,营造优美的街容街景。要实现"城中村"、"城郊村"与城市的全面融合,把各级各类城镇建设成为生态化、低碳型、宜居性城市,使城市自然环境美丽洁净、心旷神怡。

二要坚决淘汰城市落后产能。在推进城镇化进程中,必须把淘汰落后产能作为重要一环来抓。江苏省已进入转型升级的关键阶段,全省城市比过去更有条件、更有能力承受落后产能淘汰。要制订严于国家要求的落后产能淘汰标准和计划,形成对落后产能的高压态势,加速淘汰钢铁、水泥、小火电、小化工等落后产能;要严把项目审核关,严控高耗能、高排放行业过快增长和产能过剩行业新上项目,未通过环评、能评和土地预审的项目,一律不得开工建设;要切实防止被淘汰的落后产能"死灰复燃",为产业转型升级腾出空间。

三要大力推进建筑节能和绿色建筑。要制定更具吸引力的政策,把"四节一环保"(节能、节地、节水、节材,保护环境和减少污染)的要求落到规划、建设、管理的全过程,实现新建建筑节能全覆盖,积极推进既有建筑节能改造和可再生能源建筑应用,建设资源节约型城镇,实现城镇可持续发展。

四要全面推进城市绿化工程。应把城市绿化作为"绿色江苏"建设的重要工程来抓。城市绿化既要考虑观赏性,更要考虑能够有效吸收污染、净化环境,做到生态效果和景观效果相统一,基本形成点、线、面相结合,绿化、美化、彩化、香化,市区与郊区融为一体的园林绿地系统。

五要加大城市大气污染的治理力度。近年来,江苏省的水污染治理成效显著,但大气质量改善成效甚微。很多城市公布的空气质量优良天数,跟人们的实际感受很不一致。灰霾天气越来越多,蓝天白云越来越少。今后,在城市转型过程中,各个城市应拿出像治理太湖一样的决心和力度,以更加坚决有力的措施治理城市大气污染。要全面提高机动车尾气排放标准,限期淘汰高污染车辆,切实加强建筑工地、道路运输、裸地、堆场扬尘的防治管理,加大工业废气、烟尘治理力度。积极应对新的城市环境污染。随着 IT 产业、新材料、新医药及许多高新技术产业的快速发展,重金属、核辐射、电磁辐射、电子垃圾、有机毒物等成为新的环境危害,加重了城市环境问题的复杂化。要通过开展重金属等污染调查,弄清污染来源、分布状况和危害程度,建立健全危险废物和医疗废物收集、运输、处置的全过程环境监管体系,切实加强核与辐射环境安全管理。

6. 以改革为动力实施城镇制度转型,构建"小政府、大社会"为目标的城镇政府治理结构

城镇制度是城市文明的重要内容。江苏省要以改革为动力,创新城镇转型制度,率先实现职能转变,构建以"小政府、大社会"为目标的城市政府治理结构,推动新型城镇化进程。

一要推进城镇制度创新,转变政府管理职能。要着力推进政府管理创新,加快城市政府大部制改革,按政府综合管理职能合并相近政府部门,最大限度地避免政府职能交叉、政出多门、多头管理,提高行政效率,降低行政成本。要深化城市综合执法改革,解决执法层次过多、职能交叉、人员臃肿、权责脱节和多重多头执法的问题。要推行电子政务,提高行政效率,降低行政成本,形成行为规范、运转协调、公正透明、廉洁高效的行政管理体制。要深化城镇街道体制改革,以"小政府、大社会"为目标认真转变职能,构建以人为本的城市政府治理结构,促进社区自治制度化。

二要加快体制机制转型,形成政府有效调控、市场合理竞争、社会有序治理的局面。要从体制机制上加快转型,充分调动各方面的积极性,不断完善城镇功能,提高城镇品位。城镇建设涉及的都是百姓利益,因此要牢固树立公众参与意识,通过公示、征集意见、召开听证会等形式,广泛听取专家和人民群众的意见,集思广益,发扬民主,做到公开、公正、透明。城市管理应把为人民办实事、办好事放在首位,解决一系列事关国计民生的重大问题,使市民群众的生产生活环境得到极大改善。要严格限制不符合区域整体和长远利益的开发活动,避免超越城市资源和容量的负荷、超强度进行城镇开发,形成政府有效调控、市场合理竞争、社会有序治理的局面。

三要深化城镇干部人事制度改革,把城镇转型发展绩效纳入干部政绩考核指标体系。要深化城镇干部人事制度改革,健全干部管理监督机制,创新完善人才管理的领导体制与工作机制。要改革干部政绩考核体制,完善公务员考核评价机制,调动各级党委、政府尤其是党政一把手推动新型城镇化发展的工作积极性。要立足清正廉洁,切实增强政府的凝聚力和执行力。

7. 建立城市反哺农村机制,推动城市优质资源下乡

江苏省已经进入城市反哺农村的新阶段。要通过多种路径推动城市反哺农村,促进城乡共同可持续发展。城市反哺农村应从以下几个方面入手。

一是人才反哺。现在,农村各地紧缺实用型的技术人才。城市要为农村培养实用性的技术人才,开放城市优质教育资源,在高等院校、职业技术院校培养农村专业人才,对职业农民进行多种形式的技能培训。组织城镇实用型的技术人才下乡帮扶。鼓励农民工、大学生、退役士兵等人员返乡创业,通过大众创业、万众创新使城镇百业兴旺,可以促就业,增收入,打开新型工业化和农业现代化、城镇化和新农村建设协调发展新局面。要制定支持返乡创业人员的政策激励措施,降低返乡创业门槛,落实定向减税和普遍降费政策,加大财政支持力度,强化对返乡创业的金融服务,完善对返乡创业园的支持政策。

二是推进城镇对农村的创业反哺。要使用行政力量推动城市反哺农村,加大财政对农村人才创业的扶持帮助力度,加强金融对农村实用人才创新创业的支持。鼓励城市居民到农村广阔天地里创业,引导和鼓励外出打工的农民在城市里打工掘得第一桶金后,回到家乡创业,帮助村民发展新型农业、农副产品加工业等。同时,也需要市场力量推动反哺。城市对农村的创业反哺,发挥人才资源在各种要素组合中的乘数效应,带动资金、科技、信息、管理等关键要素向农村流动。针对农村产业结构的发展要求,城市提供相应的技术、信息、市场支持。

三是推进城市产业转移反哺农村。要加快城市产业向农村转移,鼓励企业将劳动力密集型产业向土地价格、劳动力价格更低的农村地区转移。

要通过建立工业园区等方式,引导城市产业向郊区与农村的特定区域集中,避免产业转移时分散化而造成资源浪费、效率低下、竞争力不强等弊端,促进农村工业发展。要很好地发挥特大城市和大城市的辐射扩散效应,按照城市对于产业结构的要求来配置相关产业,参与小城市培育,促进农村中心城镇发展,加快农村城镇化进程。

8. 切实搞好国家新型城镇化综合试点工作,为全国提供可复制、可推广的经验和模式

2015 年年初,由国家发改委等 11 个部委联合下发了"特急"文件《关于印发国家新型城镇化综合试点方案的通知》,批准江苏省为新型城镇化试点省,同时获批展开省级试点的还有安徽省,另有其他省市区的 62 个城市(镇)被列为国家新型城镇化综合试点地区,简称"2 十 62"。按此要求,试点工作从 2014 年年底开始,并明确要求到 2017 年,各试点地区和单位取得阶段性成果,形成可复制、可推广的经验;2018~2020 年,逐步在全国范围内推广试点地区的成功经验。

以全省为单位进行国家试点,这是江苏面临经济结构调整,适应新常态背景下实现"两个率先"的一次重大历史机遇。国家综合试点时间跨度 6 年,前后连接"十二五"规划和"十三五"规划,开展试点工作对全省社会经济发展和基本现代化具有广泛深远影响。

江苏省的试点任务比安徽省的内容更多,涉及面更广,要求更高,还要担负起制定新型城镇化指标体系的"国标"任务,为全国探路。

具体而言,江苏省的任务为"3+8+1","3"是国家规定动作,"8"是"自选动作","1"则是国家追加而特别赋予江苏省的。其内容涉及经济社会方方面面。所有 12 项任务与 2014 年 5 月出台的《江苏省新型城镇化与城乡发展一体化规划(2014~2020 年)》提出的奋斗目标一致。即试点总体目标是:紧紧围绕人的城镇化,加快推进农业转移人口市民化进程。到 2017 年,全省常住人口城镇化率达 68% 左右,户籍人口城镇化率达 62% 左右;城镇落户农业转移人口新增 400 万人,实现全省农业转移人口规模、分布、来源清晰化,常住人口公共服务均等化和农业转移人口家庭在城镇落户的成本明细化,各级政府、接纳主体和个人成本分担责任明晰化,相关的制度和配

套政策规范化。到 2020 年,常住人口城镇化率达 72%,户籍人口城镇化率达 67% 左右,城镇落户农业转移人口新增 800 万人,成为我国新型城镇化和城乡发展一体化先导区、示范区(以 2013 年年底的城镇化率为基数)。这也意味着,从现在起至 2020 年,在约 6 年的时间内,我省共将有 800 万农业转移人口进城落户。①

在 12 项任务中,首当其冲的就是建立农业转移人口市民化成本分担机制。将建立健全以合法稳定就业和合法稳定住所为户口迁移基本条件,以经常居住地登记户口为基本形式、城乡统一的新型户籍制度。科学测算农业转移人口市民化的平均成本,合理划分政府、企业以及转移人口家庭和个人的成本分担责任,明确省以下不同层级政府的成本分担比例,建立农业转移人口流入和流出的政府成本共担机制。

人口市民化考验财政实力。据江苏省财政厅测算,转移的农民实现市民化,仅社会保障(养老、医疗、最低生活保障)和保障性住房、就业及子女教育 4 项,财政担负的人均成本为 3～4 万元。若以 3 万元计算,全省潜在的待落户城镇的人口约 800 万人,则需地方财政新增投入 2400 亿元。

为实现上述目标,江苏省应充分发挥改革试点的先遣队作用,大胆探索、试点先行、寻找规律、凝聚共识,要通过建立年度评估和动态淘汰机制等举措,切实加强任务落实,为全国提供成功经验。

一要走好三条路径:建立规范的政府举债融资体制,构建多元化城市基础设施和公益设施建设等投融资机制;初步建立以尊重农民意愿为前提、以保障农村宅基地用益物权为核心,地籍清楚、产权明晰、流转有序、收益分配合理的新型农村宅基地制度;探索形成以科学合理调整行政区划为基础的,层级少、机构精、效率高、成本低的城市设置机制。

二要调整扩容发展 2～3 个大中城市。有些城市规划不科学,容量有限,没有发展空间,可以考虑通过县市改区成为大中城市,如此可整合提升区域基础设施、公共资源的利用效率,增强对周边的辐射带动能力。

① 参见宋晓华、汪晓露:《我省获批国家新型城镇化试点》,《新华日报》2015 年 1 月 31 日第 1 版。

　　三要出台一些与试点相关的配套政策。据悉,国家相关部委已经出台一些与试点相关的配套政策。例如,财政部、发改委和住建部联合下发《关于开展建制镇示范试点工作的通知》,选择 90 个建制镇启动示范试点,要求资助对象原则上从新型城镇化试点地区选取。江苏省也应尽快出台相关的配套政策,选择一些重点中心镇,在国家每年给予一定资金支持的基础上,进行更大力度的扶持。

第八章　增创开放优势

过去 30 多年的改革开放主要带动了我国东部沿海地区的发展,然而东部沿海地区的发展并不意味着中国发展的全部内涵,将中西部地区从传统上对外开放的末梢变成今后对外开放的前沿,缩小与东部地区的经济差距,促进东中西部地区协调性均衡发展,共同成为中国未来经济发展的引擎,才是经济新常态下区域发展的迫切要求。与此同时,在全球化不断深化的背景下,如果没有周边国家的共同富裕,将会加深中国与邻国的发展差距,造成不稳定因素,侵蚀中国改革开放的成果。因此,在现行形势下,只有推动中国全方位对外开放,实现国内各区域间以及中国与周边邻国间协调性均衡发展,才能为新常态下经济增长新动力的形成保驾护航。"一带一路"与长江经济带所构成的全方位开放网络体系,共同构筑了中国东西双向开放的战略机遇,使得中国最发达的沿海经济带得以向中西部地区甚至是周边邻国延伸。地处"一带一路"与长江经济带战略交汇点的江苏省,应充分利用自身连接南北、贯通东西、拥江临海的枢纽优势,将前期积累的东向开放经验应用到对接"一带一路"与长江经济带战略中,大力拓展东西双向发展新空间。

一、以协调性均衡推动东西双向开放

长江经济带是中国重要的经济支撑带,2014 年长江经济带 9 省 2 市的地区生产总值为 284649.3 亿元,占全国生产总值的 44.72%。以人均 GDP 来看,长江经济带东部地区 2 省 1 市的数值远超全国 46652 元/人的平均水平,而长江经济带中部仅有湖北省、西部仅有重庆市的人均 GDP 略超全国平均水平(参见图8-1)。可见,长江经济带的整体发展还不均衡,东部地区经济发展情况好,中部和西部地区经济发展有巨大的追赶空间。将中西部地区变为改革开放的前沿,推动东西双向开放是推动长江经济带协调性均衡发展的现实要求。

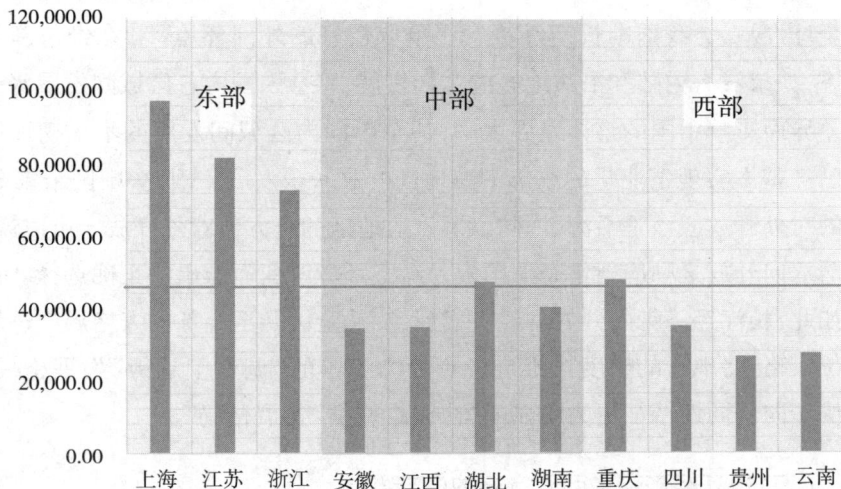

图8-1 2014年长江经济带9省2市人均GDP

注:本图数据来源为Wind资讯。

(一)中国东西双向开放研究的文献梳理

2008年的全球性金融危机,宣告了以大稳定为主要特征的旧常态的结束①,快速发展中积聚的矛盾集中爆发,廉价的要素成本消失,创新因素还未生成,自身体制与机制的更新进入了一个临界点,全球经济进入一个深度调整与再平衡的"新常态",世界和中国概莫能外。改革开放30多年来的对外开放,主要是依托沿海地区发展起来的东向的面向太平洋经济圈和发达经济体的对外开放,也因此形成了当前中国对外开放格局上的"东强西弱"现象。

---

① 参见李扬:《"新常态"是什么,从何处来,往何处去?》,《经济研究》(两会特刊)2015年第3期。

新常态下中国经济要继续保持平稳快速发展,不仅取决于东部沿海地区外向型经济发展模式的成功转型,还取决于内陆地区的开发开放①,取决于沿边地区的共同发展。我国内陆地区幅员辽阔,产业众多,但经济相对沿海落后②,只有认识到开放不仅包括对外开放,也包括对内开放③,不仅包括东向的对外开放,也包括西向的对内、对外开放④,才能更均衡合理地融入全球经济,为我国中长期经济发展争取较好的外部环境⑤。在经济新常态下,如果没有内陆和沿边地区的共同发展,将会因国内各区域间发展水平的差异而影响中国的整体发展水平,甚至因国内区域间发展的不平衡而影响已经基本实现工业化的东部沿海地区的进一步发展。因此,中国未来30年的对外开放应该是沿海、内陆以及沿边地区的全方位对外开放。可以说,东西双向开放是顺应新常态下国内外经济环境改变而作出的正确选择。正因如此,长江经济带的开放型经济发展,应从全国乃至全球的大格局中进行定位谋略,将现行的梯度式推进色彩较为浓厚的"调整中趋衡"发展格局,加快转向协同性特征更为明显的"协调性均衡"发展格局⑥。

(二)长江经济带东西双向开放的新要求

改革开放以来,中国经济走了一条非均衡的发展道路,希望通过具有特定区位优势的部分地区的快速发展带动中国经济的整体增长,这种发展模式在特定的历史时期取得了良好的效果,成就了中国经济30多年的发展局面。随着经济进入新常态,经济下行是个必然趋势,长江经济带东西双向开放正是中国经济协调性均衡发展的一个有益尝试。2008年爆发的全球性

① 参见谭志雄:《中国内陆开放高地建设探索——以重庆市为例》,《经济问题探索》2011年第10期。
② 参见王骏:《论内陆开放模式创新的指向》,《西南大学学报》(社会科学版)2014年第2期。
③ 参见邓小平:《邓小平文选》第三卷,人民出版社1993年版,第224页。
④ 参见杨春蕾:《在"两带一路"建设中扩大开放》,《开放导报》2014年第5期。
⑤ 参见江小娟:《中国对外开放进入新阶段:更均衡合理地融入全球经济》,《经济研究》2006年第3期。
⑥ 参见成长春:《长江经济带协调性均衡发展的战略构想》,《南通大学学报》(社会科学版)2015年第1期。

金融危机是一道分水岭,危机之后,国内外的经济环境发生了重大的改变,促进长江经济带的东西双向开放体现了深刻的时代要求。

1. 国际经济环境的变化

(1)国际经济新规则正在构建。近几年,美国主导的在太平洋以跨太平洋伙伴关系协议(Trans-Pacific Partnership Agreement,简称 TPP)为平台、在大西洋以跨大西洋贸易与投资伙伴协议(Trans-Atlantic Trade and Invest-ment Partnership,简称 TTIP)为依托的协议,冲击了既有的区域一体化发展过程,其协商领域之广,渐有抛开 WTO 多边框架,重构全球投资贸易版图之意,世界可能正在迎来全新的国际规则制定期。协议一旦达成,发达国家主导的新规则、新标准、新秩序相继形成,其他国家将很难改变这个状态,而中国目前尚未参与其中。

(2)国际产业结构发生重大变革。发达国家在经历了严重的金融危机之后,开始反思"产业空心化"的负面影响,提出重回以制造业为代表的实体经济部门,进一步加强对高端制造业的知识产权保护和垄断,放缓高端制造业向海外转移的速度;自动化制造技术与物联网大数据等技术的发展融合,为工业 4.0 提供了技术可能,全球制造业正朝着智能化、自动化、个性化、定制化等方向发展。中国通过引进外资来获得高端技术外溢的难度加大。此外,随着研发、设计、咨询、技术支持、营销等环节不断从生产过程中剥离出来,成为新的生产性服务业,全球产业链和价值链的组织形式发生着改变。

(3)全球化带来诸多问题。全球化极大改善了许多国家居民的物质条件和福利水平,国民经济得到高速发展。但受益较多的是拥有强势资源、处于价值链高端、占据主导地位的国家;弱势国家为了能够参与到经济全球化进程中,往往需要付出国民失业、环境污染、健康受损等沉重代价;一些未被卷入经济全球化进程的国家,与世界的差距逐渐拉大,成为经济全球化的受害者。中国是否能够从中受益取决于其在全球化中的话语权。此外,全球化使得一国经济容易受外部环境的冲击,2008 年全球金融危机引发的全球性经济衰退就是最好说明。

(4)新兴经济体全面崛起。2008 年金融危机后,金砖国家地位上升、以中国为代表的新兴经济体在世界经济中作用增强。中国经济在过去30余年保持了举世瞩目的增长速度①,中国地位正在加强,由此产生了进军国际市场的强烈决心:中美双边投资协定(Bilateral Investment Treaty,简称BIT)谈判获得重大突破,进入实质性阶段;中国上海自由贸易试验区挂牌成立;党的十八届三中全会明确提出"以开放促改革",都表明中央政府要利用开放的倒逼机制推动国内市场化改革,获得与自身实力和贡献相匹配的地区影响力。

2. 国内经济环境的变化

(1)经济刺激计划弊端显现。2008年4万亿元的经济刺激政策虽然使得中国经济在当时免于陷入全球性经济衰退的泥潭,但其在资金投向方面存在重大的不平衡,企业没有顺应市场规律完成优胜劣汰,低端产业产能严重过剩;整体宽松的财政政策无法形成经济发展的内生动力,没有能够推动产业结构的转型升级,这种生产缺乏可持续性。并且,在经济和金融全球化趋势下,经济开放度的提高使货币政策有效性面临下降,依赖利率和超速货币供给来刺激产出的模式越来越难以为继。②

(2)缺乏明显的制度创新。改革开放初期展开的一系列举措驱动了中国经济的快速增长。家庭联产承包责任制促进了农业生产率的提高,农村以集体和个体经济组织为主体的乡镇企业异军突起,小商品市场和中小型制造业迅速繁荣;在城市,国有企业的承包制和股份制改革提升了国有企业效率;20世纪80年代初经济特区相继成立,沿海城市逐步开放,形成了由南至北、由东向西、由沿海到内陆的对外开放格局。近年来,很难再看到重大创新,值得一提的是,以上海自贸区为代表的开放平台正在尝试可复制、可推广的开放型经济新体制。

(3)经济发展模式亟须转型。2008年金融危机爆发以前,我国的经济发展模式整体上是出口导向型的,主要依靠成本优势,依靠吸引外商投资,

---

① 参见余淼杰、王宾骆:《对外改革,对内开放,促进产业升级》,《国际经济评论》2014年第2期。

② 参见马勇、陈雨露:《经济开放度与货币政策有效性:微观基础与实证分析》,《经济研究》2014年第3期。

发展出口来拉动经济增长;危机爆发以后,海外资本大量撤回,国外需求市场收缩,新兴经济体崛起并积极参与竞争,国内土地、劳动力等要素价格上升,低成本竞争优势不再,出口导向型经济发展模式已不能适应当前的发展需求。近几年,针对外资的税收优惠政策逐步取消,中国对外资的吸引力进一步缩减,制造业倒闭潮和失业潮双面夹击的局面或将难免。

(4)沿海地区要素成本上升。沿海地区一直以来是拉动中国经济发展的重要引擎,近年来,沿海地区人口红利趋于消失,轻松获得廉价劳动力的时代成为历史,劳动力要素成本进一步提高,依靠低廉的劳动力成本保持竞争优势的时代宣告终结;相比于中西部地区,沿海地区土地等要素成本高,随着中西部地区投入开发力度的加大,沿海已不具有吸引制造业工人的明显优势。中西部地区以及一些新兴经济体,凭借其更低的要素成本优势,形成了对沿海地区一些低端产能的竞争替代,大批对成本敏感的企业开始向该类地区转移并升级。

基于国际、国内经济环境的变化,国家适时提出了长江经济带战略,将开放创新往前推进一步。推动长江经济带发展,有利于推进长江经济带东、中、西部区域之间包括基础设施建设在内的各种互联互通,开拓新的经济增长点、形成新的开放前沿;有利于推进并实现产业梯度转移与升级,消化过剩产能,在带动西部地区发展的同时倒逼东部地区深化改革,创新对内对外开放的新模式。在国际国内新的发展环境下,我国需要在继续保持东向对外开放的同时,同步加快西向的对内对外开放,使长江经济带成为东中西互动合作的协调发展带,成为沿海、沿江、沿边发展全面推进的对内对外开放带。

(三)长江经济带东西双向开放的必要性

1."一带一路"战略构想的提出

党的十八届三中全会审议通过的《中共中央关于全面深化改革若干重大问题的决定》明确提出,"推进丝绸之路经济带、海上丝绸之路建设,形成全方位开放新格局";2015年政府工作报告指出,要把"一带一路"建设与区域开发开放结合起来。过去30多年的改革开放推动了东部沿海省区的快速发展,然而东部沿海省区的发展并不意味着中国发展的全部内涵,没有中西部特别是西部边疆省区的发展,中国将会因东、中、西部地区经济发展水平的落差而抑制整体的发展水平,中西部特别是西部边疆省区需要与周边领国共同发展,才是中西部发展的意义所在;中西部地区需要从传统的对外开放末梢变成新常态下对外开放的前沿,并与东部沿海地区共同成为中国经济发展引擎,这才是全方位对外开放的真正内涵。

"一带一路"战略是基于实现中国经济社会的整体发展而作出的战略部署,不是某个区域的利益独享地带,而是跨国界的利益共享地带,旨在将安全互信、地理毗邻、经济互补的优势转化为切实合作和共同发展。① "一带一路"连通欧、亚,拥有约占世界一半的人口、资源和经济总量②,这一构想符合区域内各国发展需求和欧亚区域合作的大势③,"一带一路"沿线国家具有的优势并不完全相同,经济上的互补性带来了巨大的合作潜力。④长江经济带与"一带一路"相互对接可以促进中国经济转型升级,有利于中国国内东、中、西部协调性均衡发展;更为重要的是,通过"一带一路",可以将发展的视野投放到更加广阔的国际舞台,落实经济外交新战略⑤,拓展对外发展新空间。

2."一带一路"构想的战略意义

"一带一路"战略是新常态下中国开放型经济发展的内生需求,其与长江经济带战略共同构成江苏省向东向西双向开放的战略机遇。

(1)缓解 TPP、TTIP 带来的外部压力。美国主导的 TPP 和 TTIP 谈判几乎囊括了中国的主要贸易伙伴,并对中国参与国际竞争设置重重障碍,中

---

① 参见柳思思:《"一带一路":跨境次区域合作理论研究的新进路》,《南亚研究》2014年第2期。
② 参见姜睿:《"十三五"上海参与"一带一路"建设的定位与机制设计》,《上海经济研究》2015年第1期。
③ 参见何茂春、张冀兵:《新丝绸之路经济带的国家战略分析——中国的历史机遇、潜在挑战与应对策略》,《学术前沿》2013年第12期。
④ 参见闫岩:《"一带一路"布局全方位开放》,《国际商报》2014年1月14日第A1版。
⑤ 参见黄益平:《中国经济外交新战略下的"一带一路"》,《国际经济评论》2015年第1期。

国或有被边缘化的危险。① 同时,"一带一路"涉及的中亚、南亚、西亚、非洲等发展中国家,并不能满足 TPP 和 TTIP 追求的高标准要求。中国作为最大的发展中国家,具有与广大发展中国家类似的贸易条件,可以依托"一带一路"新的区域合作模式应对 TPP 与 TTIP 带来的挑战,参与国际经济体系的改革与重建,构建国际经济合作新架构。

(2)带动周边国家发展,承担大国责任。由于历史、文化、地缘政治等各种原因,亚洲向来缺乏强有力的能够主导亚洲经济发展、整合亚洲经济资源、协调亚洲各国经济纠纷的大国,东盟、中国—东盟(10+1)合作机制、东盟—中日韩(10+3)等合作机制均有小马拉大车之意,在区域经济号召力和问题处理能力方面力不从心。"一带一路"战略致力于实现与发展中国家及发达国家的共同发展,"独行快,众行远",中国在快速发展的同时,须勇于承担起与自身实力相匹配的大国责任,在双边与多边舞台上发出更多的中国声音,拿出中国方案,在让世界了解中国的风采。

(3)开辟经济增长与发展的新空间。在世界经济增长放缓且呈现长期弱复苏的趋势下,在国内经济发展模式亟须转型的现实情况下,中国须顺应新常态,寻求新的经济增长动力。中国过去 30 年的改革开放推动的是东部沿海地区的快速发展,未来 30 年的改革开放将是推动中国沿海、内陆及沿边地区的全方位开放,甚至是中国周边领国的开放,是中国与"一带一路"沿线各国的共同发展。"一带一路"战略正是中国培育参与全球化的新优势、构建国际合作的新平台、开辟经济增长与发展的新空间的重要尝试,是中国参与全球经济治理的重要平台。

3."一带一路"战略面临的风险

(1)中国尚不具备国际领导地位。目前,以美国为代表的发达经济体开始稳定复苏,新兴国家虽然发展较快,但大都尚处于结构调整期,经济下行压力增大,易受外部环境变化的影响,其相互间的合作机制尚不具有塑造国际规则的意图,且中国在领导新兴经济体联合塑造新的国际规则上动力不足。在

---

① 参见申现杰、肖金成:《国际区域经济合作新形势与我国"一带一路"合作战略》,《宏观经济研究》2014 年第 11 期。

发达经济体重塑国际规则之际,中国必须正视现实,积极准备在新的国际规则制定中发挥作用,在参与现有国际制度改革的同时,提出更有创意和价值的全球经济治理理念。领导权的有无决定一个国家在全球治理中居于主动还是被动地位,中国目前尚不拥有与自身综合国力相匹配的全球经济治理领导权。

(2)周边存在地缘政治动荡风险。古代东亚存在过以中国为核心的朝贡体系,在当时的历史条件下,该体系给东亚带来了稳定和繁荣。但对于周边国家来说,并不太容易接受这种说法,他们担心逐渐强大的中国对外会趋于强硬,外界关于"中国威胁论"的论调不绝于耳。新时期中国维护周边和平稳定的难度在加大,南海局势升温、钓鱼岛事件发酵,政治风波不断,中国与周边国家的摩擦与冲突存在进一步激化的可能。从趋势看,未来伊斯兰国等极端组织及叙利亚的局势走向、俄罗斯与美欧关于乌克兰问题的进一步角力、朝鲜半岛局势的不确定性,都将成为"一带一路"战略中地缘政治风险的主要来源。

(3)与地区国家存在利益冲突。"一带一路"沿线是大国角力的重要舞台,对地区各国来说都有着特殊的重要作用,已有多个国家主导的多种区域合作方案:美国主导的"新丝绸之路计划",欧盟主导的"新中亚战略",俄罗斯主导的"欧亚一体化",土耳其倡导的"突厥语国家联盟"等,南亚的印度,东亚的日、韩或也想在区域发挥一定作用。中国应找好自己的角色定位,参与地区经济治理,以更加开放、更加包容的胸怀,通过"一带一路"战略,与沿线已有的制度安排共同发挥作用,促进地区共同繁荣。

4. 长江经济带东西双向开放为"一带一路"提供支撑

长江是中国第一、世界第三大河,长江经济带东起长三角地区,西至云贵高原,覆盖上海市、江苏省、浙江省、安徽省、江西省、湖北省、湖南省、四川省、重庆市、云南省、贵州省9省2市,横贯中国的东、中、西部,是中国经济发展的重要支撑,是中国经济增长潜力最大的地区。2014年,长江经济带进出口总额为17578.1229亿美元,占全国的40.85%。可以说,长江经济带对于扩大内需、深化对外开放、促进经济增长、实现中国经济升级都有重要意义。①

---

① 参见吴学安:《长江经济带奏响区域经济发展新乐章》,《上海经济》2014年第7期。

尽管如此,长江经济带各区域之间发展存在较大的不平衡性,呈现出东高西低、梯度发展的特征。

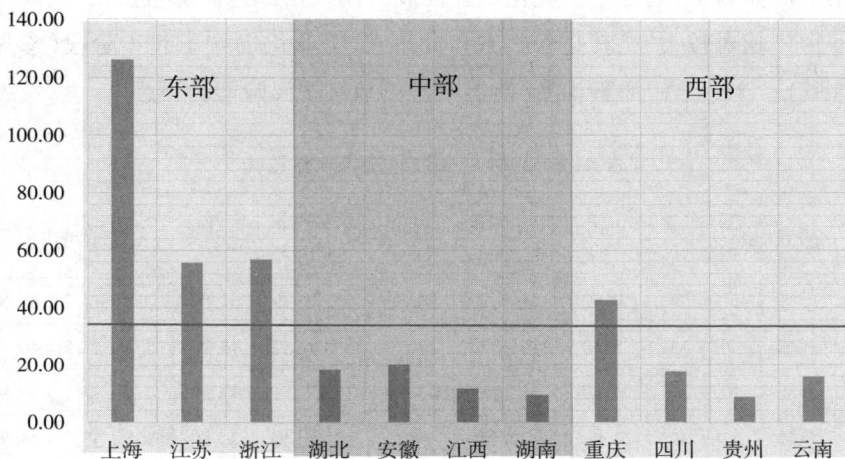

图 8-2　2014 年长江经济带 9 省 2 市经济开放度

注:本图数据来源为 Wind 资讯。"经济开放度"根据公式:经济开放度=外贸依存度+外资依存度=
(进出口总额+实际利用外资额)/地区总产值,计算整理得出。对外经济开放度是经济对外开
放程度的综合性指标。

　　就经济开放程度而言,位于长江经济带东部入海口的长三角省市参与国际分工较早,苏浙沪 2 省 1 市的经济开放度分别为:上海 126.39、江苏 55.86、浙江 56.75,远超全国平均水平的 42.68。而长江经济带的中部和西部地区仅有重庆市的开放程度高于全国平均水平(参见图 8-2)。可见,长江经济带的开放潜力还没有完全释放,传统上仅仅依靠东向的沿海开放来拉动经济发展的模式已不能适应时代需要,发挥长江黄金水道优势,沿长江经济带向西开放,使中部、西部同东部地区一起变成经济增长引擎,沿海与沿江、海洋与陆地统筹发展,是新常态下全方位开放的迫切要求。

　　"西部大开发"、"中部崛起"等系列驱动区域发展的战略使长江中上游的中西部地区连续多年得以加快发展,很多省份凭借靠近资源和要素成本低等优势实现了快速发展。近年来经济发展呈现所谓"东慢西快"的现象,主要也是因为中西部地区过去发展水平整体偏低导致经济增速目前显得较快,其总体发展状况还明显落后于东部地区。就产业结构来看,东部地区的工业化发展较为成熟,整体上已开始向第三产业转移,尤其是上海市,第三产业比重为64.8%,显示其已基本进入后工业化阶段。中部地区的发展仍以第二产业为主,尚处于工业化快速发展时期。西部地区除重庆市外,第一产业占比相对较大,尤其是云南省和贵州省,工业化仍处于起步阶段(参见表8-1)。产业结构的不均衡,使得中西部地区抗风险能力不强。

表8-1　2014年长江经济带产业结构

省/市		第一产业(亿元)	占比(%)	第二产业(亿元)	占比(%)	第三产业(亿元)	占比(%)	产业结构
东部	上海	124.26	0.50	8164.79	34.70	15271.89	64.80	0.5∶34.7∶64.8
	江苏	3634.33	5.60	31057.47	47.70	30396.52	46.70	5.6∶47.7∶46.7
	浙江	1779.26	4.40	19152.73	47.70	19221.51	47.90	4.4∶47.7∶47.9
中部	安徽	2392.40	11.50	11204.00	53.70	7252.40	34.80	11.5∶53.7∶34.8
	江西	1683.72	10.70	8247.93	52.50	5782.98	36.80	10.7∶52.5∶36.8
	湖北	3176.89	11.60	12840.22	46.90	11349.93	41.50	11.6∶46.9∶41.5
	湖南	3148.75	11.60	12481.88	46.10	11417.83	42.20	11.6∶46.1∶42.2
西部	重庆	1061.03	7.40	6531.86	45.80	6672.51	46.80	7.4∶45.8∶46.8
	四川	3531.05	12.40	14519.41	50.90	10486.20	36.70	12.4∶50.9∶36.7
	贵州	1275.45	13.80	3847.06	41.60	4128.50	44.60	13.8∶41.6∶44.6
	云南	1991.17	15.50	5281.82	41.20	5541.60	43.20	15.5∶41.2∶43.2

注:本表数据来源为 Wind 资讯。

从中长期看,长江中上游的中西部地区以及下游的东部地区的协调性均衡发展,关键是各地区形成更加均衡的经济结构,摆脱对单一传统行业的过度依赖,形成经济持续增长的自生能力。东、中、西部之间产业结构的差异为长江经济带产业梯度转移提供了现实可能性,而西向的对内对外开放也将成为中西部地区加速发展的契机。

长江经济带是我国重要的工业走廊之一,是沿长江黄金水道横贯中国东中西部的战略支撑带,东、中、西部经济发展的差异,会影响到长江经济带的整体实力和竞争力。从中国整体开放布局来看,东部沿海地区外向型经济的发展,以及加工贸易企业向中西部地区的转移,都只是整个系统里非常小的节点,相对分散,彼此缺少联系。缩小区域间的经济差距,向东向西双向拓展开放空间,使中西部与东部地区一起,成为拉动中国经济持续发展的引擎,才能够实现区域经济协调性均衡发展。

"一带一路"是构建我国内陆沿边地区发展的重要战略布局,是新时期中国对外开放的战略,其构想是达到中国沿海、内陆和沿边地区的共同开放、共同发展,甚至是周边国家的共同富裕、共同繁荣,实现中国、亚洲以及更广区域的长治久安。"一带一路"与长江经济带一起,将形成北路、中路与南路三道强有力的支撑,将分散的网点串接起来,构成布局优化的开放体系,形成全方位开放新格局,对扩大内陆沿边开放产生积极的带动作用。

改革开放的前30年,带动的主要是东部沿海地区的发展;改革开放的未来30年,需要构建以开放促改革的内外联动机制,构建东南部创体制、中西部上层次的东西并进格局。长江经济带的协调性均衡发展需要由过去依靠东部沿海地区的东向的开放向东西双向开放转变,只有配合"一带一路"战略才能在更广阔的范围里有所作为。没有内陆和沿边地区的共同发展,将会因国内各区域间发展水平的差异而影响中国的整体发展水平,甚至因国内区域间发展的不平衡而影响已经基本实现工业化的东部沿海;没有周边国家的共同富裕,将会造成中国与周边邻国的发展差距,给境外"三股势力"以发展空间,侵蚀中国改革开放的成果。因此,长江经济带与"一带一路"战略不但是个经济问题,更是关系国家安全稳定的政治问题,只有全方位开放,实现国内、国外各区域间的协调性均衡发展,才能为新常态下经济增长新动力的形成保驾护航。

二、江苏省扩大对外开放现状与态势

江苏省一直走在开发开放前沿,20世纪80年代把握住了东部沿海城市开放机遇,90年代把握住了浦东开发开放机遇,21世纪初把握住了加入世贸组织等机遇,社会经济得到了较好的发展。具体体现为:经济基础好,地区生产总值在全国位于前列,工业化发展已较为成熟;开放型经济发展程度高,对外经济开放度高于全国平均水平;基础教育质量好,高等院校和科研院所林立,人力资源丰富,劳动力综合素质高。江苏省位于东部沿海大通道和长江黄金水道交汇点,同时也是"一带一路"和长江经济带的交汇点,区位优势明显,交通网络发达,在"一带一路"与长江经济带战略机遇面前,应认清形势、立足实际,站在新的起点上,在继续深化东向的对外开放的同时,大规模推进西向的对内、对外开放,形成对内对外开放相互促进发展的良好格局。

(一)江苏省经济开放度与经济增长关系实证分析

江苏省经济持续稳定增长,对全国经济发展的贡献较大;经济开放程度高,对外开放度一直高于全国平均水平,外向型经济对江苏的发展起了非常重要的作用。本章将选取相关数据对此进行说明。

1. 江苏省经济开放度的演变

对外经济开放度是衡量一个国家或地区对外开放程度的综合性指标,表示一个国家或地区融入世界经济的程度或对国际经济的依存度。① 本章用对外开放度指标来衡量中国以及江苏省的对外开放水平。由于 1992年邓小平南巡讲话以及党的十四大报告中提出浦东开发开放,中国的改革开放得以快速推进,因此本章将选取从 1992 年开始的年度数据来进行说明。

1992 年召开的党的十四大,提出"以上海浦东开发开放为龙头,进一步开放长江沿岸城市"的重大决策,江苏省的开发开放由此进入到一个新的阶段。由图 8-3 可以看出,江苏的对外经济开放度在 1992 年后有一个较大的提升,并且,自 1998 年后的对外经济开放度一直超过全国平均水平。中国于 2001 年加入 WTO,为中国开放型经济的进一步发展提供了巨大的机遇,整体经济开放度有较大的提升,位于东部沿海地区对外开放前沿的江苏

---

① 参见吴雪明、黄仁伟:《上海对外开放度与经济实力的比较分析》,《上海经济研究》2009 年第 11 期。

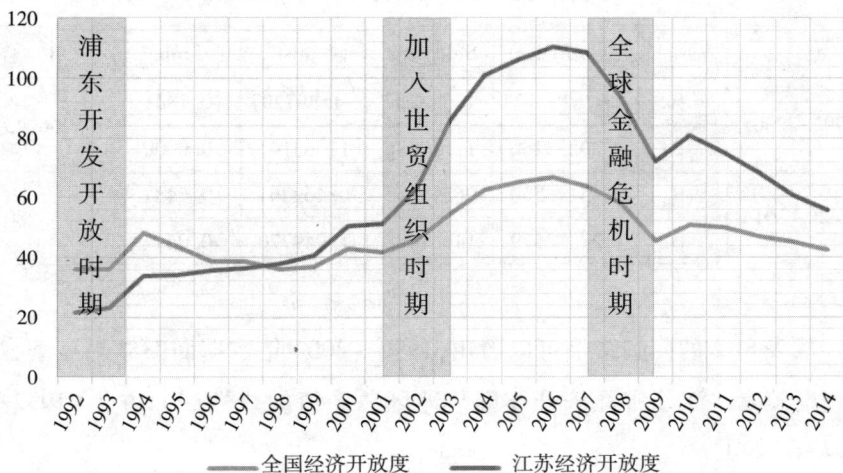

图 8-3　1992～2014 年全国与江苏省对外经济开放度

注：本图数据来源为 Wind 资讯。本文选取 1992～2014 年国内生产总值、全国外贸进出口总额、全
　　国实际利用外资额、江苏省地区总产值、江苏省外贸进出口总额、江苏省实际利用外资额作为指
　　标，按照当年汇率中间价，计算出全国对外开放度、江苏省对外开放度。计算公式如下：经济开
　　放度＝外贸依存度＋外资依存度＝（进出口总额＋实际利用外资额）/地区总产值。

省则表现得尤为明显，其开放度数值中国入世时期有一个快速的上升，并在
随后的几年里迅速上升，对外开放度远超全国平均水平。也应看到，开放型
经济的发展比较容易受到国际经济环境的影响，2008 年的国际金融危机对
江苏省的外向型经济产生较大的冲击，在此期间，对外开放度有所下降。但
因长期以来发展外向型经济的经验较为丰富，以及自身的抗风险能力较强，
江苏省的对外开放度仍高于全国平均水平。

　　2. 实证模型与检验

　　为研究江苏省对外开放水平对经济增长的贡献，可以用对外开放度来
刻画其对外开放水平，用 OPEN 表示；用地区总产值刻画经济增长水平，用
GDP 表示，建立如下实证模型：GDP＝β0＋β1OPEN＋μ。

　　运用 Eviews7. 2 对模型做 OLS 估计。由于危机后，即 2008～2014 年江
苏省对外开放度出现较大波动，因此本文分别对 1992～2007 年数据、
1992～2014 年数据进行估计。

表 8-2　开放水平与经济增长 OLS 回归估计结果

	Variable	Coefficient	Std. Error	t-Statistic	Prob.	R^2
1992~2007	β_0	-1619. 127	1158. 757	-1. 397297	0. 1841	0. 906223
	β_1	202. 3266	17. 39485	11. 63141	0. 0000	
1992~2014	β_0	4518. 590	9629. 153	0. 469261	0. 6437	0. 153280
	β_1	273. 2579	140. 1488	1. 949770	0. 0647	

从表 8-2 的回归结果可以看出,1992~2007 年数据回归结果显著,拟合程度较高。江苏省经济开放度与地区总产值的线性回归方程(1992~2007 年)如下:

$$GDP_{1992\sim2007} = -1619. 127 + 202. 3266 \times OPEN_{1992\sim2007}$$

结果表明,对外经济开放程度的提高会带动经济增长,江苏省对外经济开放度每增加 1 个百分点,可以带动地区总产值增加 202. 3266 亿元。

而加入金融危机后(2008~2014 年)的 7 年数据,分析 1992~2014 年的数据回归结果为 R^2 = 0. 153280,表明拟合结果很差。原因是金融危机对江苏省对外开放度产生了较大影响。

综上可知,无论是金融危机前还是金融危机后,江苏省的经济发展对全国经济的总体发展水平都有着举足轻重的作用,并且,开放型经济对江苏省的整体经济发展水平贡献较大。然而开放型经济易受外部冲击的影响,江苏省应适应外部经济环境的变化,把握长江经济带与"一带一路"战略机遇,探索外向型经济的新模式和新方向,寻找新常态下经济增长的新动力。

(二)江苏省开放型经济的发展现状与制约因素

得益于沿海的区位优势,江苏省开放型经济的发展情况从全国范围来看一直处于领先位置,虽然受到了金融危机的冲击,但调整迅速,发展稳定。江苏省经贸往来的对象国主要是东向的靠海路联通货物贸易的发达经济体,虽然与"一带一路"沿线国家在经贸往来方面具有先发优势,但这部分在目前江苏开放型经济中的比重较低,因此,无论是集中于海上的"一路"

国家包括东盟国家,还是西向的陆上的"一带"国家,开展合作的潜力和空间巨大。因此,未来江苏须在保持东向开放优势的同时,向西加强与长江经济带中西部地区的合作,同时积极开拓"一带一路"沿线国家或地区市场,为江苏省开放型经济发展提供新的空间。

1. 江苏省对外贸易、利用外资及对外投资现状

由于 2008 年的金融危机是世界各国经济发展的分水岭,因此本章主要选取江苏省 2008 年至今的经济数据进行解读。由于对外贸易、利用外资以及对外投资三个方面共同构成了开放型经济的整体内涵,本章将分别从这三方面依次进行分析。相关数据参见表 8-3。

表 8-3　2008～2014 年江苏省开放型经济发展的基本情况

年份	对外贸易				利用外资		对外投资	
	出口总额 (亿美元)	增长 (%)	进口总额 (亿美元)	增长 (%)	新批协议外资 (亿美元)	增长 (%)	中方协议投资 (亿美元)	增长 (%)
2008	2380.4	16.8	1542.3	5.7	507.3	16.4	6.3	34.0
2009	1992.4	-16.3	1395.9	-9.5	509.8	0.5	10.6	68.3
2010	2705.5	35.8	1952.4	39.9	568.3	11.5	21.8	105.7
2011	3126.2	15.5	2271.4	16.3	595.5	4.8	36.0	65.1
2012	3285.4	5.1	2195.6	-3.3	571.4	-4.0	50.5	40.3
2013	3288.5	0.1	2219.9	1.1	472.7	-17.3	61.4	21.6
2014	3418.7	4.0	2218.9	0.0	431.9	-8.6	72.2	17.6

注:本表数据根据《2008～2014 年江苏省国民经济和社会发展统计公报》历年数据计算整理得出。

(1)对外贸易方面

由表 8-3 可以看出,受金融危机影响,2009 年江苏省对外贸易罕见地出现负增长,全年进出口总额 3388.3 亿美元,比上年下降 13.6%,其中,出口总额 1992.4 亿美元,下降 16.3%,进口总额 1395.9 亿美元,下降 9.5%,这表明由于金融危机的冲击,内外需市场同步出现萎缩。幸运的是,悲观的行情并未持续,2010 年江苏省对外贸易呈现恢复性增长态势并逐步迈上新台阶,全年进出口总额 4657.9 亿美元,比上年增长 37.5%。2011 年江苏省在境内外举办了一系列经贸活动,积极拓展市场,稳定对外贸易发展,进出

口规模继续扩大,全年进出口总额 5397.6 亿美元,比上年增长 15.9%。2012 年之后,江苏省对外贸易规模保持稳定且低速增长。

江苏加工贸易出口额逐年减少,一般贸易出口额持续增加,表明其贸易自主能力不断增强,贸易转型步伐加快。同时,机电、计算机与通信技术等高新技术产品出口比重持续走高,表明其出口商品结构进一步优化。此外,值得一提的是,私营企业在出口主体中的比重逐年增加(参见表 8-4)。

表 8-4　江苏省外商投资企业与私营企业出口情况

(单位:亿美元)

年份	外商投资企业		私营企业	
	出口额	占总出口额比重(%)	出口额	占总出口额比重(%)
2008	1749.6	73.5	350.6	14.7
2009	1466.4	73.6	311.8	15.6
2010	1923.2	71.1	483.4	17.9
2011	2152.1	68.8	645.4	20.6
2012	2046.8	62.3	890.8	27.1
2013	1942.2	59.1	996.8	30.3
2014	1988.0	58.2	1054.6	30.8

江苏省出口主体是外商投资企业。2008 年以来,外商投资企业出口额均占到出口总额的一半以上。从数据中仍然可以看到一些改变,一方面是外商投资企业出口额占总出口额的比重逐年下降,由 2008 年的 73.5%下降到 2014 年的 58.2%;另一方面是私营企业出口额占总出口额的比重逐年上升,由 2008 年的 14.7%上升到 2014 年的 30.8%。这一变化说明,危机后江苏省对外商投资的依赖减弱,私营企业在外向型经济方面的作用加大。今后可进一步鼓励私营企业的发展,培育市场的创新来源和经济增长的动力。

此外,江苏目前的贸易对象国主要是美国、欧盟、日本等发达经济体,对发展中国家,尤其是"一带一路"沿线国家的贸易额相对较少。

(2)利用外资方面

从表 8-3 可以看出,江苏省年度新批协议外资额逐年下降,2012 年开始出现负增长,部分是因为危机后发达经济体为扭转母国空心化而陆续出台的"再工业化"等政策所致,也跟江苏省目前各类要素成本提高有关。但仍应指出,江苏省招商引资力度较大,吸引外资规模一直以来持续保持全国领先(其中,2010年全国第一),并且外商投资结构不断完善,开发区建设不断发展。

(3)对外投资方面

从表8-3可以看出,江苏省对外投资规模相对于利用外资规模显得较小,但"走出去"步伐加快,对外投资增势迅猛,中方年度协议投资额从2008年的6.3亿美元增加到2014年的72.2亿美元,当地经济已经从"引进来"转向"引进来"与"走出去"同步发展,由外商对华单向投资模式向外商投资与对外投资并行的"双向投资"模式转型。

综上可知,江苏省开放型经济发展一定程度上受到金融危机的影响,但因调整得当而扭转了不利局面,主要反映在:对外贸易规模保持稳定并低位增长;贸易自主能力增强,贸易结构优化;外商投资企业在江苏省外向型经济中的比重减少,私营企业的比重增加,市场主体的结构优化;外商投资结构不断完善,开发区建设不断发展;"单向投资"模式向"双向投资"模式转型。仍应看到,江苏的整体对外开放增速放缓,贸易对象国仍主要是发达经济体,对发展中国家的对外经贸合作较少。因此,对接"一带一路"与长江经济带战略,促进东西双向开放是江苏开放型经济持续发展的迫切需求。

2. 江苏省与"一带一路"沿线国家开放型经济发展概况

习近平同志于2014年在江苏省视察时要求,"放大向东开放优势,做好向西开放文章,拓展对内对外开放新空间"。李克强同志在2015年的《政府工作报告》中指出,要推进"一带一路"合作建设,构建全方位对外开放新格局。江苏作为东部沿海省份,与"一带一路"沿线国家在经贸往来方面有一定的先发优势,但主要集中于海上的"一路"沿线国家,与陆上的"一带"沿线国家经贸往来还不够密切,这些国家经济发展相对滞后,但是资源丰富,与江苏经济互补性强,合作空间很大。本部分仍从对外贸易、利用外资和对外投资三方面进行分析解读,主要依据为江苏省商务厅公布的统计数据。

（1）对外贸易方面

2014 年,江苏省与"一带一路"沿线国家货物贸易总额为 1164 亿美元,占全国与"一带一路"沿线国家贸易总额的 10.5%,相对全国而言,其与"一带一路"沿线国家贸易往来密切;占全省贸易总额的 20.6%,表明其不是"一带一路"沿线国家目前的主要贸易对象,未来合作空间巨大。

从表 8-5 可以看出,江苏省与"一带一路"的贸易往来主要集中于与海上的"一路"国家之间,其中东盟和西亚是重点合作区域。东盟国家是江苏重要的 IT 零部件来源地,IT 产业和加工贸易占据较大份额(分别为 27%和 40%);西亚地区的主要贸易伙伴是沙特等油气大国,与江苏省产业互补性较强。同时可以看出,江苏省与陆上的"一带"国家之间贸易比重小,尤其是与蒙古和中亚国家之间的贸易尚处于起步阶段。

表 8-5　2014 年江苏省与"一带一路"沿线国家进出口情况

（单位:亿美元）

	进出口总额	占全省总量比重（%）	占"一带一路"比重（%）
"一带一路"沿线国家	1164.0367	20.65	100.00
其中:"一路"国家合计	984.8977	17.47	84.61
东盟 10 国①	593.1974	10.52	50.96
南亚 8 国②	148.4663	2.63	12.75
西亚 18 国③	243.2340	4.32	20.90
"一带"国家合计	179.1390	3.18	15.39
蒙古和中亚 5 国④	11.4233	0.20	0.98
独联体 7 国⑤	69.8886	1.24	6.00
中东欧 16 国⑥	97.8271	1.74	8.41

注:①东盟 10 国:新加坡、马来西亚、印度尼西亚、缅甸、泰国、老挝、柬埔寨、越南、文莱、菲律宾。②南亚 8 国:印度、巴基斯坦、孟加拉、阿富汗、斯里兰卡、马尔代夫、尼泊尔、不丹。③西亚 18 国:伊朗、伊拉克、土耳其、叙利亚、约旦、黎巴嫩、以色列、巴勒斯坦、沙特阿拉伯、也门、阿曼、阿联酋、卡塔尔、科威特、巴林、希腊、塞浦路斯、埃及的西奈半岛。④中亚 5 国:哈萨克斯坦、乌兹别克斯坦、土库曼斯坦、塔吉克斯坦、吉尔吉斯斯坦。⑤独联体 7 国:俄罗斯、乌克兰、白俄罗斯、格鲁吉亚、阿塞拜疆、亚美尼亚、摩尔多瓦。⑥中东欧 16 国:波兰、立陶宛、爱沙尼亚、拉脱维亚、捷克、斯洛伐克、匈牙利、斯洛文尼亚、克罗地亚、波黑、黑山、塞尔维亚、阿尔巴尼亚、罗马尼亚、保加利亚、马其顿。

服务贸易方面,2014年,江苏省与"一带一路"国家实现服务贸易进出口额20.3亿美元,占全省服务贸易进出口总额的7.4%,其中主要贸易伙伴是新加坡,占其与"一带一路"国家服务贸易总额的67.4%。

(2)利用外资方面

截至2014年年底,"一带一路"沿线国家在江苏省累计实际投资额为303.7亿美元,在全国的占比为30.73%,表明江苏对"一带一路"国家的招商引资力度比较大,效果良好;占全省同期实际利用外资比重为8.93%,表明"一带一路"国家目前不是江苏省主要的外资来源。

表8-6　截至2014年年底"一带一路"沿线国家在江苏省投资情况

	实际利用外资金额（亿美元）	占全省总量比重（%）	占"一带一路"比重（%）
"一带一路"沿线国家	303.6559	8.93	100.00
其中:"一路"国家合计	297.7568	8.76	98.06
东盟10国	287.3215	8.46	94.62
南亚8国	2.6001	0.08	0.86
西亚18国	7.8352	0.23	2.58
"一带"国家合计	5.8991	0.17	1.94
蒙古和中亚5国	0.7226	0.02	0.24
独联体7国	1.7388	0.05	0.57
中东欧16国	3.4377	0.10	1.13

从表8-6可以看出,"一带一路"国家中对江苏省投资比较多的主要是海上的"一路"国家,其中东盟国家的投资是重头,东盟的新加坡是在江苏省投资最为突出的国家。陆上的"一带"国家投资比重小,未来或可加大江苏省对"一带"国家的招商引资力度。

(3)对外投资方面

截至2014年年底,江苏省在"一带一路"沿线国家投资总额为48.4亿美元,占全省同期对外投资总量的18%,其中91%投资于海上的"一路"国家,印度尼西亚、沙特阿拉伯和越南为重点市场;9%投资于陆上的"一带"国家,蒙古国和俄罗斯为重点市场(参见表8-7)。

表 8-7　截至 2014 年年底江苏省在"一带一路"沿线国家投资情况

	中方协议投资额 （亿美元）	占全省总量比重 （%）	占"一带一路"比重 （%）
"一带一路"沿线国家	48.3843	18.0	100
其中："一路"国家合计	44.2487	16.0	91
东盟 10 国	34.8916	13.0	72
南亚 8 国	3.9746	1.5	8
西亚 18 国	5.3824	2.0	11
"一带"国家合计	4.1356	1.5	9
蒙古和中亚 5 国	1.4223	0.5	3
独联体 7 国	1.3168	0.5	3
中东欧 16 国	1.3965	0.5	3

　　江苏省在沿线国家的投资领域主要集中于矿山及农业资源开发合作、化学原料及化学制品制造、境外园区建设、设备制造、批发、纺织及服装鞋帽制造。

　　值得一提的是,江苏省企业在境外投资过程中,将国家整体战略与自身市场多元化战略相融合,搭建了一批境外经贸产业合作园区,另外还有一批园区正在规划建设中。

表 8-8　江苏投资"一带一路"沿线国家境外产业集聚区情况

		国　别	投资主体	境外项目名称	
一路	东盟	马来西亚	无锡丁蜀水利农机	马来西亚亚洲中国展览中心	计划
			常州天合光能	马来西亚光伏工业园区	计划
		印度尼西亚	南通如皋双马集团	印尼双马农工贸经济合作区	已建
			盐城江苏德龙镍业	印度尼西亚冶炼工业园	已建
			苏州先锋木业	印度尼西亚项目	已建
			南通龙信建设	印尼建筑材料产业化工业区	计划
		柬埔寨	无锡红豆集团	柬埔寨西港特区	已建
			南通江苏联发集团	柬埔寨现代农业产业集聚区	已建
		老　挝	苏州先锋木业	老挝木业园	已建
	南亚	巴基斯坦	苏州东方恒信	巴基斯坦东方电力能源工业园	计划
一带	中亚	乌兹别克斯坦	常州江苏金昇实业	乌兹别克斯坦棉纺工业园	已建
	独联体	俄罗斯	无锡江阴宝利沥青	俄罗斯远东宝利工业园	计划

从表8-8可以看出,截至2014年年底,江苏省投资境外产业集聚区主要集中于"一路"沿线国家,其中对东盟国家投资占比最高。投资主体以苏南地区企业为主,投资对象国的选择空间广阔。

3. 江苏省开放型经济发展面临的制约因素

虽然江苏省经济开放型经济发展良好,但新常态以来也面临转型调整的抉择,必须正视江苏省经济进一步发展的制约因素,明确对接"一带一路"与长江经济带战略是必然选择,实施东西双向开放是持续发展的良方。

(1)经济增长动力不足。2008年的全球性金融危机后,江苏省经济快速发展中积聚的矛盾集中爆发,廉价的要素成本优势消失,创新因素还未生成,自身体制与机制的更新进入了一个临界点。由于对外经济开放程度较高,且一直以来出口驱动是地区经济发展的重要引擎,但以出口导向型、加工贸易为主的经济发展模式,比较容易受到外部经济的影响,转变对外发展方式、创新对外开放模式是实现江苏省经济可持续发展不可回避的问题。

(2)区域竞争不断加剧。仅就长三角区域范围而言,上海自贸区的设立增强了上海市的凝聚优势,短期内或可能产生"虹吸"效应,使高端人才、高端企业以及企业中的高端部门等向上海流动。同时,以杭州湾为核心区的浙江省正在成为国家改革开放的前沿和焦点;以皖江城市带为核心的安徽省正在发挥后发优势快速追赶,未来江苏省更将会与"一带一路"及长江经济带沿线的中西部内陆及沿边省市形成更广范围的竞争关系。

(3)营商环境有待优化。改革开放以来,江苏省一直是"强政府、弱市场",使得其对外开放的市场化程度相对较弱。在进一步扩大对外开放的过程中,应更新政府管理理念,充分认识到"使市场在资源配置中起决定性作用"和"更好发挥政府作用"之间的关系,不是互相排斥而是相互统一。先行先试上海自贸区的改革经验,树立使用"负面清单"式的管理理念和方法,推进简政放权,不断改善和优化营商环境,给市场创造更多活力。

(三)长江经济带与"一带一路"战略带来的新机遇

江苏省位于我国沿江经济带和沿海经济带交汇点,南可对接浦东、联动上海;北可推动山东半岛发展;西可溯江而上,服务中西部;东可越黄海而出,挺进太平洋。得天独厚的地理条件使得江苏省能够利用海洋和陆地两种资源,开拓国内和国际两个市场,是中国东部沿海承南起北的重要节点,是江海联动、陆海统筹的轴心和长(江)太(平洋)战略的十字形枢纽。长期以来,江苏省依据长江入海口的优势大力发展对外开放,成为长三角一体化的重要平台。如今,沿海经济带已成为中国最主要的经济支撑带,而长江经济带的发展潜力还没有完全释放。在新机遇面前,江苏省可将前期积累的东向的开放优势与经验应用到长江经济带与"一带一路"战略中去,拓展东西双向发展新空间。

由于海运相比铁路运输和空运有绝对的成本优势,传统的国际贸易主要依靠海运来运输货物。因此,江苏省传统上对外经贸合作的主要对象国是东向的发达国家和地区,与"一带一路"国家的合作也以海上的"一路"国家为绝对主力。随着西部大开发、中西部地区崛起、"一带一路"和长江经济带等国家战略的相继推出,各类要素加速转移,中西部内陆及沿边地区正在蓬勃发展,具体体现在上述地区经济增速加快,经济占比不断提升。并且,随着中欧班列的开通行驶,以及未来中欧高铁网络的形成,中国将会改变开放经济的对象和方向,江苏省与西向的内陆市场的拓展和与经陆路与"一带"国家的合作尚处于起步阶段,但如能把握好机遇,依托现有沿江沿海的发展优势,主动对接新的发展机遇,未来开放型经济的发展前景将更加广阔。

表 8-9 中欧已开行的 8 条班列

	起始	始发地	时间	全程(公里)	运程(天)
苏 欧	苏州—波兰华沙	江苏苏州	2013.09	11200	15
义新欧	义乌—西班牙马德里	浙江义乌	2014.11	13052	21
汉新欧	武汉—捷克、波兰	湖北武汉	2012.10	10863	15
郑 欧	郑州—德国汉堡	河南郑州	2013.07	10214	16
湘 欧	长沙—德国杜伊斯堡	湖南长沙	2014.10	11179	13
西新欧	西安—荷兰鹿特丹	陕西西安	2013.11	9850	18
渝新欧	重庆—德国杜伊斯堡	重 庆	2011.03	11179	13
蓉 欧	成都—波兰罗兹	四川成都	2013.04	9826	12

中欧班列是指中国开往欧洲的、适合装运集装箱的铁路货物运输编组列车,这些班列经由东、中、西部三条国际大通道直达欧洲,其中西部通道经阿拉山口(霍尔果斯)出境,中部通道经二连浩特出镜,东部通道经满洲里(绥芬河)出境。如表8-9所示,目前中欧已开通行驶8条班列,按照始发地从东至西依次是:苏欧班列、义新欧班列、汉新欧班列、郑欧班列、湘欧班列、西新欧班列、渝新欧班列、蓉欧班列;始发地依次是:江苏省苏州市、浙江省义乌市、湖北省武汉市、河南省郑州市、湖南省长沙市、陕西省西安市、重庆市、四川省成都市。其中江苏省、浙江省、湖北省、湖南省、重庆市和四川省都是长江经济带战略圈定的省市,而湖北省与陕西省又是"一带一路"的陆上通道。

以往中西部、内陆及沿边地区的货物出口都需要依靠东部沿海港口,中欧班列的开通行驶,使一切发生了改变。以中国大陆到达欧洲最快的铁路班列蓉欧班列为例,全程距离9826公里,站到站时间12天。蓉欧班列开行之前,成都市附近的货物要出口,首选走海运,先要花3天时间将货物运到上海港,然后再装船,运至欧洲至少需要42天,并且海运还会有台风、触礁等风险。铁路运费比海运贵一截,但比海运快,比空运便宜,算上时间成本,铁路运输有非常明显的竞争优势,尤其对于一些易变质或附加值较高的商品,铁路是极具吸引力的替代选择,铁路运输资金回笼快,并且目前选择铁路运输的地方政府会给予企业一定的补贴。苏欧班列是江苏省目前唯一的中欧班列,苏州市始发,从满洲里市出境,经俄罗斯到达波兰首都华沙,成为江苏省对接"一带一路"最为便捷的陆上通道。

可见,中欧班列的开通行驶等为长江经济带和"一带一路"战略配套服务的举措,使中西部内陆及沿边地区从对外开放的末梢变成了对外开放的前沿。在国家战略机遇面前,江苏省应尽早实现对接,为开放型经济赋予新的内涵。

三、努力增创江苏省对外开放新优势

改革开放以来,中国区域经济发展的重心主要在东部沿海地区,随着经济增长进入新常态,中国需要寻找新的增长引擎,长江经济带顺应了这一需要。"长江经济带"战略的提出使长江中上游区域的中西部地区开发开放力度加大,有利于将长江下游的对外开放优势通过长江黄金通道传导到中上游地区,推进更高水平的对外开放。"一带一路"是中国在内外因素的共同作用下提出的和平发展、合作共赢的全方位开放战略,为新常态下中国增长动力切换和发展方式转变提供了出路,使东部沿海地区、中西部内陆地区以及沿边地区共同成为改革开放的前沿阵地。目前东部与中西部内陆及沿边地区的经济联动性还不够强,地区之间缺乏整体上政策的指导以及有效的产业关联与协作。江苏省可先行先试区域间联动发展的开放模式,以推进"一带一路"与长江经济带交汇点建设为抓手,通过向东向西双向开放相互促进、高水平引进来和大规模走出去更好结合,努力增创对外开放新优势。

(一)江苏省提高对外开放水平应把握的要点

改革开放以来,我国按照经济特区、沿海开放城市、沿海经济开发区、沿江沿边经济开发区、内地中心城市的开放顺序,渐次形成了从南到北、从东到西、从沿海到沿江、沿边依次推进的对外开放格局,使江苏省所在的长三角地区得到了较快的发展,成为中国对外开放的门户,成为中国参与经济全球化的主体区域。在当前我国经济发展方式整体转型的背景下,江苏省的开放型经济发展被赋予新的内涵,应把握以下要点。

1. 克服地方主义,努力服务全国

改革开放以来,江苏省依靠外资和出口来促进经济发展的模式,必须以中西部劳动力输出为前提,而"一带一路"与长江经济带战略的提出,将西部开发战略推向了新阶段,江苏能够轻松获得廉价劳动力的时代成为历史;中欧班列的开行以及长江深水航道的通航,使货物运输可以直接从中西部内陆地区出关,江苏省的沿海开放优势减弱,经济发展模式的转型升级刻不容缓。中西部内陆及沿边地区经济资源丰富,产业基础良好,但受到区位条件和开放政策的影响,开放型经济的发展相对滞后。"独行快、众行远",新形势下江苏省在经济转型调整的过程中,不仅要关注自身的开放型经济发

展,还要从国家对外开放战略全局的高度,加强对中西部地区对外开放和经济转型的引领和带动作用,缩小中国区域间经济差距,实现区域经济协调均衡发展。

2. 把握国家机遇,明确区域定位

东部沿海地区一直以来都是众多国家战略的关注点,江苏省处在长三角一体化发展、江苏沿海开发国家战略的叠加区,又是我国正在形成的以"一带一路"、长江经济带和上海自贸区建设战略为带动的开发开放新格局的重要节点,具体地说,是长江经济带与海上丝绸之路的江海水上直接交汇点、陆上丝绸之路经过欧亚铁路桥的延伸点。江海陆"三点汇一"的优越区位空间,能汇集更广、更多、更密的要素资源,为江苏省主动建立东中西部联动机制、在更大的市场范围内与更多的贸易对象形成多层次多领域的紧密联系与合作关系提供了机遇,为江苏省进一步对外开放,参与新一轮国际分工迎来了向产业链中高端迈进的机遇。江苏省应明确定位,在发挥传统优势的同时拓展创新优势,坚持错位发展、特色发展,将开放型经济发展到新的阶段。

3. 创新机制体制,发挥市场作用

开放战略升级的本质是从政策性开放上升到体制性开放,是按照国际规范建立市场经济体制以及相应的政府管理体制。江苏省的对外开放,必须是市场机制发挥作用的促进国际国内要素有序自由流动、资源高效配置、市场深度融合的开放,是培育参与和引领国家经济合作新优势的开放。既要坚持发挥中国特色社会主义市场经济的优势和特点,发挥各级政府在经济发展中的积极导向作用,发挥多种经济成分在经济运行中的互补作用;又要强化市场对资源配置的基础性作用,为企业提供公平的竞争环境,让企业真正成为对外开放的主体。东部与中西部地区经济发展差异较大,江苏省发展水平好、开放程度高,应率先为要素资源自由流动、建立统一大市场创造条件,为开放型经济的全面展开营造良好的市场氛围。

(二)东西双向开放创江苏省对外开放新优势

新常态下江苏省对接"一带一路"与长江经济带战略不仅包括对外开

放,还包括对内开放;不仅是保持传统的东向开放,更是在放大传统的东向开放优势的同时,向西、向长江中上游地区以及内陆、沿边地区开放,并且是积极与周边国家共同拓展新的开放空间。

1. 放大向东开放优势,拓展更加广阔的国际市场

(1)适应国际规则,对接国际标准。当今国际主要的投资贸易协定的谈判重点已不在关税,而在于统一标准与规则的制定。江苏省作为国家对外开放的前沿阵地,需进一步扩大开放,使经济体制更适应参与制定全球规则的需要。江苏应充分了解跨太平洋伙伴关系协议、跨大西洋贸易与投资伙伴协定等区域谈判协议的内涵,即时关注中美双边投资协定谈判,尽早适应国际标准;江苏省应充分利用临近上海市的区位优势,借助上海自贸区提供的更高水平的扩大开放平台,复制其贸易便利化、投资便利化等政策,更快对接国际标准。

(2)开展更广范围的经贸互动与合作。江苏作为对外开发、开放的重要省份,拥有配套齐全的低成本制造优势,无论是劳动密集型产业还是高技术产业都具备了一定的国际竞争力。发达国家和地区是江苏传统的贸易对象国,今后,在保持传统海外市场的同时,配合"一带一路"与长江经济带战略需要,沿丝绸之路经济带,向西拓展内陆市场,打开中亚市场,融入欧洲经济圈;沿海上丝绸之路经济带,加强与东盟国家贸易往来;沿长江经济带,打通中巴(巴基斯坦)、中印缅经济走廊,将市场拓展到西亚和南亚。

(3)与境外沿线国家探索共建园区。鼓励江苏省企业投身国际舞台,加快步伐在"一带一路"沿线国家布局和集聚发展,推动资源依托型企业到境外进行资源性项目合作,缓解资源紧缺矛盾。积极参与境外产业集聚区、城市综合体、专业市场等各类境外发展载体建设,利用两个市场、两种资源,促进产业链配套,形成产业集聚优势,鼓励龙头企业建立境外合作园区,并带动产业链上下游企业集群式"走出去"。深入开展外经贸扶持政策宣讲,及时发布境外投资信息及国家、省、市鼓励投资的扶持政策。

(4)促进创新型人力资本发展。廉价劳动力是江苏省早期发展的优势,引进技术和管理就能使之迅速变成生产力,吸引外资、外企就能使本地企业通过知识外溢提高劳动生产率。随着经济发展方式的转变,经济增长

将更多依靠人力资本质量提升和技术进步,必须让创新成为驱动发展新引擎,营造有利于创新型人力资本发展的环境。为避免企业向"一带一路"沿线国家投资而出现本地产业空心化的现象,江苏省应依靠更多受过高等教育的劳动力,从事更加高端的产业活动,使创新型人力资本充分发挥创造价值的作用,通过改善劳动力结构来推动产业转型升级。

2. 做好向西开放文章,对内寻求发展新空间

"一带一路"战略所带动的是包括东部沿海、中西部特别是西部边疆省区在内的全方位的发展,向西开放首先是面向中西部地区扩大开放。

(1)与国内沿线省市探索共建园区。产业园区是承接产业转移的主体,要支持和鼓励开展产业园区战略合作,建立产业跨区域合作机制。江苏省沿江开发较早,发展基础好,可依托南京、润扬、江阴、苏通、泰州、崇启等跨江大桥,促进江苏苏北与上海、苏南跨江融合发展。依托中西部内陆地区的广阔腹地,增强基础设施和产业配套能力,以"一带一路"沿线省市及长江中上游地区国家级、省级开发区为载体,建设承接产业转移示范区和加工贸易梯度转移承接地,推动产业协同合作、联动发展。

(2)推进一体化市场体系建设。江苏省应率先在省内建成统一市场,在此基础上,与"一带一路"及长江经济带各省市共同清理阻碍要素合理流动的地方性政策法规,打破区域性市场壁垒,实施统一的市场准入制度和标准,推动劳动力、资本、技术等要素跨区域流动和优化配置;推进区域间包括基础设施建设在内的各种互联互通,提高区域合作水平,加快形成统一透明、有序规范的市场环境,实现区域内要素自由流动、资源互通、竞争有序的良性发展局面,全面提高资源配置的效率。

(3)探索搭建立足自身的国际交流平台。"一带一路"与长江经济带战略的提出,意味着开放型经济的内涵不仅仅限于沿海的东向开发开放,还包括西向、北向以及南向的内陆与沿边地区的开放。江苏省在东向的沿海开放方面已取得不少成绩,今后在继续保持传统开放优势的同时,应注重与"一带一路"涉及的西北、东北、西南、内陆省市以及港澳台地区的交流合作与往来,尤其是与国际论坛主办地省市开展更多交流,共同探索建设国际合作机制,尝试搭建立足自身的国际合作平台,将江苏省打造成为对内对外双

向开放的重要窗口。

（4）推动产业梯度转移以及转型升级。中国沿海和内陆、东部和中西部地区发展不均衡,江苏省的工业化发展较为成熟,可向西拓展内陆市场,引导具有成本优势的资源加工型、劳动密集型产业和具有市场需求的资本、技术密集型产业向西转移,带动中西部特别是西部边疆省区甚至周边领国共同发展。同时,通过放松政府对上游和高生产率行业的保护与管制,鼓励垄断行业的边界竞争和市场准入,在上游和垄断性行业鼓励和发展混合所有制以及非政府控股的企业形式等方式,促进本地企业尽快实现转型升级。

3. 做好向西开放文章,对外寻求发展新空间

江苏省的对外经贸合作主要集中在东向海上的"一路"沿线国家,与西向陆上的"一带"沿线国家之间的合作还比较薄弱,这些国家资源丰富但经济发展相对滞后,与江苏省经济互补性强,合作潜力很大,在积极参与向西开放的同时,还要对外拓展国际合作新空间。

（1）发挥口岸优势,提升载体功能。江苏目前拥有国家一类口岸十多个,在"一带一路"与长江经济带战略机遇面前,应不断提升口岸的发展层次和水平,进一步完善口岸软硬件设施,提升口岸载体功能,开通更多国际航线,吸引更多企业从江苏口岸出关,并将功能向内陆地区辐射,向西与长江中上游地区的口岸城市紧密协作。加强与"一带一路"与长江经济带各地区之间在口岸通关、港口开发建设、运营管理、航线开发、信息数据交换等方面的合作,完善大通关机制,实现数据及时交换,探索跨区域多式联运口岸监管的无缝衔接和无障碍流转。

（2）连入中欧铁路网,拓展陆上合作新空间。目前已开通的中欧班列除苏欧（苏州—波兰华沙）、义新欧（义乌—西班牙马德里）起点在东部外,其他线路起点都在中西部地区。并且苏欧班列北上至满洲里市经俄罗斯至欧洲,并未经过中西部地区,使得江苏省在陆上与我国中西部地区以及中亚国家联系不够紧密。应迅速连入中欧铁路网,在交通路线上与中西部及中亚、欧洲国家加强联系;培育了解中国需求并且熟悉欧洲优缺点的中介机构,吸引服务类、贸易类公司参与对外交流合作,寻求面向中亚和欧洲的经贸合作项目,推动双向投资。

（3）加强与沿线国家基础设施合作。基础设施互联互通是"一带一路"建设的优先领域,江苏是海外工程承包大省,建筑业发展成效尤其突出,连续多年保持建筑业产值全国第一,交通运输装备制造业快速发展,基础设施建设经验丰富,既有在轨道交通行业实力雄厚的南京浦镇车辆有限公司,也有专业从事电力和工业控制自动化软硬件开发及系统集成服务的国电南瑞,更有像江苏徐工集团这样的我国工程机械生产领域的龙头企业。目前江苏省对外合作对象国主要集中于"一路"国家,今后将更多支持企业运用既有的境外合作经验,向西拓展更广阔的陆上合作空间。

（4）开展文化交流,打造人文合作品牌。推进多形式、多领域、多层次的人文交流,推动人文交流与经贸合作双轮驱动。主动与沿线国家尤其是与传统上往来较少的中亚、南亚国家有关政府机构对接,深度了解他国的社会制度、文化习俗、风土风情;创新友城交往模式,推动江苏省城市与沿线国家的相应城市结对成为友好城市,扩大江苏品牌海外影响力;以教育合作为纽带,鼓励江苏省各类院校开展多种形式的境外办学,传播中华文化,扩大江苏影响;注重人脉涵养,与沿线国家商界、学界、媒体、智库等展开双向交流与合作,使江苏省在沿线国家更具亲和力与影响力。

第九章　建设生态廊道

改革开放以来,长江经济带在取得巨大经济建设成就的同时,其生态环境也面临着严重威胁。长江沿线地区钢铁、火电、石化等资源环境密集型工业飞速发展,长江经济带能源资源与水资源约束进一步加剧,环境质量不断下降。新一轮开发开放力度的加大,必将给区域资源和环境带来新的压力和挑战,长江经济带生态文明建设任重道远。作为流域经济带,长江经济带生态文明建设需要9省2市在正确处理发展与保护关系、形成环保共识的基础上,树立起"空间均衡、系统治理"的理念和原则,通过生态补偿机制等跨区域环保合作制度的建立和完善,携手共创绿色发展之路,协同守好生态平衡底线,避免上中下游产业转移和承接过程中产生污染转移,共同推动长江经济带成为水清地绿天蓝的生态廊道。江苏作为长江流域的经济大省,在融入长江经济带的过程中,既要权衡好自身发展与保护的关系,又要打破行政壁垒,努力与长江上中下游地区协同加强长江流域环境综合治理和生态系统修复。

一、以协调性均衡加强生态文明建设

长江经济带是我国经济版图中的重要轴线,串联起了东、中、西部不同经济发展水平的广泛区域,是目前世界上可开发规模最大,影响范围最广的内河流域经济带之一。同时,该区在我国社会经济发展和生态环境保护中也占有重要的战略地位,是我国重要的水源地、能源与矿产资源富集区、珍稀动植物宝库,具有十分重要的生态服务功能。长期以来,由于不注重经济发展的质量,导致长江经济带生态环境质量恶化。经济、社会的进一步发展,必将给环境带来新的压力和挑战。国务院 2014 年 9 月发布的《关于依托黄金水道推动长江经济带发展的指导意见》(以下简称《指导意见》)中明确提出,将长江经济带建设成为我国生态文明建设的先行示范带。因此,推进长江流域生态文明建设、构建沿江绿色生态廊道,是促进该区生态与经济协调均衡、持续健康发展面临的重大课题。

(一)生态文明建设是区域协调发展的内在需求

迄今为止,围绕生态文明或区域协调发展已有不少研究成果,但将两者结合起来的研究成果较少。本章在已有研究成果的基础上,探讨生态文明建设与区域协调发展之间的关系。在此需要首先明确生态文明建设和区域协调发展的内涵,这将有助于正确认识生态文明建设与区域协调发展的关系。

1. 生态文明建设的内涵

生态文明是对工业文明的反思和超越。受人类中心主义思想的影响,人类活动对自然生态系统的影响不断加强,自然资源和生态环境遭到了严重的破坏。"生态"和"文明"两个概念共同组成了"生态文明",其核心是构建人与自然和谐统一、共同发展的关系,将保护生态环境与发展社会经济紧密联系起来,实现两者协调发展。

从生态文明的发展历程来看,最早提出"生态文明"的文献可追溯到 1984 年,原苏联学者认为"生态文明"一词主要是指个人的生态修养。[1] 之后,美国作家罗伊·莫里森首次提出生态文明为工业文明之后的一种新型文明形态。[2] 从 20 世纪 70 年代开始,我国一些学者开始对传统工业文明所造成的生态环境恶化问题发出呼吁并著书立说。叶谦吉认为,人与自然之间的关系是和谐统一的,人类从自然获利又返利于自然,改造自然又同时

---

[1] 参见张捷:《在成熟社会主义条件下培养个人生态文明的途径》,转引自"推进生态文明建设　探索中国环境保护新道路"课题组:《生态文明与环保新道路》,中国环境科学出版社 2010 年版,第 4 页。

[2] 参见徐春:《对生态文明概念的理论阐释》,《北京大学学报》(哲学社会科学版)2010 年第 1 期。

保护自然,这是国内最早提出生态文明概念并对生态文明相关内容进行界定的研究。[①] 刘思华提出,社会主义现代文明的建设,必须坚持物质文明、精神文明、生态文明这三大文明建设一起抓。[②] 该论点将三大文明并列,挖掘和发展了现代文明的内涵,构建了新的生态文明协调发展理论框架。90年代中后期,生态文明一词频繁出现在国内的报纸、杂志与学术论文中,讨论的内容涉及生态文明的内涵、外延、特征,以及生态文明建设的实现路径与政策选择等方面。

随着工业化和城镇化的快速发展,我国"人口—资源—环境—发展"之间的不协调问题日益突出,加快生态文明建设迫在眉睫。在 2012 年召开的党的十八大的报告中,将"生态文明"上升到一个新的战略高度,与经济、政治、文化、社会四大建设并列,将生态的内涵从生态环境保护上升到生产关系、消费行为、体制机制、上层建筑和思想意识的高度。"五位一体"发展战略要求将生态文明建设融入经济社会建设的全过程和各个环节,其核心部分是将生态文明建设融入经济发展过程,生态文明建设应与经济发展相互依存、相互促进、相互统一。[③]

我国学术界不同学者从哲学、社会学、生态学、经济学、伦理学、政治学等学科角度对生态文明的定义进行了不同的阐释,但都普遍认同生态文明的核心价值观——人与自然的和谐发展。从这些概念中,生态文明的含义可以从狭义和广义两种角度来理解:狭义的生态文明是指人类对待自然的方式,与物质文明、政治文明、精神文明、社会文明属于同一系列的范畴。[④]它是在对传统工业文明的扬弃和超越的基础上,对待自然生态环境态度更文明和理智,促使工业化和生态化相互融合,重视经济发展的生态效益,保

① 参见叶谦吉:《真正的文明时代才刚刚起步——叶谦吉教授呼吁开展"生态文明建设"》,《中国环境报》1987 年 6 月 23 日第 1 版。
② 参见刘思华:《对建设社会主义生态文明论的若干回忆——兼述我的"马克思主义生态文明观"》,《中国地质大学学报》(社会科学版)2008 年第 4 期。
③ 参见孙林、康晓梅:《生态文明建设与经济发展:冲突、协调与融合》,《生态经济》2014年第 10 期。
④ 参见《求是》记者:《牢固树立生态文明观念——访国家环境咨询委员会副主任孙鸿烈院士》,《求是》2009 年第 21 期。

护和建设良好的生态环境,从而改善人与自然的关系。该概念强调人与自然的协调发展,并以此衡量人类所达到的文明程度。广义的生态文明强调从经济、政治、法律、道德、文化等不同层次对人类社会进行调整和变革,使人类社会能够与自然生态系统形成协调共存的关系。①

通过以上对生态文明发展历程及生态文明概念的梳理,进一步剖析生态文明建设的内涵,主要包括以下几个方面:①生态文明建设的主体是人类,其出发点是尊重自然和保护自然,以维护人类赖以生存发展的生态平衡,最终实现人与自然的和谐发展;②生态文明建设是一项复杂的系统工程,其变革程度深、影响范围广、联动机制强、内部关系复杂,内容包括树立生态文明理念、进行环境污染治理、加强生态文明制度体系建设、通过科技创新和制度创新推动生产方式和生活方式的绿色变革等;③生态文明建设具有明显的层次结构,当前的主要任务是缓解人与自然之间的突出矛盾,关键是实现生产方式和生活方式的转变,而生态文明建设的根本在于价值体系和制度体系的变革。

2. 生态文明建设与区域协调发展的关系

(1)已有相关研究

从目前国内研究来看,在区域协调发展层面探讨生态文明建设及两者相互关系的研究文献较少,有部分文献对生态环境保护和生态补偿机制在区域协调发展中的必要性和重要性进行了探讨。其中较为典型的研究认为,由于区域协调发展机制尚不健全,区域间没有形成良性分工与生态补偿机制,一些区域过度和无序开发、行政区间恶性竞争,导致区域经济发展失衡,也导致生态环境恶化和社会矛盾加剧。② 从长江流域来看,流域上游地区为下游地区提供低廉的原材料和免费的生态服务,不发达地区不断地为发达地区提供自然资源和生态服务;而流域下游地区、发达地区却没有对上

---

① 参见张慕萍、贺庆棠、严耕:《中国生态文明建设的理论与实践》,清华大学出版社2008年版,第166～174页。

② 参见沈满洪、程华、陆根尧等:《生态文明建设与区域经济协调发展战略研究》,科学出版社2012年版,第5～12页;沈越:《环境保护助推区域协调发展》,《环境经济》2007年第10期;林毅夫、刘培林:《中国的经济发展战略与地区收入差距》,《经济研究》2003年第3期。

游地区和不发达地区给予充分的补偿,生态产品与物质产品之间的剪刀差是区域发展不公平和区域差距不断扩大的重要原因之一。因此,当前亟须加快调整经济结构,转变能耗高、污染重的粗放型发展模式,只有有效遏制区域环境污染扩大的趋势,逐步缩小地区发展差距,使经济社会各构成要素良性互动和有序流通,才能真正实现区域经济社会协调发展。近期,随着全国范围内生态文明建设逐步开展,人们越来越关注生态文明建设与区域协调发展两者的共同推进。

(2)两者关系探讨

生态文明的本质是实现人与自然的和谐发展,进而实现社会、经济、自然的可持续发展。我国区域经济协调发展的实现不仅需要考虑经济、社会、政治、文化因素,还应该考虑生态因素,以及生态因素与其他各因素之间的互动关系。因此,区域经济协调发展实际上是生态环境约束下区域经济与社会、政治、文化和生态等因素关联互动的科学发展。以协调人与自然的关系、实现可持续发展为核心的生态文明建设,是遵循科学发展观的指导、实现区域协调性均衡发展的必经之路。

生态文明建设丰富了区域经济协调发展的内涵,并提出了新的要求。一方面,在生态文明建设背景下,要在资源节约、环境友好的前提下实现区域经济差距的缩小;另一方面,生态文明建设过程中面临的诸多问题,如中央和地方的环境规制分权结构优化、区域间生态补偿机制建设、产业转移与污染转移等,有赖于区域协调这一手段去实现。生态文明取向的区域协调发展路径要以组织协调为前提、以利益协调为保障、以产业协调为基础。

从生态文明"状态"和"过程"两个维度考察我国当前区域经济的发展,区域协调发展目标的实现还面临着许多难以破解的矛盾和问题:①区域生态环境整体恶化与区域差距呈现扩大趋势之间的矛盾不断激化,成为区域协调发展中的突出问题;②我国资源的空间分布极不均衡,以长江经济带为例,各地资源环境差异极大,生态功能分区不一,如何根据资源环境承载力、已有的开发强度和未来的发展潜力,确定各区域的合理功能分工,实现资源开发的区域空间协调是一大难点;③区域产业转移和产业结构调整过程中,由于缺乏对产业分工与合作的经济效率与生态效率的整体考虑,客观上造成区域产业结构演进与资源、环境承载能力下降的矛盾十分突出;④生态环境保护区域合作机制存在着协调机构缺失、缺少统一规划和经济与环境项目衔接不足等重大问题;⑤基于生态文明理念的政府层级治理结构不尽合理。基于传统工业文明理念的政府层级治理结构,客观上造成区域开发过程中制度与体制、机制与政策的设计还停留在减少污染排放等技术性的生态修补层面及地方化的生态环境保护方面,政府的生态职能往往要从属于经济和社会发展职能。

由此可见,新时期区域经济协调性均衡发展中面临诸多生态环境问题,亟须新的破解思路和解决方案。实施生态文明为核心价值取向的区域协调发展战略,其意义在于:①有利于促进代际间利益关系协调,实现区域全面协调和可持续发展的内在要求。区域经济的发展必须建立在生态系统的资源支撑能力与生态环境容量之上,必须与生态系统的发展相协调,这是实现区域协调性均衡发展的充分条件;②有利于促进区内省际、城乡、发达与欠发达地区之间产业关系、资源环境利用和环境保护相协调,是实现宏观空间效率提高与不同区域之间平等相统一的迫切需要;③有利于促进各级政府经济职能、社会职能和生态职能相协调,形成科学、合理的激励约束机制,构建合理的政府层级治理结构。

(二)长江经济带加强生态文明建设的重要意义

长江经济带经济活跃、生态服务功能突出、生态与经济矛盾冲突较为激烈,探索和加强该区生态文明建设,积极构建绿色生态廊道是落实科学发展观、实现区域可持续发展战略的内在要求与基础。加强生态文明建设,有利于为长江经济带的发展提出新的要求,创新发展思路,应对国际竞争和挑战,同时有利于解决当前长江经济带发展所面临的资源短缺、环境污染和生态破坏等问题,实现节约发展、清洁发展、安全发展,从而在保护自然和生态的基础上为经济社会可持续发展和人民群众的生产生活创造良好的环境。

1. 有利于改善和保护生态系统,为区域协调发展提供重要支撑

随着流域内人口的不断增长和工农业迅速发展,目前长江的污染状况已超出了大多数人的想象:森林和湿地面积减少、长江干流泥沙含量增加、

水质恶化、水生动植物减少、水的自净能力减退等。随着未来经济、社会的进一步发展,该流域所面临的生态压力将会进一步加大。如果在今后的发展过程中不能够保障生态与经济协调发展,长江流域将会面临更严峻的局面。在人与自然协调发展的生态文明观的指导下,通过实施流域环境综合治理、转变经济增长方式、推动流域生态环境保护一体化等措施,加强长江流域生态文明建设,严守长江经济带的生态安全底线,有利于缓解、改善和防止长江经济带各种生态环境问题,协调人与自然的关系,为长江经济带"五位一体"可持续发展和区域协调性均衡发展提供重要支撑。

2. 有利于空间格局和产业结构生态化,促进生产生活环境改善

长江经济带上中下游地区经济发展和生态服务功能存在较大差异。其中,下游地区是我国经济实力和产业基础最为雄厚的地区之一,但该区资源环境问题突出。其能源资源较为匮乏,对外依赖程度较高;各类污染物排放总量居高不下,水环境、大气污染问题较为突出;生态系统稳定性被破坏,生物多样性下降,生态服务功能退化。尽管下游地区环境整治力度加强,产业结构也在逐步调整中,但该区域成本要素较高、环境承载力不足,发展空间较为有限等问题将长期存在。在这种状况下,下游地区亟须通过产业转移来推动产业结构升级,实现经济转型;与此同时,上游地区经济相对落后,但资源要素优势大,具备承接下游产业转移的良好条件。通过产业转移,缩小区域间差距,带动落后地区的城镇化及工业化发展,促使长江经济带协调均衡发展,形成上中下游优势互补、共同发展的新格局。

在产业转移的过程中,也应考虑当地生态环境的保护,避免欠发达地区为发展经济盲目招商引资,使高污染、高耗能、劳动密集型产业转入,带来的环境污染不仅在当地产生负面影响,甚至会通过水体流动扩散到流域下游地区。长江这一横跨东中西部诸多省份的黄金水道对区域发展至关重要,其干支流一旦发生水污染事故,将严重影响流域内民众的生产生活。

在长江经济带发展中须加强流域生态文明建设,通过建立完善的生态补偿机制,采用经济手段对企业生产行为进行调控,将环境污染导致的负外部性内化,从源头上避免环境污染和破坏,保障流域生态系统的服务功能;在区域的产业转移、城镇化发展、生产力布局、重大项目建设中,应当充分考虑区域的资源环境承载力,通过完善区域分工与合作、增进优势互补、提高资源配置率等措施的实施,不仅有利于长江经济带形成节约和保护资源环境的空间格局与产业结构,还有利于实现生活方式的改变,为人民创造良好的生产生活环境,推动整个长江经济带形成协调性均衡发展格局。

3. 有利于示范性构建人与自然和谐发展的价值体系和制度体系

生态文明建设目前面临诸多困难:如何突破可持续发展的"动力陷阱",真正实现均衡协调发展;如何在跨区域层面上实现"五位一体"的系统推进和整体推进;如何寻求生态文明建设融入经济、社会、政治和文化建设的新思路、新机制、新方法,着力解决融入什么、怎样融入、在什么关键环节融入最有效? 这些问题都亟须在生态文明建设的方法论研究上取得新的突破。

反思可持续发展的实践,其主要努力是在生态环境建设与人类不当行为改变两个方面,以消除资源环境的负外部性和协调各利益攸关方之间的利益,各地生态环境只在局部有所改善,整体持续恶化的局面并没有根本改变,可持续发展能力也并没有明显提升。造成这种局面的原因是多方面的,其中一个根本的因素是可持续发展理念轻视了工业文明对人类的深刻影响和牢固的制度基础的根深蒂固,忽视了实现人与自然和谐发展最本质最艰巨的任务是要对工业文明的价值取向和制度安排进行根本性变革。"人类中心主义"的价值观一直主宰着全球经济社会与生态的发展态势,与之相适应的制度体系依然推动着工业文明社会的高速运行,阻碍着生态文明建设的推进与实施。此外,可持续发展战略推进的模式也相对单一,推进机制不够健全,推进领域也主要局限在景观层面和行为层面,主要致力于生态环境的局部改善和矫正人们的不当行为,没有从制度和价值观层面构建可持续发展的动力机制和长效机制。

因此,构建人与自然和谐发展的价值体系与制度体系,是生态文明建设最为本质和艰巨的任务,也是生态文明建设需要解决的根本性问题。长江经济带影响范围广、上中下游联系密切,在全区域范围内通过区域联动,形成生态文明建设的强大合力,创新管理体制机制,构建体现生态文明要求的制度体系,不仅有利于长江流域生态环境保护实现一体化,也为我国跨区域生态文明的联动建设提供了示范。

二、江苏省生态文明建设现状与态势

江苏作为长江流域的经济大省,一方面社会经济发展迅速、经济总量规模大、城市化水平较高,另一方面其发展方式高度依赖土地、能源等要素投入,资源消耗量居高不下,投入产出效率不高,水体、空气、土壤等污染问题不断。面对资源约束趋紧、生态系统退化的严峻趋势和区内经济社会发展及创建良好生产生活环境的迫切需求,必须重新审视和协调区内人与自然的关系。在此背景下,立足于江苏省发展现状,客观评价生态经济系统协调性,分析江苏省生态文明发展水平,寻找关键制约因素,对于制定针对性政策以有效解决生态环境问题、切实推进生态文明建设、保障经济建设、协调人地关系,更好地融入长江经济带协调性均衡发展有重要意义。

本节主要讨论江苏省生态文明建设现状与形势,通过构建生态经济系统协调度模型,对生态经济系统协调度进行测算,分析江苏省各市县生态经济系统发展特征,并进行生态经济系统协调性分区,为长江经济带协调性均衡发展背景下构建全省生态经济系统新格局提供参考。

(一)江苏省生态文明建设状况衡量方法选择概述

党的十八大报告明确指出:"建设生态文明,实质上就是要建设以资源环境承载力为基础,以自然规律为准则,以可持续发展为目标的资源节约型、环境友好型社会。"生态文明作为一种全新的文明,强调经济社会与环境的协调发展而不是单纯的经济增长,是解决城市与区域生态问题,实现可持续发展的最佳途径。[①] 生态文明的核心是构建和谐的人与自然共同发展的关系,以生态经济系统协调性的提升为核心,使生态文明建设符合生态文明建设的内涵。

---

① 参见王玉玲:《生态文明的背景、内涵及实现途径》,《经济与社会发展》2008 年第 9 期;葛悦华:《关于生态文明及生态文明建设研究综述》,《理论与现代化》2008 年第 7 期;谷树忠、胡咏君、周洪:《生态文明建设的科学内涵与基本路径》,《资源科学》2013 年第 1 期。

工业化和城市化的快速发展,不仅占用和消耗大量的能源资源,而且带来水质恶化、固废污染严重、湿地面积缩减、森林覆盖率下降等生态环境问题。对生态系统的超负荷使用必然会影响其生态系统的服务功能(Ecosystem Service Function,简称 ESF),生态环境质量的下降也成为影响或制约区域经济和社会可持续发展的重要因素。因此,经济发展与生态安全两者之间是否协调影响着区域发展的健康性与可持续性。在全球低碳化背景下,生态经济系统协调度(Ecological-Economic Harmony,简称 EEH)已成为衡量区域发展健康与否的重要标准,对其进行评价是当前学术界和各国政府共同关注的热点。

基于以上认识,本书通过构建生态经济系统协调度模型来量化江苏省生态文明建设现状,在此基础上进行分区并提出基于生态经济协调发展的江苏省生态文明建设路径。

(二)江苏省生态经济系统协调度测算方法介绍

1. 研究方法与思路

国外对 EEH 的定性研究始于 20 世纪 50~60 代,主要利用系统方法[1]、RS 与 GIS 方法[2][3][4]、平衡模型[5]、生态经济协调度演变图表[6]等方法来研

[1] Boulding K.E.The economics of the coming spaceship earth in Jarret H. ed:Environmental quality in a growing economy. Baltimore,MD:Johns Hopkins University Press.1966.

[2] Aspinall R. Modeling land use change with generalized linear models:A multi-model analysis of change between 1860 and 2000 in Gallatin Valley,Montana. J. Environ. Manage., 2004,72:91-103.

[3] Konarska K M,Sutton P C,Castellon M. Evaluating scale dependence of ecosystem service evaluation:a comparison of NOAA-AVHRR and Landsat TM datasets. Ecological Economics,2002.41(3):491-507.

[4] Benson C S,Jessica M C,Darius J S. A GIS application for assessing,mapping,and quantifying the social values of ecosystem services. Applied Geography,2010,8:1-13.

[5] Paul S,Bhattacharya R N. Causality between energy consumption and economic growth in India:a note on conflicting results. Energy Economics,2004,26(6):977-983.

[6] Sherrouse B C,Clement J M,Semmens D J. A GIS application for assessing,mapping,and quantifying the socialvalues of ecosystem services. Applied Geography, 2011, 31 (2): 748-760.

究生态经济协调度。

国内相关研究近年来呈逐步增长的态势,主要方法有能值分析法①、基于生态足迹测算的模型分析法②、指标定量评价法③等。LUCC 时空过程宏观生态效应评价和 RS、GIS 等空间技术也为研究提供了有力的方法支撑④。近几年,基于土地利用变化的生态系统服务价值(ESV)变化率和 GDP 变化率的比值来构建协调度模型进行分析的研究较多⑤,但生态经济系统是人地关系复杂的子系统,其协调程度受自然、社会、经济等多种因素的影响,且各影响因素之间存在复杂的作用关系,仅用 ESV 表征的生态系统服务价值不能完全反映生态系统的健康状况,用 GDP 表征的某一区域经济总量也不能完全反映经济结构及产业,存在一定的局限性。总体来看,以上方法在区域生态与社会经济要素的外部性及价值测算方面仍存在较多限制。在研究区域与尺度上,研究区主要为单个城市或森林、流域、干旱区等单类型区⑥,以小尺度居多,大尺度的研究相对较少。综上所述,EEH 评价及空间演变模式研究在研究方法和不同尺度的应用研究上均有待进一步深入和拓展。

本书在综述生态经济协调度相关研究的基础上,拟对传统的 EEH 估算

① 参见方创琳、鲍超:《黑河流域水—生态—经济发展耦合模型及应用》,《地理学报》2004 年第 5 期;楚芳芳:《基于能值分析的长株潭城市群生态经济系统演变态势分析》,《经济地理》2012 年第 2 期。

② 参见许萍:《基于生态足迹模型的区域生态经济协调发展评价与分析——以鄱阳湖生态经济区为例》,江西师范大学硕士论文,2012 年。

③ 参见林清秀:《闽江流域生态经济评价及其空间特征研究》,福建农林大学硕士论文,2012 年;严耕:《中国省域生态文明建设评价报告(ECI)》,社会科学文献出版社 2014 年版,第 20~42 页。

④ 参见刘纪远、张增祥、庄大方等:《20 世纪 90 年代中国土地利用变化的遥感时空信息研究》,科学出版社 2005 年版,第 16~32 页;王振波、方创琳、王婧:《1991 年以来长三角快速城市化地区生态经济系统协调度评价及其空间演化模式》,《地理学报》2011 年第 12 期。

⑤ 参见苏飞、张平宇:《基于生态系统服务价值变化的环境与经济协调度发展评价:以大庆市为例》,《地理科学进展》2009 年第 3 期;刘海龙:《河西走廊生态经济系统协调度评价及其空间演化》,《应用生态学报》2014 年第 12 期;魏晓旭:《基于县域单元的中国生态经济系统协调度及空间演化》,《地理科学进展》2014 年第 11 期。

⑥ 参见戴全厚、刘国彬、刘明义等:《小流域生态经济系统可持续发展评价》,《地理学报》2005 年第 2 期;彭建、王仰麟、陈燕飞等:《城市生态系统服务功能价值评估初探:以深圳市为例》,《北京大学学报》(自然科学版)2005 年第 4 期。

模型进行改进,将 EEH 定义为研究期内各单元生态系统综合指数变化率与经济发展指数变化率的比值。用该比值反映当年经济发展与生态系统之间的协调关系,能较好反映环境变化与经济发展过程中两者的相互影响、相互制约或推动程度。

基于以上考虑,本书拟利用近 3 年生态环境数据与社会经济数据等,以江苏省各地市为基本研究单元,构建改进的生态经济系统协调度模型,并计算生态安全综合指数(ESI)、经济发展综合指数(EDI)和生态经济协调度(EEH);依据 ESI、EDI 和 EHH 指数揭示江苏各地市近 3 年来经济发展与生态环境系统的协调性和空间分布特征,在此基础上提出基于生态经济协调发展的江苏省生态文明建设对策与建议。

2. 生态系统发展综合指数(ESI)构建

生态系统综合指数由反映区域生态系统发展健康和完整状况的相关指标综合而成,计算方法为:利用各指标的标准化值和熵值法确定的权重,进行加权求和后得到综合指标值。具体计算方法及步骤如下。

(1)指标体系的构建设计

科学评价是建立在科学认知基础上的。目前人们对于生态文明的认识,已经从单纯的环境保护或林业生态建设,扩展为包括资源(尤其是能源)节约和有效利用、环境保护与污染治理、生态恢复与生态建设等在内的系统工程。

表 9-1　生态系统发展综合评价指标体系

系统层	准则层	指标层	变量	指标正负向	准则依据
生态系统综合指数	生态环境压力	人口密度(人/平方公里)	$x1$	负向	可持续发展统筹兼顾集约利用
		每亩耕地化肥施用量(千克/亩)	$x2$	负向	
		单位建设用地的万元二三产业增加值	$x3$	正向	
		化学需氧量排放量(吨)	$x4$	负向	
		工业二氧化硫排放量(万吨)	$x5$	负向	
		工业烟尘排放量(吨)	$x6$	负向	
		工业固体废弃物排放量(万吨)	$x7$	负向	

续表

系统层	准则层	指标层	变量	指标正负向	准则依据
生态系统综合指数	生态环境状态	建成区绿化覆盖率(%)	$x8$	正向	以人为本
		人均公园绿地面积(平方米/人)	$x9$	正向	
		水环境监测断面达标率(%)	$x10$	正向	
		集中式饮用水源地水质达标率(%)	$x11$	正向	
		空气质量达标天数(API<100)	$x12$	正向	
		酸雨发生频率(市区)(%)	$x13$	负向	
	生态环境控制	污水处理厂集中处理率(市区)(%)	$x14$	正向	可持续发展统筹兼顾
		工业固体废物综合利用率(%)	$x15$	正向	
		生活垃圾无害化处理率(%)	$x16$	正向	
		环保投资占GDP比重(%)	$x17$	正向	
		单位土地面积的环保投资(万元/平方公里)	$x18$	正向	

　　根据典型研究的指标频率、科学性、代表性、全面性,结合历年资料数据的可获取性等原则,从生态"过程"和"状态"出发,构建了包括生态环境压力、生态环境状态、生态环境控制三个方面在内共18项指标的生态系统发展水平综合评价指标体系(参见表9-1)。其中,生态环境压力从人口、产业发展对土地、水体、空气等生态环境系统产生的污染物负荷入手,选择了7项指标,包括人口密度、每亩耕地化肥施用量、单位建设用地的万元二三产业增加值、化学需氧量排放量、工业二氧化硫排放量、工业烟尘排放量、工业固体废弃物排放量;生态环境状态从绿地覆盖状况、水环境和大气质量方面选择了6项指标,包括:建成区绿化覆盖率、人均公园绿地面积、水环境监测断面达标率、集中式饮用水源地水质达标率、空气质量达标天数、酸雨发生频率;生态环境控制从污水处理、工业固废处理、生活垃圾处理、环保投入等方面选择了5项指标,包括:污水处理厂集中处理率、工业固体废物综合利用率、生活垃圾无害化处理率、环保投资占GDP比重、单位土地面积的环保投资。

（2）数据来源及各指标数据

表 9-2　江苏省 13 地市生态系统综合评价各指标数据（2010）

	x1	x2	x3	x4	x5	x6	x7	x8	x9
南京	956.81	17.92	283.74	20213	11.15	31168	1656.30	44.12	13.7
无锡	972.54	24.08	405.03	49200	10.44	41823	922.24	43.08	14.4
徐州	850.60	42.69	111.93	24014	5.01	24014	1000.00	40.33	14.7
常州	820.57	19.34	266.96	24917	3.35	24917	303.51	42.09	12.4
苏州	746.10	22.61	388.03	106158	3.00	48054	2205.00	42.09	16.9
南通	953.21	19.14	162.22	80300	6.23	38899	396.22	40.36	10.5
连云港	654.19	38.11	58.35	33915	2.70	7334	292.98	40.67	12.0
淮安	530.34	31.37	73.49	40100	3.08	16603	217.72	39.50	11.0
盐城	478.65	27.72	73.60	68279	1.10	13810	357.52	39.13	11.7
扬州	691.59	25.30	167.72	10648	4.70	10648	203.77	43.29	19.1
镇江	701.53	19.54	202.14	11499	4.87	12233	543.28	42.17	16.0
泰州	869.38	22.54	173.82	14541	5.30	15378	268.00	40.59	9.3
宿迁	631.91	36.38	66.04	42370	2.01	9844	97.44	40.63	12.1
	x10	x11	x12	x13	x14	x15	x16	x17	x18
南京	62.5	100	302	44.50	59.16	88.82	80.00	0.35	27.22
无锡	90.0	100	331	51.90	84.10	97.12	100.00	0.24	29.83
徐州	83.0	100	335	0	70.82	99.98	48.59	0.37	9.64
常州	88.5	100	334	62.20	74.50	94.9	100.00	0.22	15.09
苏州	87.1	100	329	54.20	71.24	98.71	100.00	0.25	27.02
南通	100.0	100	321	40.60	83.00	98.2	100.00	0.09	3.80
连云港	87.5	100	334	27.80	60.09	91.89	99.30	0.53	8.39
淮安	86.8	100	307	17.00	59.00	99.73	67.00	0.32	4.44
盐城	93.5	99	277	0	48.90	93	44.13	0.24	3.30
扬州	83.3	100	300	32.90	68.94	97.43	87.50	0.36	12.07
镇江	90.0	100	331	13.20	65.99	92.85	100.00	0.23	12.04
泰州	87.7	100	323	32.70	52.10	99.8	100.00	0.20	6.99
宿迁	87.5	100	332	0	71.46	99.99	33.39	0.27	3.31

　　本章涉及的生态环境数据主要来源于《江苏统计年鉴》、《中国城市统计年鉴》、江苏各地市统计年鉴、江苏省环境状况公报、江苏各地市环境状况公报、全国人口普查数据、全国土地二次调查数据、江苏省土地利用变更

数据。部分指标为复合指标,利用原始数据计算得到,如每亩耕地化肥施用量、单位建设用地的万元二三产业增加值、单位土地面积的环保投资等。2010年和2013年江苏省13地市生态系统综合评价各指标数据分别参见表9-2、表9-3,各指标单位参见表9-1。

表9-3　江苏省13地市生态系统综合评价各指标数据(2013)

	x1	x2	x3	x4	x5	x6	x7	x8	x9
南京	976.30	16.55	415	103040	11.24	65256	1697.01	44.63	14.6
无锡	1020.60	21.41	510	39072	8.37	44330	1051.89	42.79	14.7
徐州	894.26	38.46	167	138356	13.61	52174	1608.03	39.30	16.3
常州	836.94	18.66	351	37871	3.59	35161	666.85	42.80	12.8
苏州	770.31	21.02	516	85941	16.59	65042	2486.00	42.06	15.1
南通	958.02	18.57	237	112590	6.51	33970	438.52	42.05	14.3
连云港	683.10	36.31	90	107699	4.97	19179	492.94	39.93	14.1
淮安	549.01	32.36	116	71810	4.79	20886	506.10	40.74	13.0
盐城	485.37	24.70	115	157326	4.71	29705	288.89	40.21	12.0
扬州	697.68	25.99	238	54952	4.89	16050	314.87	43.21	17.3
镇江	706.39	16.07	283	41890	6.63	21489	723.42	42.37	17.8
泰州	877.48	20.11	253	95501	5.25	15584	439.43	40.72	9.3
宿迁	671.18	37.76	111	102839	2.99	36743	141.85	41.97	13.0
	x10	x11	x12	x13	x14	x15	x16	x17	x18
南京	68.8	100	202	32.40	61.50	91.20	90.8	0.15	18.37
无锡	30.3	100	199	38.00	86.60	91.00	100.0	0.10	17.28
徐州	75.9	100	192	0	87.90	99.20	99.9	0.17	6.69
常州	61.7	100	214	41.3	87.40	98.20	100.0	0.04	3.89
苏州	64.7	100	265	40.5	77.20	97.90	100.0	0.11	16.11
南通	66.7	100	223	43.6	88.40	98.00	100.0	0.15	9.43
连云港	52.3	100	242	0	69.60	95.30	82.4	0.27	6.36
淮安	86.8	100	273	0.72	71.50	97.70	79.3	0.21	4.51
盐城	96.8	100	338	0.00	69.20	79.60	80.7	0.01	0.13
扬州	61.2	100	237	30.70	83.60	97.70	100.0	0.14	6.73
镇江	66.1	100	223	22.80	78.60	98.10	100.0	0.24	18.56
泰州	96.6	100	300	0	61.40	98.20	100.0	0.08	4.33
宿迁	77.4	100	223	0	83.60	89.80	78.2	0.01	0.27

（3）各指标数据标准化

对整理所得的历年数据进行处理和计算，因所取评价指标有正向和逆向两种类型，为统一量纲和消除正负指向，有必要对变量指标进行处理。对于正向指标，如建成区绿化覆盖率、水环境监测断面达标率等，数值越大，生态系统状况越好。对于负向指标，如化学需氧量排放量、工业二氧化硫排放量等，数值越小，生态系统状况越好。为了消除数据的数量级以及量纲的不同而造成的影响，需要对数据进行标准化处理，本研究采用极差标准化法对指标数据进行处理，公式如下：

$$\text{正向指标：} a_{ij} = \frac{x_{ij} - \min_{1 \le i \le n}(x_{ij})}{\max_{1 \le i \le n} x_{ij} - \min_{1 \le i \le n} x_{ij}} \qquad （公式 9.1）$$

$$\text{逆向指标：} a_{ij} = 1 - \frac{x_{ij} - \min_{1 \le i \le n}(x_{ij})}{\max_{1 \le i \le n} x_{ij} - \min_{1 \le i \le n} x_{ij}} \qquad （公式 9.2）$$

当 x_{ij} 小于适中值时，采用公式 9.1；否则，采用公式 9.2 进行标准化。

（4）指标的赋权

本章利用客观赋权的熵权法对指标赋权。它借用信息论中熵的概念，根据各指标传递给决策者的信息量大小来确定其权数。在信息论中，熵是对不确定性的一种度量，某个指标的信息熵值越小，需要越大的信息量将其确定，在综合评价中所起的作用相应较大，因此该指标赋予的权重也就越高。[①]

设 e_j 为第 j 个指标的熵值，根据熵值的计算公式，则 e_j 为：

$$e_j = \frac{1}{\ln n} \sum_{i=1}^{n} f_{ij} \ln f_{ij} (i = 1, 2, \ldots; j = 1, 2 \ldots m) \qquad （公式 9.3）$$

式中：$f_{ij} = \dfrac{a_{ij}}{\displaystyle\sum_{i=1}^{n} a_{ij}}$

f_{ij} 表示第 i 年份第 j 个指标的隶属度比重。

定义第 j 个指标的熵权为 w_j，根据熵权的计算公式，则 w_j 为：

---

① 参见倪九派、李萍等：《基于 AHP 和熵权法赋权的区域土地开发整理潜力评价》，《农业工程学报》2009 年第 5 期。

$$w_j = \frac{1 - e_j}{\sum_{j=1}^{m} (1 - e_j)} \quad (j = 1, 2, \cdots, m)$$ （公式 9.4）

熵值法赋权的特点是在所评价的样本中,同一指标之间的数值差别越大,则权重越大。根据熵权法计算得到生态系统评价各指标权重(参见表 9-4)。

表 9-4　生态系统综合评价各指标权重

指标	x1	x2	x3	x4	x5	x6	x7	x8	x9
权重 wj	0.077	0.049	0.118	0.041	0.029	0.047	0.034	0.072	0.064
指标	x10	x11	x12	x13	x14	x15	x16	x17	x18
权重 wj	0.026	0.014	0.072	0.082	0.049	0.021	0.031	0.070	0.104

(5)基于熵值法的综合评价模型及 ESI 值测算

根据模糊隶属度打分计算公式,用上述所求得的指标权重线性加权来构造综合评价函数,则第 i 个城市的生态系统综合评价函数如公式 9.5 所示:

$$ESI_i = \sum_{j=1}^{m} a_{ij} \times w_{ij}$$ （公式 9.5）

公式 9.5 中, ESI_i 为第 i 个城市生态系统综合评价值。

3. 经济发展综合指数(EDI)构建

(1)指标体系的设计

经济发展综合指数由反映地区经济发展水平的经济规模及效率、经济结构、人民生活水平三方面的指标综合而成,具体包括:地区生产总值、人均财政收入、人均 GDP、人均全社会固定资产投资额、第一产业增加值占 GDP 比重、第三产业增加值占 GDP 比重、财政收入占 GDP 比重、农村居民家庭纯收入、城镇居民人均可支配收入、农民居民家庭恩格尔系数、人均社会消费品零售总额等指标综合而成。指标体系参见表 9-5。计算方法同生态安全综合指数的计算方法。

表 9-5　经济发展综合评价指标体系

系统层	准则层	指标层	变量	指标正负向	准则依据
经济发展综合水平	经济规模及效益	地区生产总值（亿元）	y1	正向	以人为本统筹兼顾
		人均财政收入（元）	y2	正向	
		人均地区生产总值（元）	y3	正向	
		人均全社会固定资产投资额（元）	y4	正向	
	经济结构	第一产业增加值占 GDP 比重（%）	y5	适中	全面协调可持续发展
		第三产业增加值占 GDP 比重（%）	y6	适中	
		财政收入占 GDP 比重（%）	y7	适中	
		进出口贸易总额与 GDP 的比值	y8	正向	
	人民生活水平	农村居民家庭纯收入（元）	y9	正向	以人为本
		城镇居民人均可支配收入（元）	y10	正向	
		农民居民家庭恩格尔系数（%）	y11	负向	
		人均社会消费品零售总额（元）	y12	正向	

（2）数据来源及各指标数据

本节涉及的经济发展数据主要来源于《江苏省统计年鉴》、《中国城市统计年鉴》、江苏各市统计年鉴。2010 年和 2013 年江苏省 13 地市经济发展水平综合评价各指标数据分别参见表 9-6、表 9-7，各指标单位参见表 9-5。

表 9-6　江苏省 13 地市经济发展水平综合评价各指标数据（2010）

	y1	y2	y3	y4	y5	y6	y7	y8	y9	y10	y11	y12
南京	5130.7	11950.1	64095	42224.5	2.8	51.9	18.6	0.56	11128	27383	36.7	28592.5
无锡	5793.3	14950.7	90909	51353.2	1.8	42.8	16.5	0.66	14002	27750	34.5	28650.6
徐州	2942.1	4615.8	34288	17060.5	9.6	39.7	13.5	0.09	7955	16762	37.6	11153.1
常州	3044.9	11409.4	66308	47449.6	3.3	41.4	17.2	0.46	12637	25875	35.1	22961.5
苏州	9228.9	16088.0	88179	46987.4	1.7	41.4	18.2	1.87	14657	30366	33.9	22950.7
南通	3465.7	7085.9	47587	23616.4	7.7	37.2	14.9	0.38	9914	21825	36.2	17535.4

续表

	y1	y2	y3	y4	y5	y6	y7	y8	y9	y10	y11	y12
连云港	1193.3	5433.7	27158	20433.5	15.3	39.0	20.0	0.27	7039	15790	40.9	9801.8
淮安	1388.1	4998.9	28918	20540.0	14.1	39.3	17.3	0.1	7233	15983	39.4	9772.9
盐城	2332.8	4546.4	32130	18475.1	16.0	37.0	14.2	0.11	8751	16935	36.9	10557.4
扬州	2229.5	6477.0	49990	23164.4	7.2	37.6	13.0	0.23	9462	19537	38.0	16281.5
镇江	1987.6	7996.7	63841	37521.8	4.1	39.5	12.5	0.26	10874	23224	39.2	18137.1
泰州	2048.7	6550.7	44358	23210.7	7.4	37.6	14.8	0.26	9324	20255	34.2	12024.2
宿迁	1064.1	3364.2	22565	14856.0	17.6	37.4	14.9	0.07	6975	12757	42.9	6136.7

表 9-7　江苏省 13 地市经济发展水平综合评价各指标数据（2013）

	y1	y2	y3	y4	y5	y6	y7	y8	y9	y10	y11	y12
南京	8011.8	19438.6	98011	62211.8	2.6	54.4	19.9	0.44	16531	38531	36.8	43134.1
无锡	8070.2	18944.0	124640	61281.0	1.8	46.0	15.2	0.55	20587	38999	35.8	42565.4
徐州	4435.8	7681.9	51714	35969.4	9.7	42.5	14.9	0.09	12052	23770	35.8	17412.5
常州	4360.9	14282.5	92995	60743.0	3.2	45.2	15.4	0.42	18643	36611	35.4	34262.5
苏州	13015.7	22742.0	123209	55036.4	1.6	45.7	18.5	1.49	21578	42748	33.4	34619.0
南通	5038.9	10135.1	69049	45202.3	6.9	41.1	14.7	0.37	14754	31059	35.4	26589.3
连云港	1785.4	6716.4	40416	30488.5	14.5	40.3	16.7	0.23	10745	22985	35.4	14804.1
淮安	2155.9	8643.2	44774	30103.2	12.6	41.8	19.4	0.11	11045	23107	36.2	14941.7
盐城	3475.5	7347.4	48150	30716.8	14.1	38.9	15.3	0.12	13344	24119	34.8	16113.7
扬州	3252.0	9363.3	72775	45306.0	6.9	41.0	12.9	0.18	14214	28145	35.3	24762.4
镇江	2927.3	11652.9	92633	55384.8	4.4	42.7	12.6	0.21	16258	32977	35.7	27552.0
泰州	3006.9	8903.1	64917	38070.1	6.8	40.8	13.7	0.22	13982	29112	32.6	18064.1
宿迁	1706.3	5667.7	35484	26784.1	13.8	38.4	16.0	0.12	10703	18846	36.9	9180.8

（3）指标的赋权及 *EDI* 值测算

根据熵权法计算得到生态系统评价各指标权重（参见表 9-8）。利用加权求和模型计算 *EDI* 值。

表 9-8　经济发展水平综合评价各指标权重

指标	y1	y2	y3	y4	y5	y6	y7	y8	y9	y10	y11	y12
权重 w_j	0.117	0.083	0.076	0.072	0.051	0.110	0.077	0.183	0.080	0.057	0.024	0.070

4. 生态经济系统协调度（EEH）测算

生态经济系统协调度指数（EEH）为研究期内生态系统安全综合指数的变化率（ESI_{pr}）与经济发展综合指数（EDI_{pr}）之比,用来衡量生态经济系统协调发展程度。公式如下：

$$ESI_{pr} = \frac{ESI_{pj} - ESI_{pi}}{ESI_{pi}} \qquad （公式 9.6）$$

$$EDI_{pr} = \frac{EDI_{pj} - EDI_{pi}}{EDI_{pi}} \qquad （公式 9.7）$$

$$EEH = \frac{ESI_{pr}}{EDI_{pr}} \qquad （公式 9.8）$$

公式 9.6、9.7、9.8 中：ESI_{pj}、ESI_{pi} 为研究区某时期始、末年份生态安全综合指数、EDI_{pj}、EDI_{pi} 分别为研究区某时期始、末年份的经济发展综合指数。

根据生态与经济系统协调发展的内涵,考虑到研究区内所有评价单元在 2010～2013 年经济均有所发展,因此 EDI_{pr} 为正值。对 EEH 的判断是在相关研究[1]的基础上加以改进,标准如下：① $EEH \geqslant 1$,研究区该时段生态经济系统处于协调状态,且生态系统发展速度不滞后于经济发展速度,此状态下该区域生态环境与经济发展及两者间协调性均较好,或是研究初期该区生态环境已遭破坏,研究期间生态系统得到较好修复；② $0 \leqslant EEH < 1$ 时,EEH 值越小表明生态经济协调性越低,该时段生态经济系统仍处于协调状态,但生态系统发展比经济发展速度慢,当前生态环境虽未恶化,但压力较

① 参见王振波、方创琳、王婧：《1991 年以来长三角快速城市化地区生态经济系统协调度评价及其空间演化模式》,《地理学报》2011 年第 12 期；刘海龙、石培基、李梅生等：《河西走廊生态经济系统协调度评价及其空间演化》,《应用生态学报》2014 年第 12 期。

大,具有潜在危机;③-1<*EEH*<0,该时段生态经济系统协调水平较低,处于不协调状态,经济发展已经对生态环境造成负面影响;④*EEH*≤-1,该时段生态安全综合指数较低,表明生态经济系统严重冲突,区域经济发展已对环境产生严重危害,人地关系严重不协调。为进一步揭示研究区 *EEH* 演变特征,本文根据 *EEH* 计算结果对研究区进行分区。

(三)江苏省生态经济系统协调度测算结果分析

1. 生态系统发展特征

(1)生态环境压力

根据各指标原始数据,绘制生态环境压力各单项指标的变化图(参见图9-1)。如图9-1所示,研究期内,江苏省内各市人口密度普遍较高,表明人口压力较大;单位耕地化肥施用量主要表征省内农业用地的环境压力,化肥使用过量会造成土壤板结酸化、次生盐渍化、农产品品质下降、水体富营养化等问题,从而造成水土污染。土壤污染与水体污染和空气污染不同,具有一定的时间滞后性,被污染时不易被发现,治理难度也较大,因此,有必要考虑这一指标。从省内各市来看,徐州、宿迁、连云港、淮安等市化肥施用量较高,苏中、苏南地区相对较小,除淮安、宿迁、扬州等市外,各地单位面积耕地的化肥施用量均有所减少;单位建设用地的二三产业产值可以反映各地的土地利用集约水平,从省内各市的数据来看,苏州、无锡、南京等地的建设用地效益较高,连云港、徐州、淮安、盐城、宿迁等地的用地效益较低,各地的单位建设用地产出均呈明显提高;化学需氧量(COD)排放量是表示工业生产对水质污染程度的重要指标,该值越高,表明对水环境的压力越大。从各市数据来看,2010年,苏州、南通、盐城、无锡等地排放量较高,扬州、镇江、泰州等地排放量较小;2013年,各地市排放量发生较大的变化,盐城、徐州、南京、宿迁、泰州等地的排放量有大幅增长,仅苏州和无锡两地有所下降,表明该区化学需氧量减排控制较好;工业二氧化硫排放量和工业烟尘排放量主要反映产业发展对于大气环境的压力,从两个年份的数据对比来看,除个别城市外,各地大气污染物的排放量明显增长,大气环境压力增加;各地固体废弃物排放量均有所增长,其中,苏州、南京、徐州、无锡等地固废排放量较高。

（单位：人/平方公里）人口密度

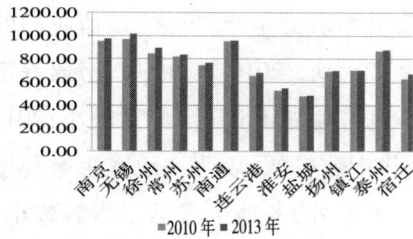

（单位：千克/亩）每亩耕地化肥施用量

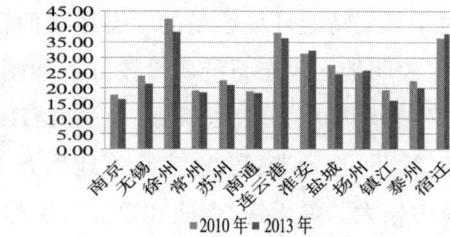

（单位：万元/公顷）单位建设用地的二三产业产值

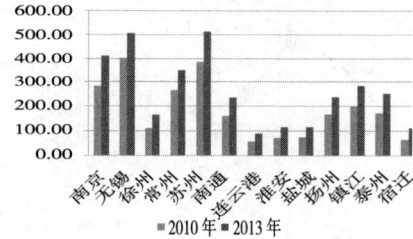

（单位：吨）化学需氧量排放量

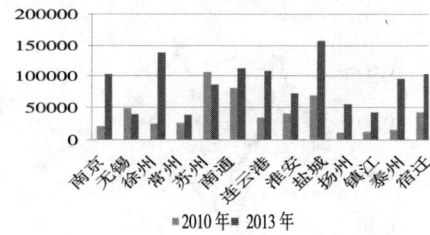

（单位：万吨）工业二氧化硫排放量

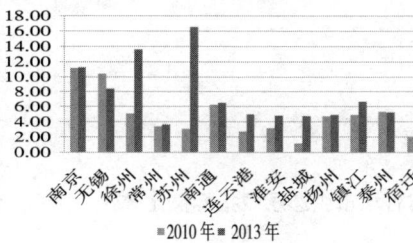

（单位：吨）工业烟尘排放量

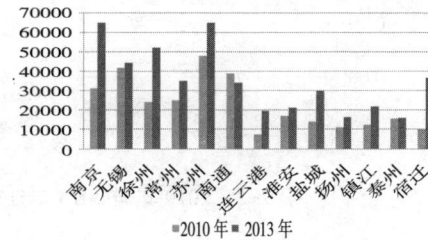

（单位：万吨）工业固体废弃物排放量

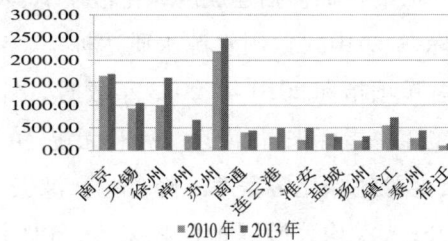

图9-1 江苏省各市生态环境压力单项指标值

生态承载指数为 $x1$、$x2$、$x3$、$x4$、$x5$、$x6$、$x7$ 等反映生态环境压力指标的综合指标值,该指标值越低,表明该区生态系统受到的环境压力越大,因而对于某一特定环境容量的生态系统而言,其承载力越小;反之,该值越高的话,表明地区生态系统质量较好。如图 9-2 所示,2010 年,徐州、南通等市的生态环境压力较大,无锡、常州、镇江等地的生态环境压力相对较小;2013 年,徐州、连云港、宿迁、南京等地生态承载指数较低,表明该地区生态环境压力较大。除无锡、南通和镇江等市略有上升外,各地生态承压指数减小,可见各地生态系统受到的环境压力普遍上升。

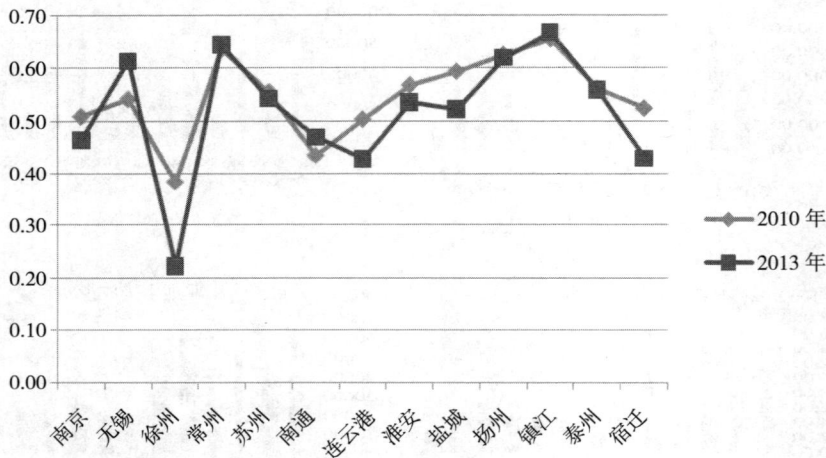

图 9-2　2010 年与 2013 年江苏省各地市生态承载指标值比较

(2)生态环境状态

生态环境状态相关的指标包括建成区绿化覆盖率、人均公园绿地面积、水环境监测断面达标率、集中式饮用水源水质达标率、空气质量达标天数、酸雨发生频率等。各单项指标 2010 年、2013 年数据如图 9-3 所示。

从建成区绿化覆盖率指标来看,南京、扬州、无锡、镇江等地绿化率均较高,无锡、徐州、连云港等地绿化覆盖率下降,南通、淮安、盐城、宿迁等地绿地覆盖率有明显上升;从人均公园绿地面积来看,各地差异较小,其中,扬州、镇江、徐州、苏州等地较高;从各地环境公报中的水环境监测断面达标率情况来看,2010~2013 年间有较大的变化,普遍呈达标率下降的趋势。其

（单位：%） 建成区绿化覆盖率

（单位：平方米/人） 人均公园绿地面积

（单位：%）水环境监测断面达标率

（单位：天）空气质量达标天数

（单位：%）酸雨发生频率（市区）

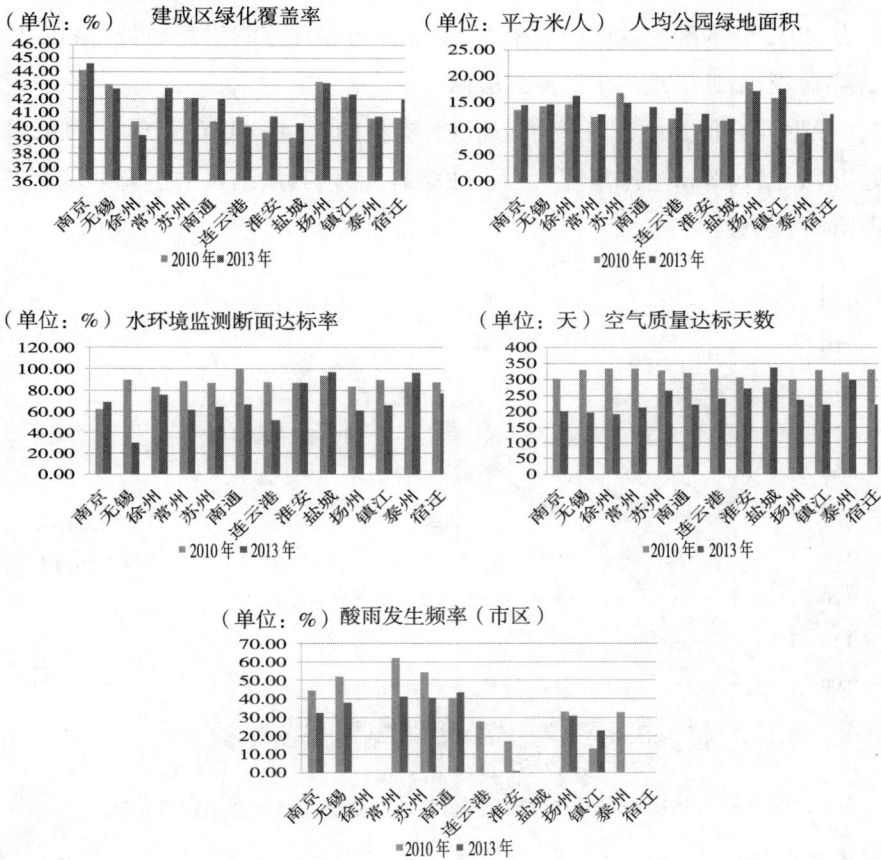

图9-3　2010年与2013年江苏省各地市部分生态环境状态单项指标值

中,无锡、扬州、南通、苏州、常州等地下降比较明显,南京、盐城、泰州等地的达标率略有上升;饮用水源地提供居民及公共服务用水,关系到居民的健康和基本生活需求的满足,因此饮用水源地的水质安全十分重要,该指标江苏省各地基本均能符合;空气质量状况近几年受到广泛的关注,2013年年初,全国发生大面积雾霾污染,江苏省也是重灾区。因此,本研究选取了两项指标来表征大气环境状况,从空气质量达标天数来看,2010~2013年,除盐城市以外,各地空气质量优良天数明显减少,各市空气平均达标率从2010年的88%降低到2013年的66%,最低值53%;从各市市区的酸雨发生频率来看,除南通市以外,其余地区酸雨发生频率较 2010 年均降低,呈污染减轻态势,从 2013 年的酸雨发生地区来看,主要分布在江苏省沿海地带,徐州、连云港、盐城、宿迁等地均未监测到酸雨。

根据计算得到生态环境状态指数,参见图 9-4。2010～2013 年间,淮安、盐城、泰州等市生态环境状态指数略有上升,其余地区的生态环境状态呈下降的态势。

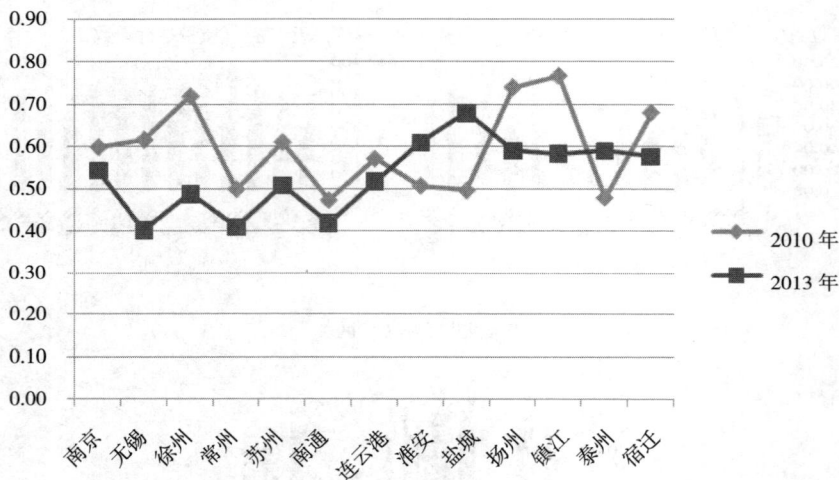

图 9-4　2010 年与 2013 年江苏省各地市生态环境状态指标值比较

（3）生态环境控制

表征生态环境控制状况的指标包括污水处理厂集中处理率、工业固体废物综合利用率、生活垃圾无害化处理率、环保投资占 GDP 比重、单位土地面积的环保投资 5 项指标（参见图 9-5）。其中,从城市污水集中处理率的变化情况来看,各地均有所提高;工业固废综合利用率各地变化不大,部分地区,如无锡、盐城、宿迁等地利用率下降,南京、常州、连云港等地略有提高;各地生活垃圾无害化处理率均有所提高,南京、连云港、宿迁、淮安、盐城等地仍有提升空间,农村地区的生活垃圾无害化处理仍需关注;环境污染治理投资占 GDP 比重及单位土地面积的环保投资均为表征环境污染治理状况的指标,其中,大部分地区的环保投资所占比重均呈下降趋势,仅南通、镇江等地有所提升。可见,各地对于生态修复和环境治理的投资仍较为不足。

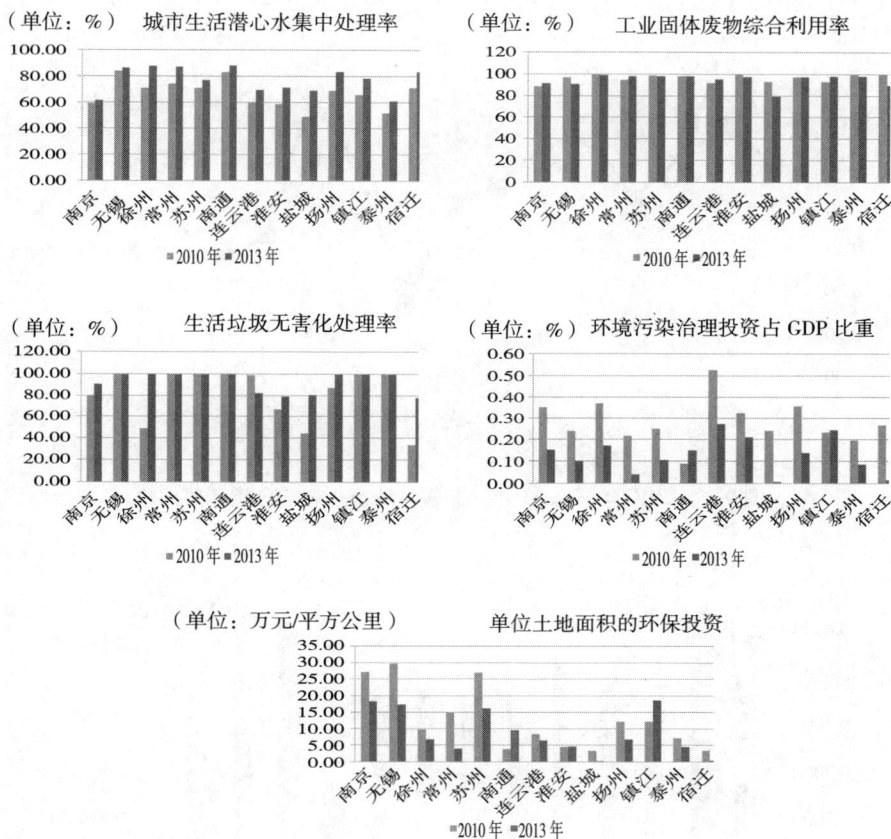

图 9-5　2010 年与 2013 年江苏省各地市生态环境控制单项指标值

　　通过计算得到生态环境响应指数,参见图 9-6。各地的生态响应状况不容乐观。2010～2013 年间,南通、镇江等地的生态响应指数有所上升,无锡、苏州、南京、常州、连云港、宿迁等地均下降。总体来看,各地对于生态环境变化的响应仍有待加强。

　　(4)生态系统发展综合指数

　　如图 9-7 所示,2010～2013 年间,江苏省生态系统发展综合指数(ESI)绝大部分地区呈下降的态势,只有南通、淮安、盐城、泰州等地指数有所上升。

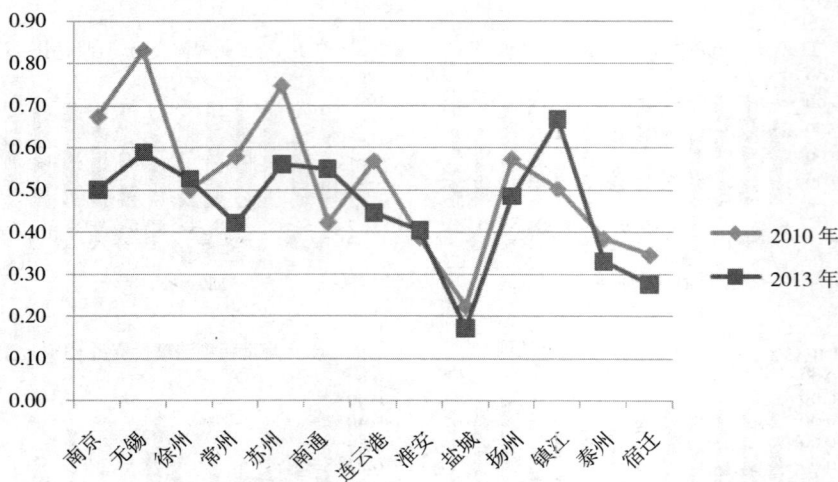

图 9-6　2010 年与 2013 年江苏省各地市生态响应指标值比较

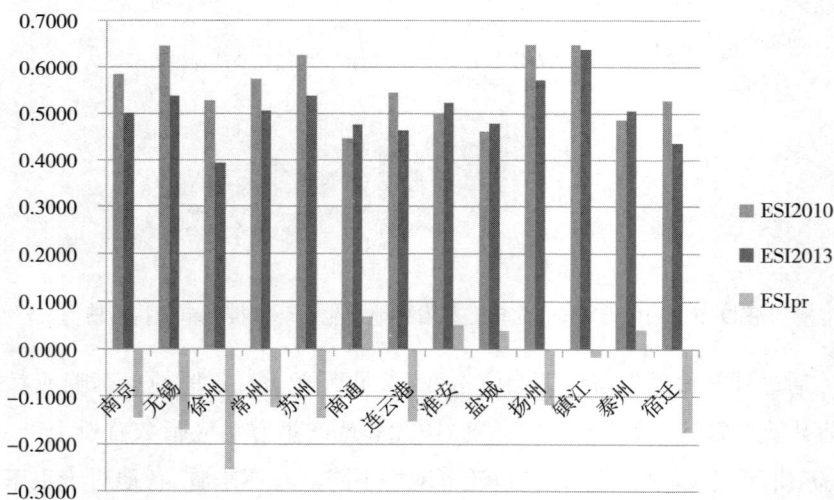

图 9-7　2010 年与 2013 年江苏省各地市生态系统发展综合指数及其变化

2. 经济发展特征

(1)经济规模及效益

经济规模及效益方面的指标主要包括经济总量的地区生产总值和反

映人均经济效益的人均财政收入、人均地区生产总值、人均全社会固定资产投资额 4 项指标(参见图 9-8)。2010～2013 年间,各地该 4 个指标均有不同程度的增长,其中,3 年间,地区生产总值平均增长 48.5%,宿迁市的经济增长速度最快。从空间分布上来看,南京、无锡、苏州等沪宁沿线地区的 GDP 水平仍处于领先地位;从人均收益来看,苏州、无锡、南京、常州、镇江等地处于较高水平,宿迁、淮安、连云港、徐州等地较低。计算可得到 2010、2013 年经济收益指数(参见图 9-9),各市均呈平稳增长的态势。

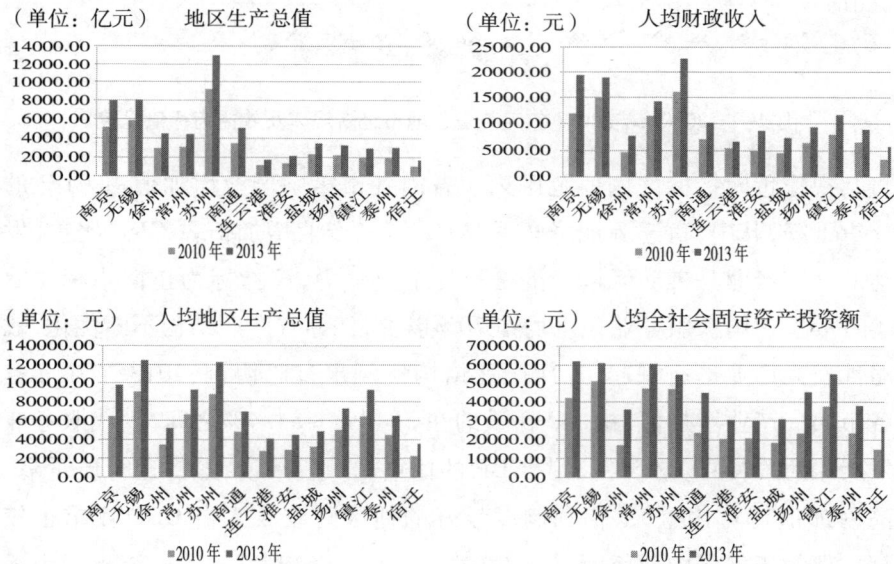

图 9-8　2010 年与 2013 年江苏省各地市经济规模及效益单项指标值

(2)经济结构

经济结构方面的指标包括第一产业增加值占 GDP 比重、第三产业增加值占 GDP 比重、财政收入占 GDP 比重、贸易总额占 GDP 的比重 4 项指标(参见图 9-10)。其中:①第一产业增加值占 GDP 的比重为适中指标,主要是考虑产业结构演变规律和江苏省发展现状及趋势,未来以发展第三产业为主,第一产业增加值占 GDP 的比重可能进一步降低,仍处于可

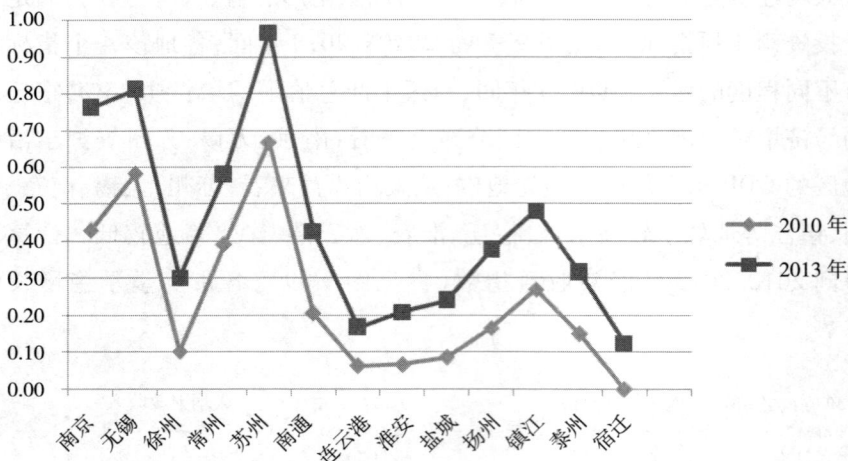

图 9-9 2010 年与 2013 年江苏省各地市经济规模及效益指标值比较

将其视作负向指标的阈值范围内。省内各市第一产业增加值占 GDP 的比重下降,其中,宿迁等地降幅明显;②第三产业增加值占 GDP 比重,发达的第三产业是带动区域经济增长的主要动力,该指标为正向指标。欧美日等发达国家服务业比重均在 70% 以上,江苏省产业结构不断优化,战略性新兴产业迅速崛起,三次产业结构比例也日趋协调,2013 年江苏省各市第三产业增加值占 GDP 比重约在 38.4%~54.4% 之间,现代服务业发展相对缓慢;③财政收入占 GDP 的比重。一般来说,经济运行质量高、高附加值行业比重大、福利制度较好的地区财政收入占 GDP 比重也较高。但对于发展中地区而言,赋税过高不利于经济发展,因此该指标为适中指标。从全省来看,财政收入占 GDP 的比重在 16% 左右,两个年份间变化不大。按照世界银行的统计,政府收入占 GDP 比重与人均 GDP 正相关。与世界上其他国家和地区相比,根据目前江苏省人均 GDP 水平,收入占 GDP 的比例并不算高。这主要与全国各地收入计算的统计口径不一、国内生产总值数据失真、各地税收优惠存在差异等影响因素有关,实际财政宏观负担水平较高。与全国其他地区相比,江苏的税负处于中游,低于其他经济相对发达地区,如北京、上海等地财政收入与 GDP 的占比,该指标值可视为仍处于上升的阈值内;④从贸易总额来看,苏州地区的贸易总额占本市 GDP 比重远高于其他地区,但总体来看,2010~2013 年间各地贸易总额占 GDP 的比重下降,由 2010 年的 0.40 降到 2013 年的 0.35。2010~2013 年间,除连云港市之外,各市经济结构指数均有所上升(参见图 9-11)。

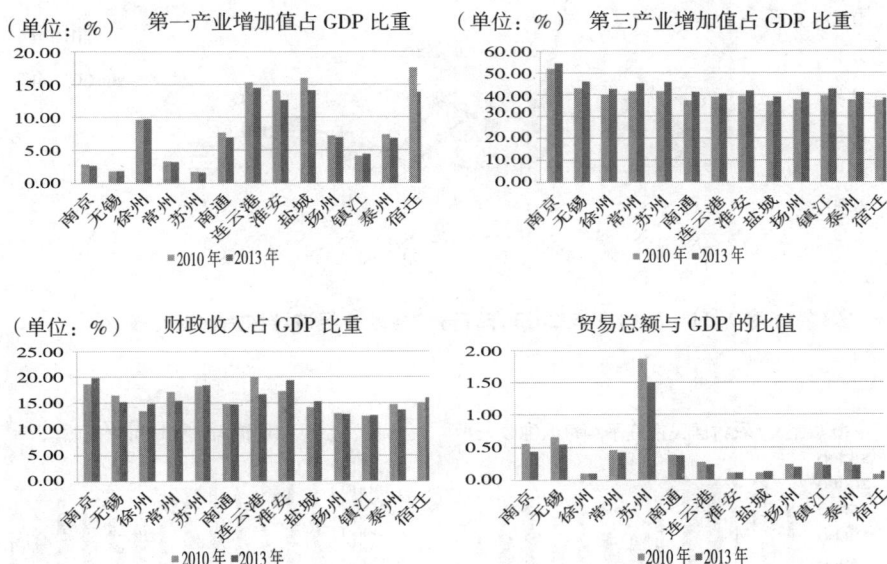

图 9-10　2010 年与 2013 年江苏省各地市经济结构单项指标值

(3)人民生活水平

人民的生活水平方面主要包括农村居民家庭平均每人纯收入、城镇居民人均可支配收入、农村居民家庭恩格尔系数、人均社会消费品零售总额等指标(参见图 9-12)。从全省来看,农村居民家庭平均每人纯收入得到大幅提升,平均增幅 50%;城镇居民人均可支配收入平均增幅 42.9%;除无锡市和常州市外,各地农村居民家庭恩格尔系数有所降低;人均社会消费品零售总额明显上升,各地增幅在 50% 左右;各市人民生活水平呈平稳上升态势(参见图 9-13)。

(4)经济发展水平综合指数

从经济发展水平综合指数(参见图 9-14)来看,各地经济均有所发展。研

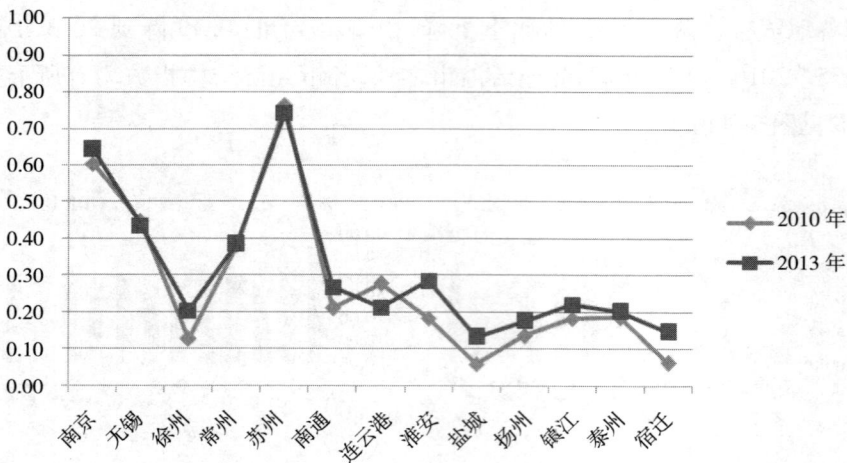

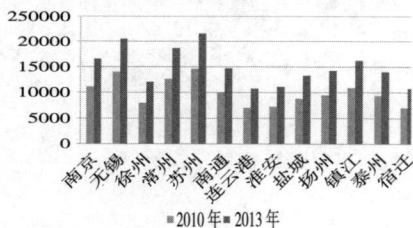

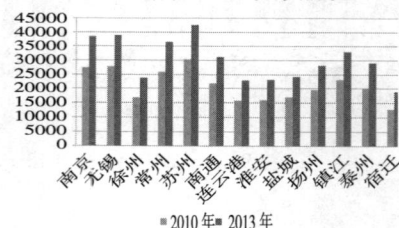

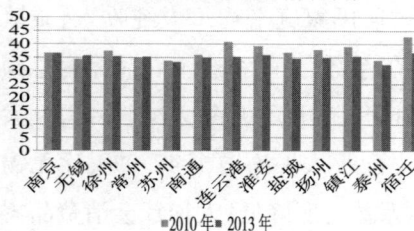

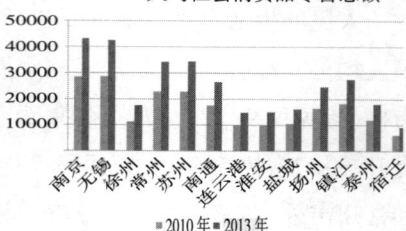

图 9-11　2010 年与 2013 年江苏省各地市经济结构指标值比较

图 9-12　江苏省各市人民生活水平单项指标值

究期内,宿迁、盐城、徐州、淮安、扬州等地的 *EDI* 变化率较高,表明这些地区经济发展水平提升较快;江苏省内,经济发展水平的区域差异仍然十分明显。

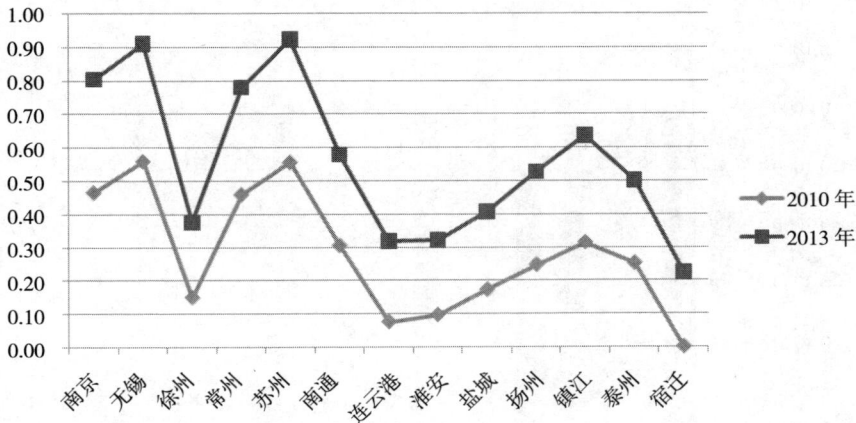

图 9-13　江苏省各市人民生活水平指数

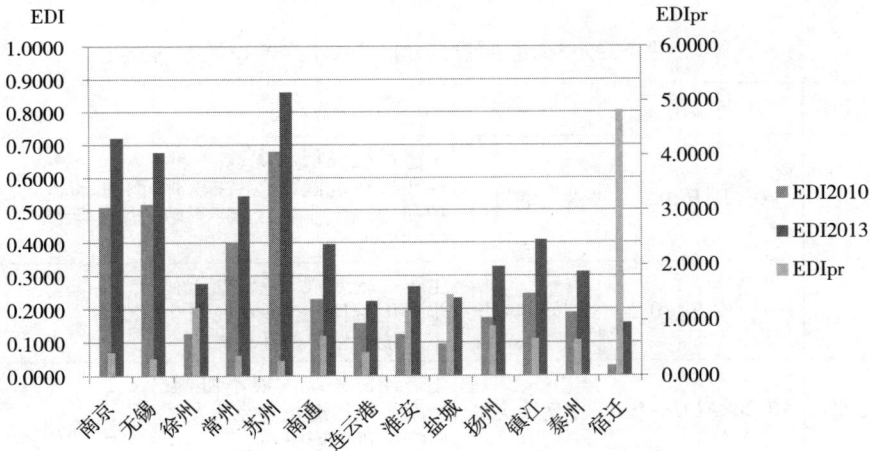

图 9-14　江苏省各市经济发展水平综合指数及其变化

3. 生态经济系统协调度分析及分区

根据生态经济系统协调性计算结果(参见图 9-15)及 *EEH* 判断标准,江苏省内生态经济系统协调发展模式可划为 4 类(参见图 9-16),具体分类说明参见表 9-9。

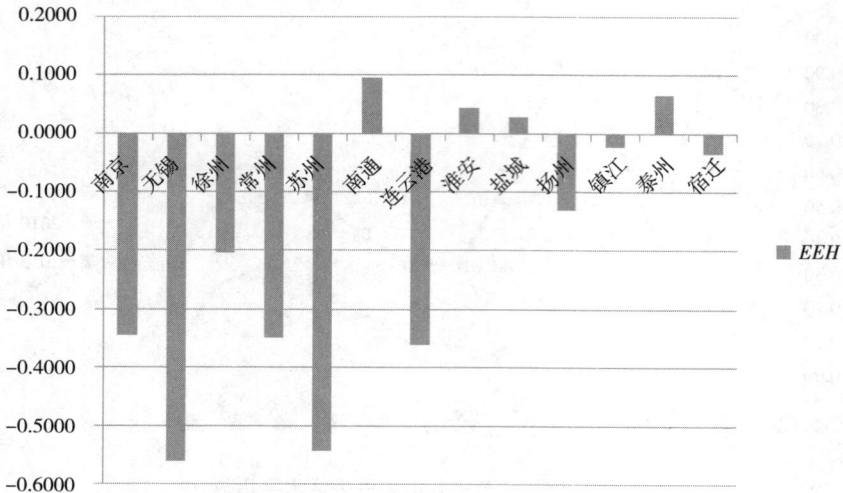

图 9-15　生态经济系统协调度

表 9-9　生态经济系统协调度划分标准及江苏省 13 地市的分类

代码	范　围	类　型	说　明	地　区
I	$0 \leqslant EEH < 0.2$	潜在危机区	生济系统发展状况改善,但存在潜在危险,若不注重保护和治理生态系统,将影响经济发展	南通、淮安、盐城、泰州
II	$-1 < EEH < -0.2$	较低冲突区	生态系统发展较差,处于初步退化阶段,经济发展与生态系统建设协调性较差	扬州、镇江、宿迁
III	$-0.20 < EEH < -0.4$	中度冲突区	生态经济系统发展不协调,生态系统的退化对经济发展已产生负面影响	南京、常州、连云港、徐州
IV	$-0.4 < EEH < -0.6$	较高冲突区	生态经济系统发展极不协调,生态系统逐步退化,资源环境制约较大,对经济发展造成较大负面影响	无锡、苏州

　　评价结果显示,尽管近几年来,江苏省通过产业转型升级、空间分区管制等手段促进资源节约和生态环境保护与治理,取得了一定成效,但是生态环境综合发展水平在 2010～2013 年期间并未有实质性的改善和提高,资源

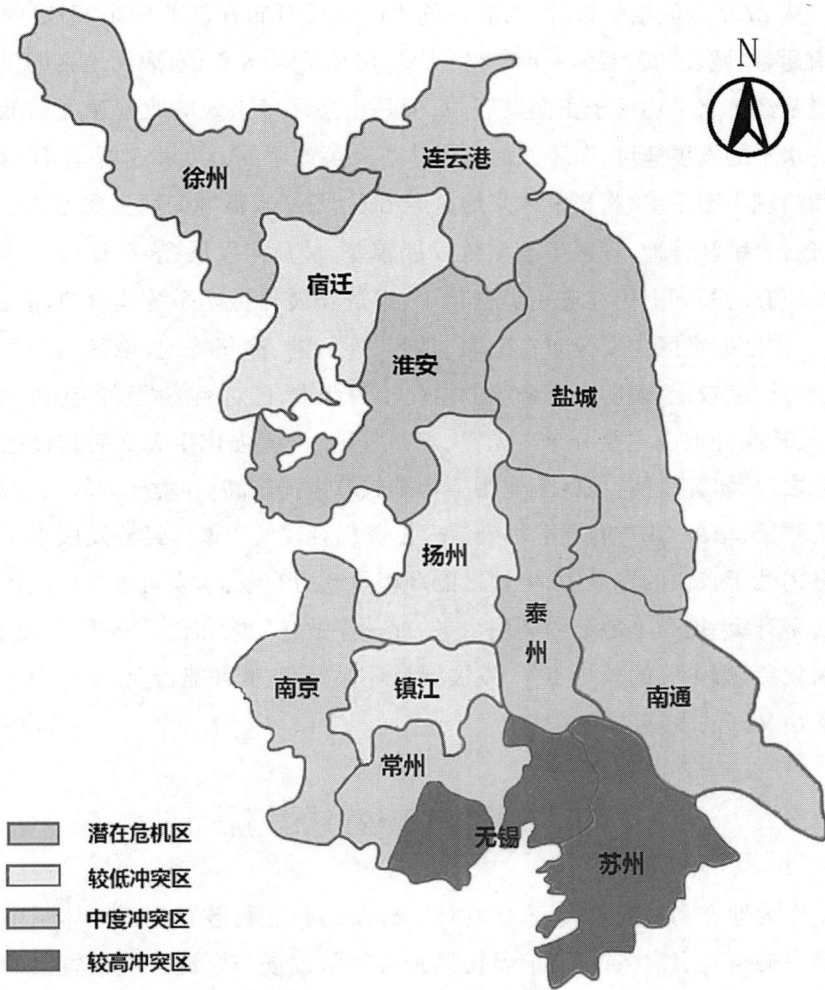

图 9-16　江苏省生态经济系统协调性空间分区

消耗量和污染物产生强度仍然较高,在生态环境治理和改善上,投入较为不足,绿色生活方式有待培育。经济发展水平与生态环境质量不协调,经济发展水平较高而生态环境较差,生态系统发展速度落后于经济的发展,未来可能成为制约地区经济发展的瓶颈。以上分析可见,目前江苏省有利于生态环境的保护与建设和区域经济可持续发展的生态文明制度尚未系统建立和落实。

从 *EEH* 分区结果来看:①潜在危机区主要分布在江苏中东部地区,包括南通、盐城、淮安、泰州4市,该区 ESI_{pr} 和 EDI_{pr} 均为正值,表明地区的生态环境及经济水平均处于正向发展中,但是生态环境系统的改善速度远低于经济水平的发展速度,若不及时加大生态环境改善的力度和速度,不注重保护和治理生态系统,将影响未来地区经济发展;②较低冲突区主要分布于宿迁、扬州、镇江等地,该区生态系统发展较差,呈负向发展,表明该区生态环境在原有的基础上仍在进一步退化中,经济发展与生态系统建设协调性较差;③中度冲突区主要分布在南京、常州、连云港、徐州等地,该区生态经济系统协调度较低,表明生态系统的退化较为严重,已对经济发展产生负面影响;④较高冲突区主要分布在无锡、苏州等地,该区强化生态文明建设已是当务之急,研究表明,该区工业污染物排放总体仍较高,环境压力较大,酸雨较为频繁,单位 GDP 的环境污染治理投资相对较低。该区经济发展水平较高且仍处于较快的发展中,但地区的环境承载力有限,未来可进一步促进产业转型升级,提高土地集约利用水平、进一步做好节能和化学需氧量、氮氧、二氧化硫、烟尘等的减排工作,发展绿色环保行业、低耗能行业,促进地区经济又快又好的发展。

三、构建江苏省生态经济系统新格局

作为地方利益的总代表,作为地方经济运行和行政管理等级体系中级别最高的空间层次,省级政府是协调地方经济发展与资源环境最直接的主体,是地方社会经济发展和生态文明建设因地制宜、创新推进最有效的保障,在整合"条块"资源、实现部门与地方功能耦合中也起到重要作用。以省区为主要载体,各级行政区建立合作机制联合推进生态文明建设,有利于落实长江经济带生态廊道建设和区域协调性均衡发展的要求。江苏省生态文明建设应在长江经济带生态廊道构建中发挥带头和示范作用,内外联合共同推进生态文明体系新格局的构建。

生态经济系统的协调发展是以资源环境承载力阀值为限的发展,要求在实现区域经济增长的同时要注意保持环境的均衡发展,经济发展不能以牺牲环境为代价;主张将经济和环境看成一个大系统中的两个相互作用的子系统,两者相互影响、相互促进,只有两者产生协调效应,才能推动生态环境与经济向协调有序的方向发展,实现共同稳定发展。

江苏省社会经济发展目前面临诸多机遇和挑战,以推进生态经济系统协调性为核心的生态文明符合科学发展观,是新形势下实现可持续发展战略的基础。通过生态文明建设可以反思工业文明发展道路,提出新的要求,应对国际竞争和挑战,同时可以解决目前江苏省经济社会发展所面临的生态环境问题,实现节约集约发展、清洁发展、安全发展,有利于在保护自然和生态的基础上为经济社会可持续发展创造良好的条件,为人民群众的生产生活创造良好的环境。

江苏省各市生态经济协调性测算结果表明,尽管在生态环境保护和社会经济建设方面取得了一定的成绩,生态经济系统协调度总体仍呈现不协调状态。相对于经济发展而言,生态环境质量改善较慢,主要体现为资源消耗和污染物排放总量仍然较大,生态环境质量下降,自然植被覆盖率低,生态环境治理投入和环境监管制度有待加强;对于部分经济相对发达地区而言,其生态环境的下降已经影响到其经济发展的速度和质量,这与各地区尚未系统建立有利于生态建设和环境保护的生态文明制度有关。针对以上问题,为实现江苏省生态经济协调发展,一方面,在区域内部推进各地方政府的控制和相互合作、企业和公民的参与、政府和社会的联动,未来生态文明建设需从加强民众生态教育、完善生态制度、推进特色生态环境保护制度体系的构建、加快生态经济发展等方面入手,以推进和落实生态文明建设;另一方面,江苏省推进生态文明建设的同时要使之与长江经济带生态文明建设接轨,与长江经济带及以上层次建立合作机制,通过产业结构升级与工业布局优化、生态补偿、污染联合治理等机制的构建,联合推进长江流域生态文明建设,积极融入长江经济带在该领域的协调性均衡发展。

(一)加强生态文明教育

生态文化是生态文明建设的灵魂。作为一种先进文化,生态文明意味着思维方式和价值观念的重大进步和转变。推进生态文明建设,必须以正确的生态价值观为指导,加强生态意识教育,构建以人和自然和谐发展理论为核心的生态文化。发展包括绿色生产观和消费观、绿色技术观、绿色营销观等在内的生态文化,并广泛地渗透于社会、经济、科技、法律、政治以及伦理等领域,为经济社会协调性均衡发展提供智力支持和精神动力。

以生态文明理念为指导共建长江经济带绿色生态廊道,需要加大生态文明理念的宣传和普及,在全社会促进形成尊重和保护自然的良好风尚和价值取向,指导长江经济带进行绿色发展、循环发展、低碳发展。江苏省经济与教育相对发达,但公众环保意识和关注程度依然不足,对许多生态环境问题认识不够、态度中庸,全社会尊重和保护自然的伦理观念尚未深入人心,绿色消费意识淡薄,生态文明建设中公众的参与行为能力和程度也较弱,生态文明意识不足已成为制约江苏省生态文明建设的重要因素。因此,加强江苏省生态文化建设迫在眉睫,各级地方政府、各类企业和广大社会公众的生态意识教育迫在眉睫。具体而言,主要从以下三方面入手。

1. 传承复兴优秀传统生态文化,创新培育现代特色生态文化

大力弘扬传统文化中"天人合一"、"道法自然"、"万物平等"等与生态文明相关的思想和行动,挖掘江苏省传统"水文化"、"稻作文化"、"鱼文化"、"海洋文化"、"心态文化"、"士农工商同道、义利相互兼顾"、"通变"、"日新其业"等文化符号和精神特色,在此基础上吸收外来文化精髓,推动江苏省生态文化产业的发展,突出自然生态景观和本土文化的有机保护,加强生态文化资源的研究、创新开发、宣传和推广工作,创作各类相关影视作品、小说、报告文学、游戏、动漫等,以书展、电影节、科普展览等为生态文化传播的艺术形式,以社区、学校、机关、企事业单位等为生态文化创新和培育的重要载体,以文化馆、图书馆、博物馆、科技馆等为传播生态文化的重要阵地。使崇尚自然、尊重自然、热爱自然的生活理念,逐渐内化成为一种自发的生态意识。

2. 健全生态文明教育体系建设,普及生态文明宣传教育

将生态文明知识和课程纳入教育体系,普及生态环境教育。同时,在政府层面、企业层面和公众层面,利用互联网、报刊、电视、广播、广告等多元宣

传网络,积极传播生态文明理念,在全社会形成良好的生态保护氛围。加强各级政府生态意识教育,树立保护自然、维护代际公平的生态责任意识,明确其在所辖区域内的生态责任[①];加强各类企业保护环境和维护生态平衡的环保意识、社会责任意识、共生意识等生态意识和思维的培养,形成以可持续发展为核心的绿色企业文化,提高企业绿色竞争力;加强社会公众生态意识教育,增强全民的生态忧患意识、节约意识、参与意识和责任意识,增强节约资源的自觉性、主动性,营造"节约光荣,浪费可耻"的新社会风尚。

3. 推进绿色健康的生活理念,实现生活方式和消费转变

生活方式的变革会产生难以估量的绿色效益。推行绿色健康的生活理念,引导公众自觉抵制过度消费、奢侈浪费等畸形消费观,弘扬正确的价值理念和消费理念,宣传和奖励典型经验和人物,鼓励绿色饮食和绿色出行,优先购买和使用节能产品,提倡节约用水和垃圾分类投放等。发挥政府引领作用,一方面完善政府采购制度,推进政府绿色采购;另一方面通过制度设计来促进绿色消费,出售商品增加环保认证标签和"碳标签",实施环境成本内在化措施,以及差别税收、差别价格、对绿色产品和低碳产品降低税收等。提升绿色社区和绿色家庭创建水平,逐步建立社区公众、环保志愿者、环保非政府组织(NGO)参与环境保护的机制。

消费是生产的终点也是生产的起点,居民生活和消费方式的改变,会倒逼生产方式的绿色转型,促进形成人与自然和谐相处的生产和生活模式。

(二)完善生态文明制度

长江经济带生态文明建设必须有良好的生态制度环境作为保障,至少包含三个层面的内容:一是完善全国性的法律法规,用于对本地区生态文明建设进行宏观指导;二是长江经济带各地区间联动机制的建设,包括省域之间的合作机制、生态补偿机制等的构建;三是制定江苏省法规或规章,用于对本地区生态文明建设进行具体指导。

---

① 参见施从美:《长三角区域环境治理视域下的生态文明建设》,《社会科学》2010年第5期。

1. 在国家层面制定和完善相关法治

生态环境保护的法律手段是重要的制度安排之一。从国家层面上来看,推动生态文明建设应增强相关法律的权威性,坚持依法治国、依法行政、依法执政,完善法治保障。首先,从立宪层次上推进生态文明制度建设,借鉴国外环境法制的经验教训,积极探索我国的环境法治建设,如主体功能区、公民的环境权等,研究生态文明建设的依据、程序,将生态文明建设纳入宪法;其次,要全面构建环境法律法规框架,以修正《中华人民共和国环境保护法》为契机,以宪法为核心,修改民法、刑法、经济法等法律中有关资源节约和环境保护的内容,并推进生态税相关立法工作;再次,以宪法为核心,以《中华人民共和国环境保护法》为基本法,制定《中华人民共和国自然资源保护法》,为污染防治和自然资源保护提供综合性法律支撑;制定《中华人民共和国生态环境补偿法》,统一协调生态环境资源开发与管理、生态建设、资金投入与补偿的方针、政策、制度和措施,尽快将生态环境补偿纳入规范化、法治化轨道;最后,我国生态环境管理中存在"重立法、轻执法"的现象,不利于生态环境保护,除了注重法律的制定和完善,还要督促法律的执行,做到有法必依、严格执法。

2. 在流域内构建政府生态合作与补偿机制

通过深化合作,在长江经济带内建立完善各级政府的联动管理机制、生态补偿机制等制度安排,形成"生态共同体",促进省际利益公平公正的分配,创新管理体制机制,实现长江流域生态环境保护一体化,是解决长江经济带日益严峻的资源环境问题、实现协调性均衡推进绿色生态廊道建设的重要途径。

(1)建立流域环境污染联合防治机制和预警应急体系

鉴于生态环境具有的公共性、整体性,生态文明建设迫切呼唤跨区域的生态合作治理。首先,针对跨行政区、跨流域的一些重要生态功能区,打破条块分割的地方行政体制,推动建立跨区域生态治理的机构组织和协商对话机制,负责跨省区域和流域重大环境纠纷的协调处理,以及环境污染和生态破坏案件的来访投诉受理和协调,定期就流域生态文明建设中的重大问题进行讨论协商,并负责区域性、流域性生态政策与生态文明建设规划的组织制定。其次,推进长江经济带城市群实现环境保护和治理重大项目的制定和实施、环境管理监督机制和环保产业的一体化发展。^① 再次,要以江河湖泊治理和生态建设为重点,建立联动机制。沿江省市共同设立长江水环境保护治理基金,以鄱阳湖、洞庭湖、太湖、长江沿线地区为重点,对流域环境保护重点难点进行联合商讨和治理,包括:水资源综合利用、水环境修复、环境重污染事件应急处置等。最后,重视生态环境的保护和修复,加强对土壤污染、大气污染和新型污染源的防治,并在全区范围内继续推进对化学需氧量、二氧化硫等减排情况的监测和考核,同时对总磷、氨氮、氮氧化物、可吸入悬浮颗粒物等重要污染物和二氧化碳等温室气体的减排加强监测和考核。

(2)建立健全水资源管理制度

长江经济带以江为基础,"水"构成了这一经济带的"血脉",良好的水质和生态不仅是长江经济带可持续发展的重要载体,也是实施国家能源安全战略的重要支撑。长江经济带生态文明建设应按照"节水优先、空间均衡、系统治理、两手发力"的治水思想,突出水资源保护、江河湖泊关系的协调和处理、流域环境的综合治理。在科学分析长江流域水资源管理的薄弱环节的基础上,根据国家实行最严格水资源管理制度的要求,重点建设流域水资源和水环境保护制度,明确长江水资源开发利用"三条红线",控制水资源开发总量、效率和污染排放总量,促进水质稳步改善。加强水资源监督管理法规制度和水资源管理信息系统的建设。同时,结合区域联动的长江流域环境污染共同防治体系的构建,完善规划水资源论证制度,推进流域水行政审批制度改革,不断建立与完善流域综合管理体制及机制。

(3)完善纵横结合的生态补偿制度

流域生态环境保护问题实际上是流域内上下游生态环境服务供给者与生态服务需求者之间合理的利益关系问题,具有典型的跨行政区特性,这是长江经济带协调性均衡发展和生态文明建设中必须面对的重大问题。区域生态补偿制度为相关利益方提供切实的激励,有助于激励区域内环境保护

---

① 参见李志萌:《共建长江经济带生态文明》,《江西日报》2014 年 9 月 15 日第 B3 版。

行为的改进,解决污染问题以及跨界污染引发的利益冲突和纠纷。① 流域环境承载力极其脆弱,一旦水源被污染,便会产生严重的负外部性,对当地和流域下游承载着大量人口和大规模经济的地区造成不利影响,因此,应当在长江流域范畴内共建生态补偿制度体系,借助流域生态补偿调节生态环境保护与经济利益之间的分配关系。

一方面,继续完善纵向生态补偿,即中央对地方的生态补偿,扩大补偿范围,加大补偿力度,优化细化补偿区考核办法等。通过中央财政专项转移支付、改革排污费使用制度、开征国家生态税等渠道,筹集资金,以资金、技术、实物补偿等方式,对流域上游地区、生态保护区、生态项目建设者等对生态环境有所贡献或因保护环境发展受限的地区和人员实行经济补偿。

另一方面,建立全区域间、流域上下游间、生态保护区和生态保护受益区间的横向补偿机制,根据"谁受益谁补偿"和平等协商原则,依托重点生态功能区,逐步实现生态补偿制度化、法治化。由经济基础好、生态环境受益地区、流域下游地区向生态环境保护较好地区和流域上游地区提供补偿。以补偿区对生态财富、粮食安全、社会稳定的贡献大小和机会成本为依据确定转移系数。环境受益地区以资金补助、定向援助、对口支援等多种形式进行补偿,引入市场机制,创新融资方式,多元化筹集资金。

此外,还需制定合理的补偿标准,并在长江经济带内开展生态补偿示范区建设。生态补偿标准的界定是生态补偿机制建立过程中最富争议的问题,一是要积极探索科学合理的生态服务价值评估方法和生态破坏损失评估方法;二是在实际的生态补偿问题中,可采用"协议补偿"的方法,达到接受补偿和支付补偿之间的协商平衡。

3. 在江苏省内完善生态制度规范

江苏省应加快完善和创新生态制度规范,形成具有特色的生态文明发展体系,具体措施如下:

---

① 参见吴珊:《流域生态补偿制度立法初探》,《生态安全与环境风险防范法治建设——2011 年全国环境资源法学研讨会(年会)论文集》(第三册)2011 年 8 月版,第 1189~1194 页;罗小娟:《太湖流域生态补偿机制的框架设计研究——基于流域生态补偿理论及国内外经验》,《南京农业大学学报》(社会科学版)2011 年第 1 期。

一是完善市场机制,以解决资源环境要素合理配置的问题。推进资源和环境领域的价格改革,发挥市场的决定性作用,除了涉及民生的自然资源和环境价格之外,其余均由市场调节。通过产权、价格、收费、生态补偿机制等方面实行经济倒逼①,提升生态环境的破坏成本。加快建立和实施资源有偿使用制度、完善土地征收制度、工业用地招拍挂制度等促进土地节约集约利用。实施绿色价格政策,建立居民阶梯电价、水价、气价制度。探索碳排放权交易制度,促进清洁发展机制建设②。

二是构建多元投融资机制,加大资金投入和监管力度。一方面,各级政府可将生态文明建设专项资金纳入财政预算,加大财政向相关领域倾斜力度,并建立有效的资金使用和监管制度,确保专款专用,提高资金使用绩效。另一方面,发挥财政资源的配置职能和引导作用,设立多元投融资体系,采用多种形式积极利用各种社会资金参与环保基础设施建设和经营,鼓励金融机构加大对清洁生产企业的信贷投入力度,发展循环经济,扶持清洁生产和节能减排项目。

三是建立健全综合决策机制和公众参与机制。健全生态文明建设信息公开制度,让公众及时了解生态环境状况和生态文明建设情况。通过建立江苏省生态文明建设信息平台和公共服务平台,整合各部门相关信息资源,研发生态文明决策支持系统,加强生态文明建设信息的发布和交换,为制定决策和开展生态文明建设评估提供坚实基础。完善环境与发展综合决策机制,充分评估资源开发利用、重大产业布局等决策可能产生的环境影响。完善社会监督制度,建立公民的表达机制,通过听证会、政府信箱、法律诉讼等形式,引导公民参与生态文明建设监督。健全公众参与机制,在一定程度上克服政府力量优先和失灵的现象③,促进生态文明建设。首先,在法律上确定公众的环境权,作为公众参与生态文明建设的法律基础。其次,要完善信

① 参见黄贤金:《创新倒逼机制,改善生态环境》,《新华日报》2015 年 7 月 31 日第15 版。

② 参见周永艳、王水、柏立森等:《浅谈江苏省生态文明建设工作》,《污染防治技术》2014 年第 5 期。

③ 参见邓翠华:《关于生态文明公众参与制度的思考》,《毛泽东邓小平理论研究》2013年第 10 期。

息公布机制、公众参与有效反馈机制、责任追究机制和环境公益诉讼机制，建立健全非政府组织，为公众参与提供组织保障。

（三）推动生态文明实践

生态文明建设需要加强生态教育和完善生态制度，更需要推进生态文明建设的实践。目前，生态文明建设面临的最大障碍是在其实践推进中普遍面临知行不一、知易行难的困扰，理论和实践严重脱节。因此，在江苏省生态文明建设过程中，多元主体应努力使自身的行为生态化，协调人与自然的关系，促进生态文明建设。

1. 推动各级地方政府行为生态化

第一，政府职能生态化。政府行为是政府履行职能的具体表现，生态服务职能是生态型政府的基本职能之一。基于政府职能的分析，政府应退出竞争性产品的生产与交易、有害于环境的补贴政策等，强化政府生态服务职能，加强环境基础设施、水利基础设施、生态公益林等公共产品的提供。在公共环境投资领域要加强投资效益的分析和评估，以实现公共环境工程综合效益的最大化。整合政府职能，构筑为生态文明建设服务的政府整体职能，建立由多部门组成的联席会议制度，解决地方保护、部门职能交叉造成的职责不清、协调不力、效率低、执法不统一的问题。

第二，政府决策和执行行为生态化。完善政府决策机制，将各种权利和手段有效结合起来，建立生态民主制度。构建多元化的环境治理格局，在项目申报、审批过程中要保障决策的科学性，建立专家咨询论证制度，建立公众参与制度，创新民主环保决策的程序，实现公共利益最大化，避免出现因政府决策失误而对生态环境造成不可逆转的破坏的现象。促进政府执行行为的生态化，政府要严格执行政策和法规，对社会和市场进行规范和监督，提高服务意识、提高处理环境突发事件的能力、提高生态制度创新能力。

第三，政府考核机制生态化，制定和实施差异化的绿色 GDP 考核指标和体系。现有的 GDP 核算体系没有考虑环境污染对人类和生态带来的负面作用，无法全面反映区域发展的实际情况，不利于生态经济的协调发展。国际上很多国家已经开始了绿色 GDP 的实践。因此，在政府考核中，应探索和实施差异化绿色 GDP 核算,弱化经济贡献,注重生态改善和社会发展。除了当前考虑的节能减排考核指标外,还需考虑资源消耗量和环境污染状况。此外,不同的区域具有不同的资源禀赋和功能定位,应进一步完善各级主体功能区的规划,确保各区的生态功能,针对差异情况分别制定分类考核指标体系[1],实施差异化的绿色政绩考核体系。由此引导和规范地方政府官员的行为,激发其能动性和创造性,协调和改善政府间利益关系。

2. 推动各类企业行为的生态化

企业是实现转型和绿色发展的主体,在生态文明建设和经济建设融合发展中起关键作用,是绿色发展、循环发展和低碳发展的直接推动力,应将生态文明理念、技术、方法深刻融入企业产品链、供应链、技术链和价值链管理中,推动企业绿色转型。各企业行为对所在区域的经济社会活动影响很大,江苏省应从以下几方面充分发挥各类企业在生态文明建设中的重要作用。

第一,应将绿色转型和绿色发展纳入企业管理。构建学习型企业,逐步引入生态文明理念,提高企业绿色生产认证的标准和要求,建立与国际认证相衔接的绿色认证体系,提高企业的绿色竞争力。打造绿色企业文化,使绿色发展、低碳发展、循环发展内化为企业发展精神,并鼓励企业结合自身特点,创建各具特色的绿色企业文化。

第二,应强化企业科技创新主体作用,充分发挥科技创新对绿色发展的推动作用,鼓励企业优先发展节能减排技术,运用到产品生产各环节,提高资源利用率,强化人才科技支撑,创新企业主导产业技术研发的体制机制,完善以企业为主体、产学研相结合的科技联盟,深化国内外科技合作与交流,促进科研成果的转化和应用,创建企业生态文明建设交流基地和展示基地。

第三,应推动企业流程绿色再造并抢占绿色市场,一方面将创新理念与绿色理念融入产业的产品链、供应链与技术链管理中,提高资源的利用效率

---

① 参见李敏琪:《探索生态文明建设新路径,促进长江经济带持续健康发展》,《中共马鞍山市委党校学报》2014 年第 4 期。

和服务水平,将企业盈利重点转到节能减耗和减少污染排放;另一方面,加快绿色、节能、环保产品的研发和推广,树立企业绿色品牌形象,积极承担生态责任,以绿色需求为导向抢占市场。

3. 推动区域公众行为的生态化

资源环境的公共性决定了生态文明建设离不开公众的参与,政府和企业在改善环境中的作用也往往基于公众对环境状况的强烈不满和改善环境的强烈意愿。因此,推进公众行为生态化是生态文明建设的一个重要方面。推进公众行为的生态化,一方面要引导和推进公众生活方式和消费方式绿色化,另一方要创造条件推动公众广泛参与生态环境保护和建设工作。

《中华人民共和国环境保护法》明确规定:"公民应当增加环境保护意识,采取低碳、节俭的生活方式,自觉履行环境保护义务。"推动生活方式绿色化,是指实现生活方式和消费模式向节约环保、低碳排放的方向转变,不仅需要每个人树立节约意识、环保意识、生态意识,而且要在衣食住行等方面自觉进行绿色选择,合理消费、适度消费,养成自觉保护生态环境的良好习惯。公众生活和消费模式生态化还需要政策措施上有所保障,如绿色学校和绿色社区创建、绿色消费需要生态标志制度的建立和实施,绿色建筑需要节能环保标准的制定和实施,绿色出行需要公共交通的配套与完善等。两者相结合才能有效促进公众生活和消费方式的转变。

引导公众广泛参与生态环境保护和建设。江苏省经济发达,公众由于文化素质水平较高,参与环保的背景条件已和欧美发达国家较为接近,应积极争取在环境决策方面的参与权,实现环境决策的民主化。首先,推进政府和企业环境信息公开和共享制度,建立激励机制并鼓励有奖举报,为公众行使环境权创造条件。其次,完善公众参与机制,使公众能有效参与法规政策制定、环境影响评价、各类规划和重大项目等决策和实施过程。在此过程中,应保证各类民间环保组织在环境治理中能发挥重要作用,如开展本区域自然生态环保的专项活动、开展社会监督以推动环境法规的执行、代表污染受害者维护其合法权益、参与全球范围内的环保交流活动等。目前江苏省民间环保组织存在数量不足、分布不均,公众缺乏参与渠道、缺乏独立性,资金筹集困难等问题。政府应对民间非政府环保组织予以培育、扶持和奖励,完善民间组织注册和管理,制定扶持政策,完善公益捐助制度。

(四)加快生态经济发展

"生态经济"是在生态文明理念的指导下,形成生态上和经济上的良性循环,实现经济、社会、资源环境协调发展的现代经济体系。[①] 生态经济具有系统性、循环性、协调性的特征,其本质是将经济活动限制在生态可承载力范围内,在生产、消费和废弃的过程中,通过技术创新和制度创新,降低消耗,减少废弃物排放,从而实现经济和社会的可持续发展。江苏省发展生态经济是一个系统工程,具体可以从以下几个方面着手。

1. 积极优化产业结构,构建现代产业体系

通过发展生态农业,促进产业结构轻型化和高端化,实现产业布局集群化,推进产业的生态化改造。首先,加快生态农业发展,促进无公害、绿色、有机农产品基地建设,发展特色农业生态园。其次,促进中心城市产业结构高端化和轻型化发展,重点发展高新技术产业、文化创意产业、金融服务业,积极发展可再生能源产业和节能环保产业,引导企业向自主研发和品牌营销为主转型,注重产业层次升级。最后,促进产业布局集群化。改变部分地区产业布局分散、规模小、集聚能力低下、发展战略趋同或重叠的状况,培育功能完善、特色鲜明、错位发展的现代服务业聚集区。

2. 大力发展循环经济

发展循环经济是人类可持续发展的根本出路。目前循环经济发展还存在不少障碍,如废弃物资源可循环利用但不经济、废弃物循环利用过程中出现新的污染等问题。需按照"减量化、再利用、资源化"的"3R"原则,依托政策扶持、科技创新和生态工业园区等有效载体,促使循环经济在技术上和经济上都具有可行性。既要大力发展"点"上的循环经济——构筑企业内部的废弃物循环利用的生态链,又要发展"线"上的循环经济——构筑产业内部上下游之间或园区内部邻近厂之间的废弃物循环利用的生态链,还要

---

① 参见霍艳丽、刘彤:《生态经济建设:我国实现绿色发展的路径选择》,《企业经济》2011 年第 10 期。

发展"面"上的循环经济——构筑产业与产业之间和生产与消费之间的废弃物循环利用和无害化处理的生态链。

3. 发展低碳经济,强化节能减排

目前,节能减排已经作为约束性指标纳入我国的 5 年规划,但从江苏省节能减排的现状来看,总体还是有待进一步推进。因此,需通过技术创新、工程建设、新型污染的防治研究等方面推进节能减排。除了原有的节能减排指标外,还要加强对总磷、氨氮、氮氧化物、可吸入悬浮颗粒物等重要污染物和二氧化碳等温室气体的减排监测和考核。可借鉴国外的先进经验,发挥清洁发展机制的融资功能,并推进节能减排制度创新。此外,应继续开发和推广低碳技术的应用,广泛开展国际合作,推进产业经济低碳化和低碳技术产业化。

4. 依据环境容量和生态承载力,完善产业布局

产业布局,尤其是工业布局,除了需要与社会、资源协调外,还必须以环境容量和生态承载力差异为基础,编制和完善各级主体功能区划和生态功能区划,科学确定不同区域的空间布局和主体功能,建立与之相适应的产业布局及规模,在环境容量较大的地区进行重点发展,环境容量有限的地区实行优化发展,在环境容量超标或环境承载力较弱的地区禁止开发建设。

5. 推进生态科技创新,强化人才科技支撑

科技创新是人类社会文明进化的重大推动力量,生态文明建设也离不开科技支撑,尤其是生态科技创新和自主创新。一方面,促进先进适用技术的开发和推广,并将其培育成为产业发展新的增长点,使现代科技更好地为生态文明建设服务。另一方面,通过合理的制度安排着力优化人才发展环境,加强相关专业人才的引进和培养,建立产学研相结合模式和公私合作伙伴关系,提高研发效率,促进企业创新能力和竞争力的提高。

第十章 创新社会治理

　　随着长江经济带区域经济合作的日益深化,劳动力在长江上中下游不同地区之间的转移流动日益频繁,区域社会治理任务日显繁重和复杂。由于地方政府管理具有地域性,在长江经济带覆盖范围内,无论是公共组织还是私人组织,任何单个的治理主体都不拥有充足的资源和能力,去独立解决区域内由于人口流动加快等因素而带来的基本公共服务不均等、劳动用工制度缺乏统一规范等地方社会治理困境。同时,随着社会需求的日益多元和利益诉求的日趋复杂,传统的以政府为中心的一元式社会治理体制已经无法适应社会的发展要求,企业、市场和社会组织也开始在社会公共事务管理中扮演着重要角色,社会治理主体多元化必然成为社会治理实践的最终选择。在这种趋势下,长江经济带发展需要适应社会治理新常态的特征和要求,深入推进社会治理创新,提升社会治理现代化水平。一方面,需要通过加强跨区域的教育合作和劳务对接、促进区域就业服务制度的统一规范和社会保险关系的转移接续、建立区域社会治理信息共享平台等途径,加快形成协同联动的区域社会治理机制,有效实现区域基本公共服务均等化和社会治理一体化;另一方面,需要顺应社会管理向社会治理转变的要求,加快从政府包揽向多元社会治理主体协商协作转变、从管控规制向法治保障转变、从事后处置向源头治理前移转变,最大限度增强社会发展活力,提高社会治理水平。江苏省在构建社会治理体系方面一直走在全国前列,应在推进长江经济带建立公共服务和社会治理协调机制方面发挥引领带动作用。

一、以协调性均衡推进社会治理联动

(一)区域社会治理问题研究的文献梳理

1. 社会治理概念的提出

2013 年,党的十八届三中全会通过的《中共中央关于全面深化改革若干重大问题的决定》,首次提出了"社会治理"的概念,提出要推进社会治理改革,创新社会治理体制,改变社会治理方式,标志着我国社会从传统管理开始转向现代治理。① 此后,创新社会治理作为一个新的社会建设理念,引起了学术界广泛关注。学界普遍认为,从社会管理转变为社会治理,一方面是主动回应社会新挑战的现实需要,另一方面也是中国共产党长期社会管理实践经验的总结和理论创新的升华。所谓社会治理,是指以政府主体为核心,包括市场主体和社会主体等多元社会主体,为协调社会关系、规范社会行为、解决社会问题、化解社会矛盾、促进社会公正、应对社会风险、维持社会和谐,通过平等合作,通过整合资源、力量和利益,对社会发展的各个环节进行组织、协调、指导、规范、监督和纠正社会失灵的过程。社会治理主体包括党和政府,也包括非政府组织和全体公民。目前我国新型社会治理是一种一元主导、多方参与、各尽其责的协同治理,即实行执政党领导、政府负责、社会协同、公众参与和法治保障的社会治理。

2. 社会治理协同机制的要素

社会治理的核心问题就是要建立社会治理协同机制。在我国当前,所谓的社会治理协同机制,就是指政府治理能力较强而社会发育程度较低时,政府发挥主导作用,同时在保护并尊重社会的主体地位以及社会自身的运作机制和规律基础上,出于治理需要,建立健全各种制度化的沟通渠道和参与平台,既加强对社会的支持培育,又充分发挥社会在自主治理、参与服务、

① 参见《中共中央关于深化改革若干重大问题的决定》,《人民日报》2013 年 11 月 16 日第 1 版。

协同管理等方面的作用机制。① 社会治理协同机制是由各构成要素形成的功能性整体,具体包括主体、客体、目标、手段、动力五大基本要素,各要素间关系非常紧密、不可分割。

(1)社会治理协同主体

社会治理协同主体是参与社会治理协同的各个行为主体,社会治理是共同的治理,这个共同体包括政府主体、市场主体和社会主体,具体而言,在我国当前的形势下,社会治理协同主体包括党委、政府、社会组织、企业、人民团体、基层群众自治组织、公众其中的几个或是全部。② 在社会治理中,各个主体间的关系是平等的,通过协商对话达成共识,实现公共利益的最大化。

(2)社会治理协同客体

社会治理协同客体就是指社会治理协同活动所指向的对象,即社会公共事务,实际上就是社会治理的任务。要实现人民安居乐业、社会安定有序,就需要社会治理从根本上发展好社会事业、做好社会保障、规范好社会行为。狭义上,社会治理协同客体主要包括社会公共服务、社会矛盾预防与化解、社会公共安全、社会组织建设等社会治理的各个方面。广义上,社会治理协同客体主要包括协调社会关系,规范社会行为,解决社会问题,化解社会矛盾,促进社会公正,应对社会风险,保持社会稳定,促进社会和谐。③

(3)社会治理协同目标

建立社会协同治理机制,政府与社会首先要拥有共同的治理目标,即构建一个充满活力、和谐有序的社会。这种目标的达成,必须来自于政府与社会的良性互动,形成合力。社会治理协同目标是其他一切社会治理协同机制要素存在的依据和共同作用的结果。

---

① 参见任泽涛:《社会协同治理中的社会成长、实现机制及制度保障》,浙江大学博士论文,2013 年。

② 参见王道勇:《加快形成"一主多元"式社会治理主体结构》,《科学社会主义》2014 年第 2 期。

③ 参见刘卫平:《论社会治理协同机制的基本要素、实现形态与构建原则》,《邵阳学院学报》(社会科学版)2015 年第 3 期。

（4）社会治理协同手段

社会治理协同手段是指社会治理协同过程中所采取的方式和方法。针对新形势下多元利益格局对社会管理问题提出的严峻挑战，新型社会治理模式要区别于计划经济体制下的单一计划与行政手段，实现管理方法的创新。为培育发展社会力量并发挥其在社会治理中的作用，政府需要树立多元主体参与、共治共建共享的治理理念，综合运用行政管理、法治手段、道德约束、市场机制以及社会政策等多种管理方式和手段，建立健全社会在社会治理过程中的制度化沟通渠道和参与平台。[1]

（5）社会治理协同动力

社会治理协同动力是社会治理协同主体之间开展合作共治的促进力量，是推动多元主体多边互动和交往合作、形成认同关系、培养相互信任，提升社会治理协同主体治理社会的积极性、创造性的诱导性因素，对实现社会治理协同目标具有助推作用。[2]

3. 社会治理协同机制的架构

社会治理协同机制的架构内容应该包括政府主导机制、责任分担机制、竞争机制、运行保障机制、平等协商机制、合作动力机制、集体行动机制、利益平衡机制、信息共享机制、监督评估机制。[3]

（1）政府主导机制

由于传统的官本位意识和计划经济时期形成的全能政府的影响，现实中我国社会治理的各主体中，政府相对较强，而社会、市场主体相对较弱，政府又拥有行使公共权力、分配社会资源的权力，而且在社会治理协同机制下，往往需要将具有不同运作规则的管理方式协调在一起，政府在对社会生活、社会事务和社会关系进行规范、协调和服务的活动以及提供相关产品或服务活动中仍处于主导地位，社会组织和社会成员处于协同

---

① 参见严国萍、任泽涛：《论社会管理体制中的社会协同》，《中国行政管理》2013 年第 3 期。

② 参见麻宝斌、任晓春：《从社会管理到社会治理：挑战与变革》，《学习与探索》2011 年第 3 期。

③ 参见邵静野：《中国社会治理协同机制建设研究》，吉林大学博士论文，2014 年。

配合的地位。①

（2）平等协商机制

传统的社会管理往往是政府对公众及社会组织通过单一的动员与行政命令达到管理的目的，公众及其社会组织通常只能配合与服从。社会治理则强调政府和社会主体通过平等协商的方式实现对社会公共事务的共同治理，公众在治理过程中享有更多的发言权和影响力。参与社会治理协同的多元主体，基于各自的资源和利益诉求，通过会议等形式，围绕某一社会公共事务相互交换意见，就某一社会公共事务的性质、解决方法、各协同主体的职责、具体协同形式、协同运行规则等协同行动方案内容进行沟通、磋商，达到社会共识最大化，并根据自愿的原则达成合作。

（3）责任分担机制

社会治理协同强调社会治理的责任共担②，应建立各协同主体合理分担机制。与传统的社会管理模式不同，在责任意识上，新型的社会治理模式从片面强调政府在社会管理中的单方责任向同时强调政府、市场、公民共同承担社会责任的方向转变。在社会治理中，政府要避免承担无限责任，发挥其主导作用，其他社会主体也要积极参与社会治理，在进行自主治理的同时，还要积极参与服务提供，并在化解社会矛盾、调节社会关系、规范社会行为、维护社会秩序等社会管理领域，充分发挥他们协同治理的重要作用。

（4）竞争机制

为保持多元主体协同参与社会治理的活力，需要建立竞争机制。中国共产党第十八届中央委员会第三次全体会议通过的《中共中央关于全面深化改革若干重大问题的决定》提出，要加强各类公共服务提供，推广政府购买服务，凡属事务性管理服务，原则上都要引入竞争机制，通过合同、委托等方式向社会购买。③ 社会治理中，在协同方案的选择、权力与稀缺资源的分

---

① 参见张一：《创新社会治理体制要充分发挥政府主导作用》，《光明日报》2015年3月17日第7版。

② 参见李雪强、郭俊位：《构建和谐社会与多元社会治理》，《南昌航空工业学院学报》（社会科学版）2007年第1期。

③ 《中共中央关于全面深化改革若干重大问题的决定》，《求是》2013年第22期。

配、爭取參與的機會等方面,要建立競爭機制,在社會治理協同多元主體之間展開競爭。①

(5)合作動力機制

政府要避免在社會治理協同過程中對其他協同主體的行為進行強制性干預,只能通過建立激勵機制與競爭機制,為包括政府在內的各個社會治理協同主體提供一些誘導性因素,使協同主體能夠集中社會各方面的智慧與優勢資源,對在協同過程中遇到的問題作出系統決策,並及時糾正所作出的不利於社會治理協同的行為,減少協同過程的內耗,促進協同關係的加深。為此,第一,需要各社會治理協同主體彼此尊重獨立平等的地位,並以社會公共事務為中心促成協同主體間的合作;第二,需要合理配置資源,爭取協同過程中遇到的社會公共問題以最優的方式解決;第三,各級政府的職能部門有責任對其他社會治理協同主體進行指導和幫助。②

(6)運行保障機制

為了保障社會治理協同主體的有序發展,政府應該建立合理的運行保障機制,使其能夠獲得維持自身發展的資金支持。

(7)信息共享機制

頻繁的互動不僅有利於共同利益需求的達成,同時有利於各主體對信息進行系統的分析,快速提供決策依據,更好、更有效率地完成社會公共事務的管理,實現在社會治理中的協同一致、快速聯動。因此要建立信息共享機制,運用信息技術、網絡技術等現代管理手段,讓公共事務的相關信息在信息平台上共享,方便各協同主體之間的及時溝通和交流。

(8)集體行動機制

集體行動機制是指社會治理協同主體對某一具體社會公共事務處理的最終決策的執行。為使社會治理協同主體在行動上能夠相互協調與合作,降低內部成本,一要採用現代管理技術確定最終決策執行的具體實施步驟;

---

① 參見許曉:《競爭與合作——走出我國第三部門參與公共物品供給困境的現實選擇》,西北大學碩士論文,2007年。
② 參見雷曉康、席恒:《和諧社會的動力機制:合作收益的達成與再生產》,《中國軟科學增刊》(下)2009年第12期。

二要按照事先约定在固定的时间内通过一定方式密切配合,并且在集体行动过程中查找流程设计的不足和漏洞;三要对集体行动的结果进行及时反馈。

(9)利益平衡机制

根据公共物品理论,生态环境保护、治安等区域性社会问题的治理属于一种公共物品,在消费上具有非排他性。在合作治理过程中,社会治理收益与治理成本在不同行政辖区内的分布是不均衡的,有些政府付出很小的成本却可以享受很大的收益,有些政府付出很大的成本却只能享受很小的收益。此外,由于不同辖区的经济发展水平、社会保障与福利水平和城市管理水平高低有别,其社会治理的重点方向和主要任务也不尽相同。在收益和成本分布不均衡的状况下,如果缺乏相应的利益协调机制,又不存在外部的强制压力,社会治理的合作协议难以达成。即使存在一定的外部强制压力,在受损一方利益得不到补偿的情况下,变通执行或假执行也会成为常见的策略选择。

增进社会共同利益是社会治理协同的最终目的,社会主体参与社会治理的目的就在于,希望通过合作的方式实现自身的利益追求。这就需要政府建立有效的利益平衡机制来防止一些群体独占社会利益,保证社会治理协同目标的顺利实现。利益平衡机制要实现两个平衡:一是实现社会整体利益与协同主体自身利益的平衡,二是实现各个协同主体之间的利益平衡。

(10)监督评估机制

社会治理直接面向的是居民群众中范围广泛、内容丰富、层次多样的社会生活与社会活动,具有治理主体多元、治理过程多元和治理方式多元的特征。要实现区域社会治理,区域内治理主体之间不仅要签订各项合作协议,更重要的是建立有效的监督评估机制,确保合作协议得以贯彻执行。一是建立内部监督机制,政府可以运用法律法规、政策等手段,对整个协同行为进行总体性监督,而在具体的协同行动当中,社会治理协同各主体间相互监督彼此约束;二是建立外部监督,可以成立专门的监督队伍,同时接受来自公众的监督。

（二）长江经济带社会治理现状特征分析

所谓区域社会治理,是指依托政府、非政府组织、私人部门、公民及其他利益相关者等各种组织化的网络体系,在基于一定的经济、政治、社会、文化和自然等因素而紧密联系在一起的地理空间内,对区域社会公共事务进行协调和自主治理的过程。[①]

自 20 世纪 80 年代以来,重视社会治理模式变革并推进社会治理创新已然是一种全球性趋势,引人注目;我国也不断推动社会管理体制和机制改革,调整社会管理方式方法,高度重视社会治理创新。但作为典型的流域经济形态,长江经济带虽历经多年发展,碎片化、非均衡化发展问题仍较为显著,一体化大格局仍未形成,正面临国际国内社会环境空前急剧变革所带来的前所未有的机遇和挑战,改善社会治理任重而道远。现阶段长江经济带社会治理方面存在的主要问题有:

第一,区域管理的主体多元且复杂,协调难度大。长江经济带的发展,涉及沿江几百个大中小城市,各地城市政府从地方利益最大化出发,在基础设施建设、产业招商、市场建设中开展恶性竞争,并且互设藩篱,存在大量的重复建设现象。同时,作为我国最大内河和重要的淡水资源库,国家还专门为长江的发展设立了水利、交通、能源、环保等数十个副部级行政办事(派出)机构。沿江地区要上一个大型的投资项目,需要多个"中"字头办事(派出)机构审批相关事项,项目从策划立项到落地,往往要经历几年甚至更长时间,这给统一有序地在长江经济带进行空间开发造成了极大的障碍。

第二,社会治理结构尚未得到调整和优化,共建共治和谐社会的合力不强。良好的社会治理结构,需要各社会治理主体既能保持相对的自主性和独立性,又能够通力合作,形成一种和谐有序、自律自治的制度化治理机制。但从现状来看,这种良好的社会治理结构在长江经济带尚未形成,主要表现:一是长江经济带的政府之外社会主体的自主性及自我组织能力不够强,

---

[①] 参见芮国强:《区域治理体系和治理能力现代化的积极探索》,《中国社会科学报》2014 年 1 月 29 日第 A8 版。

社会治理主体结构中仍缺乏私人部门、其他非政府组织及居民,第三部门还未真正成为政府职能转移的载体,社会团体等民间组织的作用尚未得到充分发挥,公民社会的发育仍显迟缓,社会资本的开发利用不足;二是仍停留在垂直官僚系统的区域政府管理阶段,缺乏水平层面的政策网络生成;三是区域内各级官员还未树立新的区域社会治理观念,建设和谐社会的领导能力与行政能力不强,等等。①

第三,缺乏统一高效权威的规划与协调机制。长江经济带从未形成统一、高效、权威、长期的合作机制,更多地是依托经济发展对资源需求以及市场扩大的外生力量来调节和推动。国家对长江经济带虽多有提及,但始终没有形成一个综合性的发展规划,并建构一个统一、完善、权威的综合协调工作机制。作为长江流域建立的唯一的一个跨省市经济协调合作平台——沿长江重点城市经济协调会制度,虽已运行多年,但由于协调机制过于松散、缺乏规则和更高层面的统筹协调,实际效果也大打折扣。

第四,经济一体化进程缓慢,忽视社会建设使公共服务短缺低效。当前,长江经济带的区域治理内容更多地是关注经济发展方面,如一体化的交通设施建设、一体化的要素市场建设、一体化的产业发展、一体化的生态环保等经济发展方面,而区域内一体化的公共服务供给等区域社会公共事务则极少被关注,致使区域内公共服务呈现短缺状态。事实上,尽管沿江开发是长江经济区域内各省市的共识,在经济产业布局上保持协调联动也是各地的强烈愿望,但受制于行政壁垒、GDP 考核等现实原因,长江经济带的经济一体化进程缓慢,除了水运领域在协调联动方面具有天然优势、有所进展外,整体上仍处于各自为政的局面,重复建设、过度投资、地方保护等现象普遍存在,作为统一的区域经济体的巨大发展潜力远未得到释放。

第五,长江经济带生态安全风险增大。公开资料显示,长江污染严重:水质恶化,危及城市饮用水;湿地面积缩减,水的天然自洁功能日益丧失;森林覆盖率下降,泥沙含量增加,生态环境急剧恶化;固体废物污染严重,威胁

---

① 参见肖文涛:《社会治理创新面临的挑战与应对思路》,《福建政法管理干部学院学报》2007 年第 4 期。

水闸与电厂安全;枯水期不断提前;物种受到威胁,珍稀水生动植物日益减少。造成长江水质下降和环境污染的各种因素中,最为突出的是工业结构性污染,主要是沿江传统产业布局不合理,沿江分布的工业园区又加剧了流域结构性污染的特征,此外,生活污水污染、农业面源污染、长江航运污染同样使长江不堪重负。长江的生态安全关系全局,建设长江经济带,环保成为关键。①

(三)长江经济带社会治理协调的必要性

1. 长江经济带系统发展的需要

长江经济带初步形成以来,更多地是依托经济发展对资源需求以及市场扩大的外生力量来调节和推动。而随着长江经济带经济建设的不断推进,企业升级、产业转型,经济发展进入换档期,转型期积累的社会矛盾日渐凸显,对人的治理必然带来不少新挑战。比如,长江经济带的沿江各省市都有必要深化流动人口服务管理,增加新市民居住证"含金量";要扩大公共服务资源对实有人口辐射,积极营造乐业宜居的良好环境;更要根据就业结构发生的新变化,让劳动者有更稳定的工作、更满意的收入、更可靠的社会保障、更优良的生活环境。

长江经济带社会治理中面临的矛盾和挑战很多,长江经济带人多地少是制约协调发展的最现实问题,农村人口多、农业比重大、保粮任务重,经济结构不合理、农村剩余劳动力亟待转移、基本公共服务水平低,农业问题突出是制约协调发展的最大症结,城镇化水平低是制约协调发展的最突出矛盾,而最大的难点则是如何组织协调沿江各省市区的规划和项目以及建立科学合理的利益分配机制。事实上,长江经济带内沿江老工业基地的改造,消除污染企业,调整产业结构,聚集高端人才等,都是难题。

经济、政治、文化与社会领域之间是相互联系、相互影响的,社会领域的发展情况影响到经济领域的发展。所以,社会治理协调机制是长江经济带

---

① 参见魏昊星、柳洁:《建设长江经济带环保是关键》,《中国经济时报》2014 年 6 月 20 日第 1 版。

实现系统发展的需要。长江经济带的区域治理实践还没有达到以经济社会发展条件为依据的程度。政府间合作的主要动力是经济利益,发展障碍也是经济利益的冲突,较少从公共服务供给角度出发考虑区域治理问题。长江经济带的区域治理实践必须摆脱经济发展的利益导向,着力于人与社会的全面发展,通过缩小区域内和区域间的差距,最终走向全面发展。

2. 长江经济带开放发展的需要

长江经济带使沿江各省市面临的发展环境更为复杂。从地方来说,都面临着发展环境从一省之地扩展到长江经济带的转变,不可能再进行封闭式的治理。沿江各省市要在长江经济带这一大的背景下而非一省范围内思考发展问题,需要将本省的事务放在与长江经济带的协调发展这一背景下来统筹安排。要跳出"以邻为壑"的心态,增强协作和双赢的举措;顺应国家区域政策的调整方向,打破"一亩三分地"的传统思维模式,从更广阔的区域来看问题,在此基础上考虑自身的诉求和主张,并求得自身的利益;要学习和运用"依法治国"的理念,合理公开地运用规则与其他地方展开竞争。就中央而言,针对长江经济带的开放发展,从宏观层面上加强协调指导,科学划分中央事权与地方事权;要引入司法调节,制定相关法律,建立公开、公平、公正的纠纷解决渠道。

3. 长江经济带联动发展的需要

党的十八大之后,习近平同志审时度势,提出了新的区域发展战略思想。他多次强调要继续实施区域发展总体战略,促进区域协调发展。习近平同志亲自提出和推动了许多全新的战略构想和战略举措,长江经济带也位列其中。长江流域地跨我国东、中、西三大区域,又是未来我国区域增长潜力最大的地区,依托黄金水道,建设长江经济带正当其时。

长江经济带是一个整体,是一条"龙船",必须有全局意识、一体化安排。长江经济带必须统一协调地发展,因此要协同。作为一体去发展,而发展的内容里也包括社会治理的相关领域需要按照一体化的要求去调整。

长江经济带的发展,涉及沿江几百个大中小城市,就长江经济带各沿江省市而言,有必要改变区域行政分割发展模式,实施区域一体化发展战略,特别是要促进不同经济发展水平区域之间的联系和一体化,力图使生产要素摆脱行政区划束缚,在更大的空间内进行流动和组合,依托各类交通线路,实施梯度推进战略,方能起到事半功倍的区域均衡发展的效果。

4.长江经济带均衡发展的需要

改革开放以来,为了尽快改变长期以来我国经济贫困落后的面貌,在区域经济上实施了优先发展条件相对较好、经济相对发达的东部沿海地区的非均衡战略,取得了巨大的成效。目前,我国经济总量已经居世界第二,人均收入已跻身世界中等收入国家行列,我国东部沿海地区已经成为世界经济的制造业中心和出口基地。在取得这些巨大成就的同时,我国区域经济发展也存在着许多问题,主要有地区收入差距过大、自然资源消耗过多、生态环境破坏严重、可持续发展能力严重不足等,这在一定程度上已经影响到整个社会的和谐和安宁。在我国区域经济已经达到一定水平,同时又面临许多问题和挑战的形势下,未来我国经济协调和协同发展之路的必然选择就是转变区域经济发展方式,在继续巩固现有成绩同时有效扭转区域经济不全面、不协调和不可持续的状况。转变区域经济发展方式,首先要改变区域非均衡发展战略,实施区域均衡发展战略,以有效解决我国区域经济发展差距过大的问题。

长江经济带上中下游发展板块中,生产力发展水平不均衡,其中既有已经基本完成工业化并进入现代化的先行地区,还有处于初级工业化与传统农业并行的欠发达地区。长江经济带下游的长三角地区部分城市,人均地区生产总值已经超过1万美元;而长江经济带上游的贵州省的部分城市,人均地区生产总值不足3000美元,龙头与龙尾的发展差距甚大。长江下游地区多属平原,易于生产力布局;上游地区多生态敏感区和高山地区,开发成本高,开发难度大。上下游区域生产发展水平和资源禀赋条件的巨大差异,给长江经济带统一政策的制定和实施带来不小难度。长江经济带地域广阔,发展水平差异巨大,均衡发展需要强有力的社会治理协调机制。①

近年来,我国区域发展取得了巨大成就,但由于缺乏相关体制机制的配套,区域之间的协调发展问题仍没有较好地解决。应该看到,因地制宜,发

---

① 参见彭劲松:《长江经济带区域协调发展的体制机制》,《改革》2014年第6期。

挥区域比较优势,可以更多地依靠市场机制的作用;但缩小区域差距,实现基本公共服务均等化,必须通过加强政府的宏观调控才能解决。

二、江苏省社会治理发展现状与态势

江苏省地处"龙头"上海市和"龙腰"武汉市之间,是长江经济带这条巨龙的"龙颈",是承接"龙头"、协调控制"龙腰"和"龙尾"的中枢,是承东启西的天然纽带,可以有效实现"向西开放"与"沿江开发"、"沿海开发"的联动配合。"一带一路"与长江经济带战略赋予区位优势独特的江苏省在长江经济带中的重要作用,但其与东部沿海地区的上海、浙江等省市双向互动发展不足,与中西部的长江中游城市群的分工协作、基础设施建设和联通有待加强,其在长江经济带中的综合功能未得到充分发挥。① 总体而言,江苏省在社会管理创新、构建社会治理体系方面一直走在全国前列,但与江苏省社会治理应在长江经济带的发展中所应发挥的作用之间尚存在较大距离。

(一)江苏省社会治理的主要成效

创新社会治理,是贯彻《中共中央关于全面化改革若干重大问题的决定》提出的新观点、新要求、新部署的重要体现。党的十八届三中全会以来,江苏省不断创新社会治理体系,各地都推出了一些符合实际的典型案例,在社会治理主体、社会治理格局、社会治理机制、社会治理手段和社会治理技术等方面创新发展,走出了一条体现江苏特色的社会治理体系之路。

1. 实现了以党委和政府为主导的社会治理主体多层化

江苏省在整合各方资源、调动各方力量、凝聚社会共治合力等方面,充分发挥党委政府的主导作用。一是全面推行政社互动,明晰基层政府与基层群众自治组织的权责边界,规范化承接政府委托事项,对基层政府、群众自治组织履职履约情况进行双向评估。二是完善基层民主管理,健全民主

---

① 参见王青、黄燕、吴继海:《基于长江经济带国家发展战略的江苏发展的对策和思路研究》,《广西城镇建设》2014 年第 12 期。

选举制度、民主决策制度、民主管理制度和民主监督制度,定期开展社区两委成员述职评议等活动,促进基层民主管理制度的落实。三是推进社区、社会组织、社工队伍三社联动,实现了以党委和政府为主导的社会治理主体多层化。①

2. 重大决策须开展社会稳定风险评估

由于地处东部沿海地区,江苏省较早就进行全方位的改革开放,也较早、较多地遇到了由于决策不当而引发的诸多问题和矛盾。为了能从决策源头预防和减少社会矛盾及纠纷的发生,有效地维护广大群众的切身利益,超前防范化解突出矛盾和不稳定因素,江苏省于 2006 年在全国率先明确提出,凡是直接关系人民群众切身利益且涉及面广、容易引发社会稳定问题的重大决策事项,党政机关在作出决策前都要进行社会稳定风险评估。地方党委和政府作出决策的,由党委、政府指定的部门作为评估主体,特别重大的决策事项,成立专门的评估小组进行评估;有关部门作出决策的,由该部门或者牵头部门,会商其他有关部门指定的机构作为评估主体。在重大决策社会稳定风险评估过程中,强调通过公告公示、问卷调查、实地走访和召开座谈会、听证会等多种方式,广泛听取群众意见,把群众的意见作为社会稳定风险评估的主要依据。重大决策社会稳定风险评估报告认为决策事项存在高风险的,应区别情况作出决策不予实施,或者调整决策方案、降低风险等级后再行决策讨论。对不按规定的程序和要求进行重大决策社会风险评估,以及不根据和无视重大决策稳定风险评估结论作出实施有关事项决策,造成较大或者重大损失等后果的,依照有关规定对责任人给予相应处分。②

3. 社会组织承担更多的社会公共服务

江苏省紧紧围绕"加快形成政社分开、权责明确、依法自治的现代社会组织体制"总目标,坚持一手抓培育发展,一手抓监督管理,在深化社会组织登记制度改革、推动政府购买社会组织服务、加大社会组织培育发展、健全社会组织监管体系、促进社会组织发挥作用等方面进行积极的探索,社会

---

① 参见任松筠:《推动社会管理走向社会治理——〈江苏省委贯彻中央决定的意见〉权威解读》,《新华日报》2013 年 12 月 19 日第 A1 版。

② 参见余蔚然:《对江苏创新社会管理的调查与思考》,《江苏政协》2012 年第 11 期。

组织建设与发展取得了较大突破。截至 2013 年 9 月底,江苏省共有 50258
个各类社会组织注册登记,66379 个基层社会组织备案。目前,江苏省正通
过建设孵化基地、政府购买服务、公益项目创投、税收优惠、金融支持等方
式,重点培育和优先发展行业协会商会类、科技类、公益慈善类、城乡社区服
务类这四大类社会组织,并努力提高这些社会组织承接政府转移职能、开展
公益服务和中介服务的能力。要成立这四类社会组织,可以直接向民政部
门依法申请登记,不再需要业务主管单位审查同意。而在社会组织的监督
管理上,民政部门依法履行登记、备案、年检、监督、执法和组织等级评估等
职能,行业主管部门负责业务指导和行业监管,相关部门负责财务税收、信
贷融资、社会保障、查处违法违规活动、审计等管理。[1]

　　4. 健全基层三级综合服务管理平台

　　最近几年,为解决社会公共事务部门分割、多头管理以及同一类型社会
事务、同一事务的不同时段被分割于不同部门的管理之下,以至于各部门各
自为战,相互之间信息不通、工作缺乏协调配合的突出问题,同时,针对要解
决的许多社会治理的难点问题、重点问题、突出问题集中在基层的现象,江
苏省初步建立了以县(市、区)社会管理服务中心为枢纽、乡镇(街道)政法
综治工作中心为支撑、社区(村)综治办为基础的基层综合服务管理平台,
有效地将分散于各个部门的管理力量和资源进行了整合,极大地促进了服
务管理效能的提高,并将服务延伸到社会的最基层。[2]

　　在基层三级综合服务管理平台中,县(市、区)社会管理服务中心是区
域社会管理的枢纽性平台,作为实体性工作平台,整合县级各部门社会管理
服务职能,统一调度安排各相关部门的社会管理力量资源,对区域内社会管
理工作进行统筹、协调和指导,在区域社会管理中发挥主导作用。

　　乡镇(街道)政法综治工作中心这一工作平台,主要是统筹基层社会管
理综合治理任务,由乡镇(街道)党(工)委、政府(办事处)和综治委领导,
由综治办牵头组织协调,并整合包括乡镇(街道)综治办、基层政法单位、信

---

① 参见陈华:《江苏社会组织治理机制创新的政策建议》,《唯实》2014 年第 9 期。
② 参见陈颐:《10 年来江苏社会治理方式的改革》,《常州日报》2010 年 6 月 28 日第
　　A5 版。

访办、610办、流动人口管理办公室、社会矛盾纠纷调处中心以及其他综治委成员单位等有关部门在基层的力量,采取主要组成部门集中办公的形式,设立办事大厅,各组成部门和单位根据工作需要设立窗口,抽调人员为群众提供集中服务。

社区(村)综治办作为基础的基层综合服务管理平台,承接社会管理方面的公共服务,是政府在社区的延伸服务点,由其受理各类事务并一站式办结,为居民提供全方位服务。①

5."三社联动"推进基层社会治理创新

江苏省以社会治理中基础元素的社区、社会组织、社工队伍为重要载体和动力之源,积极探索社区社会组织参与社区管理服务、社工引领社区社会组织发展、社工融入社区岗位的"三社联动"机制,推进基层社会治理创新。② 江苏省主要采取了四方面的举措来推进"三社联动"机制的建设。③

第一,明晰"行政权力"与"自治权利"界限,努力重构新型"政社关系"。通过规范政府行政管理行为,增强社区基层自治组织的自治能力,促进政府依法行政与社会协同治理有效衔接和良性互动。2014年11月,江苏省委、省政府办公厅出台了《关于减轻城乡社区负担提升为民服务效能的意见》,对城乡社区负担过重等问题进行了专项治理,进一步为社区"松绑",提升社区为民服务效能。

第二,着力构建社区需求和社会组织对接机制。江苏省各地依托社区平台掌握居民的集中性需求,强化民意征询、民情调查,采取组织社区和社会组织洽谈、社会组织深入社区调研、开展公益创投等形式,为社区与社会组织的充分对接搭建平台。

第三,建立健全政府购买服务制度和资助及奖励机制,不断优化社会组织发展环境。《江苏省社会组织培育管理"十二五"规划》中明确要求,到

---

① 《江苏省建设三级社会管理平台整合资源提升服务水平》,江苏长安网:http://www.jszf.org/zhzl/201305/t20130517_765.html。

② 参见陈丽、冯新转:《"三社联动"与社区管理创新:江苏个案》,《重庆社会科学》2012年第2期。

③ 《江苏:坚持"政社互动"、"三社联动"全面提升社区服务管理水平》,重庆社区建设网 http://jmz.cq.gov.cn/main/sqjs/jcjs/tszs/1_3369/default.shtml。

2015 年,苏南、苏中、苏北平均每个城市社区的社会组织数量分别达 8 个、6 个、4 个以上。2012 年,江苏省专门安排福彩公益金作为社区公益服务创投资金,启动社区公益服务创投实验工作。

第四,大力提升社区工作者的职业化专业化水平。省委省政府明确提出,到 2015 年使城市社区工作者职业化专业化水平达 80%以上。一方面,鼓励社区工作者参加社会工作师资格考试,将"社会工作专业"和"取得社会工作者职业水平证书"作为招聘社区干部的优先条件。另一方面,引导城乡社区与高等院校、专业社会组织建立专业化社会工作教育基地等,促进三者之间资源共享、优势互补、融合发展。

(二)江苏省社会治理的制约因素

通过一系列社会治理体制的改革创新,虽然在社会治理方面取得了可喜的成就,然而,江苏省社会治理仍然没有摆脱传统社会治理体制的惯性束缚,还很难有效地契合当前经济、政治与社会的动态发展,还无法彻底解决社会治理方面的历史积累问题,面对新出现的社会治理问题更是力不从心。[①] 当前,江苏省社会治理中存在的问题主要包括以下几个方面:

一是社会治理协调主体方面,党委、政府、市场与社会之间关系割裂。社会治理体制改革的目标在于建构党委领导、政府负责、社会协同、公众参与、法治保障的多元协作式社会治理体制,而当前的社会治理体制依旧主要是政府在操作和实施,社会主体严重缺位,社会协同力量不足,公众也缺乏共同的价值观和广泛参与,政府的政策性指令性计划难以内化为公众的具体行动,党委、政府、企业、社会组织、公民个人等多元主体之间尚未产生良性互动,这将导致治标不治本等诸多问题。

二是社会治理协同理念方面,"管控为主"思维没有根本改变。由于全能政府主义惯性巨大、官僚化思维根深蒂固,同时一些部门和干部对社会治理理念的认识还比较肤浅,目前政府在很多领域还承担着资源配置的主导

---

① 参见金太军:《创新江苏社会治理体制 增强社会发展活力》,《唯实》2014 年第 9 期。

角色;在实际操作中,一些部门和干部"不放手"、"手乱摸"现象仍然存在。因此有必要通过改革,把配置资源的权力还给市场与社会,真正形成市场和政府权责明确、合理分工、依法共同推动发展的新模式。

三是社会治理手段方面,"协作共济"精神普遍缺乏。首先,治理措施与手段政出多门,每个部门都针对部门职能有一套治理措施和手段,措施不一致、前后不一致、政策不统一、标准不统一的情况时常出现,左右打架;其次,"趋利避责"大量存在。"九龙治水",结果就是职责交叉,权限不明,有利可图的事,几个部门一哄而上,无利可图尤其是需要承担责任时,部门之间相互推诿。

四是社会治理政策方面,"碎片化"问题长期存在。当前,一方面,江苏省各城市各部门都在开展社会治理创新,并已形成一些在全国和全省较有影响的社会治理典型和样本,但由于社会治理体系缺乏省级顶层设计,各地各部门坚定地站在自身利益角度,存在社会政策"部门化"、"碎片化"的问题,政策之间不协调、不配套的情况时有发生,许多好的决策部署在落实过程中被打了折扣。另一方面,政策制定缺乏战略性、整体性与长期性,同时在政策执行中缺乏区域和部门的有效协同与相互配合默契,造成治理资源的极大浪费、执行成本的显著增加。社会治理政策制定的碎片化,往往导致有名无实的社会治理手段或难以普遍推行,或即便推行也水土不服。

五是社会治理结果方面,过于重视"短期化"成效。首先,社会治理成效仍以 GDP 考核为主要参照指标。在实际工作中,社会治理不产生经济效益,反而要消耗经济活动成果,因此在 GDP 考核仍然受到高度重视的前提下,社会治理体系的空间被压缩,时间被拉长。其次,在社会治理过程中,过于关注热点难点问题,弱化常态化治理工作。在治理当前难点热点问题时,政府往往充当"救火队"角色,许多治理工作只能是短期行为,治标不治本,缺乏整体统筹。

(三)江苏省社会治理的基本态势

1. 社会治理的新形势与新挑战

江苏省地处改革开放前沿,又正处在经济社会发展的关键时期,也是各种社会矛盾的凸显期,社会治理的压力巨大,社会成员流动性大,利益需求多元,群众民主意识、法治意识和维权意识都比较强,社会服务管理任务十分繁重,推进社会体制改革、创新社会治理体系已经成为深化改革开放的迫切需要。

　　经过 30 多年来的持续高速发展,中国包括江苏省面临的国际形势已经发生了深刻变化,经济发展进入新常态,法治中国建设亦拉开了全面推进的序幕,这些构成了当前社会治理的宏观背景。而与社会治理密切相关的,还有以下四个方面的深刻变化。①

　　一是社会流动加快,流动人口治理任务繁重。2010 年,江苏省人口普查数据显示,全省有流动人口 1823 万人,占全国流动人口的 6.9%,仅次于广东、浙江两省。流动人口中的育龄妇女在 864.58 万妇女流动人口中的比重进一步增加到 88.71%;接近 1/3 的流动人口选择长期居住流入地,而这些流动人口基本上举家迁入;省外流动人口为 738 万人。② 管理好规模巨大的流动人口,涉及社会治理体制的方方面面,任务十分繁重。流动人口的治理难点主要有二:第一,如何让流动人口真正融入城市生活体系,保障流动人口在流入地享有户籍、就业、住房、子女教育、社会保障等诸多的市民权利方面面临很多困难。第二,流动人口聚居区域的管理力量非常薄弱,进城流动人口多数聚居在城乡结合部和地下建筑,而多数城市还是按照过去城市人口格局配备社会治理力量和公共服务体系,没有根据新的人口布局进行调整。因此,有必要将公共服务的责任体制、服务网络进一步向流动人口延伸。

　　二是城镇化成为经济发展新动力,土地征用、房屋拆迁引发的矛盾冲突持续增多。党的十八大以来,新型城镇化上升为国家战略,新型城镇化强调要尊重公众的意愿和需求,把人看作是城镇化的核心,重视人的管理与服务这一价值理念。但新型城镇化也会带来如公共资源配置有限、社会阶层多

---

① 参见郑功成:《新时期社会治理的挑战与机遇》,《光明日报》2015 年 1 月 26 日第 11 版。

② 参见杨海雯、黄健元、王欢:《流动人口变迁特征、趋势及启示——基于江苏省的实证研究》,《现代城市研究》2015 年第 2 期。

元分化明显、社会治理转型不足以及由大规模圈占农地和强行拆迁问题引发的社会群体性事件频繁发生等诸多问题。① 如何在人口城镇化和土地非农化的过程中处理好发展和稳定的关系,防止和杜绝严重损害群众利益的事件发生,需要给予高度的重视。2012 年,江苏省以常住人口统计的城镇化率是 63%,而以户籍人口统计的城镇化率只有 38.7%。相当部分农业转移人口虽然被统计为城镇人口,但并没有真正获得城镇居民身份,在就业、子女教育、医疗、社会保障、住房等公共服务领域还没有享受同城镇居民同等的待遇。② 这些人居住在城市、户籍在农村;自己在城市,家属在农村;年轻时在城市,年老后在农村。如何使符合条件的农业转移人口转为城镇居民,实现彻底的城镇化,这些新型城镇化引发的类似问题对现有的社会治理形成了冲击,倒逼着社会治理能力升级。

三是利益格局在深刻调整。当前,我国社会利益格局出现了失衡与固化现象,部门利益、行业利益、地方利益比较突出,贫富差距的代际传承性比较突出。面对多年形成的利益失衡格局,新时期深化改革的核心任务,就是要打破利益失衡与利益固化的藩篱,畅通不同社会阶层向上流动的通道,通过增量改革与存量结构调整,实现全民合理分享国家发展成果,形成利益相对均衡的新常态。社会治理中迫切需要顶层推动,更要有高层次的统筹协调,利益关系调整过程中必然触及一些人的既得利益,由此导致的社会问题可能更加复杂,需要通过社会治理来解决的问题也会更加复杂。③

四是民生诉求在全面升级。江苏省的消费贡献率已经达到 50.9%,实际上已经成为拉动经济增长的第一推动力。④ 江苏城乡居民消费十多年来呈现出较大的变化⑤,主要特征体现在基本生活保障的消费,如食品比重逐

---

① 参见康丽丽:《新形势下社会治理能力建设探析——基于江苏省泰州市的城镇化实践》,《中共郑州市委党校学报》2015 年第 4 期。
② 参见黄红芳等:《新型城镇化,核心是人的城镇化》,《新华日报》2014 年 5 月 27 日第 A1 版。
③ 参见吴敬秋、曹苏红:《利益格局深刻调整与社会主义和谐社会的构建》,《湖北行政学院学报》2007 年第 1 期。
④ 《2014 年全省经济社会发展情况新闻发布会文字实录》,江苏省统计局网站:http://www.jssb.gov.cn/tjxxgk/xwyfb/tjxwfb/201502/t20150204_253228.html。
⑤ 刘洁:《江苏城乡居民消费变化特征分析》,《经济研究导刊》2012 年第 26 期。

年减少,恩格尔系数下降;体现现代生活消费的交通通信、文化教育娱乐用品及服务消费等比重逐年上升。共同贫穷的时代早已被送进了历史,新时期的民生诉求已不再满足于吃饭、穿衣问题,而是普遍要求公平正义与全面提升生活质量,包括对教育、就业、分配、社会保障、安全、环境、健康等的诉求都在持续升级。人们的维权意识与维权方式也在发生重大变化,从个体维权到集体维权,从底线维权到发展维权,正在成为一种新常态。[1] 绝大多数上访和群体性事件,反映的是民生和经济利益方面的诉求,如提高征地拆迁补偿标准、抗议企业环境污染、追究医疗事故责任、提升劳动福利和待遇,等等。

五是社会生态日益复杂化[2]。2014 年 7 月 24 日,麦肯锡发布的题为《中国的数字化转型:互联网对生产力与增长的影响》的研究报告称,目前中国的网民规模已经达到 6.32 亿人;而据台湾《电子时报》报道,工信部的统计数据显示,截至 2014 年 5 月底,中国的手机用户数量已达到 12.56 亿人。此外,中国有 5 亿微博、微信用户,每天信息发送量超过 200 亿条,以微博、微信为代表的社交网络蓬勃发展,社交端口同时在线人数突破了 2 亿人,互联网正在全方位地改变着人们生活的方方面面。同时,借助发达的互联网的放大作用,各种传统的与现代的、境内的与境外的、左的与右的观念同时并存,社会舆论的生态业已多元化,人们的价值取向也已日益多元化。这些都表明在新时期,不能再简单地延续过去的社会治理方式方法了。

上述变化既是国家 30 多年来发展进步的重大成果,也是新时期必须妥善应对的挑战。如果对上述变化熟视无睹,或者简单地延用原有的举措,社会治理就不可能与时俱进地步入健康发展的新轨道。

2. 社会治理的新要求

新时期的社会治理要适应深刻变革中的社会形势,特别需要妥善处理好以下三大关系。[3]

一是社会自治与政府管治的关系。在一个良性运行的社会中,社会治理的基本方式应当是社会自治,社会成员通过社会自治学会自我服务、自我

---

① 郑功成:《国家发展的核心使命:保障和改善民生》,《行政管理改革》2011 年第 8 期。
② 郑功成:《新时期社会治理的挑战与机遇》,《光明日报》2015 年 1 月 26 日第 11 版。
③ 郑功成:《新时期社会治理的挑战与机遇》,《光明日报》2015 年 1 月 26 日第 11 版。

管理、自我提高,并走向自我完善。自治强调的是自律,突出的是集体自觉,但要以社会融合为条件;而政府管治则是规制、纠察与矫正社会失范、失序行为的补救方式,强调的是他律,突出的是统一规制,以法治为条件。在走向现代社会自治的过程中,政府需要培育社会自治精神、创设社会自治体制,推动社会自治的发展,随着社会自治力量的形成,政府应放手让社会进行自治实践并优化自治的体系。政府管治有一个作用范围和作用力逐渐减弱的趋势。

二是维权与维稳的关系。从理论上说,维权与维稳的根本目标都是为了维护人民群众的合法权益,但在实践中,当一些有正当诉求的群众合法权益得不到满足就上访、闹访时,当政府出面维稳却又产生了一些新的侵犯公民权利时,维权与维稳之间又有一定的矛盾。正确处理维权与维稳的关系,是化解矛盾的关键。事实上,解决好了维权问题,也就从根本上解决了维稳问题。因此,合理的取向应是维权是目的,维稳是手段。应以尊重维权、保障维权为基本出发点,维稳过程中对维权者以疏导为主,不简单地进行防堵,在有效解决维权问题的条件下理性地实现维稳,而不应将维稳作为工作的根本目标从而无视甚至侵犯公民权利,以这样的价值观来指导工作,必然导致社会矛盾的不断积累,给社会稳定埋下更大的隐患。当然,对蓄意制造事端、导致社会不稳定的违法者,要采取强制手段、司法措施来应对。

三是德治与法治的关系①。法律和道德都是社会上层建筑的重要组成部分,都是规范人们行为的重要手段,但二者又有各自不同的特点和作用。德治实现的是柔性约束,靠的是柔性传承的文化和个人与时俱进的精神追求,法治实现的是刚性约束,靠的是法律的规制与公权的威慑,二者都能发挥规范与约束人的行为的作用。要获得良性的社会治理成效,应坚持德治与法治相互结合,共同发挥作用。用法治守住底线,用德治提升水平。

面对新形势新任务新要求,江苏省要主动适应、自觉转变,推动社会治理、平安建设的深入开展,努力提高社会治理科学化水平。

---

① 参见剡瑾:《从"社会管理"转向"社会治理"的意义及对策研究》,《社科纵横》2015年第1期。

三、积极探索江苏省社会治理新模式

不同地域内政府间合作的主要动力是经济利益,障碍也是经济利益的冲突,较少从公共服务供给角度出发考虑区域治理问题。而以平等为导向开展区域治理,实现公共服务均等化,特别是不同区域之间的平衡发展,是区域治理研究的关键性问题,长江经济带的区域治理实践必须摆脱经济发展的利益导向,着力于人与社会的全面发展,通过缩小区域内和区域间的差距,最终走向全面发展。

(一)大力推动公共服务发展

1. 加强顶层设计,研究制定基本公共服务均等化总体规划和标准

建立起能支撑长江经济带这一区域人口、技术流动、资源合理配置的基本公共服务均等化的体系,是实现长江经济带协调性均衡发展的基础。鉴于当前长江经济带包括江苏省内基本公共服务不平衡、不均等问题突出,应借鉴国际经验,集中多方智慧,研究制定江苏省及长江经济带基本公共服务均等化总体规划,并明确规划实施的路线图与时间表。在规划中,一个核心的内容便是制定与经济社会发展水平相适应、体现底线公平的基本公共服务均等化的省级或长江经济带标准,为长江经济带各地推进相对一致水平的基本公共服务均等化提供基本依据①,也可使长江经济带的所有社会成员不管在哪里生活与工作,都能够享受不低于这一标准的基本公共服务,从而促进长江经济带内人口的流动与人力资源的合理配置,从根本上解决长江经济带包括江苏省现有基本公共服务标准不清晰、不规范、不统一的问题。

2. 完善考评机制,将基本公共服务均等化纳入政府绩效考评体系

长期以来,受"以 GDP 论英雄"政绩观的影响,一些地方政府和官员关

---

① 参见李韬:《以治理创新推进基本公共服务均等化》,《人民日报》2014 年 1 月 13 日第 7 版。

注的焦点在于 GDP 增长率,缺乏提供公共服务的积极性和主动性。为纠正这些地方政府和官员工作中重视经济建设而忽视社会建设、推进基本公共服务均等化建设不力的倾向,应改变过去过于看重经济总量和增长速度的政绩评定偏向,而将基本公共服务均等化纳入政府绩效考评的范围,从而使政府的绩效考评体系中更加注重考评劳动就业、社会保障、人民健康状况等社会建设与社会治理成果,并建立严格有效的问责机制。①

3. 强化重点领域,推进基本公共服务均等化

由于历史原因,我国形成了不公平的基本公共服务供给的城乡二元格局。随着经济社会发展,广大农民、进城务工人员对基本医疗、基础教育、养老保障、公共文化等基本公共服务的需求不断提高。因此,应把满足广大农民、进城务工人员的基本公共服务需求摆在最为突出的位置,积极探索建立城乡一体的基本公共服务供给机制。为此,必须加快户籍制度等方面的改革,逐步消除影响农村户籍人口公平获得基本公共服务的制度性障碍。

应大力调整社会事业结构,优先发展基本公共服务,强化重点领域,这些领域包括医疗卫生、教育、文化体育、社会福利与社会保障等事业。按照基本公共服务均等化的要求,保基本,强基层,建机制,实现公共服务财政支出向基本公共服务倾斜,向农村地区倾斜,向社区层面倾斜,向困难群体倾斜。根据财力要求,逐步缩小城乡之间、区域之间和不同群体之间享有基本公共服务水平的差距,充分体现社会公平、公正。以横向、纵向转移支付的形式支持贫困地区和薄弱环节的社会事业建设,切实解决人民群众最关心、最直接、最现实的利益问题,尤其要鼓励社会资本投向农村建设,允许企业和社会组织在农村举办各类公共事业。统筹城乡基本设施建设和社区建设,推进城乡基本公共服务均等化。

具体到长江经济带,应适应上中下游劳动力转移流动的趋势,推进统一规范的劳动用工、资格认证和跨区域教育培训等就业服务制度,同时加大区域内流动人员的基本养老保险、基本医疗保险等社会保险关系转移接续政

---

① 参见牛福莲:《2020:争取基本实现基本公共服务均等化》,《中国经济时报》2012 年 7 月 23 日第 2 版。

策的落实力度。

为了应对长江的事故灾难、环境污染、公共卫生等跨区域突发事件,有必要构建协同联动的社会治理机制。为有效预防和减少生产安全事故,有必要加强跨区域重点工程项目的监管,建立区域协调配合的安全监管工作机制。为缩小地区差距,有必要进一步完善对集中连片特殊困难地区的扶贫机制,并加大政策支持力度。[①]

4. 创新公共服务机制,对接制度安排和服务水平,大力推进公共服务的均等化建设

随着经济的发展和居民生活水平的提高,广大人民群众的物质文化需求日益增长,对社会领域服务消费的需求不断增加,对社会事业各行业发展质量与水平也提出了更高的要求。由政府主办社会事业的模式难以充分调动个体的积极性、能动性,容易形成依赖思想,影响社会事业各部门、各行业的产出效率,而且还容易滋生腐败。长期以来,政府对公共事业的长期垄断,使社会资源难以进入公共事业领域,造成公共事业投入与产出的不足。要改进政府提供公共服务方式,推进政府向社会组织转移职能,向社会组织开放更多的公共资源和社会空间;通过一定的政策优惠吸引企业参与到公共服务中来,把部分公共服务外包给有能力、有条件的企业。[②]

在公共服务多元化供给中,公共服务的多元供给主体之间有必要建立起相互的信任,运用法律和制度的形式对各方的权利、责任和义务进行规范,对协作中的各项事项、信息实行公开化、透明化,建立起参与主体间多元对等的沟通模式,按照尊重、平等、自愿、互惠的原则,用平等的运行机制和思路方法来应对协作框架建构中的问题。

(二)建立社会治理协调机制

1. 实现党委政府主导下的治理主体多元化

多元主体参与是社会治理的鲜明特征,而实现治理主体的多元化,又要

---

① 参见沈和:《深挖国家战略叠加在江苏的巨大红利——关于切实用好国家战略的几点思考》,《中国发展观察》2015 年第 2 期。

② 参见沈荣华:《论政府公共服务机制创新》,《北京行政学院学报》2004 年第 5 期。

从江苏省情出发,通过发挥党委政府的主导作用,充分体现中国特色社会主义的制度优势,最大限度整合各方资源、调动各方力量,凝聚社会共治的强大合力。结合江苏省实际情况,将重点加强四个方面工作:

第一,切实转变政变职能,破除政府的"管控"思维。在社会治理创新中,处理好政府与市场、政府与社会的关系是核心。破除"管控思维",政府不仅要向市场放权,还要向社会放权,不仅要解放生产力,还要激发社会活力。要把政府作用的着力点放在营造公平竞争的市场环境上,进一步取消和下放行政审批,从体制机制上给各类市场主体减轻负担,激发企业和市场活力,积极营造有利于大众创业、市场主体创新的政策环境和制度环境,充分发挥广大劳动者的智慧,形成新的发展动力。政府要加强主动服务意识,各级领导干部尤其要克服"依法办事效率太低"的错误思想,摒弃"搞定就是稳定,摆平就是水平,无事就是本事,妥协就是和谐"的做法,自觉运用法治思维和法治方式来深化改革、推动发展。当然,破除"管控思维",并不是排斥一切管控,而是要加强和改善政府工作的领导方式,找准政府在工作中的着力点,把功夫下在创造更好的市场环境、培育市场化的创新机制上,在保护产权、维护公平、强化激励机制、集聚优秀人才等方面发挥积极作用,真正保障市场在配置资源方面决定性作用的充分发挥。

第二,大力发展社会组织,大力培养社会工作人才。一是要建立社会组织发展的指标体系,把社会组织真正纳入经济社会发展的总体布局,把社会组织培育发展工作纳入重要议事日程。二是要合理调整和改革现行监管模式,取消社会组织须有业务主管单位的规定,改为直接向民政部门申请登记注册,降低社会组织准入门槛。三是要加快社会领域改革开放步伐,建立政府向社会组织购买服务和财政资金扶持的机制,各级政府应逐步将微观层面的事务性服务职能、部分行业管理职能、城市社区的公共服务职能、农村生产技术服务职能等转移给社会组织。四是要有计划地抓好社会工作人才培养,并重视社会工作人才的使用,同时研究和宣传社会工作,引导大众共识。

第三,大力促进社区自治,促进居民参与社会治理。首先要全面推行"政社互动",实现政府治理和社会自我调节、居民自治良性互动。为此,需要通过基层群众自治组织协助政府管理协议书,明晰基层政府与基层群众自治组织的权责边界、经费保障和违约责任。凡村(居)民自治事务,放手由其自主管理,社区应回归服务居民职能。凡政府部门行政事务,不得随意转嫁。规范基层群众自治组织和社会组织承接政府委托事项,需要社区承担的职责,政府需购买服务,费随事走。建立群众参与机制、政府购买社会服务和"双向评估"机制,逐步引入社会满意度第三方调查,对双方履职履约进行跟踪问效。其次要发展基层民主,促进居民参与社会治理。进一步健全民主选举制度,扩大社区居委会成员直接选举产生的覆盖面;健全民主决策制度,社区重大的事项应由社区居民大会或社区成员代表大会讨论表决决定;健全民主管理制度,在社区事务、财务和集体资产等管理领域引导居民依法参与;健全民主监督制度,通过公示、定期开展社区"两委"成员述职评议活动等方式,使基层民主管理落在实处。

2. 实现以健全体系为重心的治理布局系统化

社会治理是一项庞大复杂的系统工程,实现社会治理的现代化,必然要求治理布局的系统化,将社会治理作为一个有机的整体来谋划推进,把工作着力点放在健全工作体系上,以统筹各方面的力量与资源,协调推进好各项重点工作,形成综合的社会治理效应。就江苏省来看,要不断丰富和完善社会矛盾化解、流动人口服务管理、特殊人群服务管理、公共安全、非公有制经济组织和社会组织服务管理、网络社会服务管理"六大体系"的建设。[①]

在健全社会矛盾化解体系方面,要构建起多层次、全覆盖、实战化的大调解组织网络,为此需要进一步创新发展大调解机制,建立健全统一、规范、高效的社会矛盾纠纷大排查、大调解组织管理体系和工作运行机制,并推进专业调解机制的建设。

在健全流动人口服务管理体系方面,首先是要建立覆盖全部实有人口的动态管理信息库,其次是要解决流动人口市民化待遇这一关键核心问题。为此需要切实加快户籍制度改革,全面实施居住证制度,并完善积分落户制度,以逐步实现基本公共服务的均等化。

---

① 参见张新民:《率先建成具有江苏特色的社会管理体系》,《群众》2011 年第 11 期。

在健全特殊人群服务管理体系方面,要分类制定各类特殊人群服务管理的相关政策意见,并切实落实分类管理措施,同时鼓励引导社会各方面力量参与到关怀帮扶和救助各类特殊人群的工作中来。

在健全公共安全体系方面,要不断完善以情报信息、实战指挥、部门联动、区域协作、应急响应等为重点的防控运行机制,构建起立体化、现代化的治安防控体系;建立起最严格的覆盖全过程的食品药品监管制度,并强化安全生产隐患排查治理和安全事故预防控制。同时,还要建立严格的安全生产目标考核和责任追究制度。

在健全非公有制经济组织和社会组织服务管理体系方面,一是要加强非公经济组织中党组织和群团组织建设,并引导非公经济组织积极履行社会责任;二是要不断完善扶持社会组织发展政策,健全社会组织登记管理制度。

在健全网络社会服务管理体系方面,要改革互联网管理领导体制,不断健全互联网管理部门执法协作机制,同时加大依法管理网络力度,并建立起规范化的网络安全管理和舆情导控队伍,构建宣传、引导、管理相结合的网络综合管理机制。

3. 实现源头预防有效化解矛盾的治理机制能动化

江苏省正处在社会矛盾凸显期、社会稳定风险期,衡量社会治理的成效,不是简单地看有没有矛盾和问题,而是看在多大程度上能够预防和化解矛盾、问题,使其总体平稳可控并逐步向减少的方向转化,使社会保持良性动态平衡。为此,要进一步强化三个方面的工作:

一是健全社会稳定风险评估机制。把社会稳定风险评估作为出台决策的刚性门槛,在应评尽评的基础上,强化群众参与,把群众意见作为社会稳定风险评估的主要依据;强化风险控制,对评估结论为中、高风险但未被决策机关采纳的,由上级社会稳定风险评估领导小组提出监督意见;强化责任追究,对不按规定程序和要求进行评估,以及不根据社会稳定风险评估结论作出决策造成严重后果的,坚决追究相关人员责任,最大限度地防止因决策不当引发社会矛盾。①

---

① 参见林祥国:《构建社会矛盾源头预防化解新机制》,《群众》2010 年第 5 期。

二是畅通群众利益诉求表达机制。一要领导干部坚持深入实际调查研究,积极主动发现问题,并努力将问题解决在萌芽状态;二要进一步拓宽民意表达的渠道,在坚持领导定期开门接待群众来访制度的同时,要进一步拓宽民意表达的渠道,还要发挥人大代表、政协委员、新闻媒体、社会组织联系群众广泛的优势,充分听取民众的诉求并代表民众反映诉求;三要在制定关系老百姓切身利益的重大决策时,要召开听证会,进行多种形式的决策公示,充分听取各方面群众的意见;四要重点解决信访问题,改革信访工作制度,构建全省网上信访信息综合平台,全面打造"阳光信访",依法及时就地解决群众合理诉求;五要建立群众诉求分析、转办、督办、反馈机制,切实维护群众合法权益。

三是健全基层综合服务管理机制。在目前已普遍建有包括县(市、区)社会管理服务中心、乡镇(街道)政法综治工作中心、村(社区)综治办的三级综合服务管理平台的基础上,最主要的是要逐步建立健全运行和保障机制,以有效地整合矛盾排查化解、社会治安防控、特殊人群服务管理、平安法治创建、突发事件处置等方面的力量资源,不断提升基层预防和解决矛盾问题的能力及水平。

4. 实现德治融于其中的治理方式法治化

现代社会里,法治是社会秩序的基本保障,也是现代社会治理的基本方式。为了社会治理能确立正确的价值取向,在社会治理方式的法治化过程中,应将德治融入其中,并使道德成为法治的价值基础和精神内核。具体到江苏省,要把培育和践行社会主义核心价值观更好融入江苏法治建设实践,实现德治融于其中的治理方式法治化,就是要使社会治理建立在道德观念不断增强、法治水平不断提升的基础之上。具体而言:

第一,健全与社会主义核心价值观相融合,与现代社会形态、结构和运行规律相适应的法律制度体系,为社会治理现代化提供法制保障。为此,有必要按照这一目标去积极协调推进社会治理领域的相关法律法规和规章制度的废除、修改和制定工作。在社会管理领域,流动人口管理、特殊人群帮教、虚拟社会管理、社会工作的组织建设等方面的社会法治建设明显滞后,我国还没有出台相关法律,因此要抓紧制定;一些明显带有计划经济烙印的法律法规,不能反映当前公民的利益诉求,应该进行修改或者废除。应在现有法律框架下,充分发挥《中华人民共和国立法法》赋予的创制权,针对本地问题,结合地方特色,将社会管理实践经验法治化,并以法治引导社会管理实践,互相推进,并逐步形成有江苏特色的系统完备的社会治理的地方法规制度体系。①

第二,依法行事。参与社会治理的各方,包括党委、政府、社会组织、企业、公民等,在参与社会治理的过程中都要遵守宪法和相关法律规定,保证各项工作有法必依、依法进行,并且执法必严、违法必究。特别要强调的是,在社会治理中,政府更应该是依法规范公权力的行使,各级政府要依法决策、依法行政,各级司法机关要严格公正。要全面建立领导干部任职法律考试和述职述法制度,促进领导干部知法用法;同时,还要深入开展法律进机关、进乡村、进社区、进学校、进企业、进单位即"法律六进"活动,教育广大干部群众自觉学法律、讲权利、讲义务、讲责任,在全社会形成学法用法的良好氛围。

第三,德治融于法治。创新社会普法教育,把道德教育与全民普法教育紧密结合起来,大力培育全民法治信仰,努力形成办事依法、遇事找法、解决问题用法、化解矛盾靠法的良好社会氛围;要加强法治文化和社会诚信建设,尤其是要加强政务诚信、司法公信、司法文明建设。②

5. 实现与传统有效做法紧密结合的治理手段信息化

在现代信息技术迅猛发展的背景下,推进社会治理现代化,必然要求充分利用现代信息手段来应对新的挑战,比如实有人口和房屋等基础信息不够准确、全面、鲜活,及时有效的服务管理难以及时跟进;受传统手段制约,不能适时跟踪掌握社情民意,为民服务、社会管理、舆情引导、矛盾化解等工作的进展也离群众的期盼有较大差距;条块之间、块块之间运行机制不畅和"信息孤岛"等问题导致效能低下、相互掣肘,合作共治和服务群众的能力与水平需要进一步提高。江苏省有必要坚持科技引领、信息支撑,以社会治

---

① 参见王春雷:《社会治理法治化的创新路径探析》,《世纪桥》2014 年第 12 期。

② 李小敏:《领会新思想,落实新要求,在推进社会治理现代化中发挥应有作用》,《江苏法制报》2014 年 5 月 13 日第 1 版。

理信息化平台建设为载体,与传统有效做法紧密结合,在互为补充、互为支撑中创新治理方式,提升社会治理效能。

第一,结合综治信息系统的建设,健全信息源头采集、动态分析和综合研判机制。2014年12月29日,江苏省综治办、中国电信江苏分公司联合建设的江苏省综治信息系统正式上线,全省13个市和所有县(区)综治专网全部开通。这套系统在省级层面整合公安、司法、民政、安监、卫计等部门的2100多万条数据,构建了纵向覆盖从省、市、县到镇、村直至网格单元的六级综治机构,横向连接各职能部门的信息化应用平台,实现了基础信息网上采集、办事服务网上流转、工作过程网上监督、目标责任网上考核。

第二,结合智慧城市建设,构建以全天候视频联网监控系统为核心的社会治安视频监控系统。充分运用物联网等技术,利用大数据优势,强化深度应用,为预防打击违犯罪、防范恐怖袭击、处置突发事件,维护社会稳定提供有力的科技支撑。

第三,不断健全网络互联互通,促进信息共享共用。为最大限度地提高信息资源共享水平和综合利用效益,应积极推进政府网络设施共建和信息资源共享工程建设,并加快推进跨部门网上办事平台的建设进程。

6. 谋求与其他地区的跨区域共治化

要在江苏全省尤其是沿长江的各市县地区,建立和培育适应区域发展合作共赢的理念和价值体系,积极参与长江经济带区域协调分工机制的构建。

首先,长江经济带的发展需要建立由政府主导的层次分明、分工明确、促进区域合作强有力的领导组织机构和操作机制,保证区域合作环节的层层推进。[①]

第一层次是领导层,建议由国务院牵头,成立由中央各部委和长江经济带有关省市参加的长江流域合作发展委员会,代表国家行使长江经济带规划、建设与管理权力。长江流域合作发展委员会的主要职能有:组织协调跨

---

① 参见龚胜生、张涛:《创新构建长江中游城市群合作机制》,《政策》2015年第7期;《"新常态"下长江经济带发展略论——"长江经济带高峰论坛"主旨演讲摘要》,《西部论坛》2015年第1期。

區域的重大戰略資源開發、重大基礎設施以及生產要素布點、統一的市場競爭規則和政策的制定。長江流域合作發展委員會可下設相關的推進協調機構,圍繞產業投資、基礎設施建設、生態環境保護不定期召開各級別層次的協調會,落實中央有關優惠政策和項目布局。

第二層次是為磋商決策層,由主導區域合作的省市區領導充分磋商,根據本地區區域發展規劃,明確合作內容,簽署框架協議,印發正式文件下達任務。每年舉行一到兩次聯席會議,主要負責城市群內重大基礎設施建設、重大戰略資源開發、生態環境一體化建設、跨區域生產要素流動等重大問題的協調和決策。在長江流域合作發展委員會的領導下,還需要不斷創新深化區際協調模式。比如,組建由各省市參加的共同發展基金,通過共同干預資源的分配,調動各省市利益主體參與協調的積極性。

第三層次為統籌協調層,應建立區域合作辦公室,在區域合作協調會議閉會期間,作為日常的辦事機構,並申請機構代碼、籌備專職辦公部門,由區域合作辦公室統籌,協調、督促各專題部門根據計劃落實工作。區域合作辦公室的辦公經費應建立會員繳費機制,會費規模的增加將會為區域合作協調建設提供更有力的資金保障,參會會員應該每年繳納一定比例的會費,會費比例可以按照各地區財政收入規模、企業營業收入、中間性組織年度經費規模來確定。

第四層次為實施執行層,合作各方政府相關部門負責人為責任人,牽頭項目實施。

第五層次為聯絡層,由相關部門的處室機構組成,負責日常的信息溝通、具體操作和考核評估。

其次,長江經濟帶的發展需要建立政府、企業、中間性組織等共同參與、積極推進產業轉移與承接的立體網絡,保障區域合作的深入展開。現有區域協作機制僅限於政府間合作,民間參與幾乎沒有。區域公共問題不只對政府,更對所在區域的市場主體、民眾有著重大影響,但現有協作機制中,只見政府忙碌,不見民間參與,缺乏增進協作的外部推動力。

長江經濟帶社會治理合作機制中應該有大量具有區域合作或產業轉移傾向的企業和中間性組織的參與,使得區域合作的所有利益方都能夠把自己的意见反映出来,促进良好沟通。长江经济带社会治理合作机制中应培育如银行、行业协会、利益团体、政策联盟、政党、公共舆论等名目繁多、各种类型的跨区域协作组织,作为利益相关者的协调机构,在整个区域政策的制定、执行和反馈过程中担当重要的角色,与公共部门形成合力。如成立"长江经济带工商联合会",联合各省工商联,遴选各省重要商会组成,主要为企业合作搭建交流平台,推动企业的"强强联合"和"抱团出海";成立"长江经济带行业联盟",联合各省工商联,引导行业协会自主成立联盟,其主要任务是制定长江经济带的行业发展规划和行业标准,推进长江经济带的市场一体化进程;成立"长江经济带建设咨询委员会",联合各省市政府咨询委员会,遴选各省顶级咨询专家组成,吸收合作区域内、行业代表、居民代表和政府官员参加,定期召开资讯会议,出版长江经济带的合作刊物和简报,对相关合作项目进行前期论证和后期评估,以提高长江经济带合作组织的管理绩效和磋商绩效;长江经济带社会治理合作机制中还可以引入具有社会公信力的非政府组织,通过第三方市场化的途径,协调解决相关区际利益冲突和均衡问题。

再次,完善长江经济带的区域合作法律制度保障。一是建立合作的激励与约束机制。区域内各省市政府要清理现有不利于长江经济带合作的地方性法规,倡导法规的无缝对接,消除行政壁垒和市场壁垒,营造统一的公共治理环境和秩序。联合制定相关法规和政策,对产业发展、基础设施、信息共享、生态保护等一体化作出具体规定,为区域合作提供法律保障。二是建立利益的共享与补偿机制。长江经济带各省市政府要联合设立"长江经济带发展基金",该基金由长江经济带内的各省市按比例缴纳,用于长江经济带内跨行政区的基础设施建设、产业协调发展、人才培养、科技创新、环境治理和生态补偿等,通过基金的转移支付,实现各种利益在地区间的合理分配。三是健全政府的合作绩效考核机制。相关各省市政府要联合推行一套适用于长江经济带各地政府的绩效考核的指标体系。在绩效考核中,既考核本级区域在经济建设、政治建设、社会建设、文化建设、生态文明建设等方面的绩效,也要评估其地方行为对整个长江经济带的影响和贡献。

第十一章　加强区域协作

在区域经济一体化发展和国际竞争日趋激烈的今天,各国及各地区之间的经济联系越来越紧密。区域经济发展不再是孤立的,区域之间的人口、资金、技术与信息流动,对区域经济发展产生了重要影响。长江经济带是整个长江流域最发达的地区,也是除沿海开放地区外,全国经济密度最大的经济地带,长江经济带对我国经济发展具有其他经济带所无法比拟和替代的战略意义。长江经济带的经济发展也不是孤立的,它与周边地区以及其内部各地区之间应当"互需、互补、互动、互促"。加强长江经济带内外部经济联系,促进区域经济合理分工与合作,有利于促进长江经济带与周边地区无缝对接和优势互补,促进长江经济带各地区间的合理分工与紧密合作,充分发挥长江经济带对周边地区的辐射带动作用,增强长江经济带综合竞争力,为统筹区域发展,建立和谐社会奠定坚实基础。推动长江经济带形成"协调性均衡"发展格局,就是希冀区域内各单元之间既分工又合作,既特色鲜明又协调融合,形成长江流域东中西部之间协调发展、协同发展、共同发展、绿色发展、持续发展的新型发展格局。作为长江经济带中重要组成省份的江苏省,理应在区域协调性均衡发展新机制的建立健全中发挥领头雁的作用。

一、长江经济带跨区域协作理论与实践

党的十八大报告指出:"在发展平衡性、协调性、可持续性明显增强基础上,实现国内生产总值和城乡居民收入比 2010 年翻一番。"这是对建设有中国特色社会主义经济事业提出的新的更高要求。所谓发展平衡性,指的是东中西部、南北方之间,实现不同区域之间发展的均衡性,不产生明显的、

较大的差异,尤其是城乡之间的发展必须实现平衡。只有各个区域之间实现平衡的发展,才能保证中国特色社会主义事业的全面发展,不会出现短板效应。发展协调性,则是指区域内部、区域与区域之间在发展过程中的内在有机结合,形成互补互惠、上下左右联动的良好态势。当然,这就意味着在顶层设计上要实现不同区域之间的统筹规划,完善产业结构调整,加强城乡一体化建设,推动先进地区和先富裕起来的区域帮助、带动落后的地区和尚未富裕的区域,以实现全社会经济和社会领域的和谐进步与共同发展。

推进区域协调性均衡发展在现阶段就是要十分注重区域分工与合作,在合理分工的基础上,努力寻求合作共赢。与长江经济带区域分工问题相关的理论研究成果丰硕,而现实基础条件也基本具备。长江经济带协调性均衡发展有着十分广泛的合作空间,应当在国家利好政策形势下,成为区域协调性均衡发展的典范。

(一)长江经济带区域协作研究的文献梳理

1. 区域分工的主要理论

区域分工,也有人称之为地域分工、地理分工等,是社会分工的一种形式。它是在各个区域间展开的,其目的是使每个区域获得更高的资源配置效益,主要体现在部门分工层次上,即依据发展专业化部门来体现。由于区域分工是区域经济活动的一种空间组织形式,所以可以利用空间组织的基本原理来分析区域分工。区域分工理论年代悠久,历经数百年的发展,形成了诸多分工学说和理论分析模型。

(1)绝对优势理论。英国著名经济学家亚当·斯密早在1776年在其巨著《国富论》中对分工进行了系统研究,提出了绝对优势理论。斯密认为,一国各个区域的经济专业化能够提高生产效率,进而增加国民收入。每个区域都有其生产成本最低的产品,如果以这样的产品为专业化生产领域,区域之间又相互交换其专业化产品,就能够使各区域的资源、劳动力、资本得到最有效的利用。每一个区域都将其适宜于生产的某些特定的产品去进行专业化生产,然后彼此进行交换,则对所有交换国家都有利。斯密的这种绝对优势理论是建立在劳动分工的基础上,用劳动消耗量来衡量生产成本,成本的差异则是由于劳动生产率的差异,而劳动生产率的差异是因为各区域拥有的优势不同。

(2)比较优势理论。英国的另一位著名经济学家大卫·李嘉图在1817年出版的《政治经济学及赋税原理》中认为,任何区域都有其相对有利而非绝对有利的条件,各国之间之所以会发生贸易,并非以生产技术的绝对差别为必要条件,即使是相对的差别也可以导致各国在生产经营的成本、价格方面形成差异,这种差异就会产生不同国家、不同地域的某些产品的竞争优势(如法国的葡萄酒、瑞士的手表等),从而进一步引起分工和贸易。所以,各区域都有其相对有利的条件或优势,各区域集中生产并输出自己相对优势的产品,输入自己相对劣势的产品,那么各区域都能从分工中获得比较利益,各区域的资源能够得到有效的利用。

(3)要素禀赋理论。20世纪二三十年代,瑞士、德国的两位经济学家形成的赫克歇尔—俄林"要素禀赋理论"指出,在不同区域生产同一种产品的技术水平相同的情况下,各区域生产同一产品的价格差别来自于产品的成本差别,这种成本差别来自于生产过程中所使用的生产要素的价格差别,而这种价格差别则取决于各区域各种生产要素的相对丰裕程度,即相对禀赋差异,由此产生的价格差异导致了地区贸易和区域分工。

当然,以上传统分工理论的一个共同前提就是认为区域之间存在一定的差异。第二次世界大战以后,经济发展水平相近的国家之间以及国家内部的某些区域之间要素禀赋的差异逐渐缩小,很难判断哪一个具有比较优势,它们之间有很大的相似性,但分工仍然很突出。传统分工理论难以解释这一现象时,开始出现了新区域分工理论,包括:偏好相似理论(瑞典经济学家林德)、协议分工理论(日本学者小岛清)、相似条件下的分工理论(美国经济学家保罗·克鲁格曼)、竞争优势理论(美国学者迈克尔·波特)等,从另一视角阐释了区域分工形成的理论基础及必然性。

2. 区域分工的主要利益

就静态利益而言,区域间总是能够通过发挥自己的比较优势,生产和输出具有比较优势的产品,输入本区域在生产上相对劣势的产品,并由此形成了区域分工与贸易交往。对于区域内各地区,一方面由于分工促进了各地区专业化生产,提高了资源的利用效率,实现了资源的充分合理配置,在要素投入既定的前提下,地域分工带来了地区产出水平的提高;另一方面,通过区域分工与合作,能够获得本区域不能生产的产品,或以更低的生产成本获得该产品,使消费者的效用水平不断提升,最终促进了区域的整体经济水平的提升。

就动态利益而言,首先,地域之间在分工与合作过程中,各自生产不同的产品并不断通过贸易提供给对方,这样就能够使企业不断扩张,实现规模经济效益。其次,区域分工背景下,专业化的生产地域日渐形成且相互竞争,将会不断促进企业更新设备,提高生产工艺,实现技术的创新、传播与扩散。最后,通过区域分工的动态变化,各区域根据其要素供给结构和价格变动及需求变动,使得区域间经济发展形成相互联系、相互依赖和相互影响的局面,发达地区新兴产业的扩张壮大,导致其产业结构的升级换代,并通过向欠发达地区转移技术和产业,促使各区域不断调整自己的产业结构。这种不同区域产业结构的同时升级发展,不断提高了区域经济发展的速度和质量,最终实现区域乃至整个国家的综合实力和国际竞争力的不断增强。

3. 区域协作的主要理论

(1) 区域协作的研究进展述评

世界经济一体化和区域经济一体化进程的加快,传统地方政府由于自身行政管理权限的限制、各自利益诉求的差异以及长期形成的分块治理模式,各地政府难以独自处理涉及区域政府间的共同事务。因此,加强区域政府间的协调与合作,形成新型区域空间的政府治理理念,已经成为中外学术界和各地政府共同关注的焦点问题。

早在 20 世纪 40 年代,美国学者维克多·琼斯和英国学者威廉·罗伯森从影响政府治理效率的角度,提出了要实现区域协作必须在区域内建立统一的政府机构的建议。到了 60~70 年代,国外不同学科的学者(如政治学家、经济学家、地理学家等)从各自学科角度对区域协作、政府治理提出了自己的看法。[①] 进入 80 年代后,西方学者开始对传统的政府为唯一主体

---

① 参见刘君德等:《中国行政区划的理论与实践》,华东师范大学出版社 1996 年版,第447 页。

的管理模式提出了挑战,提出应建立以政府、非政府组织、社会公众等多元主体共同参与的国家治理新模式。这为区域政府间的协调与合作提供了崭新的思路和方法。

国内学者开始关注并研究区域协作问题,肇始于 20 世纪 90 年代,且主要从不同学科角度提出自己的观点。洪银兴等教授从区域经济一体化角度研究区域经济一体化的模式、区域经济运行机制等问题,指出在长三角地区未能建立一体化协调发展格局的根本原因就在于"在目前的地方政府主导发展的格局中,缺乏一个统一的有效的竞争规则"。[1] 有学者在对西方发达国家的政府协作模式比较后,提出了"行政联合"的概念,即应当在没有行政隶属关系的地区政府之间,为处理区际公共事务、加强横向联系、协调区域范围内利益关系,建立一个正式或非正式的区际联合组织或类似的协调机制。[2] 学者王川兰认为,区域经济一体化推动了地方行政向区域行政的范式转型,长三角地区可以采取"多元复合"架构中的区域行政管理体制,来推进区域政府合作体制的形成。这里的"多元"是指区域行政的主体并非只限于地方政府单级,还包括了中央政府、相关地方政府及各类社会组织、团体、企事业单位、公民等在内的多主体参与者。以此为基础,通过相应整合,逐渐形成一个府际关系网络和区域治理网络格局;"复合"是指区域行政协调的实现形式,并非是一种固定不变的公式或套路,而应该按照实际需要不断演变与改进,可以采取一种主要形式也可以是几种形式的自由组合或叠加。因此,这种区域行政的实现形式可以在柔性协商性体制与刚性行政性体制之间进行选择,如专题项目式合作、区域(流域)治理、区域行政专区、经济协作区、区域联合政府等。[3] 总之,国内学者从各自专业角度对区域政府合作体制及政府间关系的探讨,极大拓展了区域政府协作体制研究的视野和内容,同时也对推进区域协作体制的建立与发展具有一定的指

---

[1] 洪银兴等:《长江三角洲地区经济发展的模式和机制》,清华大学出版社 2003 年版,第 8 页。

[2] 参见卓越、邵任薇:《当代城市发展中的行政联合趋向》,《中国行政管理》2002 年第 7 期。

[3] 参见王川兰:《多元复合体制:区域行政实现的构想》,《社会科学》2006 年第 4 期。

导和借鉴意义。

（2）区域协作的理论基础

我们现在提出加强区域协作、实现区域经济社会发展的融合共生，有着一定的理论基础。具体表现在：

一是国家结构形式理论。国家结构形式强调的是关于国家整体与部分之间和中央与地方之间的权力分配关系，它分为单一制和复合制两种形式。一个国家采取什么样的国家结构形式，取决于该国的政治、经济、文化及历史传统等因素。我国采取的是单一制的国家结构形式，这既有中国的政治经济现实支撑，也与我国长期以来形成的历史文化传统一脉相承。因此，对长江经济带区域协作的任何制度安排，都应当充分考虑这一基本制度的独特生成背景，都应当从这一基本制度出发来考察任何制度设计的可能后果。

二是行政区划理论。行政区划包括国家对行政区域的划分、变更与调整，以及对已有行政区域的认可，其实质是国家权力在地域上的分配与处置。① 行政区划从外在表现形式上看是把国家分成不同层次、一定大小的区域；从其实质内容上看，则是通过这种划分，以一定程序赋予各个层级的行政区域单位相应的管理权限，方便其管理与指挥，维护国家的统一和中央的权威。行政区划是事关国家政治、经济、生态、社会发展全局的重大战略问题，行政区划设置得是否科学合理，直接关系国家和地方行政管理的效能，关系生产力合理布局乃至资源科学配置，关系经济社会的健康发展，因而是一个十分复杂而敏感的综合性、应用性很强的研究领域，影响重大。长江经济带所涉的 11 个省市及其管辖的地级、县级政府在区域经济一体化的背景下，应该构建什么样的协作关系，这种关系对现有的行政区域将产生什么影响，不仅关系行政区划理论在实践中的发展，更有可能影响中国国家结构形式的未来走向。

三是博弈理论。博弈论，又称"对策论"，是研究决策主体的行为发生相互作用时候的决策及这种决策的均衡问题，它强调二个主体在平等的对

---

① 参见安森东、胡庆平：《中外行政区划比较研究及其启示》，《行政管理改革》2014 年第 3 期。

局中为达到击败对方的目的,而各自根据对方的策略变换自己的对抗策略。一般认为,博弈主要可以分为合作博弈和非合作博弈。两者的区别在于相互发生作用的当事人之间能否达成一个具有约束力的协议,如果有,就是合作博弈;如果没有,就是非合作博弈。合作博弈产生的一般条件有二:一是对合作组织而言,整体收益大于其单个成员独自经营时的收益之和;二是对合作组织内部而言,每个成员都能获得比不加入合作组织时多一些的收益。因此,长江经济带组织内的各成员单位应当有合作博弈的理论基础和实现冲动。

四是治理理论。自 20 世纪 90 年代以后,西方学者敏锐地意识到志愿者组织、慈善组织、社区组织等社会自治组织的力量在不断增长,它们对社会公共产品和公共服务的提供产生了极大的影响,于是理论界开始重视政府与市场、政府与社会的关系问题。治理理论为此孕育而生。治理作为一种政治管理过程,其最终目的也是为了维护正常的社会秩序。其基本的特征就在于:治理主体从一元走向多元;治理结构从垂直型走向扁平化;治理运作机制从垄断走向竞争。① 长江经济带各层级政府间的区域协作要想真正发挥功效,在坚持政府间的合作融合外,还应当充分发挥非政府组织及公民在区域政府合作中的地位和作用,使得非政府组织和公民在联络、协调政府与企业关系、维护市场秩序、提供公共服务、满足社会需求等方面发挥更加积极的正能量。

(二)长江经济带区域分工协作的现实基础

长江流域覆盖面积广阔,从西向东横跨了整个中国大陆。长江经济带的 11 个省市为中国经济发展作出了巨大贡献,占到了全国经济总量的 40%以上。据统计,2014 年上半年长江经济带沿线省市 GDP 总量达 12.68 万亿元,占全国总量高达 47.14%,平均增速为 8.77%,高于全国平均增速 1.37个百分点。但长江东、中、西部由于历史形成的各自分工局面而呈现出经济发展水平明显的"梯度特征"。一方面,长江中下游的江浙沪地区发展状况

---

① 参见唐亚林:《长三角城市政府合作体制反思》,《探索与争鸣》2003 年第 8 期。

良好,经济相对发达,人均收入水平较高;另一方面,长江中上游的川贵滇地区则相对落后,人均 GDP 不足前者的 1/3。同处长江经济带,发展的差异性如此之大,必须通过上、中、下游联动才能稳步推进协调发展。

1."龙头":长江经济带东部板块的优势与地位

由上海、江苏、浙江 3 省市构成的长江经济带东部板块,是我国经济较为发达的区域之一,对资金、高素质劳动力、高新技术等生产要素具有很强的吸引力,成为人口流动、资金融通、技术交易、商品流通和中枢管理等经济活动的高度集聚地,并已形成了各具特色的发展格局,在当前长江经济带发展中具有无可争议的"龙头地位"。如上海市正朝着国际资本集散中心、国际国内投融资中心、金融活动交易中心、金融信息中介服务中心的目标大踏步迈进,江苏省以吸引外资居国内前列而著称,浙江省则以民间资本充裕和民营经济发达而闻名。

2."龙腰":长江经济带中部板块的优势与地位

长江中部流域经过了湖北、湖南、江西、安徽等省区,其中的省和市都有着自己鲜明的特色和优势,有望成为我国经济增长的"第四极"。这是长江经济带不可或缺的"龙腰"。

湖北省是长江中游省市发展中十分重要的增长极,它的独特优势表现在:(1)区位地理优势。湖北省位于横贯东西的长江和纵穿南北的京广铁路干线的交汇处,武汉与北京、天津、上海、重庆、西安等特大中心城市的距离都在 1200 公里左右,市场辐射的比较优势尤为突出。(2)科教资源优势。湖北省是我国重要的科教中心,高等院校数量和大学生人数均居全国各省市前茅;"985"、"211"国家重点建设院校数目位居全国第四,仅次于北京、江苏、上海 3 省市;研究生教育水平国内排第四,仅次于北京、上海、江苏3 省市。① (3)产业资源优势。湖北省作为我国长期以来的老工业基地,与东三省地区遥相呼应,在我国经济建设中发挥着重要作用。湖北省的工业相对成熟完善,同时拥有丰富的资源基础和生产要素,加上我国巨大的市场

---

① 参见谢慧敏:《建设长江经济带关键是破除行政藩篱》,《湖北日报》2014 年 6 月 23 日第 12 版。

潜力,区位优势十分明显。

湖南省具有独特的区位优势、生产要素优势、产业优势和生态环境优势。湖南省承东启西,贯通南北,立体交通优势明显,武广和沪昆两条高铁交会,令湖南省区位优势更加突出;全省森林覆盖率达 57.34%,城市绿化覆盖率达 36.79%,人均公共绿地为 8.76 平方米,生态良好,环境优美,宜居宜游宜业;湖南省产业基础雄厚,人力资源丰富,形成了工程机械、电子信息与新材料、汽车及零部件、轨道交通等优势产业集群。

江西省在传统产业分工上具有较为明显的特色:(1)区位优势明显。江西省是唯一一个与长三角、珠三角和闽南三角区毗邻的省份。高速公路网络的不断优化和推进,可以更加便捷地承接周边发达地区溢出的资金、产业、技术等。(2)丰富的水资源和潜力巨大的水产品产业。江西省有十分丰富的地表水资源,河川径流总量居全国前茅。中国第一大淡水湖鄱阳湖不仅天然水产资源丰富,而且有百余种鱼类,数量多,品种全,水污染面积少。(3)丰饶的矿产资源和有色金属产业。江西省是环西太平洋成矿带的组成部分,地层出露齐全,岩浆活动频繁,地质构造复杂,成矿条件优越,矿产资源丰富,是我国矿产资源配套程度较高的省份。(4)独特的旅游资源和旅游产业。江西省旅游资源主要以自然山川、历史古迹、红色革命文化为主,红色、绿色、古色交相辉映,异彩纷呈。以景德镇、庐山、鄱阳湖为代表的著名风景旅游区域不断吸引中外顾客前往观光休闲。(5)绿色生态农林资源和汽车、食品工业。许多野生植物生长在远离城市和工业区的丘陵地带,很适宜开发无污染无公害的绿色食品、绿色竹木制品和绿色建材。以江铃集团和昌河集团为代表的汽车已经成长为江西省汽车制造业的顶梁柱。

安徽省的资源特点及产业优势主要表现在:(1)矿产资源禀赋突出。煤炭、铁、铜、硫、石灰石等 38 种矿产储量都在全国名列前十。(2)农业资源比较丰富。已经建成了皖东皖北商品粮基地、沿江沿淮优质油菜基地、皖江水产品基地、大别山区和皖南山区绿色食品基地等。(3)历史文化源远流长。安徽省是中国史前文明的重要发祥地,这里有与儒家文化齐名的道家学派,老庄是其文化的代表性人物;明清时期的徽州在中国文化上的地位更是众所周知,京剧源于这里,黄梅戏唱响世界,花鼓灯更是被誉为"东方芭蕾"。(4)旅游资源禀赋。知安徽者,必知有黄山。作为世界文化遗产、自然遗产和世界地质公园,黄山充分彰显着安徽的旅游优势。此外还有九华山、太平湖、宏村等世界级景点。

3．"龙尾"：长江经济带西部板块的优势与地位

成渝经济区位于长江上游,地处四川盆地,因区域内的两大核心城市(成都市、重庆市)而得名。成渝经济区自然禀赋优良、产业基础较好、城镇分布密集、交通体系完整、人力资源丰富,是中国重要的人口、城镇、产业集聚区,是中国西部综合实力最强的区域之一。成都和重庆地区正好处于长江流域承上启下的环节,这对于整个长江经济带的整体发展十分重要,可谓关键中的关键。一旦盘活了成渝地区,就可以激活整个长江上游地区。目前来看,成渝经济区域已经形成了相对健全完善的支柱产业体系,改变了单一的经济结构模式,包括汽车制造业、电子信息产业、航空航天制造业、能源产业、轻纺食品产业、生物制药产业、大型装备制造业等在内的诸多产业,给成渝经济区带来了强劲的活力。特别是成都和重庆两大中心城市,肩负着带动上游地区振兴的历史重任。

较之于发展相对领先的长江经济带东部板块的经济发展态势,成渝经济区目前正处于发展中期,在产业结构调整、资源配置等改革发展和市场经济调节的作用下,一大批资源加工型、劳动密集型产业将不断向成渝经济区转移,这就带来了机遇和挑战。因此,该地区一方面要深入研究如何通过打造产业特色和优化产业布局来保证科学发展、可持续发展;另一方面,要加强产、学、研的紧密结合程度,将既有的科研优势、人才优势最大程度地转化到地方发展中去,成为创业和创新的驱动力。

长江云南段被称为金沙江,流经云南省迪庆、丽江、楚雄、昆明和昭通5个州市,并在昭通市形成长江第一港口水富港。作为长江经济带建设的重要组成部分,云南省是长江经济带各省区走向东南亚、南亚的重要战略支点。随着云南省的第一条国门高速公路——锁(龙寺)蒙(自)高速以及昆(明)曼(谷)公路、泛亚铁路网等一批对外通道建设项目的相继竣工,云南与东南亚、南亚的联系更加紧密。特别是泛亚铁路网是我国连接东南亚和南亚地区最便捷的陆路通道,长江黄金水道与之的有效联结,打通了我国进

入印度洋的通道,在国家安全和战略发展上都具有十分重要的意义。总之,集通江、达海、沿边于一体的云南省,在构建长江全流域黄金水道、实现长江经济带梯度纵深发展的战略构想下,正迎来发展的又一机遇。

贵州省的地理位置得天独厚,向北连接川、渝、陕、晋等中西部重要经济区域,向南与珠三角地区、北部湾地区顺畅连通,向东则与长江中下游连接直达长三角地区;向西南则打通了东南亚的交通脉络。除了地理位置优越和交通上的便利,贵州省也蕴含着丰富的资源能源,如水、煤均在全国排名前列,长江防护林保护区守护着长江中下游地区的生态安全。因此,贵州省对于西南地区即长江中上游地区的发展具有战略意义。

(三)以协调性均衡推动长江经济带融合共生

长江经济带要想实现区域协调性均衡发展,沿江各省市不仅在基础设施、科技、人才及产业布局等方面需要充分交流合作,而且需要共建一体化的产品和要素市场,推进政府管理体制协调与合作,在长江经济带整个区域实现经济一体化。目前长江经济带正呈现一个矛盾体的发展态势:一方面,长江下游的经济发展最好,产业结构和规模更优化,但是普遍面临着资源、环境和人口的压力,深化经济发展与优化生态环境、人文环境之间存在着较强的张力;另一方面,长江中上游的经济稍欠发达,但却拥有十分丰富的资源、能源、环境、劳动力等优势,亟待发展上的支持。当下的任务是,如何将这两个优势错位的链条连接起来,形成互补互助、共同发展的格局。比如可以利用长江天然的运输优势和沿江发达的陆路运输系统,甚至借助于更加便捷的互联网络,来实现先进产业由东向西转移、能源则原由西向东输出。

推动长江经济带在协调性均衡发展中实现经济一体化,要素市场和产品市场一体化是前提和基础;产业结构和产业布局一体化是资源优化配置的实现形式和最终结果;基础设施建设是实现路径、基本保证和硬件支撑;经济运行和管理机制一体化是发展模式和运行方向。

1. 推动形成一体化的要素市场和产品市场

长江经济带区域经济的持续协调发展,应当建立在健康、完善的生产要素和产品市场的基础之上。长期以来,我国经济建设中主要是以地方行政区域为边界,地方保护主义的存在等因素人为地割裂了全国性市场的形成。在长江经济带新一轮发展中,我们应当吸取过去的教训,从资源配置、行政区划、合作协调等方面打破传统的疆界,形成长江流域统一的市场,促进生产要素合理流动,推动区域共同市场加快形成。

（1）跨越行政区界,畅通要素流通

目前,按照行政区划分割长江经济带建设与管理的做法,会导致市场门槛有高有低,管理力度有张有弛,执法力度有严有宽,仍然会阻挠统一市场的形成,不利于生产要素的流通。

为此,长江经济带各地区首先应当树立整体意识,沿江的各个省、市应当树立"大长江"的观念,形成同呼吸、共命运的发展共同体。这需要各地方均站在宏观大局的高度,认识到发展中必然会减损一些自己的眼前利益,但如果勇于奉献、积极付出,就一定会有收获。其次,应当及时废除保护地方利益、分割市场的各种政策法规,同时在共同发展、自愿参与、平等公正原则指导下,加强协作,共同制定统一的法规规章。再次,应当加强市场的规范化建设。包括要统一长江经济带产品、要素市场的各项标准,推动商品和服务产业的标准化认证,尤其是要重视自身标准、国内标准与国际标准的对接;要建立严格、全面的市场信用评价制度,运用市场的力量和法治的手段,做好知识产权保护等工作,强化市场的监督和管理,为市场主体提供充分而有效的救济渠道;要坚持向内发展与对外开放并行,努力将长江经济带推向世界,因此可以谋划将长江打造为国际航道,在外贸政策上给予支持,鼓励并引导越来越多的国内产业走出国门。

（2）形成产权一体化的市场格局

产权市场是市场经济的基础和平台,长江经济带的建设与发展必须以完善的产权市场为基础。生产要素的合理流动与配置直接关系到生产效率的提高,只有当产权能够在不同主体间得以自由、公平、有效流动时,市场机制和价值规律才能真正地助推资源的优化配置,提升市场经济运行的效率。所以产权市场的一体化发展,有利于实现生产要素的跨区域自由流动,也有利于促进技术的扩散和产业结构的优化。目前,长江经济带区域应当充分利用上海市现有的产权交易市场优势,做大做强该市场,其他城市的较小规模的产权交易市场应当自觉纳入上海范畴之中,同时依照国际惯例及规则,制定统一的产权交易法规。政府部门应当强化当前产权中介单位之间的协调,重点支持专业化、高水平的产权交易中介机构。通过产权交易市场的优化改革,引导并推进更多的国有产权按照市场规律进行流转配置。尤其是对于土地资源和权利而言,应当深刻探讨其科学流转的机制,保证区域间的平衡。

(3)促进资本市场一体化

资本市场的培育与完善,能够为区域经济的发展提供强大的资本支持。明晰长江经济带各地区在资本市场中的功能定位,建立一体化的都市金融服务体系,对整个长江经济带区域经济的发展具有至关重要的作用。

长江经济带东部板块应紧紧围绕上海这一资本市场营运中心的特点,进一步提升上海市国际金融中心的地位,塑造资本市场的真核,发挥金融创造能力。同时,要发挥上海市对长江经济带东部板块的引领作用,不仅要对南京、杭州等城市进行一般金融辐射,更应积极促进金融行业创新,引领长三角乃至整个长江经济带金融市场体系加快完善。

长江经济带中部板块的资本市场应"借力"发展,着力定位在地方性特色金融服务,为区域产业的快速发展创造有利的条件。尤其在该区域成为国务院批复的第一个跨区域城市群规划后,对于加快中部地区全面崛起、探索新型城镇化道路、促进区域一体化发展具有重大意义。为此,长江经济带中部板块的4省在资本市场定位上主要是为区域产业的发展服务,在部分领域可以借助周边省市发达的资本市场,不断繁荣本地资本市场,扩大地区产业优势。

长江经济带西部板块的成渝经济区近年来的经济快速发展,带动了成渝尤其是重庆金融和资本市场的发展。当前还应当大力发展各类金融机构,建立健全成渝经济区内的融资体系,加强生产要素市场的成熟化和金融合作的网络化。

综上所述,长江经济带的区域发展应当形成更加顺畅、统一的金融市场机制,让产业的融资、投资、结算等资本的运作更加便利快捷,甚至可以探索跨区域免除各种金融业务手续费用等。

（4）加速人才市场一体化

由于各种体制性障碍和行政区划壁垒的存在，人才市场主体地位一直未能得到承认和尊重，人事档案几乎成了单位控制人才流动的最主要的砝码。户籍管理制度的僵化，社会保障制度的落后，成为阻碍人才流动的关卡。长江经济带人才市场一体化战略就是要在区域内实现人才的自由流动、自主择业，使人才的价值实现最大化。

为实现长江经济带人才市场一体化，人事制度改革势在必行，公共服务平台也要进一步改进。主要应做好以下几点：第一，制定和完善人才制度方面的法律法规，包括整体协调的户籍管理机制、合理统一的社会保障体制、规范一致的档案管理制度等。第二，建立各个层次的人才培养和扶持制度。对于高精尖的人才，要在硬件设备配置和生活福利待遇等方面给予支持，在业务上为他们开展工作、资格认证、职称评定等事宜提供方便；对于一般社会层次而言，要做好人才市场的建设工作，形成规范、全面的公共服务平台，进一步放开各种形式的人事任用制度，尤其是在与长江区域发展相关的机关公务员之间，既要吸引体制外的优秀人才加入，也要为体制内基层的公务员提供录用、遴选等挂职和兼职的机会。第三，在网络环境下要高度重视网络平台的建设和运用，加快信息的审核与传播。

2. 推动形成一体化的产业结构和产业布局

产业结构和产业布局是区域经济一体化发展的核心内容，直接决定区域经济分工协作的成败。① 产业结构和布局是长江经济带建设的一项重要内容，对于经济发展、环境保护产生直接作用。进入 21 世纪后，长江经济带的产业结构和产业布局在国家政策导向下不断进行调整，表现出日新月异的态势。总体上，第一产业的比重日趋下降，第三产业的比重则不断增加，第二产业相对稳定在 50% 以上。形成这样态势的主要原因是：随着长江流域的纵深开发，城市化进程加快，作为第一产业的传统农业的比重明显减少，作为第三产业的服务业则在城市的兴盛中繁荣起来，第三产业的繁荣必

---

① 参见殷君伯、刘志迎：《泛长三角区域发展分工与合作》，安徽人民出版社 2008 年版，第 371～372 页。

然会带动第二产业工业的发展,但由于我国工业内在的制约因素,导致服务业的作用只能是间接性的(参见表11-1、表11-2)。

表11-1 2014年长江经济带各板块三次产业在区域总评中的占比

(单位:%)

地区 ＼ 产业	长江经济带东部板块	长江经济带中部板块	长江经济带西部板块
第一产业	25.66	46.34	54.94
第二产业	51.06	37.94	29.93
第三产业	23.28	15.27	15.13
长江经济带	100.00	100.00	100.00

数据来源:根据国家统计局网站数据库整理分析。

表11-2 2014年长江经济带各板块三次产业比例

(单位:%)

地区 ＼ 产业	第一产业	第二产业	第三产业	生产总值
长江经济带东部板块	4.29	45.32	50.39	100.00
长江经济带中部板块	11.43	49.38	39.19	100.00
长江经济带西部板块	11.08	48.26	40.66	100.00
长江经济带	5.25	29.37	65.38	100.00

数据来源:根据国家统计局网站数据库整理分析。

从表11-1和表11-2可以看出,2014年长江经济带各区域的产业发展,按地区来看,东部板块的地区生产总值中第二、三产业在长江经济带所有省市的经济占比高达95.71%,中、西部板块的第一、二产业占比仍相对较高,表明农业和工业生产仍然是这些地区的支柱产业。但从最近几年的数据看,整个长江经济带第一产业占比逐年下降,第三产业占比则增长较为显著。按不同产业来比,第一产业主要分布于长江经济带中部板块,第三产业分布差距较大,东部板块在长江经济带中超过半壁江山。

从近几年数据分析可以看到,长江经济带的经济社会发展状况总体呈良好态势,它在整个中国经济中处于二分天下有其一的局面。其中长江经济带东部板块是以工业和服务业为主地区,因而成为中国经济最活跃的地区之一;长江经济带中、西部板块不仅承接东部沿海地区的产业转移,而且在夯实第一产业的同时,努力在第三产业上下足功夫,且成效显著。

与此同时,我们还应从产业结构及其内涵来看,长江经济带沿线的资源、技术和产业之间互补性强,目前长江中上游的产业具有很大的相似性,大多数企业都在生产同一个产品,必然会造成竞争压力上行。因此要充分利用长江水运的天然优势,对各省市之间的产业结构调整进行统筹考虑,分别选择不同的产业进行发展,这样产业与产业之间不会形成激烈的竞争,大家都能够生存下来,这就是沿江一体化。比如长江下游地区已经拥有了大量的船舶制造企业,长江中上游地区就没有必要一窝蜂地也去制造船舶,也可以在船舶制造的附属产业和牵连产业中寻找到生机。长江流域目前的产业布局也并不合理,主要表现为以污染型的重工业居多,不仅毁坏了环境,而且在激烈竞争中损耗了自身的实力。纵观长江沿岸,我们会发现不计其数的化工企业、造船企业、造纸企业、印染产业等。尽管各地政府出重拳整治,但效果甚微。在产业布局上,长江流域各地政府已开始注重运用协调性均衡与分工协作的思维谋划发展,并已产生了一些典型事例,如上海通用、上海大众溯江而上,研发总部留在上海市,生产基地内移武汉市、长沙市。

综上,长江经济带的建设应当关注产业的规划,包括产业结构和产业布局。总的原则是合理分工、利用优势、互进互补。其中:长江经济带东部地区作为经济最发达、人才阵地最高的地方,应当努力在科技创新、金融服务等方面发挥优势;长江经济带中部地区应当充分发挥传统工业的实力,并以全国中心为核心向全国各地辐射,成为相关行业的全国性乃至世界性制造基地;长江经济带西部地区则可依托所拥有的丰富资源打造竞争优势,进而推动形成长江经济带产业发展的合理规划。

3. 推动形成一体化的交通基础设施

实现交通一体化是长江经济带一体化的基础和重要保障,是区域经济向纵深发展的助推器。方便快捷的交通、通信网络体系建设,无疑是长江经济带区域经济一体化的重要前提和支撑。区域内重大交通建设项目实现了一体化,不仅极大降低了区域间的联系成本,促进商品、技术、要素、投资的区域流动,而且会带动相关产业的兴起与发展,带来巨大的区域发展乘数效应。

长江经济带的交通网络十分发达,交通线网密度和运量均位全国同类区域的前列,但交通等基层设施建设尚不能适应经济快速发展的现实需求,也滞后于当地经济和城市发展水平。尤其是跨省际的综合交通运输网络建设缺少统筹规划,布局较不合理,严重阻碍了长江经济带各区域间的联系和一体化的实现。顺畅的交通设施可以加强区域内外的携手、交流,促进地方分工明确,方便群众出行,同时也为逐步缩小城市差异、改善城乡差别,达到大中小城市共发展、城乡各地同进步的协同并进的良好状态。要实现一体化的交通基础设施,长江经济带各地区应当在现代化大交通理念引领下,协同促进互联互通的综合立体交通网络体系加快建设。

4. 推动形成一体化的经济运行方式和管理机制

一体化的经济运行方式和管理机制是长江经济带区域经济一体化的发展模式和运行方向,也是区域协调性均衡发展的制度保证。长江经济带区域内企业间分工合作日渐活跃,但从政府层面上看,除了一些论坛式的合作交流外,尚未建立一个合理规范、具有约束力的政府协调和对话机制,以至于合作发展过程中遇到的问题难以顺利解决。长江经济带的协调性均衡发展,关键是创新区域协调合作机制,加强协作分工。要完善区域合作机制,推动区域合作开发,各城市间需要完善政府层面的合作机制。区域政府层面合作,是区域经济一体化的必然选择,加强政府层面的合作是合作创新中出现的一种新趋势,由政府支持企业进行创新,推动区域之间的合作、协作、产业对接,主要通过市场机制的自发作用,在互利双赢的基础上进行。总之,长江经济带的建设和发展,要突破以往分割管理、九龙治水式的管理体制,建立起统一协调的综合性管理制度,将市场、环境、经济、社会管理等因素统筹起来,依靠市场的自发作用和科学的宏观调控手段,推动形成优势互补、互帮互助的发展共同体。

(1)建立多层级行政协调机制

要想实现长江经济带协调性均衡发展,应当建立多层级的协调机制。

第一层次是建立中央级的行政协调机构。要在中央政府下设专门的组织协调机构,用于处理区域内省际间无法协调和解决的一些重大问题,建议成立一个统一的、完整的长江发展管理组织,整理长江领域原有的中央、各省市之间制定的制度、机制和规范性文件,建立一套全面系统的规范体系,由中央相关部门、沿江各省最高行政领导、民间组织等派出代表共同组成,负责整个长江流域的发展规划、经济建设、管理协调等事务。

第二层次是建立省际间的行政协调机构。定期举行长江经济带各省省长或市长联席会议,研究决定区域合作重大事项。同时建立政府秘书长协调制度,协调推进合作事项,并对省市长联席会议提出建议。

第三层次是地方政府或其职能部门间就某个具体领域的合作进行协调。其合作与协调的内容主要是既有任务的实施、实际问题的解决等具体事宜。

第四层次是建立长江经济带协调性均衡发展专家咨询委员会或智库平台。聘请国内外的专家、学者等,负责为长江经济带的发展谋划策略、提供决策咨询、可行性论证及风险评估等。可以设立专项区域基金,用于支持相关课题研究。

第五层次是建立长江经济带协调性均衡发展企业家联合会。主要交流企业间合作项目,总结长江经济带区域合作的经验并解决行政壁垒等问题。

(2)明确协调机构的协调事项

并非所有的事项均应当纳入长江经济带区域合作的行政协调事项中,而是应当侧重于跨省(市)、重大、公共利益等基本元素。为此,可以从以下几方面归纳需要由政府协调的事项:一是建章立制,努力改善区域投资环境和经营环境。着力在统一市场准入制度、完善市场运行机制、规范政府调控机制上作出努力,同时加强区域信用一体化建设,协调与统一区域旅游、环保、农业、贸易等市场管理领域规则。二是加强区域社会管理领域的协调。包括形成区域统一的社会保障体系,协调科教文卫、防疫检测等社会公共领域的管理规则。三是努力为企业合作搭建良好平台。包括:进出口产品的服务平台、国内外采购平台、产业链的衔接平台、中小企业的融资平台等。四是加强区域行政执法的合作。可以在区域内行政执法的程序、审批事项互认、联合执法、协同执法、处罚协助等领域形成有效的统一机制。五是制定区域基础设施、国土开发、城镇体系、产业布局等规划。努力使区域内各地在这些方面形成特色的同时,加强一体化协调研究。六是构建跨区域的基础设施网络。尤其应在区域内的交通、能源、电信等基础设施建设方面形成合作与协调的网络体系。

二、江苏省区域分工合作现状与态势

(一)江苏省区域的划分概况及发展特点

根据最新的行政区划调整,江苏省所管辖市县区域包括 13 个地级市、55 个市辖区、23 个县级市和 21 个县。和全国很多地区一样,江苏省的地区发展表现出较为明显的区域不均衡性,无论是从地理意义上还是经济意义上,可以将 13 个地级市分为苏南、苏中和苏北三个区域(参见表 11-3)。

表 11-3   江苏省三大区域所包含的地级市

区　域	城　市				
苏南	苏州	无锡	常州	南京	镇江
苏中	南通	扬州	泰州		
苏北	盐城	淮安	连云港	宿迁	徐州

原来以长江为界将江苏分为苏南和苏北两个区域,现在是以区域位置、语言风俗和经济发展水平为标准划分为苏南、苏中和苏北三大区域。虽然根据 2014 年国家统计局的报告,江苏省 2014 年 GDP 总量为 65088 亿元,位列全国第二位,仅次于广东省,但是经济快速发展下的区域不平衡非常明显。下面就几个重要的指标按照区域进行对比,并总结江苏省区域发展的几个特点。

1. 区域发展不均衡,三大区域差距较大

由于每个地区的人口和规模不同,因此在比较 GDP 绝对值的同时,也需要比较平均值和人均值,这种比较更能体现该区域的经济发展实际水平。从 2014 年江苏省 13 个地市 GDP 的统计来看,苏南、苏中和苏北三个区域经济发展水平还是呈现出明显的差距(参见表 11-4)。

表 11-4 2014 年度江苏省 13 个地级市有关 GDP 指标比较

区域	地级市	GDP（亿元）	区域 GDP 均值（亿元）	GDP 增长率(%)	全省/全国排名	人口（万人）	地市人均 GDP（万元）	区域人均 GDP（万元）
苏南	南京	8820.75	7788.24	10.1	2/11	818.78	10.77	11.548
	苏州	13760.89		5.7	1/7	1046.6	13.15	
	无锡	8205.31		1.7	3/12	646.55	12.69	
	常州	4901.87		12.4	6/34	459.2	10.67	
	镇江	3252.38		11.1	10/54	311	10.46	
苏中	南通	5652.69	4240.49	10.1	4/24	728.28	7.76	7.58
	泰州	3370.89		12.1	9/50	505	6.68	
	扬州	3697.89		13.7	8/45	445.98	8.29	
苏北	盐城	3835.62	3030.3	10.4	7/40	726.02	5.28	4.828
	淮安	2455.39		13.9	11/79	480.34	5.11	
	连云港	1965.89		10.0	12/93	439	4.48	
	宿迁	1930.68		13.2	13/99	555	3.48	
	徐州	4963.91		11.9	5/31	858.05	5.79	

从 2014 年度 GDP 总值来看,苏南 5 市的 GDP 总值占到了全省的 58%(参见图 11-1),虽然和 2013 年的 59.8%、2012 年的 60.2% 比较起来已经有所减少,但是总体而言苏南地区的经济在全省所占比重明显大于苏中和苏北地区,且苏南与苏中、苏北地区的差距要大于苏中与苏北地区的差距。苏南地区所创造的 GDP 总值则超过了苏中和苏北地区的总和,这在一定程度上也表明了三个区域之间的差距之大。

人均 GDP 值更能考察出地区经济发展实力和居民富裕程度。从 2014 年人均 GDP 来看,苏南、苏中、苏北三地也表现出了明显的梯度性。苏南地

图 11-1　江苏省三大区域 GDP 占全省 GDP 比重

区各城市的人均 GDP 全部高于苏中地区,而苏中地区各城市的人均 GDP
则全部高于苏北地区(参见图 11-2)。从各城市的对比来看,这种区域发展
的非均衡性依旧很明显。苏州市的 GDP 是宿迁市的 7 倍之多,人均 GDP
差距也达到 3.78 倍。

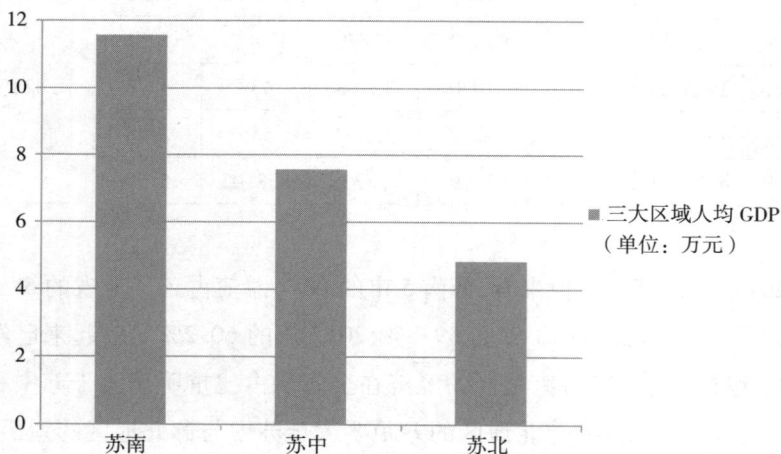

图 11-2　苏南、苏中、苏北三大区域 2014 年人均 GDP 对比

　　江苏省的三大区域既是地理区域划分,也是一种经济区域的划分,相对
于其他省份内部的地区差距,江苏省的三大区域差距更为明显和突出,而且

按照地理位置分为明显阶梯状的三个层次。这种地域差距使得区域分工和合作既存在着机遇,也增加了挑战。

2. 三大区域之间的差距不断调整变化

在强调区域合作与协同发展的今天,江苏省三大区域之间的差距处于不断调整的过程,仅从近5年来三大区域发展中有关GDP指标的差异就可以看出,三大区域之间的绝对值差距并未有明显的缩小,反而在很多主要数据上,差距越来越明显。这主要是因为前期的各地基数差距较大,因此即使近年来苏中、苏北地区的增幅快于苏南地区,也很难在短期内明显缩小其与苏南地区的绝对差距(参见图11-3、图11-4)。

（单位：亿元）

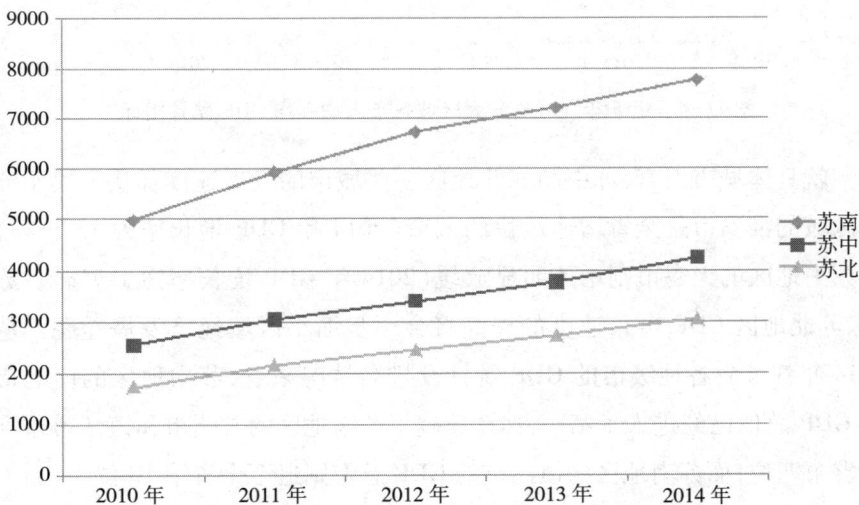

图 11-3　近 5 年江苏省三大区域各市平均 GDP 差异指标

但是在某些具体的数据上,苏中、苏北地区的增长率则明显快于苏南地区,增长率的加快将会逐步缩小苏中、苏北地区与苏南地区的差距,同时也展现出苏中、苏北地区正利用其地区优势加快发展各自的特色产业,以提高经济发展速度和水平。如从2014年区域工业增加值同比增长来看,苏北地区的工业增幅达到12.4%,苏中地区达到11.6%,远远快于苏南地区7.6%的同比增加值,这在很大程度上都是源于区域发展协调性的增强。

（单位：万元）

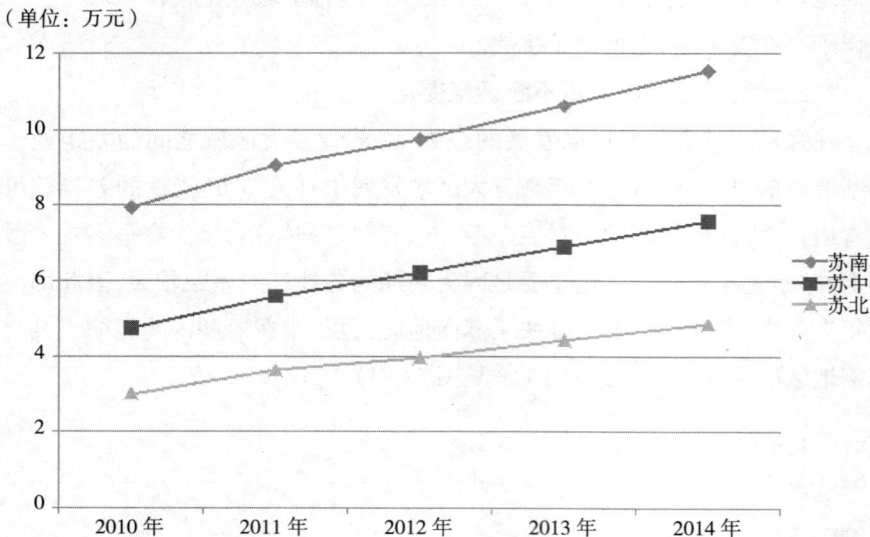

图 11-4　近 5 年江苏省三大区域各市人均平均 GDP 差异指标

　　就具体城市而言,苏中和苏北地区一些城市的发展速度加快。属于苏北区域的淮安市是全省增速最快的城市（2014 年 GDP 增长率为 13.9%）,而苏南地区的无锡市则增速明显放缓（2014 年 GDP 增长率为 1.7%）。苏中、苏北地区 GDP 增长速度的提高将会逐步缩小区域经济发展差距。从 2014 年江苏省各地级市的 GDP 统计及排名情况来看,苏中地区的南通市的 GDP 总值已经进入了第一方阵,超越了苏南地区的常州市和镇江市位列全省第四位;而苏南地区的镇江市的 GDP 总量则退至全省第 10 位。

　　3. 各区域利用各自的区位优势来发展特色产业

　　区位优势是一个综合性的概念,区位优势是指某一区位所体现出来的综合资源优势,也就是说某一个区域内经济社会发展各方面表现出的相对于其他区域所具有的优势地位和有利条件。其构成因素范围很广,既包括自然条件（如自然资源、地理位置、旅游资源）,也包括非自然条件（如优惠政策、管理水平、文化底蕴等）。

　　首先,从地理位置来看,苏南地区位于长三角地区的中心区域,与长三角核心城市上海接壤,区位优势明显;苏中地区位于长三角地区的次中心区域,在地理位置上处于长江下游北部沿岸,随着几座跨江大桥的修建,交通的发展使得苏中地区与苏南地区和上海市的交流合作便利很多;苏北地区位于长三角区域的边缘辐射区域,由于该区域距离长三角的核心(上海市)比较远,这种地理区位所在使得该地区受长三角区域的辐射作用较弱。这种地理方位与经济发展的敏感关系表明,江苏省经济的发展受上海市辐射作用明显,也就更强调了江苏省经济发展需要依赖长三角这个区域平台和经济核心城市的地缘带动作用。

其次,从自然资源来看,江苏省是有名的"鱼米之乡",自然资源丰富也促进了其区域经济的繁荣和发展。从地域特点来看,苏南地区兼有平原和丘陵地形、地方河道丰富;苏中地区集"黄金海岸"与"黄金水道"优势于一身,该地区有丰富的沿江沿海资源;苏北地区有着丰富的矿产资源和海洋资源。这种自然资源的区别,加上历史传统的沿革也决定了三个区域不同的产业特点。如沿江沿海城市发展起来的南京港、苏州港、南通港、连云港都是亿吨大港。

再者,从其他社会资源来看,苏南、苏中与苏北三地之间的差距较为隐蔽,但却实实在在地影响着地区经济的发展,这与地方政府的管理理念息息相关。新苏南模式中的一个特点就是地方政府职能的转变与创新,弱化地方政府对经济建设的直接管理职能,不断强化公共服务职能,减少地区企业的外部交易成本和行政障碍,提升政府信用。地方政府的开明与远见在很大程度上影响着该地区各种资源的流入和经济的持续发展。

(二)江苏省内区域分工与合作现状分析

江苏省区域经济发展的特点在很大程度上影响着江苏省内的区域分工与合作。从江苏省内的区域分工与合作来看,主要有以下几个方面:

第一,南北合作,借力起跳。由于苏南、苏北地区经济发展水平的差距,江苏省创造性地开展了南北对口帮扶,苏南地区5市对口苏北地区5市(参见表11-5),最为特色的是南北园区合作模式,近10年来已经先后在苏北地区建立了一批合作共建园区。

表 11-5　苏南苏北共建的苏北园区

苏　南	苏　北	合作园区（举例）
南　京	淮　安	宁淮新兴产业科技园
镇　江	连云港	连云港市镇江东海工业园
常　州	盐　城	盐城市常州高新区大丰工业园
无　锡	徐　州	徐州市无锡新沂工业园
苏　州	宿　迁	宿迁市苏州宿迁工业园

　　在这种合作过程中强调了优势互补,对经济发展相对落后一些的苏北地区而言,是实现借力起跳的非常好的机遇。一般来说,合作共建园区是由苏南开发区负责园区规划、投资、开发、招商引资和经营管理经验介绍等内容,由苏南地区将其资本、技术、人才、管理经验、品牌推广等与苏北地区的自然资源、特色产业、政策优惠等结合起来,通过工业园区的南北对接、产业联动从而实现优势互补的共赢结果。

　　第二,苏南合作,齐头并进。苏南地区各市之间存在着竞争,同时借助地理位置毗邻、交通便利、文化传统同源、经济发展程度接近的优势,也开展着全方位的分工和合作。如以苏州、无锡、常州 3 市为核心的苏锡常都市圈和南京市、镇江市所在的南京都市圈。苏南地区的合作主要领域为基础设施建设、生态环境、文化旅游等。合作的重心在于协调,如苏锡常都同属于环太湖城市,因此太湖流域的沿湖开发、生态环境保护等就需要环太湖城市的协调合作。

　　第三,跨江合作,承南启北。苏中地区的南通、泰州、扬州 3 市人口密度高,区位优势明显,前期碍于长江屏障所带来的交通局限,发展落后于苏南地区。随着几座长江大桥的修建,化劣势为优势,为跨江合作提供了平台和机遇。苏中地区的陆海统筹、江海联动、沿江开发战略,在很大程度上促进了苏中地区与苏南地区和上海市的区域合作,提升了其在长三角一体化中的地位,并且在苏南与苏北地区之间起到承接的作用。就苏中这 3 城市而言,其地理位置和特色产业依旧存在着一定的差异性,所以合作的重点有所区别,如扬州市积极推进宁镇扬同城化的探索,而南通市则利用与苏州市、上海市相邻的地理优势和特殊的滨江沿海的区位优势,通过共建园区等方式来加强区域合作。

江苏省的经济社会发展水平和区域合作程度在全国都有很大的影响力，但是在实现了区域分工合作、协调发展的同时，也面临着一些亟待解决的问题。主要表现在以下几个方面：

一是区域分工合作对促进经济发展相对落后地区长远发展的效果具有非均衡性。区域分工合作的初衷是为了促进合作各方实现共同长远发展，但是这种合作初衷是否转化为合作效果则在各地的实践中表现为非均衡性。如经济社会发展差距较大的城市之间的合作，一项重要的合作内容是关于产业转移，在这种产业转移过程中存在着较发达地区需要产业升级，而将一些落后产能、污染企业、劳动密集型企业移至较落后地区，这对于这些落后地区而言，短期内虽然获得一些资源和投资，但并不利于较落后地区的长期发展。有些合作园区虽然收获了一些名声，但是并没有获得真正的收益，存在着长期发展动力不足等问题。而且已经建立的 30 多个共建园区，也并非都能取得很好的经济效益和社会效益，这些园区之间的发展并不均衡。

二是地方本位主义和保护主义的存在制约着区域分工合作长期稳健地开展。地方政府利益博弈依旧存在，行政区划的存在使得每个地方政府都是一种理性经济人，都希望在区域合作中获得最大的收益。但是既然是合作，就会存在着博弈和妥协，较发达地区担心在合作过程中既有利益的流失，而较落后地区则担心本地资源和发展空间被挤占。在利益协调过程中，往往是较为落后的地区进行较大的妥协以换取合作的机会，这种妥协看起来是地方政府作出的，实际上是由该地区的人民来承担的。

三是区域分工合作制度化和法治化水平不高。大量的区域合作通过一些合作协议来完成，就合作协议本身而言，很多合作协议在文本中规避了利益分配等敏感话题，原则性条款较多，操作性不强；而在履行的过程中又依赖行政首长之间的合作，缺乏稳定性。而与区域合作密切相关的土地政策、金融政策等重要政策和法律制度都没有统一，区域合作中的利益分配与补偿机制不健全，这也在很大程度上制约了区域分工与合作效果的实现。

四是区域分工合作中产业同构和重复建设现象的存在制约了区域分工与协作的效果。表现为区域分工程度不高，地区间主导产业选择和主要优势制造业的产品结构相似。如在苏南与苏北地区的共建园区中,不少园区的主要产业之间存在着交叉,就连同一个地区不同园区之间的产业也存在着交叉。一方面,基础设施重复建设严重,淡化了地区之间的比较优势;另一方面,很多合作项目并没有充分利用各地区的地区优势和特色产业,因此区域分工效果并不理想。

(三)江苏省与其他省市之间的协作态势

江苏省地处长江三角洲核心区域。2008 年 8 月 6 日,国务院常务会议审议并通过了《进一步推进长江三角洲地区改革开放和经济社会发展的指导意见》,对长江三角洲地区的发展进行了重新定位,表现出国家对该区域发展的总体战略决策,在这个总体框架的基础上,长三角区域才开始了全方位的区域分工与合作。2010 年,国务院批准了《长江三角洲地区规划》,提出将长江三角洲打造成具有国际竞争力的世界级城市群。在国家战略指引下,长江三角洲的区域发展成效有目共睹。作为中国最发达的区域,江苏省很好地参与和利用了区域合作的政策与平台,积极加入到长三角的区域分工与合作之中。

在推动长三角一体化的过程中,江苏省在重要的合作项目上都有很高的参与度。在政府层面上,江苏省与浙江省、上海市政府达成了一系列全方面的正式合作协议,如由长江三角洲 22 个城市市长签署的《长三角城市合作协议》,商定了长三角地区城市合作的框架性内容,每年通过市长联席会议的方式来共同签署,内容多围绕该年度的重点合作项目展开,并成立了长江三角洲城市经济协调会。在制度层面上,形成了一系列体系化的协作制度,很多制度都颇具特色,如首长互访制度、城市群之间的一体化宣言、长三角交通规划、长三角旅游规划等都陆续出台。在基础设施建设方面,长三角主要城市之间的高速公路网络已经基本形成,高速铁路和城际轨道交通建设也提上议事日程,长三角 3 小时经济圈开始成型。[①] 在产业层面上,市场

[①] 参见陈建军:《长三角区域经济一体化的源流、动力机制与价值目标》,《嘉兴学院学报》2010 年第 5 期。

各要素的流动在长三角地区较为顺畅、阻碍较少,产业在不同区域之间能够形成有序的转移和对接,在区域的产业分工协作上能够体现出江苏特色,特别是在大陆桥沿线的各省之间的产业分工协作上,江苏省成为国家东中西各区域合作示范的重点。

江苏省在长三角地区举足轻重的地位为其发展创造了有利的发展机会,但也面临着一些挑战。一方面,江苏省依赖于上海市在长三角发展与合作中的核心地位,因此"接轨上海"几乎是各地在招商引资中常用的口号,这样也会使得江苏省的发展具有一定的依赖性和被动性。另一方面,长三角区域产业的"同质化"特点较为突出,各地产业门类的水平落差较小,使得长三角内部的产业分工和优势互补体现得不明显,而内部的竞争却进一步加剧。

随着国家新的三大重点区域战略的出台,江苏省的区域分工与协作突破了长三角的局限,开始寻求在更广的领域内加以发展和实现,这对于江苏省来讲是很好的机遇。长江经济带横向连接了全国东中西部,不同于长三角区域的同城化和同质性,长江上、中、下游地区各资源要素禀赋差异较大,经济发展水平不一,因此区域发展互补特征更为明显。江苏省在长江经济带9省2市中综合实力很强,因此更需要发挥其开放、协调和联动性。通过对江苏省所在的长三角地区与长江中游地区和成渝地区进行比较,可以看到江苏省在长江经济带中的优势主要表现在四个方面:一是区位和交通优势,二是资源和产业优势,三是科教人才优势,四是对外开放优势。这也就意味着江苏省可以在新的合作领域和合作空间中发挥更大的作用、承担更大的责任。事实上,江苏省与长江经济带其他地区的合作也是开展区域分工与协作的重要内容,协作的领域也非常广泛,如2010年,江苏省与江西省就对外贸易方面开展合作;2012年,扬州市把40多个项目签约重庆市进行科技创新和产业合作;2012年,江苏省与云南省就旅游和文化交流进行合作;2013年,江苏省与湖南省、湖北省就建设领域达成了合作意向等。

江苏省与长江经济带的其他省份之间的协作与长三角之间协作有所不同,通常以省与省之间的协作为主,而并非长三角之间以城市协作为主;通常是就某些项目和领域开展协作,而没有建立全方面的多层次的协作体系;

在协作中并没有充分利用长江这一黄金水道的资源优势,也没有形成跨区域的经济协作体,往往是利用长江沿线一些大城市的辐射作用形成的一个个小的都市圈。为此,应当结合现有基础和区位条件,把在中西部地区设立的高新技术开发区、工业园区等作为重点区域,深入开展产业转移和体制创新示范活动,重点是要提高中西部地区的产业协作水平,推动长江经济带形成优势互补、一体联动、协作共赢的新格局。在钢铁、水泥、船舶以及光伏、风电设备、电子信息、家电、纺织等领域,鼓励江苏省企业适时向中西部转移一批产能。支持江苏省拥有核心技术和自主知识产权、自主品牌产品和资本实力的企业把加工制造向中西部转移,合作共建,参与西部大开发。支持机械、冶金、汽车零部件等行业的有条件企业收购江苏省外优质资产,建立省外原料供应基地和加工生产基地。发挥沿海地区在物流成本、进出口环境等方面的优势,帮助其他区域一些需要大量进出口作业的产业(如钢铁、粮油)等向沿海区域转移。

当然,如果能够在国家政策层面上建立和完善跨区域协调协作机制,打破行政分割,实现资源共享、优势互补,对于江苏省挖掘经济增长新的红利,实现经济持续发展必将具有十分重要的意义。

三、完善江苏省区域分工协作新机制

江苏省地处长江下游,区位优势主要表现在丰富的江海资源和靠近上海市的独特区位优势,其中,长江在江苏省形成了 1175 公里岸线资源、369公里的深水航道及 142.3 公里可建万吨港口泊位的主江岸线、7164 个生产用码头泊位数。近年来,江苏省与长三角其他省市基础设施的对接、互联互通水平不断提高,特别是苏南地区基本形成了比较完善的交通联络网络。区位不足主要表现为自然资源的相对贫乏以及地少人多的高密度人口。而且江苏省是整个长江流域排名第一的经济大省,2014 年地区 GDP 占全国GDP 总量的 10.23%,占长江经济带经济总量的 22.87%。

“一带一路”和长江经济带战略的提出给江苏省的经济社会发展带来了机遇。新常态下,江苏省应以“四个全面”战略布局思想为统领,以促进区域协调性均衡发展为指向,全力做好"迈上新台阶,建设新江苏"的各项工作。

(一)江苏省区域协调性均衡发展的基本要求

为了促进区域共同繁荣,国家提出要坚持扩大对外开放与区域协调发展相结合,协同推动沿海、内陆、沿边地区的对外开放,以形成集优势互补、分工协作、均衡协调于一体的区域性开放的新格局,这些政策的提出为江苏省区域协调性均衡发展注入了新动力。

在新的发展机遇期,江苏省区域协调性均衡发展战略将力求摆脱传统思维模式的束缚,勇于推陈出新,以打破行政区划限制为着力点,不但将工作部署全面覆盖经济、民生、基础设施、生态等传统领域,更拓宽到市场一体化建设、公共服务均质化、民主法治建设等新领域。

总之,江苏省应当充分利用"一带一路"、长江经济带等国家重大开发建设战略新机遇,准确把握江苏省在国家战略布局中的定位,全面推进区域协调性均衡发展,以新的视野推动长江经济带建设,积极释放改革开放活力,在服务全国发展大局中打造江苏省发展新动能,推动经济发展迈上新台阶。

1. 指导思想

江苏省区域经济协调性均衡发展应将"增长"与"协调"视为有机整体,把"效率"与"公平"目标统一于一体,建立健全"边增长、边协调"的发展机制和发展路径。以增长极、梯度转移和产业集群等挖掘相对落后地区的增长潜能,促进区域经济内源性发展,加强区域交流与合作,构建区域创新体系。

2. 发展目标

江苏省区域协调性均衡发展目标设定如下:构建区域协调性均衡发展的体制环境;打破行政区划边界壁垒;着眼全局进行合理布局;实现区域公共服务均等化。

具体指标体系设定是江苏省委省政府对现代化目标的具体量化,有利于监督检测发展进度及目标实现情况,也是对党的十八大报告中提出的"五大建设"新的更高的目标与要求的贯彻落实。在参照国内外区域发展指标,特别是在江苏省建设小康社会指标体系、江苏省基本实现现代化指标体系及苏南地区现代化建设示范区规划指标体系的基础上,江苏省"十三五"期间区域协调性均衡发展指标体系应该包括 6 大类 32 项,具体参见表 11-6。

3. 总体思路

遵循区域经济社会发展客观规律,制定实施立体式、多层次、密集型、精细化的区域协调性均衡发展战略,改进完善基于苏南苏中苏北划分的区域协调性均衡发展的战略思路、行动与政策。与此同时,改革创新,突破长期以来省内的 π 型的"三沿"区域发展格局,实行"井"字型开发建设和"六大组团"开发建设的战略思路、行动与政策,着力培育"五大区域经济增长极",努力构建区域经济一体化的保障机制,以显著提高江苏省区域经济协调性均衡发展水平。

表 11-6 "十三五"期间江苏省区域协调性均衡发展目标指标体系

分类系统	目 的	指 标
经济发展	地区经济规模与结构测度	人均地区生产总值(万元); 人均公共财政预算收入(元); 非农产业增加值占 GDP 比重(%); 研究与开发支出占 GDP 比重(%); 规模以上工业总资产贡献率(%)。
城乡发展	地区内部城乡发展协调测度	城镇化率(%); 城乡居民收入水平比值(以农为1); 城乡居民消费水平比值(以农为1); 城乡家庭住房成套比例之比(以农为1,%); 城乡基本社会保障覆盖率(%)。
社会发展	地区社会发展水平测度	3～16 岁及以上人口平均受教育年限(年); 文化产业增加值占 GDP 比重(%); 每千人拥有医生数(人); 轨道交通覆盖率(%); 城镇平均生活用水定额(L/d 人); 网络覆盖率(%)。
生活水平	地区居民生活水平测度	居民人均可支配收入(元); 城镇登记失业率(%); 恩格尔系数(%); 居民基尼系数(一); 居民平均预期寿命(岁)。

分类系统	目　　的	指　　标
资源环境	地区生态环境测度	单位 GDP 能耗下降率(%); 主要污染物排放强度(单位 GDP 废水、化学需氧量、二氧化硫、氨氮、氮氧化物排放强度,%); 林木覆盖率(%)。
区域协调	地区相对差距测度	各区域占全省 GDP 比重(%); 各区域人均收入差距(以最高收入为 1,%); 各区域劳动生产率(以最高值为 1,%); 各地区政府公共服务财政投入占预算比重(%); 企业贷款平均成本差距(以最低值为 1,%); 各区域企业平均税率(%); 各区域物流成本差距(以最低值为 1,%); 各区域通关平均时间差距(以最少天数为 1,%)。

(二)江苏省区域协调性均衡发展的重点举措

1. 推进三大板块协调性均衡发展

为了应对工业经济运行趋缓,企业盈利空间缩小,金融运营风险增加,外贸出口空间挤压等诸多挑战,苏南、苏中、苏北地区三大板块需要形成高层次、宽领域、紧密型的合作,以抵御外部环境变动的冲击。

一是提升苏南地区的溢出效应。推动苏南地区进一步"跨江发展",实行"江海联动、南北共进、东西合作"。充分发挥苏南地区的先导作用与示范作用,促进产业的集聚化、高端化、国际化,利用科教资源与人才优势,汇聚创新要素,推进集成创新与自主研发。鼓励资本和产业进行有序的梯度转移,在"腾笼换鸟"中实现"凤凰涅槃"。

二是加快苏中地区的崛起速度。"十三五"期间,苏中地区需要增强对外竞争能力和抵御风险能力,特别是需要深化沿江与沿海开发,发挥黄金水道和黄金海岸的叠加优势,促进陆域经济与海洋经济良性互动。在沿江开发中,应以建设国际制造业基地为目标,建设成为长江流域对外开放的重要门户及缩小江苏南北地区差距的传导纽带。在沿海开发中,应以沿海的交通运输通道为纽带,形成港口、产业、城镇三位一体联动开发的格局。

三是增强苏北地区的造血能力。目前,苏北地区的人均生产总值已经连续几年超过全国平均水平,主要经济指标增幅已经连续 7 年超过全省平均水平。随着区域协调性均衡发展的递进、深化、提升,苏北地区在利用外援的同时,更加需要培育内生的发展动力,通过"输血"与"造血"相结合,使苏北地区成为创业创新热土。"十三五"期间,苏北地区应呼应国家"一带一路"、长江经济带等重大开发建设战略,着力把苏北打造成为"一带一路"的结合部进而成为综合改革开放创新区域。苏北地区 5 市的重点和目标有所区别,盐城市着力发展国家级的可持续发展试验区,淮安市目标是建设成为苏北地区的重要中心城市,宿迁市需要寻求更大的突破,连云港市重点建设国家东中西区域合作的示范区,徐州市需大力发展老工业基地。

2. 加快四方"井"字型联动开发

"井字型"格局是对"两横两纵"交通线的形象刻画,即以沿江为"南横线",京沪通道为"西纵线",并以"陆上丝绸之路"东段或东陇海线为"北横线",以连通海岸为"东纵线"。

一是海上与陆上"丝绸之路"中心。江苏省尤其是连云港市应求得威尼斯在 11～15 世纪的中东与欧洲贸易中心的地位:既是"丝路经济带"上的制造中心,又是日韩和我国台湾地区产品中转中心。

二是制造业中心。"井字型"格局的"南横"即沿江 8 市,应成为先进制造业中心。根据国外重工业沿海布局的原则,江苏省的钢铁、化工、汽车、船舶等传统产业也应沿"井字型"格局的"东纵线"布局,内外"井字型"之间的地带将成为江苏省的传统工业带。

三是高效现代农业中心。"井字型"格局的"西纵线"着力打造现代化的苏西经济走廊(或苏西经济带),成为省内又一条贯通南北的开放性的经济纵带,应成为江苏省农业的生产线、加工线、运输线和旅游观光线,淮安市与宿迁市将是最为重要的中心,而该线的北节点——徐州市将成为江苏省农产品最重要的中转中心。

四是现代服务业与文化领导中心。"井字型"格局的"南横线"上的南京市与苏州市,由于现代制造业与高校密集,应建设成为研发、培训与教育中心。

3. 促进五大"区域经济增长极"齐头并进

以增长极理论为指导,科学地选择能够结合市场力量自发推动和政府政策支持引导的区域来形成增长极。

(1)南京增长极。充分发挥南京市的区位优势、发达的交通网络体系优势、科教人才资源丰富的优势,以宁镇扬同城化建设为重点,探索建设苏皖浙赣区域南京都市圈、宁(南京)合(合肥)城市群,通过一体化发展,形成发展合力。同时利用内生增长优势,全力打造江北新区,积极参与苏南地区现代化建设示范区和苏南地区国家自主创新示范区建设,大力发展创新经济和现代服务业,实现转型升级。

(2)南通增长极。发挥南通市江海交汇的独特区位优势,利用江苏沿海发展、21世纪海上丝绸之路和长江经济带等重大国家开发建设战略的叠加效应,进一步强化和提升南通的港口运输能力、海陆转运能力等服务功能,壮大海洋经济,形成"港产城"联动发展格局。

(3)连云港增长极。立足港口城市、陆桥城市、开放城市的特色优势,以港口为龙头、以产业为支撑、以城市为依托,强化载体建设,创新合作机制,提升港口服务功能,不断深化与陆桥沿线城市和国家之间的交流与合作,巩固和加强连云港市陆海"丝绸之路经济带"东方桥头堡的地位。

(4)徐州增长极。徐州市作为京沪、陇海两大铁路干线交汇的节点城市,要抓住国家"一带一路"的战略机遇,发挥"连接南北、承东启西"的辐射引领作用。利用国家对资源枯竭城市的相关扶持政策,全力推动经济转型、城市转型、生态转型、社会转型。

(5)淮宿增长极。发挥自然资源优势,建设能源基地和现代农业示范区,打造区域性旅游集散地;以江苏省新型城镇化与城乡一体化规划为指导,建设彰显环境景观特色的国内外著名的生态宜居城市。

4. 推动"六大组团"协调性均衡发展

以"支持区域内各城市组团发挥比较优势,发展特色经济"为原则,以省内不同区域之间加强交流互动和实现区域融合发展为宗旨,推进江苏省区域经济协调发展。

(1)苏西南的宁镇扬经济组团。未来应将宁镇扬3市建设成为国家重要创新基地和科技创新中心,此外在服务业、区域金融商务、文化、航运、生态、旅游等领域都能发挥其特色和区域中心的地位。

(2)苏中南的锡常泰经济组团。充分发挥无锡、常州和泰州3市产业基础好的优势,将该组团建设成为全国重要的先进制造业、战略性新兴产业、服务外包与创意设计基地,以及形成一个集科技创新、生物技术、新医药产业、文化产业、休闲旅游为重点的智慧城市群。

(3)苏东南的苏通经济组团。以苏州和南通2市的同城化思路开展经济社会各领域全面合作,积极主动接轨上海、服务上海、融入上海,充分吸收上海市转型和自贸区建设的红利,使苏通2市成为上海市的最佳经济腹地和江苏省对接上海自贸区的先导区,重点发展制造业、服务业和高科技产业,并努力使之成为创新型的城市。

(4)苏北腹地的宿淮盐经济组团。充分发挥宿迁、淮安和盐城3市的自然环境优势和苏北核心区域的功能,利用其生态湿地旅游资源,在经济上则需要融入地理位置邻近的苏中地区,承接经济更为发达的苏南地区的产业专业,重点发展制造业、商贸、能源、农业和生态旅游。

(5)苏东北的连云港桥头堡经济组团。连云港市作为"丝绸之路经济带"的东方桥头堡,以路桥经济为重点,开展对内对外、面向东西、面向南北的双重双向开放,辐射面则广泛地覆盖东北亚和亚欧大陆。

(6)苏西北的徐州淮海经济组团。徐州市处于淮海经济区的中心,徐州组团的定位关键在于转型升级,这种转型集中在经济、城市、社会和生态等方面。发挥其工程机械较为发达的优势,在装备制造、能源工业、现代农业、商贸物流、文化旅游等方面有所突破。

5. 加速交通通道的协调性均衡发展

一条高铁或高速公路建成并投用,往往能为一个省的经济长远发展发挥重要作用。目前苏南地区的铁路非常发达,沪宁城际、京沪高铁、沪杭高铁都已经投入运营,无论从密度还是强度上都是完善的路网。江苏省的铁路短板就在苏北、苏中。江苏省委省政府已经开始把重心转移到加快苏北、苏中及沿海铁路网建设,大力推动苏北、苏中的经济发展。

(1)徐宿淮盐高铁。堪称苏北的铁路"金腰带",全长约314公里,为客运专线、双线,途经徐州、睢宁、宿迁、泗阳、淮安、建湖、盐城等县市,全线共13座车站。其设计时速为250公里,具有"京沪高铁第二通道"的重要功能。

(2)连淮扬镇铁路。连淮扬镇铁路的初时设计时速约250公里,建成后,原先没有高铁站的连云港、淮安和扬州3座省内城市的居民过江出行都会"加速";它将连接规划中的徐连客专、青连铁路,并且预留了南延的条件,将来可以和浙江、安徽、江西3省的铁路网对接,成为纵贯南北的交通要道,让江苏省居民的出行"高大上"起来。所以,它将打通苏北、苏中、苏南3地,成为江苏南北快速铁路的"脊梁骨"。

(3)沪泰宁城轨。沪泰宁城际轨道交通工程是江苏省规划的中期实施项目,预计2020年之前开工,工期不超过4年。该城际轨道以南京市为起点、上海市为终点,途经仪征、扬州、江都、泰州、泰兴、靖江、南通7个城市,整体走向与宁启铁路较为接近。沪泰宁城际轨道交通工程的设计时速为250公里,江苏省境内的里程共计250公里左右。沪泰宁城轨建成,意味着苏中地区将借轨道交通的"东风"真正融入上海都市圈,在经济、文化等领域提速发展。同时,配合动车、高铁的换乘,沪泰宁城际轨道一旦开通也将拉近江苏省与北京、上海等城市间的距离。

(4)盐泰锡常宜城轨。盐泰锡常宜轨道交通建设项目从盐城市出发,以盐城—兴化—泰州—泰兴—靖江—江阴—无锡—宜兴为大致走向,自北向南穿越苏北、苏中、苏南地区,在南端与宁杭高速铁路接轨。这样,将苏北地区和南京、上海、杭州这3座长三角核心城市相勾连,为江浙沪织出了一张更为细密的交通网络,也足以将途经的苏北、苏中地区的城市纳入以长三角核心区的"2小时快速交通圈",使这些城市间的生活往来、经济往来更加密切,缓解区域经济不平衡的现状。

(5)宿扬高速公路。宿扬高速是安徽省宿州市至江苏省扬州市高速公路的简称,是苏皖2省一条新的省际通道。宿扬高速在江苏境内分为淮安(盱眙)、宿迁(泗洪)、扬州3段,向西可达河南等中西部省份,向东可以达到经济发达的长三角地区。同时宿扬高速也是江苏省路网中南北通道之一,北可至山东省,南可达浙江省,联系了河南、山东、江苏、上海、浙江等省市。宿扬高速建成,可以将部分皖北、河南方向的过江流量,直接通过润扬大桥过江,缓解南京区段过江通道压力,也可发挥扬州润扬大桥的过江通道功能。

(6)宜长高速公路。宜长高速公路意味着南京市、杭州市之间将有"第二高速通道"。该高速公路总投资约 35 亿元,其起点位于宁杭高速公路宜兴市境内的徐舍互通以西 5 公里处,南接杭(州)长(兴)高速公路北延段葡萄岭,全长 26 公里,是穿越江苏省腹地的高速公路交通线。宜长高速公路设计双向六车道,时速为 120 公里。两地公路交通将有新选择,从而也大大缓解了宁杭高速的大流量。

6. 促进五大开发建设行动方案有机协调与均衡发展

改革开放至今,江苏省经济可谓突飞猛进,这是地理与人文交相辉映的结果;在地理区位既定条件下,人为的政策因素无疑一直起着极为重要的作用,这在推进三大板块协调性均衡发展、加快四方"井"字形联动开发、促进五大"区域经济增长极"齐头并进、推动"六大组团"以及加速交通通道协调性均衡发展五种行动方案中表现尤为明显:它们既是空间上的并行,也是时间上的继起,说到底更是江苏省的地理与人文的叠加。唯此五者有机协调配合,才能实现"迈上新台阶、建设新江苏"的伟大目标。

第一,江苏省经济从区域上分为苏南、苏中和苏北地区,这就奠定了后起的行动方案的改良与提升基础。将江苏在地理上分为三个次级区域,并期望递次实现现代化,这既同 20 世纪 80 年代后的中国的"三步走"战略相适应,而且也确实符合江苏省当时的实际。但是随着时间的推移,该行动方案的弊端在于江苏省经济日益囿于政域性封闭——苏南地区成为苏中地区与苏北地区的外向窗口;这种由南往北依次降低的结构,不仅缺乏美感而且功能上存在缺陷。因此,要对原有局面加以改进,从而形成更为开放的结构也就成为必然。

第二,江苏省区域经济的"井字型"方案既是对南中北方案的补充和完善,又是提升全省整体经济开放度的必要步骤。江苏省经济整体上要有全国甚至全球开放度,这需要所谓的"苏中"与"苏北"直接面向全国甚至全世界,而不是拘泥于"苏南"的"高度外向型经济",因此,利用自身的优势而因地制宜,置自己于更为开放的国际经济运行轨道上——例如长江经济带以及新的陆上与海上丝绸之路,这是实现全省区域经济协调发展的长久之计。当然,江苏省经济在全域上的高度开放性必须以高度的内部开放性为条件,这个有机联系在苏南经济中表现得格外突出。

第三,所谓的"六组团"正是在南中北"地基"之上与"井字型"架构之间开辟新的"门与窗",从而便利江苏省经济的对内以及对外开放。可以说,"六组团"方案不仅尊重历史而且面向未来:在封闭系统中,江苏省经济区域协调发展的传统策略——诸如跨江联动与南北园区共建等——很大程度上仅是次优的选择,但是在开放的"井字型"架构中,则可能变身为最优的,因为开放背景下的"组团"能够为高水平的开放提供持续的动力,而该动力是建立在坚实的分工与规模经济基础之上的。换言之,这相当于为江苏省经济培育新增长极提供了源臭。

第四,打造江苏省经济的五大区域增长极,使之既是先进制造业与现代服务业基地,又是国际经济流通的交汇点,因此,全省经济持续的开放度为新增长极不断创造着条件,而新的增长极则为全省经济持续保持高度开放性提供动力和现实的商品与服务基础。

第五,高铁和高速公路在苏中、苏北地区不断填补交通空白,区域经济必将在交通通道畅通中得到不断协调与均衡发展,为江苏省经济社会发展提供更加完备的基础设施和良好的外部环境。

(三)江苏省社会、文化、生态的区域协调发展

根据党的十八大报告关于"五位一体"的指示,"十三五"期间江苏省区域协调发展的工作部署应全面覆盖经济、民生、基础设施、生态等领域,并且在相应的机制体制方面敢于创新,勇于探索。

1. 社会建设的区域协调发展

江苏省已经步入工业化中后期,处在经济社会转型的关键阶段,要顺利迎接中国经济"新常态",避免落入"中等收入陷阱",就必须培养壮大中产阶层,使其成为经济发展内需动力和社会稳定器。总结区域协调发展的中外经验,促进居民个人收入增长与国民经济发展相协调,有效提高劳动者报

酬占比的主要措施包括:第一,利用税收手段调节收入差距;第二,健全社会保障措施进行调节,主要涵盖社会保险和社会救济两方面;第三,加大财政转移支付力度,向贫困地区、弱势群体进行倾斜。

"十三五"期间,政府区域社会协调发展方面的工作重点有:首先,要加速推进全省基础设施均衡化,使所有生产要素和社会资源为苏南、苏中、苏北各地区全体企业和居民所共享。其次,大力发展第三产业和推进农村土地流转。相对于其他产业,重工业的资本密集型特点更突出,加之准入门槛较高,因此更容易产生财富和收益分配向垄断型的资本和政府收敛的马太效应。第三产业壮大能够有效纠正资本与劳动对财富的扭曲占有,进而从源头消减"工农产品价格剪刀差、农民土地低征高卖和农民工待遇不公"等城乡二元经济结构导致的社会矛盾;同时,推进农村土地流转,促进土地适度规模经营,引导农民向城镇转移;大力实施精准扶贫、"阳光工程"和"雨露计划",建立统一开放、竞争有序、城乡一体的劳动力就业市场。再次,加速推进农业现代化与城乡社会保障一体化。用市场手段配置农业资源,在农业机械化、生物技术、信息化等方面投入大量的人力、物力和财力,以科技创新力提高农业劳动生产率和农产品市场的竞争力,提高农业产业化水平;强化农民社会组织功能,不断开拓农产品市场,参与国际、国内市场谈判和规则制定,提高农业国际化水平;在增强农业经济效益和农民收入的同时,投入大量财政资金推进城乡居民社会保障一体化。最后,积极探索扶贫搬迁、移民建镇、退耕还林、产业结构调整等新工作路径,为缩小城乡差距和全面建成小康社会提供可资借鉴的范本。

2. 文化建设的区域协调发展

江苏是历史悠久的文化大省,苏南、苏北不同区域存在各自独特的历史文化。在进入"新常态"的过程中,这些文化面临如何保存,如何发扬,特别是如何与新时期"中国梦"、全球化、信息化等时代精神与潮流相融合,从而获得新的生命力,对江苏省经济与社会发展起到推动作用的问题。

"十三五"期间,江苏省文化建设的区域协调发展应该包括:首先,积极研究和挖掘各地文化,加强地区文化保护和宣传工作。其次,加快江苏省公共文化服务体系促进条例立法进程,使现代公共文化服务体系建设有法可

依、有章可循,实现可持续发展;在文化传承和文物保护方面,不仅重视显性
文化的保护,还要提高文化环境的质量和品位。再次,加强全省公共文化服
务力度和均衡性,建设覆盖全省范围的、丰富多彩的公共文化服务体系。普
及公共文化设施与网络建设,特别是强化村级文化建设,完善重点文化工程
建设,提高文化惠民工程的质量。通过倾斜性政策缩小地区之间文化建设
的差距,同时加强对建成后文化设施的后续管理和利用。

3. 生态文明建设的协调发展

"环境美"要求江苏省在环境管理目标导向上实现根本改变,从追求污
染物排放总量控制向标准更加严格的整体环境质量把控上转化,同时,从以
控制和限制污染作为目标的导向模式向环境质量改善为目标的导向模式
转化。

结合江苏省生态文明建设规划指标体系,除前文给出的生态区域指标
测度外,针对"十三五"期间的规划要求,以 2020 年为时间节点,还可增加
以下几个全省检测指标:一是空气清新。PM2.5 年均浓度下降到 50 微
克/立方米,空气质量达到二级标准以上天数的比例达 72%,即要达到每年
拥有 262 个蓝天;二是水质清澈。地表水优于Ⅲ类水质的比例达到 70%左
右,集中式饮用水源地水质全部达标,城乡河道全部消除黑臭;三是土壤清
洁。农业用地土壤环境质量达标率达 90%,污染土壤修复率达 50%;四是
生态良好。生态红线区域占国土面积达 22%,林木覆盖率达 24%,城市建
成区绿地率达 38.9%;五是有完备的环境基础设施。要求城乡的环境基础
设施能够覆盖到 90%的区域,垃圾无害化处理率达到 95%;六是群众认同。
人民群众对环境质量的满意度达到 80%以上。

(四)江苏省区域协调性均衡发展的保障机制

江苏省要实现区域协调性均衡发展,离不开行政管理、法治规划、政策
制度、资金供给、市场环境等方面的保障与支持。

1. 优化组织机构

冲破制度性的障碍,构建以区域成员共同利益为目标,具有协调、约束、
激励作用的多层次、多元化的区域合作协调一体化组织机构。省级层面的

组织机构负责统筹协调江苏省全域的利益,对各地政府及其行为进行约束与激励,具有综合性与权威性;市县层面的组织机构以自愿合作的形式建立,承担市县内的统一规划与外部协调联络功能;民间组织在官方组织"失灵"的微观领域发挥作用。制定具备法律约束力的文件、反行政性垄断条例和与之相对应的责任追究制度,通过坚持依法治理,保证各地政府在追求地方利益时不会对区域共同利益产生负面影响。

2. 完善管理体系

"十三五"期间,江苏省需要继续创新区域一体化的政策措施与管理体系,统筹各地的资金投入,监管投资动向,减少各自为政、多头管理。推进各级政府部门在规划制定、行业管理、资金投向等方面的业务协同,推进现有的省沿海发展办公室、省苏北发展协调小组办公室、长三角合作与发展办公室等机构联署办公,以扫除条块分割的障碍,构建科学决策、开放合作、协同推进的跨区域管理机制。通过重新构建地方公务员绩效评价体系,作为官员行为模式的引导:在社会领域,加强对政府提供基本公共服务的效率、推进财力向公共服务倾斜等方面的考核;在经济领域,加强对完善社会主义市场经济体制方面的考核,如生产要素区域间流动的顺畅程度、产业分工协作的效果等。

3. 健全合作机制

地方政府的合作必须遵循区域利益分享和补偿机制,地方与地方之间的利益转移,上级政府需要进行统筹协调,尤其是在涉及财政转移支付的方面。积极发挥企业的力量,建立一种不是援助、不是施舍、不是迫于外界压力,而是出于企业需要的各方共赢型合作机制。跨区域合作的各方必须了解在合作中自身如何受益、受损、补偿,从而对收益或损失形成合理预期,走一条符合经济规律、具有长效性的合作之路。鼓励地方深化区域合作,打破行政区域分割,形成包括基础设施互联互通、市场体系统一规范、社会信用体系互通互用、社会保障制度互通对接等内容的区域合作机制。

4. 细化资金供给

"十三五"期间,江苏省必须减弱公共服务对地方财政的依附关系,从全省的高度对公共产品的供给进行财政转移支付。转移支付可采取三种形式:税收返还,目的是保证地方既得利益,维持地方发展积极性;财力性转移支付,为了弥补财力贫乏地区的财政收支缺口,省级政府需要自上而下地安排补助资金;专项转移支付,为实现区域协调发展目标,省级政府委托下级政府代理跨区域的公共事务而进行确定用途的资金补偿。在依赖财政支持的同时,也可以采取创办基金、贷款、集资等方式,引导企业和社会组织参与区域公共服务领域的建设,实现投资渠道的多元化。

5. 优化市场环境

目前在江苏省的区域发展中,政府干预的力量还占据主导地位,带有较强的行政色彩,导致政策成本较高,政策时效较短。在"十三五"期间,江苏省需要跳出"对口支援、挂钩扶贫"的政策制度框架,探索多种形式、多元主体的一体化发展模式。随着一体化进程的深度推进,政府应不再直接参与跨地区的一般经济活动,而是通过公布信息、编制规划、建章立制、塑造环境等手段来调节企业的行为。为了形成区域一体化的市场环境,政府需要打破地区封锁和行业垄断,增强区域产品贸易、要素流动、技术扩散、制度移植、基础设施的空间溢出效应。

6. 完善联动机制

推进江苏省各地产业的战略协同与错位竞争,通过产业链和价值链,将上、中、下游企业衔接起来,在生产、商品、市场、营销、培训等方面增强交流,制定统一的市场准入标准,共同开拓市场,建设互惠互荣、彼此衔接、布局合理的产业共同体。苏北地区设立的南北共建开发园应加快从"飞地"模式转入"融合"模式,增强转移产业在本区域中的黏连性,带动本地产业体系的培育。企业的跨区域布局与转移需要政府的适当支持,地方政府必须切实打破"肥水不流外人田"的地方保护主义,降低劳动力流动的门槛,营造便捷的产业转移渠道。当然,也要规范政府行为,防止过度的政府干预造成新的"市场扭曲"。启动新一轮沿江开发发展战略,以发展创新型经济为导向推动沿江地区转型升级、跨江融合,共同参与构筑长江流域自主创新的产业链和价值链。沿海开发要以交通运输通道为纽带,以临近深水海港的区域为节点,加快形成港口、产业、城镇三位一体的联动开发格局。

第十二章　推进载体建设

国家级新区以及各类开发区、高新区、试验区、示范区等载体平台是区域经济发展中的重要增长极，它们不仅在创新体制机制、集聚生产要素、打造具有规模化和特色化的产业集群、培育创新企业、建设公共服务平台等各方面对区域经济发展起着极大的示范带动作用，而且为推进国家以及地方重要领域和关键环节的改革探索了路径、积累了经验、储备了政策。近年来，随着国家为提高区域政策的精准性而进一步细化政策空间单元以及为深化改革创新、扩大对外开放、促进区域一体化、扶持欠发达地区加快发展而开展试验、示范、试点工作，长江经济带覆盖范围内的国家级或区域性的各类载体平台数量不断增多，对促进长江经济带区域经济发展、扩大对外开放、推动改革创新发挥了重要作用。但总体而言，长江经济带不仅在各类载体平台的数量上存在着"东多西少"的不均衡现象，而且东部地区的载体平台在市场化服务水平、开放型配置资源能力和管理体制等方面也相比中西部地区更为先进。因此，新一轮长江经济带发展中，需要更为协同、均衡地发挥各地区载体平台在落实国家重大改革发展任务、创新体制机制、集聚特色优势产业、推动产城融合和新型城镇化建设等方面的重要试验与示范作用。江苏省应紧抓长江经济带建设机遇，着力在与长江上中下游地区联动发展中推进南京江北新区、南京区域性航运物流中心、苏南现代化建设示范区以及通州湾江海联动开发示范区等重大载体平台加快建设。

一、以协调性均衡加快重要载体建设

我国第一批开发区出现在 20 世纪 80 年代，从那以后，陆续出现了各类的发展载体和平台。国家推动建设各类载体或平台的目标是打造产业聚集的载体、对外开放的窗口、体制改革的试验田和经济发展的增长极。① 如今,各类国家级、省级的开发区、高新区等载体和平台,不仅已成为区域经济的增长极,而且带动了区域经济整体的快速成长。目前,全国各类开发区产值已占全国的3%,投资额占到15%。随着中国经济的持续高速发展,各类综合性载体的功能已从原来的单一经济功能拓展到更为广阔的社会、环境等功能。

(一)载体平台在区域经济发展中的作用

1. 载体平台是区域经济的增长级

法国经济学家弗朗索瓦·佩鲁(F. Perroux)于1955年提出的增长极理论是用以解释经济技术开发区发展理论中最有影响力的一支。"增长极"理论强调在特定区位发展推动性产业,由其带动与其有投入产出关系的其他产业加快发展,并进而推动区域经济全面发展。推动性产业所诱导的增长,发源于推动性产业所在的地理中心,这种地理中心即称为"增长极"。其基本含义是:经济的发展并不是同时出现在所有地区,而是以不同的强度出现于一些增长点或增长极上,然后通过各自的渠道向外扩散,从而形成以增长极为核心、周边地区不均衡增长的地区性经济综合体。②

比如,经济技术开发区就是重要的区域经济增长极,它的首要职能是带动区域经济的发展③,它的设立和发展可以导致集聚经济的发展,实现研究与开发、生产、销售等活动的集中,降低交易成本,同时也营造出舒适的生活、工作、创业环境,从而吸引优秀的科学家、工程师和企业家纷至沓来,实现创新资源的高度集中。当然,增长极的出现并不是偶然或者人为创造的,它必须以其所在地区强大的经济实力、完善的基础设施、较好的产业基础和

---

① 参见邵晓慧:《工业园区的主要作用》,《合作经济与科技》2006年第5期。
② 参见潘亚宁:《关于开发区设立的理论基础研究综述》,《山东纺织经济》2007年第1期。
③ 参见朱华友:《长春市经济技术开发区对长春市的经济贡献研究》,《经济地理》2004年第2期。

丰富的创新资源为依托。

2. 载体平台是区域经济结构调整的助推器

从我国 30 多年的发展实践来看,载体平台的发展和建设为区域经济创造了良好的发展平台,有效推进了制造业与服务业的融合,尤其是推进了产业集群的发展,加速了整个区域的工业不断向高端迈进,进而推动经济结构的调整和优化。很多经济学家认为,载体平台的核心作用就是促进"产业集群"的形成。产业集群通常是指在限定的地理区域内大量相同或者相互联系的产业组织的集聚。但产业集群并非是简单的"扎堆",而是表现出一种产业价值链的上下游关系。通过基础设施配套推动产业集群形成,产业集群通常是一个地区产业最为鲜明的特征。产业集群对产业结构升级有四个效应:一是规模效应。相关研究表明,一些合理布局、发展良好的载体平台甚至可以节约一个城市工业用地的 15%~27%,同时节约工业基础设施建设,使得工业管网减少 13%~23%,公路等交通线缩短 25%~35%。因此产业集群通过共享基础设施、公共服务和商业服务,使政府减少了巨额的基础设施及服务体系建设投入,降低了成本、提高了效率。二是需求效应。大量的企业集群会产生巨大的原材料和要素需求,使得载体生产和销售规模在同类产品中一般占有较大份额。比如江苏省,有 60 多个载体平台通过"块状经济"的形式,其产品在国内市场占有率达 35% 以上,这种需求效应保证了集群中企业的要素流动,互相提供有技能、价格低廉的劳动力。另外,集群内的专业人才和熟练工人可以利用集聚优势相互交流,集中提高技艺。三是扩散效应。因为集群中只要有一家企业采用了新技术和管理方法,就会产生示范作用推动其他企业跟进模仿。四是外部性效应。集群内的企业经济活动会产生外部效应,通过管理模式、生产技术等方面模仿、超越、竞争、合作,产生正向"外部效应",从而提升区域经济竞争力,加快区域经济社会的跨越式发展。

正是由于建立在载体平台基础上的产业集群推动,使得一个地区的生产力布局能够合理集中,基础设施和服务系统得以完善,产业结构转变和升级有了良好的抓手,从而通过集聚效应和扩散效应,带动区域内其他地区发展,并实现区域经济工业化及城镇化水平的全面升级。

3.载体平台是推进区域城镇化的重要引擎

在经济发展过程中,工业化与城镇化呈现出相互促进、相互推动的动态过程。工业化是推进城镇化的动力,城镇化也会反作用于工业化。如果没有高水平、高质量的工业化发展,也就没有高质量的城镇化发展。在城镇化过程中,载体平台建设大大减轻了城市基础设施建设的压力,提高了财政投入的效益,促进了农村人口向城市集聚,增强了城市的经济活力和劳动力供给,通过以项目带集聚,以开发促城市发展,进而使载体平台成为地区城市化过程中的重要助推剂,成为城市发展一个不可或缺的部分,一个经济增长极和人口凝聚极。载体平台建设还通过推动农业人口城镇化,从而减少农业人口,推动农业规模化、市场化,从而推动农业现代化的进程。

4.载体平台是实现可持续发展的重要支撑

经济发展进程中面临的一个主要问题是工业发展同资源环境之间的矛盾。工业化进程为人类带来现代化的同时,也对环境资源造成了破坏。要实现可持续发展,就必须协调好二者之间的关系。通过载体平台建设,充分发挥土地、水、空间等资源的作用,通过集聚效益,集约使用资源和环境,实现资源环境利用效率最大化和最有效化。同时,载体平台使得生产集中连片化,从而可以对废气、废水等污染物进行集中整治,更加有利于循环经济的发展。

实践表明,以载体平台为基础来发展区域经济,具有十分重要的意义。但也必须指出,目前各地载体平台建设出现了一窝蜂的趋势。因此,我们必须进一步探索长江经济带战略中载体平台的发展规律,推动载体平台的可持续发展。

(二)长江经济带载体平台建设现状分析

长江经济带开发区分布较不平衡,目前有国家级新区 8 个,包括上海浦东新区、重庆两江新区、浙江舟山群岛新区、贵州贵安新区、四川天府新区、湖南湘江新区、南京江北新区、云南滇中新区;有国家级开发区 108 个,省级开发区 673 个。总的来看,开发区数量分布极不均衡,下游江浙沪就占据一半以上(共 55 家)的国家级开发区。仅江苏省就拥有国家级开发区 26 个

（占长江经济带开发区总量的 24.1%），省级开发区 105 个，另外还有省级出口加工区 14 个。无论从哪个方面看，江苏省都是长江经济带中各类开发区最多的省份，而贵州省和云南省才各有 2 个和 5 个（参见表 12-1）。①

表 12-1　长江经济带各省市的国家级开发区数量（2014）

上海6个	闵行经济技术开发区	虹桥经济技术开发区	上海漕河泾新兴技术开发区
	上海金桥出口加工区	上海化学工业经济技术开发区	松江经济技术开发区
江苏26个	南通经济技术开发区	连云港经济技术开发区	昆山经济技术开发区
	苏州工业园区	南京经济技术开发区	扬州经济技术开发区
	徐州经济技术开发区	镇江经济技术开发区	吴江经济技术开发区
	江宁经济技术开发区	常熟经济技术开发区	淮安经济技术开发区
	盐城经济技术开发区	锡山经济技术开发区	太仓港经济技术开发区
	张家港经济技术开发区	海安经济技术开发区	靖江经济技术开发区
	吴中经济技术开发区	宿迁经济技术开发区	海门经济技术开发区
	如皋经济技术开发区	宜兴经济技术开发区	浒墅关经济技术开发区
	沭阳经济技术开发区	相城经济技术开发区	
浙江21个	宁波经济技术开发区	温州经济技术开发区	宁波大榭开发区
	杭州经济技术开发区	萧山经济技术开发区	嘉兴经济技术开发区
	湖州经济技术开发区	绍兴袍江经济技术开发区	金华经济技术开发区
	长兴经济技术开发区	宁波石化经济技术开发区	嘉善经济技术开发区
	衢州经济技术开发区	义乌经济技术开发区	杭州余杭经济技术开发区
	绍兴柯桥经济技术开发区	富阳经济技术开发区	平湖经济技术开发区
	杭州湾上虞经济技术开发区	慈溪经济技术开发区	丽水经济技术开发区
安徽12个	芜湖经济技术开发区	合肥经济技术开发区	马鞍山经济技术开发区
	安庆经济技术开发区	铜陵经济技术开发区	滁州经济技术开发区
	池州经济技术开发区	六安经济技术开发区	淮南经济技术开发区
	宁国经济技术开发区	桐城经济技术开发区	宣城经济技术开发区

① 资料来源：根据商务部网站资料整理，http://www.mofcom.gov.cn/xglj/kaifaqu.shtml。

续表

江西 10个	南昌经济技术开发区	九江经济技术开发区	赣州经济技术开发区
	井冈山经济技术开发区	上饶经济技术开发区	萍乡经济技术开发区
	南昌小蓝经济技术开发区	宜春经济技术开发区	龙南经济技术开发区
	瑞金经济技术开发区		
湖北 7个	武汉经济技术开发区	黄石经济技术开发区	襄阳经济技术开发区
	武汉临空港经济技术开发区	荆州经济技术开发区	鄂州葛店经济技术开发区
	十堰经济技术开发区		
湖南 8个	长沙经济技术开发区	岳阳经济技术开发区	常德经济技术开发区
	宁乡经济技术开发区	湘潭经济技术开发区	浏阳经济技术开发区
	娄底经济技术开发区	望城经济技术开发区	
重庆 3个	重庆经济技术开发区	万州经济技术开发区	长寿经济技术开发区
四川 8个	成都经济技术开发区	广安经济技术开发区	德阳经济技术开发区
	遂宁经济技术开发区	绵阳经济技术开发区	广元经济技术开发区
	宜宾临港经济技术开发区	内江经济技术开发区	
贵州 2个	贵阳经济技术开发区	遵义经济技术开发区	
云南 5个	昆明经济技术开发区	曲靖经济技术开发区	蒙自经济技术开发区
	嵩明杨林经济技术开发区	大理经济技术开发区	

此外,各个省市的开发区之间并没有明显的联系,而是形成了"各自为政"的发展状态。类似刘现伟、陈守龙(2008)的研究[1],我们这里考察长江经济带9省2市开发区的关系。长江经济带9省2市的开发区数量多,而发展水平差异很大。2013年各地方GDP(单位:百亿元)、国家级开发区数量、省级开发区数量描述性统计结果及相关系数参见表12-2。从相关系数

---

[1] 参见刘现伟、陈守龙:《中国开发区的区域分布差异分析》,《统计与决策》2008年第4期。

表中可以明显看出,各地 GDP 与开发区数量之间存在着较为显著的正相关关系(相关系数显著性 $p<0.05$)。接下来本章应用回归分析对各研究变量之间的关系进行实证检验。所使用回归模型如下:$Q = C + \beta_1 D + \beta_2 Y$。回归中,Q 为各省市开发区数量,D 为各省市的区位,Y 为各省市 2013 年 GDP,β_i 为系数,C 为常数。

表 12-2 研究变量描述统计和 Pearson 相关系数表

	平均值	标准差	1	2	3	4	5
2013 年 GDP 总量	2.96	1.01					
国家级开发区数量	10.13	3.520	0.727 **				
省级开发区数量	131.16	35.11	0.723 **	0.717 **			

注:数量 $N = 11$;$p < 0.05$;** $p < 0.01$。

表 12-3 开发区数量 OLS 回归

变量	国家级开发区数量		省级开发区数量	
	模型 1	模型 2	模型 1	模型 2
常数项	18.300 ***	5.061	83.217 ***	8.274
D1	−7.852 ***	−5.536 **	12.560	26.251
D2	−8.267 ***	−2.066	−22.340	−9.333
GDP		0.111 ***		0.635 ***
F	8.019 ***	19.232 ***	7.869 **	9.261 ****
R^2	0.727	0.918	0.701	0.799
Adjusted R^2	0.762	0.929	0.624	0.821

注:*** 表示 $p < 0.01$。

用普通最小二乘法(OLS)进行回归分析。引入 2 个虚拟变量 D1、D2 来分别表示中部地区(鄂、湘、赣)、西部地区(川、滇、渝、黔),长三角地区(沪、苏、浙、皖)作为基础区域。模型 1 为仅基于区域的回归,模型 2 为加入 GDP 的回归。模型 1 中,因变量是各个省的开发区数量,自变量是所属的地区,结果参见表 12-3,回归结果显示出较好的拟合程度($p<0.01$),国家级开发区数量回归模型 1 拟合较好($p<0.01$),此结果说明各省市所处的地理区位对开发区数量造成了显著影响。

模型 2 中加入自变量 GDP 后,模型的拟合程度明显提高,说明地区经济总量 GDP 是决定各个省市国家级开发区的数量的主要因素。通过控制 GDP 的影响,回归模型拟合程度显著地提高了,而地理区位的影响也明显地降低了。这也说明开发区地域分布的不同主要是由 GDP 差异造成的。影响开发区区域分布差异的最主要影响因素是地方经济发展水平,这从侧面也反映出,长江经济带沿线各个省市的开发区本身关联度不高。

开发区作为地区经济增长的"增长极",需要以地区整体较强的经济实力为依托,开发区与它所所在的地区、省份和核心城市相互作用,形成核心—边缘扩散结构,共同推动了地区经济社会的发展。

二、江苏省重大载体建设现状与态势

面对新一轮长江经济带建设这个难得的机遇,江苏省应当顺势而为,充分利用"一带一路"、长江经济带战略机遇,加快苏南国家自主创新示范区、南京江北新区、南京区域性航运物流中心、通州湾江海联动示范区四大国家战略的建设,不断提升叠加效应,呼应和对接上海自贸区、科创中心建设,深化江海联动,推动沿江产业结构优化升级,加快形成全方位、多层次、宽领域、高水平的载体平台网络,实现江苏省工业由从普通加工向智能制造转型、城镇化由土地城镇化向人口城镇化转型、消费由物质型消费向服务型消费转型,在长江经济带的更大范围内打造经济增长极,推动增长空间从沿海向内陆转移,从而实现长江经济带协调性均衡发展。

(一)南京江北新区建设现状与态势

南京江北新区地处我国东部沿海经济带与长江经济带"T"字形交汇

处,东承长三角城市群核心区域,西联皖江城市带、长江中游城市群,是长三角辐射带动长江中上游地区发展的重要节点。长江黄金水道和京沪铁路大动脉在此交汇,南京江北新区连南接北、通江达海,集水路、铁路、公路、管道运输方式等于一体,建设功能完善的综合交通运输体系意义重大。

1. 创新资源丰富

南京是国家科技体制综合改革试点城市,拥有高等院校 53 所、省级以上科研机构 600 多个、在校大学生 70 多万人、两院院士 279 人、国家"千人计划"特聘专家 185 人、每万人口发明专利拥有量 25 件,每万人中大学生数量超过 980 人。新区现有各类科技创新平台和工程技术中心 50 多个,集聚国内外知名的高科技企业及研发机构数百家,为创新发展打下了坚实的科教资源基础。

2. 产业基础雄厚

新区拥有国家级、省级园区 5 个,2014 年工业总产值超过 3800 亿元。新一代信息技术、生物医药、高端装备制造等战略性新兴产业发展迅速,卫星应用、轨道交通等高端装备制造业近 3 年产值年均增幅超过 20%;化工、钢铁等传统产业加速转型升级,产业结构不断优化。航运物流、研发设计、文化创意等现代服务业加快发展,近 3 年产值年均增幅达到 20%以上。

3. 基础设施完善

南京市港航资源优良、集疏运条件较好,随着长江南京以下 12.5 米深水航道开通,5 万吨海轮可直达,江海转运枢纽作用日益凸显。多条桥梁、轨道、隧道连通长江南北,高速公路、铁路、城际铁路等快速路网与周边区域互联互通。信息、能源、水利等重大网络基础设施加快建设,对新区发展的支撑能力不断增强。

4. 承载能力较强

新区拥有 94 公里的长江岸线、16 公里的滨江风光带和老山国家森林公园,湖泊湿地资源丰富。随着资源节约型、环境友好型社会加快建设,南京的城市形象和人居环境质量不断提升,建成区绿化覆盖率达到

40%以上,浦口区、六合区被评为国家级生态示范区。新区的人均可利用水资源超过 800 立方米,近 3 年空气质量二级标准天数比例达到 60%以上,国家级、省级园区面积达 140 平方公里,具有较强的产业、人口承载能力。

表 12-4　南京航运物流中心重点基础设施项目投资情况一览表

(单位:亿元)

	2012		2013		2014		2015	
	计划投资	实际完成投资	计划投资	实际完成投资	计划投资	实际完成投资	计划投资	实际完成投资(1~5月)
集疏运体系建设	9.5	15.5	17.1	19.8	15	19.4	9	2.58
主枢纽港建设	10	8.6	13.5	12.2	13	11.3	10	1.56
物流园区建设	14.5	10.7	17.7	21.1	11	12	26	5.07
服务支撑体系建设	5.1	4.5	8.2	8.2	2	5.3	22	0.59
总　计	39	39.3	56.5	61.3	41	48	47	9.8

资料来源:根据南京长江航运物流中心相关资料整理。

(二)南京区域性航运物流中心建设现状与态势

1.基础设施建设方面

近年来,为了将南京长江航运物流中心打造成为面向国际、服务全国、辐射长江流域和中西部地区,集物流要素、物流服务、物流市场为一体且具有国际资源配置能力的航运中心,江苏省交通运输厅和南京市政府不断加大在综合交通集疏运体系、主枢纽港、物流园区以及航运服务支撑体系等方面的基础设施投入。据资料显示,截至 2015 年 5 月,南京长江航运物流中心累计完成基础设施建设总投资 158.4 亿元,其中集疏运体系建设投资57.28 亿元;主枢纽港建设投资 33.66 亿元;物流园区投资 48.87 亿元;航运服务等支撑体系投资 18.59 亿元(参见表 12-4)。

表 12-5　南京航运物流中心综合交通集疏体系重点项目一览表

	项目名称	建设规模	建设年限	总投资(万元)
疏港公路建设	七坝港区沿江疏港公路	15 公里	2010~2015	270000
	七坝港区纵向疏港公路	7.38 公里	2013~2015	75000
	龙潭港区纵向疏港公路	2.29 公里	2013	8000
	板桥汽渡连接线	2.74 公里	2013~2014	35000
	龙潭港集疏运快速通道	16.7 公里	2013~2015	281500
	西坝港区横向疏港公路	11.8 公里	2013~2016	50000
	铜井港区沿江疏港公路	18 公里	2013~2016	120000
	龙潭港至绕越高速公路	14.887 公里	2015~2018	370000
	七坝港区路延伸	1 公里	2015~2016	15000
	七乡河大道至柳塘段	17 公里	2015~2017	208300
	板桥港区沿江疏港公路	7.8 公里	2015~2020	120000
疏港铁路建设	华信石化化工园铁路支线项目	6 公里危化品铁路专用线	2015~2017	40000
疏港航道建设	芜申线南京段航道整治	三级航道61.045 公里	2009~2015	280000
	秦淮河船闸扩容改造	四级船闸一座	2013~2013	13149
	秦淮河航道整治	四级航道 78 公里,桥梁 37 座,船闸 1 座	2015~2020	580000

资料来源:根据南京长江航运物流中心相关资料整理。

　　具体来看,南京航运物流中心综合交通集疏体系的建设主要涉及疏港公路、疏港铁路和疏港航道建设三个方面。在疏港公路建设方面,七坝港区沿江疏港公路、龙潭港区纵向疏港公路、铜井港区沿江疏港公路、板桥汽渡连接线改扩建等重点工程相继完成或即将开工,投资总额达 155 亿元。在疏港航道建设方面,先后完成秦淮河船闸扩容改造工程、芜申线航道整治工程,总计整治三级道 61.045 公里,建设船闸两座,改扩建桥梁 11 座。疏港铁路方面,目前已经开工建设华信石化化工园铁路支线项目,投资总额达 4亿元(参见表 12-5)。

　　从码头建设情况来看,龙潭港区已经完成集装箱码头四期工程项目的建设;西坝港区已经完成四期作业码头的建设;铜井港区已经完成三期、四期、五期项目的建设;七坝港区已完成亚豪件杂码和钢铁件杂码头的建设;大厂港区的南京钢铁股份有限公司原料码头也已完成;总投资额达32.6亿元(参见表12-6)。

表12-6　南京航运物流中心综合主枢纽港重点建设项目一览表

	项目名称	设计年通过能力	建设年限	总投资(万元)
龙潭港区	龙潭港区粮食码头	360万吨	2013~2015	44540
	天辰码头西延	1000万吨	2013~2015	40000
	龙潭港区四期工程	120万标箱	2007~2013	180000
	龙潭港区南京港机重工制造基地	185台港机	2013~2015	15000
	龙潭港区七期工程	309万吨	2015~2017	39321
西坝港区	西坝作业区二期工程	322万吨	2013~2015	54315
	西坝作业区六期工程	463万吨	2013~2015	99000
	西坝作业区四期码头	185万吨	2013~2014	6555
	西坝作业区五期工程	1420万吨	2013~2016	122200
	西坝作业区八期工程	325万吨	2015~2017	25972
铜井港区	铜井港区三期工程	336万吨	2010~2013	29000
	铜井港区四期工程	185万吨	2010~2013	23398
	铜井港区五期工程	338万吨	2011~2013	31400
	铜井港区六期工程	231万吨	2013~2015	29982
七坝港区	七坝港区亚豪件杂码头	188万吨	2013~2014	14241
	七坝港区钢铁件杂码头	260万吨	2013~2014	30000
	七坝港区多用途码头	626万吨	2013~2015	100000
大厂港区	扬子石化—巴斯夫有限责任公司二期改造项目配套码头	62万吨	2008~2015	14000
	南京钢铁股份有限公司原料码头扩建	190万吨	2013~2014	10995

资料来源:根据南京长江航运物流中心相关资料整理。

在中心物流园区建设方面，龙潭综合园区、龙潭综合保税区、江北化工物流园区和滨江物流园区是南京长江航运物流中心建设的重点。目前已经完成的建设项目有太古冷链物流中心、维龙物流中心、安宏基物流中心、金陵石化穿江管道，投资总额达到 6.75 亿元（参见表 12-7）。

围绕航运服务支撑体系，南京长江航运物流中心加大了下关长江国际航运物流服务集聚区和智慧港口项目的建设。《南京市长江航运物流中心建设三年行动计划（2015～2017）》中提出，2015～2017 年，计划投资 21 亿元，推进下关长江国际航运物流服务集聚区建设。而智慧港口项目则主要是为南京长江航运物流中心搭建一个数据交换平台，该工程已于 2015 年正式启动，预计将在 2017 年完工，投资总额达 1 亿元。

表 12-7 南京航运物流中心物流园区重点建设项目一览表

	项目名称	建设年限	总投资（万元）
龙潭综合园区	普洛斯综合物流中心	2013～2017	20700
	太古冷链物流中心	2013～2014	29300
	维龙物流中心	2013～2014	21700
	边城物流中心	2013～2015	138000
	安宏基物流中心	2013～2014	10000
	苏商保税物流项目	2015～2018	73000
	ENBRIGHT 保税物流项目	2015～2017	48000
	联迅物流项目	2015～2017	55344
龙潭综合保税区	龙潭综合保税区（龙潭片区）	2013～2015	120000
江北化工物流园区	金陵石化穿江管道	2013～2014	26490
	成品油管道及配套油库	2011～2015	40000
	园区基础设施建设	2011～2015	160000
	多式联运化工物流港	2015～2017	250000
滨江钢铁物流园区	港口物流远锦建设项目	2015～2020	160000
	港口物流中储建设项目	2014～2018	100000

资料来源：根据南京长江航运物流中心相关资料整理。

2. 物流体系建设方面

南京港在南京长江航运物流中心中扮演着非常重要的角色,随着国家以及各级政府对南京航运物流中心支持政策的出台,以南京港为依托,以集装箱运输为载体,以铁水联运、江海转运为特色的物流运输体系正在形成。

为了充分发挥长江黄金水道在经济发展中的地位,国务院于2011年至2014年连续颁布了《关于加快长江等内河水运发展的意见》、《依托长江建设中国经济新支撑带指导意见》、《关于依托黄金水道推动长江经济带发展的指导意见》3个文件。在这一系列政策的引导下,南京航运物流中心的建设也逐渐上升到国家战略发展层面,成为国家重点建设的长江四大航运物流中心之一。在此影响之下,南京港的基础设施投入不断增加,货运能力显著提升。"十二五"之初,南京港的货物吞吐量仅为1.58亿吨;而到2014年,这一数字已达2.1亿吨,增长132.9%。值得注意的是,2011年,南京港的集装箱货物吞吐量仅为145万标箱;而到2014年已达276万标箱,增长190.3%(参见表12-8)。这反映出南京港集装箱物流运输体系正在完善,向江海转运又迈出了坚实的一步。

表 12-8 2010~2014 年南京港货物吞吐量一览表

年份 指标	2010	2011	2012	2013	2014
港口货物吞吐量(亿吨)	1.58	1.89	1.92	2.02	2.1
港口集装箱吞吐量(万标箱)	145	184	230	267	276

资料来源:根据历年《南京统计年鉴》整理。

在集装箱物流体系建设中,南京长江航运物流中心依托自己的地理优势,一方面溯江而上,积极开辟长江中上游港口集装箱支线建设,构建江海转运体系;另一方面顺流而下,加强与上海洋山港的合作,构建江海直达体系,进而不断发展近洋航线。据统计,截至2014年,南京长江航运物流中心已经开辟港口集装箱航线77条,其中近洋航线5条,内贸直达航线32条,江海直达外贸内支线22条,到南京中转的航线18条,集装箱航线月航班数达697班次。

(三)苏南现代化建设示范区建设现状与态势

1.交通方面

苏南地区交通便利,四通八达,公路、水路、航空、铁路等交通条件优越。水路交通方面,苏南地区的无锡、常州、苏州3市地处太湖流域,是中国内河航运特别发达的地区,航道极为密集,其中以长江以及京杭大运河为主干。苏南地区有一些江南小镇临河而建,景致优美。20世纪初清光绪末年,铁路运输兴起,沪宁铁路贯穿苏南。90年代以后,江苏省建成高速公路网,高速公路密度位列全国第一。2010年7月1日,沪宁高铁正式通车,成为世界上标准最高、里程最长、运营速度最快的城际高速铁路。公路交通方面,苏南地区一大批高速公路、国省干线一级公路建设以及城市内部的快速路网建设使城乡骨架路网基本形成,城市市区实有道路长度1.67万公里。南京、苏州、无锡等城市通过沪宁高速贯通。

在交通现代化建设方面,苏南地区较早地认识到了"经济发展,交通先行"的重要性,苏南地区立体化、现代化的交通设施建设走在了长江经济带其他省份之前。

2.经济方面

苏南地区经济基础雄厚,经济结构在现代化示范区建设过程中日趋合理。苏南地区是江苏省经济最发达的区域,也是中国经济最发达的区域之一。2010年11月,国家统计局发布了根据经济社会综合发展指标测算的"2010全国百强县(市)"名单,苏南地区苏州市的昆山位列第一,无锡市的江阴位列第二,苏州市的张家港、常熟、吴江分别是第三、第四和第六,无锡市的宜兴则位列第九名。这些全国百强县市前十名几乎全部集中在苏南地区。

表12-9 苏南地区近年地区经济发展情况简表(2010~2013年)

年份	地区生产总值(GDP)(万亿元)	GDP占全国比重	人均GDP(元)	人均GDP/全国人均GDP
2010年	2.48	6.2%	79501	2.60
2011年	2.94	6.3%	90617	2.60
2012年	3.34	6.4%	101370	2.64
2013年	3.64	6.4%	113578	2.70

从表 12-9 可以看出,苏南地区人均 GDP 是全国平均水平的 2.6 倍左右,其 GDP 占全国的比重呈现日益上升之势。据统计,2011 年,苏南地区进出口贸易总额和外商直接投资分别占全国的 13% 和 18%,境外投资规模超过 20 亿美元,研发投入占地区生产总值的比重达到 2.5%,接近发达国家水平。2013 年,苏南地区人均地区生产总值达到 113578 元,按当年汇率折算约为 1.8 万美元,处于工业化后期。

苏南地区在现代化建设过程中不但调整产业结构,国民经济三大产业结构从 2007 年的 2.6∶57.8∶39.5 调整为 2013 年的 2.3∶50.3∶47.4,第三产业比重日益提高。2013 年,苏南地区服务业增加值突破 1 万亿元,达到 17243.29 亿元,占地区生产总值比重上升至 47.39%。2013 年苏南地区实现外贸进出口总额 4746.41 亿美元,其中出口总额 2757.17 亿美元,外商直接投资 222.77 亿美元,三资经济对苏南贡献逐年提升,2013 年,苏南地区规模以上工业中三资企业实现总产值 35633.84 亿元,占规模以上工业总产值比重的 47.39%,接近半壁江山。

实现经济现代化关键要靠科技现代化。苏南地区十分重视科技创新,2013 年苏南地区高新技术产业产值接近 3 万亿元,达到 28663.2 亿元。高科技产业 5 年年均增长 19.4%,占规模以上工业总产值比重上升至 41.1%。

3. 城乡建设方面

苏南地区始终坚持城乡统筹协调,形成城乡发展一体化的格局。改革开放以来,苏南率先在农村乡镇兴办乡镇企业,大力发展城乡经济。进入 21 世纪以来,苏南地区始终坚持城镇化和新农村建设双轮驱动,推进新型工业化、信息化、城镇化和农业现代化融合发展,有效破除城乡二元结构,优化城乡资源配置,促进城乡合理分工,让广大城乡居民平等参与现代化进程,共同分享现代化成果,实现城乡发展一体化和城乡共同繁荣。

城市现代化建设方面,苏南地区积极打造国际化现代城市群,强化中心城市辐射带动功能,加强县城镇和重点镇建设,形成以中心城市为支撑、中小城市为依托、小城镇为纽带的城镇发展格局。

农村现代化建设方面,苏南地区各市实施农业现代化工程十项行动计划,大力发展高效生态农业,形成生产加工销售一体、生产生活生态功能并重的现代农业产业体系。

4. 社会方面

苏南地区社会安定,生活幸福,各项保障制度健全。据统计,2013 年,苏南地区城镇居民人均可支配收入 35827 元,农民人均纯收入 17160 元,5 年间年均分别增长 12.3% 和 13.1%。2013 年,苏南地区城乡居民人均储蓄存款达到 5.4 万元,城镇居民恩格尔系数为 34.3%,农村居民恩格尔系数为 35.7%,双双步入了相对富裕阶段。2013 年,苏南地区城镇登记失业率均控制在 2.53% 以内,城乡社会养老保险覆盖率、城乡基本医疗保险覆盖率、失业保险覆盖率均在 97% 以上。城乡接轨的社会保障制度和覆盖城乡居民的社会保险体系基本建立。

社会文化方面,苏南地区在历史的漫长积淀中形成了以苏州、无锡、常州 3 市为中心的吴文化圈。千百年来,苏南民众以海纳百川的包容性、脚踏实地的务实性和吃苦耐劳的坚韧性,形成了丰厚的文化积淀和具有本地特色的人文精神。苏南地区的文化资源得到了充分的开发和利用。2013 年,苏南地区文化产业增加值占 GDP 比重达到 4.76%,高于江苏省平均 0.46 个百分点;公共图书馆藏书量从 2007 年的 23051 万册提高到 2013 年的 44543 万册。江苏省内有 13 个国家级、27 个省级文化产业示范基地和 7 个省级文化产业园区。这些文化产业园大多数分布在苏南地区;另有 6 个国家动画产业基地、4 个国家级影视基地均在苏南地区。

科教方面,截至 2013 年,苏南地区高中阶段教育已全面普及,高等教育毛入学率超过 50%,拥有 107 所高等院校,在校大学生约 130 万人,各类专任教师达到 27.95 万人,比 2007 年增长 8%。据统计,2013 年,苏南地区拥有 530 多家科研机构,两院院士 89 人,国家“千人计划”人才 145 人,占全国的 10%,国家级大学科技园 10 个、重点实验室和工程中心 45 个,成立了国内首个“千人计划”创投中心。

2013 年,苏南地区全社会研发投入 593 亿元,占全国的 8.5%,研发经费支出占 GDP 比重达到 2.61%,比 2007 年提高了 0.64 个百分点,专利申请量达到 32.12 万件,专利授权量 19.30 万件,分别比 2007 年增长 4.3 倍和 7.9 倍,接近发达国家水平,专利授权量和发明专利申请量均占全国的 14% 左右,科技创新成为推动经济转型的强劲动力。

医疗卫生方面,苏南地区医疗卫生服务体系也十分健全,苏南人均预期寿命超过 76 岁。至 2013 年,苏南地区卫生机构床位数达到 14.74 万张,比 2007 年增长了 44.1%。

苏南地区各市在社会现代化建设过程中始终坚持以人为本,全面提高人民生活质量和社会发展水平。深入实施民生幸福工程,大力发展社会事业,创新社会服务管理,持续改善人民生活,实现基本公共服务均等化和常住人口全覆盖,激发社会发展活力,大力推进人的现代化建设,形成公平正义、安定和谐新局面。苏南地区现代化示范区以提升人民群众的幸福感和满意度为宗旨,在社会现代化建设方面成果显著,值得长江经济带其他省份学习和借鉴。

5. 生态建设方面

苏南地区积极采取各项措施,推进生态文明现代化建设。苏南地区各地政府积极优化调整镇村布局,引导农民集中居住,建设现代社区型、生态自然型、古村保护型等多种模式的新型乡村。实施美好乡村建设行动,开展村庄环境综合整治和农村环境连片整治,全面推进农村生活垃圾污水、畜禽粪便等污染治理设施建设,整治村庄河道,实现河网水系畅流,建设生态林网和公共绿地,形成四季有绿、季相分明、层次丰富的绿化景观,打造农田连片、清水环绕、民居错落的江南田园水乡风貌。

截至 2013 年,苏南地区已建成中国最大的"环保模范城市群"和"生态城市群",拥有国家园林城市 13 个、国家环保模范城市 14 个、国家级生态市(县、区)17 个、生态乡镇 176 个、生态村 32 个、生态工业示范园区 7 个,是全国园林城市、环保模范城市和生态城市最密集的区域。

(四)通州湾江海联动开发示范区建设现状与态势

通州湾位于长江入海口北翼、中国沿江经济带与沿海经济带的"T"形交汇处,与上海市区直线距离 90 公里。通州湾规划范围约 585 平方公里。其中,陆域部分292平方公里,海域面积293平方公里。远期规划控制总面积约820平方公里。南通市"十二五"规划明确提出,通州湾开发定位为"苏东门户、产业航母、海上新城",将发展高端装备、船舶海工、粮油加工、仓储物流、海洋资源综合等产业,远期发展能源、冶金、建材等产业。

2013年12月,江苏省委、省政府联合下发的《南通陆海统筹发展综合配套改革试验区总体方案》提出,把通州湾作为江苏省沿海开发、推进陆海统筹改革试验的核心区和先导区,加快港产城融合发展,打造国家级新区。2014年9月24日,国务院发布的《指导意见》在第25条中明确提出:"推进苏南现代化建设示范区、浙江舟山群岛新区、浙江海洋经济发展示范区、皖江承接产业转移示范区、皖南国际文化旅游示范区建设和通州湾江海联动开发",至此,江苏省通州湾的开发建设被提升到国家发展战略的议事日程,并首次在国家文件中明确赋予通州湾江海联动开发模式的主体开发功能地位。

面对千载难逢的战略机遇,为了贯彻落实国务院《指导意见》,从国家战略高度全面落实通州湾江海联动开发,南通市积极开展了通州湾江海联动示范区的申报工作。2015年3月12日,国家发改委函复江苏省政府,同意设立通州湾江海联动开发示范区。2015年5月19日,江苏省人民政府正式批复南通市人民政府,同意在南通市通州湾设立江海联动开发示范区,并原则同意《通州湾江海联动开发示范区总体方案》。

通州湾目前正在处于滩涂围垦和港口建设的初期,但是通州湾江海联动示范区的设立是长江经济带国家战略在江苏的重点布局,是国家重大战略在南通市的展开和实施。通州湾开发承担着加速长江经济带国家战略进程的历史性重任,通州湾江海联动开发示范区应该秉承联动开发、开放开发、统筹开发的原则,依托通州湾新区地处长江经济带战略要枢的区位优势,将江海联动放大到长江流域,推动经济增长空间从沿海向沿江内陆拓展,形成上中下游优势互补、协作互动格局,推动建设陆海双向对外开放新走廊,培育国际经济合作竞争新优势。

三、构筑江苏省重大载体平台新支撑

(一)发挥南京江北新区的示范带动作用

1. 推动自主创新,强化创新引领

(1)强化自主创新示范引领。加快发展软件与信息服务、卫星导航产业、生物医药及现代服务业等主导产业,打造带动区域发展的自主创新重要引擎。依托浦口区的大学集聚区、科研院所、工程中心和紫金科技创业特别社区,加大关键核心技术的研发和引进力度,构建产学研协同创新体系,建设集成电路、基因测序、北斗导航、轨道交通等创新平台,培育具有较强影响力的科技创新中心。

(2)强化创新要素支撑。加强企业自主创新能力建设,支持企业建立研发中心,提升中小企业技术创新服务平台的支撑能力,建设一批具有自主创新特色的科研中心、创新平台、公共创新中心。大力集聚创新要素,探索创新要素有效利用新模式,加快构建政产学研金介融合的区域创新体系。推动科技金融创新,引导多元资本投入,大力发展创业投资,促进科技创新与经济社会发展紧密结合。

(3)完善创新体制机制。以高新区、海峡两岸科工园、化工园等园区和浦口区大学集聚区为重点,开展人才管理改革试验,打造创新型人才集聚高地。以高新区软件园、浦口区留学生创业园、大学生创业园等为载体,创新国有资本与社会资本合作模式,鼓励社会资本和专业团队参与园区和各类公共平台建设、运营管理,更好地发挥各类资本、人才协同促进科技创新的作用。借鉴中关村国家自主创新示范区先行先试政策,健全创新成果产业化机制、企业协同创新机制,加强知识产权保护,推进高校院所科技成果处置和收益权改革试点,建立高新技术产品"首购首用"风险补偿机制,加快形成集研发、集成应用、成果产业化、产品商业化于一体的创新产业链。

(4)推动大众创业、万众创新。充分发挥南京市科教资源禀赋优势,大力推进众创空间、创客联盟、创业学院、科技金融相结合的区域创业、创新体系建设。探索组建跨区域创客联盟,全面对接长江中下游范围内众创资源,为创客群体、组织及个人提供完善的资源整合平台。实现创新与创业、线上与线下、孵化与投资之间的相互结合,构建开放、共享、高效的一站式众创集聚地,为小微创新企业成长和个人创业提供低成本、便利化、全要素的开放式综合服务平台。

2. 创新新型城镇化建设,实现新型城镇化示范

(1)建设现代化新城区。科学划定城市开发边界,重视新区城市设计,加强浦口、高新大厂、雄州组团规划建设,推进老城区功能重组,加强城市基础设施和公共服务设施建设,统筹地上地下基础设施布局,推进地下综合管廊建设。不断改善区域环境质量,保持生态功能稳定,逐步形成功能明确、错位发展、特色彰显、宜居宜业宜商的新城区。

(2)推进产城融合。统筹生产区、办公区、生活区、商业区等功能区规划建设,促进产业与城市融合发展、人口与产业协同集聚。加快建设桥林、龙袍新城,加强市政、环保基础设施和公共服务设施建设,优化教育医疗等公共服务资源配置,打造综合性产业新城。大力发展一批以特色镇为代表的新市镇,合理配置产业形态,形成一批生态宜居新市镇、农业特色产业重点镇、风景文化旅游名镇、都市休闲度假中心镇。

(3)提升城乡公共服务水平。以"学有优教、病有良医、劳有多得、老有颐养、住有宜居、出有畅行"为目标,切实加大对教育、文化、医疗、就业、养老、住房、交通等民生服务的投入力度。加强非物质文化遗产和历史文化遗存保护。帮助农民增加经营性、财产性和转移性收入,确保城乡居民收入与经济发展同步,基本公共服务均等化水平显著提升。公平正义得到保障,社会大局和谐稳定,人民生活更有尊严、更加幸福。

3. 构建现代产业体系,强化产业引领

(1)培育壮大战略性新兴产业。顺应国内外市场需求变化趋势,加强对产业布局的统筹规划和科学引导,以南京生物医药谷、南京软件园、南京轨道交通装备产业园等为主要载体,聚焦生物医药、新一代信息技术、高端装备制造、新材料等战略性新兴产业的特色优势领域,促进新兴产业集聚、集群、集约发展。推动产业联盟建设,努力占领产业制高点,不断提高战略性新兴产业对经济发展的贡献率。

(2)加快推动产业转型升级。坚持走中国特色新型工业化道路,深入实施"中国制造 2025",顺应"互联网+"的发展趋势,以加快新一代信息技术与制造业深度融合为主线,推进智能制造、绿色制造,推动制造业向中高端发展。坚持绿色、低碳、循环发展,稳步实施大厂老工业片区布局调整,开展化工行业绿色改造升级行动,推进南京化工园建设世界级绿色循环化工产业基地。按照国家规定,引导现有石化产品等商品交易市场规范运行,形成有影响力的商品现货交易中心和定价中心,不断提升江北新区产业可持续发展水平和产业竞争力、影响力。

(3)加快发展现代服务业。加快推进南京市服务业综合改革试点,全力促进新区生产性服务业和生活性服务业发展,重点发展科技服务、信息服务、现代物流、文化创意、健康养老等新型服务业。在统筹考虑科研布局和科技资源的基础上,以新区现代服务业基地建设为载体,鼓励相关高校、技术研究院、研发与设计中心、实验中心、检验检测中心、技术转移中心等在新区设立各类高技术服务业平台。大力推动科技金融、文化金融、小微金融等特色金融发展。

(4)提升农业现代化水平。优化农业区域布局和产业结构,加强农业科技创新、经营机制创新、经营业态创新,加快提高农业物质装备和技术水平,推动农业与科技、旅游、生态、养生相融合,大力推进集科普展示、生态种植、休闲观光、秸秆利用、农副产品深加工于一体的江北现代农业示范基地建设。统一规划农产品交易市场和物流配送中心布局,提升农产品交易和储运水平。

4.完善现代化基础设施,建设综合交通枢纽

(1)推进南京区域性航运物流中心建设。发挥长江南京以下 12.5 米深水航道通江达海的通航能力,优化港口功能布局,促进龙潭、西坝、七坝等港区合理分工与转型升级。加强南京港与长江沿线港口合作,建设国际性、多功能、综合型江海转运枢纽,打造长江航运物流重要节点,着力推进跨区域重大基础设施建设,加强港口与沿江物流园区通道建设,为区域发展提供经济、快速的货运与物流服务。

（2）健全综合交通运输体系。规划建设南京铁路北站，加强西坝综合港区建设，提升临港铁路场站和港站后方通道能力，形成公、铁、水联运的港口物流枢纽。以轨道交通为主导，注重多种交通方式的统筹协调，加快构建立体综合交通网络。大力推进多式联运，提高集装箱和大宗货物联运比重，推动过江通道、城际铁路、区域快速干线路网建设，抓紧开工建设长江五桥，积极做好上元门等过江通道前期工作，推进宁合（南京—合肥）高速等高速公路建设，强化江北新区与南京主城区、新区与周边省市之间的快速高效连接。实施公交优先战略，构建"轨道交通为骨架、地面公交为网络、出租汽车为补充、慢行公交为延伸"的城市客运网络。

（3）加强水利基础设施建设。提高城市防洪除涝标准，城区防洪标准100年一遇，新城防洪标准50年一遇。完善流域、区域防洪体系，提升长江干堤、滁河干流及重要支流防洪能力，推进蒿子圩蓄滞洪区建设。实施七里河环境综合整治等中小河流治理及水系连通、农田水利重点片区建设，积极开展水土保持、小流域治理和农村河道、河塘疏浚整治以及农村库容10万立方米以上小型水库除险加固建设，改善农民生产生活条件和农村水环境。加强供水设施建设，提高供水保障能力。

（4）提升信息基础设施水平。以建设智慧新区为目标，统筹推进新区重大信息基础设施建设。加强光纤宽带网建设，搭建万兆骨干传输网，加快重要公共区域无线局域网覆盖。加快空间地理信息、物联网、电子政务、电子商务、远程服务等领域的信息基础设施建设，加速形成便捷惠民的信息服务体系、精细高效的城市管理体系、智慧融合的产业发展体系。

5. 加强生态文明建设，推进生态引领

（1）严守生态保护红线。严格生态空间用途管制，加大对自然资源环境、城乡人居环境保护的力度，以长江沿岸湿地、老山国家森林公园、金牛湖等为重点，划定并严守生态保护红线，加强生态保护红线区监管和考核。加大南京江豚自然保护区保护力度，确保具有重要生态功能的区域、重要生态系统以及主要物种得到有效保护，为市民提供更加绿色宜居的生态空间。

（2）加强环境污染防治。加强环境风险防范，积极开展大气环境治理，提高产业准入标准，坚决淘汰落后产能，提高工业废气污染防治水平，全面整治城市扬尘与机动车尾气污染,控制秸秆焚烧污染。加强土壤污染治理与修复,强化工业污染场地治理。加大水污染防治力度,深入推进水环境综合整治,落实最严格水资源管理制度;加强沿江化工等排污行业环境隐患排查和集中治理,严格入河污染物总量控制;加强入河排污口整治和管理,加快建设生活污水处理厂,实现城镇污水处理率达100%。建立健全饮用水水源地环境保护和管理制度,保持城市饮用水水源地水质100%达标。

(3)集约节约利用资源。严格依据土地利用总体规划和国家节约集约用地标准,科学进行项目选址和开发建设,严格控制新增用地,尽量少占或不占耕地,避让基本农田。涉及占用耕地的应补充数量、质量相当的耕地,确保新区内耕地保有量和基本农田面积不减少、质量有提高。加大存量建设用地挖潜力度,推进土地利用方式创新和土地利用效率提高。加强商业和民用节能产品推广应用,大力推广太阳能、生物质能等优质清洁能源,提高城市绿色低碳消费水平。加快建设环保产业园,大力发展可再生资源产业,推进石化、医药、建材等行业的"三废"循环利用,确保生活垃圾实现分类和无害化处理,促进再生资源规模化利用。大力推进节水减排工作,促进水循环利用。

(4)完善生态文明体制机制。加快建立排污权交易制度和排污权交易管理系统,试点排污权有偿使用和交易。全面推行环境污染强制责任保险制度,编制新区环境污染强制责任保险企业名录,建立环境污染损害赔偿法治化、市场化、社会化机制。大力加强环境监管能力建设,制定大环保执法事项目录,形成全覆盖的环保执法体系。探索建立绿色绩效考核体系,加大生态环境保护考核指标权重。建立完善生态环境损害责任终身追究制和环境污染事故追究制。

6. 扩大对外开放合作

(1)打造对外开放合作新高地。充分借鉴中国(上海)自由贸易试验区(以下简称"上海自贸区")的成功经验,逐步实现江北新区与上海自贸区产业联动。加大新区投融资、贸易服务、外商投资等体制改革创新。以推进投资与服务贸易便利化为重点,优化新区投资环境,增强服务功能,增创竞争新优势,提升国际资源配置能力。支持新区企业跨国布局和发展,提升区域开放合作水平。

（2）促进区域协同发展。围绕快速交通网络构建、资源环境保障、产业分工合作、区域合作机制创新等关键领域，实现与上海浦东新区、上海自贸区、浙江舟山群岛新区等联动发展，加快与长三角其他地区在基础设施、环境保护、民生保障等领域的一体化建设；加强与皖江城市带等区域合作，建立与周边区域招商引资合作及利益分享机制，不断提高跨区域合作的层次和水平，促进与滁州市等安徽省中北部地区协同发展；加强与长江中游城市群的交流与合作，不断增强辐射带动作用。

（二）提升南京区域性航运物流中心功能

1. 理顺管理体制，完善服务体系

从管理体制来看，南京长江航运物流中心是由南京长江航运物流中心领导小组负责总体协调工作，下设的指挥部具体负责推进工作，而区港联动以及港口物流的发展等具体工作则由下关区、江宁区、浦口区、南京经济技术开发区、化学载体平台和南京港集团6个分指挥部来完成。因此，在推进南京区域性物流中心建设过程中，各级政府必须理顺管理体制，以大局为重，明确各自的责任和义务，在南京长江航运物流中心建设领导小组的领导下，统筹协调，通力合作，确保各项事务的顺利开展。

此外，各级政府服务质量和服务体系的建设，也是影响南京区域性航运物流中心的建设能否顺利进行的重要因素之一。为此，政府各级部门要从不断完善政策落实，提高服务质量等方面推进长江航运物流中心的建设。首先，要不断简化行政审批手续，缩短相关企业的审批时间；其次，继续推进"一站式"通关服务体系建设，加快江海转运方式的发展；再次，借助"智慧港口"的建设，以港口信息化为基础，加强港口与工商、税务、海事、海关、国检、边防等部门的系统对接和信息共享，建立集电子口岸、电子政务、电子商务为一体的港口航运物流公共信息服务平台，切实提升长江航运物流中心的公共服务水平。

2. 明确自身优势，坚持错位发展

近年来，在国家相关政策引导下，长江沿线各城市的航运物流业得到大

幅度的发展,有力地促进了沿江地区经济的发展。但是,不容忽视的是,在长江航运发展的同时,各城市在港口基础设施建设、港口产业定位等方面存在严重的同质化现象,进而导致货源不足、恶性竞争等局面时有出现。南京长江航运物流中心也不例外,下游有来自于镇江、常州、江阴、无锡、苏州、南通等港口的竞争;上游有来自芜湖、郑蒲、铜陵、安庆等港口的竞争。因此,南京航运物流中心要想真正发挥区域性航运中心的作用,必须明确自身优势,坚持错位发展。

首先,南京长江航运物流中心要充分利用南京市作为国家重要交通枢纽的优势,加快推进综合立体交通走廊的建设,发展集水运、铁路、公路、航空、管道等运输方式为一体的多式联运,实现长江经济带与丝绸之路经济带的无缝对接。其次,要利用南京港作为河港和海港的双重优势,依托南京都市圈的经济基础,加强江海直航的密度,积极开辟近洋航线和台湾航线,打造具有区域特色的国际物流体系。再次,要依托区域产业发展特色,继续发展以集装箱、石油化工、金属矿石、商品汽车和钢铁为特色的专业物流,建立以第三方、第四方物流企业为主体的多元化并存的现代物流企业体系。

3. 加强区域合作,实现优势互补

随着 2015 年年底长江 12.5 米深水航道上延到南京,南京江海转运主枢纽的功能将得到进一步加强。南京长江航运物流中心应抓住这一机遇,积极加强与长江中上游城市之间的战略合作。首先,要以长江经济带港口物流区域合作联席会议为契机,不断深化与长江中上游城市在港口间业务、资本、物流等方面的交流与合作,逐步建立起以市场为主体的业务协作和资源协同机制;其次,要在合作中逐步推行物流信息平台互联互通、口岸协同通关等工作,不断拓展长江内支线中转服务,共同推进长江经济带腹地地区的发展。

与此同时,南京长江行航运物流中心应积极利用长三角地区的区位优势,加大与下游港口城市的合作,尤其是要加快与上海自贸区业务的对接力度。要利用上海自贸区"境内关外"的特点,加大与自贸区内知名船公司、货代的合作力度,进一步加密至上海洋山港的外贸内支线航班,推动江海直达航运体系的完善。

4. 推进港城联动,增强发展动力

合理处理港口和城市的发展关系是长江经济带建设必须面临的重要问题。纵观世界各国港口城市的发展,港口和城市的发展联系紧密。城市的产业发展是港口发展的基础,而港口的发展又加速了临港城市产业结构的转型升级。因此,在推进南京长江航运物流中心建设的同时,必须以南京港为依托,重视临港产业园区的建设以及航运物流产业的发展,不断推进港城联动,增强区域发展动力。

推进港城联动,首先必须继续推进龙潭、西坝等江海转运主枢纽港的基础设施建设,不断完善港口节点枢纽能力,重点加快临港物流园区、配送中心和分拨中心的建设。其次,要以港口为依托,不断优化产业结构,加快发展航运物流产业、临港商贸产业、航运文化产业、临水装备产业和传统临水型产业,进而促进港口、物流、园区、产业、城市"五位一体"的发展。

5. 整合物流资源,提高竞争实力

为了提升南京长江航运物流中心在长江领域以及国内外市场的竞争实力,必须加大区域内物流资源的整合。首先,要以下关国际航运物流服务集聚区的建设为依托,不断完善区域内部办公场所、商务中心的建设,从而为区域内物流产业的发展提供良好的硬件基础。其次,要通过制定和实施各种激励性措施,加快对国内外知名航运物流企业或分支机构的引进力度,推动航运总部经济中心的建设;要采取各种措施鼓励本地物流企业的发展与壮大,并通过联合、兼并、重组等途径,加强物流企业之间的合作,组建跨区域的大型物流集团。再次,加快航运服务资源的整合,引进船舶代理、船舶租赁等海运服务业,培育航运交易、航运经纪等高端服务业。

此外,人才也是影响航运物流中心发展的重要因素。南京长江航运物流中心要充分利用长三角的区域优势和教育资源,坚持引进与培养相结合的方针。一方面,要制定高层次人才引进计划和政策,大力引进海内外航运业及相关服务企业的高级管理人员和优秀人才;另一方面,要依托南京市优越的教育资源,按照社会需求和国家标准,加大对航运物流、贸易、金融等相关专业人才的培养。

（三）增强苏南地区现代化建设示范区的引领作用

1. 优化苏南地区交通建设

苏南地区现代化建设示范区需要提升长江黄金水道的功能，通过深水航道整治，辅以内河干线航道开发，推进苏南区域城市航道建设；发展南京长江航运物流中心，加强京杭运河苏南段集装箱运输码头建设，形成江海河联运态势，畅通水运网络。完善铁路网络，丰富上海—南京、上海—江阴—南京沿江东向铁路通道，紧密联系上海；推进苏南沿江城市群与长江中上游重点城市的城际铁路规划实施建设，推进西向铁路建设，沟通中西部发展通道；力促苏南5市轨道交通的衔接，实现城际互联，优先实现苏州轨道交通与上海城市轨道的互通。完善航空运输，以南京市禄口机场、无锡市硕放机场为中心，增加长江中上游地区的客货运航线航班，加快沿江城市的客货运输，提升交通效率。综合提升苏南交通网络的服务能力和协调能力，打造苏南沿江海陆空联动交通模式，形成便捷高效的交通运输网络。

2. 调优生产性服务业和生活性服务业

以产业转型升级为目标，发展生产性服务业。通过上海国际金融中心的辐射，发展苏南区域特色金融业，以金融服务地方产业，形成点面结合的金融服务网络，实现金融支持实体经济的良性发展。同时，以苏南金融发展为桥梁，向西沟通长江中上游地区，形成沿江贯通的资金流，以金融为纽带，连接长江上下游产业，努力建设若干有区域影响力的资本运作集团。依托沿江便利交通网络，建设长江上下游畅通的物流园区、物流中心和物流配送点三级物流体系，降低物流成本，提高物流效率。凭借苏南地区产业优势，依托无锡国家传感网创新示范区、苏州国家高技术服务产业基地、南京物联网软件产业基地和镇江云计算应用服务基地，推动苏南物联网产业发展，并向沿江城市推广辐射。利用苏南知识产权优势，完善南京知识产权交易中心，推广镇江知识产权质押融资模式，建设苏州知识产权服务集聚区，推动南京、苏州、镇江等市国家知识产权示范城市建设，将苏南知识产权优势辐射至长江沿岸地区，以知识产权带动城市经济的自主创新。

以幸福江苏为目标，发展生活性服务业。利用苏南特色的山水园林资源和历史名城资源,开发沿江观光旅游和苏锡常环太湖旅游,整合并双向打通上海和长江中上游旅游资源,形成沿江一体化旅游格局。做强做大文化创意产业,完善无锡国家数字电影产业园、江苏国家数字出版基地(南京、苏州、无锡和镇江园区)等文化园区,扶持文化企业做出品牌、做出特色。

3. 提高自主创新能力

利用苏南地区丰富的科教文化资源,大力进行科技创新创业。促进企业和高等院校之间的合作,完善科技成果转化平台,疏通科技成果转化路径,依托企业进行技术创新,引导企业加大创新投入,走自主创新发展之路。加强科技成果转化服务体系,为研发—转化—生产的创新产业链提供保障和增值服务,配套提供法律、资金、咨询、知识产权等方面的全方位服务,打造创新生态。同时,将苏南地区领先的创新经验扩散至长江中上游城市,力争与当地创新资源相结合,形成沿江创新产业带,加快创新人才、创新资金、管理经验等方面的流通,打破创新的地区壁垒。

凭借苏南地区领先的科教文化资源和创新资源引进海内外高端人才。依托苏南地区人才项目和科技园区大力引进国内外创新创业人才,通过政策扶持、企业支撑、社会配合优化人才创业环境,提供人才创业资源,打造人才创业高地。通过国际交流和合作,探索国内外院校培养新模式,拓展人才国际化视野,培养国际化创新人才;通过沿江城市人才合作培养,挖掘长江中上游院校的优势资源,有针对性地培养苏南地区紧缺人才,服务苏南地区经济发展。

形成创新区域集聚区。苏南地区要充分利用高等院校的基础研究和应用研究资源,建设重大基础研究平台,通过研究平台撬动和吸引武汉、重庆等地优秀科研资源,强化苏南地区领先的微结构、通信技术、纳米器件、物联网等领域的应用研究,形成规模化的产业开发,发展战略性新兴产业。同时,利用苏南地区科技优势和金融优势,大力发展科技金融和创业金融,支持地方银行设立科技支行,引导地方风险投资机构的投资方向,探索发展知识产权融资模式,推动科技小额贷款公司发展,以科技金融全力支持自主创新的转化和产业化。凭借苏南地区创新动力,吸引上海市金融资本的投入,吸纳长江中上游城市创新资源的孵化,形成苏南地区创新的孵化区和集聚区。

4. 优化苏南地区城市发展

苏南地区的发展需要城市的引领和带动,通过完善苏南5市的功能,带动周边城镇的发展,尤其要促进沿江城市之间的合作和互动,完善形成宁镇(扬)大都市区和苏锡常城市群,双向沟通上海、武汉、重庆、成都等沿江重点城市,达到城市群之间的联动发展。

以文化带动城市发展。弘扬苏南地区优秀传统文化,保护和发展历史文化遗存,对有代表性的南京明孝陵、苏州古典园林、京杭大运河进行保护和开发,既维护好历史遗产,又创新和弘扬历史遗产。开发利用非物资文化遗产,发展昆曲、苏州评弹、锡剧等地方剧种,弘扬南京云锦、苏绣、宜兴紫砂陶艺等技艺,将文化融于城市发展,以城市发展带动文化创新。同时,以文化为纽带,开发利用长江文化资源,与上海、武汉、重庆等城市进行文化互动和交流,力图开发出有特色的长江文化,并提升长江文化的国际影响力。

完善城市公共服务体系,公共服务全面覆盖城市常住人口。实现义务教育公平发展,完善职业教育衔接制度,推动高等教育创新发展,重点扶持南京大学、东南大学向世界一流大学迈进。同时,鼓励医院专科发展和高端发展,引进先进的医疗资源和医师资源,加强沿江医疗的整合配置,形成沿江医疗互助联合体,提高医疗效率。探索社区养老模式,完善养老服务体系,重点在无锡市尝试建立社会养老服务基地,探索养老发展新模式。

5. 加强生态文明建设和环境治理

加强节能减排,严格控制高耗能、高排放行业,坚决淘汰严重污染环境的落后产能。推广低碳技术应用,建设低碳城市、低碳企业、低碳社区,实施清洁发展工程,降低能源消耗和环境污染。开展沿江城市低碳合作,进行低碳技术合作共享,重视低碳管理制度推广普及,调整长江沿岸开发强度,防止高污染企业向中东部地区迁移,由上游污染下游。

加强水污染治理。通过整治苏南地区沿江化工园区,严格监管入江排污口,建立苏南地区沿江水污染预警和应急处理制度。定期进行长江水源有毒有害物资检测,保证苏南地区城市饮用水水质安全。与长江中上游城市合作治污,建立常规联系制度,协调治污政策,优化工业布局,防止污染由上游扩散至下游。

强化生态保护。建立沿江、沿河生态防护林,提高太湖、长荡湖、石臼湖、固城湖生态环境保护力度,保证江湖生态安全。加强沿江河流生态修复,开展河流生态清淤工程,优化沿江沿河生态环境,营造长江沿岸优美环境。完善长江生态环境评价制度,及时发现和防范长江生态危机,建立长江生态环境责任追究制度和损害赔偿制度。

6. 引导区域合作和发展

完善区域合作制度,参考泛珠三角区域合作成果,建立首长联席会议制度、行政首长联席会议秘书处工作制度、政府秘书长协调制度、日常工作办公室工作制度,对苏南地区和长江中上游地区的协调发展给予制度支持。建立合理的利益分配和补偿机制,各方出资建立长江发展基金和生态基金,推动区域经济均衡发展,补偿因保护环境而导致地区经济发展缓慢的城市,引导沿江城市错位发展、绿色发展,防止沿江城市间的恶性竞争。

(四)强化通州湾江海联动开发示范区的先导效应

在长江经济带国家战略下,通州湾不仅仅是南通市的通州湾,也不仅是江苏省的通州湾,而且是整个长江经济带的通州湾。通州湾联动开发,一方面要协同长江经济带的各方力量,共用通州湾门户优势,共享通州湾开发收益,共促通州湾快速成长;另一方面要创新和拓展江海联动开发模式的内涵和外延,形成典型示范效应,包括产业合作开发示范、跨区域合作示范等。

1. 以规划联动推进开发

江海联动示范区的建设首先要在规划上实现江海一体,打通资源、要素、产业等流动转移的行政通道。具体包括:(1)在空间布局上江海一体。突破南通市行政区域内的分割,把通州湾和沿江轴线(主城区)看作统一的大系统,以整体互动、优势互补、结构优化、协调共进为原则,编制覆盖江海前沿区域的全域概念规划、港口群协调发展规划、产业布局规划、交通发展规划、港城发展空间布局规划及相关专项规划,将所有空间规划要素纳入"一本规划、一张蓝图"。统筹沿海和内陆的协调发展,形成江海一体的空间规划体系,实现南通沿江和沿海的交通、港口、产业、城市布局的整体展开。(2)在功能设计上江海互补。把沿江土地岸线整合、功能提升与通州湾开发结合起来,沿江应该主要侧重运输功能、配送功能和物流功能,而沿海港口主要侧重转口贸易功能、运输功能、物流功能、商品展示功能、保税功能等,实现江海轴线差异化、互补化发展。(3)在规划衔接上上下融合。要与上位规划长江经济带发展指导意见保持一致,密切跟踪国家即将出台的长江经济带发展规划纲要、"一带一路"实施意见和国家"十三五"规划动态以及省级层面的实施意见,特别要掌握好"十三五"各条线专项规划的编制动态,争取将通州湾大型港口建设、内河航运建设、交通枢纽建设、装备制造业布局等重要事项纳入国家和江苏省的"十三五"规划中。(4)在外延拓展上内外对接。一是要与上海的"四个中心"战略、中国(上海)自贸区规划对接,通州湾是上海市周边资源、港口、空间条件最为优越的地区,应紧抓上海市以及上海自贸区建设中的产业配套机遇,承接上海自贸区的龙头效应、溢出效应,成为上海自贸区的首要辐射地。承接上海自贸区的海运功能、仓储功能、物流功能,打造自贸区配套产业基地,配合上海四个中心建设,成为上海龙头的重要组成部分;二是要与苏南地区现代化示范区和自主创新示范区国家战略规划对接,构建与苏南自主创新区规划相适应、相匹配的合作平台和合作机制,强化产业创新对接;三是与南京城市群、长江中游和成渝三大跨区域城市群发展规划对接,加快构建港口合作网络,在海洋能源、港口航运、出口贸易、装备制造、重型装备、化工能源等具有共同发展优势的产业集群展开合作,构建一体化的产业体系。

2. 以港航联动推进开发

以港口联盟建设为重点加快港航联动。(1)推动南通港和通州湾港的公共码头实现一体化联盟。以体制和机制创新为依托,推进南通港和通州湾海港的公用泊位资源统一管理运营,一体化安排货物流、资金流、信息流、人才和管理等。(2)以资本为纽带探索通州湾港与上海港战略合作,包括控股、参股、租赁、共同经营等形式,共同合作开发沿海通州湾港区,实现资源共享、联盟发展,合作建设、运营通州湾港区集装箱码头。(3)打造跨区域江海港航联盟。发挥南通市江海港口的枢纽优势,以经营业务为纽带,推动通州湾港与武汉港、重庆港等长江沿线主要港口进行协作联营,与南京港和苏州港共建江海联运同盟,吸引长江中上游部分货源在通州湾港中转。

3. 以交通联动推进开发

(1)加快建设通州湾与主城区的快速交通连接。加快推进南通市各类主干道和快速通道向通州湾的延伸,加快通州湾与上海市区之间的1小时快速交通体系建设,不断提高各种交通运输方式的江海集成水平,降低交通时间成本和经济成本。(2)建设通州湾到长三角核心城市的多式联运体系。按照长江经济带建设南通重要区域性综合交通枢纽(节点城市)的定位,大力推进公铁水空管多式联运,打通通州湾与长三角核心城市的快速交通体系,尤其是要加快沪通铁路、宁启铁路二期、北沿江高铁、三洋铁路经通州湾至吕四港、海启高速、锡通高速、通州湾到市区快速通道、崇海大桥,上海第三机场(南通)、部省共建南通飞行救助基地,吕四港、洋口港深水航道,如东—海门—崇明—浦西天然气管道等重大交通项目规划建设。(3)建设以通州湾和南通港区为节点的长江内河入海口航道,纵向建成连申线高等级内河航道,横向整治改造通吕运河、通扬运河,将其提升到三级内河航道标准甚至更高,争取打通长江第二入海口。沿江口门段抓紧推进九圩港复线船闸及通江连接线航道、通扬线航道市区绕城段改造工程建设,沿海口门段抓紧建设东灶港疏港运河,尽早打通两端节点,实现江海河联运贯通。

4. 以载体联动推进开发

(1)创新合作机制推进园区联动。结合产业链实际需要,选择采用股份合作、托管建设、扶持共建、协议共建、产业招商等模式,推动通州湾与上海、苏南以及长江中上游城市群的政府、开发区、大型企业、成熟园区进行共建,并积极探索合作园区的考核机制以及利益分享机制。(2)加快与上海自贸区的合作开放平台建设。抓住上海自贸区扩容的契机,深度与其对接联动,主动寻求与洋山保税港区、上海浦东机场综合保税区的合作。争取上海自贸区的改革创新经验率先在通州湾得到复制和推广,使通州湾示范区开发在政策上进一步接近上海自贸区核心的试验政策,形成有效的制度红利、改革红利,并以此打造国际合作园区、跨江合作园、跨区域合作园区。(3)积极推动通州湾综合保税区和一类开放口岸申报,以通州湾为龙头整合南通市对外开放口岸体系,吸引长江中上游区域像三一重工、四川二重等大型企业到南通设立出口加工基地。(4)建设长江流域航运公共信息平台,实现长江流域信息系统的互联互通和共享,同时推动海关、港口、航运服务企业组成业务联盟和信息联盟。(5)建设通州湾港口综合物流信息平台及大宗商品电子现货交易平台,创建沟通内外的"贸易信息网络"。(6)加快发展南通跨境电子商务平台建设。(7)加快电子口岸建设,推进长江经济带跨区域口岸合作,推进南通港与长江沿线港口联运联检和通关一体化,争取启运港退税政策试点,进一步提升贸易便利化水平。

5. 以产业联动推进开发

(1)以产业转移推动产业联动。针对南通市以及江苏省部分城市沿江岸线利用接近饱和、港产发展空间受限、环境负荷较重等问题,充分发挥沿海岸线资源相对充足、环境容量相对较大、土地等成本相对较低等优势,出台整合沿江岸线和产业布局提升规划,以转型升级和集群化为要求提高建设标准,以税收和土地优惠推动沿江的船舶海工、重装备制造、重化工等大进大出、大用地、大用水、大用工、大排放等产业逐步有序向南通沿海前沿转移,产业按照沿江和沿海整体布局实现转移和优化。(2)以产业配套建设推动产业联动。针对上海四个中心建设和上海自贸区推进,要着重做好产业配套和产业延伸,围绕上海自贸区若干重点产业链,使通州湾成为上海自贸区的产业配套协作基地,真正与上海自贸区形成紧密合作关系。(3)以跨区域产业合作推动产业开发。以产业转型升级、生产资料供给互补、产业链分工协作展开与长江中游与上游城市群合作。对于以武汉、长沙为核心中游城市群,目标产业包括:综合能源、重型装备、出口贸易、装备制造、港口物流等产业;对于上游的成渝城市群,目标产业包括:航运物流、智能装备、航空、游艇、国际航空运动、跨境电子商务、现代金融等产业。(4)以物流服务业推动联动。发挥通州湾承南启北、沟通东西的区位优势、交通优势、政策优势,与南京、武汉、重庆3大区域性航运中心联动开发现代物流、航运服务等生产性服务业。

6. 以要素联动推进开发

(1)借力上海市和苏南地区实现创新资源联动。加快形成与国际惯例接轨的管理服务体系,充分利用国际国内两个市场,吸引集聚优质资源和要素,推进人才服务的产业化、标准化、国际化。建立与区域经济发展要求相符合的人才资源动态优化机制,借力上海市在长三角地区人才资源配置方面的枢纽和辐射作用,为通州湾提供强有力的人才支撑。大力发展人事代理、猎头服务、人才租赁等新型人才中介服务,使人才流动渠道保持畅通。(2)以产学研联合推动创新资源联动。与上海、南京、武汉、重庆等城市的各类知名高校和科研院所开展产学研合作,建立产业技术创新战略联盟,推动长三角和长江中上游各种创新资源在通州湾集聚,优先培育海洋生物医药、海洋新材料和海洋新能源等海洋新兴产业。创新产业发展模式。(3)创新金融资源联动方式。实现南通市与上海市和苏州市在银行业、证券业、保险业等资本市场方面的全面接轨。积极引进国内外金融机构,培育新型金融机构,深化与新加坡的金融合作,探索苏州市与南通市共建中新金融合作试验平台,全力打造长三角北翼金融总部基地、产业金融创新基地和金融业后台服务基地。借力上海市加大与境外金融机构的合作,引入境外战略合作者。(4)通过海陆统筹改革提升土地利用效率。加大陆海土地资源统筹利用、海域综合管理等方面先行先试、改革创新,深入实施海域使用权直通车制度,使项目海域使用权可换发土地使用证,推进成陆海域与相邻区域区地"同权同价",建立健全经营性用海使用权招拍挂制度,破解、探索通过融资方式调整释放一部分存量土地、拉大级差地租盘活存量空间,从而加快从海域使用向建设用地的转换效率。(5)强化通州湾城市建设推动人力资源流动和集聚。强化城市建设推动人力资源流动和集聚。一方面,通过政策鼓励南通中心城区的干部、人才资源向通州湾流动;另一方面,不断提升通州湾城市硬件基础设施建设及公共服务水平建设,大力吸引上海市、苏南地区的资金、人才等要素跨江流动。

7. 以城市联动推进开发

(1)推动与南通地区中心城区的联动。以建设长三角北翼经济中心副中心城市为目标,推进南通市中心城区的要素和功能向通州湾转移,使通州湾与崇川区形成南通市的"双核中心"。(2)积极对接和利用上海自贸区和上海四个中心建设,创新合作机制,共同设立上海自贸区——通州湾战略合作区,在招商、产业、贸易、金融、财政、改革、管理七大领域进行深度合作。

（3）对接宁、苏、锡、常等长三角下游核心城市。在产业创新方面对接好苏南地区现代化示范区和自主创新示范区建设，推动创新资源的共享共用、创新效用的提升放大，以机制创新打造跨江产业联动、区域融合发展先行区。

（4）对接长江中游的武汉城市群。针对长江中游的武汉城市群，要以产业转型升级、生产资料供给互补、产业链分工协作为重点展开合作，共同建设区域性资源配置中心、大宗商品集散交易中心、江海联动国际物流中心和棉油大宗商品储运基地、煤炭和液化天然气综合能源基地、石化原油战略储备基地。（5）对接长江上游的成渝城市群。推进航运物流、智能装备、航空、游艇、国际航空运动、跨境电子商务、现代金融等方面合作，共同打造通用航空配套基地、智能装备基地。（6）与"一带一路"沿线国家的对接。积极开展与"一带一路"沿线国家和地区进行新兴产业和海洋产业的合作，加快战略性新兴产业的集聚步伐，打造江苏省国际产业合作示范区、海洋高新产业基地以及国家海洋经济创新发展区。

参 考 文 献

[1] Aspinall R. "Modeling Land Use Change with Generalized Linear Models: A Multi-model Analysis of Change Between 1860 and 2000 in Gallatin Valley", Montana. J. Environ. *Manage.* ,2004,72:91-103.

[2] Benson C S, Jessica M C, Darius J S. "A GIS Application for Assessing, Mapping, and Quantifying the Social Values of Ecosystem Services". *Applied Geography* ,2010,8:1-13.

[3] Boulding K.E. *The Economics of the Coming Spaceship Earth in Jarret H. ed: Environmental Quality in a Growing Economy.* Baltimore, MD: Johns Hopkins University Press. 1966.

[4] Breschis, Malerba. F. "Sectoral Innovation Systems: Technological Regimes, Schumpeterian Dynamics, and Spatial Boundaries". "Edquist Systems of Innovation: Technologies, Institutions and Organizations". London: Printer, 1997.

[5] Douglass C.North. *Structure and Change in Economic History.* W. W. Norton Press, 1983.

[6] Doloreux D. "What We Should Know about Regional Systems of Innovation". *Technology in Socity* ,2002,24(3):243-263.

[7] J. Schmookler. *Invention and Economic Growth.* Cambridge, MA: Harvard University Press, 1966.

[8] Konarska K M, Sutton P C, Castellon M. "Evaluating Scale Dependence of Ecosystem Service Evaluation: A Comparison of NOAA-AVHRR and Landsat TM Datasets". *Ecological Economics* ,2002.41(3):491-507.

[9] Malerba, F. "Sectoral Systems of Innovation and Production". *Research Policy* ,2002(31): 247-264.

[10] Malerba, F. *Sectoral Systems of Innovation and Production in Development Countries.* UK: Edward Elgar Publishing Limited, 2009.

[11] North Davis. "Economic Performance Through Time". *American Economic Review* , Vol. 84, No. 3, Jun., 1994.

[12] Paul S, Bhattacharya R N. "Causality between Energy Consumption and Economic Growth in India: A note on Conflicting Results". *Energy Economies* ,2004,26(6):977-983.

［13］Rosenberg N. *Perspective on Technology*. London：Cambridge University Press，1976.

［14］Sherrouse B C，Clement J M，Semmens D J. "A GIS Application for Assessing，Mapping， and Quantifying the Socialvalues of Ecosystem Services". *Applied Geography*，2011，31 （2）：748-760.

［15］Takahiro Akita. "Decomposing Regional Income Inequality in China and Indonesia Using Two-stage Nested Theil Decomposition Method". *The Annals of Regional Science*，2003， 37（1）：55-77.

［16］《OECD 中国创新政策研究报告》，薛澜、柳卸林、穆荣平译，科学出版社 2011 年版。

［17］［美］约瑟夫·熊彼特：《经济发展理论》，商务印书馆 1990 年版。

［18］［英］弗里曼等：《工业创新经济学》，华宏勋等译，北京大学出版社 2004 年版。

［19］［美］克里斯托弗·梅耶：《创新增长——硅谷的启示》，吉林人民出版社 1999 年版。

［20］［美］厄特拜克：《把握技术创新》，高建、李明译，清华大学出版社 1999 年版。

［21］［美］西奥多·W.舒尔茨：《报酬递增的源泉》，北京大学出版社 2001 年版。

［22］［美］迈克尔·波特：《国家竞争优势》，华夏出版社 2002 年版。

［23］陆大道等：《中国区域发展的理论与实践》，科学出版社 2003 年版。

［24］陈栋生：《区域经济学》，河南人民出版社 1993 年版。

［25］国务院发展研究中心课题组：《主体功能区形成机制和分类管理政策研究》，中国 发展出版社 2008 年版。

［26］刘树成、李强、薛天栋：《中国地区经济发展研究》，中国统计出版社 1994 年版。

［27］魏后凯：《区域经济发展的新格局》，云南人民出版社 1995 年版。

［28］陈秀山、杨艳：《我国区域发展战略的演变与区域协调发展的目标选择》，《教学与 研究》2008 年第 5 期。

［29］《邓小平文选》第三卷，人民出版社 1993 年版。

［30］魏后凯：《我国外商投资的区位特征及变迁》，《经济纵横》2001 年第 6 期。

［31］陈栋生、魏后凯：《对区际贸易摩擦的几点思考》，《改革》1989 年第 2 期。

［32］周国林：《转型时期我国区域间市场壁垒的性质及其效应》，《江西财经大学学报》 2000 年第 2 期。

［33］陈栋生：《区域协调发展和区域发展总体战略》，《浙江经济》2007 年第 10 期。

［34］张军扩、侯永志：《协调区域发展——30 年区域政策与发展回顾》，中国发展出版社 2008 年版。

［35］杨伟民、袁喜禄、张耕田等：《实施主体功能区战略，构建高效、协调、可持续的美好 家园——主体功能区战略研究总报告》，《管理世界》2012 年第 10 期。

［36］陈栋生：《落实区域发展总体战略构建协调发展的区域经济新格局》，《黄河文明与 可持续发展》2008 年第 2 期。

［37］王业强、魏后凯：《"十三五"时期国家区域发展战略调整与应对》，《中国软科学》

2015 年第 5 期。

[38]贾若祥:《"四大版块"面积太大区域"瘦身"很必要》,《中国经济导报》2013 年 2 月 23 日。

[39]陈建军:《长江经济带的国家战略意图》,《人民论坛》2014 年第 5 期。

[40]程恩富、黄世坤:《在全面深化改革中处理好政府和市场关系》,《经济日报》2014 年 9 月 12 日。

[41]吴敬琏:《坚持政府和市场关系的准确定位》,《理论参考》2013 年第 12 期。

[42]方烨:《中国经济 50 人论坛成员、中国经济改革研究基金会理事长宋晓梧:实施板块轴带结合区域发展战略》,《经济参考报》2015 年 8 月 10 日。

[43]金碚:《中国经济发展新常态研究》,《中国工业经济》2015 年第 1 期。

[44]陈耀:《"十三五"时期我国区域发展政策的几点思考》,《区域经济评论》2015 年第 1 期。

[45]李松庆:《"三个支撑带"下的我国区域发展新趋势》,《区域经济评论》2015 年第 4 期。

[46]刘玉海:《统筹思考国家战略性区域规划"碎片化"》,《21 世纪经济报道》2013 年 12 月 27 日。

[47]胡佳:《区域环境治理中地方政府协作的碎片化困境与整体性策略》,《广西社会科学》2015 年第 5 期。

[48]金碚:《新常态下的区域经济发展战略思维》,《区域经济评论》2015 年第 3 期。

[49]张敦富、覃成林:《中国区域经济差异与协调发展》,中国轻工业出版社 2001 年版。

[50]张可云:《论区域和谐的战略意义和实现途径》,《改革》2007 年第 8 期。

[51]彭荣胜:《区域经济协调发展的内涵、机制与评价研究》,河南大学博士论文,2007 年。

[52]郝寿义:《区域经济学原理》,上海人民出版社 2007 年版。

[53]高志刚:《新疆区域经济协调发展若干问题探讨》,《经济师》2003 年第 2 期。

[54]国家信息中心宏观政策动向课题组:《以主体功能区战略推动区域协调发展》,《中国证券报》2013 年 9 月 23 日。

[55]刘晓彤、孙相军:《长江经济带要与"一带一路"衔接互动深度融合》,《中国交通报》2014 年 11 月 4 日。

[56]于涛方、甄峰、吴泓:《长江经济带区域结构"核心—边缘"视角》,《城市规划学刊》2007 年第 3 期。

[57]杨开忠:《中国区域经济差异变动研究》,《经济研究》1994 年第 12 期。

[58]覃成林:《中国区域经济差异研究》,中国经济出版社 1997 年版。

[59]李小建、乔家君:《20 世纪 90 年代中国县际经济差异的空间分析》,《地理学报》2001 年第 56 期。

[60]熊薇、徐逸伦、王迎英:《江苏省县域经济差异时空演变》,《地理科学进展》2011 年

第 30 期。

[61] 孙姗姗、朱传耿、李志江:《淮海经济区经济发展差异研究》,《地理学报》2009 年第 64 期。

[62] 徐建华、鲁凤、苏方林等:《中国区域经济差异的时空尺度分析》,《地理研究》2005 年第 24 期。

[63] 赵永、王劲峰:《中国市域经济发展差异的空间分析》,《经济地理》2007 年第 27 期。

[64] 靳诚、陆玉麒:《基于县域单元的江苏省经济空间格局演化》,《地理学报》2009 年第 64 期。

[65] 鲁凤、徐建华:《基于二阶段嵌套锡尔系数分解方法的中国区域经济差异研究》,《地理科学》2005 年第 25 期。

[66] 陈秀山、石碧华:《区域经济均衡与非均衡发展理论》,《教学与研究》2000 年第 10 期。

[67] 成长春:《江苏沿海开发战略与区域经济均衡发展》,《江苏社会科学》2009 年第 6 期。

[68] 专题调研组:《调整我们的思路和政策:以创新驱动发展》,《科学发展》2010 年第 1 期。

[69] 张来明:《关于经济新常态下的区域合作》,《中国经济时报》2014 年 10 月 16 日。

[70] 彭劲松:《长江经济带区域协调发展的体制机制》,《改革》2014 年第 6 期。

[71] 陈运平、黄小勇:《论区域经济的共生发展》,《光明日报》2014 年 4 月 2 日。

[72] 成长春:《长江经济带协调性均衡发展的战略构想》,《南通大学学报》(社会科学版)2015 年第 31 期。

[73] 杨凤华:《长江经济带新格局中江苏的发展方向》,《南通大学学报》(社会科学版)2014 年第 6 期。

[74] 杨凤华:《城市群经济与金融系统耦合机理研究》,苏州大学出版社 2013 年版。

[75] 梁保华:《创新驱动与江苏经济转型发展》,《新华日报》2013 年 6 月 17 日。

[76] 张二震、安礼伟、戴翔:《有效化解贸易摩擦 促进江苏开放型经济发展》,《唯实》2014 年第 4 期。

[77] 刘志彪:《以城市化推动产业转型升级——兼论"土地财政"在转型时期的历史作用》,《学术月刊》2010 年第 42 期。

[78] 成长春、凌申、刘波等:《江苏沿海港口、产业、城镇联动发展研究》,科学出版社 2014 年版。

[79] 杨邦杰、严以新、安雪辉:《长江流域"黄金水道"问题分析及对策建议》,《中国发展》2015 年第 1 期。

[80] 唐冠军:《建设长江黄金水道 服务流域经济发展》,《学习月刊》2014 年第 2 期。

[81] 杨自忠:《如何充分利用长江黄金水道浅谈》,《中国港口》2003 年第 4 期。

[82] 张小龙:《关于加强长江黄金水道建设的一些思考》,《中国水运》2010 年第 10 期。

［83］魏志刚:《长江航道建设与流域经济发展——长江航道建设发展情况》,《交通建设与管理》2008 年第 8 期。

［84］潘文达、潘思延:《长江水运物流对区域经济贡献的量化分析》,《水运工程》2011 年第 5 期。

［85］周业付、罗晞:《长江黄金水道建设对沿江地区经济发展作用的分析》,《辽宁行政学院学报》2013 年第 6 期。

［86］游士兵、任静儒、彭东方:《长江航运与流域经济互动影响研究》,《区域经济评论》2014 年第 4 期。

［87］周业付、罗晞:《长江黄金水道建设与流域经济发展协调关系研究——基于主成分分析》,《华东经济管理》2015 年第 8 期。

［88］沈光汉:《长江航运:从水路运输走向现代物流》,《武汉交通管理干部学院学报》2003 年第 6 期。

［89］孙星、吴勇、初秀民:《船—标—岸协同下智能长江航运及其发展展望》,《交通信息与安全》2010 年第 6 期。

［90］刘锡汉:《充分发挥长江"黄金水道"优势,促进综合运输体系协调发展》,《交通企业管理》2004 年第 6 期。

［91］任静:《长江黄金水道运输需求发展趋势分析》,《港口经济》2014 年第 9 期。

［92］史兹国、袁金泉:《关于长江航运的几点思考》,《特区经济》2007 年第 8 期。

［93］王凌云:《发挥长江黄金水道主动脉作用,为长江经济带的建设发展提供强劲的航运支撑》,《水运管理》2014 年第 4 期。

［94］左山山、姚世国、李林:《区域经济协调发展视域下长江黄金水道建设问题研究》,《科技创业月刊》2014 年第 8 期。

［95］唐冠军:《长江:从天然河流到黄金水道》,《交通发展》2009 年第 10 期。

［96］黄强:《长江黄金水道作用有待充分发挥》,《交通企业管理》2004 年第 5 期。

［97］赵霞:《发挥黄金水道优势 助推"中三角"经济发展》,《学习月刊》2013 年第 5 期。

［98］杨传堂:《加快建设长江黄金水道 为长江经济带提供强力支持》,《全球化》2014 年第 9 期。

［99］唐冠军:《黄金水道的历史性跨越:长江航运 60 年建设发展回顾》,《学习月刊》2010 年第 1 期。

［100］凌耀伦、彭通湖:《招商局与民生公司经营管理比较》,《中国经济史研究》1994 年第 3 期。

［101］朱荫贵:《1927～1937 年的中国轮船航运业》,《中国经济史研究》2000 年第 1 期。

［102］马奕:《12.5 米深水航道延伸至南京影响分析》,《港口经济》2011 年第 5 期。

［103］耿相魁:《贯通江与海——建设舟山江海联运服务中心的路径选择》,《今日浙江》2015 年第 4 期。

［104］尚丙钦:《长江江苏段定线制水域船舶追越态势探讨》,《中国水运》2011 年第

9 期。

[105] 王伟、何明等:《长江经济带综合交通运输体系发展规划研究》,交通运输部规划研究院 2014 年版。

[106]《依托黄金水道建设长江经济带　立足改革开放谋划发展新格局》,《人民日报》2014 年 4 月 29 日。

[107] 王伟、何明:《构建长江经济带综合交通运输体系》,《综合运输》2015 年第 3 期。

[108] 彭智敏:《长江经济带综合立体交通走廊的架构》,《改革》2014 年第 6 期。

[109] 李雪松、孙博文:《密度、距离、分割与区域市场一体化——来自长江经济带的实证》,《宏观经济研究》2015 年第 6 期。

[110] 汪鸣:《新经济发展空间战略与综合运输体系建设》,《综合运输》2015 年第 1 期。

[111] 李忠民、夏德水、姚宇:《长江经济带交通基础设施效率分析——基于 DEA 模型的 Malmqusit 指数方法》,《技术经济》2014 年第 7 期。

[112] 熊学斌:《为建设长江经济带提供坚强有力的支撑》,《水运工程》2014 年第 11 期。

[113] 吴权、聂乾:《陆海统筹 江海联动 丰富完善江苏区域协调发展战略》,《江南论坛》2015 年第 6 期。

[114] 侯雨佳:《长江黄金水道:江苏的机遇与担当》,《中国远洋航务》2014 年第 11 期。

[115] 吴泓:《长江经济带区域结构:"核心—边缘"视角》,《城市规划学刊》2007 年第 3 期。

[116] 邵俊杰:《货物运输通道的演变及实证研究》,北京交通大学 2010 年版,第 12～36 页。

[117] 陶屹、郑海:《江苏交通"十二五"发展评估和对策思考》,《交通标准化》2014 年第 4 期。

[118] 游庆仲:《改革创新是江苏交通运输现代化的必由之路》,《唯实》2014 年第 1 期。

[119] 李天舒:《产业创新的特征和趋势》,《改革与战略》2012 年第 9 期。

[120] 许庆瑞、吴晓波:《技术创新、劳动生产率与产业结构》,《中国工业经济研究》1991 年第 21 期。

[121] 远德玉:《企业技术创新能力的综合评价和动态分析方法》,《科学管理研究》1994 年第 4 期。

[122] 傅家骥、程源:《面对知识经济的挑战,该抓什么?——再论技术创新》,《中国软科学》1998 年第 7 期。

[123] 陈其荣:《技术创新的哲学视野》,《复旦大学学报》2000 年第 1 期。

[124] 陈柳钦:《产业集群、技术创新与技术创新扩散》,《武汉科技大学学报》(社会科学版)2007 年第 10 期。

[125] 黄志强:《论技术创新的社会系统效应与本质》,《广西师院学报》(哲学社会科学版)2001 年第 7 期。

[126] 肖信华:《技术创新的哲学理性研究》,《科技进步与对策》2000 年第 7 期。

[127]高翔、程瑾:《技术创新对产业发展的作用》,《科技进步与对策》1999 年第 1 期。

[128]陈敦贤.:《知识与技术创新:产业结构变迁的动力》(上),《金融高等专科学校学报》2000 年第 1 期。

[129]薛敬孝、张天宝:《技术进步促进产业结构变化的一般方式和现代特点》,《世界经济与政治论坛》2002 年第 10 期。

[130]赵英:《提高我国制造业国际竞争力的技术标准战略研究》,《中国工业经济》2007 年第 4 期。

[131]韩江波、蔡兵:《技术创新与产业发展的互促机理——兼论中国经济发展方式转变的战略定位和选择》,《产业与科技论坛》2009 年第 9 期。

[132]洪银兴:《向创新型经济转型》,《江南论坛》2010 年第 1 期。

[133]刘志彪:《从后发到先发:关于实施创新驱动战略的理论思考》,《产业经济研究》2011 年第 8 期。

[134]邱国栋、马鹤丹:《区域创新系统的结构与互动研究:一个基于系统动力视角的理论框架》,《管理现代化》2011 年第 4 期。

[135]黄鲁成:《关于区域创新系统研究内容的探讨》,《科研管理》2000 年第 3 期。

[136]王知桂:《要素耦合与区域创新体系的构建——基于产业集群视角的分析》,《当代经济研究》2006 年第 11 期。

[137]张耀辉:《产业创新:新经济下的产业升级模式》,《数量经济技术经济研究》2002 年第 1 期。

[138]王丰阁、刘敏:《产业创新体系的构建机理研究》,《中国商贸》2013 年第 8 期。

[139]张曼茵、陈亮辉:《产业创新的国际比较及其启示》,《重庆社会科学》2013 年第 10 期。

[140]黄超、龚惠群、梅姝娥等:《基于产业创新系统的我国新兴产业发展研究》,《科学管理研究》2012 年第 4 期。

[141]洪银兴:《产业创新亟待处理好的几个问题》,《群众》2013 年第 6 期。

[142]徐晔、陶长琪、丁晖:《区域产业创新与产业升级耦合的实证研究——以珠三角地区为例》,《科研管理研究》2015 年第 12 期。

[143]汪秀婷、胡树华:《面向自主发展的产业技术创新平台的构建》,《科学学与科学技术管理》2007 年第 2 期。

[144]周元、王海燕:《关于我国创新体系研究的几个问题》,《中国软科学》2006 年第 10 期。

[145]张利华、王桔:《基于产业生命周期理论的创新服务平台研究——以纺织业创新服务平台为例》,《科学管理研究》2008 年第 6 期。

[146]于焱、李庆东:《产业创新系统中的协同演化理论研究》,《现代经济探讨》2009 年第 12 期。

[147]芮明杰、左斌:《蓝色外海战略——基于全新产业创新与价值创新的市场空间》,

《企业管理》2007 年第 6 期。

[148] 徐长乐:《建设长江经济带的产业分工与合作》,《改革》2014 年第 6 期。

[149] 杨德才、余玮:《制度创新、区域分工协作与长江经济带良性发展——基于国外流域经济带发展经验的思考》,《中国发展》2014 年第 12 期。

[150] 徐长乐、孟越男:《长江经济带产业分工合作与江苏作为》,《南通大学学报》(社会科学版)2015 年第 5 期。

[151] 尚勇敏、曾刚、海骏娇:《长江经济带建设的空间结构与发展战略研究》,《经济纵横》2014 年第 11 期。

[152] 王林梅、邓玲:《我国产业结构优化升级的实证研究——以长江经济带为例》,《经济问题》2015 年第 5 期。

[153] 胡俊峰:《实施创新驱动战略提升产业竞争力研究——以南通为例》,《江苏商论》2014 年第 6 期。

[154] 刘志彪:《转型升级工程的阶段性成效》,《群众》2012 年第 12 期。

[155] 李犇、朱志凌:《"国家中长期科学和技术发展规划纲要(2006～2020)"实施以来江苏科技发展的成效与影响研究》,《江苏科技信息》2015 年第 1 期。

[156] 蒋伏心、高丽娜:《创新驱动:苏南基本实现现代化的"加速器"》,《唯实》2013 年第 3 期。

[157] 袭著燕、蒋红彬、龙蓉:《鲁、粤、苏、浙产业创新发展路径比较研究》,《改革与战略》2013 年第 6 期。

[158] 魏际刚:《创新驱动发展 决定产业未来的战略选择》,《中国经济时报》2012 年 11 月 13 日。

[159] 中国科技发展战略研究小组:《中国区域创新能力报告 2014——创新驱动与产业转型升级》,知识产权出版社 2015 年版。

[160] 刘英基:《新工业革命对我国高技术产业高端化的影响及应对策略》,《经济纵横》2014 年第 7 期。

[161] 刘志彪、杨柳:《政策标准、路径与措施:经济转型升级的进一步思考》,《南京大学学报》(哲学·人文科学·社会科学)2014 年第 5 期。

[162] 刘志彪:《全球代工体系下发展中国家俘获型网络形成、突破与对策——基于 GVC 与 NVC 的比较视角》,《中国工业经济》2012 年第 2 期。

[163] 张杰、刘志彪:《全球化背景下国家价值链的构建与中国企业升级》,《经济管理》2009 年第 2 期。

[164] 张丽珍:《创新驱动 传统制造业转型升级的引擎》,《今日浙江》2013 年第 4 期。

[165] 李安兰:《基于公共政策视角的传统产业升级路径研究》,《经济体制改革》2014 年第 1 期。

[166] 龙如银:《正视问题 推进江苏新能源产业健康发展》,《唯实》2014 年第 10 期。

[167] 李林、周航:《我国城市建设规划的低碳生态城新模式探讨》,《商业时代》2012 年

第 7 期。

[168]胡锦涛:《高举中国特色社会主义伟大旗帜 为夺取全面建设小康社会新胜利而奋斗》,人民出版社 2007 年版。

[169]储东涛:《新型城镇化主要指标的几个特点》,载于江苏省城市发展研究院、江苏省城市经济学会:《城市评论》,凤凰出版传媒股份有限公司 2014 年版。

[170]胡锦涛:《坚定不移沿着中国特色社会主义道路前进 为全面建成小康社会而奋斗》,人民出版社 2012 年版。

[171]李克强:《协调推进城镇化是实现现代化重大战略选择》,《行政管理改革》2012 年第 11 期。

[172]江苏省邓小平理论研究会课题组:《关于江苏省推进新型城镇化建设的调查报告》,《光明日报》2011 年 3 月 29 日。

[173]唐启国:《江苏新型城镇化面临的主要问题与对策》,《江南论坛》2014 年第 6 期。

[174]杨明、姚东明、杨守华:《江苏新型城镇化突出质量效益》,《新华日报》2014 年 4 月 12 日。

[175]宋晓华、汪晓露:《我省获批国家新型城镇化试点》,《新华日报》2015 年 1 月 31 日。

[176]李扬:《"新常态"是什么,从何处来,往何处去?》,《经济研究》(两会特刊)2015 年第 3 期。

[177]谭志雄:《中国内陆开放高地建设探索——以重庆市为例》,《经济问题探索》2011 年第 10 期。

[178]王骏:《论内陆开放模式创新的指向》,《西南大学学报》(社会科学版)2014 年第 3 期。

[179]杨春蕾:《在"两带一路"建设中扩大开放》,《开放导报》2014 年第 5 期。

[180]江小娟:《中国对外开放进入新阶段:更均衡合理地融入全球经济》,《经济研究》2006 年第 3 期。

[181]余淼杰、王宾骆:《对外改革,对内开放,促进产业升级》,《国际经济评论》2014 年第 2 期。

[182]马勇、陈雨露:《经济开放度与货币政策有效性:微观基础与实证分析》,《经济研究》2014 年第 3 期。

[183]柳思思:《"一带一路":跨境次区域合作理论研究的新进路》,《南亚研究》2014 年第 2 期。

[184]姜睿:《"十三五"上海参与"一带一路"建设的定位与机制设计》,《上海经济研究》2015 年第 1 期。

[185]何茂春、张冀兵:《新丝绸之路经济带的国家战略分析——中国的历史机遇、潜在挑战与应对策略》,《学术前沿》2013 年第 12 期。

[186]闫岩:《"一带一路"布局全方位开放》,《国际商报》2014 年 1 月 14 日。

[187]黄益平:《中国经济外交新战略下的"一带一路"》,《国际经济评论》2015 年第 1 期。

[188]申现杰、肖金成:《国际区域经济合作新形势与我国"一带一路"合作战略》,《宏观经济研究》2014 年第 11 期。

[189]吴学安:《长江经济带奏响区域经济发展新乐章》,《上海经济》2014 年第 7 期。

[190]吴雪明、黄仁伟:《上海对外开放度与经济实力的比较分析》,《上海经济研究》2009 年第 11 期。

[191]张捷:《在成熟社会主义条件下培养个人生态文明的途径》,转引自"推进生态文明建设 探索中国环境保护新道路"课题组:《生态文明与环保新道路》,中国环境科学出版社 2010 年版。

[192]《求是》记者:《牢固树立生态文明观念——访国家环境咨询委员会副主任孙鸿烈院士》,《求是》2009 年第 21 期。

[193]倪九派、李萍等:《基于 AHP 和熵权法赋权的区域土地开发整理潜力评价》,《农业工程学报》2009 年第 5 期。

[194]王振波、方创琳、王婧:《1991 年以来长三角快速城市化地区生态经济系统协调度评价及其空间演化模式》,《地理学报》2011 年第 12 期。

[195]刘海龙、石培基、李梅生等:《河西走廊生态经济系统协调度评价及其空间演化》,《应用生态学报》2014 年第 12 期。

[196]施从美:《长三角区域环境治理视域下的生态文明建设》,《社会科学》2010 年第 5 期。

[197]李志萌:《共建长江经济带生态文明》,《江西日报》2014 年 9 月 15 日。

[198]黄贤金:《创新倒逼机制 改善生态环境》,《新华日报》2015 年 7 月 31 日。

[199]周永艳、王水、柏立森等:《浅谈江苏省生态文明建设工作》,《污染防治技术》2014 年第 5 期。

[200]邓翠华:《关于生态文明公众参与制度的思考》,《毛泽东邓小平理论研究》2013 年第 10 期。

[201]霍艳丽、刘彤:《生态经济建设:我国实现绿色发展的路径选择》,《企业经济》2011 年第 10 期。

[202]楚芳芳:《基于能值分析的长株潭城市群生态经济系统演变态势分析》,《经济地理》2012 年第 2 期。

[203]戴全厚、刘国彬、刘明义等:《小流域生态经济系统可持续发展评价》,《地理学报》2005 年第 2 期。

[204]邓玲:《我国生态文明发展战略及其区域实现研究》,人民出版社 2014 年版。

[205]方创琳、鲍超:《黑河流域水—生态—经济发展耦合模型及应用》,《地理学报》2004 年第 5 期。

[206]葛悦华:《关于生态文明及生态文明建设研究综述》,《理论与现代化》2008 年第

7 期。

[207] 谷樹忠、胡咏君、周洪：《生態文明建設的科學內涵與基本路徑》，《資源科學》2013年第 1 期。

[208] 李敏琪：《探索生態文明建設新路徑，促進長江經濟帶持續健康發展》，《中共馬鞍市委黨校學報》2014 年第 4 期。

[209] 林清秀：《閩江流域生態經濟評價及其空間特徵研究》，福建農林大學碩士論文，2012 年。

[210] 林毅夫、劉培林：《中國的經濟發展戰略與地區收入差距》，《經濟研究》2003 年第 3 期。

[211] 劉海龍：《河西走廊生態經濟系統協調度評價及其空間演化》，《應用生態學報》2014 年第 12 期。

[212] 劉紀遠、張增祥、莊大方等：《20 世紀 90 年代中國土地利用變化的遙感時空信息研究》，科學出版社 2005 年版。

[213] 劉思華：《對建設社會主義生態文明論的若干回憶——兼述我的"馬克思主義生態文明觀"》，《中國地質大學學報》（社會科學版）2008 年第 4 期。

[214] 劉玉龍：《生態補償——流域生態共建共享》，中國水利出版社 2007 年版。

[215] 羅小娟：《太湖流域生態補償機制的框架設計研究——基於流域生態補償理論及國內外經驗》，《南京農業大學學報》（社會科學版）2011 年第 1 期。

[216] 彭建、王仰麟、陳燕飛等：《城市生態系統服務功能價值評估初探：以深圳市為例》，《北京大學學報》（自然科學版）2005 年第 4 期。

[217] 沈滿洪、程華、陸根堯等：《生態文明建設與區域經濟協調發展戰略研究》，科學出版社 2012 年版。

[218] 沈越：《環境保護助推區域協調發展》，《環境經濟》2007 年第 10 期。

[219] 蘇飛、張平宇：《基於生態系統服務價值變化的環境與經濟協調度發展評價：以大慶市為例》，《地理科學進展》2009 年第 3 期。

[220] 孫林、康曉梅：《生態文明建設與經濟發展：衝突、協調與融合》，《生態經濟》2014 年第 10 期。

[221] 王如松：《生態文明建設的控制論機理、認識誤區與融貫路徑》，《中國科學院院刊》2013 年第 2 期。

[222] 王玉玲：《生態文明的背景、內涵及實現途徑》，《經濟與社會發展》2008 年第 9 期。

[223] 王振波、方創琳、王婧：《1991 年以來長三角快速城市化地區生態經濟系統協調度評價及其空間演化模式》，《地理學報》2011 年第 12 期。

[224] 魏曉旭：《基於縣域單元的中國生態經濟系統協調度及空間演化》，《地理科學進展》2014 年第 11 期。

[225] 吳珊：《流域生態補償制度立法初探》，《生態安全與環境風險防範法治建設——2011 年全國環境資源法學研討會（年會）論文集》（第三冊）2011 年第 8 期。

[226]徐春:《对生态文明概念的理论阐释》,《北京大学学报》(哲学社会科学版)2010年第1期。

[227]许萍:《基于生态足迹模型的区域生态经济协调发展评价与分析——以鄱阳湖生态经济区为例》,江西师范大学硕士论文,2012年。

[228]严耕:《中国省域生态文明建设评价报告(ECI)》,社会科学文献出版社2014年版。

[229]叶谦吉:《真正的文明时代才刚刚起步——叶谦吉教授呼吁开展"生态文明建设"》,《中国环境报》1987年6月23日。

[230]张可云等:《生态文明的区域经济协调发展战略》,北京大学出版社2014年版。

[231]张慕萍、贺庆棠、严耕:《中国生态文明建设的理论与实践》,清华大学出版社2008年版。

[232]曾志嫘:《社会治理体系创新研究综述》,《长江大学学报》(社科版)2015年第1期。

[233]任泽涛:《社会协同治理中的社会成长、实现机制及制度保障》,浙江大学博士论文,2013年。

[234]刘卫平:《论社会治理协同机制的基本要素实现形态与构建原则》,《邵阳学院学报社会科学版》2015年第3期。

[235]严国萍、任泽涛:《论社会管理体制中的社会协同》,《中国行政管理》2013年第3期。

[236]麻宝斌、任晓春:《从社会管理到社会治理:挑战与变革》,《学习与探索》2011年第3期。

[237]王道勇:《加快形成"一主多元"式社会治理主体结构》,《科学社会主义》2014年第2期。

[238]张一:《创新社会治理体制要充分发挥政府主导作用》,《光明日报》2015年3月17日

[239]李雪强、郭俊位:《构建和谐社会与多元社会治理》,《南昌航空工业学院学报》(社会科学版)2007年第1期。

[240]许晓:《竞争与合作——走出我国第三部门参与公共物品供给困境的现实选择》,西北大学,2007年。

[241]雷晓康、席恒:《和谐社会的动力机制:合作收益的达成与再生产》,《中国软科学增刊》(下)2009年第S2期。

[242]芮国强:《区域治理体系和治理能力现代化的积极探索》,《中国社会科学报》2014年1月29日。

[243]肖文涛:《社会治理创新面临的挑战与应对思路》,《福建政法管理干部学院学报》2007年第4期。

[244]魏昊星、柳洁:《建设长江经济带环保是关键》,《中国经济时报》2014年6月

20 日。

[245]余蔚然:《对江苏创新社会管理的调查与思考》,《江苏政协》2012 年第 11 期。

[246]陈华:《江苏社会组织治理机制创新的政策建议》,《唯实》2014 年第 9 期。

[247]陈丽、冯新转:《"三社联动"与社区管理创新:江苏个案》,《重庆社会科学》2012 年第 2 期。

[248]李文:《21 世纪以来中国社会结构演变的新趋势和新挑战》,《江西社会科学》2015 年第 7 期。

[249]郑功成:《国家发展的核心使命:保障和改善民生》,《行政管理改革》2011 年第 8 期。

[250]剡谨:《从"社会管理"转向"社会治理"的意义及对策研究》,《社科纵横》2015 年第 1 期。

[251]牛福莲:《2020:争取基本实现基本公共服务均等化》,《中国经济时报》2012 年 7 月 23 日。

[252]沈荣华:《论政府公共服务机制创新》,《北京行政学院学报》2004 年第 5 期。

[253]张新民:《率先建成具有江苏特色的社会管理体系》,《群众》2011 年第 11 期。

[254]林祥国:《构建社会矛盾源头预防化解新机制》,《群众》2010 年第 5 期。

[255]王春雷:《社会治理法治化的创新路径探析》,《世纪桥》2014 年第 12 期。

[256]任松筠:《推动社会管理走向社会治理——〈江苏省委贯彻中央决定的意见〉权威解读》,《新华日报》2013 年 12 月 19 日。

[257]陈颐:《10 年来江苏社会治理方式的改革》,《常州日报》2010 年 6 月 28 日。

[258]郑功成:《新时期社会治理的挑战与机遇》,《光明日报》2015 年 1 月 26 日。

[259]杨海雯、黄健元、王欢:《流动人口变迁特征、趋势及启示——基于江苏省的实证研究》,《现代城市研究》2015 年第 2 期。

[260]康丽丽:《新形势下社会治理能力建设探析——基于江苏省泰州市的城镇化实践》,《中共郑州市委党校学报》2015 年第 4 期。

[261]吴敬秋、曹苏红:《利益格局深刻调整与社会主义和谐社会的构建》,《湖北行政学院学报》2007 年第 1 期。

[262]刘洁:《江苏城乡居民消费变化特征分析》,《经济研究导刊》2012 年第 26 期。

[263]李韬:《以治理创新推进基本公共服务均等化》,《人民日报》2014 年 1 月 13 日。

[264]龚胜生、张涛:《创新构建长江中游城市群合作机制》,《政策》2015 年第 7 期。

[265]西部论坛:《"新常态"下长江经济带发展略论——"长江经济带高峰论坛"主旨演讲摘要》,《西部论坛》2015 年第 1 期。

[266]王青、黄燕、吴继海:《基于长江经济带国家发展战略的江苏发展的对策和思路研究》,《广西城镇建设》2014 年第 12 期。

[267]金太军:《创新江苏社会治理体制 增强社会发展活力》,《唯实》2014 年第 9 期。

[268]沈和:《深挖国家战略叠加在江苏的巨大红利——关于切实用好国家战略的几点

思考》,《中国发展观察》2015 年第 2 期。

[269]邵静野:《中国社会治理协同机制建设研究》,吉林大学,2014 年。

[270]李小敏:《领会新思想,落实新要求,在推进社会治理现代化中发挥应有作用》,《江苏法制报》2014 年 5 月 13 日。

[271]谢慧敏:《建设长江经济带关键是破除行政藩篱》,《湖北日报》2014 年 6 月 23 日。

[272]刘君德等:《中国行政区划的理论与实践》,华东师范大学出版社 1996 年版。

[273]洪银兴等:《长江三角洲地区经济发展的模式和机制》,清华大学出版社 2003 年版。

[274]卓越、邵任薇:《当代城市发展中的行政联合趋向》,《中国行政管理》2002 年第 7 期。

[275]王川兰:《多元复合体制:区域行政实现的构想》,《社会科学》2006 年第 4 期。

[276]安森东、胡庆平:《中外行政区划比较研究及其启示》,《行政管理改革》2014 年第 3 期。

[277]唐亚林:《长三角城市政府合作体制反思》,《探索与争鸣》2003 年第 8 期。

[278]殷君伯、刘志迎:《泛长三角区域发展分工与合作》,安徽人民出版社 2008 年版。

[279]陈建军:《长三角区域经济一体化的源流、动力机制与价值目标》,《嘉兴学院学报》2010 年第 5 期。

[280]储东涛:《长江经济带建设中江苏大有可为》,《新华日报》2014 年 5 月 20 日。

[281]邵晓慧:《工业园区的主要作用》,《合作经济与科技》2006 年第 5 期。

[282]潘亚宁:《关于开发区设立的理论基础研究综述》,《山东纺织经济》2007 年第 1 期。

[283]朱华友:《长春市经济技术开发区对长春市的经济贡献研究》,《经济地理》2004 年第 2 期。

[284]刘现伟、陈守龙:《中国开发区的区域分布差异分析》,《统计与决策》2008 年第 4 期。

索　引

后　记

　　2014 年 9 月 25 日,国务院发布《关于依托黄金水道推动长江经济带发展的指导意见》(国发〔2014〕39 号),提出将长江经济带建设成为具有全球影响力的内河经济带、东中西互动合作的协调发展带、沿海沿江沿边全面推进的对内对外开放带和生态文明建设的先行示范带,标志着长江经济带将成为中国经济步入新常态后重点打造的新的经济脊梁。

　　为了深入研究长江经济带今后一段时期发展的战略走向以及江苏省积极融入长江经济带的对策方略,由我带领的课题组,以 2014 年 12 月中央经济工作会议提出的"促进各地区协调发展、协同发展、共同发展"新的区域发展方针为指导,一方面从战略层面对长江经济带发展的总体思路提出了战略构想,发表了论文《长江经济带协调性均衡发展的战略构想》(载于《南通大学学报·社会科学版》2015 年第 1 期,被《新华文摘》2015 年第 10 期全文转载,《中国社会科学报》2015 年 7 月 16 日区域版刊登了对我的专访文章《协调性均衡建设长江经济带》),主持承担了中宣部 2015 年度重大现实问题课题"长江经济带重大战略研究"的子课题"长江经济带世界级产业群战略研究",同时,课题组成员还主持获得 2015 年度国家社科基金项目——"长江经济带城镇化与产业协同发展问题研究",(项目号:15BJL038);另一方面从实践层面对江苏省积极对接国家重点区域战略的路径和对策开展了系统研究,已主持江苏省社科联 2015 年应用研究重大课题——"新一轮长江经济带建设与江苏经济转型升级研究"(批准号:15WTA007)、江苏省社科联"十三五"规划项目——("十三五"江苏对接长江经济带战略、实现跨江融合发展思路与对策研究,已结项),所撰写的调研报告《对接长江经济带 推进跨江大融合》被江苏省委研究室刊物《调查与研究》2015 年 4 月 28 日第 23 期刊载,部分观点入选《江苏省委中心组学习参考文选》。同时,我们还及时组建了南通大学江苏长江经济带研究院,并于 2015 年 3 月发起主办了"一带一路"背景下长江经济带跨区域合作高级研讨会,在社会上引起强烈反响,中央及省、市级 20 多家媒体相继进行了报道,其中《光明日报》智库版以《推动长江经济带跨区域合作》为题,详细刊发了与会专家的重要观点;《中国社会科学报》专版整版以《协同打造中国经济新支撑带》为题,刊发了会议综述。

在开展相关研究、召开专题研讨以及组织实地调研的基础上,我们全面梳理了新中国成立以来我国区域发展战略和区域政策的演变路径,并结合党的十八届三中全会提出的使市场在资源配置中起决定性作用和更好发挥政府作用这一重大理论创新研究提出,今后一段时期的区域发展中,应结合国际国内发展新形势,将已实施 20 多年的区域协调发展战略优化提升为区域协调性均衡发展战略,以更好地指导长江经济带等"三个支撑带"的战略实践,同时,江苏等长江经济带覆盖省(市)也应积极融入长江经济带协调性均衡发展之中。遵循以上研究思路,由我带领的课题组分工完成了《协调性均衡发展——长江经济带发展新战略与江苏探索》一书的写作,希望本书能够对新一轮长江经济带的发展以及江苏省的转型升级起到积极的推动作用,也希望本书能够对从事相关研究的专家学者提供有益的参考。

本书是集体智慧的结晶。全书由成长春、杨凤华提出思路与框架结构体系,周威平、杨凤华具体负责全书的编写组织工作。第一章由成长春、杨凤华执笔;第二章由成长春、鲁凤执笔;第三章由杨凤华、成长春执笔;第四章由成长春、冯俊执笔;第五章由宋丽霞、金华执笔;第六章由胡俊峰执笔;第七章由黄鹤群执笔;第八章由杨春蕾执笔;第九章由王琳执笔;第十章由钱雪飞执笔;第十一章由宋超执笔;第十二章由成长春、陈长江执笔。全书由杨凤华统稿编辑,并负责全书的修改工作及部分图表的绘制。最后由成长春定稿。

本书的出版得到江苏省发展和改革委员会、江苏省哲学社会科学规划办公室、江苏省哲学社会科学界联合会与南通大学江苏长江经济带研究院全体同仁的鼎力相助。中国社会科学院学部委员、中国经营出版传媒集团总裁、中国区域经济学会会长金碚欣然作序。全国政协原副主席、中国工程院院士钱正英教授,南京大学工程管理学院博士生导师钱志新教授,华东师范大学长江流域发展研究院原常务副院长徐长乐教授给予具体指导。人民出版社的方国根主任为本书的出版精心指导、亲历亲为,付出了艰巨的劳动,在此向他们表示衷心的感谢。

　　本书引用了众多专家学者的学术思想及研究成果,在参考文献中虽然标出了部分书刊,但因篇幅所限尚有一些未能列出,敬请包涵。由于学术水平有限,加之时间较为仓促,书中难免存在疏漏及不足之处,恳请专家学者与广大读者批评指正。

成 长 春

2015 年 11 月 30 日

于南通大学主校区

责任编辑:方国根　郭彦辰
版式设计:顾杰珍
封面设计:林芝玉

图书在版编目(CIP)数据

协调性均衡发展:长江经济带发展新战略与江苏探索/
　成长春 杨凤华 等著. —北京:人民出版社,2016.8
ISBN 978－7－01－015867－9

Ⅰ.①协… 　Ⅱ.①成… 　Ⅲ.①长江经济带-经济发展战略-研究-
　江苏省 　Ⅳ.①F127.53

中国版本图书馆 CIP 数据核字(2016)第 034816 号

协调性均衡发展

XIETIAOXING JUNHENG FAZHAN

——长江经济带发展新战略与江苏探索

成长春　杨凤华　等著

人民出版社 出版发行

(100706　北京市东城区隆福寺街 99 号)

北京汇林印务有限公司印刷　新华书店经销

2016 年 8 月第 1 版　2016 年 8 月北京第 1 次印刷
开本:710 毫米×1000 毫米 1/16　印张:32.25
字数:480 千字

ISBN 978－7－01－015867－9　定价:80.00 元

邮购地址 100706　北京市东城区隆福寺街 99 号
人民东方图书销售中心　电话 (010)65250042　65289539